ケースブック刑法

[第5版]

KOUBUNDOU
CASE BOOK SERIES

弘文堂ケースブックシリーズ

【編】笠井 治・前田雅英

弘文堂

第5版はしがき

　法科大学院制度については，予備試験の位置づけなど，いまだに流動的な面が見られるが，司法試験の問題の難易度，設問の態様などは安定してきている。法科大学院では，判例の具体的事実を素材に，法学部教育以上に，細かな事実まできちんと理解し，整理して，法的問題点を示し，結論を分かりやすい形で提示する能力が求められている。その能力を養成する訓練の教材として作成されるケースブックは，法状況の変化に応じたものとなっていなければならない。

　もちろん，学説や条文についての一定量の知識は必要であるが，「学説」「規範」を具体的事案にあてはめれば，問題処理ができるわけではない。なぜその解決を選択するのかを，具体的・説得的に示せなければならない。その作業により「規範」も検証され修正されていくのである。そのためには，数多くの事案とその処理を新しい「活きた判例」を学ぶことにより，批判的に追体験し，自ら理論化する練習が最も有効である。

　ただ，法科大学院においては，そして予備試験受験生にとっても，最終的に，司法試験の論述式の問題に解答しうる能力を身に付けなければならない。第5版への改訂に当たっては，判例を学ぶことに加え，問題への解答能力との「架橋」を強く意識した。すなわち，過去の試験問題を一部修正して設問として明示し，それに答えるために読んでおくべき判例を具体的に示し，さらに，「判例をどのように読んでおけば，答案構成ができるか」についても，手掛かりを得られる教材にしたつもりである。

　初版の平成19年3月以来早くも，第5版を刊行する最大の理由は，判例の動きの速さにある。法運用の担い手を教育するためには，「活きた判例」を素材にする必要がある。改版が多くて，弘文堂編集部には，多大なご迷惑をおかけすることになった。今回も，教育上の価値を認めて無理な御願いを聞いていただいたことに，心より感謝申し上げる次第である。

平成27年2月

執筆者を代表して　　笠井　治・前田雅英

はしがき

　本書は，法科大学院の刑事系の法律基本科目の講義の教材を目指したものである。
　法科大学院では，従来の法学部教育のような刑法と刑事訴訟法を別個独立に講義するという形を止め，刑事系ということで統一的な講義を目指すことになった。もとより，刑法と刑事訴訟法にはそれぞれ確立した学問体系があり，ある部分は別個に講義をするほうが合理的なことはいうまでもない。しかし，法曹養成を目指す法科大学院においては，実務科目を中心に両者が完全に融合した講義が予定されている。そして何より重要なのは，刑法講義や演習において刑事訴訟法の視座が自然に入りこんでいくことなのである。刑事訴訟法においても，実体法が常に意識されなければならない。
　本ケースブックのねらいはまさにその点にある。設例の設定などで相互の視点を入れながら，法科大学院で実際に刑法・刑事訴訟法に関連する科目を担当するものが，ざっくばらんな意見交換を行った上で，最も効率的に学習効果を得られるよう編んだケースブックである。「刑法と刑事訴訟法の統一・融合問題」を素材に演習することは，必ずしも重要ではない。というより，学習効率からいったら合理的でない。やはり，基本的に刑法は刑法であり，刑事訴訟法は刑事訴訟法なのである。しかし，手続を意識しない実体法は，ややもすれば空虚なものとなり，結論の妥当性を離れて手続の整合性を強調しすぎれば，やはり説得力を欠いたものとなる。それは，学説と実務との関係についてもほぼ同様であるといってよい。本書は，まさに「法科大学院により可能となった実務家と研究者の協働」の賜物である。
　本書は，主として，法科大学院の既修者コースの刑法と刑事訴訟法の講義（各2単位）で学習する量の判例を，学習効果の視点から纏めたものである。法学未修者にとって必要な刑法・刑事訴訟法の基礎的理解は，各基本書に譲り，ただ既修者コースのみならず未修者コースでの使用も含めて，まさに応用力を養うことを目指す。その意味で，単に判例を羅列するのではなく，問題を設定してそれについて考えていくというスタイルで統一した。具体的には，各15週の講義を前提に30講ずつで組み立てられている。
　なお，論点は教科書的順序に完全に従ってはいない。もちろん，体系性は

考慮してあるが「問題を解く力」を重視し，1講の中にさまざまな論点を盛り込んである。そして，はじめに身につけなければいけない「事実を整理する力・読む力」を前半の章で特に鍛えるように配慮している。

法科大学院で必要なことは，読んで理解して考え，それを表現することである。そして，素材は「今」の社会でなければならない。その意味で，判例の新しさを最も重視した。特に刑事訴訟法では，「必要にして最小限度の判例を一冊に纏める」という意味で判例編を用意した。刑法と刑事訴訟法の講義の形の差も意識したつもりである。

そして，設問の並べ方も，できる限り易しいものから難しいものへと進むように配慮し独習者にも配慮したつもりである。

法科大学院教育はまさに流動的である。そのニーズに合わせて本書も柔軟に改訂していく所存である。是非忌憚のないご批判を頂きたいと考えている。

本書の作成にあたっては，弘文堂の北川陽子さんに多大のご迷惑をおかけした。ここにお詫び申し上げるとともに，厚く御礼申し上げる次第である。

　　　平成19年1月29日

　　　　　　　　　　　　　　　　　　　笠井　治・前田雅英

【執筆者および編集協力者】　＊現職は平成27年1月現在
　笠井　治　　　首都大学東京法科大学院教授・弁護士
　亀井源太郎　　慶應義塾大学法学部教授
　菊池則明　　　東京地方裁判所判事
　木村光江　　　首都大学東京法科大学院教授
　清水　真　　　明治大学法科大学院教授
　星　周一郎　　首都大学東京都市教養学部法学系教授
　堀田周吾　　　首都大学東京都市教養学部法学系准教授
　前田雅英　　　首都大学東京法科大学院教授
　丸橋昌太郎　　信州大学経済学部准教授
　峰　ひろみ　　首都大学東京法科大学院教授

ケースブック刑法●目次

第1講　実行行為の特定 …………………………………………………… 1
　1　実行行為の特定　*1*
　　【基本判例1】最決平成16・3・22　*(3)*
　　　【参考判例1】名古屋高判平成19・2・16　*(8)*
　2　実行行為の継続性　*11*
　　【基本判例2】東京高判平成13・2・20　*(11)*
　3　被害者の行為の介在と実行行為　*13*
　　【基本判例3】最決平成16・1・20　*(13)*

第2講　実行行為
　　　　　——不作為犯と殺人罪・遺棄罪，不作為の共同正犯 ……… *16*
　1　不作為と実行行為　*16*
　　【基本判例1】最決平成17・7・4　*(17)*
　　　【参考判例1】佐賀地判平成19・2・28　*(30)*
　2　不作為と結果回避可能性　*31*
　　【基本判例2】札幌地判平成15・11・27　*(33)*
　　【基本判例3】最決平成元・12・15　*(35)*

第3講　実行行為の開始時期と責任能力の存在時期 ……………… *37*
　1　実行の着手——最高裁の実質的危険性判断　*37*
　　【基本判例1】最判平成20・3・4　*(38)*
　　【基本判例2】最判平成26・11・7　*(38)*
　2　窃盗罪の実行の着手　*40*
　　【基本判例3】名古屋高判平成13・9・17　*(40)*
　3　強姦罪の実行の着手　*42*
　　【基本判例4】大阪地判平成15・4・11　*(43)*
　　　【参考判例1】最決昭和45・7・28　*(44)*
　4　放火罪の実行の着手　*45*
　　【基本判例5】福岡地判平成7・10・12　*(45)*
　　　【参考判例2】静岡地判昭和39・9・1　*(46)*
　　　【参考判例3】横浜地判昭和58・7・20　*(47)*
　5　実行行為と責任能力の存在時期　*48*
　　【基本判例6】長崎地判平成4・1・14　*(48)*

【基本判例7】東京高判平成6・7・12 (*52*)
　　　【基本判例8】最決昭和43・2・27 (*55*)

第4講　因果関係 …………………………………………………56
　1　因果関係の存否の判定とその認定　*56*
　2　行為時に特殊な事情が存する場合　*57*
　　【基本判例1】最判昭和25・3・31 (*57*)
　　　【参考判例1】仙台地判平成20・6・3 (*59*)
　3　行為後に特殊な事情が介入する場合　*60*
　(1)　第三者の行為が介在する場合　*60*
　　【基本判例2】最決昭和42・10・24 (*60*)
　　【基本判例3】最決平成2・11・20 (*61*)
　　【基本判例4】最決平成18・3・27 (*61*)
　(2)　被害者の行為が介在する場合　*63*
　　【基本判例5】最決平成15・7・16 (*63*)
　　　【参考資料1】基本判例5のコメント (*65*)
　　【基本判例6】最決平成16・2・17 (*66*)
　(3)　被害者の行為と第三者の行為の介在が複合する場合　*67*
　　　【参考判例2】最決平成16・10・19 (*68*)
　　　【参考資料2】上田哲・判批 (*69*)
　(4)　行為者の行為が介在する場合　*69*
　　　【参考判例3】最決昭和53・3・22 (*69*)
　　　【参考判例4】大判大正12・4・30 (*70*)

第5講　中止未遂の判断 …………………………………………72
　1　「自己の意思により」中止したといえるか──任意性の判断基準　*72*
　(1)　任意性の判断基準　*73*
　(2)　客観説による「任意性」判断　*74*
　　【基本判例1】札幌高判平成13・5・10 (*74*)
　　【基本判例2】最決昭和32・9・10 (*75*)
　　　【参考判例1】福岡高判昭和61・3・6 (*76*)
　　　【参考判例2】名古屋高判平成2・1・25 (*78*)
　　　【参考判例3】大阪地判平成9・6・18 (*79*)
　　　【参考判例4】東京地判平成14・1・16 (*80*)
　　　【参考判例5】浦和地判平成4・2・27 (*80*)
　2　実行未遂か着手未遂か　*82*

【基本判例 3 】東京高判昭和51・7・14　(83)
　　　　【参考判例 6 】東京高判昭和62・7・16　(84)
　　　　【参考判例 7 】福岡高判平成11・9・7　(85)
　　3　結果発生防止のための積極的行為　87
　　　【基本判例 4 】東京地判平成14・1・22　(87)
　　　　【参考判例 8 】東京地判平成 8 ・3・28　(90)
　　　　【参考判例 9 】東京地判平成 7 ・10・24　(91)
　　　　【参考判例10】大阪高判昭和44・10・17　(93)

第 6 講　故意の認定 ……………………………………………95
　　1　構成要件事実の認識　95
　　　【基本判例 1 】東京地判平成14・12・16　(96)
　　　【基本判例 2 】最決平成18・2・27　(99)
　　　　【参考判例 1 】最判平成元・7・18　(100)
　　　　【参考判例 2 】最判平成15・11・21　(101)
　　2　殺意の認定　102
　　　　【参考判例 3 】京都地判平成15・12・5　(104)
　　3　故意と違法性の意識の可能性　105
　　　【基本判例 3 】最決平成 2 ・2・9　(107)
　　　　【参考判例 4 】東京地判平成 3 ・12・19　(108)
　　　　【参考判例 5 】最大判昭和23・7・14　(112)
　　　　【参考判例 6 】最判昭和24・2・22　(112)

第 7 講　錯　　誤 ………………………………………………114
　　1　具体的事実の錯誤　114
　　　【基本判例 1 】最判昭和53・7・28　(114)
　　　　【参考判例 1 】東京高判平成14・12・25　(115)
　　2　誤想防衛　118
　　　【基本判例 2 】大阪高判平成14・9・4　(118)
　　3　誤想過剰防衛　120
　　　【基本判例 3 】最判昭和24・4・5　(120)
　　　【基本判例 4 】最決昭和62・3・26　(121)
　　　　【参考判例 2 】大阪高判平成 9 ・6・25　(122)
　　　　【参考判例 3 】大阪高判平成12・6・2　(123)
　　4　誤想過剰避難　127
　　　【基本判例 5 】東京地判平成 9 ・12・12　(127)

第8講 過　失 ……………………………………………………………… 131
1　具体的注意義務の認定　131
【基本判例1】最決平成19・3・26　(135)
【基本判例2】最決平成16・7・13　(137)
2　予見可能性　138
【基本判例3】最決平成12・12・20　(138)
【参考判例1】最決平成21・12・7　(139)
3　監督過失　143
【基本判例4】最判平成3・11・14　(143)
4　過失と同意　144
【基本判例5】千葉地判平成7・12・13　(146)

第9講 同　意 ……………………………………………………………… 150
1　殺人と自殺関与　150
【基本判例1】最判昭和33・11・21　(152)
【参考判例1】福岡高宮崎支判平成元・3・24　(152)
【参考判例2】名古屋地判平成9・5・21　(153)
2　安楽死・尊厳死　155
【基本判例2】最決平成21・12・7　(155)
【参考判例3】横浜地判平成7・3・28　(157)
【参考判例4】名古屋高判昭和37・12・22　(161)
3　被害者の同意　163
【基本判例3】最決昭和55・11・13　(164)
【参考判例5】仙台地石巻支判昭和62・2・18　(165)
【参考判例6】東京地判昭和44・2・15　(166)
【参考判例7】東京高判平成9・8・4　(168)
【参考判例8】東京地判平成9・3・12　(169)
【参考判例9】最判平成12・2・29　(170)

第10講 正当防衛 ……………………………………………………………… 172
1　自招防衛　174
【基本判例1】最決平成20・5・20　(174)
2　積極加害意思・自招侵害と急迫性　176
【基本判例2】大阪高判平成14・7・9　(176)
【参考判例1】最決昭和52・7・21　(178)
【参考判例2】京都地判平成12・1・20　(178)

3　防衛の意思　*179*
　　　　【参考判例3】最判昭和46・11・16　(*180*)
　　　　【基本判例3】東京高判平成14・6・4　(*182*)
　　　　【参考判例4】大阪高判平成12・6・22　(*185*)

第11講　過剰防衛 ··· *189*
　　　1　防衛行為の相当性　*189*
　　　　【基本判例1】最判平成元・11・13　(*190*)
　　　　【参考判例1】最判平成21・7・16　(*191*)
　　　　【参考判例2】最判昭和44・12・4　(*195*)
　　　2　過剰防衛と防衛行為の特定　*196*
　　　　【基本判例2】最決平成20・6・25　(*198*)
　　　　【参考判例3】最決平成21・2・24　(*199*)
　　　　【参考判例4】最判平成9・6・16　(*200*)
　　　　【参考判例5】東京地判平成10・10・27　(*202*)

第12講　間接正犯と共同正犯と幇助 ·· *207*
　　　1　間接正犯と教唆と共同正犯　*207*
　　　　【基本判例1】最決平成13・10・25　(*207*)
　　　　【基本判例2】最決昭和58・9・21　(*208*)
　　　2　間接正犯と教唆犯の錯誤　*209*
　　　　【基本判例3】最決平成9・10・30　(*211*)
　　　3　共謀共同正犯　*214*
　　　　【基本判例4】最決昭和57・7・16　(*214*)
　　　　【参考判例1】最大判昭和33・5・28　(*216*)
　　　4　幇助犯　*217*
　　　　【基本判例5】最決平成25・4・15　(*217*)
　　　　【基本判例6】東京高判平成2・2・21　(*219*)
　　　5　共同正犯と幇助の限界　*221*
　　　　【参考判例2】東京地判昭和63・7・27　(*221*)

第13講　不作為と共同正犯・幇助 ··· *224*
　　　1　不作為の共同正犯　*226*
　　　　【基本判例1】東京高判平成20・10・6　(*226*)
　　　　【参考判例1】名古屋地判平成9・3・5　(*229*)
　　　　【参考判例2】大阪高判昭和62・10・2　(*231*)

2　不作為の幇助　*232*
　　　　　【参考判例3】札幌高判平成12・3・16　(*232*)
　　　　　【参考判例4】東京高判平成11・1・29　(*235*)

第14講　承継的共同正犯・過失共同正犯と行為共同説…………*239*
　　　1　承継的共犯　*240*
　　　　【基本判例1】最決平成24・11・6　(*240*)
　　　　【基本判例2】大阪高判昭和62・7・10　(*241*)
　　　　【基本判例3】東京地判平成7・10・9　(*242*)
　　　　　【参考判例1】東京高判平成16・6・22　(*244*)
　　　2　同時傷害の特例と承継的共犯　*245*
　　　　【基本判例4】大阪地判平成9・8・20　(*246*)
　　　3　行為共同説と犯罪共同説　*248*
　　　　【基本判例5】最決昭和54・4・13　(*248*)
　　　　【基本判例6】最決平成17・7・4　(*249*)
　　　　　【参考判例2】最判昭和32・11・19　(*249*)
　　　4　過失と共同正犯　*250*
　　　　　【参考判例3】東京地判平成4・1・23　(*250*)
　　　5　正当防衛の共謀　*254*
　　　　【基本判例7】最判平成6・12・6　(*255*)
　　　　【基本判例8】最決平成4・6・5　(*256*)

第15講　共犯関係の解消・共謀の射程…………………………*258*
　　　1　共犯（共謀）関係の解消　*260*
　　　　【基本判例1】最決平成元・6・26　(*260*)
　　　　　【参考判例1】最判昭和24・7・12　(*261*)
　　　2　共犯からの離脱　*262*
　　　　【基本判例2】最決平成21・6・30　(*262*)
　　　　　【参考判例2】東京地判平成12・7・4　(*263*)
　　　　　【参考判例3】東京地判昭和51・12・9　(*265*)
　　　3　同時傷害の特例と共犯の離脱　*266*
　　　　【基本判例3】名古屋高判平成14・8・29　(*268*)
　　　4　正当防衛と共犯関係の解消　*268*
　　　　【基本判例4】最判平成6・12・6　(*268*)

第16講　住居侵入罪・脅迫罪 ································ 272
　　1　住居侵入罪の保護法益　*272*
　　　【基本判例1】最決平成19・7・2　（*273*）
　　　【基本判例2】最判平成20・4・11　（*274*）
　　　【基本判例3】最判平成21・11・30　（*277*）
　　　　【参考判例1】最判昭和58・4・8　（*279*）
　　2　住居・邸宅・建造物の意義　*280*
　　　【基本判例4】最判平成20・4・11　（*280*）
　　　【基本判例5】最決平成21・7・13　（*282*）
　　　　【参考判例2】東京地判平成7・10・12　（*283*）
　　3　法人に対する脅迫・強要　*285*
　　　　【参考判例3】高松高判平成8・1・25　（*285*）
　　4　略取誘拐罪　*287*
　　　【基本判例6】最決平成17・12・6　（*287*）
　　5　安否を憂慮する者の意義　*293*
　　　【基本判例7】最決昭和62・3・24　（*293*）
　　　【基本判例8】東京地判平成4・6・19　（*294*）

第17講　強制わいせつ・強姦罪 ································ 297
　　1　強制わいせつ・強姦の事実認定　*298*
　　　【基本判例1】最判平成21・4・14　（*298*）
　　　　【参考判例1】東京高判平成16・2・19　（*302*）
　　　【基本判例2】最判平成11・10・21　（*303*）
　　2　傾向犯　*305*
　　　【基本判例3】最判昭和45・1・29　（*305*）
　　　　【参考判例2】東京高判平成26・2・13　（*306*）
　　3　強制わいせつ・強姦致傷罪　*308*
　　(1)　死傷の結果　*308*
　　　【基本判例4】東京高判平成12・2・21　（*308*）
　　(2)　死傷の結果に故意がある場合　*309*
　　　【基本判例5】最判昭和31・10・25　（*309*）
　　　　【参考判例3】札幌地判昭和47・7・19　（*310*）

第18講　名誉毀損罪・業務妨害罪 ································ 312
　　1　名誉毀損罪　*312*
　　　【基本判例1】最決平成22・3・15　（*312*）

　　　　【基本判例2】最大判昭和44・6・25　（*315*）
　　　　　　【参考判例1】最判平成16・7・15　（*316*）
　　2　名誉毀損罪と侮辱罪との関係　*317*
　　　　【基本判例3】最決昭和58・11・1　（*317*）
　　　　　　【参考判例2】東京地判平成9・9・25　（*319*）
　　3　信用毀損罪における「虚偽の風説の流布」「信用」の意義　*321*
　　　　【基本判例4】最判平成15・3・11　（*321*）
　　4　業務妨害罪における業務の意義　*322*
　(1)　業務妨害の意義　*322*
　　　　【基本判例5】最判平成23・7・7　（*322*）
　(2)　公務と業務の意義　*324*
　　　　【基本判例6】最決平成12・2・17　（*324*）
　　　　　　【参考判例3】最大判昭和41・11・30　（*326*）
　(3)　強制力を伴わない公務の意義　*328*
　　　　　　【参考判例4】東京高判平成21・3・12　（*328*）
　(4)　公務性の意義　*329*
　　　　　　【参考判例5】広島高判平成14・11・5　（*329*）
　　5　業務妨害行為の意義　*331*
　　　　【基本判例7】最決平成19・7・2　（*331*）

第19講　財産犯の保護法益 ……………………………… *333*
　　1　本権説・所持説　*333*
　　　　【基本判例1】最決平成元・7・7　（*333*）
　　　　　　【参考判例1】大阪地判平成17・5・25　（*334*）
　　2　銀行預金の占有——民法上の権利と財産犯の保護法益　*336*
　　　　【基本判例2】最決平成15・3・12　（*337*）
　　　　　　【参考判例2】最判平成8・4・26　（*338*）
　　　　　　【参考判例3】最判平成20・10・10　（*339*）
　　　　　　【参考判例4】東京高判平成25・9・4　（*340*）
　　　　　　【参考判例5】最決昭和61・7・18　（*342*）
　　　　　　【参考判例6】最判昭和36・10・10　（*343*）
　　3　盗品関与罪の保護法益　*344*
　　　　【基本判例3】最決平成14・7・1　（*344*）
　　　　　　【参考判例7】最決昭和27・7・10　（*345*）
　　4　財産犯と親族関係　*345*
　　　　【基本判例4】最決平成18・8・30　（*345*）

【参考判例 8 】最決平成20・2・18　(346)
　　　【参考判例 9 】最決平成 6・7・19　(347)

第20講　不法領得の意思 …………………………………………… 349

　1　物の本来的・経済的用法に従って利用処分する意思　349
　　【基本判例 1 】最決平成16・11・30　(349)
　　　【参考判例 1 】東京高判平成12・5・15　(351)
　　　【参考判例 2 】大阪高判昭和61・7・17　(353)
　　　【参考判例 3 】大阪高判平成13・3・14　(354)
　2　一時使用と不法領得の意思　356
　　【基本判例 2 】最決昭和55・10・30　(356)
　　　【参考判例 4 】東京地判昭和59・6・28　(356)
　　　【参考判例 5 】札幌地判平成 5・6・28　(358)

第21講　窃　盗　罪 ………………………………………………… 362

　1　窃盗罪における占有の意義　362
　(1)　窃盗と占有離脱物横領の限界　362
　　【基本判例 1 】最決平成16・8・25　(363)
　　　【参考判例 1 】最判昭和32・11・8　(364)
　　　【参考判例 2 】名古屋高判昭和52・5・10　(364)
　　　【参考判例 3 】東京高判平成 3・4・1　(365)
　(2)　死者の占有　366
　　　【参考判例 4 】東京地判平成10・6・5　(366)
　　　【参考判例 5 】最判昭和41・4・8　(368)
　(3)　占有侵害の範囲　368
　　【基本判例 2 】最決平成21・6・29　(368)
　　　【参考判例 6 】最決平成19・4・13　(369)
　2　窃取行為──詐取との限界　370
　　　【参考判例 7 】東京高判平成15・1・29　(371)
　　　【参考判例 8 】東京高判平成12・8・29　(372)
　　　【参考判例 9 】東京地八王子支判平成 3・8・28　(374)
　3　窃盗の既遂時期　376
　　【基本判例 3 】東京高判平成 4・10・28　(376)
　　　【参考判例10】東京高判平成21・12・22　(377)
　4　不動産侵奪行為　378
　　【基本判例 4 】最判平成12・12・15　(378)

第22講　強盗罪 ··· *381*
　　1　Ⅰ項強盗とⅡ項強盗　*381*
　　【基本判例1】最決昭和61・11・18　(*382*)
　　　　【参考判例1】東京高判平成21・11・16　(*384*)
　　2　手段としての暴行・脅迫の意義　*386*
　　【基本判例2】大阪高判平成7・6・6　(*387*)
　　　　【参考判例2】仙台高判平成14・10・22　(*389*)
　　　　【参考判例3】札幌高判平成7・6・29　(*391*)
　　　　【参考判例4】東京高判昭和48・3・26　(*392*)
　　3　強盗致死傷罪──「強盗の機会」　*393*
　　　　【参考判例5】東京地判平成15・3・6　(*393*)
　　　　【参考判例6】岡山地判平成8・4・15　(*396*)
　　4　事後強盗　*398*
　(1)　窃盗の機会の継続　*398*
　　【基本判例3】最判平成16・12・10　(*399*)
　　　　【参考判例7】東京高判平成17・8・16　(*400*)
　　　　【参考判例8】最決平成14・2・14　(*401*)
　(2)　事後強盗罪と傷害罪の罪数関係　*402*
　　　　【参考判例9】名古屋高金沢支判平成3・7・18　(*402*)
　(3)　事後強盗罪の共同正犯　*403*
　　　　【参考判例10】大阪高判昭和62・7・17　(*403*)

第23講　詐　欺　罪 ··· *405*
　　1　「欺く行為」の意義　*405*
　　【基本判例1】最決平成22・7・29　(*406*)
　　　　【参考判例1】最決平成16・2・9　(*406*)
　　　　【参考判例2】最決平成26・4・7　(*408*)
　　　　【参考判例3】東京地八王子支判平成10・4・24　(*409*)
　　2　重要な事実を偽る行為と「欺く行為」　*411*
　　【基本判例2】最決平成19・7・17　(*411*)
　　　　【参考判例4】最決平成14・10・21　(*412*)
　　　　【参考判例5】最決平成19・7・10　(*413*)
　　3　利益詐欺罪　*415*
　　【基本判例3】最決平成26・3・28　(*416*)
　　　　【参考判例6】大阪地判平成17・3・29　(*417*)
　　　　【参考判例7】最決昭和30・7・7　(*418*)

4　罪数・他罪との関係　*419*
　(1)　詐欺罪と他罪との関係　*419*
　　　　【参考判例8】最決平成14・2・8　（*419*）
　　　　【参考判例9】最判昭和27・12・25　（*420*）
　(2)　詐欺罪の罪数判断　*421*
　　　　【参考判例10】最決平成22・3・17　（*421*）
　　5　電子計算機詐欺罪　*422*
　　　　【参考判例11】最決平成18・2・14　（*422*）

第24講　横　領　罪 ……………………………………………… *424*

　　1　抵当権設定・所有権移転（二重売買）と横領　*427*
　　【基本判例1】最大判平成15・4・23　（*428*）
　　【基本判例2】最決平成21・3・26　（*430*）
　　　　【参考判例1】最判昭和31・6・26　（*432*）
　　　　【参考判例2】福岡高判昭和47・11・22　（*433*）
　　2　横領罪における「自己の占有」の特色　*435*
　　　　【参考判例3】広島地判平成16・7・27　（*435*）
　　　　【参考判例4】東京高判平成15・10・22　（*437*）
　　3　横領罪における不法領得の意思　*438*
　　【基本判例3】最決平成13・11・5　（*438*）
　　4　横領罪と背任罪の関係　*441*
　　【基本判例4】最判昭和34・2・13　（*441*）
　　　　【参考判例5】東京地判昭和58・10・6　（*444*）

第25講　背　任　罪 ……………………………………………… *446*

　　1　背任罪における「事務処理者」「他人の事務」　*446*
　　【基本判例1】最決平成15・3・18　（*448*）
　　　　【参考判例1】最決平成17・10・7　（*449*）
　　　　【参考判例2】最判昭和31・12・7　（*452*）
　　　　【参考判例3】最決昭和38・7・9　（*454*）
　　2　図利・加害目的　*455*
　　　　【参考判例4】最決平成10・11・25　（*455*）
　　　　【参考判例5】最決平成17・10・7　（*457*）
　　3　背任に当たる行為者から借り受ける者と共同正犯　*458*
　　【基本判例2】最決平成20・5・19　（*462*）
　　【基本判例3】最決平成15・2・18　（*463*）

　　　　【参考判例 6】最判平成16・9・10　*(464)*
　　　　【参考判例 7】最決平成17・10・7　*(466)*

第26講　公共危険罪 ·· *469*
　1　具体的公共の危険の認定　*469*
　2　公共の危険　*470*
　　　【基本判例 1】最決平成15・4・14　*(470)*
　　　　【参考判例 1】最判昭和60・3・28　*(471)*
　　　　【参考判例 2】最決平成15・6・2　*(472)*
　3　建造物の現住性　*474*
　　　【基本判例 2】最決平成9・10・21　*(474)*
　4　建造物の一体性　*475*
　　　【基本判例 3】最決平成元・7・14　*(477)*
　　　　【参考判例 3】福岡地判平成14・1・17　*(478)*
　　　　【参考判例 4】東京高判昭和58・6・20　*(479)*
　5　焼損の意義　*480*
　　　【基本判例 4】最決平成元・7・7　*(480)*

第27講　文書偽造罪 ·· *481*
　1　偽造の意義　*481*
　　　【基本判例 1】最決平成15・10・6　*(482)*
　　　【基本判例 2】最決平成11・12・20　*(483)*
　　　　【参考判例 1】東京地判平成15・1・31　*(484)*
　2　偽造概念と代理・代表名義(肩書)の冒用　*485*
　　　【基本判例 3】最決平成5・10・5　*(487)*
　　　　【参考判例 2】最決昭和45・9・4　*(488)*
　3　名義人の承諾　*490*
　　　【基本判例 4】東京地判平成10・8・19　*(490)*
　　　　【参考判例 3】最決昭和56・4・16　*(491)*
　　　　【参考判例 4】最決昭和56・4・8　*(492)*
　　　【基本判例 5】最判昭和59・2・17　*(493)*
　4　文書の意義——写の文書性　*495*
　　　【基本判例 6】最決昭和54・5・30　*(495)*
　　　　【参考判例 5】最判昭和51・4・30　*(495)*
　　　　【参考判例 6】最決昭和61・6・27　*(498)*
　　　【基本判例 7】東京高判平成20・7・18　*(500)*

目　次　xvii

　　　　　【参考判例7】大阪地判平成8・7・8（502）
　　　　　【参考判例8】広島高岡山支判平成8・5・22（505）
　　5　文書・公正証書の原本の意義　507
　　　　【基本判例8】最決平成16・7・13（507）
　　　　　【参考判例9】東京高判平成2・2・20（508）
　　6　行使の意義　509
　　　　【基本判例9】最決平成15・12・18（509）

第28講　公務執行妨害罪　510

　　1　公務の意義　510
　　　　【基本判例1】広島高判平成14・11・5（510）
　　2　職務の適法性・要保護性　510
　　　　【基本判例2】東京地判平成14・3・12（512）
　　　　　【参考判例1】最決昭和41・4・14（513）
　　　　　【参考判例2】最決昭和53・9・22（514）
　　　　　【参考判例3】大阪地判平成3・3・7（516）
　　　　　【参考判例4】大阪高判平成2・2・6（517）
　　　　　【参考判例5】東京高判昭和61・1・29（520）
　　3　競売入札妨害罪　522
　　　　【基本判例3】札幌高判平成13・9・25（522）
　　　　【基本判例4】最決平成10・11・4（527）
　　　　【基本判例5】最決平成10・7・14（529）

第29講　犯人蔵匿・証拠隠滅罪　530

　　1　犯人蔵匿罪の客体　530
　　　　【基本判例1】札幌高判平成17・8・18（531）
　　2　犯人蔵匿罪の実行行為　533
　　　　【基本判例2】最決平成元・5・1（533）
　　3　証拠隠滅罪　535
　　　　【基本判例3】千葉地判平成7・6・2（535）
　　　　　【参考判例1】東京高判昭和40・3・29（537）
　　4　犯人自身による蔵匿・隠避，証拠隠滅の教唆行為　538
　　　　【基本判例4】最決平成18・11・21（539）
　　　　【基本判例5】最決昭和60・7・3（540）
　　　　【基本判例6】最決昭和40・9・16（543）
　　　　【基本判例7】札幌地判平成10・11・6（544）

第30講　賄　略　罪 ……………………………………………………… 547
　　1　一般的職務権限　547
　　　【基本判例1】最決平成17・3・11　(548)
　　　【基本判例2】最大判平成7・2・22　(549)
　　2　職務密接関連行為　552
　　　【基本判例3】最決平成18・1・23　(553)
　　　【基本判例4】最決昭和60・6・11　(554)
　　　【参考判例1】最判昭和51・2・19　(557)
　　3　不作為による職務行為と賄賂　558
　　　【基本判例5】最決平成14・10・22　(558)
　　4　職務の時期　560
　(1)　転職後の過去の職務　560
　　　【参考判例2】最決昭和58・3・25　(560)
　(2)　将来の職務　561
　　　【参考判例3】最決昭和61・6・27　(561)
　　5　事後収賄罪　562
　　　【参考判例4】最決平成21・3・16　(562)
　　6　あっせん収賄罪　565
　　　【参考判例5】最決平成15・1・14　(565)

　判例索引　567

凡　例

1　判旨・決定要旨欄で判例集などから直接引用した部分は、「　　」で囲んだ。
2　法令・条文の引用については、大方の慣行に従った。
3　判例・判例集の略称は、以下の略語表によった。

大判(決)	大審院判決（決定）
最判(決)	最高裁判所判決（決定）
高判(決)	高等裁判所判決（決定）
地判(決)	地方裁判所判決（決定）
刑録	大審院刑事判決録
刑集	大審院刑事判例集、最高裁判所刑事判例集
民集	大審院民事判例集、最高裁判所民事判例集
裁時	裁判所時報
高刑集	高等裁判所刑事判例集
下刑集	下級裁判所刑事裁判例集
東高刑時	東京高等裁判所刑事判決時報
高裁特	高等裁判所刑事裁判特報
高刑速	高等裁判所刑事判決速報集
高検速報	高等裁判所刑事裁判速報
刑月	刑事裁判月報
判時	判例時報
判タ	判例タイムズ

第1講 実行行為の特定

1 実行行為の特定

〔設問1〕 以下の事案について，XおよびYの罪責について答えなさい。

1 暴力団組長であるX（35歳）は，同組幹部のA（30歳）が対立する暴力団に情報提供していることを知り，Aの殺害を決意した。

Xは，Aに睡眠薬を混入させた飲料を飲ませて眠らせたうえ，Aを車のトランク内に閉じ込め，ひとけのない山中の採石場で車ごと燃やしてAを殺害することとした。Xは，Aを殺害する時間帯の自己のアリバイを作っておくため，Aに睡眠薬を飲ませて車のトランク内に閉じ込めるところまではX自身が行うものの，採石場に車を運んでこれを燃やすことは，末端組員であるY（20歳）に指示して実行させようと計画した。ただし，Xは，Yが実行をちゅうちょしないよう，Yにはトランク内にAを閉じ込めていることは伝えないこととした。

2 Xは，上記計画を実行する当日夜，Yに電話をかけ，「後でお前の家に行くから待ってろ」と指示したうえ，Aに電話をかけ，「ちょっと話があるから付き合え」などと言ってAを呼び出した。Xは，古い自己所有の普通乗用自動車（以下「B車」という）を運転してAとの待ち合わせ場所に向かったが，その少し手前のコンビニエンスストアに立ち寄り，カップ入りのホットコーヒー2杯を購入し，そのうちの1杯に，あらかじめ用意しておいた睡眠薬5錠分の粉末を混入させた。Xは，程なく待ち合わせ場所に到着し，そこで待っていたAに対し，「乗れ」と言い，AをB車助手席に乗せた。Xは，B車を運転して出発し，走行中の車内で，上記睡眠薬入りコーヒーをAに差し出した。Aは，Xの意図に気付くことなくこれを飲み干し，その約30分後，昏睡状態に陥った。Xは，Aが昏睡したことを確認し，ひとけのない場所にB車を止め，車内でAの手足をロープで縛り，Aが自由に動けないようにしたうえ，昏睡したままのAを助手席から引きずり出して抱え上げ，B車のトランク内に入れて閉じ込めた。なお，上記睡眠薬の1回分の通常使用量は1錠であり，5錠を一度に服用した場合，昏睡状態には陥るものの死亡する可能性はなく，Xも，上記睡眠薬入りコーヒーを飲んだだけでAが死亡することはないと思っていた。

3 その後，Xは，給油所でガソリン10リットルを購入し，B車の後部座席にそのガソリンを入れた容器を置いたうえ，B車を運転してY宅に行った。X

は、Yに対し、「この車を廃車にしようと思うが、手続が面倒だから、お前と何度か行ったことがある採石場の駐車場に持って行ってガソリンをまいて燃やしてくれ。ガソリンはもう後部座席に積んである」などと言い、トランク内にAを閉じ込めた状態であることを秘したまま、B車を燃やすよう指示した。Yは、組長であるXの指示であることから、これを引き受けた。

　4　XがY宅から帰宅した後、Yは、1人でB車を運転し、Xに指示された本件採石場に向かった。Yの運転開始から約1時間後、Aは、B車のトランク内で意識を取り戻し、「助けてくれ。出してくれ」などと叫び出した。Yは、トランク内から人の声が聞こえたことから、道端にB車を止めてトランクを開けてみた。トランク内には、Aが手足をロープで縛られて横たわっており、「助けてくれ。出してくれ」と言ってYに助けを求めてきた。Yは、この時点で、Xが自分に事情を告げずにB車を燃やすように仕向けてAを焼き殺すつもりだったのだと気付いた。Yは、Aを殺害することにちゅうちょしたが、組長であるXの指示であることや、Y自身、日頃、Aからいじめを受けてAに恨みを抱いていたことから、Aをトランク内に閉じ込めたままB車を燃やし、Aを焼き殺すことを決意した。Yは、Aが声を出さないようにAの口を車内にあったガムテープで塞いだうえ、トランクを閉じ、再びB車を運転して本件採石場に向かった。Yは、Aの口をガムテープで塞いだものの、鼻を塞いだわけではないので、それによってAが死亡するとは思っていなかった。

　5　Yは、その後、山中の悪路を約1時間走行し、トランク内のAに気付いた地点から距離にして約20キロメートル離れた本件駐車場に到着した。Aは、その間に、睡眠薬の影響ではなく上記走行による車酔いによりおう吐し、ガムテープで口を塞がれていたため、その吐しゃ物が気管を塞ぎ、本件駐車場に到着する前に窒息死した。

　6　駐車場に到着後、Yは、トランク内のAがまだ生存していると思いつつ、用意してあったガソリン10リットルをB車に満遍なくまき、新聞紙にライターで火をつけてこれをB車の方に投げ付け、Aの死体もろともB車全体を炎上させた。

（平成25年度刑法論文問題改題）

Questions

Q1　X，Yは何罪に該当する行為をしていると考えられるか。考えられる罪名をすべて挙げよ。そのうち、本事案の解決にとって重要度のより高いものは何か。

Q2　Xについて殺人罪の実行行為は認められるのか。殺意はどの時点で認められるのか。認められるとした場合、その着手時期はどこに求められるか、その判断

要素を挙げつつ検討せよ。また，Yについてはどうか。
Q3 Yについて，殺人罪の実行行為は認められるのか。殺意はどの時点で認められるのか。判断の根拠となる事情を挙げて説明せよ。
Q4 Aの死の結果は，誰のどの行為に帰責されるのか。
Q5 XとYとの共犯関係はどのように理解すべきか。
Q6 監禁行為は，殺害行為といかなる関係にあるか。

1　最決平成16年3月22日刑集58巻3号187頁

[事実の概要]
(1)　被告人Xは，夫のAを事故死に見せかけて殺害し生命保険金を詐取しようと考え，被告人Yに殺害の実行を依頼し，Yは，報酬欲しさからこれを引き受けた。そして，Yは，他の者に殺害を実行させようと考え，C，DおよびE（以下「実行犯3名」という）を仲間に加えた。Xは，殺人の実行の方法についてはYらにゆだねていた。

(2)　Yは，実行犯3名の乗った自動車（以下「犯人使用車」という）をAの運転する自動車（以下「A使用車」という）に衝突させ，示談交渉を装ってAを犯人使用車に誘い込み，クロロホルムを使ってVを失神させたうえ，M川付近まで運びA使用車ごと崖から川に転落させてでき死させるという計画を立て，平成7年8月18日，実行犯3名にこれを実行するよう指示した。実行犯3名は，助手席側ドアを内側から開けることのできないように改造した犯人使用車にクロロホルム等を積んで出発したが，Aをでき死させる場所を自動車で1時間以上かかる当初の予定地から近くのI港に変更した。

(3)　同日夜，Yは，Xから，Aが自宅を出たとの連絡を受け，これを実行犯3名に電話で伝えた。実行犯3名は，I市内の路上において，計画どおり，犯人使用車をA使用車に追突させた上，示談交渉を装ってAを犯人使用車の助手席に誘い入れた。同日午後9時30分ころ，Dが，多量のクロロホルムを染み込ませてあるタオルをAの背後からその鼻口部に押し当て，Cもその腕を押さえるなどして，クロロホルムの吸引を続けさせてAを昏倒させた（以下，この行為を「第1行為」という）。その後，実行犯3名は，Aを約2キロメートル離れたI港まで運んだが，Yを呼び寄せた上でAを海中に転落させることとし，Yに電話をかけてその旨伝えた。同日午後11時30分ころ，Yが到着したので，Yおよび実行犯3名は，ぐったりとして動かないAをA使用車の運転席に運び入れたうえ，同車を岸壁から海中に転落させて沈めた（以下，この行為を「第2行為」という）。

(4) Aの死因は，でき水に基づく窒息であるか，そうでなければ，クロロホルム摂取に基づく呼吸停止，心停止，窒息，ショックまたは肺機能不全であるが，いずれであるかは特定できない。Aは，第2行為の前の時点で，第1行為により死亡していた可能性がある。

(5) Yおよび実行犯3名は，第1行為自体によってAが死亡する可能性があるとの認識を有していなかった。しかし，客観的にみれば，第1行為は，人を死に至らしめる危険性の相当高い行為であった。

［控訴審判決の判旨］（仙台高判平成15年7月8日刑集58巻3号225頁）

「(1) 原審及び当審で取り調べた証拠によれば，本件殺人の実行役であった被告人Y，同C，E，被告人Dの4名は，すでに被害者を殺害する意図を有した上，その殺害の方法として，事故死を装うため被害者を自動車に乗せたまま水中に転落させて溺死させる計画を立て，その転落させる前段階として，被害者を拉致して自動車に乗せ転落場所まで運ぶに当たって，被害者が抵抗できないようにするために，被害者にクロロホルムを吸引させて意識を失わせることを企てたこと，殺人実行の当日，被告人C，E，被告人Dの3名は，外出した被害者を待ち伏せして被害者の車への追突事故を起こし，示談交渉を装って被害者を自分達の車に招き入れて，車内でクロロホルムを染み込ませたタオルを背後からいきなり被害者の口に押し当て，引き続きしばらく押し付けてクロロホルムを吸引させ，被害者を失神させたこと，上記3名は，被害者を自動車ごと転落させる場所を，当初の山形県内のM川の河岸から近くの宮城県内のI港へ変更し，意識を失った状態でいる被害者を自動車に乗せて，拉致した場所から約2キロメートルほど離れたI港まで運んだこと，I港の埠頭において，駆けつけた被告人Yも加わって4名で，依然意識を失った状態にある被害者を自動車の運転席に座らせて，自動車を押して岸壁から海中に転落させたこと，クロロホルムの多量の吸引によって呼吸停止ないし心停止，窒息死，ショック死あるいは肺機能不全が引き起こされ，人が死亡する可能性があり，被害者の死因は，海中での溺死ないしクロロホルムの吸引に基づく上記による死亡のいずれかであるが，そのいずれであるかは特定できないこと，がそれぞれ認められる。

このように，クロロホルムを吸引させる行為によって被害者が死亡した可能性もあるところ，殺害の意図を有した上記被告人ら4名は，クロロホルムを吸引させる行為自体によって被害者を死亡させるという認識はなく，それによって死亡する可能性があるとの認識もなかったものである。

したがって，クロロホルムを吸引させる行為で被害者の死亡の結果をもたらしたとしたら，当該クロロホルムを吸引させる行為について，上記被告人ら4名に殺人の実行行為性の認識があったか否かが，殺人の故意の内容として問題となる。各論旨は，クロロホルムを吸引させる行為については，被告人ら4名には，それでもっ

て被害者を死亡させるとの認識がなかったので，殺人の実行行為性の認識に欠ける，というのである。

(2) そこでまず，被害者を拉致し転落させる場所まで運んだ被告人Ｃ，Ｅ，被告人Ｄの３名（以下便宜「被告人ら３名」という。）のクロロホルム使用についての認識を考察する。クロロホルムを吸引させる行為は，被害者を拉致し自動車で転落させる場所まで運ぶのを，被害者の抵抗なしに容易にするための手段であったことは，被告人ら３名が供述するところである。しかし，被告人ら３名は死亡保険金を騙し取るため，被害者を事故死に見せかけて溺死させようとするのであるから，被害者を運転席に座らせた上で自動車を海中に転落させ，そのまま脱出できなくさせる必要があり，それには，被害者をおとなしくさせ抵抗できないようにし，転落後は脱出できなくすることが，重要な課題となることは明らかであり，そのためには，被告人ら３名の認識としては，被害者を失神させた状態を利用するのが最も良い方法であると考えるのが，自然であると認められる。そうすると，被告人ら３名としては，クロロホルムを吸引させる行為は，上記の被害者を拉致し自動車で転落させる場所まで運ぶのを容易にする手段にとどまらず，事故死と見せかけて溺死させるという予定した直接の殺害行為を容易にし，かつ確実に行うための手段にもなるとの考えを有していたものと，容易に推察できるといえる。現に，被告人ら３名は，拉致現場でクロロホルムを吸引させて被害者を失神させると，その後は，被害者が意識を失ったままの状態にあるのを承知しつつ，その状態を利用して予定した殺害行為の海中に転落させる行為を行っているのであり，しかも，クロロホルムを吸引させた場所と海中に転落させた場所は，自動車の走行距離で約２キロメートル余り，走行時間は数分程度しか離れておらず，比較的接近していることからして，被告人ら３名が上記考えを有していたものと推測される。

そうすると，クロロホルムを吸引させる行為は，単に，被害者を拉致し転落場所に運ぶためのみならず，自動車ごと海中に転落させて溺死させるという予定した直接の殺害行為に密着し，その成否を左右する重要な意味を有するものであって，被告人ら３名の予定した殺人の実行行為の一部をすでに成すとみなしうる行為であるということができる。なお，被害者にクロロホルムを吸引させた後，岸壁から海中に転落させるまで約２時間経過しているが，これは，被告人Ｙが駆けつけ加わってから転落行為を行おうとしたため，同被告人の到着を待っていたためであって，被告人ら３名は，クロロホルムを吸引させてから被害者を自動車で運んで間もなく転落させる場所に着き，被告人Ｙの到着を待っているが，その間，被告人ら３名の考えが変わることはなかったのであるから，上記認定が妨げられることはない。

したがって，被告人ら３名は，クロロホルムを吸引させる行為について，それが予定した殺害行為に密着し，それにとって重要な意味を有する行為であると認識し

ており，殺人の実行行為性の認識に欠けるところはないというべきであり，被告人ら3名がクロロホルムを吸引させる行為を行うことによって，殺人の実行行為があったものと認定することができる。なお，その後，被害者を海中に転落させる殺害行為に及んでいるが，すでにクロロホルムを吸引させる行為により死亡していたとしても，それはすでに実行行為が開始された後の結果発生に至る因果の流れに関する錯誤の問題に過ぎない。

　(3)　被告人Yについては，その供述によれば，被告人ら3名が被害者にクロロホルムを吸引させて拉致するまでに，被害者を転落させる場所をI港に変更したことを知らされておらず，遠方の山形県内のM川の河岸まで運んで，そこで川に転落させるという認識でいたため，被害者にクロロホルムを吸引させて意識を失わせても，転落させる場所に着くまでには意識を回復する可能性があり，その場合には用意したロープで縛ることを考えていた，というのである。しかしながら，被告人Yは，川に転落させるとしても，ともかく被害者の意識を失わせる必要があると考えて，自ら自宅にあったクロロホルムを使うことを提案したのであって，意識を回復した場合にはロープで縛ることも考えていたとしても，そのロープを使うことが必然とまで考えていたわけではなく，むしろ，かなり多量のクロロホルムを被告人Cに渡しており，ロープを使うよりもクロロホルムを使用する方がたやすいことからしても，拉致して自動車で運ぶ途中に被害者が意識を回復すれば，再度クロロホルムを使用したり，さらには，自動車ごと転落させる際にも，被害者の抵抗を封じるために，改めてクロロホルムを使用することを予想していたものと，推察することができるといえる。そうすると，被告人Yもまた，クロロホルムを吸引させる行為が，予定した自動車ごと転落させるという殺害行為を容易かつ確実にさせる手段となるとの認識を有し，さらに，被害者が意識を回復してロープで縛ることになったとしても，自動車ごと転落させる際には再びクロロホルムを吸引させることを繰り返すつもりであったと認められる。

　したがって，被告人Yについても，被告人ら3名と同様，クロロホルムを吸引させる行為は，自動車ごと転落させるという予定した殺害行為に密着し，それにとって重要な意味を有するものと認識していたと認められ，クロロホルムを吸引させる行為の殺人の実行行為性の認識に欠けるところはないというべきであり，クロロホルムを吸引させる行為を行っていないとしても，共謀による殺人の共同正犯が認定できる。

　(4)　被告人Xについては，殺人の共謀共同正犯の責任を問われているものであり，殺人の共謀は十分に認められる上，その共謀の際，殺人の実行の方法については被告人Yら実行役の共犯者らに委ねていたのであるから，実行行為者らに殺人罪が成立する以上，被告人Xについても殺人の共同正犯が成立する。

(5)　以上のとおりで，本件では被害者の死亡の原因が，クロロホルム吸引によるものか，その後の海中転落による溺死であるか断定できないとしても，被害者の死亡原因がそのいずれかであることは明白であり，しかも，クロロホルムを吸引させる行為について殺人の実行行為性の認識があり，それをもって殺人の実行行為があったといえるから，被告人X，同Y，同C，同Dについて，殺人罪の共同正犯の成立を認め，刑法60条，199条を適用した原判決の事実認定及び法令の適用に誤りはない。上記各弁護人の各論旨はいずれも理由がない。」

[最高裁の決定要旨]
「実行犯3名の殺害計画は，クロロホルムを吸引させてAを失神させた上，その失神状態を利用して，Aを港まで運び自動車ごと海中に転落させてでき死させるというものであって，第1行為は第2行為を確実かつ容易に行うために必要不可欠なものであったといえること，第1行為に成功した場合，それ以降の殺害計画を遂行する上で障害となるような特段の事情が存しなかったと認められることや，第1行為と第2行為との間の時間的場所的近接性などに照らすと，第1行為は第2行為に密接な行為であり，実行犯3名が第1行為を開始した時点で既に殺人に至る客観的な危険性が明らかに認められるから，その時点において殺人罪の実行の着手があったものと解するのが相当である。また，実行犯3名は，クロロホルムを吸引させてAを失神させた上自動車ごと海中に転落させるという一連の殺人行為に着手して，その目的を遂げたのであるから，たとえ，実行犯3名の認識と異なり，第2行為の前の時点でAが第1行為により死亡していたとしても，殺人の故意に欠けるところはなく，実行犯3名については殺人既遂の共同正犯が成立するものと認められる。そして，実行犯3名は被告人両名との共謀に基づいて上記殺人行為に及んだものであるから，被告人両名もまた殺人既遂の共同正犯の罪責を負うものといわなければならない。したがって，被告人両名について殺人罪の成立を認めた原判断は，正当である。」

Questions

Q7　本判決においては，実行行為と実行の着手時期をどのように捉えているのか。

Q8　本判決において，殺害計画と実際の因果経過のズレは，被告人らの殺意の認定にどのような影響を及ぼしているか。

Q9　行為者の主観面，特に行為者の計画は，実行の着手の有無の判断にいかなる影響を及ぼすと考えるべきか。

Q10　現に生じた因果経過と被告人の認識とのズレは，犯罪既遂の認定にとってどのような影響を及ぼすと考えるべきか。

【参考判例１】
名古屋高判平成19年2月16日判タ1247号342頁
[事実の概要]

　(1)　被告人は，昭和62年，当時，好意を寄せていた女性に自動車を衝突させたうえ，同女を所携の包丁で刺して殺害する，という殺人の犯行に及び，平成２年に殺人罪により懲役７年に処せられた。この犯行は，被害者の女性に結婚を承諾させるには肉体関係を持つしかない，と被告人が考え，同女に自動車を衝突させ，介抱を装って車内に連れ込み，そこで肉体関係を持とうという計画を立てたものの，自動車を衝突させた被害者の女性が転倒後すぐに起きあがって逃げようとしたことに激高して殺害したというもので，被告人は，犯行時，妄想型の精神分裂病（現在の略称は統合失調症）の影響により心神耗弱状態にあったと認定された。

　(2)　被告人は，服役後である平成15年ころから，郵便局に勤務して郵便物の集配業務に従事していたが，配達先の会社で勤務をしていた丙山花子（以下「被害者」ともいう）と知り合い，やがて好意を寄せるようになった。被害者は，被告人に対して，格別の好悪の感情を有していなかったが，被告人は，同女が被告人に好意を抱いていると信じる一方，売春組織（被告人の妄想の産物）が同女と被告人との仲を裂くために，同女に別の男を近づけようとしている，との妄想を抱くようになった。

　(3)　平成16年５月10日，被告人は，売春組織が送り込んできた男と被害者が会おうとしているとの妄想を抱いて，同女を尾行してその場を確認し，そのうえで同女を刃物で刺し殺したうえで，自分も自殺しよう，などと考えた。そこでまず，包丁を購入したうえ，尾行に用いる自動車をレンタカー会社から借り受け，包丁を自動車の運転席ポケットに入れて準備し，同日午後３時ころから，被害者の立ち回り先を自動車で回り始めた。被告人は，同女がソフトボールの経験を有すると聞いていたことなどから，身のこなしが速い同女の動きを止めるために自動車を衝突させて転倒させ，そのうえで包丁で刺す，との計画を立て，うまく転倒させるべく，適当な速度で走行しようと路上で練習をした。

　(4)　同日午後６時20分ころ，被害者が自分の子を引き取りに行くために，公訴事実第１記載の場所先にある保育園に向かって路上を歩いていたところ，同所に自動車を停めて被害者を待ち伏せしていた被告人は，同女を認めて自動車を発進させ，時速約20キロメートル程度の速度で同女の右斜め後方から車両前部を衝突させた。しかし，被告人の思惑と異なって，同女は転倒することはなく，ボンネットに跳ね上げられて，後頭部をフロントガラスに打ち付けたうえ，被告人車両が停止した後，路上に落下した。

　(5)　被告人は，意外にも被害者がボンネットに跳ね上げられて，路上に落下し，

立ち上がろうとするその顔を見て，急に同女を殺すことはできない，との考えを生じ，自動車を停止させた後，包丁を手に取ることなく降車した。そして，逃げる被害者を追い掛け，同女に追いつくと「ごめんなさい」などと述べ，さらに「丙山さんを殺して死ぬつもりだった」などと言った。

　原判決は，被告人は，被害者を刃物で刺して自分もその隣で死のうと考え，まず，自動車を同女に衝突させ，転倒させて動きを止め，そのうえで刃物で同女を刺すという計画を立てて，実際に，同女の後方から自動車を衝突させて同女をボンネットに跳ね上げたことを認定したうえ，自動車の速度等の観点から，被告人が同女に自動車を衝突させた行為は，死の結果を当然予見できるほど危険性が高いものではなかったと結論付け，被告人は，自動車を衝突させる行為は，刺す行為の準備にすぎないと捉えていたとして，その時点での殺意は認められず，傷害罪の限度で責任を負うと認定した。そのうえで，捜査段階における精神鑑定の結論を採用し，各犯行時には幻覚妄想型の統合失調症の影響により心神耗弱状態にあったとして，傷害罪および銃砲刀剣類所持等取締法違反罪の双方について法律上の減軽をしてから併合罪の処理をし，被告人を，懲役2年10月の実刑に処した。

　検察側は，①原判決は，被告人の計画を自動車による衝突とその後の刃物による刺突とに分断し，後者の段階に至って初めて殺人の実行の着手が認められると判断しているが，被告人の計画は一連のものであって，被告人が自動車による衝突行為に着手した段階で殺人の実行行為の着手を認めるべきである，②原判決は，本件での自動車による衝突行為には死の結果を生じさせる具体的危険がなかったというが，過去の交通事故死亡例等に照らせば，時速20キロメートルほどの速度であったとしても，自動車が人に衝突した場合には死亡の危険が存することは明らかで，原判決の認定には誤りがある等と主張した。

［判旨］

　「被告人は，自動車を被害者に衝突させて同女を転倒させ，その場で同女を刃物で刺し殺すという計画を立てていたところ，その計画によれば，自動車を同女に衝突させる行為は，同女に逃げられることなく刃物で刺すために必要であり，そして，被告人の思惑どおりに自動車を衝突させて同女を転倒させた場合，それ以降の計画を遂行する上で障害となるような特段の事情はなく，自動車を衝突させる行為と刃物による刺突行為は引き続き行われることになっていたのであって，そこには同時，同所といってもいいほどの時間的場所的近接性が認められることなどにも照らすと，自動車を同女に衝突させる行為と刺突行為とは密接な関連を有する一連の行為というべきであり，被告人が自動車を同女に衝突させた時点で殺人に至る客観的な現実的危険性も認められるから，その時点で殺人罪の実行の着手があったものと認めるのが相当である。

この点につき，原判決は，自動車を衝突させた時点で，その行為自体によって殺害の結果が発生し得ることを認識していなければ，自動車を衝突させる行為を殺人の実行行為と認めることができない，と解しているようであるが，それは一面的な見方というべきである。すなわち，被害者を殺害するために連続して行われるべき第1の行為と第2の行為との間に時間的場所的に近接性が認められ，第1の行為の時点で殺害の結果発生に至る客観的，現実的危険性が認められる場合，第1の行為自体において，殺害の結果が発生せず，被告人においても第1の行為自体での殺害の結果発生を意図していなくとも，第1の行為時に殺人の実行行為に着手したものと認めるのが相当であり（最一小決平成16年3月22日刑集58巻3号187頁参照），これは予定されていた第2の行為に及んでいないとしても，同様と考えられる。
　4　原判決は，被告人が自動車を被害者に衝突させた行為は，死の結果を通常予測させるほど危険性の高いものであるとはいえず，あくまで同女の抵抗を困難にするという目的でなされた準備行為であり，被告人が事後に被害者を刺し殺すつもりであった事情は，自動車を衝突させる行為自体の危険性を高めるものではないから，この時点で被告人に殺意を認めることはできない，ともいう。
　しかし，本件では，被告人は四輪自動車を時速約20キロメートルで被害者の背後から衝突させているところ，この行為自体で被害者を死亡に至らせることがあることは経験則上明らかであり，このことを軽くみている原判断は相当ではない。
　また，被告人が，まず被害者に自動車を衝突させることにしたのは，同女を刃物で刺し殺す前提として，身のこなしの速い同女に逃げられないよう，その動きを止めるというにあり，被告人の計画では，2つの行為が連続して行われ，密接な関連を持つことが明らかで，統合的に評価すべきであるから，この2つを分断して，自動車を衝突させる行為を準備行為に過ぎないとする前提自体が誤っている。このことは，犯罪実行の着手について，構成要件に該当する行為（本件では被害者を包丁で刺す行為）のみにとどまらず，これに接着あるいは密接なる行為をも含めて理解すべきことからも明らかである。」とし，破棄自判して，心神耗弱状態であったと認められるとして，被告人に懲役3年を言い渡した。
　（なお，殺人の実行行為の着手はあるものの，実行行為が終了する前の被害者が軽傷しか負っていない段階でその後の行為の続行を自発的に中止したものであるから，中止未遂が成立すると判示した）

2　実行行為の継続性

〔設問2〕　次の判例の事実を読んで，Xの実行行為をどのように考えるか。複数の可能性を考えたうえで，最終的にどのように考えるかを答えなさい。

2　東京高判平成13年2月20日判時1756号162頁

[事実の概要]

　第1審判決が認定した事実は，以下のとおりである。Xは，妻である被害者からヒモ呼ばわりされたり，あるいは家賃の負担もしていないので早く出て行けなどと罵られたことに激昂し，台所から包丁を取り出して被害者に向かって行き，驚いて逃げようとした被害者を居間に仰向けに押し倒して馬乗りになり，殺意をもって，包丁で被害者の胸部等を数回突き刺した。Xは，重傷を負った被害者が玄関から逃げ出そうとするや，包丁を持ったまま後を追ってこれを居間に連れ戻し，日ごろから有していた被害者の愛人契約等の疑いを晴らすために詰問したところ，被害者はこれを認めて謝罪した。そこで，Xは，台所へ包丁を置きに行ったが，被害者はその隙にベランダに逃げ出したうえ，両足をベランダ手すりに乗せ，背中をベランダの外側に向けて，膝を曲げた状態で，手すり伝いに隣家に逃げ込もうとしていた。Xは，被害者を連れ戻そうと考え，声をかけることもなく，被害者を掴みかかったところ，被害者がこれを避けようとしてバランスを崩し，ベランダから転落して死亡した（突き落とす意図まではなかったという認定のようである）。被害者の死因は，ベランダから落下して地面に激突したことにより生じた背部並びに胸部打撲による外傷性ショックであった。

　第1審判決は，これらの事実やXの捜査段階の供述を前提として，Xの殺意は，被害者がベランダから転落して死亡するまでの間一貫して継続しており，また，Xが被害者に対して掴みかかった行為と被害者が転落死した結果との間には因果関係があるから，Xには殺人既遂罪が成立するとした。

　控訴審の弁護人は，Xには殺意はなく傷害罪が成立するにすぎず，また，本件は，Xの加害行為後の被害者の転落事故により致死の結果を生じたもので，Xには責任がない旨主張した。これに対して，本判決は，第1審判決の認定した事実関係を基本的に是認し，被害者を刺突した時点においてXに殺意があったことは明らかであるとした上，殺意の内容については，第1審判決よりも一歩踏み込んだ判断を示し，被害者を刺し殺そうというXの殺意は，刺突行為後においては，自己の支配下に置いて出血死を待ち，また，ベランダから逃げようとした被害者を連れ戻してガス中毒死させるという内容に変化しているが，殺意としては同一といえ，結局，刺突行

為時から被害者に掴みかかった行為の時まで殺意が継続していたと認定した。また，ベランダの手すり上にいる被害者に掴みかかる行為は，一般的には暴行にとどまり，殺害行為とはいい難いが，本件においては，被害者を連れ戻しガス中毒死させるという意図に基づいた行為であり，他方，被害者はXから何とか逃げようとしていたことや，刺突行為から被害者を掴みかかる行為までが一連の行為と評価できること，この間殺意が継続していること，被害者に掴みかかる行為がガス中毒死させるために必要不可欠な行為であることを考えると，殺害行為の一部と解するのが相当であるとし，被害者が転落死した結果との間に因果関係が認められる以上，Xが殺人既遂罪の罪責を負うのは当然であるとした（なお，本判決は，原判決が，Xが被害者に掴みかかった行為について，殺人の実行行為の一部であるかどうかを明確に判示していない点は，理由付けが不十分であるとしたが，事実誤認があるとまではいえないとしている）。

[判旨]

「Xは，刺突行為を終え，本件包丁を流しに戻した後も，被害者を自己の支配下に置いておけば出血多量により死に至るものと思っていたため，被害者が玄関から逃げようとするのを連れ戻し，また，ベランダから逃げようとした被害者を連れ戻してガス中毒死させようと考えて，掴まえようとしたものである。刺突行為により相当の出血をしている被害者が，地上からの高さが約24.1メートルもあるベランダの手すり伝いに逃げようとしたのも，このままXの監視下にあれば死んでしまうと考え，命がけで行った行為と解される。

そうすると，Xの犯意の内容は，刺突行為時には刺し殺そうというものであり，刺突行為後においては，自己の支配下に置いて出血死を待つ，更にはガス中毒死させるというものであり，その殺害方法は事態の進展に伴い変容しているものの，殺意としては同一といえ，刺突行為時から被害者を掴まえようとする行為の時まで殺意は継続していたものと解するのが相当である。

次に，ベランダの手すり上にいる被害者を掴まえようとする行為は，一般には暴行にとどまり，殺害行為とはいい難いが，本件においては，Xとしては，被害者を掴まえ，X方に連れ戻しガス中毒死させる意図であり，被害者としても，Xに掴まえられれば死に至るのは必至と考え，転落の危険も省みず，手で振り払うなどしてXから逃れようとしたものである。また，刺突行為から被害者を掴まえようとする行為は，一連の行為であり，Xには具体的内容は異なるものの殺意が継続していたのである上，被害者を掴まえる行為は，ガス中毒死させるためには必要不可欠な行為であり，殺害行為の一部と解するのが相当であり，本件包丁を戻した時点で殺害行為が終了したものと解するのは相当でない。

更に，Xの被害者を掴まえようとする行為と被害者の転落行為との間に因果関係

が存することは原判決が判示するとおりである。

以上によれば，Xが殺人既遂の罪責を負うのは当然である。」

Questions

Q11 Xの行為のうち，刑法上問題となるものをすべて挙げてみよ。

Q12 それらをグループにまとめるとするといくつの行為にまとめられるか。その際には，故意をいかに考えたらよいか。

Q13 全体を1つの殺害行為として，殺人既遂罪に問擬することについての意見を述べよ。

3 被害者の行為の介在と実行行為

3 最決平成16年1月20日刑集58巻1号1頁

[事実の概要]

Xは，被害者の少ない収入からして，わずかずつ借金の返済の支払を受けることに飽き足りなくなり，被害者に多額の生命保険を掛けたうえで自殺させ，保険金を取得しようと企て，平成10年6月から平成11年8月までの間に，被害者を合計13件の生命保険に加入させたうえ，同月2日，婚姻意思がないのに被害者と偽装結婚して，保険金の受取人を自己に変更させるなどした。

Xは，自らの借金の返済のため平成12年1月末ころまでにまとまった資金を用意する必要に迫られたことから，生命保険契約の締結から1年を経過した後に被害者を自殺させることにより保険金を取得するという当初の計画を変更し，被害者に対し直ちに自殺を強いる一方，被害者の死亡が自動車の海中転落事故に起因するものであるように見せかけて，災害死亡時の金額が合計で5億9800万円となる保険金を早期に取得しようと企てるに至った。そこでXは，自己の言いなりになっていた被害者に対し，平成12年1月9日午前零時過ぎころ，まとまった金が用意できなければ，死んで保険金で払えと迫ったうえ，被害者に車を運転させ，それを他の車を運転して追尾する形で，同日午前3時ころ，本件犯行現場の漁港まで行かせたが，付近に人気があったため，当日は被害者を海に飛び込ませることを断念した。

Xは，翌10日午前1時過ぎころ，被害者に対し，事故を装って車ごと海に飛び込むという自殺の方法を具体的に指示し，同日午前1時30分ころ，本件漁港において，被害者を運転席に乗車させ，車ごと海に飛び込むように命じた。被害者は，死の恐怖のため飛び込むことができず，金を用意してもらえるかもしれないので父親の所に連れて行ってほしいなどと話した。Xは，父親には頼めないとしていた被害者

が従前と異なる話を持ち出したことに激怒して，被害者の顔面を平手で殴り，その腕を手拳で殴打するなどの暴行を加え，海に飛び込むようにさらに迫った。被害者が「明日やるから」などと言って哀願したところ，Xは，被害者を助手席に座らせ，自ら運転席に乗車し，車を発進させて岸壁上から転落する直前で停止して見せ，自分の運転で海に飛び込む気勢を示したうえ，やはり1人で飛び込むようにと命じた。しかし，被害者がなお哀願を繰り返し，夜も明けてきたことから，Xは，「絶対やれよ。やらなかったらおれがやってやる」などと申し向けたうえ，翌日に実行を持ち越した。

　被害者は，Xの命令に応じて自殺する気持ちはなく，Xを殺害して死を免れることも考えたが，それでは家族らに迷惑がかかる，逃げてもまた探し出されるなどと思い悩み，車ごと海に飛び込んで生き残る可能性にかけ，死亡を装ってXから身を隠そうと考えるに至った。

　翌11日午前2時過ぎころ，Xは，被害者を車に乗せて本件漁港に至り，運転席に乗車させた被害者に対し，「昨日言ったことを覚えているな」などと申し向け，さらに，ドアをロックすること，窓を閉めること，シートベルトをすることなどを指示したうえ，車ごと海に飛び込むように命じた。Xは，被害者の車から距離を置いて監視していたが，その場にいると，前日のように被害者から哀願される可能性があると考え，もはや実行する外ないことを被害者に示すため，現場を離れた。

　それからまもなく，被害者は，脱出に備えて，シートベルトをせず，運転席ドアの窓ガラスを開けるなどした上，普通乗用自動車を運転して，本件漁港の岸壁上から海中に同車もろとも転落したが，車が水没する前に，運転席ドアの窓から脱出し，港内に停泊中の漁船に泳いでたどり着き，はい上がるなどして死亡を免れた。

　本件現場の海は，当時，岸壁の上端から海面まで約1.9メートル，水深約3.7メートル，水温約11度という状況にあり，このような海に車ごと飛び込めば，脱出する意図が運転者にあった場合でも，飛び込んだ際の衝撃で負傷するなどして，車からの脱出に失敗する危険性は高く，また脱出に成功したとしても，冷水に触れて心臓まひを起こし，あるいは心臓や脳の機能障害，運動機能の低下を来して死亡する危険性は極めて高いものであった。

　[決定要旨]　設例の事実に関し最高裁は以下のように判示している。

　「Xは，事故を装い被害者を自殺させて多額の保険金を取得する目的で，自殺させる方法を考案し，それに使用する車等を準備した上，Xを極度に畏怖して服従していた被害者に対し，犯行前日に，漁港の現場で，暴行，脅迫を交えつつ，直ちに車ごと海中に転落して自殺することを執ように要求し，猶予を哀願する被害者に翌日に実行することを確約させるなどし，本件犯行当時，被害者をして，Xの命令に応じて車ごと海中に飛び込む以外の行為を選択することができない精神状態に陥ら

せていたものということができる。

　Xは，以上のような精神状態に陥っていた被害者に対して，本件当日，漁港の岸壁上から車ごと海中に転落するように命じ，被害者をして，自らを死亡させる現実的危険性の高い行為に及ばせたものであるから，被害者に命令して車ごと海に転落させたXの行為は，殺人罪の実行行為に当たるというべきである。

　また，……被害者にはXの命令に応じて自殺する気持ちはなかったものであって，この点はXの予期したところに反していたが，被害者に対し死亡の現実的危険性の高い行為を強いたこと自体については，Xにおいて何ら認識に欠けるところはなかったのであるから，上記の点は，Xにつき殺人罪の故意を否定すべき事情にはならないというべきである。」

Questions

Q14　Aの行為は自殺であり，Xには自殺関与罪が成立すると解すべきか。それともXには殺人の実行行為が認められるか。

Q15　AはXに命じられるままに自動車ごと海に転落しているが，これはAに同意があったと評価すべきことになるのか。

第2講　実行行為
―― 不作為犯と殺人罪・遺棄罪，不作為の共同正犯

1　不作為と実行行為

〔設問1〕　以下の事案について，Xの罪責について述べよ。

1　X（23歳，女性）は，Y（24歳，男性）と婚姻し，某年3月1日，Yとの間に長男Aを出産し，Y名義で借りたアパートの一室に暮らしていたが，Aを出産してからYと不仲となった。Yは，Xと離婚しないまま別居することとなり，5月1日，同アパートから出て行った。Yは，その際，Xから，「二度とアパートには来ないで。アパートの鍵は置いていって」と言われ，同アパートの玄関の鍵をXに渡したものの，以前に作った合鍵1個をXに内緒で引き続き所持していた。Xは，Yが出て行った後も名義を変えずに同アパート（以下「X方」という）にAと住み続け，自分でその家賃を支払うようになった。Xは，5月中旬ころ，Z（30歳，男性）と知り合い，6月1日ころから，X方において，Zと同棲するようになった。

2　Zは，Xと同棲を開始した後，家賃を除くXやAとの生活に必要な費用を負担するとともに，育児に協力してAのおむつを交換したり，Aを入浴させるなどしていた。しかし，Zは，Aの連日の夜泣きにより寝不足となったことから，6月20日ころには，Aのことを疎ましく思うようになり，そのころからおむつ交換や入浴などの世話を一切しなくなった。

3　Xは，その後，ZがAのことを疎ましく思っていることに気付き，「このままAがいれば，Zとの関係が保てなくなるのではないか」と不安になり，思い悩んだ末，6月末ころ，Zに気付かれないようにAを殺害することを決意した。Aは，容易に入手できる安価な市販の乳児用ミルクに対してはアレルギーがあり，母乳しか飲むことができなかったところ，Xは，「Aに授乳しなければ，数日で死亡するだろう」と考え，7月1日朝の授乳を最後に，Aに授乳や水分補給を一切しなくなった。

このときまで，Xは，2時間ないし3時間おきにAに授乳し，Aは，順調に成育し，体重や栄養状態は標準的であり，特段の疾患や障害もなかった。通常，Aのような生後4か月の健康な乳児に授乳等を一切しなくなった場合，その時点から，①約24時間を超えると，脱水症状や体力消耗による生命の危険が生じ，②約48時間後までは，授乳等を再開すれば快復するものの，授乳等を再開しな

ければ生命の危険が次第に高まり，③約48時間を超えると，病院で適切な治療を受けさせない限り救命することが不可能となり，④約72時間を超えると，病院で適切な治療を受けさせても救命することが不可能となるとされている。

なお，Xは，Aを殺害しようとの意図をZに察知されないように，Aに授乳等を一切しないほかは，Aのおむつ交換，着替え，入浴などは通常どおりに行った。

4　7月2日昼前には，Aに脱水症状や体力消耗による生命の危険が生じた。Zは，そのころ，Aが頻繁に泣きながら手足をばたつかせるなどしているのに，Xが全くAに授乳等をしないことに気付き，Xの意図を察知した。

Xは，Zが何も言わないことから，「Zは，私の意図に気付いていないに違いない。Aが死んでも，何らかの病気で死んだと思うだろう。Zが気付いて何か言ってきたら，Aを殺すことは諦めるしかないが，Zが何か言ってくるまではこのままにしていよう」と考え，引き続き，Aに授乳等をしなかった。

5　7月3日昼には，Aの脱水症状や体力消耗は深刻なものとなり，病院で適切な治療を受けさせない限り救命することが不可能な状態となり，その翌日，Aは衰弱死した。

(平成26年度刑法論文問題改題)

Questions

Q1 Xに殺人罪の実行行為性は認められるか。認められるとしたら，どのような作為・不作為がそれに該当するか。不作為に関しては，不作為の成立要件を踏まえつつ，実行行為性を認める根拠となる具体的事情を挙げよ。また，実行の着手時期はどこに求められるか。

Q2 Xの行為（不作為）と死の結果には因果関係は認められるか。因果関係に関する自らの見解を踏まえつつ，具体的事情を挙げて検討せよ。

Q3 Xには殺人罪の故意は認められるか。認定の根拠となる事実を挙げよ。

1　最決平成17年7月4日刑集59巻6号403頁

[事実の概要]

1　Xは，有限会社Lスペースの代表取締役として自己開発セミナーを開催するなどしていたが，平成6年ころから，インドの教育哲学者Bの弟子であると名乗り，手の平で患者の患部をたたいてエネルギーを患者に通すことにより自己治癒力を高めるという「S治療」と称する独自の治療を施す特別の能力を持つなどとして信奉者を集めていた。

2　Aは、Xの信奉者であったが、脳内出血で倒れて兵庫県内の病院に入院し、意識障害のある重篤な状態となり、痰の除去や水分の点滴等を受けていた。

主治医の診断は、出血は止まっており手術の必要はないが、3日から1週間は様子を見る、治療には3、4週間を要し、その後はリハビリをする、回復後も右半身の麻痺等の後遺症が残るというものであった。

3　Aの息子Yは、やはりXの信奉者であったが、後遺症を残さずに快復できることを期待して、Aに対するS治療をXに依頼した。

Xは、脳内出血等の重篤な患者に対してS治療を施したことはなかったが、Yの依頼を受け、Yに対し、S治療が有効である旨の応答をした。また、Xは、かねて薬物が人体に有害であるとの見解を述べており、YはAに投与される薬物の害についても心配していた。

Yが、主治医に対し、S治療をAに受けさせたいとの希望を伝えたところ、主治医は、Aを病院外に移動することは3、4週間は絶対にできない、すぐに移動すれば命の保証はない、病院内でS治療を行うことは、病気の治療に支障がない限り可能である旨を答えた。

4　そこでYは、Xに対し、3、4週間後に移動できるようになってからS治療をスタートするのが最善であるが、Xがもっと早く治療を始めなければならないと見立てるのであれば、病院に来て治療してほしいと頼んだ。

これに対して、Xは、Xが滞在中の千葉県内のホテルでS治療を行う、走らなければ移動させても大丈夫であるなどと答えた。そこで、Yは、主治医に対し、投与される薬物の負担に対する懸念を述べるとともに、できるだけ早くS治療を受けさせたいという希望を述べたが、主治医は、点滴を外したらAは干からびてしまうし、衰弱しているから肺炎で死亡する危険がある、退院に向けて点滴と流動食を併用できるようになるまでにも10日間は要する旨の説明をした。

5　Yは、この主治医の説明を10日間で退院できるとの趣旨に誤解したうえ、その旨をXに伝えた。これに対し、Xは、点滴治療は非常に危険であり、Aが動けないということに根拠はない、3日以内に退院の日取りの確約がなければ、改めて相談するようにと述べた。

その後、Yからの経過報告を受けたXは、報告を受ける都度、「点滴治療は危険である。今日、明日が山場である」「これ以上いると、病院のおもちゃにされてしまう。もう夜逃げしかない。明日中にAを連れてくるように」などと指示した。

Yは、Xを深く信頼していたことから、Xのこれらの指示を受けて、Aを病院から運び出す決意を固め、Xの信奉者の協力を得て、主治医らの反対を押し切って、Xの指示の翌日である7月2日午前5時ころ、なお点滴等の医療措置が必要な状態にあるAから、点滴装置、痰を除去する装置等を外し、意識が回復していないAを

車椅子に乗せて入院中の病院から運び出し，自動車および航空機を利用して，3日午前10時ころ，前記ホテルのXの滞在する客室に運び込ませた。

6　Xは，同ホテルまで運び込まれたAに対するS治療をYらからゆだねられたが，Aの容態を見て，それまで思っていたのとは違い，このままでは死亡する危険があることを認識した。しかし，Xがした上記指示の誤りが露呈することを避ける必要などから，S治療をAに施すにとどまり，痰の除去や水分の点滴等Aの生命維持のために必要な医療措置を受けさせないままAを約1日の間放置し，痰による気道閉塞に基づく窒息によりAを死亡させた。

[第1審判決の事実認定と判旨]（千葉地判平成14年2月5日刑集59巻6号417頁）
「一　殺人罪の実行行為性の検討

1　まず本件においては，前記のとおり，Aは平成11年6月24日の発病時，高血圧性の脳内出血により左視床下部に約3センチないし4センチの血腫が存し，失語症と右片麻痺，意識障害の症状も見られたところ，I病院の治療においては，再出血による血腫の増大と脳浮腫による脳ヘルニアの防止のため脳圧降下剤を継続的に投与するほか，消化器官に生じる合併症防止のため，胃の酸度を下げる薬剤を投与していたこと，Aは意識障害に伴う痰の排出不可能から窒息する危険や肺炎等の合併症の危険があり，かつAは痰が多く粘稠度も高かったため，痰の吸引除去を頻繁に行うとともに，痰の粘稠度を下げるために酸素マスクを通した加湿や去痰剤の投与等痰の粘稠度を下げる処置を行っていたこと，さらには脱水による血液の粘稠化による脳梗塞，心筋梗塞等の合併症の危険があり，水分の補給が生命維持にとって極めて重要であったこと，これら水分，栄養分の補給及び薬剤の投与はすべて点滴の方法によって行われていたこと等の事実が認められる。

そして，YらがAを連れ出した同年7月2日未明，あるいは1日の当時においても，Aは，入院後の治療により緩やかな改善傾向を示してはいたものの，依然として右のとおりの合併症や窒息等の危険が存したため，各種薬剤及び水分の補給をほぼすべて点滴によって行っていたほか，痰が多いが故の気道閉塞に伴う呼吸状態の悪化防止のため，酸素マスクが取り付けられていたものであること，そして，かかる病状からして，この時点でAに点滴，痰の除去等の措置を行わなくなった場合，水分補給を断たれることにより脱水症状が進行し，痰が粘稠化することにより痰の排出困難，窒息を引き起こし，肺炎も併発しかねず，血液も粘稠化することにより脳血栓，心筋梗塞を発生させかねないため，Aの生命にとって極めて危険な状況，致死的な結果を引き起こす可能性の極めて高い状況にあったものであり，最低でも7月2日からさらに10日ないし2週間は点滴を行うことが必要であったことが認められる。

以上の各事実からすると，同月2日当時において，I病院のベッド上にいたAを，

体につけられていた点滴装置及び酸素マスクを取り外し，病院外に連れ出すという行為は，それ自体，脳内出血の合併症や水分不足による窒息，脳血栓や心筋梗塞等を引き起こすことにつながる，Ａの生命に対する重大な危険を孕んだ行為であることは疑いがない……。

　2　もっとも，Ｏ医師もその供述において述べているように，仮にＡをＩ病院より連れ出したとしても，その安全が保たれている等移動手段が適切であり，移動先が他の病院であるなどＩ病院と同等以上の治療設備を備えているような場合には，Ａが死に至る具体的な危険性があるとはいえないため，『点滴装置や酸素マスクを取り外し，Ａを病院外に連れ出す』段階までの行為のみをもって，殺人の実行行為として十分なだけの，Ａの死に対する具体的・現実的危険性が存するとまでは認められない。

　そこで，Ａを病院から連れ出して以降の所為について見るに，Ｙらは，看護婦の資格経験を有する者を同行させたのみで，救急車等，常時点滴や痰の除去等の処置を施すことが可能な手段によらず，自動車と航空機を利用して，Ｎ市所在の何ら医療設備のないホテルにＡを運び込み，その後も点滴による水分や薬剤の投与，痰の除去等Ａの生存に必要な措置を一切行わずにおいたことが認められる。

　そうすると，前記のような病状にあるＡを，何ら医療設備のないホテルに運び込んだうえ，その生存に必要な措置をなんら講じなければ，Ａの死という結果が生じる現実的具体的危険性は当然生じうるものであるから，前記のとおりの点滴装置及び酸素マスクを外したうえで病院外に連れ出す行為に伴う危険性をも併せ考えれば，これら一連の行為は，前記したＡの生命に対する現実的具体的危険性を生じさせるに十分なものであると認められる。

　よって，本件においては，Ｙらにおいて，Ｉ病院にいたＡを，Ｓらをしてその点滴装置を外し，酸素マスクを外させたうえで，ベッドから下ろして病院外に連れ出し，自動車及び航空機により何ら医療設備のないホテルに運び込み，そして同ホテルにおいて，Ｘ及びＹらにおいて，その生存に必要な措置を何ら講じずにおくという一連の行為をもって，殺人罪の実行行為に該当するものというべきである。そして，点滴装置や酸素マスクを外し，病院から連れ出してホテルに連れ込むＹらの行為は作為であり，同ホテルにおいて生存に必要な措置を講じなかった点については，Ｘ自身もＹらもこれを行わなかったものであるから，Ｘ自身の不作為でもあるといえるものであって，前記本件一連の実行行為はこれら作為及び不作為の複合したものであるというべきである。」

　「二　Ａの死亡と因果関係

　次に，Ａの死亡の事実と死因，そして右実行行為との因果関係についてみるに，関係各証拠によれば，平成11年7月3日午前6時35分ころ，Ａは呼吸が苦しそう

にしていたが，そのうち段々ゆっくりとした呼吸になり，はあーと息を吐ききって，その後呼吸しなくなったこと，これ以降Aが呼吸するのを見た者はなく，Aの体にも変色，腐敗臭，鬱血等の変化が生じ始めたこと，その後の同年11月11日に千葉県警察によりAの死体が押収され，鑑定の結果脳内出血の疑いがもたれたものであるが，死体の腐敗が激しく死因を特定できるには至らないものであり，他の死因を否定するものではないこと等の事実が認められる。

これに，先程来述べているように，Aは粘稠化した痰により気道閉塞状態に陥っており，痰が詰まることによる窒息の危険性が高く存したこと，脳神経外科の専門医であるO医師がその供述において右同日の痰の気道閉塞による窒息死が死因であると十分考えられる旨述べていることを併せ考えれば，Aは，判示事実のとおり，右同日に粘稠化した痰による気道閉塞により窒息死したこと，そしてこの窒息死という結果とAを点滴装置・酸素マスクを外したうえで病院外に連れ出し，何ら医療設備のないホテルに運び込んでその生存に必要な措置を何ら講じずにおくという一連の実行行為との間に因果関係が存することは明らかである。」

「三　Xの殺意の有無の検討
１　病状についての認識等

まず本件においては，前記のとおり，Aを，その点滴装置及び酸素マスクを外し，ベッドから下ろして病院外に連れ出し，医療設備のないホテルに運び込み，その生存に必要な措置を何ら講じずにおくという一連の行為をもって，殺人罪の実行行為に該当するものと考えられるところ，このように脳内出血により意識障害，麻痺等の症状が見られる患者を，医療設備のない場所に連れてゆくという行為態様自体からは，通常連れ出す者はそれにより病者に不測の事態の起こりうるであろうことの認識を有するものとの推認が働きうる。

ただし，これが殺意の認定に結びつくためには，Aの病状に関する被告人の認識が不可欠であるので，以下この点につき検討する。
……

Xは，YからAの病状について詳細な報告を受け，Aの病状と，連れ出して医学的治療を受けさせないことの危険性，死亡させることになるかもしれないとの認識を有しながら，そして『シャクティ治療』では治癒するものではないことも認識しながら，Aに対して『シャクティ治療』を行ってみせる立場上の必要があり，また，その治療費が収入源でもあったこと等の事情から，敢えて本件に及んだものと認められる。

よって，XにはAに対する殺意を認めることができる。」

Questions

Q4 第1審は，本件事実のいかなる部分に殺人罪の実行行為性を認めているか。それには，どのような作為・不作為が該当するか。具体的事情を挙げながら検討せよ。

Q5 Xの行為と死の結果には因果関係は認められるか。

Q6 第1審は，いかなる事実に基づいて，いかなる部分にXの殺人罪の故意を認めたのか。それは，**Q4**の実行行為性の認定とどのように関係しているのか。

[控訴審判決の事実認定と判旨]（東京高判平成15年6月26日刑集59巻6号450頁）

「まず，殺人の実行行為性……について検討するに，……以下の事実が認められる。I病院では，Aに対し，再出血による血腫の増大と脳浮腫による脳ヘルニアの防止のために脳圧降下剤が断続的に投与され，また，Aには意識障害に伴い痰が排出できないことによって窒息死する危険や肺炎等の合併症を引発する危険があり，かつAの場合通常よりも痰が多く，その粘稠度も高かったため，痰の吸引除去が頻繁に行われるとともに，痰の粘稠度を下げるために酸素マスクを通した加湿や去痰剤の投与等痰の粘稠度を下げる措置が行われていた。さらに，Aには，脱水による血液の粘稠化による脳梗塞，心筋梗塞等の合併症の危険もあったことから，水分の補給が生命維持にとって極めて重要であったが，Aは自力でものを飲み込むことができなかったため，これらの水分，栄養分の補給及び薬剤の投与はすべて点滴の方法によって行われていた。そして，Aの連れ出しが行われた同年7月2日午前5時ころの時点でも，Aは，入院後の治療により緩やかな改善傾向を示してはいたものの，依然として上記のとおりの合併症や窒息等の危険が存したため，各種薬剤及び水分の補給がほぼすべて点滴によって行われ，痰が多いことによる気道閉塞に伴う呼吸状態の悪化防止のため，酸素マスクが付けられていた。これらの病状からして，この時点でAに点滴，痰の除去等の措置を行わなくなった場合，水分補給を断たれることにより脱水症状が進行し，痰が粘稠化することにより痰の排出困難，窒息を引き起こし，肺炎も併発しかねず，血液が粘稠化することにより脳血栓，心筋梗塞発生しかねないため，Aの生命にとって危険な状況にあったものと認められる。このことは，AがI病院から連れ出されてから，わずか25時間余り後に死亡していることからも客観的に裏付けられているというべきである。

以上によれば，原判決のいう上記一連の行為が，Aを死亡させる現実的危険性を十分に有していたことは明らかであり，（もちろん，その行為時点において，被告人に殺意とYとの共謀があったと認められることが前提となるが）これが殺人の実行行為に当たることはいうまでもない。なお，殺意発生時点に関する後記認定との関係で，上記一連の行為のうちの，Xが，本件ホテルに運び込まれたAの様子を自ら認識し

た以後において，Aに対し，その生命維持のために必要な医療措置を受けさせなかった行為に限ってその危険性について付言しておくと，これが，それ自体，Aを死亡させる現実的危険性を有する行為であることは明らかである。」

「次に殺意の有無……について，……Xに殺意があったかどうかを検討する上では，……本件当時のXの言動やその他の事実経過等に即して判断するほかないと考えられる。

そこで，以下，Xが本件ホテルに運び込まれたAの様子を自ら認識する以前と，それ以後とに分けて，被告人の殺意の有無について検討する。
……

Xは，本件ホテルに運び込まれたAの様子を自ら認識する以前においては，Yから報告を受けた限度でAの病状を認識していたにすぎないところ，主治医がAを連れ出すと命の保証ができず，尿毒症や肺炎のおそれがあるなどと言っているとしても，一方で，Aの様子をつぶさに観察し，その回復を切に願っているYが，Aは点滴によって日に日に衰弱していっていると認識し，Aの早期の連れ出しを求めて主治医と熱心に議論をするなどしていたのである。そして，Aが点滴によって衰弱しているというのは，Xが日ごろから説いてきた点滴の危険性にまさに合致することであり，（そのようなYの認識自体がXの日ごろの言動に起因するものなのではあるが）Xとしては，Aの事例は自己の主張が裏付けられた好例であるなどと思って，『点滴の危険性』に対する特異な認識を一気にエスカレートさせ，点滴が必要不可欠である旨主張するような主治医の判断は信用するに足らないなどと思ったのではないかと推察する余地がある。さらに，前述のとおり，Xは，Yから，主治医が，退院は許可しないが，あとは連れ出すしかないであろうなどと言っている旨の報告を受けて，主治医としては，立場上退院は許可しないし，警察沙汰になるかもしれないが，連れ出すかどうかはYらが決めることで，勝手にすればよいなどと考えているのではないかと認識したとみる余地もある。加えて，Xとしては，Yに対し，Aを連れ出すことを主治医や病院側に告げた上で，あるいはその旨の了解を取った上で，Aを連れ出すようにとの指示をしたものとみる余地もある。もっとも，このような推察は多分に想像を含んだものであるし，点滴が命にかかわるほど危険であるなどと考える者が通常存在するとは考えにくいことは確かである。しかし，仮に，そのように考えなければ，XがAの連れ出しに及んだことが合理的に説明できないのだとすれば，『疑わしきは被告人の利益に』の原則に従い，被告人は真実その旨認識していたと解するほかないのである。

……もとより，殺人罪においても，具体的な動機が認定できなければ，故意が認定できないというわけではないが，少なくとも何らかの動機が合理的に想定し得るというのでなければ，行為者が殺意を有していたことには，通常合理的疑いが生じ

ると考えられる。加えて，前述したようなXと被害者との従前の関係等に照らせば，XがAの死亡を容認することは，それ相応の強い動機がなければ考えにくいのである。そして，本件における一切の事情を考慮しても，XがYらにAを連れ出させた際に，XにAの死亡を容認するだけの強い動機があったとは合理的に想定できないといわざるを得ず，結局，Xが本件ホテルに運び込まれたAの様子を自ら認識する以前においては，Xに殺意があったと認定するには合理的疑いが残ると考えられる。

　……次に，Xが本件ホテルに運び込まれたAの様子を自ら認識した以後において，Xに殺意があったかどうかについて検討する。

　……Aは，本件ホテルに運び込まれた際，見るからに呼吸が苦しそうで，発語もなく，意識もない状態であったのであって，このようなAの病状は，それまでの伝聞による認識を改めさせるだけの強烈な印象をXに与えるに足るものであったと解される。すなわち，Xは，本件ホテルに運び込まれたAの姿を見て，点滴を止めているにもかかわらず，Aの病状は思いのほか重篤であり，点滴を止めたのであるから回復に向かうはずであるが，もしかしたら，主治医の言うとおり，このままではAが死亡するかもしれない状況にあるのではないかと認識したものと考えるのが合理的である。それにもかかわらず，Xは，この時点で，Aを救急医療の手に委ねたりしたら，自己の判断の誤りを露呈することになり，シャクティパット・グルとしての自己の権威が著しく失墜することになることから，もはや後戻りができなくなり，そのままではAが死亡する危険性があるのではないかと認識しながら，そうなったとしてもやむを得ないと思って，Aにシャクティパット治療を施すのみで，その生命維持に必要な医療措置を受けさせずに，Aを死亡させるに至ったものと考えられるのである。……

　そうすると，Xが本件ホテルに運び込まれたAの様子を自ら認識した以後の段階においては，XにはAの死亡を容認するだけの動機があったということができ，XはAに対する未必の殺意を抱いていたと認められる。」

　「以上のとおり，Xが本件ホテルに運び込まれたAの様子を自ら認識した同年7月2日午前10時30分ころ以後においては，Xに未必の殺意があったと認定できるが，それ以前においてはXに殺意があったと認定することはできない。ところで，Xは，Yらに指示してAをI病院から連れ出させ，本件ホテルに運び込ませたものであり，このような先行行為によって，本件ホテルに運び込まれたAに対し，直ちにその生存のために必要な医療措置を受けさせるべき作為義務を負っていたものと解することができ，それにもかかわらず，未必の殺意をもって，上記作為義務を怠ってAを死亡させたということができるのであるから，Xが上記のとおりAの様子を自ら認識した以後の行為は，いわゆる不真正不作為犯として，殺人罪に問擬されるべきであると考えられる。」

Questions

Q7 控訴審は，本件事実のいかなる部分に殺人罪の実行行為性を認めているか。それには，どのような作為・不作為が該当するか。具体的事情を挙げつつ，第1審の認定との相違も視野に入れながら検討せよ。

Q8 控訴審は，いかなる事実に基づいて，どの時点以降にXに殺人罪の故意を認めたのか。

[最高裁の決定要旨]

「1 原判決の認定によれば，本件の事実関係は，以下のとおりである。

(1) Xは，手の平で患者の患部をたたいてエネルギーを患者に通すことにより自己治癒力を高めるという『シャクティパット』と称する独自の治療（以下『シャクティ治療』という。）を施す特別の能力を持つなどとして信奉者を集めていた。

(2) Aは，Xの信奉者であったが，脳内出血で倒れて兵庫県内の病院に入院し，意識障害のため痰の除去や水分の点滴等を要する状態にあり，生命に危険はないものの，数週間の治療を要し，回復後も後遺症が見込まれた。Aの息子Yは，やはりXの信奉者であったが，後遺症を残さずに回復できることを期待して，Aに対するシャクティ治療をXに依頼した。

(3) Xは，脳内出血等の重篤な患者につきシャクティ治療を施したことはなかったが，Yの依頼を受け，滞在中の千葉県内のホテルで同治療を行うとして，Aを退院させることはしばらく無理であるとする主治医の警告や，その許可を得てからAをXの下に運ぼうとするYら家族の意図を知りながら，『点滴治療は危険である。今日，明日が山場である。明日中にAを連れてくるように。』などとYらに指示して，なお点滴等の医療措置が必要な状態にあるAを入院中の病院から運び出させ，その生命に具体的な危険を生じさせた。

(4) Xは，前記ホテルまで運び込まれたAに対するシャクティ治療をYらからゆだねられ，Aの容態を見て，そのままでは死亡する危険があることを認識したが，上記(3)の指示の誤りが露呈することを避ける必要などから，シャクティ治療をAに施すにとどまり，未必的な殺意をもって，痰の除去や水分の点滴等Aの生命維持のために必要な医療措置を受けさせないままAを約1日の間放置し，痰による気道閉塞に基づく窒息によりAを死亡させた。

2 以上の事実関係によれば，Xは，自己の責めに帰すべき事由により患者の生命に具体的な危険を生じさせた上，患者が運び込まれたホテルにおいて，Xを信奉する患者の親族から，重篤な患者に対する手当てを全面的にゆだねられた立場にあったものと認められる。その際，Xは，患者の重篤な状態を認識し，これを自らが救命できるとする根拠はなかったのであるから，直ちに患者の生命を維持するため

に必要な医療措置を受けさせる義務を負っていたものというべきである。それにもかかわらず，未必的な殺意をもって，上記医療措置を受けさせないまま放置して患者を死亡させたXには，不作為による殺人罪が成立し，殺意のない患者の親族との間では保護責任者遺棄致死罪の限度で共同正犯となると解するのが相当である。

以上と同旨の原判断は正当である。」

〔設問2〕 以下の事案について，Xの罪責について述べよ（Yの罪責については8講〔設問1〕参照）。

1 V（78歳）は，数年前から自力で食事や排せつを行うことができない，いわゆる寝たきりの要介護状態にあり，自宅で，妻X（68歳）の介護を受けていたが，風邪をこじらせて肺炎となり，A病院の一般病棟の個室に入院して主治医Bの治療を受け，容体は快方に向かっていた。

A病院に勤務し，Vを担当する看護師Yは，Vの容体が快方に向かってからは，Bの指示により，2時間ないし3時間に1回程度の割合でVの病室を巡回し，検温をするほか，容体の確認，投薬や食事・排せつの世話などをしていた。

一方，Xは，Vが入院した時から，連日，Vの病室を訪れ，数時間にわたってVの身の回りの世話をしていた。このため，Yは，Vの病状に何か異状があればXが気付いて看護師等に知らせるだろうと考え，XがVの病室に来ている間の巡回を控えめにしていた。その際，Yは，Xに対し，「何か異状があったら，すぐに教えてください」と依頼しており，Xも，その旨承し，「私がいる間はゆっくりしていてください」などとYに話し，実際に，Xは，病室を訪れている間，Vの検温，食事・排せつの世話などをしていた。

2 Vは，入院開始から約3週間経過後のある日，午前11時過ぎに発熱し，正午ころには39度を超える高熱となった（以下，時刻の記載は同日の時刻をいう）。Bは，発熱の原因が必ずしもはっきりしなかったものの，このような場合に通常行われる処置である解熱消炎剤の投与をすることにした。ところが，Vは，一般的な解熱消炎剤の「D薬」に対する強いアレルギー体質で，D薬による急性のアレルギー反応でショック死する危険があったため，Bは，D薬に代えて使用されることの多い別の解熱消炎剤の「E薬」を点滴で投与することにし，午後0時30分ころ，その旨の処方せんを作成してYに手渡し，「Vさんに解熱消炎剤のE薬を点滴してください」と指示した。そして，高齢のVの発熱の原因がはっきりせず，E薬の点滴投与後もVの熱が下がらなかったり容体の急変等が起こる可能性があったため，Bは，看護師によるVの慎重な経過観察が必要であると判断し，Yに，「Vさんの発熱の原因がはっきりしないうえ，Vさんは高齢なので，熱が下がらなかったり容体が急変しないか心配です。容体を

よく観察してください。半日くらいは，約30分ごとにVさんの様子を確認してください」と指示した。

　3　Bの指示を受けたYは，A病院の薬剤部に行き，Bから受け取った前記処方せんをA病院薬剤部に勤務する薬剤師Zに示し，Zから受け取った薬のアンプル内の薬液を点滴容器に注入し，午後1時ころからVに対し点滴を開始した。しかし，それはE薬ではなくD薬であり，Yはそのことに気づかないままであった。その際，Vの検温をしたところ，体温は39度2分であったため，Yは，Vのベッド脇に置かれた検温表にその旨記載して病室を出た。

　Yは，Bの前記指示に従って，点滴を開始した午後1時ころから約30分おきにVの病室を巡回することとし，1回目の巡回を午後1時30分ころに行い，Vの容体を観察したが，その時点では異状はなかった。この時のVの体温は39度で，Yはその旨検温表に記載した。

　4　（8講〔設問1〕に掲載のため略）

　5　午後1時35分ころ，Xが来院し，Vの病室に行く前に看護師詰所（ナースステーション）に立ち寄ったので，Yは，Xに「Vさんが発熱したので，午後1時ころから，解熱消炎剤の点滴を始めました。そのうち熱は下がると思いますが，何かあったら声を掛けてください。私も30分おきに病室に顔を出します」などと言い，Xは，「分かりました」と答えてVの病室に行った。

　Xは，Vが眠っていたため病室を片付けるなどしていたところ，午後1時50分ころ，Vが呼吸の際ゼイゼイと音を立てて息苦しそうにし，顔や手足に赤い発しんが出ていたので，慌ててVに声を掛けて体を揺すったが，明りょうな返事はなかった。

　Vは，数年前に，薬によるアレルギー反応で赤い発しんが出て呼吸困難に陥って次第に容体が悪化し，やがてチアノーゼ（血液中の酸素濃度低下により皮膚が青紫色になること）が現れるに至ったが，医師の救命処置により一命を取り留めたことがあった。Xは，その経過を直接見ており，後に医師から，「薬に対するアレルギーでショック状態になっていたので，もう少し救命処置が遅れていれば助からなかったかもしれない」と聞かされた。

　このような経験から，Xは，Vが再び薬によるアレルギー反応を起こして呼吸困難等に陥っていることが分かり，放置すると手遅れになるおそれがあると思った。

　しかし，Xは，他に身寄りのないVを，Vが要介護状態になった数年前から1人で介護する生活を続け，肉体的にも精神的にも疲れ切っており，退院後も将来にわたってVの介護を続けなければならないことに悲観していたため，このままVが死亡すれば，先の見えない介護生活から解放されるのではないかと

思った。また、Xは、時折Vが「こんな生活もう嫌だ」などと嘆いていたことから、介護を受けながら寝たきりの生活を続けるより、このまま死んだ方がVにとっても幸せなのではないかとも思った。

他方、Xは、長年連れ添ったVを失いたくない気持ちもあったうえ、Vが死亡すると、これまで受け取っていたXとVの2名分の年金受給額が減少するのも嫌だとの思いもあった。

このように、Xが、これまでの人生を振り返り、かつ今後の人生を考えて、これからどうするのがXやVにとって良いことなのか思い悩んでいた午後2時ころ、Yが、巡回のため、Vの病室の閉じられていた出入口ドアをノックした。しかし、心を決めかねていたXは、もうしばらく考えてからでもVの救命は間に合うだろうと思い、時間を稼ぐため、ドア越しに「今、体を拭いてあげているので20分ほど待ってください。夫に変わりはありません」と嘘を言った。

Yは、その言葉を全く疑わずに信じ込み、Vに付き添って体を拭いているのだから、Vに異状があればXが必ず気付くはずだと思い、Vの容体に異状がないことの確認はできたものと判断し、約30分後の午後2時30分ころに再び巡回すれば足りると考え、「分かりました。30分ほどしたらまた来ます」とドア越しにXに言って立ち去った。

6　Yが立ち去った後、XがVの様子を見ると、顔にチアノーゼが現れ、呼吸も更に苦しそうに見えたことなどから、Xは、Vの容体が更に悪化していることが分かった。

Xは、しばらく悩んだ末、数年前にVが同様の症状に陥って助かった時の前記経験から、現時点でのVの症状ならば、速やかに救命処置が開始されればVはまだ助かるだろうと思いながらも、事態を事の成り行きに任せ、Vの生死を、医師等の医療従事者の手にではなく、運命にゆだねることに決め、その結果がどうなろうとその運命に従うことにした。

その後、Xは、この次の巡回が午後2時30分ころに予定されていたので、午後2時15分ころ、検温もしていないのに、検温表に午後2時20分の検温結果として38度5分と記入したうえ、午後2時30分ころ、更に容体が悪化しているVを病室に残して看護師詰所に行き、Yに検温表を示しながら、「体を拭いたら気持ち良さそうに眠りました。しばらくそっとしておいてもらえませんか。熱は下がり始めているようです。何かあればすぐにお知らせしますから」と嘘を言ってVの病室に戻った。

7　Yは、他の患者の看護に追われて多忙であったうえ、Xの話と検温表の記載から、Vの容体に異状はなく、熱も下がり始めて容体が安定してきたものと信じ込み、Xが付き添っているのだから眠っているVの様子をわざわざ見に

行く必要はなく，午後2時30分ころに予定していた巡回は行わずに午後3時ころVの容体を確認すれば足りると判断した。

午後2時50分ころ，Xは，Vの呼吸が止まっていることに気付き，Vは助からない運命だと思って帰宅した。

午後3時ころ，Vの病室に入ったYが，意識がなく呼吸が停止しているVを発見し，直ちにBらによる救命処置が講じられたが，午後3時50分にVの死亡が確認された。

 8 その後の司法解剖やX，Y，Zおよび他のA病院関係者らに対する事情聴取等の捜査の結果，次の各事実が判明した。

 (1) Vの死因は，肺炎によるものではなく，D薬を投与されたことに基づく急性アレルギー反応による呼吸困難を伴うショック死であった。

 (2) 遅くとも午後2時20分までに，医師，看護師等がVの異変に気付けば，当時のA病院の態勢では直ちに医師等による救命処置が開始可能であって，それによりVは救命されたものと認められたが，Vの異変に気付くのが，それより後になると，Vが救命されたかどうかは明らかでなく，午後2時50分を過ぎると，Vが救命される可能性はほとんどなかったものと認められた。

なお，本件において，Vに施された救命処置は適切であった。

 (3) VにE薬に対するアレルギーはなく，VにE薬を投与してもこれによって死亡することはなかった。

なお，BのVに対する治療方針やE薬の処方およびYへの指示は適切であった。

(平成22年度刑法論文問題改題)

Questions

Q9 Xに関して刑法上，いかなる犯罪の成立が考えられるか。考えられる罪名をすべて挙げよ。そのうち，本事案の解決にとって重要度のより高いものは何か。

Q10 Vの死の結果に対して，Xは作為によって関与したことになるのか，それとも不作為によって関与したことになるのか，具体的事情を挙げつつ検討せよ。

Q11 Xの行為を不作為と考えた場合，Xに認められる故意（***Q12***）も踏まえつつ，何罪にあたるかを確定したうえで，作為義務の有無について検討せよ。その際には，作為義務の発生根拠に関して自らの見解を明らかにしつつ，作為義務の内容，作為可能性・容易性についても留意しながら，具体的事情に基づいた検討をすること。

Q12 Xには，どの時点に不作為の実行行為の着手が認められるか。その際には，Xの故意がどの時点で認められるか，故意に関する自らの見解を明らかにしたう

えでの検討もすること。

Q13 Vの死亡結果をXに帰責させることは可能か。Vの救命可能性があった時間帯との関係にも留意しつつ、実行行為性、故意の有無も含めて検討せよ。

【参考判例1】
佐賀地判平成19年2月28日TKC文献番号28135252（福岡高判平成19年7月6日（ウェストロージャーナル）参照）

［事実の概要］

　平成18年5月20日午後5時10分ころ、被告人が運転する普通貨物自動車と左方から進出してきたA（当時11歳）が操縦する自転車が衝突し、上記Aが頭蓋骨骨折等の傷害を負い頭部から大量に出血して意識不明の状態に陥る交通事故が発生した。

　被告人は、自車を停止させ、路上に倒れている上記Aのもとに近付き、「もしもし」と声を掛けたところ、上記Aの左手の指先がわずかに動き、左まぶたがピクピクと動いた。被告人は、タオルで上記Aの頭部の出血を拭いてやり、上記Aを病院に運んで手当を受けさせなければならないと考えたが、携帯電話の持ち合わせがなかったため、他の通行車両や通行人が現れるのを待ったものの、誰も通らなかった。

　被告人は、上記Aは死亡するかもしれない、そうなると自分は「人殺し」となり、重い刑罰を受けねばならなくなるなどと恐れた。そこで、事故発生を隠蔽するため、上記Aの自転車をガードレールの外のa川沿いの法面の草むらに投棄するなどした。そして、上記Aを自車の助手席に乗せて、同所を出発し、県道を「B森林公園」方面に向かいしばらく走行したが、その際は、まだ上記Aを病院に運んで手当を受けさせようという考えと、事故を誰にも目撃されていないのを奇貨として、上記Aを人目に付かない山中に運んで遺棄しようという考えが交錯しており、いずれにするか決めかねていた。

　こうして、被告人は、「B森林公園」付近に至ったところで、頭部に重傷を負って意識不明の状態に陥っている上記Aは最寄りの病院に運ぶまでの短時間の間に死亡するかもしれないと思う一方で、上記Aはそのままでも数時間程度は生き続ける可能性があるかもしれないとも思い、その場合には、上記Aを人目に付かない山中に運んで遺棄すれば、誰にも発見・救助されないまま頭部の重傷が悪化して死亡するかもしれないが、それもやむなしと決意し、あえて人目に付かない杉林内に運び、杉の木の下付近の地面上に置いて、同所から立ち去ったが、翌日、捜索中の家族らが、上記場所に遺棄されたままの上記Aを発見し、搬送先の「C病院」において緊急手術が施されたため、殺害の目的を遂げなかった。

［判旨］

　本件事故により重傷を負ったがまだ生きており、医師による緊急治療の必要があ

る被害者を，自己の車に乗せて搬送し，夜間の気温が低く，通常では発見・救出が極めて困難な杉林の中に運び込み，不衛生な状態のまま置いて立ち去った被告人の行為は，医師による緊急治療の機会を奪い，頭部の重傷を進行・増悪させたり，エネルギー消耗により免疫力を低下させたり，傷口から菌が侵入し髄膜炎や感染症を引き起こしたりするおそれが強い。これらは被害者の生命侵害の危険性を死が確実と言い得るほどにまで高めるという点で，被害者の生命に対する新たで重大な危険性を生じさせるものであることは，医学的見地のみならず，社会通念に照らしても，極めて明白である。

　そうすると，被告人の行為は，被害者の死亡の結果を引き起こす定型的危険性を十分に備えた行為であり，客観的には，殺人の実行行為に該当すると言わなければならない。

Questions

Q14 被告人の行為を「被害者を病院に連れて行かずに放置した」という不作為として構成せず，判旨のような殺人罪の作為犯として構成した理由としてどのようなことが考えられるか。

2　不作為と結果回避可能性

〔設問3〕　以下の事実が認定し得たとしてXとBの罪責について述べよ。

　Xは，同居している実母Bと妻との折り合いが悪く2度の離婚を経験し，さらにA女と婚姻した後もBと同居していたところ，BとAの関係が悪化し始めた。Xはしだいに，BとAの不和に思い悩み，ついには，Aを殺害して自分も死ぬしかないと無理心中を図ったが未遂に終わった。

　Xは，勤務を終えて帰宅した後にAと飲酒していたところ，Aが，酔いが回るにつれBを自宅から追い出すように求めてきたため，かねてそういう場合にしていたように，Aを眠らせて話を聞かなくて済むようにしようと考え，2階寝室で睡眠導入剤をAの酒に溶かして飲ませた。

　Aは，階下に降りようとして，朦朧としていたために階段を踏み外し頭を強打して意識を失った。

　Bは，上から物が落ちたような音がしたので，階段に赴いたところ，Aが階段に頭を乗せて仰向けの状態で倒れているのを発見し，Aの肩を揺すって声をかけるなどしたが，意識を取り戻さないAの姿を見ているうち，日ごろAから受けてきた仕打ちを想起して，とっさにAを殺害することを決意し，Aの二の腕や髪の毛などを持って，階段の角，階段側壁等にAの頭部を多数回打ち

付けた。

　Xは，就寝中「ゴンゴン」という音を聞いて目をさまし，寝室を出て2階の階段踊り場まで行き，階段下を見たところ，Bが倒れたAの腕辺りを持って階段の方に引きずっているのが見えた。そこで，Xは，Bに「何やってんだ。母さん」と声をかけたうえ，Aは呼吸しているものの床にある血の量が多量だったので，Aの生命に重大な危機が生じていると思いながら，BをAから引き離し，興奮しているBを落ち着かせた。Xは，Bが「救急車を呼ばないで」と哀願したため，救急車を呼ばないことを決意し，その旨Bに伝えた。Xは，Bに自室に帰るように指示したうえ，Aへのさらなる攻撃をしないよう注意し就寝した。

　Aは，頭部に生じた20か所にも及ぶ挫裂創からの出血により，Xが階下に降りた時点から3〜4時間以内に死亡したと推定された。

　そして，XがAを発見した当時のAの状態は，意識は混濁し，脈拍は感じにくく，体を触ると冷たく感じる状態であった。他方で，出血は続き，呼吸をしている状態で，Xが救命のために執るべき措置を施した場合，Aが救命された可能性は相当程度あったものと認定された。

　ただ，XがAの容体を確認した後，119番通報して救急車の派遣を10分以内に要請するとともに，止血等の応急措置を行ったとしても，諸事情を勘案すると，救急車の車内では止血措置やリンゲル液の輸液等の措置を講じうるにすぎず，輸血など本格的な救命措置は病院に搬送された後に初めてなしうること，救急隊がX宅に到着しAが病院に搬送されるまでには約40分ないし45分間程度の時間を要することなどを総合すれば，Xが執るべき救命措置を施したとしても，Aが救急車で病院に搬送される途中に死亡した可能性を否定することはできないことも明らかになった。

Questions

Q15　Xの行為は何罪の構成要件該当性が問題となるか。
　①XがAを発見した時点で，救命が困難である場合に，Xに保護責任は認められるか。
　②救命可能性があったとしても，Xはこれがないものと認識していたとも考えられ，故意責任が認められないのではないか。
　③Xが救命行為を行ったとしても，Aの死亡の結果を回避できたか合理的な疑いが残るので，Xの放置行為とAの死亡との間に因果関係は認められないのではないか。

Q16　「保護すれば死亡しなかった」という判断は，不作為犯の実行行為性の前

提となる結果回避可能性と，遺棄致死罪の成否を決定する「死の結果の因果関係の判断」に共通するが，同一のものと考えてよいのか。

2　札幌地判平成15年11月27日判タ1159号292頁

［事実の概要］

被告人は，Aと婚姻し，a市b区の自宅において，実母のBとともに居住していたものであるが，かねて妻Aと実母Bの不和に悩みを募らせていた。平成14年7月12日午前零時50分ころ，前記自宅1階居間の階段付近において，A（当時39歳）がBから頭部を階段の角等に打ち付けられるなどして外傷を負い，頭部から多量に出血し，その場に転倒しており，医師等による治療が必要な状態であると認めたのであるから，直ちに止血の措置をとり，救急車の派遣を求めるなどしてAの生存に必要な措置を講じる責任があったにもかかわらず，同女を放置して死亡させれば，同女とBとの間の諍いで思い悩むことはなくなる一方，救急車の派遣を求めれば，Bの犯行が発覚し，同女が逮捕されてしまうので，そのような事態を避けるため，Aに対し，その生存に必要な措置を講じることなくこれを放置することを決意し，救急車の派遣等の措置等を講じることなく同女をそのまま放置して前記自宅2階の寝室に戻り，もって同女の生存に必要な保護をしなかった。

［判旨］

「Aは，何らの止血措置も講じられていない状態でも，Bからエーテルを摂取させられる時点までは生存していたこと，被告人が救命措置を講じた場合，受傷後約30分ないし35分で不完全ではあるが止血措置が開始され，救急隊の到着後，救急隊員による適切な止血措置を施され，病院に搬送されて輸血等の本格的な救命措置を講じられること，Aは頭部に多数の傷を負い多量に出血しているが，このような状態であっても止血措置を施すことは十分に可能であること，Aは男性よりも出血に耐性を持つ女性で，受傷当時39歳とまだ若く，特段病気に罹患していなかったこと，出血性ショックのうち，重症に至っていない段階で救急医療が要請された場合には，救命可能性はかなり高いことなどに照らせば，被告人がAの救命のために執るべき措置を施した場合，Aが救命された可能性は相当程度あったものと認められる。

しかし，被告人が速やかに救急医療を要請するなど執るべき救命措置を施したとしても，救急隊が被告人宅に到着した時点では，Aはすでに相当多量に出血し（この時点では，循環血液量の4割ないしそれ以上のものが流出していた可能性を排斥できない。），何らの救命措置も施されなければ，その後数分から30分程度の短時間で死亡する状態になっていると考えられること，そのように多量に出血した後に止血措置

を施してもそれだけでは全身状態の悪化を止めることはできないこと，救急車の車内では止血措置やリンゲル液の輸液等の措置を講じうるに過ぎず，輸血など本格的な救命措置は病院に搬送された後に初めてなし得ること，救急隊が被告人宅に到着してからAが病院に搬送されるまでには約40分ないし45分間程度の時間を要することなどを総合すれば，被告人が執るべき救命措置を施したとしても，Aが救急車で病院に搬送される途中に死亡した可能性を否定することはできない。

前記認定のとおり，被告人がAを発見し，その容体を確認した時点においては，Aの出血性ショックの程度は中等症程度で，血圧が80以下に下がり，脈拍が取りにくく，出血の影響で皮膚冷感や四肢冷感等の症状が発生して，体を触ると冷たく感じる状態であったことは否定できないものの，他方で，Aがその後しばらくは生存していたもので，頭部の傷からは出血が続き，呼吸は促迫した状態にあったのであるから，間近でAの容体や傷の状況を確認した被告人は，Aが現に出血し，呼吸をしていることを十分認識していたと認められるのであって，被告人の捜査段階の自白の信用性を検討するまでもなく，被告人においては，Aが現に生存していることを認識していたと優に認められる。

そして，被告人がAの生存を認識していた以上，特段の事情のない限り，被告人は，救急車を要請するなどの措置を講ずれば，その可能性の大小はともかくとして，Aが救命される可能性が存在すると認識していたと認めるのが相当であるところ，被告人の供述によっても，前記特段の事情が存在していたとはいえないから，被告人は，Aの救命可能性を認識していたと認められる。」

結論

「(1) 被告人が保護責任者であること

被告人は，自宅1階居間の階段下で，妻であるAがBから暴行を受けて頭部から多量に出血して倒れているのを発見し，その時点でAは，被告人がBをAから離し容体を見た後救急医療を要請するなどの適切な救命措置を講じていれば救命される可能性があったのであるから，被告人は保護責任者遺棄罪にいう保護責任者に当たるものと認められる。

(2) 被告人の不保護とAの死亡との間に因果関係が認められないこと

しかし，前記説示のとおり，被告人が執るべき救命措置を講じたとしても，Aが死亡した可能性は否定できないから，被告人がAに対する保護責任を果たさなかったことと，Aの死亡との間に因果関係を認めることについては，なお合理的な疑いが残る。

(3) 被告人が保護責任者遺棄罪の故意を有すること

前記認定のとおり，被告人は，Aの容体を確認した時点で，Aが現に生存し救命可能性がある状態であると認識していたのであるから，保護責任者遺棄罪の故意が

あると認められる。

(4) 以上のとおり，被告人の行為（不保護）と，Ａの死亡との間に因果関係が認められないから保護責任者遺棄致死罪は成立しないが，被告人には，保護責任者遺棄罪の成立が認められる。」

3 最決平成元年12月15日刑集43巻13号879頁

[事実の概要]

暴力団員であった被告人Ｘは，午後11時ころ，覚せい剤と交換に少女Ａ（当時13歳）と性交渉を得ようとして，ホテルの一室内において，午後11時10分ころ，Ａの左腕部に覚せい剤約0.04グラムを含有する水溶液約0.25立方センチメートルを注射した。まもなく，Ａ女は，頭痛，胸苦しさ，吐き気等の症状を訴えはじめ，これが次第に高じて翌8日午前零時半ころには，「熱くて死にそうだ」などと言いながら，着衣を脱ぎ捨て，2階にある同室の窓のガラスを風呂場の引き戸と錯覚して開けて，戸外に飛びだそうとし，部屋の中を無意識に動き回るなど，覚せい剤による錯乱状態に陥り，正常な起居の動作ができない程に重篤な心身の状態に陥った。Ｘは，以前にもＡ女に覚せい剤を注射したこともあり，覚せい剤による強度の急性症状が同女に発現したものであることを十分認識していたにもかかわらず，Ａ女が錯乱状態に陥った午前零時半ころの時点において，安全のために必要な救護措置をとることなく同女を漫然と放置し，午前2時15分ころにはホテルを立ち去り，その後，Ａ女は，同日午前4時ころまでの間に，ホテルにおいて覚せい剤による急性心不全により死亡するに至った。

Ｘは，保護責任者遺棄致死罪で起訴されたが，第1審は，「Ａ女が適切な救急措置を受けていれば救命された可能性を否定することができないが，現実の救命可能性が100％であったとはいうことができない」とした鑑定を基に，遺棄行為とＡ死亡との間の因果関係を否定し，保護責任者遺棄罪の成立のみを認めた。これに対して，第2審は，適切な救命医療を施しておれば，100パーセントではなくとも十中八，九救命は可能であったという鑑定からは，刑法上の因果関係を肯定しうるとして保護責任者遺棄致死罪の成立を認めた。

[決定要旨]

「なお，保護者遺棄致死の点につき職権により検討する。原判決の認定によれば，被害者の女性が被告人らによって注射された覚せい剤により錯乱状態に陥った午前零時半ころの時点において，直ちに被告人が救急医療を要請していれば，同女が年若く（当時13年），生命力が旺盛で，特段の疾病がなかったことなどから，十中八九

同女の救命が可能であったというのである。そうすると，同女の救命は合理的な疑いを超える程度に確実であったと認められるから，被告人がこのような措置をとることなく漫然同女をホテル客室に放置した行為と午前2時15分ころから午前4時ころまでの間に同女が同室で覚せい剤による急性心不全のため死亡した結果との間には，刑法上の因果関係があると認めるのが相当である。したがって，原判決がこれと同旨の判断に立ち，保護者遺棄致死罪の成立を認めたのは，正当である。」

Questions

Q17 被告人のいかなる行為が遺棄罪の実行行為に当たるか。

Q18 十中八，九の救命可能性があれば因果関係が認められるとする基準によると，〔設問3〕の事案はどのように判断されるか。
　仮に救命可能性が五分五分だった場合には，因果関係が否定されるのか。それは，作為犯における因果関係の基準とは異なるのか。

第3講　実行行為の開始時期と責任能力の存在時期

1　実行の着手——最高裁の実質的危険性判断

〔設問1〕　以下の事実が認められる場合にXに覚せい剤密輸入罪の実行行為の着手は認められるか。

　ア　Xは，北朝鮮において覚せい剤を密輸船に積み込んだうえ，日本近海まで航行させ，同船から海上に投下した覚せい剤を小型船舶で回収して日本に陸揚げするという方法で覚せい剤を輸入することを計画し，平成14年6月および同年10月の2回にわたり，S県M灯台から北北東約25キロメートルの日本海海上において覚せい剤を投下してこれを回収，陸揚げし，覚せい剤を輸入していた。

　イ　Xは，再び上記方法で覚せい剤を輸入することを企て，同年11月25日，覚せい剤を積み込んだ密輸船を北朝鮮から出港させ，一方で，日本側の回収担当者において，同月26日から同月28日までの間に陸揚げを実行するよう準備した。

　ウ　上記密輸船は，同月27日，S県沖に到達したが，同日は荒天で風波が激しかったことから，Xらは，日本側の回収担当者と密輸船側の関係者との間で連絡を取り，覚せい剤の投下地点を，当初予定していた前同様の日本海海上から，より陸地に近い内海のM灯台から南西約2.7キロメートルのS県M湾内海上に変更し，遅くとも同日午前7時ころ，1個約30キログラムの覚せい剤の包み8個を，ロープでつなぎ，目印のブイを付けたうえ，簡単に流されないよう重しを付けるなどして，密輸船から海上に投下した。

　エ　回収担当者は，投下地点等の連絡を受けたものの，悪天候のため，GPS（衛星航法装置）を備えた回収のための小型船舶をS県K港N岸壁から出港させることができず，同日午後3時過ぎころ，いったんは出港したものの，同岸壁と投下地点との中間辺りまでしかたどり着けず，覚せい剤を発見できないまま，同岸壁に引き返し，結局，同日，再度出港することはできなかった。

　オ　密輸船から投下された覚せい剤8個のうちの4個は，遅くとも翌28日午前5時30分ころまでに，上記投下地点から20キロメートル程度東方に位置するM湾東岸に漂着し，さらに，その余のうち3個が，同日午前11時ころまでに，同海岸に漂着し，これらすべてが，そのころ，通行人に発見されて警察に押収

された。

　カ　一方，回収担当者は，そのことを知らないまま，同日午後，覚せい剤を回収するため，再度，上記S県K港N岸壁から小型船舶で出港したが，海上保安庁の船舶がしょう戒するなどしていたことから，覚せい剤の発見，回収を断念して港に戻った。その後，Xらは，同日中に，本件覚せい剤の一部が上記のとおり海岸に漂着して警察に発見されたことを知って，最終的に犯行を断念した。

1　最判平成20年3月4日刑集62巻3号123頁

［事実の概要］〔設問1〕参照
［決定要旨］
　「以上の事実関係に照らせば，本件においては，回収担当者が覚せい剤をその実力的支配の下に置いていないばかりか，その可能性にも乏しく，覚せい剤が陸揚げされる客観的な危険性が発生したとはいえないから，本件各輸入罪の実行の着手があったものとは解されない。これと同旨の原判断は相当であり，所論は理由がない。」

Questions

Q1　本件で，「覚せい剤を実力支配の下に置く可能性に乏しい」とした判断に影響したと思われる事実をすべて挙げよ。そのうち，特に重要だと考えられるのはどの点か。

2　最判平成26年11月7日裁時1615号5頁

［事実の概要］
　「(1)　A（以下『A』という。）は，平成18年2月頃から，氏名不詳者より，日本から香港へのうなぎの稚魚の密輸出を持ちかけられ，報酬欲しさに，これを引き受け，繰り返し密輸出を行っていたが，その後，被告人らを仲間に勧誘した。
　(2)　本件当時の成田国際空港における日航の航空機への機内預託手荷物については，チェックインカウンターエリア入口に設けられたエックス線検査装置による保安検査が行われ，検査が終わった手荷物には検査済みシールが貼付された。また，同エリアは，当日の搭乗券，航空券を所持している旅客以外は立入りできないよう，チェックインカウンター及び仕切り柵等により周囲から区画されており，同エリア

に入るには，エックス線検査装置が設けられた入口を通る必要があった。そして，チェックインカウンターの職員は，同エリア内にある検査済みシールが貼付された荷物については，保安検査を終了して問題がなかった手荷物と判断し，そのまま機内預託手荷物として預かって航空機に積み込む扱いとなっていた。一方，機内持込手荷物については，出発エリアの手前にある保安検査場においてエックス線検査を行うため，チェックインカウンターエリア入口での保安検査は行われていなかった。

(3)　Aらによる密輸出の犯行手口は，①衣類在中のダミーのスーツケースについて，機内預託手荷物と偽って，同エリア入口でエックス線検査装置による保安検査を受け，そのスーツケースに検査済みシールを貼付してもらった後，そのまま同エリアを出て，検査済みシールを剥がし，②無許可での輸出が禁じられたうなぎの稚魚が隠匿されたスーツケースについて，機内持込手荷物と偽って，上記エックス線検査を回避して同エリアに入り，先に入手した検査済みシールをそのスーツケースに貼付し，③これをチェックインカウンターで機内預託手荷物として預け，航空機に乗り込むなどというもので，被告人らは，Aの指示で適宜役割分担をしていた。

(4)　Aは，氏名不詳者から，『本件当日15か16ケースのうなぎの稚魚を運んでもらいたい。そのため5人か6人を用意してほしい。』などと依頼され，被告人，D，B及びEの4名について，本件当日発の日航731便の搭乗予約をしていたが，前日になって，『明日は2名で6ケースになった』旨伝えられ，被告人らに対し，被告人，E及びDが本件スーツケース6個を同エリア内に持ち込み，C（以下『C』という。）とBが香港までの運搬役を担当するよう指示した。Aは，C分の同便の搭乗予約をしていなかったが，他の予約分をCに切り替えるつもりでいた。

(5)　本件当日，A及び被告人を含む総勢6名は，ダミーのスーツケースを持参して成田国際空港に赴き，手分けして同エリア入口での保安検査を受け，検査済みシール6枚の貼付を受けてこれを入手した。そして，被告人らは，同空港で，氏名不詳者から本件スーツケース6個を受け取り，1個ずつ携行して機内持込手荷物と偽って同エリア内に持ち込んだ上，手に入れていた検査済みシール6枚を本件スーツケース6個にそれぞれ貼付した。

(6)　その後，AとCは，本件スーツケースを1個ずつ携え，日航のチェックインカウンターに赴き，Cの航空券購入の手続をしていたところ，張り込んでいた税関職員から質問検査を受け，本件犯行が発覚した。」

「上記認定事実によれば，入口にエックス線検査装置が設けられ，周囲から区画されたチェックインカウンターエリア内にある検査済みシールを貼付された手荷物は，航空機積載に向けた一連の手続のうち，無許可輸出が発覚する可能性が最も高い保安検査で問題のないことが確認されたものとして，チェックインカウンターでの運送委託の際にも再確認されることなく，通常，そのまま機内預託手荷物として

航空機に積載される扱いとなっていたのである。そうすると、本件スーツケース6個を、機内預託手荷物として搭乗予約済みの航空機に積載させる意図の下、機内持込手荷物と偽って保安検査を回避して同エリア内に持ち込み、不正に入手した検査済みシールを貼付した時点では、既に航空機に積載するに至る客観的な危険性が明らかに認められるから、関税法111条3項、1項1号の無許可輸出罪の実行の着手があったものと解するのが相当である。」

［原審の判断］

「被告人は、第1審判決に対して量刑不当を理由に控訴したが、原判決は、控訴理由に対する判断に先立ち、無許可輸出罪の実行の着手時期に関し、職権で以下のとおり判示した上、本件は無許可輸出の予備罪にとどまるとして第1審判決を破棄し、被告人を罰金50万円に処した。

実行の着手とは、『犯罪構成要件の実現に至る現実的危険性を含む行為を開始した時点』であって、本件のような事案においては、本件スーツケース6個について運送委託をした時点と解すべきである。航空機の搭乗手続の際に、機内預託手荷物として運送委託をすれば、特段の事情のない限り、自動的に航空機に積載されるから、その時点において本件スーツケース6個が日航731便に積載される現実的危険性が生じるからである。この点に関し、検察官は、『積載する行為』又は『積載する行為に密接に関連し、かつ、積載に不可欠な行為』があれば、この時点で実行の着手を認めるべきとの一般論を前提とし、チェックインカウンターエリア内で本件スーツケース6個に検査済みシールを貼付すれば、『輸出行為が既遂に至るまでに何ら障害のない状況が作出された』と主張するが、肝心の運送委託をしない限り、そのような状況が作出されたと客観的に断ずることはできない。そうすると、『検査済みシールを本件スーツケース6個に貼付するなどした』までの事実をもって、無許可輸出の未遂罪が成立するとはいえず、単に無許可輸出の予備罪が成立するにとどまるというべきであり、第1審判決には判決に影響を及ぼすことが明らかな法令適用の誤りが存する。」

2　窃盗罪の実行の着手

3　名古屋高判平成13年9月17日高検速報694号

［事実の概要］

被告人Xは、平成12年8月16日ころ、N市内I駐車場において、同所に駐車中の自動車内から、E所有または管理にかかる現金約3万円および財布1個ほか10点在中のバッグ1個（時価合計約6万2000円相当）を窃取した。

さらにXは，(1)この窃取したキャッシュカードを用いて，同日午後4時56分ころ，N市所在のA銀行B支店C出張所キャッシュコーナー，およびD郵便局キャッシュコーナーにおいて，それぞれに設置された現金自動預払機に対し，残高があれば引き続いて払い戻そうと考え，預払機の画面にある残高照会のボタンを押して機械を作動させた上，窃取したキャッシュカードを挿入して預払機を作動させて，現金を窃取しようとした。ところが，いずれのキャッシュカードも無効カードとして預払機に取り込まれたため，現金窃取の目的を遂げなかった。
　第1審判決は，キャッシュカードによる残高照会と払戻しという一連の行為を財物の存在を確認する行為とこの財物を窃取する行為の2段階に分け，前者のみでは窃盗の実行の着手とはいえないとして，窃盗未遂の成立を否定した。

[判旨]

　「窃盗罪において実行の着手があったといえるためには，原判決の指摘するとおり，財物に対する事実上の支配を侵すにつき密接な行為を開始したことが必要と解されるところ，その判断は，具体的には当該財物の性質・形状，占有の形態，窃取行為の態様・状況，犯行の日時場所等諸般の状況を勘案して社会通念により占有侵害の現実的危険が発生したと評価されるかどうかにより決すべきものであり，これを本件についてみれば，キャッシュカードを現金自動預払機ないし郵便貯金自動預払機に挿入した時点で，犯罪構成要件の実現に至る具体的ないし現実的な危険を含む行為を開始したと評価するのが相当であって（たまたま盗難が届けられていたために各キャッシュカードが機械の中に取り込まれた事実……は，この判断に何ら影響を及ぼすものではない。），かかる預払機に使用方法として，先ずキャッシュカードを挿入し，残高照会をした後に入力画面から払戻しに移行する場合と残高照会後に再度カードを入れ直して払戻しをする場合と直接払戻しの操作に及ぶ場合とで占有侵害の具体的危険性に実質的な差異があるとは考えられない。
　そうすると，……被告人の各所為は，窃盗の実行の着手と認められるものであって，窃盗未遂罪の成立は否定できないところである。
　この点に関し原判決は，キャッシュカードによる残高照会と払戻しという一連の行為を財物の存在を確認する行為とこの財物を窃取する行為の2段階に分け，前者のみでは窃盗の実行の着手とはいえないとしているが，払戻しとこれに先立つ残高照会とは，残高を確認して現金を盗もうとする窃盗犯人はもとよりのこと，一般の顧客においても密接に関連したものとして捉え，そのように利用しているのであり，この間の操作に障害となるものがないことなどに照らしても，確認行為と窃取行為の分離を強調する原判決の見解は採用できない。」

Questions

Q2 実行の着手時期に関する学説にはどのようなものがあるか。それぞれの説の立場において，本件で，実行の着手は認められるか。

Q3 本事案において，A銀行と郵便貯金との間に提携関係がなかったとして，郵便貯金自動預払機にA銀行のキャッシュカードを挿入したら，実行の着手は認められるか。

3　強姦罪の実行の着手

〔設問2〕　以下の事実について，Xの罪責について述べなさい。

被告人Xは，A，BおよびCと行動を共にしていたところ，原動機付自転車に2人乗りして走行していた2人組の男女を見つけた。Xは，「こかして金とって，女まわそか。俺，一番な」などと言い，A，BおよびCも，Xの提案に賛同し，女性を強姦する時の順番等について話をするなどしたが，Xらは，男女2人組が乗っていた原動機付自転車を見失ってしまった。AがXに対して，「もうええやん。次行こうや。これからは金だけにしようや」と提案し，Xは，「そやな」と返答し，BおよびCもこのやりとりを黙って聞いていた。

その後，午前2時5分ころ，Xらは，S市内を自動車で走行中，前方に自転車で走行していたHを発見した。Xは，同女から金品を奪ったうえで，同女を強姦しようと考え，A，BおよびCに対し，「あれいこか」などと言った。A，BおよびCは，被告人が強盗の犯意を有していることを認識したうえで，Xの言葉に賛同する態度を示したが，被告人が強姦の犯意を有していることについては，確定的な認識を持っていなかった。

Xは，路上において，自動車の前部をHが乗っていた自転車の後部に衝突させ，Hをその場に自転車ごと転倒させ，Hを自動車に連れ込むために，同女の腕や服をつかんで引っ張ったが，Hは，助けを求めて叫んだり，自動車の方へ連れて行かれまいとして抵抗した。Xは，抵抗するHを1人で車内に連れ込むことが困難であったことから，自動車をたたいて車内にいたAらに対して，「お前ら，出てきて手伝えよ」などと言い助力を求めた。しかし，Aらは，もともと積極的に強姦に加担する意思はなかったうえ，必死で抵抗するHを見て，ますますその気持ちを強くして，被告人の呼びかけを無視したまま前を向いており，また自動車のドアが開くこともなかった。

Hは，Xの手を振りほどき，道路を横断したところにある駐車場内に逃げ込んだ。Xは，同女を追いかけて，道路を横断し，駐車場内で，再び同女の腕や

> 服をつかみ，自動車の方へ引っ張ろうとしたが，同女がそれに抵抗したため，もみ合いとなった。その際，Xは，Hの顔面を1，2回殴打し，駐車場内において，車内にいるAらに対し，「降りてこい。手伝え」などと言って助力を求めた。しかしHが抵抗をやめず，また，Aらの手助けも期待できそうになかったので，Xは，同女を自動車に連れ込もうとするのをあきらめた。

4 大阪地判平成15年4月11日判タ1126号284頁

[事実の概要]〔設問2〕参照
[判旨]
「本件において，Xが強姦の犯意をもって，Hを自動車に連れ込もうとし，同女の服や腕をつかんで引っ張ったり，同女の顔面を殴打するなどの暴行を加えていること，Xが実際に同女を自動車の近くまで引っ張ってきていること，本件犯行が行われたのが午前2時5分という時間帯であり，周囲にHを助けてくれる人物はいなかったこと，共犯者らにおいては，積極的に強姦に荷担する意思はなかったものの，Xを止めようとする気まではなく，Aにおいては，仮にHが自動車に連れ込まれていたら，自分もHを強姦していたかもしれない旨供述していること等の事情にかんがみれば，Xの暴行によって，強姦に至る一定程度の客観的危険性が生じていたことは否定できない。

しかし，他方，Xが独力で，抵抗するHを車内に連れ込むことは困難であったところ，共犯者らにおいては，Hを自動車に連れ込むことについては，全く協力する気がなかったこと，また，さらに，Hを車内に連れ込んだ上，自動車を人目につかない場所に移動させて，車内等で同女を強姦するためにも，共犯者らの協力が重要であったと考えられるところ，その点についても，確実に共犯者らの協力が得られる見込みがあったとは考え難いこと，そして，Hを自動車に連れ込むにしても，共犯者らが協力をしなければ，そのスペースの確保も容易ではないこと，XとHが自動車付近にいた時間はそれほど長い時間ではなく，その間，自動車のドアが開くことはなかったこと，Xは被害者を自動車に連れ込もうとして同女の腕等をつかんで自動車付近まで引っ張るなどし，さらに，顔面を1，2回殴打する等の暴行を加えているものの，被害者の抵抗を封じるためにそれ以上の暴行を加えることはなかったこと等は被害者が強姦される危険性の程度の判断において消極方向で考慮すべき事情である。さらに，Xの強姦の犯意の強弱という観点からみても，……Xが必ずしも強姦にこだわっていたわけではないこと，Xは，Hを発見した際も，『あれいこか。』という程度で具体的な強姦の意図を明らかにしていないことなど強姦の犯

意が強いとまではいえないこと等に徴すれば、Xの強姦に向けた犯行意欲が強固なものであったとまではいえない。

……結局、Xが、Hを自動車内に連れ込もうとして加えた暴行につき、『暴行又は脅迫を用いて姦淫した』といい得るだけの姦淫の結果への直接的危険性があったとまでは評価することができず、本件においては、強姦行為の実行の着手はなかったといわざるを得ない。」

【参考判例1】
最決昭和45年7月28日刑集24巻7号585頁
［事実の概要］

被告人Xは、昭和43年1月26日午後7時30分ころ、ダンプカーに友人のYを同乗させ、ともに女性を物色して情交を結ぼうとの意図のもとにH市内を徘徊走行中、同市内で、1人で通行中のA子（当時23歳）を認め、「車に乗せてやろう」等と声をかけながら約100メートル尾行したものの、相手にされないことにいら立ったYが下車して、同女に近づいて行くのを認めると、付近の交差点西側の空地に車をとめて待ち受け、Yが同女を背後から抱きすくめてダンプカーの助手席前まで連行して来るや、Yが同女を強いて姦淫する意思を有することを察知し、ここにYと強姦の意思を相通じたうえ、必死に抵抗する同女をYとともに運転席に引きずり込み、発進して同所より約5,000メートル西方にあるS川大橋の北方約800メートルの護岸工事現場に至り、同所において、運転席内で同女の反抗を抑圧してY、Xの順に姦淫した。また、前記ダンプカー運転席に同女を引きずり込む際の暴行により、同女に全治まで約10日間を要した左膝蓋部打撲症等の傷害を負わせた。

［判旨］
「かかる事実関係のもとにおいては、XがA子をダンプカーの運転席に引きずり込もうとした段階においてすでに強姦に至る客観的な危険性が明らかに認められるから、その時点において強姦行為の着手があつたと解するのが相当であり、また、A子に負わせた右打撲症等は、傷害に該当すること明らかであつて……、以上と同趣旨の見解のもとにXの所為を強姦致傷罪にあたるとした原判断は、相当である。」

Questions

Q4 判例では、実行の着手の判断に際していかなる要素が重視されていると考えられるか。どのような事情が、**基本判例4**と**参考判例1**との結論に差に結びついたと解されるか。

4　放火罪の実行の着手

5　福岡地判平成7年10月12日判タ910号242頁

[事実の概要]

被告人Xは，Aが現に住居に使用する同人方家屋（木造瓦葺平家建，建坪約68.56平方メートル）を焼燬する目的で，平成6月4月8日午前2時25分ころ，同人方家屋北側玄関前のタイル張りたたきの上に灯油を散布したうえ，あらかじめラッカー薄め液を振りかけていた新聞紙等の紙類を左手に持ち，右手で点火したライターをこれに近づけて火を放ったが，その際，左手に着用していたゴム手袋に火が燃え移ったことから，驚愕の余りゴム手袋を外してその場に投げ捨てたところ，たたきの上に散布した灯油の上に落ちて燃え上がったものの，Aに発見されて消し止められた。

[判旨]

「……燃えているゴム手袋がたたきの上に放置されたのは，左手に着用したゴム手袋が燃え上がったことに驚愕したXが，慌ててゴム手袋を外し，その場に投げ捨てた際，たまたま燃えているゴム手袋が灯油が散布されているたたきの上に落ちたに過ぎないものであって，このようなXの行動は，いわば不測の事態に対する反射的な身体の動作にすぎず，これをもってXの意思に基づく行為ということはできない。したがって，この点をとらえて，現住建造物等放火の実行の着手の有無を判断することはできず，本件においては，Xが，A方玄関前のたたきの上に灯油を散布した上，予めラッカー薄め液を振り掛けた新聞紙等の紙類に所携のライターで着火した行為をもって，現住建造物等放火の実行の着手と認めることができるかどうかを判断すべきことになる。

……A方玄関前のたたきの上に散布された灯油は，芯になるべきものがない場合には，かなり大きな加熱物体が近づかない限り，散布されて広がった灯油全体が熱を吸収するため，その温度が発火するに至るまで上昇して燃焼を開始する可能性は低いことが認められる。したがって，Xが灯油をA方玄関前のたたきの上に散布した行為だけでは，いまだ同人方家屋を焼燬する具体的危険が発生したとは認められない。」

しかしながら，灯油も芯になるべき布等に吸収された時には，近くに種火があれば，容易に温度が上昇して着火し，布等に吸収された灯油自体が燃焼を開始すること，A方玄関の木製扉あるいはその横にあるモルタル壁の木枠はかなり古く，これらに延焼する危険性は高いこと，さらに，媒介物として用いた新聞紙等の紙類にあらかじめ引火しやすいラッカー薄め液を振りかけており，このような紙類に火をつければ，勢いよく燃え上がると予想されることが認められ，「これらの事実を総合

すれば，予めラッカー薄め液を振り掛けた新聞紙等の紙類に着火した上，これをA方玄関前のたたきの上に散布された灯油の上に置く行為は，A方家屋を焼燬する具体的危険を発生させるものであって，現住建造物等放火の実行行為と評価することができる。

そして，本件放火において，Xは，A方玄関前のたたきの上に灯油を散布した上，予めラッカー薄め液を振り掛けた新聞紙等の紙類を左手に持ち，右手で点火したライターをこれに近づけて着火したものの，その際，その火が左手に着用していたゴム手袋に掛かっていたラッカー薄め液に燃え移ったことから，それ以後の行為を中断しているが，このような不測の事態の発生により行為が中断されなければ，Xが着火した右紙類をそのまま灯油の上に置いたであろうことは十分予測できる上，X自身もそのような意図に基づいて右行為に及んだと認められることからすると，Xが予めラッカー薄め液を振り掛けた新聞紙等の紙類に着火した行為をもって，A方家屋を焼燬する具体的危険を発生させる行為を開始したものと評価することができる。したがって，Xは，右行為によって，現住建造物等放火の実行に着手したものと認めることができる。」

Questions

Q5 媒介物である新聞に火をつけるのは，放火の準備行為にすぎないのではないか。

Q6 着手の時点で明確な故意は必要なのか。「火を放つ」認識は認められるか。

Q7 本件では，灯油が問題となったが，ガソリンの場合，散布しただけで着手は認められないか。**参考判例2**および**3**を参照しつつ，検討しなさい。

【参考判例2】
静岡地判昭和39年9月1日下刑集6巻9＝10号1005頁
[事実の概要]

被告人Xは，簡易料理店の店舗入口硝子戸，硝子窓等にガソリン約5リットルを撒布してその一部を右硝子戸，硝子窓の隙間等から同店内に滲出させて同店内部に右ガソリンによる可燃性蒸気（爆発混合気体）を発生せしめ，同店内にあった煉炭コンロ内の火気に引火爆発させ，同店舗内客席腰板および板壁の一部を焼燬した。

[判旨]

「犯罪の実行に着手があったかどうかは，主観的には犯罪構成要件を実現する意思ないし認識を以ってその行為をしたかどうか，客観的には一般的にみて当該犯罪構成事実を実現する危険性ある行為がなされたかどうか，……その行為により結果発生のおそれある客観的状態に至ったかどうかを考慮して決すべきであると解する

ところ，……本件において，……客観的には，被告人によって撒布されたガソリンの量は約5リットル強に達していること，本件建物の……右ガソリン撒布個所である同店出入口支柱や出入口硝子戸，硝子窓など戸の窓の枠，桟等はすべて木材により造られ，内部はベニヤ板張天井，ベニヤ板壁，ござ敷客席，木製カウンターを使用し……ていること，右店舗は店内が極めて狭く……隙間等からかなり多量の雨水が内部に滲出し，これが店内コンクリート敷の土間に溜るような状態であったこと，本件犯行当時右店舗内の土間中央部附近で出入口より約1.5米の場所に煉炭の火気の存する煉炭コンロが置かれていたこと……が認められるのみならず，以上の諸事実については，被告人としてもこれを認識し或は被告人と同様の立場に置かれた普通人であれば認識し得たものと認められる。右認定事実に照すと，被告人は本件建物焼燬の意思の下にガソリンを撒布したものであり且つ右行為により本件建物の焼燬を惹起すべきおそれある客観的状態に到ったものというべく，従って被告人は放火の意思をもって放火罪の構成要件に該当する行為を開始したものとみるのが相当であ〔る〕。」

【参考判例3】
横浜地判昭和58年7月20日判時1108号138頁

[事実の概要]

被告人Xは，午後11時半ころ，木造トタン葺平屋建（床面積38.625平方メートル）を燃やすとともに焼身自殺しようと決意し，家屋の六畳および四畳半の各和室の床並びに廊下などにガソリン約6.4リットルを撒布してガソリンの蒸気を発生せしめ，翌午前0時5分ころ，死ぬ前に最後のタバコを吸おうと思い，廊下でタバコを吸うためにつけたライターの火を蒸気に引火爆発させ，もってA子が現に住居に使用する本件家屋に火を放ちこれを全焼させた。

弁護人は，被告人は本件家屋に火を放つ意思で部屋中にガソリンを撒いているものの，これだけでは出火しないから，右は放火の準備段階であって放火の着手があったとは言えず，その後，タバコに火をつける行為も放火を意図したものではないから，放火の着手があるとは言えず，結局放火予備罪を構成するにすぎないと主張した。

[判旨]

「本件家屋は木造平家建であり，内部も特に不燃性の材料が用いられているとは見受けられず，……本件犯行当時，本件家屋は雨戸や窓が全部閉められ密閉された状態にあったこと，被告人によって撒布されたガソリンの量は，約6.4リットルに達し，しかも六畳および四畳半の各和室，廊下，台所，便所など本件家屋の床面の大部分に満遍無く撒布されたこと，右撒布の結果，ガソリンの臭気が室内に充満し，

被告人は鼻が痛くなり、目もまばたきしなければ開けていられないほどであったことが認められるのであり、ガソリンの強い引火性を考慮すると、そこに何らかの火気が発すれば本件家屋に撒布されたガソリンに引火し、火災が起こることは必定の状況であったのであるから、被告人はガソリンを撒布することによって放火について企図したところの大半を終えたものといってよく、この段階において法益の侵害即ち本件家屋の焼燬を惹起する切迫した危険が生じるに至ったものと認められるから、右行為により放火罪の実行の着手があったものと解するのが相当である。

……（なお、前記のとおり本件焼燬の結果は被告人自身がタバコを吸おうとして点火したライターの火に引火して生じたものではあるが、前記の状況の下でライターを点火すれば引火するであろうことは一般人に容易に理解されるところであって予想し得ないような事柄ではなく、被告人はライターを点火する時に本件家屋を焼燬する意思を翻したわけでもないから、右のような経緯で引火したことにより本件の結果が生じたからといって因果関係が否定されるものではなく、被告人は放火既遂罪の刑責を免れない）。」

5　実行行為と責任能力の存在時期

6　長崎地判平成4年1月14日判時1415号142頁

［事実の概要］

　X（当時75歳）は、妻A子（当時72歳）と結婚し、娘B子が独立してからは、妻A子と2人暮らしとなり、昭和58年ころには建設作業員を辞め、同女と年金で生活をしていた。

　Xと妻A子とは、別々に年金を受給していたが、A子の方が年金受給額が多いにもかかわらず、同女が一向に自分のお金を出さないことから、Xにおいて支払うことが多くなり、Xはこのような妻のけちなやり方に不満を感じていた。

　Xは、平成2年11月15日、午前中の日課である畑仕事を終えて帰宅し、午前11時ころから、自宅の台所の椅子に腰掛けて焼酎を生のまま飲み始めたところ、A子が、数日前に郵送されてきた契約者および被保険者がX、保険金受取人が妻A子となっている簡易保険の生存剰余金63万円の支払い通知をXの前に差し出し、「これは降ろして使う」と言ってきたが、Xは、右保険の受取人は同女になっているが、加入者で保険料を実際に負担してきたのはXであるうえ、直ちに金が必要な用件もなく、そのまま貯金しておけば利子がつくことから、生存剰余金は引き出さずにおこうと考えた。

　Xは、妻A子に対して、「受け取らずにおけば、3、4年もすると60万円は80万円にもなる。今は働いていないから、収入は利子だけだから、降ろさない方がよい」

と言って，右引出しに反対した。これに対し，同女は，「受取人は私なのだから，降ろす」等と執拗に言い張るため，Xはこれを腹だたしく思い，台所で焼酎を生でたてつづけに飲み始めた。

 Xは，以上のような経緯の下，自宅において，同日午後2時ころ妻A子が台所のXのもとにやってきて，なおも通知を見せながら「名前は私の名前だから」等と執拗に生存剰余金の引出しを主張したため，これに立腹し，同女に対し，手拳で頭部・顔面等を殴打した。しかし，なおも，剰余金を引き出すと言いはる同女に対し，その後同日午後11時ころまでの間，腹立ちまぎれに焼酎を飲んで酩酊の度を強めながら，数次にわたり，手拳で頭部・顔面等を殴打し，背部等を足蹴にする暴行を加えた上，居間に向かって押し倒し，同間にうつ伏せに倒れた同女に対し，その背部・臀部等を足で踏みつけ，手元にあった肩たたき棒で頭部等を滅多打ちするなどの暴行を加えた。以上の暴行により，Xは，同女に頭部・顔面および胸背部打撲による皮下出血，筋肉内出血並びに胸骨および肋骨骨折による胸腔内出血等の傷害を負わせ，同日午後11時ころ，X方居間において，同女を右傷害に基づく外傷性ショックにより死亡させた。

［鑑定の結果］
 Xは，A子を殴り始めた午後2時ころの段階では責任能力があったと認められるが，午後11時ころには，長時間にわたる飲酒の影響から心神耗弱の状態にあったものと認められる。

［判旨］
「1 弁護人は，本件犯行当時，被告人は多量の飲酒のため，被害者に致命傷を与えた最終段階においては心神耗弱の状態にあったから，刑法39条2項に基づいて刑の減軽をすべきであると主張するのでこの点について検討する。
2 前掲各証拠によれば，本件犯行の動機は，被告人が，妻が生存剰余金の引出しを執拗に主張することに立腹してのものであることが認められ，それ自体充分了解可能な動機であることが認められる。しかしながら，前掲各証拠によれば，被告人は，本件犯行当日，午前11時すぎから焼酎を少なくとも1升以上，被告人の供述によれば約1升8合を飲んでおり，右飲酒量はそれ自体をとってみても，また，被告人が平素は焼酎の1升瓶を3日位であけることに比しても，極めて多量の飲酒量であることが認められる。そして，被告人の本件犯行についての記憶についてみるに，本件犯行当日の朝からの行動，妻A子と生存剰余金の件で口論となり，妻A子に対し最初の暴行を振うに至るまでの経緯については比較的詳細な記憶を有していることが認められる。しかし，その後の記憶に関しては，被告人は，捜査段階の供述調書及び実況見分調書において，その暴行の態様を3段階にわけて説明したり，また，個々の暴行について臨場感のある供述を行っている部分はあるものの，当初の暴行

を振るった以後の状況に関する供述は一貫しあるいは全体として詳細であるとは言いがたいうえ，当公判廷における供述及び第２回公判調書中の被告人の供述部分によれば，被告人は妻Ａ子に暴行を開始して以降のことは実際には殆ど覚えておらず，捜査段階における供述は，思い出したものというよりは，妻への詫びや供養のため記憶がないでは済まされず，何とか客観的状況に符合する供述を行おうとして考えながら述べたものである旨供述していること，Ｃ子の司法警察員に対する供述調書によれば，同女が午後３時40分ころ，被告人方に焼酎２本を配達し，被告人よりその代金を受け取っていることが認められるにも関わらず，被告人には一貫してその旨の記憶がないこと，被告人は逮捕当初においては，焼酎を飲み始めたのは午後５時か５時半である旨述べていたにも関わらず，右配達の事実が明らかになってからは，飲み始めた時間が午前11時からと大幅に変わってきており，その時間の差は単に思い違いとするには大きすぎることが認められるのであって，これらの事実に被告人の前記多量の飲酒量を考えあわせると，被告人には妻への暴行を開始して以後の記憶に関しては部分的な欠落が多くあることは否定できないものと認められる。また，本件犯行は，その動機において充分了解可能であるとはいえ，その態様は，判示のとおり外傷性ショックにより死に至らしめるほどの強力かつ執拗なものであって，それが約50年間もの長きにわたり連れ添ってきた妻に対するものであることを合わせ考えると，その動機と態様の間は著しく均衡を欠いているものと言わざるをえない。

3　ところで，本件犯行においては，被告人の酩酊下の犯行であって被告人から詳細の供述を得られないことや目撃者もないことから，被告人が妻Ａ子に対して暴行を開始した時刻，被告人の飲酒量の時間的経過，妻Ａ子に対する暴行の終了時刻，同女の死亡時刻などの認定について困難が生ぜざるをえないのであるが，前記Ｃの司法警察員に対する供述調書によれば，同女が被告人宅に焼酎を配達した時間は午後３時40分ころであり，その時点において妻Ａ子が土間の方から台所の方にあがろうとしており，その右顔面がどす黒くなって目はみえないように腫れあがっていること及び被告人が既に酔っており興奮した様子であったが焼酎の代金は被告人が払ったことが認められることや，右配達前には被告人の供述によると当日８合ぐらい残っていた焼酎を飲んでいたことからすると午後３時40分以前において既に妻Ａ子と生存剰余金の件で口論となり，同女に対する暴行を開始しているが，その時点での飲酒量は８合以下であり，１升の飲酒がさらにこの後に行われていること，妻Ａ子に対する暴行は未だ同女が立ち歩ける程度のものであったことが認められ，その後，判示居間における執拗，強度の暴行が加えられ，致命傷を負わせたものと推測される。

4　以上２，３に照らして，鑑定人Ｋ作成の鑑定書の鑑定理由を検討すると，同鑑

定書が述べるように，被告人は，酩酊に至るに充分な量の酒を飲んでおり，右飲酒によって，本件犯行の初めの時期には単純酩酊の状態にあったが，その後，本件犯行の中核的な行為を行った時期には複雑酩酊の状態になっていたものであって，右状態において，被告人の是非善悪を弁別する能力は著しく減退しており，それに従って行為する能力は著しく減退していた。すなわち被告人は犯行途中より心神耗弱の状態になったと認めるのが相当であると判断される（これに対し，被告人は普通酩酊状態であったとするＹ作成の鑑定書は，被告人が本件犯行を相当詳細に記憶していることを前提にしているものであるが，その前提事実については，前述のとおり被告人の記憶には部分的欠落が散見されることに鑑みると，疑問が残るものと言わざるをえず，採用できない。）。

5　そこで，更に検討するに，本件は，同一の機会に同一の意思の発動にでたもので，実行行為は継続的あるいは断続的に行われたものであるところ，被告人は，心神耗弱下において犯行を開始したのではなく，犯行開始時において責任能力に問題はなかったが，犯行を開始した後に更に自ら飲酒を継続したために，その実行行為の途中において複雑酩酊となり心神耗弱の状態に陥ったにすぎないものであるから，このような場合に，右事情を量刑上斟酌すべきことは格別，被告人に対し非難可能性の減弱を認め，その刑を必要的に減軽すべき実質的根拠があるとは言いがたい。そうすると，刑法39条2項を適用すべきではないと解するのが相当である。

よって，弁護人の主張は採用しない。」

Questions

Q8 午後2時から11時までの行為のうち，いずれの行為が実行行為といえるか。また，それは何罪の実行行為といえるか。

基本判例6は，設問とほぼ同様の事案に関する判決であるが，この判決ではいずれの行為を，何罪の実行行為であるとしているか。

Q9 致死的な暴行を加えたのは午後11時ころと考えられるが，その時点で心神耗弱の状態にあった以上，弁護人の主張するように，39条2項の適用を認めるべきではないか。

基本判例6では，39条2項の適用が否定されているが，その理由はどのようなものか。

Q10 もし，A子に対する暴行が，午後2時から11時まで連続したものではなく，途中でA子が外出するなどの事情があれば結論は異なるか。

また，被害者がA子ではなく，たとえば，A子が，Xの様子がおかしいことから娘のB子を電話で呼び，駆けつけたB子に対してXが暴行を加えた場合はどうか。

7　東京高判平成6年7月12日判時1518号148頁

[事実の概要]

被告人Xは，麻雀店のアルバイトとして働いた際，同店の寮において覚せい剤を使用し（第1の事実），その後，外出した際にズボンのポケットに覚せい剤を所持していた（第2の事実）として現行犯逮捕された。

[判旨]

「被告人が本件当時，覚せい剤の慢性中毒症状が続いていたことは，前記〈略〉認定のとおりである。そして，被告人が本件覚せい剤を使用したことは，たしかに被告人が覚せい剤の慢性中毒の状態にあることと直接に結び付く行為である。すなわち，被告人に覚せい剤に対する依存性ないし親和性の生じていたことが，直接影響していることはいうまでもない。また，前記〈略〉掲記のように，被告人は，Aから『店に行くぞ』と起こされたころ，神経が休まらず，体から恐怖心が抜けきらなかったので，同人に先に行って貰い，落ち着くのを待ったが，恐怖心が一向に薄れなかったところから，覚せい剤を使用しようと考えるに至ったなどと述べており，被告人の右供述によれば，被告人がその際軽度の幻覚妄想状態に陥っていたことも窺われる。

しかし，前記〈略〉認定の各事実によって明らかな客観的状況に照らし，被告人が本件覚せい剤を使用した際，意識障害の生じた状態になかったことは明らかである。また，前記〈略〉認定のように，右のようにAから声を掛けられたころ，被告人がベッドに座り込んで，ぶつぶつ独り言を言ったり，大声を出したり，目が吊り上がったような顔付きになるなど，やや異常な行動に出ていたことも，覚せい剤に対する依存性の高まりと覚せい剤を使用することに対する心の葛藤が徐々に高まって行く過程の出来事であったものと認められる。右のような軽度の幻覚妄想状態に陥っていたことも，被告人の人格が覚せい剤の慢性中毒症状によって完全に支配され，あるいはその中核的なものまでも荒廃させられていたことから生じたものとは到底考えられない。いいかえると，被告人に生じた幻覚妄想も，単に覚せい剤を使用するための発端（動機づけ）になったに過ぎないものと認められるのである。むしろ，被告人の前日夕方からの行動，すなわち，いわゆるアルバイトで金を稼ごうと考えて麻雀店を訪れ，直ちに言いつけられるまましばらく働き，同店の店員の寮に連れて行って貰い，同僚となった店員らと雑談をした後，その寮内のベッドで就寝するといった行動は，通常人の行動としてみても何ら異常はなく，その場の状況に応じたそれなりの合理的な行動に出ているものと認められる。そして，覚せい剤の使用も，被告人の右のような行動と隔絶した異常な行動ではなく，むしろ右のよ

うな行動と連なる被告人の平素の人格の表れの1つとみることができる。
　以上要するに，関係各証拠を総合すれば，被告人の本件覚せい剤の使用は，覚せい剤の慢性中毒症状と一定範囲で結び付いたものであり，その意味で，被告人は，覚せい剤の使用につき通常人に比し多少抑制力の劣った状態にあったことは否定できないものの，右使用も被告人の平素の人格と乖離したものではなく，したがって，その際，事理善悪を弁別し，その弁別に従って行為する能力を完全に失った状態になかったことはもとより，これらの能力が通常人に比し著しく減退した状態にもなかったものと認められるのである。すなわち，被告人が，原判示第1の犯行に際し，心神喪失ないし心神耗弱の状態になかったことは十分に肯定できる。
〈略〉
　前記〈略〉認定の各事実に加え，同〈略〉掲記の被告人の捜査段階における供述を合わせ考えると，被告人が，S警察署において，ビニール袋入り覚せい剤1袋を所持していることを発見される直前ころ，軽度の意識障害を呈し，精神的に錯乱した状態にあったことは明らかであり，したがって，右所持が発覚した時点，すなわち，原判示第2の犯行につき，訴因で犯行の日時として掲げられている時点においては，自らの行為を自身で抑制できる力が失われ，あるいは著しく減退した状態に陥っていた可能性も高いものと認められる。
　ところで，前記〈略〉認定の客観的状況に照らすと，〔前記〕認定のように，被告人が，本件当日の午前9時40分ころ，麻雀店の寮において，その際持って来ていたビニール袋入りの覚せい剤の一部を使って，覚せい剤の水溶液を飲用した（原判示第1の犯行）後，その残りの覚せい剤を入れたビニール袋と注射器一式をズボンのポケットの中に隠し入れて，右寮から外に出かけ，午後0時過ぎころ，JRS駅地下1階に至り，そこで暴れたため，警察官らによってS警察署に連れてこられ，ついに同警察署内で，右のようにズボンのポケットの中に隠し入れ，持ち歩いていた覚せい剤を発見されるに至ったものであることが認められる。すなわち，被告人は，原判示第1の本件覚せい剤の使用後，そのまま，その残量を継続所持し，同第2の本件覚せい剤所持の犯行が発覚するに至ったものである。そして，覚せい剤の所持は，いわゆる継続犯であって，訴因には一定時点のものとして掲げられたときは，罪となるべき事実としても，訴因に掲げられた時点におけるものとして認定されることになるものの，法的評価としてはその所持が続いていると認められる限り，全体にわたって考慮することを要するものと考えられる。すなわち，覚せい剤の所持は継続している間各別の時点で別罪を構成するものではなく，ある時点について裁判を経たときは，他の時点における所持にも既判力が及び，再度起訴することもできなくなるのであるから，本件におけるように，覚せい剤を所持した者が責任能力を有するかどうかについては，所持が継続していると認められる間全体にわたって

考えなければならないというべきである。ある時点においては心神喪失ないし心神耗弱の状態にあったとしても、その時点に至る前には完全な責任能力があると認められるような場合、責任能力のあった間の所持につき刑事責任を問うことができるのはいうまでもない。しかし、いったん心神喪失ないし心神耗弱の状態にあったとの判断を行ったときは、それが最終の時点における所持のみに係る判断であっても、一罪の関係に立つその時点以前の所持につき起訴することもできず、結局、全体としてみれば所持罪を構成する行為について正当な法的評価ができなくなることになるのである。

そして、これを本件についてみると、本件覚せい剤の所持が開始した時点、すなわち、被告人が麻雀店の寮で覚せい剤を使用した直後、本件覚せい剤をズボンのポケットに入れて寮の外に立ち出た時点においては、意識障害ないし精神錯乱状態になかったことは、前記〈略〉認定のとおりである。すなわち、被告人は、当初の時点では、本件覚せい剤の所持につき、これが覚せい剤の慢性中毒症状と一定範囲で結び付いたものという意味で、通常人に比し多少抑制力の劣った状態にあったことは否定できないものの、このように本件覚せい剤を所持するに至ったのも被告人の平素の人格と乖離したものではなく、したがって、その際、事理善悪を弁別し、その弁別に従って行為する能力を完全に失った状態になかったことはもとより、これらの能力が通常人に比し著しく減退した状態にもなかったものと認められるのである。したがって、被告人の本件覚せい剤の所持が、右時点からＳ警察署で所持品検査を受けるまで継続しているものであることは、前記認定のとおりであるから、本件所持を全体として実質的にみると、Ｓ警察署においては被告人が精神的に混乱を来たし、錯乱状態を呈していたことを考慮しても、被告人は、本件所持に当たり、心神喪失の状態になかったことはもとより心神耗弱の状態にもなかったと考えられるのである。すなわち、被告人は、原判示第２の本件覚せい剤所持の犯行についても、完全に責任能力があるものと認められる。」

Questions

Q11 第１の事実（覚せい剤使用）について、完全な責任能力があるとした理由は何か。

Q12 第２の事実（覚せい剤所持）について、判決が、所持の事実が発見された時点で、被告人が責任無能力ないし限定責任能力であった可能性を肯定しつつ、完全な責任能力が認められるとした理由は何か。

また、この結論は、所持罪が継続犯であることとどのように関係するのか。

8 最決昭和43年2月27日刑集22巻2号67頁

[事実の概要]
　Xは，自動車を運転して酒を飲みにバーNに行き（その前にも多少飲酒しているが），飲み終われば酔って再び自動車を運転することを認識しながらビールを20本位飲んだ後，I所有の自動車を自分のものと取り違えて，その自動車を運転した（道路交通法違反（酒酔い運転）の罪で起訴された）。

[決定要旨]　上告棄却
　「なお，本件のように，酒酔い運転の行為当時に飲酒酩酊により心神耗弱の状態にあつたとしても，飲酒の際酒酔い運転の意思が認められる場合には，刑法39条2項を適用して刑の減軽をすべきではないと解するのが相当である。」

第4講　因果関係

1　因果関係の存否の判定とその認定

〔設問1〕　2講の〔設問1〕1～5を前提に以下の事実が加わった場合の，XYの罪責を述べなさい。

　6　7月3日夕方，Xは，目に見えて衰弱してきたAを見てかわいそうになり，Aを殺害するのをやめようと考え，Aへの授乳を再開し，以後，その翌日の昼前までの間，2時間ないし3時間おきにAに授乳した。しかし，Aは，いずれの授乳においても，衰弱のため，僅かしか母乳を飲まなかった。Xは，Aが早く快復するためには病院に連れて行くことが必要であると考えたが，病院から警察に通報されることを恐れ，「授乳を続ければ，少しずつ元気になるだろう」と考えてAを病院に連れて行かなかった。

　7　他方，Yは，知人から，XがZと同棲するようになったと聞き，「俺にも親権があるのだから，Aを自分の手で育てたい」との思いを募らせていた。Yは，7月4日昼，歩いてX方アパートの近くまで行き，X方の様子をうかがっていたところ，XとZが外出して近所の食堂に入ったのを見た。Yは，Xらが外出している隙に，Xに無断でAを連れ去ろうと考え，持っていた合鍵を使い，玄関のドアを開けてX方に立ち入り，Aを抱きかかえてX方から連れ去った。

　8　Yは，X方から約300メートル離れた地点で，タクシーを拾おうと道路端の歩道上に立ち止まり，そこでAの顔を見たところ，Aがひどく衰弱していることに気付いた。Yは，「あいつら何をやっていたんだ。Aを連れ出して良かった。一刻も早くAを病院に連れて行こう」と考え，走行してきたタクシーに向かって歩道上から手を挙げたところ，同タクシーの運転手が脇見をしてYに気付くのが遅れ，直前で無理に停車しようとしてハンドル及びブレーキ操作を誤った。そのため，同タクシーは，歩道に乗り上げ，Aを抱いていたYに衝突してYとAを路上に転倒させた。

　9　YとAは直ちに救急車で病院に搬送され，Yは治療を受けて一命をとりとめたものの，Aは病院到着時には既に死亡していた。司法解剖の結果，Aの死因は，タクシーに衝突されたことで生じた脳挫傷であるが，他方で，Aの衰弱は深刻なものであり，仮にYが事故に遭うことなくタクシーでAを病院に

連れて行き，Aに適切な治療を受けさせたとしても，Aが助かる可能性はなく，1日ないし2日後には，衰弱により確実に死亡していたであろうことが判明した。

Questions

Q1 XにはAの死を帰責できるか。本事実に類似すると思われる判例を，その具体的事実関係に留意しながら参考にしつつ，因果関係に関する各自の見解を明らかにした上で，本事実の事実関係を具体的に評価しながら検討せよ。

Q2 Xには中止犯が成立するか。事実関係に留意しつつ，検討せよ。

Q3 Yに関して考えられる罪名をすべて挙げ，その重要度に応じた検討をした上で，罪数関係を検討せよ。

2 行為時に特殊な事情が存する場合

1 最判昭和25年3月31日刑集4巻3号469頁

[判旨]

「原判決の確定した事実によると被告人Xは被害者Aの左眼の部分を右足で蹴付けたのである。そして原審が証拠として採用した鑑定人Mの鑑定書中亡Aの屍体の外傷として左側上下眼瞼は直径約5糎の部分が腫脹し暗紫色を呈し左眼の瞳孔の左方角膜に直径0.5糎の鮮紅色の溢血があると記載されているからその左眼の傷がXの足蹴によつたものであることは明かである。ところで被告人の暴行もその与えた傷創もそのものだけは致命的なものではないが（K医師は傷は10日位で癒るものだと述べている）Aは予て脳梅毒にかかつて居り脳に高度の病的変化があつたので顔面に激しい外傷を受けたため脳の組織を一定度崩壊せしめその結果死亡するに至つたものであることは原判決挙示の証拠即ち鑑定人M，Nの各鑑定書の記載から十分に認められるのである。論旨は右鑑定人の鑑定によつてはXの行為によつて脳組織の崩壊を来したものであるという因果関係を断定することが経験則にてらして不可能であり又他の証拠を綜合して考えて見ても被告人の行為と被害者の死亡との因果関係を認めることはできないと主張する。しかし右鑑定人の鑑定により被告人の行為によつて脳組織の崩壊を来したものであること従つて被告人の行為と被害者の死亡との間に因果関係を認めることができるのであつてかかる判断は毫も経験則に反するものではない。又被告人の行為が被害者の脳梅毒による脳の高度の病的変化という特殊の事情さえなかつたならば致死の結果を生じなかつたであろうと認められ

る場合で被告人が行為当時その特殊事情のあることを知らずまた予測もできなかったとしてもその行為がその特殊事情と相まって致死の結果を生ぜしめたときはその行為と結果との間に因果関係を認めることができるのである。」

〔設問２〕　以下の事実について，Ｘの罪責を述べなさい。

　１　Ｘ（男性）とＡ（女性）は，新潟市内の中学校の同級生で，中学３年生のころから交際するようになった。Ｘは同市内の高校に入学したが，Ａは，父親の転勤に伴い盛岡市内に転居して同市内の高校に入学し，遠距離恋愛の関係を続けていた。その後，一時交際が途絶えたことがあったものの復活し，平成19年４月，Ａが仙台市内の大学に入学すると，Ｘも同市内にＸ方アパート（以下「Ｘ方」という）を借りて予備校に通うことにして，親しく交際するようになった。そして，２人は，同年９月からＸ方で同居するようになり，同棲生活を送っていた。

　２　Ｘは，同年11月13日夜から翌14日午前１時過ぎころにかけてＸ方でＡと過ごしていたところ，些細なことから，Ａが中学校時代に通っていた学習塾の男性講師と男女の関係にあったのではないかと邪推してＡに詰め寄り，以前はＡから，上記講師とはメールを交換し，一度だけ盛岡市内で食事をしたことがあると聞いていたのに，同講師が盛岡市を訪れる都度２人で食事をしていたことを知って逆上し，嫉妬心等からＡの携帯電話機を二つ折りに壊すなどしたが，興奮を抑え切れず，玄関から逃げ出そうとしたＡに対し，玄関ドア付近でその背中を蹴飛ばして頭部を金属製の玄関ドアに打ち当てたうえ，反動で床に仰向けに転倒させ，立ち上がったＡに対し，「何でだよ」などと言いながら，両手でその頭髪を掴んで同玄関ドアに２，３回後頭部を打ち付け，その際Ａの頭髪が多量に抜け落ちた。さらに，Ｘは，左右の手拳でＡの両頬部を殴り，続けてその腹部を殴打する暴行（以下「本件暴行」という）を加えた。

　３　被害者は，悲鳴を上げ，裸足のまま被告人方を飛び出して逃走し，Ｘ方から約158メートル離れた地点まで疾走し，通行人に対し「助けてください」と言ったが，その場に崩れ落ちるようにして倒れ，意識を失い，その後救急搬送先の病院で死亡した。なお，Ｘは，Ａの逃走後も怒りが収まらず，Ａの手帳を燃やしたり，教科書を破るなどして，うっ憤を晴らした。

　４　Ａには，左冠状動脈開口部の先天的な位置異常（以下「冠状動脈異常」という）があり，運動等により心臓の活動が高まると血液増加により血流供給に障害が起こるおそれがあった。

　上記冠状動脈異常があることはＡ自身も知らなかったが，Ａは，中学３年生時の平成13年の夏ころにランニング中に倒れて意識を失うなどした経験から

激しい運動を控えていた。
　Xは，Aが，小学生時代に倒れたことがあることや，中学生時代にランニング中に倒れて意識を失い，救急車で搬送されたことを知っていたほか，平成19年に仙台に来た後，電車に乗り遅れそうになり走って電車に乗った被害者から，心臓が苦しかったなどと聞かされたことがあった。
　5　死亡したAを病院で解剖したところ，解剖時にAに認められた頭皮下や左頬部の皮下出血は加療約1週間程度のものであり，本件暴行がAの心臓の活動等にどのような影響を及ぼしたかは明らかでなく，冠状動脈異常を有していることから，上記逃走行為に基づく運動負荷により心臓の活動が著しく亢進して血流供給に障害が起こり，急性循環不全に陥って死亡したものと認められた。

【参考判例1】
仙台地判平成20年6月3日TKC文献番号28145349
　［事実の概要］　〔設問2〕参照
　［判旨］
「以上の事実経過を踏まえ，被告人の暴行と被害者の死亡との間の因果関係について検討するに，傷害致死罪における致死の原因たる暴行は，必ずしもそれが死亡の唯一の原因又は直接の原因であることを要するものではなく，被害者の身体にある高度の病変と暴行とがあいまって死亡の結果を生じた場合であっても，因果関係を肯定する余地がある（最高裁判所第1小法廷昭和46年6月17日判決，刑集25巻4号567頁等）ところ，本件暴行は，密室内で自分より体が小さく力の弱い女性である被害者に対し，背後から蹴り付けたり，頭部を掴んで金属製ドアに複数回打ち付け，続けざまに手拳で両頬や腹部を殴打するなどという執拗で相当に強度の危険なものであり，そのため，被害者は，強い恐怖を感じ，大声を出して裸足のまま約158メートルもの距離を必死に走り，通行人に助けを求めている。相当強度の暴行を立て続けに加えられた被害者が，恐怖心から必死に逃走するのは当然のことであり，その逃走行為が被害者が有していた冠状動脈異常に作用して死因となった急性循環不全を引き起こしたものである。世の中には，心臓等の持病を抱えて脆弱な体質ながら通常の社会生活を送っている者が少なからず存在しており，本件のような暴行及びその後の逃走行為がその持病等に作用して死亡の結果が生じることもあり得ることであり，被告人が被害者の冠状動脈異常を認識していたか否かに拘わらず，本件暴行により恐怖を覚えた被害者が逃走し，それが被害者の冠状動脈異常に作用して急性循環不全を誘発したのであるから，本件暴行と被害者の死亡との間には因果関係があるといえる」。

Questions

Q4 ①本件で，実行行為，介在事情はそれぞれどのようなものか。②本判決では，どのような事情から因果関係を認めているか。

3　行為後に特殊な事情が介入する場合
(1)　第三者の行為が介在する場合

2　最決昭和42年10月24日刑集21巻8号1116頁

[事実の概要]

被告人Xは，普通乗用自動車を運転中，過失により，被害者Aに自車を衝突させてはね飛ばし，Aは，Xの運転する自動車の屋根にはね上げられ，意識を喪失するに至ったが，Xは被害者を屋上に乗せていることに気づかず，そのまま自動車の運転を続けて疾走するうち，前記衝突地点から4キロメートル余りをへだてた地点で，同乗していた同僚Yがこれに気づき，時速約10キロメートルで走っている右自動車の屋上からAの身体をさかさまに引きずり降ろし，アスファルト舗装道路上に転落させ，Aは，右Xの自動車車体との激突および舗装道路面または路上の物体との衝突によって，顔面，頭部の創傷，肋骨骨折その他全身にわたる多数の打撲傷等を負い，右頭部の打撲に基づく脳クモ膜下出血および脳実質内出血によって死亡した。

[決定要旨]

「この事実につき，原判決は，『Xの自動車の衝突による叙上の如き衝撃が被害者の死を招来することあるべきは経験則上当然予想し得られるところであるから，同乗者Yの行為の介入により死の結果の発生が助長されたからといって，Xは被害者致死の責を免るべき限りではない。』との判断を示している。しかし，右のように同乗者が進行中の自動車の屋根の上から被害者をさかさまに引きずり降ろし，アスファルト舗装道路上に転落させるというがごときことは，経験上，普通，予想しえられるところではなく，ことに，本件においては，被害者の死因となった頭部の傷害が最初のXの自動車との衝突の際に生じたものか，同乗者が被害者を自動車の屋根から引きずり降ろし路上に転落させた際に生じたものか確定しがたいというのであって，このような場合にXの前記過失行為から被害者の前記死の結果の発生することが，われわれの経験則上当然予想しえられるところであるとは到底いえない。」

3　最決平成2年11月20日刑集44巻8号837頁

［事実の概要］

　Xは、昭和56年1月15日午後8時ころから午後9時ころまでの間、自己の営むM県内所在の飯場において、洗面器の底や皮バンドで被害者Aの頭部等を多数回殴打するなどの暴行を加えた結果、恐怖心による心理的圧迫等によって、Aの血圧を上昇させ、内因性高血圧性橋脳出血を発生させて意識消失状態に陥らせた後、AをO市所在の建材会社の資材置場まで自動車で運搬し、同日午後10時40分ころ、同所に放置して立ち去った。Aは、翌16日未明、内因性高血圧性橋脳出血により死亡するに至った。ただし、右の資材置場においてうつ伏せの状態で倒れていたAは、その生存中、何者かによって角材でその頭頂部を数回殴打されており、その暴行は、すでに発生していた内因性高血圧性橋脳出血を拡大させ、幾分か死期を早める影響を与えるものであった。

［決定要旨］

　「このように、犯人の暴行により被害者の死因となった傷害が形成された場合には、仮にその後第三者により加えられた暴行によって死期が早められたとしても、犯人の暴行と被害者の死亡との間の因果関係を肯定することができ、本件において傷害致死罪の成立を認めた原判断は、正当である。」

Questions

Q5 基本判例2および3では、因果関係に関する結論に差が生じているが、その差はどのような事由の相違に基づくものか。また、この結論の差は正当と考えられるか。その論拠は何に求められるか。

4　最決平成18年3月27日刑集60巻3号382頁

［事実の概要］

　被告人が、共犯者と共謀のうえ、被害者を普通乗用自動車の後部トランクに押し込め、トランクカバーを閉めて脱出不能にして走行し、その後、仲間と落ち合うため、夜間、市街地の片側一車線の路上に停車していた際、後方から走行してきた普通乗用自動車がその運転者の前方不注視（脇見運転）により被告人らの車の後部に時速約60キロメートルで追突し、その衝撃で後部トランク内にいた被害者が死亡した。第1審以来、弁護人は、死亡の結果は第三者の過失行為により引き起こされた

ものであって，監禁行為と被害者の死亡との間に刑法上の因果関係はない旨を主張した。

　第1審判決は，「自動車のトランク内に監禁した上で道路上を走行すること自体，非常に危険な行為であり，本件のような第三者の過失による追突事故によりトランク内に押し込まれていた人間が死亡するということは，経験則上，十分に予測し得るところである」旨判示して因果関係を肯定した。これに対し，被告人が控訴したが，原判決も，「後続車の運転者が脇見運転し，前方を注視しなかったことにより，停止中の前車の後部に衝突するという事故態様は，路上における交通事故としてなんら特異な事態ではない」などと判示し，第1審判決を是認した。

［決定要旨］

「1　原判決及びその是認する第1審判決の認定によれば，本件の事実関係は，次のとおりである。

(1)　被告人は，2名と共謀の上，平成16年3月6日午前3時40分ころ，普通乗用自動車後部のトランク内に被害者を押し込み，トランクカバーを閉めて脱出不能にし同車を発進走行させた後，呼び出した知人らと合流するため，大阪府K市内の路上で停車した。その停車した地点は，車道の幅員が約7.5mの片側1車線のほぼ直線の見通しのよい道路上であった。

(2)　上記車両が停車して数分後の同日午前3時50分ころ，後方から普通乗用自動車が走行してきたが，その運転者は前方不注意のために，停車中の上記車両に至近距離に至るまで気付かず，同車のほぼ真後ろから時速約60kmでその後部に追突した。これによって同車後部のトランクは，その中央部がへこみ，トランク内に押し込まれていた被害者は，第2・第3頸髄挫傷の傷害を負って，間もなく同傷害により死亡した。

2　以上の事実関係の下においては，被害者の死亡原因が直接的には追突事故を起こした第三者の甚だしい過失行為にあるとしても，道路上で停車中の普通乗用自動車後部のトランク内に被害者を監禁した本件監禁行為と被害者の死亡との間の因果関係を肯定することができる。したがって，本件において逮捕監禁致死罪の成立を認めた原判断は，正当である。」

Questions

Q6　本件では，介在した第三者の行為は過失行為であるが，それが故意行為である場合と比較して，因果関係判断に差を生ずるか（**Q5**も参照）。

(2) 被害者の行為が介在する場合

5 最決平成15年7月16日刑集57巻7号950頁

[事実の概要]

1 Xは，人材派遣会社から派遣されて同じ会社で勤務していたA（男性，当時22歳）が，上司に対して自分のことを告げ口したとして悪感情を抱き，同じくAに対して悪感情を抱いていたYら5名と共謀のうえ，8月25日午後11時50分ころから翌日午前2時ころまでの間，C市内の公園内駐車場および公衆便所内（以下合わせて「第1現場」という）において，呼び出したAに対し，こもごも多数回にわたり，その顔面，腹部等を手拳で殴打し，その胸部，腹部等を足蹴にするなどの暴行を加えた。

Xらは，以上の暴行では不足であるとして，Aを自動車に乗せてC市に隣接するS市内のマンションのY方一室（以下「第2現場」という）に連行し，同日午前3時ころから午前3時45分ころまでの間，第2現場において，Aを監禁状態にしてその逃走を阻むため監視をしつつ，時に椅子を用いるなどもしながら，こもごも多数回にわたり，Aの頭部，顔面等を手拳で殴打するなどの暴行を加えた。Aは，この一連の暴行により，顔面打撲等の傷害を負った。

2 Aは，午前3時45分ころ，第2現場の隣人が物音に抗議に来た際，Yがこれに応対している隙にXによる阻止を振り切って，この暴行から逃れるために，靴下履きのまま同現場から逃走した。これに対して，Xら6名は，手分けしてAを追跡したが，すぐにAを見失った。

3 Aは，同日午前3時55分ころ，S市内の高速道路線下りの路上に進入したところを，折から時速約90キロメートルで進行してきた自動車に衝突され，また，後続の自動車に轢過された。Aは，同日午前5時23分ころ，搬送先のB病院において，自動車に衝突，轢過された際の外傷性ショックにより死亡した。

4 Aは，第2現場から逃走する際，Xらに対し極度の恐怖心を抱いていた。そして，第2現場から轢過現場までの距離は，近い経路で約763メートル，遠い経路で約810メートルであり，Aが轢過されたころの轢過現場付近における高速道路走行車の通行量は，5分間で，上り線，下り線とも37台であった。

Questions

Q7 Xらの罪責について考える際に問題となる論点は何か。その論点を導く事情は何か。

Q8 本設例で，Xらの暴行により傷害を負ったAが，高速道路に進入したところ

で，通行中の車に助けられ，病院に運ばれたところ，医療行為を行った医師の過誤で死亡したとすれば，Ｘには傷害致死罪が成立するか。

［第１審判決の判旨］（長野地松本支判平成14年４月10日刑集57巻７号973頁）
「本件被害者が本件第２現場から逃走した後の行き先については，現場の地理的な条件や被害者が逃走して探索されている状況下にあるという心理状態を考えても，選択の余地は多々あり，そういう中で本件被害者が本件事故現場となった本件高速道路本線上へ進入するしかない或いはその蓋然性が高いといえるような事情は見出せず，被告人らの暴行から逃れる目的があったとしても，本件被害者が本件高速道路本線上に進入するということは，通常の予想の範囲外といえる行動であったといえるもの」ある。
「従って，本件では，本件被害者が本件高速道路本線上の本件事故現場で事故に遭遇したことは，被告人らの本件第１・第２現場での暴行から予期しうる範囲外の事態であって，当該暴行の危険性が形をかえて現実化したものであるとは到底いえず，被告人らの上記暴行と本件被害者の死亡との間に検察官の主張するような形での因果関係を認めることはできない。」

［控訴審判決の判旨］（東京高判平成14年11月14日高刑集55巻３号４頁）
「被害者は逃走後本件高速道路上で自動車に衝突，轢過されているが，被害者が同道路に立ち入った逃走経路は証拠上明らかではないところ，確かに，原判決認定のとおり，本件高速道路への立入りには同道路と側道との間の金網フェンスや上り線と下り線とを分かつガードレール及び遮光ネットで構成された中央分離帯等の障害物を越えなければならず，かつ，その頃における高速走行車の通行量も５分間で，上り線，下り線とも37台というのであるから，被害者のこの立入りは一見無謀な感がすることは否めない。
しかしながら，第２現場から轢過現場までの距離は経路のいかんにより約763メートルないし約810メートルであること，逃走開始から轢過されるまでの間が約10分という短時間であることに加え，被害者は被告人らに対し極度の恐怖感を抱いていたものと認められることにもかんがみると，被害者は被告人らの追跡を逃れる最も安全な方法として本件高速道路への立入りを即座に選択したと認めるのが相当である。そして，追跡する者が６名と複数人である上，２台の自動車を用いた徹底した追跡がなされるであろうことは被害者にとって自明であることはもとより被告人らにとっても必然のものとして観念されていたと認められることに照らせば，このような選択が被害者の現に置かれた状況からみて，やむにやまれぬものとして通常人の目からも異常なものと評することはできず，したがって，被告人らにとってみても予見可能なものと認めるのが相当である。」

「被告人らの暴行と被害者Aの死亡との間の因果関係はこれを肯認することができる……。」

[最高裁の決定要旨]
「Aが逃走しようとして高速道路に進入したことは，それ自体極めて危険な行為であるというほかないが，Aは，Xらから長時間激しくかつ執ような暴行を受け，Xらに対し極度の恐怖感を抱き，必死に逃走を図る過程で，とっさにそのような行動を選択したものと認められ，その行動が，Xらの暴行から逃れる方法として，著しく不自然，不相当であったとはいえない。そうすると，被害者が高速道路に進入して死亡したのは，Xらの暴行に起因するものと評価することができるから，Xらの暴行と被害者の死亡との間の因果関係を肯定した原判決は，正当として是認することができる。」

Questions

Q9 因果関係が必要とされるのはなぜか。また因果関係が問題となる類型には何があるか。

Q10 因果関係をめぐって，従来の学説はどのように対立してきたか。相当因果関係説と客観的帰属論は，どのように異なるか。

Q11 本件で，第1審，控訴審，上告審では，因果関係の存否について異なる結論に至っており，その理由付けも必ずしも一致していないように思われる。それぞれ，因果関係についてどのような見解に立っていると考えられるか。また，それぞれ，いかなる事実関係をどのように評価して，因果関係の存否を判断したと考えられるか。

【参考資料1】
基本判例5のコメント（判タ1134号183頁）
「刑法上の因果関係に関する最近の……判例では，生じた結果が被告人の行為による危険の現実化したものと評価できるかどうかによって，因果関係の有無が判断されていると考えられている。

学説では，かつては予見可能性を基準にして因果関係の有無を判定するという，いわゆる相当因果関係説が主流であったが，最近では，相当因果関係説を修正する立場，行為の危険性とその危険が現実化していく過程を類型化して因果関係を肯定するための相当性を検討するという，いわゆる客観的帰属説（山中敬一・刑法における客観的帰属の理論）の立場などが現れている。

……本決定は，本件の事実関係の下で，被告人らの暴行と被害者の死亡との間の因果関係を肯定した。本決定は，被害者が高速道路に進入したのは，被告人らから

長時間激しくかつ執ような暴行を受け，被告人らに対し極度の恐怖感を抱き，必死に逃走を図る過程で，とっさにそのような行動を選択したものと認められることなどに言及している。そうすると，本決定は，これまでの最高裁の判例と同様，被害者の死亡が被告人らの行為による危険の現実化したものと評価できるという判断を示したものと考えられる。

　……最近の学説では，結果発生までの間に被告人の行為とは別の事情が介在した場合について，被告人の行為の支配，影響に基づいて結果が生じたかどうかによって，因果関係の有無を判定する立場がある。この立場には，介在事情が結果に重大な影響を与えたものであれば，それが被告人の行為によって支配されたものであるとき，因果関係を肯定する見解（佐伯仁志「因果関係論」理論刑法の最前線18頁），被告人の行為によって影響されない危険である「一般的危険」という概念を設定した上，介在事情が「一般的な危険」に当たらない場合には，因果関係を肯定する見解（林陽一・刑法における因果関係理論272頁）などがある。

　また，潜水中に潜水経験の乏しい受講生を見失って死亡させた事案［最決平成4年12月17日刑集46巻9号683頁］では，受講生及び指導補助者の不適切な行為が介在しても，それが被告人の行為によって誘発されたものであるときは，因果関係が否定されないとされている。この点について，介在事情が被告人の行為によって支配されていたかどうかを基準にする見解（前掲・佐伯22頁）では，被告人の行為によって被害者の不適切な行為が誘発された場合であっても，被害者が著しく不適切な行為に出た場合には，因果関係を否定すると解している。

　本決定は，被告人らの暴行の態様とその暴行が被害者に与えた影響に言及した上，被害者の置かれた状況からすると，高速道路に進入するという極めて危険な逃走を選択したのは，著しく不自然，不相当であったとはいえないとして，因果関係を肯定しているから，本決定の背後には，前記学説と同様の考慮があるものとみることもできよう。」

6　最決平成16年2月17日刑集58巻2号169頁

[事実の概要]

　被告人Xは，数名と共謀のうえ，深夜，飲食店街の路上で，被害者Aに対し，その頭部をビール瓶で殴打したり，足蹴にしたりするなどの暴行を加えたうえ，共犯者の1名が底の割れたビール瓶で被害者の後頸部等を突き刺すなどし，Aに左後頸部刺創による左後頸部血管損傷等の傷害を負わせた。Aの負った左後頸部刺創は，頸椎左後方に達し，深頸静脈，外椎骨静脈沿叢などを損傷し，多量の出血を来すも

のであった。

　Aは、受傷後直ちに知人の運転する車で病院に赴いて受診し、翌日未明までに止血のための緊急手術を受け、術後、いったんは容体が安定し、担当医は、加療期間について、良好に経過すれば、約3週間との見通しをもった。しかし、その日のうちに、Aの容体が急変し、他の病院に転院したが、事件の5日後に上記左後頸部刺創に基づく頭部循環障害による脳機能障害により死亡した。Xは、原審公判廷において、上記容体急変の直前、Aが無断退院しようとして、体から治療用の管を抜くなどして暴れ、それが原因で容体が悪化したと聞いている旨述べているところ、Aが医師の指示に従わず安静に努めなかったことが治療の効果を減殺した可能性があることは、記録上否定することができなかった。

　[決定要旨]

　「被告人Xらの行為により被害者Aの受けた前記の傷害は、それ自体死亡の結果をもたらし得る身体の損傷であって、仮に被害者の死亡の結果発生までの間に、上記のように被害者が医師の指示に従わず安静に努めなかったために治療の効果が上がらなかったという事情が介在していたとしても、被告人らの暴行による傷害と被害者の死亡との間には因果関係があるというべきであり、本件において傷害致死罪の成立を認めた原判断は、正当である。」

(3)　被害者の行為と第三者の行為の介在が複合する場合

　[設問3]　以下の事実について、Xの罪責について述べなさい。
　Xは、午前6時少し前ころ、知人女性を助手席に乗せ、普通乗用車（「被告人車」）を運転して、高速自動車（片側3車線道路）を走行していたが、大型トレーラー（「A車」）を運転し、同方向に進行していたAの運転態度に立腹し、A車を停止させてAに文句を言い、謝罪させようと考えた。Aは、Xが執ように停止を求めてくるので、被告人車の減速に合わせて減速し、午前6時ころ、被告人が第3通行帯に自車を停止させると、Aも被告人車の後方約5.5メートルの地点に自車を停止させた。なお、当時は夜明け前で、現場付近は照明設備のない暗い場所であり、相応の交通量があった。
　Xは、降車してA車まで歩いて行き、Aが、運転席ドアを少し開けたところ、被告人は、ドアを開けてステップに上がり、エンジンキーに手を伸ばしたり、ドアの内側に入ってAの顔面を手拳で殴打したりしたため、Aは、被告人にエンジンキーを取り上げられることを恐れ、これを自車のキーボックスから抜いて、ズボンのポケットに入れた。被告人は、Aを運転席から路上に引きずり降ろし、自車まで引っ張って行った。Aが謝罪を言うと、Xは、Aの腰部等を足

げりし，さらに殴りかかってきたので，Aは，Xに対し，顔面に頭突きをしたり，鼻の上辺りを殴打したりするなどの反撃を加えた。

　Xが上記暴行を加えていた午前6時7分ころ，本件現場付近道路の第3通行帯を進行していたB運転の普通乗用車（「B車」）およびC運転の普通乗用車（「C車」）は，A車を避けようとして第2通行帯に車線変更したが，C車がB車に追突したため，C車は第3通行帯上のA車の前方約17.4メートルの地点に，B車はC車の前方約4.9メートルの地点に，それぞれ停止した。C車から同乗者のDらが降車したので，Xは，暴行をやめて携帯電話で友人に電話をかけ，Aは，自車に戻って携帯電話で被告人に殴られたこと等を110番通報した。Xは，Dらに近づいて声をかけ，A車の所に共に歩いて行ったが，Aは，Dらを被告人の仲間と思い，Dらから声をかけられても無言で運転席に座っていた。Xは，午前6時17，18分ころ，同乗女性に自車を運転させ，第2通行帯に車線変更して，本件現場から走り去った。

　Aは，自車を発車させようとしたものの，エンジンキーが見つからなかったため，暴行を受けた際に被告人に投棄されたものと勘違いして，再度近付いてきたDらと共に付近を捜したりしたが，結局，それが自分のズボンのポケットに入っていたのを発見し，自車のエンジンを始動させた。ところが，Aは，前方にC車とB車が停止していたため，自車を第3通行帯で十分に加速し，安全に発進させることができないと判断し，C車とB車に進路を空けるよう依頼しようとして，再び自車から降車し，C車に向かって歩き始めた午前6時25分ころ，停止中のA車後部に，同通行帯を谷和原方面から水戸方面に向け進行してきた普通乗用車が衝突し，同車の運転者および同乗者3名が死亡し，同乗者1名が全治約3か月の重傷を負った。

【参考判例2】
最決平成16年10月19日刑集58巻7号645頁
［事実の概要］［設問3］参照
［決定要旨］
　「以上によれば，Aに文句を言い謝罪させるため，夜明け前の暗い高速道路の第3通行帯上に自車及びA車を停止させたという被告人Xの本件過失行為は，それ自体において後続車の追突等による人身事故につながる重大な危険性を有していたというべきである。そして，本件事故は，Xの上記過失行為の後，Aが，自らエンジンキーをズボンのポケットに入れたことを失念し周囲を捜すなどして，X車が本件現場を走り去ってから7，8分後まで，危険な本件現場に自車を停止させ続けたことなど，少なからぬ他人の行動等が介在して発生したものであるが，それらはXの

上記過失行為及びこれと密接に関連してされた一連の暴行等に誘発されたものであったといえる。そうすると，Xの過失行為と被害者らの死傷との間には因果関係があるというべきであるから，これと同旨の原判断は正当である。」

Questions

Q12 参考判例2において，因果関係を肯定する事由と否定する事由とを挙げたうえで，本件の結論が妥当であるか否かを検討しなさい。また，その理論的根拠としてどのような説明が可能と考えられるか。

【参考資料2】
上田哲・判批（ジュリスト1299号〔2005年〕161頁）
「刑法上の因果関係について，かつての学説においては，『結果に対する諸条件の中で，一般人の社会生活上の経験に照らして，通常その結果が発生することが相当と認められるものについて因果関係を認める』などとする相当因果関係説が圧倒的な通説であるとされてきた。しかし，近時は，行為後に特殊な事情が介在して結果が発生した場合等について，その事情が予見可能であったかどうかだけではなく，実行行為に存する結果発生の確率の大小，介在事情の異常性の大小，介在事情の結果への寄与の大小の3点を組み合わせることにより因果経過の相当性を判断する見解（前田・刑法総論〔第3版〕172頁）等の相当因果関係説を修正する立場や，同説の枠組から脱却するいわゆる客観的帰属論の立場（山中・刑法における客観的帰属の理論等）などが現れている。

他方，最高裁判例は，因果関係の問題が極めて個別的色彩の強いものであることなどから，明確な理論的立場の表明を避け，具体的な事例の集積を通じてその考え方を示していく態度を基本としてきたといわれている。最近……の判例においては，生じた結果が被告人の行為の危険性が現実化したものと評価できるかどうかによって因果関係の有無を判断しているとの指摘がされている（山口雄高・ジュリ1258号177頁，前田巌・ジュリ1273号172頁）。」

(4) 行為者の行為が介在する場合
【参考判例3】
最決昭和53年3月22日刑集32巻2号381頁
［事実の概要］
　被告人XはAを熊と誤認して2発銃弾を発射し，Aの下腹部および右下肢鼠蹊部に命中させた後，Aに対し発射したことを知り銃創の状況とAの苦悶する状態を見てまもなくAが死亡すると考え，目撃者がいないところから，Aを殺害して逃走し

ようと決意し，Aの右胸部に銃弾1発を発射して右胸部から腹腔に達し，肝臓等を損傷する銃創を負わせ即時死亡させるに至った。そして鑑定等によれば，右下肢鼠蹊部に射入口を有する銃創は手当不能で数分ないし10数分内外で死亡する程度であって，Xが第3発目の銃弾によりAの右胸部に銃創を負わせなくとも，間もなく同人は死亡したものと認められるが，第3発目の銃弾による銃創の部位にも微量の失血があり，死期を早からしめた。

[決定要旨]

原審（東京高判昭和50年5月26日刑集32巻2号402頁）の「以上の事実関係においては，被告人の過失による傷害の結果が発生し，致死の結果が生じない時点で，被告人の殺人の故意による実行行為が開始され，既に生じていた傷害のほか，新たな傷害が加えられて死亡の結果を生じたものであって，殺人罪の構成要件を充足する行為があつたものというべきである。そして殺人の実行行為が開始された時点までの被告人の犯罪行為は業務上過失傷害の程度にとどまり，殺人の実行行為が開始された時点以後は殺人罪の構成要件に該当する行為のみが存在したものというべきである。また以上の業務上過失傷害罪と殺人罪とは，同一被害者に対する連続した違法行為ではあるが，前者は過失犯，後者は故意犯であって，両者は責任条件を異にする関係上併合罪の関係にあるものと解すべきである」とする判示に対して，最高裁は，「本件業務上過失傷害罪と殺人罪とは責任条件を異にする関係上併合罪の関係にあるものと解すべきである，とした原審の罪数判断は，その理由に首肯しえないところがあるが，結論においては正当である」とした。

Questions

Q13 本件において，特殊な介在事情が被告人自身の行為であったことは，因果関係判断に影響を及ぼすか。

【参考判例4】
大判大正12年4月30日刑集2巻378頁
[事実の概要]

被告人Xは，情交関係にあったAを殺害しようと決意し，居宅神棚の上にあった細麻縄約2.4～2.7メートルを切り取り，座敷で熟睡していたAの頸部をこれで絞めた。そうしたところ，Aは身動きしなくなったため，XはAがすでに死亡したものと思い，犯行の発覚を防ぐ目的で，頸部の麻縄を解かないまま，Aを背負って1キロメートル以上離れた海岸の砂上に運び，同所に放置して帰宅した。そのため，Aは砂末を吸引し，最終的に，頸部絞扼と砂末吸引とによってAは死亡した。

弁護人は，Xは，最初の絞殺行為によってはAの死の結果は発生してないのに，

すでに死亡したと誤信して海岸に放置し、そのため砂末を吸引して死亡したのであるが、Xは現実に生じた死の結果については全く認識しておらず、またその行為との因果関係の認識もないのであるから、殺人既遂は成立しないと主張した。

[判旨]

「被告の殺害の目的を以て為したる行為の後、被告がAを既に死せるものと思惟して、犯行発覚を防ぐ目的を以て海岸に運び去り、砂上に放置したる行為ありたるものにして、此の行為なきに於ては砂末吸引を惹起すことなきは勿論なれども、本来前示の如き殺人の目的を以て為したる行為なきに於ては、犯行発覚を防ぐ目的を以てする砂上の放置行為も亦発生せざりしことは勿論にして、之を社会生活上の普通観念に照し、被告の殺害の目的を以て為したる行為とAの死との間に原因結果の関係あることを認むるを正当とすべく、被告の誤認に因り、死体遺棄の目的に出でたる行為は、毫も前記の因果関係を遮断するものに非ざるを以て、被告の行爲は刑法第199条の殺人罪を構成するものと謂うべく、此の場合には殺人未遂罪と過失致死罪の併存を認むべきものに非ず。故に被告の行為を刑法第199条に問擬したる原判決の法律適用は洵に正当にして、論旨は理由なし。」

Questions

Q14 本件事案で、殺人既遂が認められたのは、どのような判断によるものか。

第5講　中止未遂の判断

1　「自己の意思により」中止したといえるか——任意性の判断基準

〔設問1〕　以下の事実が認定しえたものとして，Xの罪責について論ぜよ。

(1)　Xは，平成10年2月ころ，Xが勤務していたパブに客として来店したAと知り合い，まもなく同女と交際するようになった。Aには夫と子供がおり，Xは同女といわゆる不倫の関係を続けた。

(2)　その後，同女がXの子供を妊娠し中絶するということがあったが，Xは同年10月ころからは水商売をやめて長距離トラックの運転手として働くようになった。そして，平成11年1月初旬ころ持病の発作で倒れて入院したが，そのときAが約1か月の間献身的にXの看病をしたことから，同女に対し強い恋愛感情を抱くようになった。

(3)　同女は，同年1月ころからスナックなどでホステスとして働くようになったが，Xは同女が店の男性客と接することに嫉妬し，ホステスをやめるように要求するなどした。同女は，Xのこのような言動に嫌気がさし次第にXを避けるようになった。

(4)　Xは，同女の態度の変化にもかかわらず，なおもしつこく同女につきまとい，同女の帰りを同女宅の近くで待ち伏せたりすることもあった。

(5)　Xは，同女が店の男性客と親密な関係になっているのではないかなどと考え精神的に不安定な状態になっていたところ，平成12年6月中旬ころ，同女がスナックの男性客に車で送られてくるのを目撃し，その男性と性関係をもったことを告げられて衝撃を受け，自殺あるいは無理心中することを考えて，マキリ包丁1丁を買い求め，それをXの運転する軽四輪乗用自動車の助手席シートの下に置いておいた。

(6)　同女は，Xと別れたいと思っていたものの，Xとの関係を急激に絶とうとはせず，時折はXと会ったりしていたところ，同年7月4日，同女の方からXに連絡をとり，携帯電話にキャッチホンを付けるなどという用事につき合わせ，性関係までもった。Xは，同女の仕事が終わったら迎えに行くと言い，同女もこれに応じたことから，仕事が終わり次第同女が電話で連絡することになった。

(7)　Xは，同女からの連絡を待ったが，連絡がなく，Xの方から電話を入れ

てもすぐに切られたりした。Xは、日にちの変わった同月5日午前3時ころ、Xの前記の車で同女宅付近まで行ったところ、スナックの男性客に送ってもらって帰宅した同女を発見したため、同女の携帯電話に電話をかけ、同女を駐車中のXの車に呼び寄せて、助手席に乗せ、同女に対して、Xに連絡しなかったことを責めたり、店をやめるよう強く要求するなどし、結局同女と口論になった。

(8) Xは、同女が「もういい、これ以上付きまとわないで」などといって自動車から降りようとしたことから、絶望的な気持ちになり、同女を殺して自分も死のうなどと考え、同女を殺害することを決意し、所携のマキリ包丁で同女の左胸部を2回突き刺した。

(9) Aは、Xから刺され、そこから逃れるために、車外に転がり出るなどしたが、その前後ころに、機転を利かせて、Xに対し「もうお店を辞めるから」「本当に仕事辞めるから」「本当はボクちゃん（Xのこと）のこと好きだったんだよ」「病院に連れて行って」などと苦しそうな声で繰り返し懇願した。

(10) Xは、同女のこれらの言葉を直ちに信用することができず、自宅に同女を連れて行き2人で死のうと考え、その気持ちを秘して同女に対しては病院に連れて行くと言って同女を抱えるようにして再び自動車内に連れ込んだ。その後も同女は「本当にお店を辞めるから。あんたに刺されたって言わないから。病院に連れて行って」などとやはり苦しそうな声で繰り返し懇願した。

(11) Xは、いったんは自宅に行って2人で死のうと決めたものの同女のこのような言動に気持ちがすっかり動揺し、すぐに車を走らせることができずに若干の時間その場にとどまった後、あくまで自宅に向かって無理心中を図るかそれとも同女を病院に連れて行くか、気持ちの定まらないまま自動車を発進させ、直進すれば病院に行くことになるが右折すれば自宅へ向かうことになる交差点に至って、自宅へ向かう気持ちを吹っ切り、同女の言葉を信ずることに心を決め、このまま同女を死なせるわけにはいかないなどと考え、右折しないで直進し、同女を病院に搬送した。そのため、同女は一命をとりとめた。

(12) そして、Xは病院の関係者に自分が同女を刺した旨を申告し、病院からの通報によって駆けつけた警察官によりXは緊急逮捕された。

(1) 任意性の判断基準

未遂犯のうち、自己の意思で止めた中止未遂（中止犯）については刑の必要的減免が認められている。必要的減免の根拠としては、(a)政策説、(b)違法減少説、(c)責任減少説が主張されている。

また，中止犯は，自己の意思により（任意性），中止する必要がある。任意性の判断基準については，主観説（本人基準説）と客観説（一般人基準説）の対立がある。主観説はさらに，①たとえ欲したとしてもできなかった場合が障害未遂で，たとえできるとしても欲しなかった場合が中止未遂であるとする見解（フランクの公式説）と，②広義の悔悟が必要であるとする限定（規範的）主観説が対立するとされる。

Questions

Q1 任意性の判断基準として，主観説，客観説の対立があるが，それぞれの見解から本件事案を説明するとどのようになるか。いずれの見解から説明するのが妥当か。

Q2 本事案において，結果発生防止のための積極的行為が認められるか。もし，認められるとすると，それと任意性との関係はどのように理解すべきか。

Q3 本事案で，任意性を否定する主張があるとすれば，それはどのような根拠に基づくものか。

(2) 客観説による「任意性」判断

1　札幌高判平成13年5月10日判夕1089号298頁

[判旨]

〔設問1〕とほぼ同様の事案に関し札幌高裁は以下のように判示した。

「確かに，Aが機転を利かせてXに対し，その要求に応じる旨やXの気を引くような言葉を繰り返したことがXの気持ちを揺さぶり，Xが同女を病院に運ぶに至った契機にはなっているけれども，一般的にみて，前記のような経過・状況のもとに，一旦相手女性の殺害や無理心中を決意した者が前記のような言葉にたやすく心を動かし犯行の遂行を断念するとは必ずしもいえないように思われるし，実際Xの場合も，同女の言葉により直ちに犯罪の遂行を断念したわけではない。Xが犯行の遂行を最終的に断念したのは，同女の言動に動揺しながらも気持ちの定まらないまま自動車を発進させ，そのまま直進すれば病院に向かうことになるが右折すれば自宅へ向かうことになるその分岐点に至ってのことであり，短い時間ではあったが，それまでの間，どうしたものかと迷い続け，最終的には，同女を救命することに意を決し，そのまま直進し病院に向けて車を走らせたのである。Xは，同女からXに刺されたとは口外しないなどと言われていたけれども，その点は自分が犯人であることは病院の関係者が警察に通報すればすぐに判明することであると思っていたといい，実際にも病院の関係者に同女を刺した旨を自ら申告していることも合わせて考慮す

ると，病院に搬送したという今回の行動が，同女からのXが刺したとはいわないという言葉に動かされたことによるものでないことは明らかである。Xは，同女の，店をやめるとかXのことが好きだったとかいう言葉に触発されて心を動かされたものではあるが，苦しい息の中で一生懸命訴え続けている同女に対する憐憫の気持ちなども加わって，あれこれ迷いつつも，最後には無理心中しようなどという思いを吹っ切り，同女の命を助けようと決断したと解されるのであって，このような事情を総合考慮すると，Xは自らの意思で犯行を中止したものと認めるのが相当である。そして，同女の負った傷害の程度は，左前胸部の刺創の幅は5センチメートルであるが，肋骨の動脈が損傷し，胸腔内に250ミリリットルの血液が貯留し推定で約750ミリリットルから1,000ミリリットルの出血があり，肝臓にも挫滅があって腹腔内血腫も認められるという相当に重篤なものであり，そのまま放置すれば死亡するに至るほどのものであったと推察されるところ，Xがそれ以上の攻撃を行わず，同女を病院に搬送し，医療措置を可能としたことにより一命をとりとめることができたものと認められるから，本件殺人未遂については中止未遂が成立するというべきである。」

Questions

Q4 本判決が任意性を認めた根拠は何か。また，被害者から「口外しない」と言われたことに触発されて中止したとすると，結論は異なるか。

2 最決昭和32年9月10日刑集11巻9号2202頁

[事実の概要]

　Xはかねて賭博等に耽って借財が嵩んだ結果，実母Fや姉S等にも一方ならず心配をかけているので苦悩の末，服毒自殺を決意すると共に，自己の亡き後に悲歎しながら生き残るであろう母親の行末が不憫であるから，むしろ同時に母をも殺害して同女の現世の苦悩を除いてやろうと考えた。そして，昭和28年10月18日午前0時頃自宅六畳間において電燈を消して就寝中の同女の頭部を野球用バットで力強く1回殴打したところ，同女がうーんと呻き声をあげたので早くも死亡したものと思い，バットをその場に置いたまま自己が就寝していた隣室三畳間に入った。しかし，まもなく同女が自己の名を呼ぶ声を聞き再び右六畳間に戻り，同女の頭部を手探ぐりし電燈をつけて見ると，母が頭部より血を流し痛苦していたので，その姿を見てにわかに驚愕恐怖し，その後の殺害行為を続行することができず，所期の殺害の目的を遂げなかった。

［決定要旨］
「Xは母に対し何ら怨恨等の害悪的感情をいだいていたものではなく，いわば憐憫の情から自殺の道伴れとして殺害しようとしたものであり，従ってその殺害方法も実母にできるだけ痛苦の念を感ぜしめないようにと意図し，その熟睡中を見計い前記のように強打したものであると認められる。しかるに，母は右打撃のため間もなく眠りからさめ意識も判然としてXの名を続けて呼び，Xはその母の流血痛苦している姿を眼前に目撃したのであつて，このような事態はXの全く予期しなかつたところであり，いわんや，これ以上更に殺害行為を継続し母に痛苦を与えることは自己当初の意図にも反するところであるから，所論のようにXにおいて更に殺害行為を継続するのがむしろ一般の通例であるというわけにはいかない。すなわちXは，原判決認定のように，前記母の流血痛苦の様子を見て今さらの如く事の重大性に驚愕恐怖するとともに，自己当初の意図どおりに実母殺害の実行完遂ができないことを知り，これらのため殺害行為続行の意力を抑圧せられ，他面事態をそのままにしておけば，当然犯人は自己であることが直に発覚することを怖れ，原判示のように，ことさらに便所の戸や高窓を開いたり等して外部からの侵入者の犯行であるかのように偽装することに努めたものと認めるのが相当である。右意力の抑圧が論旨主張のようにXの良心の回復又は悔悟の念に出でたものであることは原判決の認定しないところであるのみならず，前記のようなXの偽造行為に徴しても首肯し難い。そして右のような事情原因の下にXが犯行完成の意力を抑圧せしめられて本件犯行を中止した場合は，犯罪の完成を妨害するに足る性質の障がいに基くものと認むべきであつて，刑法43条但書にいわゆる自己の意思により犯行を止めたる場合に当らないものと解するを相当とする。」

Questions

Q5 本判決が「自己の意思により犯行を止めたる場合に当たらない」とした根拠は何か。「継続するのが一般の通例である」とはいえないとしているが，これは誰を基準に判断していることになるのか。

Q6 「一般人であれば通常思いとどまるような事情」とは何か。
参考判例1，2，3，4についても，これが認められるか否か，検討せよ。

【参考判例1】
福岡高判昭和61年3月6日判時1193号152頁
［事実の概要］
Xは，（パブを経営する）A子の頸部を果物ナイフで（同店内で）1回突き刺した直後，同女が大量の血を口から吐き出し，呼吸のたびに血が流れ出るのを見て，驚

愕すると同時に大変なことをしたと思い，直ちにタオルを同女の頸部に当てて血が吹き出ないようにしたり，同女に「動くな，じっとしとけ」と声をかけたりなどしたうえ，（パブの）店内から消防署に架電し，傷害事件を起こした旨告げて救急車の派遣と警察署への通報を依頼した。Xは，その後「救急車がきよるけん心配せんでいいよ」とA子を励ましたりしながら救急車の到着を待ち，救急車が到着するや，1階出入口のシャッターの内側から鍵を差し出して消防署員にシャッターを開けてもらい，消防署員とともにA子を担架に乗せて救急車に運び込み，そのころ駆け付けた警察官に「別れ話がこじれてA子の首筋をナイフで刺した」旨自ら告げてその場で現行犯逮捕された。A子は直ちにT外科医院に搬送されて昇圧剤の投与を受けたのち，同日午前7時すぎころH医院に転送されてH医師により手術を受けたものであるが，本件の頸部刺傷は深さ約5センチメートルで気管内に達し，多量の出血と皮下気腫を伴うもので，出血多量による失血死や出血が気道内に入って窒息死する危険があった。

[判旨]

「中止未遂における中止行為は，実行行為終了前のいわゆる着手未遂においては，実行行為を中止すること自体で足りるが，実行行為終了後のいわゆる実行未遂においては，自己の行為もしくはこれと同視できる程度の真摯な行為によつて結果の発生を防止することを要すると解すべきところ，本件犯行は，A子の頸部にナイフを突きつけて同女を脅していた際，一時的な激情にかられて未必的殺意を生じ，とつさに右ナイフで同女の頸部を1回突き刺したというものであつて，2度，3度と続けて攻撃を加えることを意図していたものではなく，右の一撃によつて同女に失血死，窒息死の危険を生じさせていることに照らすと，本件は実行未遂の事案というべきである。そして，前記認定事実によれば，Xが，本件犯行後，A子が死に至ることを防止すべく，消防署に架電して救急車の派遣を要請し，A子の頸部にタオルを当てて出血を多少でもくい止めようと試みるなどの真摯な努力を払い，これが消防署員や医師らによる早期かつ適切な措置とあいまつてA子の死の結果を回避せしめたことは疑いないところであり，したがつて，Xの犯行後における前記所為は中止未遂にいう中止行為に当たるとみることができる。

次に，中止未遂における中止行為は『自己ノ意思ニ因リ』（刑法43条但書）なされることを要するが，右の『自己ノ意思ニ因リ』とは，外部的障碍によつてではなく，犯人の任意の意思によつてなされることをいうと解すべきところ，本件において，Xが中止行為に出た契機が，A子の口から多量の血が吐き出されるのを目のあたりにして驚愕したことにあることは前記認定のとおりであるが，中止行為が流血等の外部的事実の表象を契機とする場合のすべてについて，いわゆる外部的障碍によるものとして中止未遂の成立を否定するのは相当ではなく，外部的事実の表象が中止

行為の契機となっている場合であつても、犯人がその表象によつて必ずしも中止行為に出るとは限らない場合に敢えて中止行為に出たときには、任意の意思によるものとみるべきである。これを本件についてみるに、本件犯行が早朝、第三者のいない飲食店内でなされたものであることに徴すると、Xが自己の罪責を免れるために、A子を放置したまま犯行現場から逃走することも十分に考えられ、通常人であれば、本件の如き流血のさまを見ると、Xの前記中止行為と同様の措置をとるとは限らないというべきであり、また、前記認定のとおり、Xは、A子の流血を目のあたりにして、驚愕すると同時に、『大変なことをした。』との思いから、同女の死の結果を回避すべく中止行為に出たものであるが、本件犯行直後から逮捕されるまでにおけるXの真摯な行動やA子に対する言葉などに照らして考察すると、『大変なことをした。』との思いには、本件犯行に対する反省、悔悟の情が込められていると考えられ、以上によると、本件の中止行為は、流血という外部的事実の表象を契機としつつも、犯行に対する反省、悔悟の情などから、任意の意思に基づいてなされたと認めるのが相当である。」

【参考判例２】
名古屋高判平成２年１月２５日判タ７３９号２４３頁
[事実の概要]
　Xは一家心中を図り、まず妻を殺害した後、布団の上で就寝中の長男Aの頸部に前記ナイロン製ロープを巻き付けて、これを引っ張って絞め付けたところ、気配で目を覚ましたAが布団の上に半身を起こした。Aは半身を起こしてからも、首を振ったりして必死に抵抗しながら後ろを振り向いたが、その際、Aの目とXの目があった。しかし、このときXは、Aの悲しそうで苦しそうな目を見て、憐憫の情を催し、ロープを引っ張る手の力を抜き、Aを殺害しようとの気持ちを失くし、その結果Aの殺害を思いとどまった。

[判旨]
　「確かに、XやAの捜査官に対する各供述によれば、Aが布団の上に半身を起こすことができたのについては、Aが相当の力で必死に抵抗したことによることが窺われるけれども、反面、Aが半身を起こしたのちも、ロープは依然としてAの頸に巻かれたままであり、大の男であるXがロープを引っ張り続けようとすれば、それが可能であったという状況も認められるのであって、前記の事実関係に徴すれば、XがA殺害の気持ちを放棄したのは、Aが抵抗して布団に起き上がり、起き上がってからも首を振るなど抵抗を続けたことにもよるが、何よりも決定的な原因はAの悲しそうで苦しそうな目を見たことによりAに対する愛情の念が生じたことによるものと判断せざるを得ない。

果たしてそうだとすれば、XはA殺害の犯行を任意に中止したことが明らかであり、それ故、Aに対する殺人未遂につき、中止未遂を認めず、障害未遂を認めた原判決には事実の誤認が存することとなる。」

【参考判例３】
大阪地判平成9年6月18日判時1610号155頁
[事実の概要]
　Xは、普通乗用自動車を運転中、A子（当時20歳）を認めるや、強いて同女姦淫をしようと企て、自動車前部を同女運転の自転車後部に衝突させて同女をその場に転倒させたうえ、病院に連れて行くと偽って同女を自車後部座席に乗車させて、H市Ｉ町路上に赴き、平成8年9月27日午前4時30分ころから午前5時40分ころまでの間、同所に停車させた自車内において、手拳で同女の左顔面を2回殴打し、その衣服をはぎ取って全裸にし、同女の陰部に自己の手指を入れるなどの暴行を加えて、同女の反抗を抑圧したうえ、強いて同女を姦淫しようとしたが、同女を妊娠させるのを不憫に思って、自己の意思によりその姦淫を中止したため、目的を遂げなかった。

[検察官の主張]
　Xが姦淫を中止したのは、被害者の「性病かもしれない」との発言を信じたからであり、Xは右犯行を任意に中止したのではない。

[判旨]
　(1)「関係各証拠によると、Xは、被害者の右発言を聞いた後、姦淫にこそ及ばなかったものの、被害者が真に性病であれば感染が危惧されるようなわいせつ行為を繰り返し行っていること、また、本件犯行直後、被害者に対し後日自己と交際するよう要求した上、被害者がこれに応じる振りをするや自宅の電話番号を教えるなどして将来被害者と肉体関係を持つつもりであったことが認められる。これらの事実によると、Xが、被害者を性病であると信じ、その感染を恐れて姦淫を中止したとみるのは困難であって、検察官の右主張は採用できない。」
　(2)「被害者を妊娠させることを可哀想に思い、姦淫することが怖くなって中止したとのXの弁解が信用できるかどうかについて検討するに、関係各証拠によれば、本件は、深夜、周囲に人家のない路上に駐車中の自動車内での犯行であり、Xが姦淫に及ぶためにそのズボンを下ろそうとしたときには、被害者はすでに全裸であり、何ら抵抗もしていなかったことが認められ、客観的には、Xが被害者を姦淫することは容易な状況にあったと考えられる。それにもかかわらず、Xが姦淫に及ばなかったのは、何らかの主観的要因が作用したためであるとみざるを得ないが、関係各証拠を検討しても、他にXをして姦淫を中止しようとの気持ちを抱かせるような客

観的事情は見当たらないことから、Xが供述するとおりの事情がXに姦淫の中止を決意させたとみるほかない。そうすると、Xは自己の意思により任意に犯行を中止したというべきであって、本件においては、弁護人の主張するとおり、中止未遂の成立を認めるのが相当である。」（懲役2年、執行猶予3年）

【参考判例4】
東京地判平成14年1月16日判時1817号166頁
[事実の概要]

　Xは、偶然見かけた通行中のA子（当時27歳）が好みの女性であったことから、同女を強姦しようと企て、平成13年8月2日午前1時30分ころ、甲野マンション103号室のA子方居室内にベランダの無施錠の窓から侵入し、同所において、同女に対し、その背後から手で口をふさいだり、左腕で頸部を絞めつけるなどの暴行を加え、その反抗を抑圧して同女を強姦しようとした。しかし、同女が手足をばたつかせたり、身体を揺するなどしたほか、Xに射精させてその性欲を減退させようと手淫・口淫に及んだり、姦淫されにくい体勢をとるなどして抵抗したため、その目的を遂げなかった。

[判旨]

「Xが姦淫行為に及ばなかったのは、通常姦淫行為に及ぶことの障害となり得るAの抵抗に遭ってその契機を失ったためであり、しかも、Xが姦淫行為に及ばないまま被害者方を立ち去ったのも、Aに対する姦淫行為を断念したものではなく、別の機会をとらえて姦淫行為に及ぶことを期待して、打算的に当面の姦淫行為を差し控えたにすぎず、XがAに対し再び同種行為に及ぶ危険は何ら消失していないというべきである。

　したがって、Xが自己の意思によって本件犯行を中止したとはいえない以上、本件強姦未遂について中止未遂は成立しないから、弁護人の前記主張は採用しない。」

【参考判例5】
浦和地判平成4年2月27日判タ795号263頁
[事実の概要]

　Xは、勤務を終えた深夜1時ころ、バイクで帰宅途中の路上で、自転車で単身走行中のM（当時17歳）を認め、興味本位で追尾している内に、同女が人通りのない場所へ入っていったため劣情を催し、同女を強姦しようと決意し、それに気づいたMが、警察に通報しようとして付近の小学校敷地内の公衆電話ボックスに向かったのを認めるや、付近が田圃の広がる人気の全くない場所であったことから、同所付近で同女を強姦しようと決意し、自らもバイクを降りて徒歩で右電話ボックスに向

かった。そして，Xは，同日午前2時頃，小学校敷地内公衆電話ボックス内にいたMに対し，いきなり背後から抱きついて引きずり出し，「顔に傷をつけられたくなかったら静かにしろ」などと言いながら，これを引きずって，付近のコンクリート製階段の上部に押し倒し，着衣を脱がせて下半身を完全に裸にするなどの暴行・脅迫を加えてその犯行を抑圧し，強いて同女を姦淫しようとしたが，同女から「やめて下さい」などと哀願されたのを契機として，その姦淫を中止し，未遂に止まった。

[判旨]

「(中止未遂を認定した理由)

1　検察官は，Xが姦淫を断念した主たる動機は，被害者の抵抗にあい，これを強いて姦淫すれば被害申告されて自己の犯行が発覚することを恐れたことにあったのであり，Xは，右犯行を任意に中止したものではないから中止未遂は成立しない旨主張している。

2　そこで，検討するのに，前掲各証拠によると，Xは，判示認定のとおり，被害者から『やめて下さい。』などと哀願されたことを契機として，姦淫の遂行を断念したことが明らかであるが，右断念の際のXの気持ちとして，Xは，①同女がまだ20歳位で若く，かわいそうになったことと，②強姦までしてしまうと警察に被害を申告されて捕まってしまうのがこわかったということの2点を挙げ，右②が主たる理由であるとしている。従って，中止未遂の成立要件である中止の任意性につき，主観的な反省・悔悟の情を重視する立場からは，右の点だけからでも，中止未遂の成立は否定されることとなろう。

3　しかし，ひるがえって，本件犯行当時の状況を証拠によってみると，①本件は，周囲に田圃が広がり，かつ，民家もなく，しかも付近の人通りの全くない深夜の小学校敷地内における犯行であり，右犯行が通行人や付近の住民に発見されて未遂に終わる等の蓋然性は，まず存在しない状況であったこと（換言すれば，本件については，犯行を未遂に導くような客観的，物理的ないし実質的障害事由は存在しなかったこと），②Xは，被害者に哀願された時点では，既に，判示のような暴行・脅迫により被害者の反抗を抑圧した上，下半身の着衣を全て脱がせた状態にまでしてしまっていたこと，③被害者は，当初は悲鳴をあげて必死に抵抗したが，下半身裸にされたのちにおいては，大声をあげることもなく，ただ，『やめて下さい。』などと哀願しながら，姦淫を嫌がっていただけであることが明らかである。そして，右のような状況のもとにおいては，25歳の屈強の若者であるXが，17歳の少女である被害者を強いて姦淫することは，比較的容易なことであったと認められる。その上，強姦罪は，男性の性的本能に基づく犯罪であるため，一旦これを決意して実行に着手した者は，客観的ないし物理的障害に遭遇しない限り，犯意を放棄しないのが通常であるから，右認定のような状況のもとに被害者の反抗を抑圧した強姦犯人が，被害者から『や

めて下さい。』などと哀願されたからといって，犯行を断念するのはむしろ稀有の事例と思われる。

4 そして，右のように，一旦犯罪の実行に着手した犯人が，犯罪遂行の実質的障害となる事情に遭遇したわけではなく，通常であればこれを継続して所期の目的を達したであろうと考えられる場合において，犯人が，被害者の態度に触発されたとはいえ，自己の意思で犯罪の遂行を中止したときは，障害未遂ではなく中止未遂が成立すると解するのが相当であり，右中止の際の犯人の主観が，憐憫の情にあったか犯行の発覚を怖れた点にあったかによって，中止未遂の成否が左右されるという見解は，当裁判所の採らないところである（のみならず，本件においては，Xの犯行中止の動機の中に，従たるものとしてではあっても，被害者に対する憐憫の情ないし反省・悔悟の情の存したことは，前認定のとおりである。）。なお，付言するに，判例・学説上，『犯罪の発覚を怖れて犯行を中止しても中止未遂は成立しない。』と説かれるのが一般であるが，右は，犯罪の遂行中，第三者に発見されそうになったことを犯人が認識し，これを怖れた場合のように，犯罪の遂行上実質的な障害となる事由を犯人が認識した場合に関する議論と解すべきであり，本件のように，外部的障害事由は何ら発生しておらず，また，犯人もこれを認識していないのに，犯人が，単に，被害者の哀願の態度に触発されて，にわかに，後刻の被害申告等の事態に思い至って中止したというような場合を念頭に置いたものではないと解するのが相当である。

5 従って，本件につき中止未遂の成立を否定する検察官の主張には，賛同することができない。」

Questions

Q7 参考判例5は，中止の際の動機が「憐憫の情」である必要はないとするが，これはいかなる趣旨か。また，その代わりにどのような条件が必要であるとしているか。

なお，本事案では，Xに「憐憫の情」は認められないと認定されているか。

2 実行未遂か着手未遂か

〔設問2〕 共犯者Xが日本刀で被害者Aの右肩あたりに1回切りつけ，さらに引き続き二の太刀を加えて倒れたAの息の根を止めようとしたとき，その攻撃をやめさせてAを病院に連れていき治療させたYの行為は，刑法上のように評価されるか。

3　東京高判昭和51年7月14日判時834号106頁

[判旨]

「そこで，検討すると，原判決は，被告人らの共謀にかかる原判示第1の殺人未遂の事実について，原審弁護人の中止未遂の主張を所論のごとき理由づけをもって排斥している。すなわち被告人らにおいて原判示Aを殺害すべく，さらに攻撃を加えようと思えばこれを妨げる事情が存しなかったのに攻撃を止めているのであるから，被告人らの任意の意思により犯行を中止したものと推認されるとしながら，他方，Aは右肩部に長さ約22センチメートルの切創を受けていたのであるから，そのまま放置すれば出血多量により死に至る危険が存したのに，何らの応急手当さえせず放置していたもので，結果発生回避の真しな努力があったとは認められないので，中止未遂の主張は理由がない，というのである。

ところで，中止未遂は，犯罪の実行に着手した未遂犯人が自己の自発的な任意行為によって結果の発生を阻止して既遂に至らしめないことを要件とするが，中止未遂はもとより犯人の中止行為を内容とするものであるところ，その中止行為は，着手未遂の段階においては，実行行為の終了までに自発的に犯意を放棄してそれ以上の実行を行わないことで足りるが，実行未遂の場合にあっては，犯人の実行行為は終っているのであるから，中止行為といいうるためには任意に結果の発生を妨げることによって，既遂の状態に至らせないことが必要であり，そのため結果発生回避のための真しな努力が要求される所以である。

本件についてこれをみてみると，原判示関係証拠に，当審における事実調の結果を併せ考えれば被告人らは，原判示の動機から原判示Aを殺害することを共謀し，被告人Xの意をうけた被告人Yが，原判示刃渡り約52センチメートルの日本刀を振り上げて被告人らの前に正座しているAの右肩辺を1回切りつけたところ，同人が前かがみに倒れたので，更に引き続き二の太刀を加えて同人の息の根を止めようとして次の攻撃に移ろうとした折，被告人Xが，同Yに対し，『もういい，Y'（被告人Yの意）いくぞ』と申し向け，次の攻撃を止めさせ，被告人Yもこれに応じてAに対し二の太刀を振り降ろすことを断念している事実が認定できるのである。そして，右証拠によれば，被告人らとしても，右被告人YがAに加えた最初の一撃で同人を殺害できたとは考えず，さればこそYは続けて次の攻撃に移ろうとしたものであり，Aが受けた傷害の程度も右肩部の長さ約22センチメートルの切創で，その傷の深さは骨に達しない程度のものであった（医師B作成のAに対する診断書）のであるから，被告人らのAに対する殺害の実行行為が原判示Yの加えた一撃をもって終了したものとはとうてい考えられない（なお，原判決は，右Yの加えた一撃により

Aは出血多量による死の危険があったというがこれを認めるに足りる証拠はない。）。してみれば，本件はまさに前記着手未遂の事案に当たる場合であり，被告人らとしては，Aを殺害するため更に次の攻撃を加えようとすれば容易にこれをなしえたことは原判決もこれを認定しているとおりであるのに，被告人らは次の攻撃を自ら止めているのである。そして，被告人Ｘが，被告人Ｙに二の太刀を加えることを止めさせた理由として，被告人Ｘは，司法警察員及び検察官に対し，『Ａの息の根を止め，とどめをさすのを見るにしのびなかった』『Ａを殺してはいけない……懲役に行った後で，子供4人と狂っている妻をめんどうみさせるのはＡしかいない，Ａを殺してはいけないと思い……とどめを刺すのをやめさせた』と述べているのであって，かかる動機に基づく攻撃の中止は，法にいわゆる自己の意思による中止といわざるをえない。又，被告人Ｙにおいても，被告人Ｘにいわれるままに直ちに次の攻撃に出ることを止めているのである（なお，被告人Ｘが原示示のＣらにＡを病院に連れていくよう指示し，Ａが直ちに国立Ｄ病院に運ばれ治療を受けたことは原判決に示すとおりである。）。

してみれば，被告人らの原判示第1の殺人未遂の所為は刑法43条但書にいわゆる中止未遂に当たる場合であるのに，これを障害未遂と認定した原判決は事実を誤認したか又は法令の解釈を誤った違法があるものといわざるを得ない。そして，中止未遂の場合には，法律上その刑を減軽又は免除することになっているから，その誤りは，判決に影響を及ぼすことが明らかである。論旨は結局理由がある。」

Questions

Q8 実行行為が終了していないと解する理由はどこにあると考えられるか。
　数回切りつける意図だったのに1回しか切りつけなかったことが着手未遂の理由といえるか。傷害の程度は結論に影響するか。

【参考判例6】
東京高判昭和62年7月16日判時1247号140頁
［事実の概要］
　Ｘは，暴力団関係者であることを理由に，Ａからその経営する飲食店への出入りを断られたため，同行者の手前メンツをつぶされたとして憤慨するとともに，その後，この件で同人と話し合おうと何度か電話しても，同人から相手にされなかったこともあって，いら立ちの念をも強めていた。そして本件当夜，Ｘは，自宅で飲酒を重ねているうちに，これまでのＡとのいきさつを思い出して，無性に腹立たしくなり，酒勢も手伝って，同人に対する憤慨の情を押さえることができなくなった。そこで，自宅の台所から牛刀を持ち出し，自己の左手首辺りを数回切りつけて，気

持ちを引き締めたうえ，前記飲食店に赴き，Aを表の路上に連れ出して，「この野郎，殺してやる」などと言いながら，牛刀を右手に振りかざし，さらに，身の危険を感じて逃げまわる同人を執ように追い掛けて，路上に転倒し起き上がろうとしていた同人の左側頭部付近を目掛けて，牛刀を振り下ろした。右牛刀は，その材質が鋼で，全長が約43.2センチメートル，刃渡りが約29.3センチメートルという相当に長大なものであるうえに，かなりの重量もあり（なお，その刃こぼれは鑑定によるものであることが明らかである），日ごろは鶏肉等を骨ごと切るのに使用されていたものであった。これを左腕で防いだAに左前腕切傷の傷害を負わせたが，その直後に，同人から両腰付近に抱きつくように取りすがられて，「勘弁して下さい。私が悪かった。命だけは助けて下さい」などと何度も哀願されたため，かわいそうとのれんびんの情を催して，犯行を中止したうえ，自らも本件の所為について同人に謝罪し，受傷した同人に治療を受けさせるため，通り掛かりのタクシーを呼び止めて，同人を病院に運んだ。

　[判旨]
　「最初の１撃で殺害の目的が達せられなかった場合には，その目的を完遂するため，更に，２撃，３撃というふうに追撃に及ぶ意図がXにあったことが明らかであるから，原判示のように，Xが同牛刀でAに１撃を加えたものの，その殺害に奏功しなかったという段階では，いまだ殺人の実行行為は終了しておらず，従って，本件はいわゆる着手未遂に該当する事案であるといわねばならない。」

【参考判例７】
福岡高判平成11年9月7日判時1691号156頁
　[判旨]
　「論旨は，要するに，原判決は，Xが，本件当時殺意を有しなかったのに，殺意をもって被害者A（当時「B」）の頸部を絞めた旨認定しており，仮に殺意があったとしても，Xは，頸部を絞める右行為を任意に中止したにもかかわらず，中止犯の成立を認めていないのであるから，原判決には，判決に影響を及ぼすことが明らかな事実の誤認，ひいて法令適用の誤りがある，というのである。
　そこで，まず殺意の有無について検討するに，関係証拠によれば，原判決が説示するとおり，Xは，Xの暴力等を嫌って実家に逃げ出した被害者（当時Xの妻）に対し，執拗に復縁を迫ったものの，これを断られたことから，激昂の余り本件犯行を敢行したものであり，その態様も，自動車内において，運転席に座っていた被害者に対し，助手席から，両手でいきなり頸部をその意識が薄らぐ程度まで力一杯絞め，一旦逃げ出した被害者を連れ戻したのち，更に左手で体重をかけて力任せに頸部を絞め，同女がぐったりとなり気を失ったのちも約30秒間絞め続けたというもの

であり，その後，被害者は30分ないし1時間位意識を失ったままであり，犯行後被害者の顔面の全面，頸部，眼球等には顕著な溢血，うっ血が現われ，被害者は，5日間の入院治療を受け，本件後1週間を経過しても，なお眼球結膜のうっ血が消失していないことが認められ，右事実によれば，Xが本件に及んだ動機は殺意を抱く理由として了解できないわけではなく，Xの攻撃はかなりの時間にわたる強力なもので，被害者の生命に対し，現実的な危険性を生じさせたものと認められる。加えて，Xは，被害者の頸部を絞める行為を止めたのち，同女が息をしているかどうかを確認するなどしている……が，これは，Xが被害者死亡の結果を予期しつつ本件に及んだことを裏付けるものというべきであり，また，同女の意識が戻ったのち，Xは，同女に対し，『俺には，わいはやっぱり殺しきれんやった。』と述べ，同女を殺害しようとしたことを告白する言動に及んでいるうえ，捜査段階のみならず，原審公判廷においてさえも，殺意を肯定する趣旨の供述をしているのであり，これらの事情を総合すると，Xは，本件当時，確定的な殺意をもって本件犯行に及んだものと認めることができる。

所論は，本件においては，Xが殺意を抱くほどの理由が見当たらないというのであるが，自分の許を逃げ出した妻に対して復縁を迫り，拒否されたあげく殺害に及ぶ事案は，巷間稀ではなく，特に，Xが短気で，気に入らないことがあれば直ぐに激昂する性格であることは，X自身認めるところであり，現に，Xが，本件前，被害者にしばしば理由のない暴力を加えてきた状況にも徴すると，Xにおいて被害者殺害の理由が薄弱であるとはいえないことは明らかである。

次に，所論は，中止未遂の成否に関し，Xは，実行行為を終える前に，自らの意思で被害者の頸部を絞める行為を止めたのであるから，それ以上，結果発生を防止するための積極的な行為は要求されていないのに，原判決が，Xにおいて，被害者を病院に連れて行くなどの救助活動をしなかったことを理由として，中止未遂の成立を否定したのは不当である，と主張している。

しかしながら，Xは，被害者の頸部を絞め続けている途中，翻然我に返り，被害者が死亡することをおそれてこれを中止したというのであるが，その際は，前示のとおり，客観的にみて，既に被害者の生命に対する現実的な危険性が生じていたと認められる（医師Nの警察官調書によれば，生命に非常に危険な状態に陥ったものとされている。）うえ，Xにおいても，このような危険を生じさせた自己の行為，少なくとも，被害者が気を失ったのちも約30秒間その頸部を力任せに絞め続けたことを認識していたものとみ得るから，その時点において，本件の実行行為は終了していたものと解され，Xに中止犯が認められるためには，原判決が説示するとおり，被害者の救護等結果発生を防止するための積極的な行為が必要とされるというべきであり，Xがそのような行為に及んでいない本件において，中止犯の成立を認めなかっ

た原判決は，正当というべきである。」

Questions

Q9 Xには，殺意が認められるか。その具体的根拠は何か。
　主観的事情と無関係に実行行為を特定できるか。実行行為の終了時期は，実行行為概念から，どのように導かれるのか。主観的事情抜きに判断しうるか。

Q10 弁護人は，次のように中止未遂の成立を主張している。
　「Xは，実行行為を終える前に，自らの意思で被害者Aの頸部を絞める行為を止めたのであるから，それ以上，結果発生を防止するための積極的な行為は要求されていないのに，原判決が，Xにおいて，Aを病院に連れて行くなどの救助活動をしなかったことを理由として，中止未遂の成立を否定したのは不当である。」

Q10-① 実行行為の終了時点はいつか。

Q10-② 弁護人の主張に対しては，どのような反論が考えられるか。

Q11 結果発生防止のための積極的な行為を要求する理由は何か。また，本事案で，Xがいかなる行動をとっていれば，中止未遂を認める余地があるか。

Q12 行為を継続する客観的必要性と継続する可能性の程度，さらに行為者のその点に関する認識を総合して判断することにより，実行行為の終了時期は客観的に判断できるか。

Q13 中止効果を与えるか否かという実質的判断を加えることは合理的か。

3　結果発生防止のための積極的行為

4　東京地判平成14年1月22日判時1821号155頁

[事実の概要]

(1)　Xは，かねてより建築関係の仕事をしていたが，自ら経営していた会社が倒産したため，仕事を探していたところ，知人の保険外交員を通じて知り合ったAと2人で，平成10年7月，内装工事を受注してこれを工務店等の下請けに回すことなどを目的とする有限会社乙山を設立した。Aはもともと芸能関係の仕事に携わっていた者であり，建築関係には全くの素人であったが，なにぶんにも共同経営者であるXは上記倒産に絡んで多額の負債を抱えて債権者から逃げ回っている状況にあったことから，上記新会社の代表取締役にはAが就任した。

(2)　Xは，平成10年8月ころ，前記の保険外交員から保険に入ってくれるように頼まれたことから，Aの了承を得て，同人を被保険者とし，有限会社乙山を保険契約者兼受取人とする生命保険契約を結んだ。

(3) 有限会社乙山の経営は，当初こそ比較的順調であったが，次第に悪化し，平成12年1月下旬ころには，下請けに対する未払い債務や金融会社からの借入れが嵩み，未収金などを差し引いて計算しても5,000万円以上の赤字を抱えるに至った。この間，同月20日には信用保証協会の保証により信用組合から1,400万円を借り入れたが，XとAの2人でカジノバーでのバカラ賭博にそのほとんどを使い込んでしまった。こうしたなかで，2人は，同月28日ころ，債権者の追及をかわす目的で，S区から本件犯行現場であるN区の「甲野アパート101号室」へと会社事務所を移転した。

(4) 本件犯行当日の平成12年2月14日，上記の新しい会社事務所において，XとAとの間で会社の負債整理についての話合いがなされ，Aにおいて，会社の資産および負債につき，パソコンで試算表を作成することとなった。午後8時ころ，2人は，近くのファミリーレストランに食事に出かけ，午後9時過ぎころ再び会社事務所に戻った。

(5) Xは，午後10時42分過ぎころ，椅子に座ってパソコン作業中のAに対し，その背後から，千枚通し様の調理器具（先端の尖った長さが81ミリメートルで根もと部分の直径が3ミリメートルの細長い金属棒にプラスチックの柄が付いたもの。以下「たこ焼きピック」という）で，いきなり首の後ろ辺りを突き刺し，これによりAは床の上に倒れた。Xは，床にうつぶせているAに対し馬乗りになったうえで，たこ焼きピックで首の後ろ辺りを引き続き4回ほど突き刺した。

(6) Aが「もうやめてくれ」との趣旨の声を上げると，Xはようやく攻撃をやめた。

その後，Xは，Aに対し，床の上にうつぶせになっているのを仰向けにしてやったり，煙草を口にくわえさせてやったり，水を口に含ませてやったりした。

Aは，床の上に横たわったまま，Xに対し，「知らない暴漢に襲われて現金を奪われたことにする」と言い，財布から紙幣を抜き取り，空になった財布をゴミ箱に投げ入れるなどした。

(7) その後，Xは，Aを1人残して会社事務所から立ち去った。

(8) 翌15日午前0時21分，Aは，携帯電話で「見知らぬ男に首付近を後ろから千枚通しで刺された」旨110番通報し，その後まもなく警察から連絡を受けた救急車により病院に搬送された。

(9) Aは，当初，警察官からの事情聴取に対し，自分の知らない暴漢に襲われたと供述し，犯人がXであることを隠していた。しかし，約2週間後の3月1日，前記保険外交員に対し今回のけがにつき保険金がおりるか否かを質問した際，同人から，「預かっていた400万円のうち300万円をXが持って行った」旨を聞き及んで，Xに裏切られたとの思いを抱くに至り，翌2日，犯人はXである旨を警察に申告し

た。なお，上記の400万円とは，有限会社乙山がサラ金から借入れをするにあたり上記の保険外交員が連帯保証人となっていたところ，同人に迷惑をかけることを避ける趣旨で，Aは自分の住んでいたマンションを売却処分し，その代金の中から400万円を同人に預けていたというものである。

　おって，AとXは，本件犯行後は電話で1，2回話しただけであり，2月末ころからは互いに一切連絡を取っていない。

　(10)　Aが首の辺りに負った刺創は，刺入口が左側頸部のもの2つ，項部頭髪境界部のもの2つ，項窩部のもの1つの合計5つであり，刺創のなかには深さが頸髄に達するものもあった。

　(11)　Aは，5月1日まで約2か月半にわたって入院した。頸髄損傷については，負傷の部位が部位だけに，物理的に手術等によって修復することはできず，基本的には自然治癒を待つしかなく，高圧酸素治療（高圧酸素で満たされたタンクの中に入ることにより血液の循環等を促す）が主たる治療方法であった。そして，Aは，はじめの1か月ぐらいは多少右手が動く以外には全身が麻痺して完全に寝たきりの状態であったが，退院するころになって杖に頼って歩けるまでに回復した。平成13年10月11日，Aは当公判廷に証人として出廷したが，その時点でも左半身の運動機能障害および右半身の知覚機能障害が残っていた。

［判旨］

　「本件で用いられたたこ焼きピックは千枚通し様の先端の鋭利な危険性の高いものであり，Xは，このたこ焼きピックでAの背後から首の辺りを5回ほどにもわたって続けざまに突き刺し，刺創の一部は頸髄にまで達しており，その結果，Aは約2か月半の入院を余儀なくされ，はじめの1か月ぐらいは多少右手が動く以外には全身が麻痺して完全に寝たきりの状態であったなどというのであり，犯行動機は債務整理のための生命保険金の取得にあったというのである。これらの諸事情に照らすと，本件においては確定的殺意を優に認めることができる。」

　「……次に，中止未遂の成否について検討する。前記認定のように，本件犯行は，首の後ろの辺りを先端の鋭利なたこ焼きピックで5回ほどにもわたって突き刺すという態様のものであるところ，言うまでもなく首は身体の枢要部であり，頸髄や頸動脈など多数の神経や血管が集中しており，頸髄の中には横隔膜に通じる神経の枝があり，これが損傷されると，横隔膜が麻痺して呼吸ができなくなるのであり，また，頸動脈が損傷されると，大量の出血を生じ，やはり直ちに生命にかかわる危険性がある。本件においては，刺した位置や角度や深さなどの僅かの違いにより，頸髄中の神経の枝や頸動脈が損傷されるには至らなかったが，頸髄が部分的に損傷され，そのために，Aは，ほぼ全身が麻痺状態となり，床に横たわったまま起き上がれない状況に陥っている。さらには，何回も救急車を呼んでくれるように要求し，

Xが現場を立ち去る際には意識を失っていた。そうすると、この時点における一般人の立場からの判断としては、殺人の既遂に至る具体的危険がXの行為とは独立して生じた場合に当たるというべきである。そして、X自身の判断も、その否認供述にもかかわらず、同様のものであったと認められる。しかるに、このような場合には、『犯罪を中止した』というためには、生じた危険を積極的行為により消滅させることが必要であるというべきであるが、Xは危険を消滅させる行為を何らすることなく、気を失って横たわっているAを放置して現場から立ち去ったというのであるから、本件において中止未遂は成立しない。」

Questions

Q14 中止未遂が成立するために、「結果発生防止のための積極的行為」が必要とされる理由は何か。
　これが認められなくとも、「任意に中止し」、「結果が発生しなかった」場合には、違法減少、責任減少ともに認められるのではないか。

Q15 本判決が、「生じた危険を積極的行為により消滅させた」といえないとした具体的な理由は何か。どのような事情が認められれば、消滅させたといえるのか。

Q16 参考判例8において、行為者自身が止血措置等を取らなかったにもかかわらず、「積極的に阻止する行為に出た」とされた理由は何か。

【参考判例8】
東京地判平成8年3月28日判時1596号125頁
[事実の概要]

　Xは、スナックに勤務する妻A子（1963年1月12日生）が特定の客と親しい交際をしていた上、平成7年10月中旬ころ、離婚話を持ちかけられ、その後、翻意を促したが応じてもらえなかったため、右客に対し、強い嫉妬心を抱くとともに、同女が別居する準備をしているのではないかと非常に不安感を抱いていた。

　Xは、平成7年11月1日、右不安を確認するため銀行でA子名義の預金口座の残高を調べたが、預金通帳の記載等を見誤って、同女が別居準備のため右預金口座から多額の現金を引き下ろすなどしたものと誤信して、同女に裏切られたと考え激高した。Xは、その後、東京都S区の甲野ビル510号室X方居室に戻り、遅くとも同日午前9時10分ころまでに同女を殺害しようと決意し、そのころ、同所において、就寝中の同女に対して、同所にあった折りたたみナイフ（刃体の長さ約10センチメートル）で、同女の左胸部を3、4回位突き刺すなどしたが、出血を見て驚愕するとともに、大変なことをしてしまったと悔悟して、自己の意思により、直ちに119番通報を試み、これが通じないとみるや、直ちに110番通報し、その後再度119番通報

して救助を依頼し，医師らをして速やかに救命措置を講じさせたため，同女に全治約1ヵ月を要する左胸部刺創等の傷害を負わせたにとどまり，殺害の目的を遂げなかった。

[判旨]
「1　中止の任意性について

本件で，Xは，A子の多量の出血を見て，驚愕すると同時に大変なことをした，あるいは，妻に悪いことをしたと思って，119番及び110番通報をし，救助を依頼するなどしているところ，通常人が本件のような出血を見て，Xと同様の中止行為に出るとは限らないから，右結果発生防止行為はXの任意な意思に基づくものといえる。

2　結果発生防止行為について

本件は，実行行為の終了時にその犯行を止めたいわゆる実行中止の事案であるから，積極的に死の結果発生を防止する行為に出る必要がある。

これを本件についてみると，Aの左胸部の傷のうち2箇所は左肺上葉部に達していて出血がひどく迅速に病院へ搬送して医師による迅速適切な治療を受けさせない限りは死の結果が発生してしまったものと考えられるから，Xの行った119番及び110番通報は，犯行後において，Xが結果発生防止のためにとり得る最も適切な措置であったということができる。また，X自身は，A子に対して止血措置を取るなどの行為には何ら出ていないものの，本件犯行後約数分の間に，まず，119番通報を試みたが通じず，次に直ちに110番通報し，その後，再度119番通報し，右通報中に警察官が到着し，警察官がXに質問している最中に救急隊員が到着したというものであって，Xは，死の結果発生を防止すべく出来るだけ早く電話をかけようと努力していて，他の止血措置等を取る時間的余裕はほとんどなかったものというべきである。

したがって，右Xの行為は，自ら結果の発生を積極的に阻止する行為に出たと同視し得る真摯な努力を払ったものということができる。」

【参考判例9】
東京地判平成7年10月24日判時1596号129頁
[事実の概要]

(1)　Xは，昭和62年ころA子と知り合い，翌年2月に婚姻すると共に，A子の連れ子で当時小学校1年生のB子と養子縁組をし，その後，親子3人で暮らすようになった。ところが，Xは，A子がXの酒癖の悪さなどに嫌気がさしたことを理由に再三外泊し，平成6年8月31日には現金や預金通帳を持って家出してしまったため，母親と会えないB子をかわいそうに思い，家族の将来の生活を悲観するとともに気

持ちもいら立ち，飲酒量も増えて夜もなかなか眠れない日々を過ごすようになった。

(2) 同年9月13日未明，B子を道連れに自殺しようと決心し，一撃のもとにB子を殺害する意図で，XとA子の住居である甲野ハイツ102号室六畳間でうつぶせの状態で就寝していたB子を仰向けの状態にし，その左胸部を出刃包丁で1回突き刺した。右出刃包丁は，刃体の長さ約14.5センチメートル，刃体の最大幅約4.2センチメートル，みねの最大の厚さ約0.7ミリメートルの鋭利な刃物である。B子は左乳頭内側に幅約5.5センチメートルの刺創を負っているが，この刺創は，第3肋間からやや上方に向かい，左上葉肺を内側約5センチメートル，外側約2センチメートル弱の幅で貫通するという重大なもので，わずか数ミリメートルでもずれていれば心臓や大動脈を傷つけて致命傷になりうるものであった。

(3) Xは，B子の左胸部を出刃包丁で1回突き刺した後，前記甲野ハイツ102号室の整理たんす等に灯油を散布してライターで点火した。その直後，Xは，右出刃包丁で，自らの左胸部および喉を突き刺したうえ，右頸部を切って自殺を図り，B子の足元付近にうつ伏せに倒れた。

(4) Xは，その後しばらく意識を失っていたが，X方室内に立ち込めた煙により息苦しくなり，目を覚ました。すると，上半身を起こして壁に寄りかかるようにしていたB子が，Xに向かって「お父さん，助けて」と言ったことから，Xは，急にB子のことがかわいそうになり，煙に巻かれないうちにB子を助け出そうという気持ちになった。

(5) そこで，Xは，B子を玄関から室外に引きずり出し，前記甲野ハイツ前の道路に出たうえ，付近のC方出入口の門扉を開けてその敷地内までB子を引きずって行ったが，意識を失ってB子と共にその場に倒れ込んだ。

(6) Xらが倒れ込んだ前記C方敷地付近は，夜間の人通りのほとんどない住宅街に位置するが，犯行当日の午前3時55分ころ，同所付近を偶然通りかかった通行人がXおよびB子を発見して110番通報したことから，B子は，H病院に収容され，緊急手術を受けて一命をとりとめた。

[判旨]

「前記出刃包丁の形状，突き刺した部位及び刺創の程度等に照らすと，Xが出刃包丁でB子の左胸部を1回突き刺した時点においてB子には死の結果に至る高度の危険性が生じていたと認められ，Xが一撃のもとにB子を殺害しようと意図していたことをも併せ考慮すると，XのB子に対する殺人の実行行為はその時点において終了したと言うべきであり，本件はいわゆる実行未遂の事案である。したがって，Xの任意かつ自発的な中止行為によって，現実に結果の発生が防止されたと認められなければ中止犯は成立しないことになる。

ところで，XがB子を室外に引きずり出したのは，B子が『お父さん，助けて。』

と言ったのを聞いてB子のことをかわいそうに思ったことによるものであるから，右行為はいわゆる憐憫の情に基づく任意かつ自発的なものであったと認められる。

しかしながら，Xは，B子を被告人方からC方敷地内まで運び出してはいるものの，それ以上の行為には及んでいないのであって，当時の時間的，場所的状況に照らすと，Xの右の程度の行為が結果発生を自ら防止したと同視するに足りる積極的な行為を行った場合であるとまでは言い難く，B子が一命をとりとめたのは，偶然通り掛かった通行人の110番通報により病院に収容されて緊急手術を受けた結果によるものであったことを併せ考慮すると，本件がXの中止行為によって現実に結果の発生が防止された事案であるとは認められない。

そうすると，判示第1〔**[事実の概要]**〕の殺人未遂について中止犯は成立していないと言うべきであり，弁護人の主張は採用することができない。」

Questions

Q17 Xは消火活動やB子の搬出を行っているが，なお自発的な中止行為が認められないとされている。

本事案の場合，例えばどのような行為がなされれば中止未遂の要件を充たすと考えられるか。

【参考判例10】
大阪高判昭和44年10月17日判タ244号290頁
[事実の概要]

Xは，犯行直前突嗟の間に未必の殺意を生じ，刺身包丁でAの左腹部をめがけて1回突き刺し，肝臓に達する深さ約12センチメートルの刺創を負わせたが，右1回の刺突行為それ自体において殺害の結果を発生せしめる可能性を有するものであった。その後，Aが腹部の激痛に耐えかね，「痛い痛い」と言って泣きながら「病院へ連れて行ってくれ」と哀願したので，XはAに対する憐憫の情を発するとともに今更ながら事の重大さに恐怖驚愕してAの死亡の結果が発生するのを食い止めるため，出血しつつある同人を自己運転の自動車に抱き入れて直ちに近くのT病院に連れて行き医師の手に引き渡したため，Aは死亡するに至らなかった。

[判旨]

「そこで進んでXが右のように未必の故意であつたにせよ殺害の意図を放擲し被害者救助の行動に出でたのが，いわゆる外部的障がいの原因によるものと解すべきか，あるいは内部的原因により任意に結果発生を防止したものと評価すべきであるかを考えると，Aの流血痛苦の状態を目前にして憐憫の情を催しかつ事の重大性に驚愕恐怖し殺害意思を抑圧せられたことは外部的障がいに基くものといい得るであ

ろうが，この点はいずれにしても実行未遂である本件において実行行為終了後の不作為は問題ではなく，むしろ殺意の放棄に随伴して被害者の一命を取り止めるための救助活動を開始した点が，Ｘがその内心の意思により任意に結果の発生を防止するに努めたものと評価してこの点に着目する必要があると思われる。そして右のように外部的障がいと任意の内部的原因とが微妙に交錯しているとはいえ，Ｘの任意による爾後の救助活動が存在する以上，直ちに中止未遂にあたらないものと断定し去るのは，いささか早計に過ぎるであろう。

　然しながら，本件のように実行行為終了後重傷に呻吟するＡをそのまま放置すれば致死の結果が発生する可能性はきわめて大きいのであるから，Ｘの爾後の救助活動が中止未遂としての認定を受けるためには，死亡の結果発生を防止するためＸが真摯な努力を傾注したと評価しうることを必要とするものと解すべきである。そこで救助の段階におけるＸの言動を検討すると，Ａの捜査段階における司法警察職員及び検察官に対する供述によると，ＡをＴ病院へ運ぶ途中自動車内において，ＸはＡに対し『わしに刺されたといわんようにしてくれ』と言つたところ，Ａはそれを断つてはまた刺されて殺されると思い，かつ一刻も早く病院へ運んでほしかつたので，『お前のよいように言うておけ』と返事した，というのであり，Ｘの司法警察職員に対する自供によると，Ａを病院へ担ぎこんだ時同人がＸに『お前がやつたと警察へは言うなよ』と言つたのでその好意に甘えた，というのであつて，その動機は何れとも断定しがたいが，Ｘが被害者を病院へ担ぎ込み，医師の手術施行中病院に居た間にＸが，Ａの共通の友人数名やＡの母等に犯人は自分ではなく，Ａが誰か判らないが他の者に刺されていたと嘘言を弄していたこと及び病院に到着する直前に兇器を川に投げ捨てて犯跡を隠蔽しようとしたことは動かし得ない事実であつて，ＸがＡを病院へ運び入れた際，その病院の医師に対し，犯人が自分であることを打明けいつどこでどのような兇器でどのように突刺したとか及び医師の手術，治療等に対し自己が経済的負担を約するとかの救助のための万全の行動を採つたものとはいいがたく，単にＡを病院へ運ぶという一応の努力をしたに過ぎないものであつて，この程度の行動では，未だ以て結果発生防止のためＸが真摯な努力をしたものと認めるに足りないものといわなければならない。

　従つて本件が中止未遂にあたるとする所論は採用するに由なく本論旨は失当である。」

Questions

Q18　結果防止の真摯な努力が必要であるとするが，客観的には病院に搬送する等の行為をしているところ，なおどのような努力が必要だったと考えられるか。自分の犯行ではないと告げた点はどのように評価されるのか。

第6講　故意の認定

1　構成要件事実の認識

〔設問1〕　Xの行為は，何罪の構成要件に該当するか，説明せよ。

　Xは，Yと路上で喧嘩になり，劣勢となったので一端逃げ出したが，逆上したYがXを追いかけ，走りながらズボンの後ろポケットに入れていた折り畳み式ナイフ（刃体の長さ約10センチメートル）を取り出し，ナイフの刃を立てて右手に持った。

　Xは必死で停めておいた自車の運転席に乗り込み，運転席ドアの鍵を掛け，エンジンをかけて車を発進させた。

　Xが車を発進させた場所は，片側3車線のアスファルト舗装された道路であり，Xの車の前方には信号機があり，その手前には赤信号のため車が数台止まっていた。

　Xは，前方に車が止まっていたので，低速で車を走行させたところ，Yは，丙を振り払い，走って同車を追い掛け，運転席側ドアの少し開けられていた窓ガラスの上端部分を左手でつかみ，窓ガラスの開いていた部分から右手に持ったナイフを車内に突っ込み，運転席に座っていたXの頭部や顔面に向けて何度か突き出しながら，「てめえ，やくざ者なめんな。逃げられると思ってんのか。降りてこい」などと言ってXに車から降りてこさせようとした。

　Xは，信号が変わり前方の車がなくなったことから，しつこく車についてくるYを何とかして振り切ろうと思い，アクセルを踏んで車の速度を上げた。Yは，車の速度が上がるにつれて全速力で走り出したが，次第に走っても車に追い付かないようになったため，運転席側ドアの窓ガラスの上端部分と同ドアのドアミラーの部分を両手でつかみ，運転席側ドアの下にあるステップに両足を乗せて車に飛び乗った。その際，Yは，右手で持っていたナイフを車内の運転席シートとドアの間に落としてしまった。なお，Xの車は，四輪駆動の車高が高いタイプのものであった。

　Xは，Yがそのような状態にあり，ナイフを車内に落としたことに気付いたものの，Yから逃れるため，「Yが路面に頭などを強く打ち付けられてしまうだろうが，Yを振り落としてしまおう」と思い，アクセルを更に踏み込んで加速するとともに，ハンドルを左右に急激に切って車を左右に蛇行させ始めた。

Yは，それでも，開いていた運転席側ドア窓ガラスの上端部分を左手でつかみ，右手の拳で窓ガラスをたたきながら，「てめえ，降りてこい。車を止めろ」などと言っていた。しかし，Xが最初に車を発進させた場所から約250メートル車が進行した地点（Xが車を加速させるとともに蛇行運転を開始した地点から約200メートル進行した地点）で，Xが何回目かにハンドルを急激に左に切って左方向に車を進行させた際，Yは，手で自分の体を支えることができなくなり，車から落下して路上に転倒し，頭部を路面に強打した。その際の車の速度は，時速約50キロメートルに達していた。Xは，Yを車から振り落とした後，そのまま逃走した。

　Yは，頭部を路面に強打した結果，頭蓋骨骨折および脳挫傷等の大怪我を負い，目撃者の通報で臨場した救急車によって病院に搬送され，救命処置を受けて一命を取り留めたものの，意識は回復せず，将来意識を回復する見込みも低いと診断された。

（平成23年度刑法論文問題一部）

Questions

Q1 Xには，殺人罪の故意が認められるか。それを根拠づける事実として何が考えられるか，行為の客観的事情とも関連させつつ，故意に関する自らの見解に基づき検討せよ。

1　東京地判平成14年12月16日判時1841号158頁

[事実の概要]
1．Xは，自動車販売修理業を営む有限会社X野の代表取締役であった。
2．A株式会社は，自動車の分解整備を行う事業場を置き，国土交通省K運輸局長から指定自動車整備事業の指定を受け，自動車の整備および継続検査手続等の業務を行い，道路運送車両法により，自動車の継続検査に際し，これが提出された場合には，当該自動車が，国土交通大臣に提示されて保安基準に適合するとみなされる保安基準適合証の作成交付等の業務を行っていたもの，Yは，同会社の代表取締役として，同会社の業務全般を統括管理するとともに，同事業場の自動車検査員として，同事業場で整備された自動車が法定の保安基準に適合するかどうかを検査し，その結果これに適合すると認めるときは当該自動車が保安基準に適合する旨を証明する業務に従事し，法令により公務に従事する職員とみなされるものであった。Zは，同社の営業係員であった。

3．Zは，Xと共謀のうえ，平成13年4月17日，上記A株式会社事務所において，実際には自動車1台について法定の整備・検査を全く行わず，その結果これらがいずれも保安基準に適合すると認めたときでないにもかかわらず，行使の目的をもって，ほしいままに，保安基準適合証用紙中の保安基準適合証明部分に上記各自動車の登録番号等を，「指定自動車整備事業者の氏名又は名称」欄に「A株式会社代表取締役Y」とその名称および代表者氏名を上記事務所備付けのパーソナルコンピュータを利用してそれぞれ印字し，「次の自動車が道路運送車両の保安基準に適合していることを証明する」との不動文字の次の「検査の年月日」欄に同表「虚偽保安基準適合証の作成年月日」欄記載の各年月日を，「自動車検査員の氏名」欄に「Y」とその氏名をそれぞれ記載し，上記A株式会社名下に「A株式会社」と刻した印鑑を，Y名下に「Y印」と刻した印鑑をそれぞれ押なつし，もって，上記自動車が保安基準に適合している旨の虚偽の証明を内容とするA株式会社代表取締役Y作成名義に係る保安基準適合証1通を作成したうえ，同年4月17日，L自動車検査登録事務所において，同所係員に対し，内容虚偽の上記保安基準適合証1通を提出して行使した。

4．Yは当初，上記事実を知らなかったが，1週間後にZから事情をうち明けられ，上記事実を知るに至った。Yは，一連の事実を追認するとともに，これら行為に対する報酬として，Xに金員を支払うよう要求した。Xはそれに応じて，同年5月10日，上記A株式会社事務所において，応対に出たZに対し，小切手1通（金額50万円）を手交し，うち，正規の車検費用を差し引いた金額合計13万1650円相当の利益が，ZからY個人に供与された。

［公判廷におけるXの供述］

　Yが民間車検場であるA社の社長であることは知っていたが，民間車検場は民間であり，公的なところだとは理解できなかった。もちろん，陸運局の行う車検制度が公的な制度であるということは分かっていたし，車検証が公的な文書であることも分かっていた。車検を受けるには自動車が基準に適合しているかを検査する必要があり，本来ならばそれは陸運局に自動車を持ち込んで検査をしてもらい，検査を通して車検証をもらうものであるが，その代わりに，民間車検場に自動車を持ち込んで検査をしてもらい，その後どういう手続を踏むのかは分かっていなかったけれども，何らかの手続を踏んで車検証が下りるということは分かっていた。

　また，ペーパー車検が不正なものであることも分かっていた。Yからペーパー車検の費用についての話はなく，自分は応対に出たZに言われるままに報酬を支払うだけであったが，Zに支払った報酬額からある程度の金がY個人に支払われているということは当時から想像できたし，それはペーパー車検に対する対価だった。

［弁護人の主張の要旨］

(1) XはYがみなし公務員であることを知らなかったし，みなし公務員であることを基礎付ける事実の認識すらなかった，また，(2) Xは，Zに支払った金のうちいくらがYに渡っていたのか知らず，Zに支払った金もあくまで正当な手数料であるという認識しかなく，Xは贈賄の故意を欠いており無罪であると主張した。

[判旨]
　「Xは，公判廷において，『Yが民間車検場であるA社の社長であることは知っていたが，民間車検場は民間であり，公的なところだとは理解できなかった。』と述べる一方，『陸運局の行う車検制度が公的な制度であるということは分かっていたし，車検証が公的な文書であることも分かっていた。車検を受けるには自動車が基準に適合しているかを検査する必要があり，本来ならばそれは陸運局に自動車を持ち込んで検査をしてもらい，検査を通して車検証をもらうものであるが，その代わりに，民間車検場に自動車を持ち込んで検査をしてもらい，その後どういう手続を踏むのかは分かっていなかったけれども，何らかの手続を踏んで車検証が下りるということは分かっていた。』と供述している。
　これによれば，Xは，指定自動車整備事業場における車検の手順，すなわち，自動車検査員が保安基準適合証明をし，同事業場において保安基準適合証を作成・交付するという手順の詳細を具体的に認識していなかったものの，民間車検場において自動車の検査をした上で手続を踏んで車検証の交付を受けることになること，すなわち，民間車検場の職員が陸運局と同様の法的効果を生ずる検査を行っていることを認識していたものというべきであり，結局のところ，Xは，車検を受けるための自動車の検査について，民間車検場の職員等は陸運局の職員と同様の立場にあることを認識していたものにほかならないというべきである。そうすると，Xは，自動車検査員や指定自動車整備事業者（民間車検場）の役員が刑法の適用について公務員とみなされることを直接知らなかったとしても，その実質的根拠となる事実の認識はあったものというべきであり，そうした立場にあるYに対して賄賂を供与することが贈賄罪を成立させることになるその違法の実質を基礎付ける事実の認識に欠けるところはないというべきであるから，この点において，Xにつき本件贈賄罪の故意責任は阻却されない。
　……Xは，公判廷において，上記……で示したXの認識に加えて，『ペーパー車検が不正なものであることは分かっていた。Yからペーパー車検の費用についての話はなく，自分はZに手数料を支払うだけであったが，Zに支払った手数料からある程度の金がYのところに支払われているということは当時から想像できたし，それはペーパー車検に対する対価だった。』と述べている。
　そうすると，Xは，A社が自動車の検査をせずに車検証の交付を受けるという不正行為の対価として自分がZに支払った手数料の一部が上記……で述べたような立

場にあるYに支払われていることを認識していたと認められるのであるから，Xの賄賂性に関する事実の認識についても欠けるところはないと認められる。」

Questions

Q2 本件で問題となる罪名として何が考えられるか。
Q3 Xには，***Q2***で問題とした罪についての故意が認められるか。それを根拠づける事実として何が考えられるか。

2 最決平成18年2月27日刑集60巻2号253頁

[事実の概要]

(1) 本件運転に係る自動車（以下「本件車両」という）は，長さ502センチメートル，幅169センチメートル，高さ219センチメートルで，もともとは運転席および座席が合計15人分設けられていたが，被告人が勤務する建設会社において，かなり以前から，後方の6人分の座席を取り外して使用していた。しかし，本件車両の自動車検査証には，本件運転当時においても，乗車定員が15人と記載されていた。

(2) 被告人は，普通自動車と大型自動車とが区別され，自己が有する普通自動車免許で大型自動車を運転することが許されないことは知っていたものの，その区別を大型自動車は大きいという程度にしか考えていなかったため，上記(1)のような本件車両の席の状況を認識しながら，その点や本件車両の乗車定員について格別の関心を抱くことがないまま，同社の上司から，人を乗せなければ普通自動車免許で本件車両を運転しても大丈夫である旨を聞いたことや，本件車両に備え付けられた自動車検査証の自動車の種別欄に「普通」と記載されているのを見たこと等から，本件車両を普通自動車免許で運転することが許されると思い込み，本件運転に及んだ。

[決定要旨]

「道路交通法3条は，自動車の種類を，内閣府令で定める車体の大きさ及び構造並びに原動機の大きさを基準として，大型自動車，普通自動車，大型特殊自動車，大型自動二輪車，普通自動二輪車及び小型特殊自動車に区分し，これを受けて，同法施行規則2条は，大型特殊自動車，大型自動二輪車，普通自動二輪車及び小型特殊自動車以外の自動車で，車両総重量が8000kg以上のもの，最大積載量が5000kg以上のもの又は乗車定員が11人以上のものを大型自動車と，それ以外のものを普通自動車と定めているところ，乗車定員が11人以上である大型自動車の座席の一部が取り外されて現実に存する席が10人分以下となった場合においても，乗車定員の変更につき国土交通大臣が行う自動車検査証の記入を受けていないときは，当該自動

車はなお道路交通法上の大型自動車に当たるから、本件車両は同法上の大型自動車に該当するというべきである。そして、前記1の事実関係の下においては、本件車両の席の状況を認識しながらこれを普通自動車免許で運転した被告人には、無免許運転の故意を認めることができるというべきである。そうすると、被告人に無免許運転罪の成立を認めた原判断は、結論において正当である。」

Questions

Q4 最高裁は、いかなる認識があるので無免許運転の故意が認められると判示したと考えられるか。

Q5 座席の一部が取り外され、9名分の座席しかないマイクロバスであるということの認識があれば、普通免許では運転しえないと認識しうるか。

Q6 自動車検査証の乗車定員欄の記載やナンバー等は認識しておらず、上司から、人を乗せなければ普通自動車免許で運転しても大丈夫である旨を問いたことや、自動車検査証の自動車の種別欄に「普通」と記載されているのを見たこと等から、本件車両を普通自動車免許で運転することが許されると思い込んでいたとすると故意の成否、違法性の意識の可能性に関しどのように考えるか。

【参考判例1】
最判平成元年7月18日刑集43巻7号752頁
[事実の概要]

被告人Xは代表取締役等として、S市においてS県知事の許可を受けないで、昭和41年6月6日から昭和56年4月26日までの間、業として公衆浴場を経営した（公衆浴場法11条・8条1号・2条1項違反）として起訴された。

この公衆浴場は、もともとXの実父Yが、昭和41年3月12日にS県知事の営業許可を受けて営業を開始し同年6月6日からはXが中心となっているI会社（被告会社）で実質上経営するようになっていたが、風俗営業等取締法およびS県の同法施行条例の改正により、本件浴場が、個室付き浴場の営業禁止区域の範囲に含まれることになった結果、I会社が新たに許可を受けることもできなくなった。そこで、XはY名義の許可をI会社名義に変更しようとしたが、公衆浴場法では営業の譲渡・相続の場合には新たに許可を受けなければならない旨の運用がなされていたので、県議会議員Hを通じて県の係官に、I会社の営業を継続できるようにしてほしいと陳情した。その結果、S県の係官から、Yによる最初の許可の申請は設立中のI会社の代表者の資格でしたものであるとして、申請者をYからI会社に変更する旨の公衆浴場業営業許可申請事項変更届を県に提出するようにとの教示を受けた。そこでXはこの教示にしたがって、昭和47年11月18日付で変更届を知事宛に提出

したところ、同年12月12日同変更届が知事に受理され、公衆浴場台帳の記載が訂正された。Xは、この連絡を県議Hを通じて受けて従前同様の営業を続けた。しかし、I会社に対して公衆浴場業の許可証の交付はされていなかった。

　原審は、上記の変更届受理には、重大かつ明白な瑕疵があって無効であるから、これにより被告会社が営業許可を受けたとはいえず、またXには変更届受理後も無許可営業であることの認識があったとして有罪としたため、弁護人が上告した。

[判旨]

　「変更届受理によつて被告会社に対する営業許可があったといえるのかどうかという問題はさておき、……記録によると、被告人は、昭和47年になりYの健康が悪化したことから、本件浴場につき被告会社名義の営業許可を得たい旨をS県議会議員H……を通じてS県衛生部に陳情し、同部公衆衛生課長補佐Kから変更届及びこれに添付する書類の書き方などの教示を受けてこれらを作成し、S市南保健所に提出したのであるが、その受理前から、同課長補佐及び同保健所長Mらから県がこれを受理する方針である旨を聞いており、受理後直ちにそのことがH県議を通じて連絡されたので、被告人としては、この変更届受理により被告会社に対する営業許可がなされたものと認識していたこと、変更届受理の前後を問わず、被告人ら被告会社関係者において、本件浴場を営業しているのが被告会社であることを秘匿しようとしたことはなかつたが、昭和56年3月にS市議会で変更届受理が問題になり新聞等で報道されるようになるまでは、本件浴場の定期的検査などを行つてきたS市南保健所からはもちろん誰からも被告会社の営業許可を問題とされたことがないこと、昭和56年5月19日にS県知事から被告会社に対して変更届ないしその受理が無効である旨の通知がなされているところ、被告会社はそれ以前の同年4月26日に自発的に本件浴場の経営を中止していること、以上の事実が認められ、被告人が変更届受理によって被告会社に対する営業許可があったとの認識のもとに本件浴場の経営を担当していたことは明らかというべきである。」

【参考判例2】
最判平成15年11月21日刑集57巻10号1043頁
　[事実の概要]

　被告人Xは、平成14年5月23日午後7時過ぎころ、外出先から妻と自動車で帰宅した際、妻から、近くに買物に行きたいのでもう一度車を運転してほしいと頼まれたため、自動車を車庫に入れず、自宅前の道路上に駐車したままにし、同日午後8時ころ、妻に買物に行く旨声をかけたところ、妻から今日はやめると言われたのに、自動車を車庫に入れず、そのまま翌朝まで道路上に放置した。そのため、法定の除外事由がないのに、夜間である平成14年5月23日午後8時ころから同月24日午前4

時30分ころまでの約8時間30分の間，法令に定める適用地域であるN市M区内の道路上に，普通乗用自動車1台を駐車させて置き，もって，自動車が夜間に道路上の同一の場所に引き続き8時間以上駐車することとなるような行為をした。

原判決は，この事実を前提として，被告人は，自動車を自宅前の道路上に駐車させた当初，駐車状態がほどなく解消されることを予測していたものの，妻から買物はやめたと言われた時点で，その日はもはや自動車を使用する予定がなくなったのに自動車を道路上に駐車させたままにしておくことの認識があったというべきである旨を判示して，自動車の保管場所の確保等に関する法律17条2項2号違反の罪の故意を認めた。

[決定要旨]

「自動車の保管場所の確保等に関する法律11条2項2号，17条2項2号は，専ら故意犯を処罰する趣旨であると解すべきである。そして，本罪の故意が成立するためには，行為者が，駐車開始時又はその後において，法定の制限時間を超えて駐車状態を続けることを，少なくとも未必的に認識することが必要であるというべきである。記録によれば，被告人は，妻から買物に行くのをやめたと言われた時点においては，本件自動車を道路上に駐車させたままであることを失念していた旨を一貫して供述しているところ，本件自動車が駐車されていた場所は自宅車庫前の路上であり，車庫のシャッターは開けられたままであったこと，被告人は日ごろは毎晩本件自動車を車庫に格納していたものと認められること等の本件における諸事情にかんがみれば，被告人の上記弁解を排斥して被告人に本罪の故意があったと認定するには，合理的な疑いがあるというべきである。」

Questions

Q7 違法な駐車を行った罪の実行行為は，どのように把握すべきか。最高裁は，故意非難を行うために，具体的にどのような事実の認識が必要であると考えたのか。

Q8 この判断には，自宅の車庫のすぐ外に置いた事案であるということは影響していると考えられるか。

2　殺意の認定

〔設問2〕　以下の事実に関して，Xの罪責について述べなさい。

B（36歳，男性）は，車道上に大の字に寝ころがっていたところ，被告人Xからクラクションを鳴らされて起こされた際，X車両の運転席側の窓から手を入れて，Xの胸ぐらを掴もうとするなどした。その後，Bは，Xの後続車両に

乗っていた男性を車両から引きずり出すなどし，Xに咎められて顔ないし頭を殴られるなどしたため，走り去ったX車両を仲間のAの運転する車両に乗って追尾し，S橋上の中央付近で，X車両の前にA運転車両を割り込ませて，無理やりX車両を停止させた。

Bは，車から降りて，「こいつや，こいつや」などと言いながら，X車両の方に向かい，Aもこれに続いてきた。これに対して，Xは，一旦車をバックさせたうえ，前進してその場から逃げようとしたところ，Bは，X車両の前に立ちはだかって，その進行を妨げ，さらにX車両の前部ボンネット上に飛び乗ってきた。そして，降りるように言うXに対し，「走れるものなら走ってみぃ」などと言って，ボンネット上から降りようとはしなかった。

そのため，Xは，この場から直ちに去らなければ，BおよびAから暴行を加えられるなどと考えて，身の危険を感じ，自己の身体を防衛するため，Bをボンネット上に乗せたままX車両を発進させ，Bがボンネットの根元のワイパー取付部に手を入れてしがみついた状態で，時速約60キロメートルで疾走しつつ，同車を蛇行させるなどしながら，約2分50秒の間，約2.5キロメートルにわたって同車を運転して走行した後，同車のボンネット上からBを振り落として路上に転落させた。なおこの間，Aは，X車両がボンネット上にBを乗せて走り出すや，自己の車を運転して終始X車両を追尾していた。

なお，S橋からBがボンネットから転落した地点に至るまでのX車両が走行した道路は，片側2車線の国道であり，当時は，深夜で交通量も閑散としていたことなどの客観的な状況があった。また，その際，Xは，自己を身の危険から守るため，ボンネット上に乗ったBを振り落とそうと必死であり，Bの身の安全に配慮する余裕すらなく，しかも，後方から追尾してくるA運転車両から懸命に逃れようとしていた。

ボンネット上から振り落とされ路上に転落したBは，加療約2週間を要する頭部外傷，顔面裂創，両肘両膝打撲擦過傷の傷害を負った。

Questions

Q9 Xの行為はいかなる罪の構成要件に該当するか。実行行為性および故意の内容を基礎づける具体的事実を挙げつつ考察しなさい。

Q10 Xの行為に正当防衛は成立するか。正当防衛の要件の有無に関連する具体的事実を挙げつつ考察しなさい。

【参考判例３】
京都地判平成15年12月5日LLI文献番号05850791
［事実の概要］〔設問２〕参照
［判旨］
「6 以上の検討から認められる事実関係をもとに、殺意の有無を検討する。
　Ｘ車両は、Ｂが、ボンネット上に、その根元のワイパー取付部に手を入れてしがみついた状態で、少なくとも時速約60キロメートルで、約2分50秒の間、約2.5キロメートルの距離を走行したものである。走行していた道路は、舗装された片側二車線の国道で、深夜のため交通量が少なかったとはいえ、全く車の通行がなかったわけではない。Ｘは、Ｂを振り落とそうとして、蛇行運転をしたり、急ブレーキをかけるなどしていたもので、同人が怪我をしないようになど、運転方法に気を配るなどの配慮をしたことはない。
　このような走行速度、走行時間、運転態様、Ｂの体勢等に照らせば、同人が、当時36歳の男性で、比較的体力があると考えられることや、現場の交通量の少なさ等を考慮しても、Ｘの一連の運転行為は、これにより、Ｂが、ボンネット上から転落して相当の衝撃を受けることはもとより、Ｘ車両または後続車両や対向車両により轢過されるという事態に至り得ることも容易に予想されるところであって、Ｂの死亡という結果を招く危険性の極めて高い行為であったと認められる。Ｘ自身も、当時は無我夢中であったけれども、今から考えれば、危険な行為だと思うと述べており、これらの事実を認識しながら、敢えてＢを振り落とそうとして、急ブレーキをかけたり蛇行運転をするなどしながら、約2.5キロメートルも走行したものであるから、同人を死亡させることについて、少なくとも未必の故意を有していたことは優に認められる。」
「7 次に、本件の運転行為が正当防衛である旨の弁護人の主張について検討する。……
　(2) Ｂが、執拗にもＡ運転車両で被告人車両を追尾し、これを無理矢理停止させた上、Ａと共に車を降りて、『こいつや、こいつや』などと言いながらＸ車両に近づき、その後、現場から走り去ろうとするＸ車両の進行を頑なに妨げるなどした一連の行為は、それに先だって車道上に寝ていたところをＸに注意され、更に後続車両の運転者らに因縁をつけるなどしていたところを咎められ、殴られるなどしたことへの報復を意図した行動であることは、客観的にも明らかであったというべきであり、Ｘが、身の危険を感じた旨述べているのは、まことに無理からぬところである。……このとき、Ｂらが素手の状態であったことを前提としても、Ｂは、Ａの加勢を得て終始2人で行動しており、Ｘ車両に追いついて、これを停止させる際の強引なやり方や、その後のＢの挑発的な言動等にも照らせば、Ｂらが、Ｘに対する暴

行等何らかの報復行為に及ぶ危険性は，既に相当程度顕在化した状況にあったというべきであり，客観主観の両面において，Xの身にはそれ相応の危険が迫っていたものと認めるのが相当である。

　そして，X車両が，ボンネット上にBを乗せたまま走行を開始して以降も，その後方から，終始，A運転車両に追尾されていたのであるから，Xが，仮に途中で停車すれば，BおよびAから暴行を受けるなどの恐れも，なお十分に継続していたものと認められる。

　そうすると，Xが本件の運転行為を開始するまでのBの一連の行動は，Xに対する急迫不正の侵害に当たると認めるのが相当であり，Xの本件運転行為は，それから逃れるため，自己の身体等の安全を守ろうとの意図に出た防衛行為にほかならないというべきである。」

「(3)　しかしながら，上記急迫不正の侵害は，Bらが，Xに対し暴行を加えるなどして一定の報復行為に及ぶことをその内容とするものであると認められるのに対し，Xは，これから逃れるため，Bをボンネット上に乗せたまま本件運転行為を開始し，同人の身の安全を全く省みることなく，むしろ，振り落とすべく，高速で蛇行運転し，急ブレーキをかけるなどしていたものであるところ，このような運転態様が，Bの生命の安全に対する危険を多分に含むものであることは既に述べたとおりであって，かかるXの運転行為が，Bから受ける可能性のあった侵害の程度と著しく均衡を失し，度を超したものであることは明らかである。また，Xとしては，より低速で走行し，車道上にBが転落することがないよう，急ブレーキや蛇行運転を控え，より安全な場所に走行して他人に助けを求めるなど，Bの生命身体等の安全にいささかでも配慮した行動が可能であったと認められることなどにも照らせば，Xの本件運転行為は，自己の身体の安全を守るための防衛行為としては，やむを得ない程度を越えたものであったといわざるを得ない。

　(4)　そうすると，Xの本件運転行為は，Bによる急迫不正の侵害に対する防衛行為であったと認められるものの，それは防衛行為としての相当性を逸脱した過剰なものであったというべきである。」

3　故意と違法性の意識の可能性

〔設問3〕　以下の事実に関して，Xの罪責について述べなさい。
　Xは，3月10日ころ，Xが出演していた台北市内のナイトクラブで，1月程前から知り合っていて台湾の暴力団組織の関係者と付き合いのあるAと名乗るアメリカ人の男から，「ある物」を日本に運ぶように頼まれ，その申し出に応ずることにした。AからはXが運ぶべき品物は化粧品であると聞かされていた。

その後，同月20日に，XはAに呼ばれ，日本に行くため同月28日発のP航空のビジネスクラスの席を取るように指示された。この時にAから，日本ではハイクラスのホテルに泊まるので，日本に行く時はスーツを着てビジネスマンらしく振る舞うよう指示され，また，Xがスーツを持っていないと言うと，Xの着るスーツはAが貸してやると言われ，Xの止宿先にスーツ等が届けられた。同月28日，Xはタクシーで迎えに来たAとともに台北市内の国際線空港に向かったが，その途中，Aから日本に持って行く化粧品の入ったバッグを空港の保税コーナーで受け取るよう言われてその引換証を渡され，また，スーツの上に着用する丈の長いコートを手渡された。

　XはAの指示に従って保税コーナーで紺色のショルダーバッグを受け取って飛行機に搭乗し，ショルダーバッグを荷物棚に乗せておいた。飛行機内ではAの座席はXの座席から離れていたが，離陸後しばらくするとAがXの席にやって来て，保税コーナーで受け取ったショルダーバッグを持ってトイレについて来るように言い，Xがついて行くと，トイレの脇で，AはXに対してバッグの中にはベスト様の物が入っているので，トイレの中でこれをシャツの下に着けるように指示した。Xはバッグは手に持っていくと言って断わったが，Aは，「中に入っている化粧品は日本に持ち込みができない商品だから税関に見つかれば逮捕はされないものの放棄しなさいと言われる品物だ。だからXの身体に着けてわからないように税関を通過しなければならない。この品物は，首尾よく密輸することにより莫大な利益の上げられるものだから，放棄する訳にはいかず東京に必ず持って行かなければならないから身体に着けるように」と執拗に言い，逆らえばXの身体に何が起こるかわからないと言って脅してきたため，これに従うことにした。Xがトイレに入ってバッグを開けてみると，バッグの中には，乳白色で不透明のビニール袋に包まれた，所々に膨らみがあって，外部から触った感触では粉状の物が詰まっていると思われる，長さ約90センチメートル，幅約25センチメートル，厚さ約1.2センチメートルで両端に3か所ずつ紐のついた白布製ベスト（私製腹巻）と，ベストを固定する2本のベルトが入っており，Xは着ていたワイシャツの下の方のボタンを外し，これを素肌に直接巻き付け，紐を縛って2本のベルトで締め，ワイシャツを元通りに着て，上からスーツを着てトイレを出た。AはXの服装を見ながら手で触って点検し，これでよいと言って頷き，Xに座席に戻るよう指示した。

　やがて飛行機は成田空港に到着したが，Xは，何も咎められずに無事通関手続を済ませた。そしてXは，AとともにOホテルに宿泊することにした。部屋に入ってからXは直ちに身に着けていたベストを外しAに渡した。Aは，その中に入っていた茶色の包装紙で包まれた物を取り出し，中に入っていたビニー

ル袋5袋から白色結晶を秤で計量しつつビニール袋3袋に移し替えた。Xは，これを見てビニール袋の口を手で持ち中に入れやすいように手伝った。作業中にXは，Aから「いい気分がするものだ」と言われて白色結晶を少しなめてみて，それが覚せい剤であることがわかった。Aは詰め替え作業が終った後，3袋に分けたビニール袋の内2袋をスーツケースの中にしまい，1袋を紙袋に入れ，Xにその紙袋を持たせてXと共にホテルを出た。Xは，Aに従って電車で移動したが，途中で警察官に職務質問され，Xの所持していた紙袋の中身である覚せい剤が発見されて，逮捕された。

3 最決平成2年2月9日判時1341号157頁・判タ722号234頁

[事実の概要]

被告人Xは，台湾でAに日本に「化粧品」を持って行くことを依頼され，Xはこれを承諾した。機内で，Aは，バッグの中に入っている化粧品は日本に持ち込みができない商品だから，被告人の身体に着けてわからないように税関を通過しなければならない等執拗に言い，Xがトイレに入ってバッグを開けてみると，バッグの中には，乳白色で不透明のビニール袋に包まれた，所々に脹らみがあって，外部から触った感触では粉状の物が詰まっていると思われる白布製ベストなどがあり，これを素肌に直接巻き付け，よって，覚せい剤3キログラムを日本へ密輸入するとともに，都内のホテルでそのうちの約2キログラムを所持した。

Xは，覚せい剤であるとの認識がなかったと主張したが，第1審は，運搬の状況を踏まえた上で，「Aから依頼されて日本に運ぶ品物は，日本には輸入することのできない物で，これを首尾よく密輸することにより莫大な利益の上げられるようなものであるとの認識を十分に有していたものと認めるのが相当であり」，「その形状や感触等から，少なくとも，それが，日本に持ち込むことを禁止されている違法な薬物である，との認識まで持った」のであるから，「右薬物が覚せい剤取締法2条にいう覚せい剤に当たるとの明確な認識がなかったとしても，被告人において覚せい剤取締法違反（覚せい剤輸入）罪の故意の成立に欠けるところはない」と判示した。また，原審判決も，「覚せい剤輸入罪・所持罪が成立するためには，輸入・所持の対象物が覚せい剤であることを認識していることを要するが，その場合の対象物に対する認識は，その対象物が覚せい剤であることを確定的なものとして認識するまでの必要はなく，法規制の対象となっている違法有害な薬物として，覚せい剤を含む数種の薬物を認識予見したが，具体的には，その中のいずれの一種であるか不確定で，特定した薬物として認識することなく，確定すべきその対象物につき概

括的認識予見を有するにとどまるものであっても足り，いわゆる概括的故意が成立する。したがって，行為者が，認識予見した数種の違法有害な薬物のうちの一種であるが，その中のいずれとも決し難い場合であっても，その概括的認識対象の中に覚せい剤が含まれている以上，これを認容した上，あえて対象物の輸入・所持の各行為に及んだときは，実際に輸入・所持された対象物の客観的な薬物の種類に従い，すなわち，それが覚せい剤であれば覚せい剤の輸入罪・所持罪が成立すると解するのが相当である」として，覚せい剤輸入罪，同所持罪の成立を認めた。

[決定要旨]　上告棄却

「原判決の認定によれば，Xは，本件物件を密輸入して所持した際，覚せい剤を含む身体に有害で違法な薬物類であるとの認識があったというのであるから，覚せい剤かもしれないし，その他の身体に有害で違法な薬物かもしれないとの認識はあったことに帰することになる。そうすると，覚せい剤輸入罪，同所持罪の故意に欠けるところはないから，これと同旨と解される原判決の判断は，正当である。」

Questions

Q11　覚せい剤輸入罪が成立するためには，「対象物が覚せい剤である」という確定的な認識は必要ないのか。

Q12　本件では，具体的にどのような認識があれば，「覚せい剤」の認識があるとされたのか。

【参考判例４】
東京地判平成3年12月19日判タ795号269頁

[事実の概要]

被告人Xは，平成3年7月20日午後8時25分ころ，路上において，興奮，幻覚または麻酔の作用を有する劇物であって，政令で定めるトルエンを含有するシンナー約265ミリリットルをみだりに吸入する目的で所持したとして，職務質問を受けた。その際，逃げようとして，やにわに右道路端に立っていた同巡査の胸部を両手で突く暴行を加えて同巡査を右道路端から約90センチメートル下の地面に転落させ，よって同巡査に加療約2週間を要する左下腿挫傷の傷害を負わせた。

[判旨]

「毒物及び劇物取締法24条の3は，3条の3の規定に違反した者について，所定の法定刑を定めている。そして，3条の3は，『興奮，幻覚又は麻酔の作用を有する劇物（これらを含有する物を含む。）であって政令で定めるものは，みだりに摂取し，若しくは吸入し，又はこれらの目的で所持してはならない。』と規定し，これを受けて，右政令に当たる毒物及び劇物取締法施行令32条の2は，『法3条の3に

規定する政令で定める物は，トルエン並びに酢酸エチル，トルエン又はメタノールを含有するシンナー（塗料の粘度を減少させるために使用される有機溶剤をいう。），接着剤，塗料及び閉そく用又はシーリング用の充てん料とする。』と規定している。

そこで，本件に即していえば，吸入目的による所持罪の対象物件は，トルエンを含有するシンナーであり，それであることが同罪の客観的構成要件である。次に，主観的構成要件たる故意として，犯人において，その所持するシンナーがトルエンを含有していることの確定的な認識又はトルエンを含有しているかもしれないという未必的な認識を有していることが，必要であると解される。未必的な認識の場合には，さらにトルエンが含有していてもよいとする認容が必要である。

ところで，故意の成立を認めるには，その事実を認識していることが，当該行為が違法であり，してはならない行為であると認識する契機となりうることが必要であり，また，それで十分であるというべきである。そこで，トルエンを含有するシンナーについていえば，トルエンという劇物の名称を知らなくとも，身体に有害で違法な薬物を含有するシンナーであるとの確定的又は未必的な認識があれば，足りる。

本件Xは，過去の経験から，トルエンを含有しないシンナーを吸入し，又はその目的で所持しても，犯罪にならないことを知っていたというのであるから，当該シンナーにはトルエンが含有していないと思っていたとすれば，右の認識を欠き，故意がないことになり，吸入目的の所持罪が成立しないことは，明らかである」。

「1　Xは，当公判廷において，本件犯行に至る経過及び本件犯行の状況について，概略，次のように供述している。

(1)　Xは，少年時代，シンナーを吸って補導されたことがあるが，結婚してからは，吸ったことはなかったものの，離婚後再び吸うようになった。

(2)　本年の平成3年1月か2月ころ，シンナーを吸って警察に補導されたが，トルエンが入っていないということで帰され，トルエンの入っていないシンナーを吸えば，処罰されないことを知っていた。

(3)　そこで，それ以来，トルエンの入っていないB社製のシンナーを選んで，吸っていた。トルエンが入っているものを吸うとおかしくなるが，トルエンが入っていないと，酒に酔ったくらいの感じにしかならず，問題を起こすこともないだろうし，酒よりも安いので，それにしていた。本件で取り調べた弁護人提出のシンナー（押収番号略）は，いつも吸っているものと同一銘柄のものである。

(4)　本件当日は，足の痛みがひどかったので，それを和らげるために，自転車で店を探し，本件シンナー（〈押収番号略〉は，Xが一部使用した残量の一部が入っているもの）には，シンナー乱用防止対策品と書いてあったので，これを買い，本件現場でこれを吸っていた。

そして，本件証拠によれば，Xがこれまで吸っていたというB社製のシンナーの

缶の側面下部には，『トルエン・酢酸エチル・メタノールは配合しておりません。』という表示があり，他方，本件シンナーは，C社製で，シンナー乱用防止対策品という表示が缶中央に表示されていることが認められる。

　右(1)ないし(4)の各事実は，他の証拠に符合するか，あるいはこれを否定する証拠はないから，そのとおりであると認められる。

　2　そこで，まず，問題となるのは，Xにおいて，本件シンナーを購入した時点において，それにトルエンが入っていることを確定的又は未必的にも認識していたかどうかの点である。

　この点について，Xの公判供述は，要約すると，次のとおりである。

(1)　本件シンナーには，シンナー乱用防止対策品と書いてあったので，絶対とまではいえないが，多分トルエンは入っていないと自分で勝手に判断して買った。

(2)　トルエンが入っていないとは書いてなかったし，その場でトルエンが入っていないかどうか調べようもないから，トルエンが入っている可能性は完全に否定できないが，このことは後に考えたことで，買った当時は，シンナー乱用防止対策品と書いてあったので，いつものトルエンが入っていないものと同じだと思って買った。

(3)　同様に，当初からトルエンが入っていると分かっていたら，80パーセントは吸わなかったと思うが，20パーセントは吸っていたかも知れない。ただし，それは，後から考えたことで，買った時はそこまで考えていなかった。

　これによれば，結局，購入時には，トルエンが入っていないと思っていたことに帰するから，そのとおりであれば，Xには，この点の確定的又は未必的認識を欠き，故意がないことになる。Xが従来トルエンが入っていないシンナーがあることを知らなかったのであれば，右弁解はそもそも成り立たない。しかし，Xが，1，(2)，(3)のとおり，トルエンが入っていないシンナーを吸っても処罰されないということを十分知っていて，酒よりも安くて酒に酔ったような効果があることから，実際にトルエンが含有されていないシンナーであるB社製のものを吸っていたという本件特有の事情を考慮すると前記(1)，(2)の弁解も合理的であって，たやすく否定することができない実質を含んでいるといわざるをえない。(2)の，トルエンが入っている可能性は完全に否定できないが，このことは後に考えたという弁解も十分にありうるところである。

　さらに，購入する際に，トルエンが入っているかもしれないということが仮に現に頭の中をかすめたとしても，その可能性も考えたが，結局は，トルエンは入っていないという判断に達したのであれば，その判断に一般的意味で過失があったとしても，それはいわば認識ある過失に過ぎず（もちろん，ここでは，過失犯が問題となる余地はないが，），故意があるとすることはできないのである。(3)の点も，当初からトルエンが入っていると分かっていたらという仮定によるものであって，結局，

トルエンは入っていないと考えた場合には，故意の認定に意味のある事情とはいえない。」

「4　次に，客観的事情の検討に移る。Xが人目のない所を選んで本件シンナーを吸い，あるいは警察官に見つかって，逃げようとした点について，Xは，公判廷で，①いくらトルエンが入っていないと分かっていても，人にみられるのは，みっともないから，付近に人のいないところを選んだ，②警察官に見つかって，逃げようとしたのは，もう酔っぱらっていて，訳が分からなくなっていて，なんでそんなことをしたのか不思議に思っていると供述している。

確かに，右の点は，Xが本件シンナーにトルエンが入っていることを知っており，その吸入等が法律で処罰されることが分かっていたことを一応推測させる客観的な事情であるといえるが，①の弁解もあながち不自然なものとはいえない。トルエンが入っていないシンナーがあることは，取調べ検察官でさえ本件で初めて知った位であるから，シンナーを吸うのに人目を避けようということは，当該シンナーにトルエンが入っていないと思っている者でも考えそうなことであろう。また，Xが約2時間の間，相当量のシンナー（約135ミリリットル）を吸入していたことが窺われるから，Xの警察官に対してとったとっさの反応を過大視することはできない。まして，前記のように，Xのトルエン含有の認識についての供述証拠からはこれを認めるに足りない状況で，右の点からのみこの点を認定するには，不十分であるといわざるをえない。

最後に，本件シンナーの購入時点では，Xは，トルエンが入っていないと思っていても，これを吸入するうちに，その効き目からみて，トルエンが入っていることに気付いたのではないかという点について，検討する。

Xは，これまでトルエンが入っているシンナーを吸った経験もあったものと思われるし，X自身，トルエンが入っているものを吸えば，おかしくなることは知っていたというのだから（公判供述），本件シンナーを吸ううちに，それにトルエンが入っていると分かった可能性は認められる。しかし，Xが約2時間の間，本件トルエンを吸っていて，具体的にこれはおかしいと思ったかどうか，何時の時点でそう気付いたかなどについて，Xの供述は全くなく，そのようなことを思いもせず，シンナーに耽溺していたとも考えられるから，やはりXが本件所持の時点でトルエンが入っているとの確定的又は未必的認識を持つに至ったと認めるには，足りない。

本件証拠によれば，Xが吸入する目的でトルエンを含有する本件シンナーを所持したという客観的事実は，優に認めることができるが，Xには当該シンナーにトルエンが含有されているとの確定的又は未必的な認識があったという証明はないから，右公訴事実につき，刑訴法336条によりXに対し無罪の言渡しをする。」

Questions

Q13 トルエン入りのシンナーであることの確定的な認識が必要だとすると，基本判例とは異なる判断を示していることになるか。

Q14 なぜ，「シンナー」の認識では故意が欠けるのか。「シンナーの類」の認識では故意の成立には不十分なのか。

【参考判例5】
最大判昭和23年7月14日刑集2巻8号889頁

[事実の概要]

被告人Xは，いずれも飲用に供する目的をもって，昭和21年1月29日ころから同年8月4日ころまでの間，メタノール約8升ないし5升を所持し，さらに同年7月30日ころ，Xの所持する前記メタノールのうち約2合5勺を，同年8月1日ころには，Xの所持する前掲メタノールのうち約4合を譲渡した。弁護人は，鑑定人の供述には，メチルアルコールとメタノールとは同じものだとの記載があるが，これは客観的に両者が同一であることを証明するだけで，被告人において当該液体がメタノールであったこと，ないしはメタノールとメチルアルコールとが同一であることを認識していたという証拠にはならないと主張した。

[判旨]　上告棄却

「『メチルアルコール』であることを知つて之を飲用に供する目的で所持し又は譲渡した以上は，仮令『メチルアルコール』が法律上その所持又は譲渡を禁ぜられている『メタノール』と同一のものであることを知らなかつたとしても，それは単なる法律の不知に過ぎないのであつて，犯罪構成に必要な事実の認識に何等欠くるところがないから，犯意があつたものと認むるに妨げない。而して本件にあつては被告人が法律に謂う『メタノール』即ち『メチルアルコール』を『メチルアルコール』と知つて之を飲用の目的で所持し且つその一部を譲渡したと云う原判決認定の事実は，原判決挙示の証拠によつて優に証明されるから，被告人の犯意を証拠によらずして認定したと云う非難は当らない。」

【参考判例6】
最判昭和24年2月22日刑集3巻2号206頁

[事実の概要]

被告人Xらは，昭和21年5月ころ，ドラム缶入りメタノール7斗8升くらいを買い受け，そのうち自己の分として1斗1升の分配を受けた，上右品物がメタノールであるとのはっきりした認識はなかったが，これを飲用に供すると身体に有害であるかも知れないと思ったにもかかわらずいずれも飲用に供する目的で，自宅に所

持し，複数名に販売し，有毒飲食物取締令違反で起訴された。

[判旨] 原判決破棄

「原判決は『右品物がメタノールであるとのはつきりした認識はなかつたが，之を飲用に供すると身体に有害であるかも知れないと思つたにもかかわらずいずれも飲用に供する目的で』メタノールを所持又は販売した旨を説示しているので，原審においては被告人がNから買受けた本件物件がメタノールであるというはつきりした認識はなかつたものと認定したと言わなければならない。しかしながら原判決は被告人の本犯行を故意犯として処罰したのであるから，判示の『之を飲用に供すると身体に有害であるかも知れないと思つた』事実を以て被告人は本犯行について所謂未必の故意あるものと認定したものであると解せざるを得ない。しかしながら身体に有害であるかも知れないと思つただけで（メタノールであるかも知れないと思つたのではなく）はたして同令第1条違反の犯罪についての未必の故意があつたと言い得るであらうか。何となれば身体に有害であるものは同令第1条に規定したメタノール又は四エチル鉛だけではなく他にも有害な物は沢山あるからである。従つてただ身体に有害であるかも知れないと思つただけで同令第1条違反の犯罪に対する未必の故意ありとはいい得ない道理であるから原判決は被告人に故意があることの説示に缺くるところがあり，理由不備の違法があると言わざるを得ない」。

第7講　錯　誤

1　具体的事実の錯誤

〔設問1〕　Xは，ゲリラ闘争のため警察官から拳銃を奪取することを企て，新宿駅西口付近で，たまたま周囲に人影がなくなったのを見て，警ら中の巡査Aの背後約1メートルに接近し，コンクリート壁に鋲（びょう）を打ち込むために用いられる建設用鋲打銃を改造したものから鋲1本を発射し，Aに加療約5週間を要する右側胸部貫通銃創を負わせたが，そのまま逃走して拳銃奪取の目的は遂げなかった。しかし，発射された鋲はさらに，Aの右前方約30メートルを通行中の銀行員Bの身体を貫通し，同人に入院加療約2か月を要する傷害を負わせた。Xの罪責について述べよ。

1　最判昭和53年7月28日刑集32巻5号1068頁

[事実の概要]
　〔設問〕の事実に関し，検察官は，XにはA・Bに対して殺意があったとし強盗殺人未遂の観念的競合として起訴したが，第1審は，Aに対する殺意を否定し，強盗傷害罪の観念的競合とした。これに対して原審東京高裁は，検察官の主張を容れてAに対する殺意の存在を認め強盗殺人未遂罪の観念的競合とした。しかし，東京高裁は，Bの傷害についての過失の存在を指摘する一方，Aに対する殺意に基づいてBに対しても強盗殺人未遂罪が成立するとのみ述べたため，弁護人は，Bに対して故意犯たる強盗殺人未遂罪を認めた点に判例違反があるとして上告した。
[判旨]　上告棄却
　「犯罪の故意があるとするには，罪となるべき事実の認識を必要とするものであるが，犯人が認識した罪となるべき事実と現実に発生した事実とが必ずしも具体的に一致することを要するものではなく，両者が法定の範囲内において一致することをもって足りるものと解すべきである……から，人を殺す意思のもとの殺害行為に出た以上，犯人の認識しなかった人に対してその結果が発生した場合にも，右の結果について殺人の故意があるものというべきである。」
　「被告人が人を殺害する意思のもとに手製装薬銃を発射して殺害行為に出た結果，

被告人の意図した巡査Aに右側胸部貫通銃創を負わせたが殺害するに至らなかったのであるから、同巡査に対する殺人未遂罪が成立し、同時に、被告人の予期しなかった通行人Bに対し腹部貫通銃創の結果が発生し、かつ、右殺害行為とBの傷害の結果との間に因果関係が認められるから、同人に対する殺人未遂罪もまた成立し……、しかも、被告人の右殺人未遂の所為は同巡査に対する強盗の手段として行われたものであるから、強盗との結合犯として、被告人のAに対する所為についてはもちろんのこと、Bに対する所為についても強盗殺人未遂罪が成立するというべきである。したがって、原判決が右各所為につき刑法240条後段、243条を適用した点に誤りはない。」

Questions

Q1 故意に個数があるとする見解は、どのような根拠に基づいているか。この見解によれば、本件はどのように処理されるか。

Q2 巡査Aが死亡せずBが死亡した場合、巡査AもBも死亡した場合では、錯誤についての見解の相違により、結論に差が生ずるか。

Q3 通常は、周囲におよそ通行人がいないような場所で、たまたま他の者に結果が生じた場合には、結論に相違が生ずるか。

【参考判例1】
東京高判平成14年12月25日判夕1168号306頁
[事実の概要]

D市内に本拠を置くG会H一家に属する暴力団の組員である被告人X、Yは、I会系暴力団組長であるA（当時52歳）を殺害することを共謀し、平成13年8月18日、I会関係者の通夜（以下、「本件葬儀」という）が行われていた東京都E区内の斎場に、それぞれ実包5発または6発を装てんした回転弾倉式けん銃を1丁ずつ隠し持って赴き、同斎場の建物出入口付近において、いずれもAに向け、各自のけん銃から、まずYが弾丸1発を、次いでXが弾丸3発を発射した。その結果、Yの発射した弾丸がAの頭頂部に命中し、Xの発射した弾丸のうち1発がAの右側胸部に命中して同人に肝臓損傷を負わせ、同損傷に起因する出血性ショックによって同人を死亡させた。Xが発射したその余の弾丸のうち1発は、本件葬儀に参列していたI会系暴力団総長のB（当時57歳）の左背面部に命中し、右肺および右肺静脈損傷を負わせ、これによる失血により同人を死亡させた。もう1発の弾丸は、参列していたI会系暴力団組長代行C（当時61歳）の右膝に命中し、同人に加療約3か月間を要する右膝銃創の傷害を負わせたが、同人を殺害するには至らなかった。

[判旨]

「被告人両名が殺害を企てたのはA1人であり，被告人XがAに向けて発射した弾丸のうち2発が，被告人両名が殺害の対象としていなかったBとCに命中したことにより，Bに対する殺人罪及びCに対する殺人未遂罪の成立が認められている。刑法の講学上いわゆる打撃の錯誤（方法の錯誤）とされる場合である。もちろん，原判決の認定事実のみならず，原審検察官の主張に係る訴因も同じ構成と解される。

関係証拠により，この点に関する事実経過をより詳細にみると，まず，被告人両名は，Aの殺害を共謀した上で，その行動予定を調査し，同人が本件葬儀に出席する可能性が高いことを把握して，その場で実行することとした。現場では，式場内の参列者席にAが着席しているのを確認し，同人が外に出てきたところを挟み撃ちにすることを打ち合わせた。葬儀終了後，建物の前で，AらI会幹部5，6名が挨拶のために整列して数百名の参列者と向かい合い，Aらの少し後方にもCを含む相当数の参列者が並んだが（Bの位置は証拠上必ずしも明らかとなっていない。），被告人両名も参列者の中に混り，実行の機会をうかがった。Aの挨拶が終わり，全員がお辞儀をし，Aが頭を上げた瞬間，被告人Yは，Aの正面約1mの所に飛び出すと同時に右手に握った拳銃の撃鉄を起こしながら，銃口をAの頭に向けて引き金を引き，弾丸1発を発射してその頭頂部に命中させた（なお，同弾丸は，Aの頭皮を貫通して，後方の斎場壁面に当たっている。）上，更にその腹に向けて引き金を引いたが不発に終わった。被告人Yの発射後，後方にいた同Xもすぐに右手に持ったけん銃の撃鉄を起こしながら前に出て，両手でけん銃を構え，3回にわたり，その都度よろめきながら移動するAを追って，かがむようにしていた同人の後方ないし右横1m前後の所から，その背中を目掛けて引き金を引き，弾丸3発を発射した。この3発が，それぞれ1発ずつA，B及びCに命中した。被告人Xは2発目がAに当たった手応えがあったと供述していることなどに照らすと，1発目がBに，2発目がAに，3発目がCにそれぞれ命中したものと推認される。

以上のとおり，被告人両名は，Aを殺害することを企てて，実行に当たっては，確実に同人を殺害できるように至近距離まで接近し，その頭部又は背中等を狙ってけん銃を発射している。もっとも，被告人Xは，よろめきながら移動するAを追いかけて，3回連続して引き金を引いており，発射された各弾丸が周囲の参列者に命中する可能性は相当に高かったといえる。被告人両名は，こうした危険性を認識しながら，周囲の参列者の生命の安全を意に介することなく，Aに対する殺害行為に及んでおり，その点で悪質であることはいうまでもない。この点に関し，被告人Xは，捜査段階及び原審公判廷において，また，被告人Yは捜査段階において，それぞれ周囲の参列者に命中しても仕方ないと思っていた旨供述して，概括的で未必的な殺意を認めるものと解し得る供述をしていた（ただし，被告人Yは，原審公判廷に

おいてはこれを認める趣旨の供述はしていない。)。

　ところで，検察官は，被告人両名は，Aを殺害するためには，同人の近くにいる者らを殺害することになってもやむを得ないとの極めて強固で確定的な殺害意思で犯行に及んだなどと主張する（原審検察官の論告も同様の主張をしていた。)。その趣旨は必ずしも明確ではないが，B及びCに対する各殺害意思を主張するものとすれば，原審において主張した訴因と整合するものとはいえない。また，原審検察官の冒頭陳述においてもそのような主張は何らなされておらず，原審の審理においても明示的にそれが争点とされていなかった。

　そもそも，本件は，打撃の錯誤（方法の錯誤）の場合であり，いわゆる数故意犯説により，2個の殺人罪と1個の殺人未遂罪の成立が認められるが，B及びCに対する各殺意を主張して殺人罪及び殺人未遂罪の成立を主張せず，打撃の錯誤（方法の錯誤）の構成による殺人罪及び殺人未遂罪の成立を主張した以上，これらの罪についてその罪名どおりの各故意責任を追及することは許されないのではないかと考えられる。したがって，前述のとおり，周囲の参列者に弾丸が命中する可能性が相当にあったのに，これを意に介することなく，Aに対する殺害行為に出たとの点で量刑上考慮するのならともかく，B及びCに対する各殺意に基づく殺人，同未遂事実が認められることを前提とし，これを量刑上考慮すべきことをいう所論は，失当といわなければならない。

　この点，原判決（量刑の事情6項(2)イ〈略〉）は，『(Yらの死傷の結果は）もとより被告人らの認容するところではあったが，甲を甲として，乙を乙として認識し，それぞれの殺害を図った事案とは，その評価を異にする余地がある。』と説示している。検察官の所論はこれを批判して，『AをAとして認識し，さらに「けん銃の弾の射程範囲にあって，弾が当たって死ぬ蓋然性が高い場所にいる人」をそのように認識して，A殺害のためにはその周辺者の殺害もやむなしと考えて何ら躊躇することなく周辺の者を含めた殺害行為に出たのであるから，甲を甲として，乙を乙として認識し，それぞれの殺害を図った事案と同一に評価することができる』と主張している。しかし，この見解は，既に述べたとおり，被告人両名がB及びCに対しても殺意を有していた事実を主張するものであって，繰り返しになるが，到底採用することはできない。原判決の上記説示は，必ずしも明確ではないが，その罪となるべき事実の記載にも照らすと，B及びCに対する殺意までをも認定したものではないと解されるところである。」

Questions

Q4 検察官の主張をまとめよ。B, Cに対しても殺意があったと主張する根拠は何か。また，なぜそのような主張をする必要があったのか。

Q5 これに対し，判旨はどのように判断しているか。判決では，BおよびCに対する殺意は認められないことになるのか。また，それでもB，Cに対して殺人罪を適用することについて問題はないのか。

Q6 殺人の客体がより明確になっていると，量刑に影響することになるのか。

2 誤想防衛

〔設問2〕「Xは，平成10年7月4日午前零時20分ころ，S市E町先路上において，実兄のY（当時21歳）ほか4名と共に，A（当時17歳）ら10名の男女とけんかをすべく対峙したところ，同人らから木刀等で攻撃を加えられ，その場に停車させていた被告人の普通乗用自動車の運転席に逃げ込んだ際，同車後方付近で，YがAと木刀を取り合っているのを認め，同車を同人に衝突させる暴行を加えようと決意し，直ちに同車を運転し，同人およびAの方向を目がけて時速約20キロメートルで約15.5メートル後退進行させ，Aの右手に同車左後部を衝突させるとともに，Yに同車後部を衝突させた上，その場に転倒させて礫過する各暴行を加え，よって，同人に肝臓挫滅等の傷害を負わせ，同日午前2時51分ころ，O市所在のO病院において，Yをして肝臓挫滅に起因する出血性ショックにより死亡させたものである」という事実が認定されている。

ここで，Xが本件車両を急後退させる行為は正当防衛であると認められることを前提に，その防衛行為の結果，全く意図していなかったYに本件車両を衝突・礫過させてしまった行為について，Xの罪責について述べよ。

2 大阪高判平成14年9月4日判タ1114号293頁

［事実］〔設問2〕参照
［判旨］

「不正の侵害を全く行っていないYに対する侵害を客観的に正当防衛だとするのは妥当でなく，また，たまたま意外なYに衝突し礫過した行為は客観的に緊急行為性を欠く行為であり，しかも避難に向けられたとはいえないから緊急避難だとするのも相当でないが，Xが主観的には正当防衛だと認識して行為している以上，Yに本作車両を衝突させ礫過してしまった行為については，故意非難を向け得る主観的事情は存在しないというべきであるから，いわゆる誤想防衛の一種として，過失責任を問い得ることは格別，故意責任を肯定することはできないというべきである。ところで，原判決は，前記のように特段の理由を示していないが，XにAに対する

暴行の故意があったことを認め，いわゆる方法の錯誤により誤ってYを轢過したととらえ，法定的符合説にしたがってYに対する傷害致死の刑責を問うもののようである。本件においては，上記のようにXのAに対する行為は正当防衛行為でありYに対する行為は誤想防衛の１種として刑事責任を考えるべきであるが，錯誤論の観点から考察しても，Yに対する傷害致死の刑責を問うことはできないと解するのが相当である。すなわち，一般に，人（A）に対して暴行行為を行ったが，予期せぬ別人（B）に傷害ないし死亡の結果が発生した場合は，いわゆる方法の錯誤の場面であるとして法定的符合説を適用し，Aに対する暴行の（構成要件的）故意が，同じ『人』であるBにも及ぶとされている。これは，犯人にとって，AとBは同じ『人』であり，構成要件的評価の観点からみて法的に同価値であることを根拠にしていると解される。しかしこれを本件についてみると，XにとってYは兄であり，共に相手方の襲撃から逃げようとしていた味方同士であって，暴行の故意を向けた相手方グループ員とでは構成要件的評価の観点からみて法的に人として同価値であるとはいえず，暴行の故意を向ける相手方グループ員とは正反対の，むしろ相手方グループから救助すべき『人』あるから，自分がこの場合の『人』に含まれないのと同様に，およそ故意の符合を認める根拠に欠けると解するのが相当であるとの観点からみても，本件の場合は，たとえAに対する暴行の故意が認められても，Yに対する故意犯の成立を認めることはできないというべきである。したがって，Yに対する傷害致死罪の成立を認めることはできない。

　以上のとおり，Aに対する暴行罪は正当防衛が認められることにより，またYに対する傷害致死罪は暴行の故意を欠くことにより，いずれも成立しないから，これらの成立を認めた原判決には，判決に影響を及ぼすことが明らかな事実誤認があり，論旨は理由がある。」

Questions

Q7　防衛行為の結果，全く意図していなかったYに本件車両を衝突・轢過させてしまった行為について，どのように考えるべきか。

Q8　Xの行為は緊急避難と解しえないか。

Q9　Xは，主観的には，急迫不正の侵害を認識し，それに対して防衛する意思で相当な行為を行うことを認識しているので故意非難を向けえないと考えることは妥当か。

　判例の採用する法定的符合説からは，Aの急迫不正の侵害に対し傷害（暴行）の故意で反撃しYをも傷害した場合にも，Yに対する故意が認められるのではないか。

Q10　Yの死を十分に認識して行為した場合には，原則として「Yに対する正当防衛」とはいえなくなるのではないか。

大阪高判は，「XにとってYは兄であり，共に相手方の襲撃から逃げようとしていた味方同士であって，暴行の故意を向けた相手方グループ員とでは構成要件的評価の観点からみて法的に人として同価値であるとはいえず，暴行の故意を向ける相手方グループ員とは正反対の，むしろ相手方グループから救助すべき『人』であるから，自分がこの場合の『人』に含まれないのと同様に，およそ故意の符合を認める根拠に欠けると解するのが相当であるとの観点からみても，本件の場合は，たとえA対する暴行の故意が認められても，Yに対する故意犯の成立を認めることはできないというべきである」として，事実の錯誤論からも，Xに傷害致死罪は成立しないとする。この説明は妥当か。

3　誤想過剰防衛

〔設問3〕　Xは被害者A（当時74歳）の長男で，別居していたが，引き揚げて来たXの義弟BがAと同居し，XとAとの間に介在するようになってから次第に不仲となった。昭和22年4月15日，AとXのいずれが耕作するかについて争いのあった隠居田をXが馬耕で掘り起こしに着手したことから，AおよびBとXとの間に口論が始まり，AがXの胸倉をとる等したが，午後3時半ころXは隙を見てBとAとの万能を持って自宅に逃げ帰った。ところがAはXを追って勝手土間に入り棒様のものを手にしてXに打ちかかって来た。逃げ場を失ったXは，Aの急迫不正の侵害に対して自己の身体を防御するため，その場にあった斧を斧とは気づかず何か棒様のものとのみ思いこれを手にしてAに反撃を加えたが，昂奮のため防衛の程度を越し，その斧の峯および刃でAの頭部を数回殴りつけて同人をその場に昏倒させ，よってAに頭蓋腔に達する右顱頂部陷没骨折の裂創等を負わせ，右顱頂骨陷没から起こった頭蓋腔の出血による脳圧迫のため，Aをして同月21日午後8時30分ころ居宅隠居家で死亡するに至らしめた。

3　最判昭和24年4月5日刑集3巻4号421頁

［事実の概要］
　〔設問3〕の事実に関し，原審仙台高裁は，被告人の行為は，刑法（旧）205条2項（尊属傷害致死）に該当するが，過剰防衛行為であるとして，刑法36条2項を適用して刑を減軽した。これに対して，弁護人は，被告人は過剰の事実を認識していなかったのであるから，誤想防衛であり無罪であるとして上告した。
［判旨］　上告棄却
　「原審は斧とは気付かず棒様のものと思つたと認定しただけでたゞの木の棒と思

つたと認定したのではない，斧はたゞの木の棒とは比べものにならない重量の有るものだからいくら昂奮して居たからといつてもこれを手に持つて殴打する為め振り上げればそれ相応の重量は手に感じる筈である，当時74歳（原審認定）の老父（原審は被害者が実父Aであることの認識があつたと認定して居るのである）が棒を持つて打つてかゝつて来たのに対し斧だけの重量のある棒様のもので頭部を原審認定の様に乱打した事実はたとえ斧とは気付かなかつたとしてもこれを以て過剰防衛と認めることは違法とはいえない」。

Questions

Q11 最高裁は，斧だけの重量のある棒様のもので頭部を乱打した事実はたとえ斧と気付かなかったとしてもこれをもって過剰防衛と認めることは違法とはいえないが，逃げ場を失いとっさに側にあった棒で反撃したのであり，反撃の過剰性の認識を認定することは酷なようにも思われるが，どう考えるか。
　老人の頭部を斧だけの重量のある棒様のもので数回殴りつける行為を認識していることにより，防衛の相当性の認識に欠けるとすることは妥当か。

4　最決昭和62年3月26日刑集41巻2号182頁

[事実の概要]
　本件被害者B男は，A女らと飲食し，酩酊したAを帰宅させようと店外へ連れ出したところ，Aが大声を出して暴れたため揉み合いとなり，Aが路面に転倒した。被告人Xは空手3段等の腕前を有する来日8年の英国人であったが（日本語の理解力は不十分であった），Aが転倒するのをたまたま目撃し，BがAに暴行を加えているものと思い込みAを助け起こそうとした。その際，Aが「ヘルプミー」と叫んだので，XがBの方に向きを変え，攻撃を止めるようにという意味で両手を差し出してBに近づいたところ，Bがボクシングのファイティングポーズのような姿勢をとったため，Bが自分にも殴りかかってくるものと誤信したXは，自己および乙の身体を防衛するため，とっさに空手技である回し蹴りをして，左足をBの右顔面付近に当て，同人を路上に転倒させて頭蓋骨骨折等の傷害を負わせ，8日後に死亡させた。
　第1審は，Xの行為につき，急迫不正の侵害を誤想したものであるが，防衛の程度を超えていないため誤想防衛として故意が阻却され，かつ誤想したことにつき過失はないとして，無罪を言い渡した。検察官の控訴に対し，原審は，Xの行為は防衛行為としての相当性を欠き，しかも，回し蹴りを行うことについてXに錯誤はな

いから，本件はいわゆる誤想過剰防衛に当たるとし，Xの所為につき傷害致死罪の成立を認め，刑法36条2項の規定に準拠して刑を減軽し，懲役1年6月，執行猶予3年を言い渡したため，Xから上告がなされた。

[決定要旨]　上告棄却

「右事実関係のもとにおいて，本件回し蹴り行為は，Xが誤信したBによる急迫不正の侵害に対する防衛手段として相当性を逸脱していることが明らかであるとし，Xの所為について傷害致死罪が成立し，いわゆる誤想過剰防衛に当たるとして刑法36条2項により刑を減軽した原判断は，正当である（最高裁昭和40年（あ）第1998号同41年7月7日第2小法廷決定・刑集20巻6号554頁参照）。」

Questions

Q12 本決定では，どのような事情の存在が誤想過剰防衛の認定にとって重要な意義を有するのか。また，刑法36条2項の適用を認める理論的根拠は何に求められるか。

【参考判例2】
大阪高判平成9年6月25日判夕985号296頁

[事実]

被告人Xは，自動車の割込みを巡るトラブルから，Aにより運転席窓越しに胸倉を掴まれて前後に揺さぶられたり，顔面や頭部を手拳で殴打されるなどの暴行を受け，さらに車外に引きずり出されてAと路上で向き合った。Xは血相を変え攻撃を止めないAに対し狂気を感じ，バットを見せればこれ以上暴力は振るわないだろうと威嚇のためにトランクの中から金属バットを持ち出した。これに対しAがなおも両手を挙げて近づいてきたので，なお攻撃を加えられると誤信し，素手のAに対しその頭部などを金属バットで3回殴打し，安静加療約2か月間の頭蓋骨陥没骨折・脳挫傷等の重傷を負わせた。

原審が誤想過剰防衛の成立を認めて刑を免除したのに対し，検察側が控訴した。

[判旨]

大阪高裁は，量刑不当を理由に原判決を破棄した。まず，Xがバットを持ち出したのに対し，両手を挙げてXに近づいていったAの行為は，それまでの暴行に引き続くものではあるが，暴行の意図は認定できず，この段階ではすでに侵害は終了していたとしたうえで，「Xは，著しく常軌を逸したAによる一連の侵害行為が存続しているものと誤信し，恐怖に駆られ，この侵害を抑止すべく，防衛の意思を持って，本件所為に出たものであり，それまでの一連のAの行為に照らし，右誤認には無理ない事情があり，本件の経緯・原因につきA側に重大な落ち度があるというべきで

あること，Xは先ず脅しの意図でバットを持ち出したものであり，かつ，頭部を狙い殴打したものではなく，幸いAの傷害も後遺症もなく順調に回復したこと，Aとの間で円満に示談が成立し，AからXの寛大処分を望む嘆願書が提出されていること，Xにはこれまで前科・前歴が全くなく，真面目な社会人としての生活を送ってきたものであることなど，原判決も指摘するXに有利な事情が認められる。しかし，本件行為の危険性，結果の重大性などに徹すると，Xの刑責は軽くないと認められ，前記Xのため有利な事情を十分斟酌しても，本件は刑の免除を言渡すべきまでの事案と認めがたく，原判決の量刑は，軽きに失するものというべきである」と判示した。ただ，罰金刑を選択し，Xを罰金30万円に処した。

Questions

Q13 本判決が，刑の免除が妥当でないとした判断は，どのような理由によるものと解されるか。

Q14 本判決は，Xがバットを持ち出した時点ではすでに侵害は終了していたとしているが，それでも「防衛の意思を持って，本件所為に出た」と評価している。急迫性がなくなれば，防衛行為といえないのではないか。

【参考判例３】
大阪高判平成12年6月2日判夕1066号285頁
[事実の概要]

被告人Xと実母のB子は簡易旅館「甲荘」を経営し，被害者のAは平成8年夏ころから本件時（平成11年3月16日）まで右旅館2階3号室に継続して宿泊していた。Aは，酒癖がよくなく，短気な性格であり，他の宿泊客と口論し，Xが仲裁に立ったこともあったが，その粗暴な言動にもかかわらず，実際に他人に暴行を加えたり，刃物を持ち出したりすることはなく，XやB子に対し因縁をつけるなどの反抗的な態度に出たこともなかった。むしろ，Aは，B子に対しては，「オカン」，「ママ」などと呼んで慕っていた。

Aは，同日午後4時ころ，飲酒のうえ外出先から戻り，旅館1階のB子の居室に寄り，同人とその場に居合わせたB子の知人のC子（当時75歳）と雑談するなどしていたところ，甲荘から帰ろうとしていたC子からきつい口調で自室に戻るように注意を受けたのに腹を立て，C子に対し，「そんなこといわんでもええやないか」，「帰るわ。人を馬鹿にするな」と怒鳴りながら，自室に引き揚げたが，その途中においても，「ぶち殺したろか」などと怒鳴り声を上げた。

B子の居室の隣の帳場にいたXは右の騒ぎに接し，B子らから事情を聞き出したが，そのころも，2階から「このやろう，殺したるぞ」などというAの怒鳴り声を

聞き，その調子がいつになく激しいと感じたこともあり，暴れないように注意しようと考えた。Xは，自らをヤクザと称するなどのAのこれまでの粗暴な言動から畏怖心を抱いていたこともあり，Aが素直に注意を聞き入れずに，反抗してくる事態をも予想し，これに対抗して使用する意図の下に鞘に入れた刃体の長さ約15.4センチメートルのサバイバルナイフを取り出し，鞘の留め金を外した状態でこれを鞘ごと自己の左腰ベルトに挟んで，Aの部屋に向かった。

　Xは，2階への階段を昇りながら，「お客さん（C子のこと）やから怒らんようにしてやってよ」と自室に戻っているAに声をかけ，次いで，Aの部屋に至る2階の廊下からその部屋の方向を見ると，Aが部屋の入口から顔を出したことから，再度，同様の言葉をかけたが，Aが無言のまま部屋に入ったため，部屋の入口まで赴いた。すると，Aが右手に出刃包丁を持って部屋から姿を現し，Xは右廊下内で1メートル足らずの距離を隔ててAと向かい合うこととなった。包丁を見たXはとっさにこれを取り上げようとし，右手で刃の峰の上から刃体を握り，これを強く手前に引き寄せるなどした（Xの左大腿部の切創はその際に包丁の切っ先が接触してできた傷と認められる）が，Aはこれに抵抗して包丁を自己の身体の側へ引き抜いたため，Xは，包丁を握っていた右手掌の第2指から第5指まで直線状に深い切創を負い，包丁から手を離した。

　Xは，この時点で，Aを殺害しようと決意し，左腰のベルトに挟んでいたナイフを右手で抜くなり，向かい合っていたAの腹胸部等を滅多突きにするなどし，その結果，Aは，心臓刺創，左総頸動脈・左内頸静脈刺創など合計30箇所近い傷を負い，その居室内に倒れ込んで失血死した。この間，AはXに対して何ら反撃に出ることはなく，その状況は被告人においても認識していた。

　第1審判決は，Aの行為は急迫不正の侵害には当たらず，それがあるというXの誤想の内容も身体の安全に対する侵害にとどまるので，Xの行為は誤想過剰防衛（殺人罪）にあたるとした。これに対して弁護人は，①被害者であるAがXに対し出刃包丁の刃先を向けた行為は，XとAとの距離感，現場が狭い廊下で身動きがとりにくかったこと，Aが包丁をXに奪われまいとして抵抗したことを総合考慮すれば，Xの生命に対する急迫不正の侵害に当たる，②XがAの身体の枢要部を多数回サバイバルナイフで刺したのは，Aと近距離で対峙し同人から新たな攻撃が加えられる危険が消滅していない状況下で，Aの着衣が上下とも黒色のウインドブレーカーであったため，いくら刺してもAの身体から血がにじみ出るということがなく，自己の行為の結果について確信が持てずに防衛行為を続けた結果にすぎないから，防衛行為として相当性の範囲を超えるものではない，以上の①②点から正当防衛が成立する，③仮に，急迫不正の侵害が客観的には認められないとしても，Xの主観としては，Aと対峙し，その手にしていた出刃包丁を奪おうとしたもののAの抵抗

にあって失敗した時点では，身体に対する危険にとどまらず，生命の危険を感じたのであり，生命に対する急迫不正の侵害を誤信したものとして誤想防衛が成立するから，Xに対し殺人の故意責任を問うことはできず，いずれにせよ無罪であると主張して控訴した。

[判旨] 控訴棄却

「Aが廊下で包丁を手にして被告人と対峙した際の状況については，被告人の供述に変遷が見られるが，原判決が説示するとおり，Aは右手で包丁を順手に持って，腹の下辺りで刃を下にして前に向けていたが，その切っ先はやや斜め下方に向いており，これを持つ右腕もほぼ下に垂らした状態にあって，包丁を構える態勢にはなく，かつ，その際，Aは無言であり，被告人に危害を加えかねないような態度を示していなかったと認めることができる。

ところで，Aが包丁を持ち出した意図に関し，被告人は，母親B子やC子に危害が加えられることを危惧したなどと供述するが，その直前までの階下におけるC子との諍いは些細なことが原因であり，Aは立腹しながらも，結局は老齢のC子の言に従った形で2階の自室に戻っており，その帰りしなに『ぶち殺したる。』などと述べたことは，Aの平素の言動等からすれば，腹立ちまぎれに発したいわゆる捨てぜりふにすぎないと認められること，前示のとおり，Aは，酔余，宿泊客と口論になることはあっても，あくまで口先だけのことであり，粗暴な行為に出ることまではなかったこと，Aは，甲荘で3年近くも被告人ないしB子との間で揉め事を起こすことなく生活してきており，特に，B子との関係は友好的なものであったこと，被告人がAの部屋に赴く直前にかけた言葉も，『お客さんやから怒らんようにしてやってよ。』という穏やかな内容のものであったことなどからすると，Aは，B子と談話中のC子に危害を加える意図まではなく，包丁を持ち出したのも，なだめようとして2階に上がって来た被告人の姿を見て威勢を示し，これを追い払うといった程度の意思しかなかったものと認められる。また，被告人から包丁を握られた後も，取り上げられまいとして抵抗こそしたものの，被告人に向けて突き出す等の行為には出ておらず，そこには積極的な加害の意思を看て取ることはできない（Aが包丁の柄の部分を順手で握り，被告人が刃の峰の方から握っていたという状況の下で，もしAに積極的な加害の意思があったとすれば，被告人はAにより相当重大な刺突行為を受けていたと思われる。）。これらの点からすると，被告人の殺害行為前におけるAの行為は急迫不正の侵害に当たらないというべきである。

次に，誤想防衛の点について検討する。

Aが，被告人と対峙した際，包丁の刃先を斜め下方に向け，攻撃の素振りを見せておらず，被告人もその状況を認識していたことは前示のとおりである。被告人は，捜査段階において，当時の心境として，『私はAが出刃包丁を持ち出したのを見て

ムカッとして一瞬頭に血がのぼりました。私はAを旅館に宿泊させてから3年間，何かもめごとがあったら必ずAの味方になって下げんでもよい頭を下げてきた。それが，C子のおばさんに一言文句を言われただけで出刃包丁みたいなものを持ち出してきた。なんでC子に言われた位で出刃包丁を持ってこんとあかんのや，等と思うと悔しくて頭に血が昇った。』……旨供述しており，包丁を見て狼狽する一方で，憤懣の念が生じたことも吐露している。Aが被告人から取り上げられまいとして包丁を引き抜き，その行為により被告人の指が切られた直後，被告人は，その後のAの動静を見定めることもなく，いきなり，同人の腹部等の人体の枢要部に向けめった刺しといってよい態様で前示の刺突行為に及んでいるのであるが，その執拗さ，攻撃の部位，強度，そして，そこから窺われる殺意の強さは，包丁を見て抱いたAに対する憤懣の念と矛盾するものではなく，現に，被告人は，捜査段階において，『刺している際はこんな男殺してやろうという気持でした。』旨供述している……ところである。このような犯行の経緯，態様，被告人の心情等からすると，被告人は，危険物である包丁をAから取り上げようとしたところ，Aの抵抗にあって指を切られて逆上し，専ら憤激の情からAを殺害したとみるのがむしろ自然な見方ともいえるのであり，急迫不正の侵害の存在を誤想した上で防衛の意思をもって本件行為に及んだとすることに疑問の余地がないわけではない。

　しかしながら，被告人が，Aの部屋の入口付近に近寄ったとき，中から包丁を手にしたAが現れ，同人とわずか1メートル足らずの距離で対峙する形となり，とっさに刃体をつかむという行動に出て，負傷するに至っていることからすると，Aの行為に驚愕，狼狽したことも窺われるところであり，そのような緊張した精神状態の下で，Aの抵抗を受けてつかんだ包丁が引き抜かれた瞬間，被告人が，捜査段階で供述するように，『今度は私がやられる』……との思いが生じたことは，多少の疑問は残るにせよ不自然な心理の動きとまではいえず，被告人が同趣旨の供述を捜査及び公判を通じ繰り返している供述経過も併せてみると，その供述を直ちには排斥しがたいともいえる。ただ，Aは包丁を手にしていたとはいえ，攻撃的な素振りは見せておらず，包丁を被告人の手から引き抜いた直後も攻撃に出た形跡がないこと，Aが宿泊客等と口論をした際にも暴力沙汰に及ぶということはなかったこと，本件の直前の口論もC子との間で生じたもので，その憤激の情は被告人に向けられていたわけではないこと，平素もAと被告人は宿泊客と旅館経営者という関係にあり，その長期に及ぶ滞在中に険悪な関係になったこともなかったこと等からすると，被告人が，仮に，急迫不正の侵害に当たる状況があると誤信したとしても，身体に重大な危害が加えられる危険までも想定していたとまでは認めがたく，『殺らな殺られる』との被告人の弁解にもかかわらず，その誤想の内容が，身体の安全に対する侵害にとどまるとした原判決の認定に誤りはないというべきである……。

そこで，原判決の認定する誤想した侵害行為の危険性や急迫性の程度を前提にして，本件加害行為の防衛行為としての相当性をみるに，原判決も指摘するとおり，本件当時，Aに対しては，ナイフを用いるとしても，これを示して威嚇するなり，身体の枢要でない部位を損傷して攻撃能力を奪うといったより程度の軽い反撃にとどめる余地はあり得たのであって，確定的殺意の下に殺傷能力の高い鋭利なナイフで人体の枢要部をめった刺しにしてその生命を奪うという本件行為は，その態様及び結果に鑑み，防衛行為としては相当性の範囲を著しく逸脱しているといわざるを得ない。前示のとおり，被告人は，防衛の意思を有していたとしても，Aに対する強い憤激の情の下に，確定的殺意をもって身体の枢要部を狙い同人が倒れるまで執拗に刺し続けたことが認められるのであり，所論がいうように出血状況等を確認できないため自らの行為の効果に確信が持てないとの心理から結果として多数回にわたり刺し続けたというものではないことも明らかである。

　以上によると，本件行為について，正当防衛ないし誤想防衛が成立する余地はない。他方，急迫不正の侵害を誤想し，防衛の意思もあるとして，誤想過剰防衛の成立を肯定した原判決の認定は不合理とまではいえない。」

Questions

Q15 本件で，急迫不正の侵害が否定されたのは，いかなる事由によるものか。

Q16 自らに対する急迫不正の侵害があると誤信した以上，故意責任は否定されることにならないか。本件では，どのような判断がなされているか。

4　誤想過剰避難

5　東京地判平成9年12月12日判時1632号152頁・判タ976号250頁

［事実の概要］

　被告人は，平成8年5月にA子（当時33歳）と婚姻し，都内の甲野マンション303号室で一緒に暮らしていたが，同年6月ころからしばしば夫婦げんかをするようになっていた。

　7月24日深夜から翌25日朝にかけて，同室において，A子が以前交際していた男性とホテルへ行った旨を告白したことから，憤激した被告人が離婚すると言い出し，被告人を引き止めようとするA子が包丁で自殺の素振りを示し，自殺されてはと困惑する被告人が同女を制止するなどして激しく争った。この間，同日午前3時ないし午前4時30分ころには，被告人が同室を飛び出して最寄りのY交番へ離婚の相談

に赴き，これを追ってＡ子も同交番に赴き，ともに警察官からなだめられ助言を受けて再び同室に戻ったりした。

　このような争いが朝まで断続的に繰り返されるうち，同日午前8時20分前ころ，Ａ子は，室内からベランダへ出て行こうとした。これは，被告人の気を引くため飛び降り自殺の素振りを見せたものであって，Ａ子に真実自殺する意思はなかったが，被告人は，Ａ子がベランダへ出て行こうとするのを見るや，Ａ子が本気で自殺を図っているものと感じて，これを制止しようとした。その際，被告人は，Ａ子に対する憤激や安易に自殺に走るＡ子への苛立ちの感情があったこともあって，自殺を制止するのにやむを得ない程度を超え，Ａ子の両肩を両手で強く突いてその場に転倒させる暴行を加え，よって，Ａ子に対し，右転倒に際し頭部を床面に強打したことによる頭部打撲の傷害を負わせ，搬送先のＨ病院で，Ａ子を右傷害に基づく頭蓋内損傷により死亡させた。

　被告人は，上記事実について傷害致死で起訴されたが，弁護人は，被告人が被害者の両肩を両手で突いてその場に転倒させた行為は，自殺しようとした被害者の生命を守るためやむを得ずなした相当な行為であるから緊急避難が成立し，仮に，被害者に真に自殺する意図がなかったとしても，被告人は被害者が自殺するものと誤信していたのであるから誤想避難が成立するとし，また，本件暴行が緊急避難行為としての相当性を欠くとしても，過剰避難ないし誤想過剰避難が成立すると主張した。

　［判旨］

　「一　……弁護人の主張は，誤想過剰避難をいう限度では採用し得るが，その余は採用することができない。その理由は，以下のとおりである。

　二　まず，緊急避難における『現在の危難』について検討する。

　1　本件暴行の直前に被害者が飛び降り自殺の素振り，すなわち室内からベランダへ出て行こうとする行動をとったか否かについてみると，被告人は，被害者がなお存命中の事件直後から捜査公判段階を通じて，被害者にそのような行動があった旨を供述しているところ，その供述内容は，基本的に一貫しており，動揺はみられない……。また，被害者は，前判示のとおり，本件当夜，現に包丁で自殺の素振りを示しており……，平成8年7月3日未明に被告人と争った際にも，同室ベランダにおいて，飛び降り自殺するかのような言動をしていたものであって……，被害者には日頃から被告人の面前で自殺の素振りを示す傾向があったことが明らかであり，本件暴行の直前に被害者が自殺の素振りを示したとする被告人の供述内容に沿う情況事実の存在が認められる。他方，本件においては，被告人の供述以外にはこの点に関する直接証拠がなく，被害者が本件の直前に室内からベランダへ出て行こうとしたことを否定するに足る情況も格別うかがうことはできない。以上のような証拠

関係の下においては，本件暴行の直前に被害者が室内からベランダへ出て行こうとしたとする被告人の供述を排斥することは困難であるといわざるを得ず，したがって，被害者にそのような行動があったとの前提に立って検討を進めるべきものと考えられる。

2　本件暴行の直前に被害者が室内からベランダへ出て行こうとした際，被害者が真実自殺を意図していたか否かについてみると，関係各証拠によれば，前判示の包丁で自殺の素振りを示した点に関し，被害者自身がY交番の警察官に対し，そういうことをやれば被告人も落ち着いて話を聞いてくれると思ってジェスチャーとしてやった旨説明していたこと……，平成8年7月3日未明に飛び降り自殺の素振りを示した際の被害者の言動も，『来ないで，来たら飛び降りてやる。』というにとどまるものであって，自分の言い分を通すための便法にすぎないとみられること……，本件暴行直前の行動も，夫婦げんかに伴うそれまでの自殺の素振りを示す行動と同根のものと考えられること等の事情が認められ，これらに照らせば，被害者は，このときも被告人の気を引くため自殺の素振りを示したものであって，真実自殺を意図していたわけではないものと認めるのが相当である。

3　しかしながら，関係各証拠によれば，被告人は，事件の直後から捜査公判段階を通じ一貫して，被害者が自殺を意図しているものと思った旨の供述を維持していること，被告人は，前夜から一睡もせずに被害者と争いを繰り返しており，本件当時，冷静な判断がいささか困難になっていた側面も否定できないこと，他方，被告人において被害者が自殺を意図しているものと思ったか否かは，被告人の内心に係るものであるだけに，被告人の供述以外には直接証拠がないこと等の事情が認められ，これらに照らせば，本件暴行の際，とっさに被害者が本当にベランダから飛び降りるものと思った旨の被告人の供述を排斥することは困難であるものといわざるを得ず，したがって，被告人がそのように思ったとの前提に立って判断すべきものと考える。なお，本件暴行の時点では，被害者は未だベランダに出ていたわけではなく，六畳間にいたものであるが，六畳間とベランダとがガラス戸1枚を隔てて隣接していることにかんがみると，被害者が六畳間にいたことから危難の切迫に関する被告人の認識を否定することも困難である。

4　したがって，本件においては，客観的には『現在の危難』は存在しなかったものであるが，被告人の主観においてそれが存在する旨誤想したとの点については，これを認めざるを得ない。

三　次に，緊急避難における避難意思の点についてみると，受傷状況からも明らかなように本件暴行が相当強烈なものであったこと，被告人には従前から被害者に対し暴力に訴えがちな傾向があったこと，被告人は被害者が不貞を働いたと信じており，当時の被告人の心境としては被害者に対する愛情よりも怒りが前面に出ていた

こと等，本件証拠上認められる諸事情に照らすと，本件暴行に及んだ被告人の内心には，被害者に対する憤激や安易に自殺に走る同女への苛立ちの感情も存在したことが認められる。しかしながら，被告人に被害者の自殺を制止しようとの意思があり，それが本件暴行の動機になっていたことは，本件証拠上否定できない。したがって，被告人の内心に右のような憤激や苛立ちの感情が併存していたからといって，そのことのゆえに避難意思が否定されることにはならないものと考えられる。

四　また，緊急避難における『やむを得ずにした』ものといえるか否かについて検討すると，関係各証拠によれば，被告人は身長体重等の体格差において被害者よりもはるかに勝っており，被告人が被害者の飛び降り自殺を制止するためには，被害者をその場で取り押さえるなど容易に採り得べき方法が他にいくらでも存在したものであって，そのことは被告人自身も十分承知していたものと認められるのに，被告人は，前判示のとおり，被害者の両肩を両手で強く突いてその場に転倒させる暴行を加えたものである。したがって，本件暴行は，被告人の誤想した『現在の危難』を前提とした場合においても，避難にやむを得ない程度を超えたものであったことは明らかであって，これを正当化することはできないというべきである。」

Questions

Q17　本件において，被告人の誤想した「現在の危難」はどのようなものであったか。また，避難の意思，避難行為に関する「やむを得ずにした」について，どのような判断がなされているか。

第8講 過　失

1　具体的注意義務の認定

〔設問1〕　以下の事例に基づき，YおよびZの罪責（Xの罪責については，2講〔設問2〕参照）について，具体的な事実を摘示しつつ論じなさい（1，2，5〜7は2講〔設問2〕の再録）。

1　V（78歳）は，いわゆる寝たきりの要介護状態にあり，自宅で，妻X（68歳）の介護を受けていたが，風邪をこじらせて肺炎となり，A病院の一般病棟の個室に入院して主治医Bの治療を受け，容体は快方に向かっていた。

A病院に勤務し，Vを担当する看護師Yは，Vの容体が快方に向かってからは，Bの指示により，2時間ないし3時間に1回程度の割合でVの病室を巡回し，検温をするほか，容体の確認，投薬や食事・排せつの世話などをしていた。

一方，Xは，Vが入院した時から，連日，Vの病室を訪れ，数時間にわたってVの身の回りの世話をしていた。このため，Yは，Vの病状に何か異状があればXが気付いて看護師等に知らせるだろうと考え，XがVの病室に来ている間の巡回を控えめにしていた。その際，Yは，Xに対し，「何か異状があったら，すぐに教えてください」と依頼しており，Xも，その旨了承し，「私がいる間はゆっくりしていてください」などとYに話し，実際に，Xは，病室を訪れている間，Vの検温，食事・排せつの世話などをしていた。

2　Vは，入院開始から約3週間経過後のある日，午前11時過ぎに発熱し，正午ころには39度を超える高熱となった（以下，時刻の記載は同日の時刻をいう）。Bは，発熱の原因が必ずしもはっきりしなかったものの，このような場合に通常行われる処置である解熱消炎剤の投与をすることにした。ところが，Vは，一般的な解熱消炎剤の「D薬」に対する強いアレルギー体質で，D薬による急性のアレルギー反応でショック死する危険があったため，Bは，D薬に代えて使用されることの多い別の解熱消炎剤の「E薬」を点滴で投与することにし，午後0時30分ころ，その旨の処方せんを作成してYに手渡し，「Vさんに解熱消炎剤のE薬を点滴してください」と指示した。そして，高齢のVの発熱の原因がはっきりせず，E薬の点滴投与後もVの熱が下がらなかったり容体の急変等が起こる可能性があったため，Bは，看護師によるVの慎重な経過観察が必要であると判断し，Yに，「Vさんの発熱の原因がはっきりしないうえ，Vさんは高齢なので，熱が下がらなかったり容体が急変しないか心配です。容体をよく観察してください。半日くらいは，約30分ごとにVさんの様子を確認してください」と指示した。

1　具体的注意義務の認定　　131

3　Bの指示を受けたYは，A病院の薬剤部に行き，Bから受け取った前記処方せんを，同部に勤務する薬剤師Zに渡した。

　A病院では，医師作成の処方せんに従って薬剤部の薬剤師が薬を準備することとなっていたが，薬の誤投与は，患者の病状や体質によってはその生命を危険にさらしかねないため，薬剤師において，医師の処方が患者の病状や体質に適合するかどうかをチェックする態勢が取られており，かかるチェックを必ずしたうえで薬を医師・看護師らに提供することとされていた。仮に，医師の処方に疑問があれば，薬剤師は，医師に確認したうえで薬を提供することになっていた。

　ところが，Yから前記処方せんを受け取ったZは，Bの処方に間違いはないものと思い，処方された薬の適否やVのアレルギー体質等の確認も行わずに，E薬の薬液入りガラス製容器（アンプル）が多数保管されているE薬用の引き出しからアンプルを1本取り出した。その引き出しには，本来E薬しか保管されていないはずであったが，たまたまD薬のアンプルが数本混入していて，Zが取り出したのは，そのうちの1本であった。しかし，Zは，それをE薬と思い込んだまま，アンプルの薬名を確認せず，それを点滴に必要な点滴容器や注射針などの器具と一緒にVの名前を記載した袋に入れ，前記処方せんの写しとともにYに渡した。

　なお，D薬のアンプルとE薬のアンプルの外観はほぼ同じであったが，貼付されたラベルには各薬名が明記されていた。

　また，D薬に対するアレルギー体質の患者に対し，D薬に代えてE薬が処方される例は多く，Zもその旨の知識を有していた。

　4　A病院では，看護師が点滴その他の投薬をする場合，薬の誤投与を防ぐため，看護師において，薬が医師の処方どおりであるかを処方せんの写しと対照してチェックし，処方や薬に疑問がある場合には，医師や薬剤師に確認すべきこととなっており，その際，患者のアレルギー体質等については，その生命にかかわることから十分に注意することとされ，YもA病院の看護師としてこれらの点を熟知していた。

　しかし，Zから前記のとおりアンプルや点滴に必要な器具等を受け取ったYは，Zがこれまで間違いを犯したことがなく，Zの仕事ぶりを信頼していたことから，Zが，処方やVの体質等の確認をしなかったり，処方せんと異なる薬を渡したりすることを全く予想していなかったため，受け取った薬が処方されたものに間違いないかどうかを確認せず，Zから受け取ったアンプルが処方されたE薬ではないことに気付かなかった。また，Yは，VがD薬に対するアレルギー体質を有することを，Vの入院当初に確認してVの看護記録にも記入し

ていたが，そのことも失念していた。

　そして，Yは，Zから受け取ったD薬のアンプル内の薬液を点滴容器に注入し，午後1時ころからVに対し，それがE薬ではないことに気付かないままD薬の点滴を開始した。その際，Vの検温をしたところ，体温は39度2分であったため，Yは，Vのベッド脇に置かれた検温表にその旨記載して病室を出た。

　Yは，Bの前記指示に従って，点滴を開始した午後1時ころから約30分おきにVの病室を巡回することとし，1回目の巡回を午後1時30分ころに行い，Vの容体を観察したが，その時点では異状はなかった。この時のVの体温は39度で，Yはその旨検温表に記載した。

　5　午後1時35分ころ，Xが来院し，Vの病室に行く前に看護師詰所（ナースステーション）に立ち寄ったので，Yは，Xに「Vさんが発熱したので，午後1時ころから，解熱消炎剤の点滴を始めました。そのうち熱は下がると思いますが，何かあったら声を掛けてください。私も30分おきに病室に顔を出します」などと言い，Xは，「分かりました」と答えてVの病室に行った。

　すると，Vが薬によるアレルギー反応をおこしていた。Xは，Vが数年前に，アレルギー反応で死にかけ，医師の救命処置により一命を取り留めた経過を直接見ており，このような経験から，Xは，Vが再び薬によるアレルギー反応を起こして呼吸困難等に陥っていることが分かり，放置すると手遅れになるおそれがあると思った。

　しかし，Xは，他に身寄りのないVを，数年前から1人で介護する生活を続け，肉体的にも精神的にも疲れ切っており，このままVが死亡すれば，先の見えない介護生活から解放されるのではないかと思った。他方，Xは，長年連れ添ったVを失いたくない気持ちもあった。

　これからどうするのがXやVにとって良いことなのか思い悩んでいた午後2時ころ，Yが，巡回のため，Vの病室の閉じられていた出入口ドアをノックした。Xは，時間を稼ぐため，ドア越しに「今，体を拭いてあげているので20分ほど待ってください。夫に変わりはありません」と嘘を言った。

　Yは，その言葉を全く疑わずに信じ込み，Vに付き添って体を拭いているのだから，Vに異状があればXが必ず気付くはずだと思い，「分かりました。30分ほどしたらまた来ます」とドア越しにXに言って立ち去った。

　6　Yが立ち去った後，Vの容体が更に悪化したが，Xは，事態を事の成り行きに任せ，Vの生死を，医師等の医療従事者の手にではなく，運命にゆだねることに決め，その結果がどうなろうとその運命に従うことにした。

　その後，Xは，Yの次の巡回が午後2時30分ころに予定されていたので，午後2時15分ころ，検温もしていないのに，検温表に午後2時20分の検温結果と

して38度5分と記入したうえ，午後2時30分ころ，更に容体が悪化しているVを病室に残して看護師詰所に行き，Yに検温表を示しながら，「体を拭いたら気持ち良さそうに眠りました。しばらくそっとしておいてもらえませんか。熱は下がり始めているようです。何かあればすぐにお知らせしますから」と嘘を言ってVの病室に戻った。

7　Yは，他の患者の看護に追われて多忙であったうえ，Xの話と検温表の記載から，Vの容体に異状はなく，熱も下がり始めて容体が安定してきたものと信じ込み，Xが付き添っているのだから眠っているVの様子をわざわざ見に行く必要はなく，午後2時30分ころに予定していた巡回は行わずに午後3時ころVの容体を確認すれば足りると判断した。

午後2時50分ころ，Xは，Vの呼吸が止まっていることに気付き，Vは助からない運命だと思って帰宅した。

午後3時ころ，Vの病室に入ったYが，意識がなく呼吸が停止しているVを発見し，直ちにBらによる救命処置が講じられたが，午後3時50分にVの死亡が確認された。

8　その後の司法解剖やX，Y，Zおよび他のA病院関係者らに対する事情聴取等の捜査の結果，次の各事実が判明した。

(1)　Vの死因は，肺炎によるものではなく，D薬を投与されたことに基づく急性アレルギー反応による呼吸困難を伴うショック死であった。

(2)　遅くとも午後2時20分までに，医師，看護師等がVの異変に気付けば，当時のA病院の態勢では直ちに医師等による救命処置が開始可能であって，それによりVは救命されたものと認められたが，Vの異変に気付くのが，それより後になると，Vが救命されたかどうかは明らかでなく，午後2時50分を過ぎると，Vが救命される可能性はほとんどなかったものと認められた。

なお，本件において，Vに施された救命処置は適切であった。

(3)　VにE薬に対するアレルギーはなく，VにE薬を投与してもこれによって死亡することはなかった。

なお，BのVに対する治療方針やE薬の処方およびYへの指示は適切であった。

(4)　E薬用の引き出しには数本のD薬のアンプルが混入していたが，その原因は，A病院関係者の何者かが，D薬のアンプルを保管場所にしまう際，D薬用の引き出しにしまわず，間違って，E薬用の引き出しに入れてしまったことにあると推測された。しかし，それ以上の具体的な事実関係は明らかにならなかった。

Questions

Q1 Yには注意義務違反行為が認められるか。Yに課せられる具体的な注意義務の内容を検討したうえで，結果予見可能性，結果回避可能性，結果回避義務について具体的に説明せよ。

Q2 Zには注意義務違反行為が認められるか。Zに課せられる具体的な注意義務の内容を検討したうえで，結果予見可能性，結果回避可能性，結果回避義務について具体的に説明せよ。

Q3 Y・Zの行為とV死亡の結果との間に因果関係は認められるか。判例の見解をその具体的事実関係に留意しながら参考にしつつ，因果関係に関する各自の見解を明らかにしたうえで，本事実の事実関係を具体的に評価しながら検討せよ（→4講参照）。

Q4 両者に過失共同正犯は成立するか。過失共同正犯に関する見解のみならず，Y・Zの各過失行為とV死亡の結果との間に単独犯としての因果関係が認められるとした場合に，過失共同正犯を認める実益は何か，という点も踏まえて検討せよ（→14講参照）。

1 最決平成19年3月26日刑集61巻2号131頁

［事実の概要］

大学医学部附属病院において患者を取り違えて手術したという業務上過失致傷の事案である。

医療過誤事案全体は，患者A（当時74歳，身長約166.5cm，体重約54kgで，心臓に問題があり，弁の縫合ないし人工弁等に置き換える手術が予定されていた）と，患者B（当時84歳，身長約165.5cm，体重約47.3kg，強く肺がんが疑われたため開胸して検査等が予定されていた）を，病棟看護師が1人で搬送し，手術室付近で手術室看護師に引き渡した際，患者の名前を取り違えたことに気付かないまま手術室に運んだうえ，それぞれの手術を担当した麻酔医，執刀医，助手医，主治医らは，手術の過程において，顔付きや髪型等の外観がかなり異なるなど，患者の同一性に疑念を抱かせるような数々の予兆が認められたにもかかわらず，きちんと確認しないままに手術を行い，Aに全治約2週間の右側胸部切創等，Bに全治約5週間の胸骨正中切開等の傷害を負わせたというものである。執刀医，麻酔医，看護師の合計6名が起訴され，第1審では患者の受渡しを行った看護師，手術に関与した手術室看護師が禁錮刑，その他には罰金刑が言い渡された。ただ，麻酔医Xについては注意義務を尽くしている

として無罪とされた。ところが、原審である東京高裁は、麻酔医についても業務上の過失を認めた。本決定が対象としたのは、麻酔医X（免許取得後5年）の刑事責任である。

Xは、第1外科の医師Zの下の手術チームに、主治医（麻酔担当）として参加した（麻酔医は経験の浅いファーストと、その指導補佐をするセカンドの2名からなり、Xはファーストとして参加した）。なお、主治医の中での最終的な責任者は決まっておらず、同病院では、患者にリストバンドを着用させるなど、その同一性を確認する格別の手段も講じられていなかった。Xは、手術前日、Aの手術のファースト担当として術前回診をし、これらの結果やカルテ等を確認していた。

Xは、手術当日医師として最初にAの手術室に入り、手術台に横たわっていたBに、「Aさん、おはようございます」などと声をかけると、Bがうなずいたため、それ以上には、その容貌等の身体的特徴や問診によってAであるかを確認せず、その後、酸素吸入をしつつ、点滴により麻酔を開始し、患者の口に気管内挿管の咽頭鏡を入れる際に、患者の歯の状態が事前に聞いていたのと異なっていたこと、心臓の手術なのに剃毛がされていなかったこと、患者の右側頭部の毛髪が以前に見たAの髪と異なり、髪が白くて短かったことなどに気付いたにもかかわらず、それ以上の確認をしなかった。そして胸骨正中の切開が開始され、執刀医のZは、経験したことのない所見の著変に疑問を持ったが、手術は続行され、午後3時45分ころに終了した。

Bに対しても、意識的に患者の同一性の確認をすることなく、入れ替わりに気付かないまま麻酔を開始し、その後入室した執刀医兼主治医が、患者の同一性を確認することなく手術を開始し、結局は腫りゅうの発見に至らずに、肺の裏側にあったのう胞を切除して縫縮し、午後2時ころに手術を終えた。

原判決は、Xに麻酔前の同一性確認義務と、麻酔導入後患者の同一性に疑念を抱いた後の注意義務違反を認め、傷害結果について過失を認定した。

[決定要旨]

「医療行為において、対象となる患者の同一性を確認することは、当該医療行為を正当化する大前提であり、医療関係者の初歩的、基本的な注意義務であって、病院全体が組織的なシステムを構築し、医療を担当する医師や看護婦の間でも役割分担を取り決め、周知徹底し、患者の同一性確認を徹底することが望ましいところ、これらの状況を欠いていた本件の事実関係を前提にすると、手術に関与する医師、看護婦等の関係者は、他の関係者が上記確認を行っていると信頼し、自ら上記確認をする必要がないと判断することは許されず、各人の職責や持ち場に応じ、重畳的に、それぞれが責任を持って患者の同一性を確認する義務があり、この確認は、遅くとも患者の身体への侵襲である麻酔の導入前に行われなければならないものとい

うべきであるし，また，麻酔導入後であっても，患者の同一性について疑念を生じさせる事情が生じたときは，手術を中止し又は中断することが困難な段階に至っている場合でない限り，手術の進行を止め，関係者それぞれが改めてその同一性を確認する義務があるというべきである」として，①麻酔導入前にあっては，患者への問いかけや容貌等の外見的特徴の確認等，患者の状況に応じた適切な方法で同一性を確認する注意義務があり，②麻酔導入後においても，同一性について疑いを持つに至った時点で確実な確認措置を採るべきである。

Questions

Q5 本件Xの行為は，いかなる罪の構成要件に該当するか。具体的事情を踏まえつつ検討しなさい。

Q6 本件の患者の取り違えによる手術ミスは，X以外にも患者の受け渡しや手術に関与した看護師，あるいは執刀医の過失も関与している。Xに関して，過失の共同正犯が成立することも考えられるが，本決定がそれを認めていないのはなぜか。

2 最決平成16年7月13日刑集58巻5号360頁

[事実の概要]

被告人は，普通乗用自動車を運転し，本件交差点を右折するため，同交差点手前の片側2車線の幹線道路中央線寄り車線を進行中，対面する同交差点の信号が青色表示から黄色表示に変わるのを認め，さらに，自車の前輪が同交差点の停止線を越えた辺りで同信号が赤色表示に変わるのを認めるとともに，対向車線上を時速約70ないし80キロメートルで進行してくるA運転の自動二輪車（以下「A車」という）のライトを，前方50メートル余りの地点に一瞬だけ見た。しかし，対向車線の対面信号も赤色表示に変わっておりA車がこれに従って停止するものと即断し，A車の動静に注意することなく右折進行し，実際には対面する青色信号に従って進行してきたA車と衝突した。

[決定要旨]

「以上のような事実関係の下において，被告人はA車が本件交差点に進入してくると予見することが可能であり，その動静を注視すべき注意義務を負うとした原判断は，相当である。所論は，本件交差点に設置されていた信号機がいわゆる時差式信号機であるにもかかわらず，その旨の標示がなかったため，被告人は，その対面信号と同時にA車の対面信号も赤色表示に変わりA車がこれに従って停止するもの

と信頼して右折進行したのであり，そう信頼したことに落ち度はなかったのであるから，被告人には過失がないと主張する。しかし，自動車運転者が，本件のような交差点を右折進行するに当たり，自己の対面する信号機の表示を根拠として，対向車両の対面信号の表示を判断し，それに基づき対向車両の運転者がこれに従って運転すると信頼することは許されないものというべきである。」

Questions

Q7 自己の対面する信号機の表示を根拠として，対向車両の対面信号の表示を判断し，それに基づき対向車両の運転者がこれに従って運転すると信頼することは許されないとする判断は合理的か。

2　予見可能性

3　最決平成12年12月20日刑集54巻9号1095頁

[事実の概要]

　電力ケーブルの敷設を請け負う電設会社の代表取締役Xは，従業員2名を使用して，昭和61年3月23日から26日に行った近鉄東大阪線生駒トンネル内の電設工事の際，ケーブルをY分岐接続器（2本のケーブルを接続し1本を分岐させるY字型の器具）によって接続したが，通電により誘起される電流をアース端子を通して大地に流す導通路を確保しなかったため，4月21日以降同ケーブルに2万2000ボルトの電圧が課電されたために誘起された電流が，Y分岐接続器内部の半導電層部に漏えいして，徐々にこれを加熱し炭化させたうえ，アーク放電を発生させ，9月21日に，同半導電層部を炎上させ，これが電力ケーブルの外装部に燃え移り，煙と有毒ガスを蔓延させ，もって公共の危険を発生させ，さらに，トンネル内に進入した列車の乗員1名を死亡させ，乗客42名に傷害を負わせた（失火罪も問題となった）。

　1審は，Y分岐接続器に炭化導電路が形成されたという事実が，本件火災発生に至る一連の因果経路の基本部分を構成するものというべきであり，右事実についての予見が不可能なので被告人には過失責任を問えないとした。

　これに対し原審は，「因果の経路の基本部分とは，まさに，そのこととそのことにより同部が発熱し発火に至るという最終的な結果とに尽きるのであって，これらのことを大筋において予見，認識できたと判断される以上，予見可能性があったとするに必要にして十分であり，半導電層部に流れ続けた誘起電流が招来した炭化導電路の形成，拡大，可燃性ガスの発生，アーク放電をきっかけとする火災発生というこの間のプロセスの細目までも具体的に予見，認識し得なかったからといって，

予見可能性が否定されるべき」ではないとして，結果の予見可能性を認めた。

[決定要旨]

「原判決の認定するところによれば，近畿日本鉄道東大阪線生駒トンネル内における電力ケーブルの接続工事に際し，施工資格を有してその工事に当たった被告人が，ケーブルに特別高圧電流が流れる場合に発生する誘起電流を接地するための大小２種類の接地銅板のうちの１種類をＹ分岐接続器に取り付けるのを怠ったため，右誘起電流が，大地に流されずに，本来流れるべきでないＹ分岐接続器本体の半導電層部に流れて炭化導電路を形成し，長期間にわたり同部分に集中して流れ続けたことにより，本件火災が発生したものである。右事実関係の下においては，被告人は，右のような炭化導電路が形成されるという経過を具体的に予見することはできなかったとしても，右誘起電流が大地に流されずに本来流れるべきでない部分に長期間にわたり流れ続けることによって火災の発生に至る可能性があることを予見することはできたものというべきである。したがって，本件火災発生の予見可能性を認めた原判決は，相当である。」

Questions

Q8 発火の因果経過において重要な意味をもつ「炭化導電路が形成されるという経過」を具体的に予見することはできないのに，なぜ結果の予見可能性が認められるのか。

Q9 過失の成立には因果経過の重要部分・基本部分の予見可能性が必要だとされることが多いが，それは妥当か。過失責任を問うには，結果の予見可能性が認められれば十分だと解することはできないか。

【参考判例１】
最決平成21年12月7日刑集63巻11号2641頁
[事実の概要]

多数意見によれば，事実の概要は以下のとおりである。

被告人らは，本件事故現場である人工の砂浜の管理等の業務に従事していたものであるが，同砂浜は，東側および南側がかぎ形の突堤に接して厚さ約2.5メートルの砂層を形成しており，全長約157メートルの東側突堤および全長約100メートルの南側突堤は，いずれもコンクリート製のケーソンを並べて築造され，ケーソン間のすき間の目地に取り付けられたゴム製防砂板により，砂層の砂が海中に吸い出されるのを防止する構造になっていた。被害者（4歳，女児）が砂浜に生き埋めになり死亡したという本件事故は，東側突堤中央付近のケーソン目地部の防砂板が破損して砂が海中に吸い出されることによって砂層内に発生し成長していた深さ約２メ

ートル，直径約1メートルの空洞の上を，被害者が小走りに移動中，その重みによる同空洞の崩壊のため生じた陥没孔に転落し，埋没したことにより発生したものである。そして，被告人らは，本件事故以前から，南側突堤沿いの砂浜および東側突堤沿い南端付近の砂浜において繰り返し発生していた陥没についてはこれを認識し，その原因が防砂板の破損による砂の吸い出しであると考えて，対策を講じていたところ，南側突堤と東側突堤とは，ケーソン目地部に防砂板を設置して砂の吸い出しを防ぐという基本的な構造は同一であり，本来耐用年数が約30年とされていた防砂板がわずか数年で破損していることが判明していたばかりでなく，実際には，本件事故以前から，東側突堤沿いの砂浜の南端付近だけでなく，これより北寄りの場所でも，複数の陥没様の異常な状態が生じていた。

[決定要旨]
　「以上の事実関係の下では，被告人らは，本件事故現場を含む東側突堤沿いの砂浜において，防砂板の破損による砂の吸い出しにより陥没が発生する可能性があることを予見することはできたものというべきである。したがって，本件事故発生の予見可能性を認めた原判決は，相当である。」

[裁判官今井功の反対意見]
　「1　本件の最大の問題点は，本件事故発生についての予見可能性の有無である。具体的には，本件事故が発生した砂浜（東側突堤北方中央付近のケーソンの内側の砂浜）付近において，人の生命身体に対する危害がじゃっ起される陥没等が発生することが予見できたか否かである。第1審判決は予見可能性を否定し，被告人らを無罪としたのに対し，原判決はこれを肯定し，第1審判決を破棄して，本件を第1審に差し戻した。
　2　本件事故の発生の状況及びその原因は多数意見の述べるとおりである。そして，被告人らは，本件事故発生以前から南側突堤沿いの砂浜及び東側突堤沿い南端付近の砂浜において繰り返し発生していた陥没についてはこれを認識し，その原因が防砂板の破損による砂の吸い出しであると考えて対策を講じていたことも多数意見の述べるとおりである。
　その上で，多数意見は，原判決の認定する次の事実関係，すなわち，①南側突堤と東側突堤とは，ケーソン目地部に防砂板を設置して砂の吸い出しを防ぐという基本的な構造は同一であり，本来耐用年数が約30年とされていた防砂板がわずか数年で破損していることが判明していたこと，②本件事故以前から，東側突堤沿いの砂浜の南端付近だけでなく，これより北寄りの場所でも，複数の陥没様の異常な状態が生じていたこと，という事実関係の下では，被告人らは，本件事故現場を含む東側突堤沿いの砂浜において，防砂板の破損による砂の吸い出しにより陥没が発生する可能性があることを予見することができたというべきであるとする。

3　そこで、多数意見が前提とする上記の事実関係について考える。

①については、本件の証拠関係から明らかであるし、被告人らも特に争ってはいない。しかし、②については、次に述べるとおり、原判決の認定は維持することができないと考える。第1審判決の認定によれば、本件事故前には、大規模な空洞が砂層中に発生しているのにその地表に何らの異状が認められないという現象が土木工学上よく知られていた一般的な現象であったとは認められないとするのが土木工学者の見解であるというのであり、原判決もこの認定自体は否定していない上、この認定を否定するに足る証拠はない。そうであるとすれば、本件事故以前に本件事故発生現場付近において陥没が発生していたか否かは、予見可能性を考えるに当たって重要なポイントとなるといわなければならない。そしてここにいう陥没とは、通常人が見て危険と感じる程度の陥没をいうことは当然であり、以下においても陥没というときはそのような意味である。

本件の証拠関係を見ると、本件事故前は、砂浜の陥没は、南側突堤内側の砂浜に集中して発生したことは明らかであって、南側突堤内側の砂浜で陥没が発生したことについては、数多くの証拠が提出されている。そして、この陥没については、本件砂浜を管理する明石市役所や国土交通省近畿地方整備局姫路工事事務所においても何回となく対策を協議し、陥没の修復や、立入禁止の措置を執っていた。すなわち、本件海岸については、市の土木部海岸・治水課の職員が定期的にパトロールして異状があれば市役所の担当部局に報告がされていたほか、市は財団法人明石市緑化公園協会に日常管理業務を委託しており、公園協会は、警備員を配置するなどしており、異状があるとの報告があったときには、その内容を海岸・治水課に報告していたのであるが、海岸・治水課の定期パトロールや公園協会からは、南側突堤の内側砂浜に陥没が発生した旨の報告が何回となく行われ、その都度対策について協議が行われているけれども、東側突堤内側の砂浜については、その南端付近を除いては、そのような異状は報告されていないのである。

これに反して、東側突堤の北方（本件事故発生付近の砂浜）において、本件事故以前に陥没が発生したとの証拠は、意外に乏しい。この点に関して、第1審において、5人の証人が、本件事故発生以前に東側突堤の北方で陥没があったのを見た旨を証言している。第1審判決は、これらの証言は、目撃時から証言時までの間に3年ないし4年という時間的間隔があり、陥没を見た時期や陥没発生の場所があいまいであるなど、これによっては、本件事故発生前の時点で、東側突堤北方で陥没があったことを認定するには十分でないとした。一方、原判決は、これらの証言から、平成12年夏ころから13年10月ころまでに東側突堤北方の砂浜でも複数の陥没様の異常な状態が生じていたことが推認されるとし、これと異なる第1審判決の認定には誤りがあるとする。

このように第1審判決と原判決の認定が異なっているところ，この点は証拠の評価に係る問題であるから，当審において事実審の認定に介入することには慎重でなければならない。しかし，たまたま本件砂浜を訪れた一般市民が発見できる程度の陥没があったのにもかかわらず，常時砂浜を管理していた市や公園協会，工事事務所の職員が，長期にわたってこれを見落としたということは考えにくい。原審は，この点について何らの証拠調べをすることなく，1回の期日で結審をし，第1審の認定を覆しているのであるが，これらの証言によっては本件事故発生以前の時点で東側突堤北方で陥没があったことを認定することはできないとする第1審判決の判断は合理的な認定であって，原判断は維持できないと考える。

　4　以上の認定を前提とすると，本件事故発生以前の時期において，東側突堤北方の本件事故発生現場付近の砂浜で陥没があったことが認定できない以上，本件事故発生の予見可能性は認められないとの判断には合理的な根拠があるといわなければならない。

　多数意見は，本件陥没は，防砂板の破損によって生じたものであるところ，南側突堤では防砂板の破損を原因として何回も陥没が発生しており，東側突堤も南側突堤と同様の防砂板が使われていたのであるから，南側突堤で陥没が発生した以上，東側突堤でも同様の陥没が発生することは予見可能であったという。しかし，本件事故以前に南側突堤内側では何回も陥没が生じていたのに，東側突堤北方内側ではそれが見られなかったという事実は，その原因が何であるかは必ずしも明らかではないとしても，厳然たる事実として，重く受け止める必要がある。本件砂浜は，南に面しており，波は南側から押し寄せるのであるから，南側と東側では，突堤に当たる波の強さも異なる（南側突堤に当たる波の方が強い。）のであって，南側突堤内側で起きたことが，東側突堤内側でも時をおかずして当然に起こり得るとはいえないというべきである。

　5　本件事故は，被害者にとっては思いがけない悲惨な事故であり，本件の突堤及び砂浜という工作物の設置管理の瑕疵があったことは明らかであるけれども，これによる民事責任を問うことを超えて，被告人らに刑事責任を問うに足りる程度の予見可能性があったとすることには無理があるというべきである。」

Questions

Q10　多数意見と反対意見の予見可能性に関する結論の差は，主としてどこから生じていると考えられるか。事実の認定と，「刑事責任を問うに足りる程度の予見可能性」についての考え方の差は，どのように関係するのであろうか。

Q11　水俣病に関する福岡高判昭和57年9月6日判時1059号17頁は，「工場の排水中に含有される有毒物質により汚染された魚介類を摂食することによって，水俣

病に罹患し，死傷の結果を受けるおそれのあることの予見があれば，業務上過失致死傷罪の注意義務を構成する予見可能性として欠くるところはなく，所論のようにその有毒物質が一定の脳症状を呈する特定の化学物質であることの予見」は不要としたが，妥当か。

3　監督過失

4　最判平成3年11月14日刑集45巻8号221頁

[事実の概要]
　熊本市のTデパートにおいて，営業時間中の午後1時10分ころ以後に，デパート店舗の南西隅にある階段の2階から3階への上がり口付近で原因不明の火災が発生し，火災は同階段から3階店内に侵入し，8階までの各階に燃え広がってそれらの階をほぼ全焼し，午後9時過ぎに鎮火したが，同デパートでは，消防当局からの再三の指摘にもかかわらず防火管理の基本となる消防計画が作成されておらず，非常避難階段や非常警報設備，避難器具を欠き，消防訓練も実施されなかったため火災に際し従業員らによる火災の通報が全くされず，避難誘導もほとんど行われなかったため，店内の多数の者が逃げ場を失い，従業員，客など104名が死亡し，67名が負傷した。
　デパートを経営する株式会社Tの代表取締役社長V，筆頭常務取締役W，取締役人事部長X，3階売場の課長で3階の火元責任者Y，営繕部の課員でデパートの防火管理者として選任届が提出されていたZの5名が，業務上過失致死傷罪で起訴された。このうち，VとWは第1審係属中に死亡したので，残るXZYの3名について過失の有無が問われた。

[判旨]
　「(1)デパートを経営する会社の取締役人事部長には，防火管理につき包括的な権限と履行義務を有していた代表取締役が適正な防火管理業務を遂行する能力を欠くなど右業務を遂行することができない特別の事情がないこと，代表取締役から防火管理者に選任されたこともデパートの維持及び管理につき委任を受けたこともなく，人事部の所管業務の中に防火管理業務は含まれていなかったことなどの本件の事実関係の下においては，取締役会の構成員の一員として取締役会の決議を促して消防計画の作成等をすべき注意義務や，代表取締役に対し防火管理上の注意義務を履行するよう意見を具申すべき注意義務があるとはいえ，(2)3階の売場課長には，階段の火災を見てから3階店内に延焼するまでの時間がわずかであり，この間従業員に消火の措置を命じ，自らも延焼防止の行動を取るなど，できる限りの努力をした

が，火災が急激な勢いで店内に吹き込んできたため以後の応急消火，延焼防止が不可能となったことなどの本件の事実関係の下においては，3階店内に延焼する前に階段の防火シャッターを閉鎖する措置を採らなかった過失があるとはいえず，(3)営繕課の課員には，同人をデパートの防火管理者とする選任届が提出されていたとしても，消防計画作成等の防火管理上必要な業務を適切に遂行することができる管理的又は監督的地位にはなく，右業務を遂行するための具体的な権限を与えられてもおらず，右業務を遂行するためには代表取締役らの職務権限の発動を求めるほかはなかった以上，消防計画を作成してこれに基づく避難誘導等の訓練を実施すべき注意義務があるとはいえず，いずれも業務上過失致死傷罪は成立しない。」

Questions

Q12 過失致死罪も，真正不作為犯ではなく，作為が基本型であるが，本件では，十分な防火施設・安全体制が存在しない危険な店を営業し客を招き入れた作為が過失だと構成することと，装置を設置しなかったり，通報や避難の訓練をしなかったという不作為と構成することのいずれが妥当か。

Q13 不作為と構成すると，「作為義務」を有する「監督者」を特定する作業が困難な場合が多い。本件でも，形式上の防火管理者Zには，実質的義務が存在しなかった。Xに作為義務を認める余地はなかったか。

Q14 死の結果を予見しえたデパート関係者はかなり存在したと思われるが，それらの者すべてに「防火体制を確実なものとし，避難訓練をするよう社長に進言をすべき義務」を課すことは可能か。

4 過失と同意

故意犯においては，結果の発生について認識し，それを承諾することが可能であるが，そもそも結果の発生を認識しない過失犯においては，それに対する「同意」の存在しない。たとえば，危険運転の結果，同乗者が死亡した場合，その同乗者が仮に危険運転については同意していたとしても死についてまで同意していることはあり得ない。しかし，そもそも危険性のあることを承知でその場にとどまる場合，その危険およびそれに伴う結果について「引き受けている」といえる場合があり，その場合には，違法性が阻却されるとする見解がある。これを認めたのが，次の「基本判例」である。

〔設問2〕 次の［事実の概要］および［検察官の主張］［弁護人の主張］［判旨］を読んで，被告人の罪責について述べなさい。
［事実の概要］

被告人は，平成5年5月27日午前10時10分ころ，普通乗用自動車（ダートトライアル用車両）を運転し，N県所在の「株式会社スポーツランド乙山」ダートトライアル場内見学台前付近のコースを左回りに進行するにあたり，同所は前方の見通しが困難な，左に鋭く湾曲する下り急勾配の非舗装路面のコースであり，かつ，被告人はダートトライアル走行の経験が浅く，運転技術が未熟で，コース状況も十分把握していなかったのであるから，自己の運転技術とコース状況に即応できるよう，適宜速度を調節して安全な進路を保持しつつ進行すべきであったのに，右コース状況を十分把握しないまま時速約40キロメートルで進行した。それにより，同下り急勾配のカーブを曲がり切れず，コース右側に寄りすぎて狼狽し，左右に急転把・急制動の措置を講じたが，走行の自由を失い，自車を左右に蛇行させた上，右方前方に暴走させてコース右側に設置してあった丸太の防護柵に激突・転覆させた。その際，自車に同乗中のA（当時28歳）の頸部および胸部等を自車内部に突き刺さった右防護支柱の丸太で挟圧するに至らせ，よって，同日午前11時47分ころ，N市所在のS病院において，同人を胸部圧迫により窒息死させた。

［検察官の主張］
1　自動車走行の危険性に鑑みると，ダートトライアル走行であっても，運転者には，人の生命，身体に危害を及ぼすことのないように安全に運転する義務がある。
　本件コースで走行するには，運転免許を有していること，自動車検査を受けた車両かJAFの規則に適合する車両であることが必要とされ，本件コースに対しては定期的にJAFの検査，指導が行われている。これらは，ダートトライアル走行が危険を伴うことから，施設およびJAFがそれぞれの立場で死傷事故を防止しようとしたものであり，その反面で，運転者にも死傷事故回避のための注意義務が課されていることは明らかである。
2　本件は，私的な練習走行会における同乗者のある走行であり，被告人には，自己の運転技量に応じた範囲で運転し，転倒，衝突等を引き起こして同乗者の生命，身体に危害が及ぶことのないよう，適宜速度を調節するなどして走行する業務上の注意義務があり，その運転に過失があれば，被告人は刑事責任を負うべきである。
3　被告人は，ダートトライアルの初心者で，本件コースでの走行は半年以上前に1回経験しただけでコース状況を十分に把握しておらず，当日1回目の走行であったにもかかわらず，手前の直線コースを初めて3速に入れて以前より高速で走行し，ブレーキによる減速を十分に行わなかったために本件事故を惹起したもので，前記注意義務違反がある。

［弁護人の主張］
1　ダートトライアル競技は，道路交通法の適用のない，当該車両の走行のみを確保したコースで行われ，ゴールまでより速く走行することを競う競技である。そこでは，走行時間を短くするためのあらゆる走行方法が許されており，防護壁への接触，転倒，車両の破損も予想され，走行に危険がないとはいえないが，運転者は自己の責任で競技に挑んでいる。同乗者の死傷についても，右のような走行をする運転者に同乗することは，それによって生じるかもしれない危険性を自ら甘受し，自己の法益をその限りで放棄しているのであって，自己決定権の範疇の問題である。
　現在ではダートトライアル競技は，国際的に確立した自動車競技であって，JAFが定めた諸基準に従う限り，運転者，同乗者への重大な危険は存在せず，社会的にも穏当な自動車競技である。同競技はその一定の危険性にもかかわらず，社会的相当行為として是認されており，JAFの諸基準に従って行われるものであれば，正規の競技会ではない走行会であっても同様である。また，同乗者が自己の法益を放棄していること，正規の競技会以外では同乗は一般的に是認されていることから，同乗者を死傷させた場合についても社会的相当性は認められる。
　したがって，被告人の行為は違法性が阻却される。
2　仮に違法性が阻却されないとしても，ダートトライアル競技に適すると認定されたコースにおいては，運転者は防護柵等が競技にふさわしい強度と機能を有することを信頼して運転すれば足り，本件事故において生じたような，防護柵の横木が外れ，支柱が助手席に侵入する事態を予見して行動する義務はなく，その予見可能性もなかったから，被告人に過失はない。

5　千葉地判平成7年12月13日判時1565号144頁

［事実の概要］〔設問2〕参照
［判旨］
「三　違法性の阻却について
1　本件における車両の暴走の原因は，被告人が自己の運転技術（旋回技術や危急時の対応能力）を超えて，高速のまま下り坂の急カーブに入ったことにあると考えられ，同乗者がいる以上，被告人は同乗者の死傷を回避するために速度の調節等を行うべきであったとする検察官の主張にも理由があるように思われる。
　しかしながら，前記のとおり，被告人の本件走行はモータースポーツであるダー

トトライアル競技の練習過程であり，弁護人が主張するように，この側面から考察する必要もある。ダートトライアル競技には，運転技術等を駆使してスピードを競うという競技の性質上，転倒や衝突等によって乗員の生命，身体に重大な損害が生じる危険が内在している。その練習においても，技術の向上のために，競技に準じた走行をしたり，技術の限界に近い運転を試み，あるいは1段上の技術に挑戦する場合があり，その過程で競技時と同様の危険が伴うことは否定できない。

ところで，練習走行に同乗する場合としては，①上級者が初心者の運転を指導する，②上級者がより高度な技術を修得するために更に上級の者に運転を指導してもらう，③初心者が上級者の運転を見学する，④未経験者が同乗して走行を体験する等，様々な場合があるようである（C証言，被告人供述参照）。

これらのうち，少なくとも，①②のような場合では，同乗者の側で，ダートトライアル走行の前記危険性についての知識を有しており，技術の向上を目指す運転者が自己の技術の限界に近い，あるいはこれをある程度上回る運転を試みて，暴走，転倒等の一定の危険を冒すことを予見していることもある。また，そのような同乗者には，運転者への助言を通じて一定限度でその危険を制御する機会もある。

したがって，このような認識，予見等の事情の下で同乗していた者については，運転者が右予見の範囲内にある運転方法をとることを容認した上で（技術と隔絶した運転をしたり，走行上の基本的ルールに反すること——前車との間隔を開けずにスタートして追突，逆走して衝突等——は容認していない。），それに伴う危険（ダートトライアル走行では死亡の危険も含む）を自己の危険として引受けたとみることができ，右危険が現実化した事態については違法性の阻却を認める根拠がある。もっとも，そのような同乗者でも，死亡や重大な傷害についての意識は薄いかもしれないが，それはコースや車両に対する信頼から死亡等には至らないと期待しているにすぎず，直接的な原因となる転倒や衝突を予測しているのであれば，死亡等の結果発生の危険をも引き受けたものと認めうる。

（なお，例えば野球のデッドボールについては，打者が万一の場合としか考えていないとしても，死亡や重大な傷害が生じることはあり，かつ，そこに投手の『落ち度』を見い出せることもあるが，通常は（業務上）過失致死傷の責任は認め難い。危険を内在しながらも勝負を争う競技は，相手が一定の危険を冒すことを容認することによって成り立っており，打者は，デッドボールが一定限度までの『落ち度』によるものであれば，それによる死傷の危険は引き受けている。練習においても，競技に向けて技術の向上を図るために，互いにこうした危険を容認している場合がある。この点，競争の契機がないゲレンデスキーは，たまたま同じ場所でスキーを楽しむために危険が生じているもので，安全を最優先させてもスポーツが成り立つ。）

2　そこで，本件被害者の同乗についてみると，……被害者は7年くらいのダート

トライアル経験があり，同乗に伴う一般的な危険は認識しており，その上で自らもヘルメット等を着用し，シートベルトを装着して同乗したものと考えられる。

そして，被害者は，半年余り前に本件コースで被告人の運転に同乗したことがあり，当日は，スタート前に被告人に何速まで入れるか尋ねられて自分は3速で走ると答え，スタート後も，2速，3速へのギアチェンジ，次いでブレーキ操作を指示している（これらの点は被告人の捜査公判供述だけであるが，特に疑問を差し挟むべき点はない。）。被害者において被告人が3速に入れるのが初めてであることを知っていたかは不明であるが，右事実からすれば，少なくとも，被害者には，被告人は初心者のレベルにあり，本件コースにおける（具体的にはCD間，すなわち①②間）3速での高速走行に不慣れであるという認識はあったと認められる。そうすると，被害者は，同所において被告人が自己の技術を上回りうる3速での高速走行を試みて，一定の危険を冒すことを容認していたものと認められ，他方，右運転方法が被告人の技術と隔絶したものとまでは認められない。

したがって，被害者は，3速での高速走行の結果生じうる事態，すなわち，その後の対応が上中級者からみれば不手際と評価しうる運転操作となり，転倒や衝突，そして死傷の結果が生ずることについては，被告人の重大な落ち度による場合を除き，自己の危険として引き受けた上で同乗していたと認めることができる。そして，3速走行に入った後の被告人は，見取図②から④の間の減速措置が足りなかったことも一因となって，ハンドルの自由を失って暴走し，本件事故を引き起こしているが，この経過は被害者が引き受けていた危険の範囲内にあり，他方，その過程に被告人の重大な落ち度があったとまではいえない。

3 右の理由から，本件については違法性の阻却が考えられるが，更に，被害者を同乗させた本件走行の社会的相当性について検討する。

前述のとおり，ダートトライアル競技は既に社会的に定着したモータースポーツで，JAFが定めた安全確保に関する諸ルールに従って実施されており，被告人の走行を含む本件走行会も一面右競技の練習過程として，JAF公認のコースにおいて，車両，走行方法及び服装もJAFの定めたルールに準じて行われていたものである。そして，同乗については，競技においては認められておらず，その当否に議論のありうるところではあるが，他面，競技においても公道上を走るいわゆる「ラリー」では同乗者が存在しており……，また，ダートトライアル走行の練習においては，指導としての意味があることから他のコースも含めてかなり一般的に行われ，容認されてきた実情がある。競技に準じた形態でヘルメット着用等をした上で同乗する限り，他のスポーツに比べて格段に危険性が高いものともいえない。また，スポーツ活動においては，引き受けた危険の中に死亡や重大な傷害が含まれていても，必ずしも相当性を否定することはできない。

これらの点によれば，被害者を同乗させた本件走行は，社会的相当性を欠くものではないといえる。
　4　以上のとおり，本件事故の原因となった被告人の運転方法及びこれによる被害者の死亡の結果は，同乗した被害者が引き受けていた危険の現実化というべき事態であり，また，社会的相当性を欠くものではないといえるから，被告人の本件走行は違法性が阻却されることになる。」

Questions

Q15　故意犯における「被害者の同意」については，構成要件該当性が欠けるとする見解と違法性が阻却されるとする見解があるが，過失犯においても同様に考えてよいか。

Q16　本判決では，死亡結果についてまで「危険の引き受け」を認めている。しかし，故意犯の場合には，たとえ「自己の死」について同意していたとしても同意殺となり，完全な違法阻却は認められない。なぜ，過失犯においては，死についても違法阻却が認められるのか。

Q17　本判決が違法阻却を認めた根拠として，どのような事情が挙げられるか。

Q18　本判決が社会的相当性を問題としている理由は何か。本判決の考え方によれば，仮に社会的相当性が欠けた場合には，違法阻却が認められないことになるのか。

第9講 同 意

1 殺人と自殺関与

〔設問1〕 以下の事実に関し，弁護人の主張も踏まえ，Xの罪責について述べよ。

　Xは，料理屋の接客婦Aと馴染みになり，やがて夫婦になる約束までした。しかし，遊興のため多額の借財を負い，両親からは右Aとの交際を絶つよう迫られた被告人は，Aに別れ話を持ちかけたが，同女はこれに応ぜず，心中したいと言い出した。被告人はその熱意に動かされてしぶしぶ心中の相談に乗ったが，その3日後，同女と紀州南端の山中に赴いたときには，心中する気持ちは消えていたものの，追死するつもりであるように見せかけ，あらかじめ買い求めて用意した青化ソーダの致死量をAに与えたところ，同女はこれを飲みくだし，その場で中毒死した。第1審は，公訴事実を認めて被告人を懲役8年に処した。弁護人は，殺人罪には当たらないと主張して控訴したが，原審はこれを容れず，量刑不当の論旨だけを認めて刑を懲役6年に減じたのみであったため，弁護人は，さらに上告し，以下のように主張した。

　「原判決は大審院の判例と相反する判断をしたものであつて破棄を免れない。即ち右被告事件について昭和31年5月24日言渡した原判決は，昭和30年7月11日言渡した第1審判決を破棄しながら，而も右被告人の行為を同一事実と認定し，『被告人はAとの関係を清算しようと思い苦慮していた際同女より心中を申出られたのを奇貨とし，これを利用して同女を死亡せしめることが関係断絶の方法であると考え，被告人には心中する意思がないのにこれある如く装い，その結果同女をして被告人が追死してくれるものと誤信したことに因り心中を決意せしめ，被告人がこれに青化ソーダを与えて嚥下せしめ同女を死亡せしめたものであることが認められる。しからば同女の心中の決意実行は正常な自由意思によるものではなく，全く被告人の欺罔に基くものであり，被告人は同女の命を断つ手段としてかかる方法をとつたに過ぎないものであつて，その結果所期の目的を達した被告人の所為は殺人罪を以て論ずべきものであつて，単に自殺関与罪に過ぎないということはできない』旨第1審判決事実認定を是認した上，その法律の適用にも刑法第199条を適用している。原判決は右認定に際し参照として仙台高裁昭和27年9月15日判決高裁判例集5巻11号1820頁，大

審院昭和8年4月19日判決集12巻471頁，昭和9年8月27日判決集13巻1086頁を挙げているが，之を検討するに，前記仙台高裁昭和27年9月15日の判決と本件とは控訴趣意書に於て述べたとおり同一視することは出来ず，更に大審院昭和8年4月19日の判決に依ると，右事実は『被告人が被害者が愚鈍にして被告人を信ずること厚きを奇貨として同人を欺き同人自らの手をかり死に至らしめて殺害し真実自殺せるが如く装い以て保険金を騙取せんと企て，被害者に対し恰も仮死状態に陥るべき薬品なるが如く欺きて含糖ペプシンに食塩を混じ水に溶解したものを服用せしめ詐言を弄してTをしてその儘頸部を縊るも一時仮死状態に陥るに止まり，更に被告人より他の薬剤を使用して蘇生せしめらるべしとの錯誤を生ぜしめた結果遂にTをして自ら頸部を縊りて死亡するに至らしめ以て殺害の目的を遂げ……』と謂うにあつて，被害者に全く死に対する認識なく，蘇生し得るものと錯誤せしめた上頸部を縊らせたものであつて，被害者の手を藉りて為した殺人罪に外ならぬと認定しているもの，亦昭和9年8月27日の判決に因つても，右認定の事実は『……本件被告人の犯罪当時Kは僅かに5年11月の幼児に過ぎざること明白にしてまだ自殺の何たるかを理解するの能力を有せず従つて自己を殺害することを嘱託し又は殺害を承諾するの適格なきものと認むべきを以つて，Kに於て本件殺害行為を嘱託し又は之を承諾したるものとは到底之を認むるを得ず……』として殺人罪を以て処断しているものであつて，責任能力なく自殺の意義を解せざる幼児の自殺行為を利用して殺害するは刑法第199条に該当すると云うにある。以上前掲2つの大審院判例に拠つても何れも真実自殺する意思なきものの自殺行為を利用して殺害するは殺人罪に外ならないと謂うにあつて，本件と著しくその態様を異にしているものである。すなわち前記大審院判例は何れもその錯誤が行為の法益侵害性そのもの，或は行為とその結果との関連性において錯誤があつた場合に殺人罪に該当する旨判示していると解される。而るに本件に於ては原審の事実認定に因るも，被害者が死を決意したこと，その決意に基いて青化ソーダを嚥下したこと，その結果被害者が死亡したことは明白であつて，被害者が当時自己の生命を絶つということを正確に認識していた点，法益侵害性そのものには全く誤認はなく，その死を決意するに至つた経緯に被告人の欺罔による点があつたとするならば，単にその動機，或は縁由に関して錯誤があつたこととなり，前記大審院判例と全く異質の錯誤があつたと言うに過ぎない。従つて結果に就いて明白な認識を有し，法益侵害性そのものに錯誤なき犯罪事実を認定しながら，法益侵害性そのもの，或は結果との関係に就いての行為に関して錯誤ある場合の大審院判決と同様にこれを解釈したのは，相反する判断を為したものと言わなければならない。」

1　最判昭和33年11月21日刑集12巻15号3519頁

［事実の概要］　〔設問1〕参照
［判旨］　上告棄却
　「被害者は被告人の欺罔の結果被告人の追死を予期して死を決意したものであり，その決意は真意に添わない重大な瑕疵ある意思であることが明らかである。そしてこのように被告人に追死の意思がないに拘らず被害者を欺罔し被告人の追死を誤信させて自殺させた被告人の所為は通常の殺人罪に該当する。」

Questions

Q1　基本判例1において，弁護人が殺人罪に当たらないと主張する理由はどのようなものか。

【参考判例1】
福岡高宮崎支判平成元年3月24日高刑集42巻2号103頁
［事実の概要］
　被告人Xは，当時66歳の独り暮らしの女性Aから750万円の金員を欺罔手段で借り受けたが，その返済のめどが立たなくなり，Aを自殺するよう仕向けることを企てた。そして，AがBに金員を貸したことが出資法に違反しており刑務所に入ることになるなどと虚偽の事実を述べて脅迫し，不安と恐怖におののくAを「警察の追及から逃がすため」という口実で17日間にわたり諸所を連れ回ったり，自宅や空家に1人で潜ませ，その間体力も気力も弱ったAが知り合いや親戚と接触するのを断ち，身内に迷惑がかかるのを避けるためにも自殺する以外にない旨，執拗に慫慂してAを心理的に追いつめ，犯行当日には，警察の追及が間近に迫っていることを告げて恐怖心を煽る一方，Xとしてもこれ以上庇護してやることはできない旨告げて突き放し，A自ら農薬を嚥下させて死亡させた。
　右事実につき，原審は，強盗殺人罪の成立を肯定したが，その前提となる殺人の成否につき，被害者を欺罔して心理的に追い詰め自殺を慫慂して自殺させた場合は殺人罪が成立するとした。これに対し，弁護人は，Aの自殺は真意に基づくものであるから，自殺教唆にとどまる旨等主張して控訴した。
［判旨］
　「自殺とは自殺者の自由な意思決定に基づいて自己の死の結果を生ぜしめるものであり，自殺の教唆は自殺者をして自殺の決意を生ぜしめる一切の行為をいい，その方法は問わないと解せられるものの，犯人によって自殺するに至らしめた場合，

それが物理的強制によるものであるか心理的強制によるものであるかを問わず、それが自殺者の意思決定に重大な瑕疵を生ぜしめ、自殺者の自由な意思に基づくものと認められない場合には、もはや自殺教唆とはいえず、殺人に該当するものと解すべきである。……出資法違反の犯人として厳しい追及を受ける旨の被告人の作出した虚構の事実に基づく欺罔威迫の結果、被害者Ａは、警察に追われているとの錯誤に陥り、更に、被告人によって諸所を連れ回されて長時間の逃避行をしたあげく、その間に被告人から執拗な自殺慫慂を受けるなどして、更に状況認識についての錯誤を重ねたすえ、もはやどこにも逃れる場所はなく、現状から逃れるためには自殺する以外途はないと誤信して、死を決したものであり、同女が自己の客観的状況について正しい認識を持つことができたならば、およそ自殺の決意をする事情にあったものとは認められないのであるから、その自殺の決意は真意に添わない重大な瑕疵のある意思であるというべきであって、それが同女の自由な意思に基づくものとは到底いえない。したがって、被害者を右のように誤信させて自殺させた被告人の本件所為は、単なる自殺教唆行為に過ぎないものということは到底できないのであって、被害者の行為を利用した殺人行為に該当するものである。」

Questions

Q2 基本判例１、参考判例１において、それぞれいかなる行為が殺人の実行行為に当たるか。

【参考判例２】
名古屋地判平成９年５月21日判時1613号155頁・判夕968号277頁
［事実の概要］

被告人両名は、昭和33年に結婚して一男一女をもうけ、被告人Ａは平成３年12月に木工品製造会社を定年退職し、被告人Ｂ子は平成７年12月に公証人役場を依願退職し、Ｎ市の自宅で生活していた。

ところで、被告人両名は、長男Ｃ（昭和35年10月31日生）が、平成６年４月26日ころからアルコール依存症等のため通院するなどしていたところ、病状の改善がみられず、また、異常な行動や言動を示したりしたため、頭を悩ましていた。被告人両名は、Ｃが結婚離婚を繰り返し、４人目の女性と離婚した後、平成８年３月21日ころアルコール依存症で入院したものの、同年４月30日ころ退院したため、以後Ｃと一緒に生活していた。しかし、Ｃは、通院治療を受けても、相変わらず異常な行動や言動を示したため、同年５月17日ころ再入院し、同年９月25日ころ病状が改善したとして退院したものの、一向に改善しないことから、同年10月５日ころ３度目の入院をしたところ、他の患者といさかいを起こすなどしたため、病状の改善が

ないまま同月21日退院するに至り，以後通院治療を受けていた。被告人両名は，その間Ｃの異常な行動や言動に心を痛め，心身ともに疲れ果てながらも親として精一杯の努力を続け，Ｃが退院後に通院治療を受けても病状の改善がみられないことから，同人を入院させて治療を受けさせ，何とかしてやりたいと考え，同年11月18日，被告人Ｂ子がＣの薬を受け取るとともに入院を依頼するため，Ｃが入院治療を受けた病院に赴いたところ，同病院長から入院はおろか投薬まで断られたため，被告人両名としても最後の望みを断たれた思いに駆られ，強い衝撃を受けるに至ったものの，互いに気を取り直し，通院治療を受けていた医師にＣのことをあれこれ相談することにした。被告人両名は，同日午後4時過ぎころ，被告人両名の自宅居間でＣと一緒にテレビを見ていた際，Ｃがウォークマンを買ってほしい旨繰り返し言い出し，その都度金がないから買えないなどと言ってあしらっていたところ，これに腹を立てたＣが隣の台所に行き扉を閉めた。ところが，被告人両名は，しばらくすると物音がしなくなったため心配になり，台所に行ってみたところ，Ｃが左前腕から血を流して仰向けに倒れているのを発見し，Ｃなりに苦しんでいる姿を目の当たりにして，それぞれ我が子を楽にしてやりたいとの思いを抱くに至った。

そして，被告人両名は，暗黙のうちに意思を相通じてＣを殺害することを共謀のうえ，同日午後4時45分ころ，被告人両名の自宅台所において，殺意をもって，被告人ＡがＣの頸部に電気コード（長さ約140センチメートル）を2回巻き付け，その前頸部付近で結んで交差させたうえ，被告人ＡがＣの右側から，被告人Ｂ子がＣの左側から，それぞれ右コードの両端を右手に巻き付けて両手に持ち，左右にそれぞれ引っ張ってＣの頸部を強く絞めつけ，よって，そのころ同所において，Ｃを絞頸による窒息のため死亡させて殺害した。

[判旨]

「弁護人は，被告人両名の本件犯行はＣの承諾を得てなされたものである旨主張するので，以下若干の説明を加える。

前掲〈略〉証拠によれば，被告人両名は，本件犯行の直前，Ｃが左前腕屈側に長さ約6.5センチメートル，最大幅約1.8センチメートル，深さ約0.5センチメートルの傷を自ら負い，血を流して倒れているのを発見したこと，その際，被告人Ａは，Ｃに対し『死にたい』『もう死にたい』『苦しんどるのを見とれんで』などと問いかけ，Ｃが『苦しいんじゃないよ，悔しいだけだで，いいよ，いまやれよ』と言い，更に被告人Ａは『こんなことたびたび……迷惑だし』と言い，Ｃが『一度で最後で，最初で最後だでいいわ』と言った後，被告人Ａは『またこんなことやるかもしれんで，……死のう』『その方がいいと思うわ』『な』『死ーねっ』『死んだ方がいい』『かわいそうだけど』などと言っていること，その間にＣが『もうこのまま寝てく』などと言っていることが認められる。

そこで検討するに，当時の被告人両名とC，特に被告人AとCの言葉の内容からは，Cが被告人両名から殺されることを認識したうえでこれを承諾する旨の意思表示をしたとは認められない。

そして，Cの自傷行為は，全長約28センチメートル，刃体の長さ約16センチメートルの包丁を用いているものの，その傷の部位や程度に照らすと，Cが本気で死のうとして負った傷跡とは認め難い。しかも，Cは情緒不安定な状態にあり，犯行直前のウォークマンを巡ってのやり取りを考えても，Cが真意で死を望んでいる状況は窺えない。

更に，被告人両名のこの点に関する認識についてみても，被告人両名は，公判廷において，Cが死にたがっていると思った旨供述しているものの，Cが言葉として承諾の意思を裏付けるものがあったとは一切供述していない。そのうえ，被告人両名は，Cの犯行直前の精神状態から考えても，Cが当時任意かつ真意に基づいて承諾できる状況になかったことを十分認識していたものと認められ，他に右認定を左右するに足りる証拠も見いだしえない。

したがって，弁護人の主張は理由がない。」

Questions

Q3 本判決が被害者の承諾を否定した根拠として，どのような事情が認められるか。

2 安楽死・尊厳死

2 最決平成21年12月7日刑集63巻11号1899頁

[事実の概要]

K協同病院の勤務医である被告人Xは，本件患者（58歳）の気管内チューブを抜管し，さらに筋弛緩剤（ミオブロック）を投与して殺害したとして，殺人罪で起訴された。本件気管内チューブの抜管に至る経過等は以下のとおりである。

(1) 本件患者（当時58歳。「被害者」）は，平成10年11月2日（以下「平成10年」の表記を省略する），仕事帰りの自動車内で気管支ぜん息の重積発作を起こし，同日午後7時ころ，心肺停止状態でA病院に運び込まれた。同人は，救命措置により心肺は蘇生したが，意識は戻らず，人工呼吸器が装着されたまま，集中治療室（ICU）で治療を受けることとなった。被害者は，心肺停止時の低酸素血症により，大脳機能のみならず脳幹機能にも重い後遺症が残り，死亡する同月16日までこん睡状態が続いた。

(2) 被告人は，同病院の医師で，呼吸器内科部長であったものであり，11月4日から被害者の治療の指揮を執った。被害者の血圧，心拍等は安定していたが，気道は炎症を起こし，喀痰からは黄色ブドウ球菌，腸球菌が検出された。被告人は，同日，被害者の妻や子らと会い，同人らから病院搬送に至る経緯について説明を受け，その際，同人らに対し，被害者の意識の回復は難しく植物状態となる可能性が高いことなど，その病状を説明した。

(3) その後，被害者に自発呼吸が見られたため，11月6日，人工呼吸器が取り外されたが，舌根沈下を防止し，痰を吸引するために，気管内チューブは残された。同月8日，被害者の四肢に拘縮傾向が見られるようになり，被告人は，脳の回復は期待できないと判断するとともに，被害者の妻や子らに病状を説明し，呼吸状態が悪化した場合にも再び人工呼吸器を付けることはしない旨同人らの了解を得るとともに，気管内チューブについては，これを抜管すると窒息の危険性があることからすぐには抜けないことなどを告げた。

(4) 被告人は，11月11日，被害者の気管内チューブが交換時期であったこともあり，抜管してそのままの状態にできないかと考え，被害者の妻が同席するなか，これを抜管してみたが，すぐに被害者の呼吸が低下したので，「管が抜けるような状態ではありませんでした」などと言って，新しいチューブを再挿管した。

(5) 被告人は，11月12日，被害者をICUから一般病棟である南2階病棟の個室へ移し，看護婦（当時の名称。以下同じ）に酸素供給量と輸液量を減らすよう指示し，急変時に心肺蘇生措置を行わない方針を伝えた。被告人は，同月13日，被害者が一般病棟に移ったことなどをその妻らに説明するとともに，同人に対し，一般病棟に移ると急変する危険性が増すことを説明したうえで，急変時に心肺蘇生措置を行わないことなどを確認した。

(6) 被害者は，細菌感染症に敗血症を合併した状態であったが，被害者が気管支ぜん息の重積発作を起こして入院した後，本件抜管時までに，同人の余命等を判断するために必要とされる脳波等の検査は実施されていない。また，被害者自身の終末期における治療の受け方についての考え方は明らかではない。

(7) 11月16日の午後，被告人は，被害者の妻と面会したところ，同人から，「みんなで考えたことなので抜管してほしい。今日の夜に集まるので今日お願いします」などと言われて，抜管を決意した。同日午後5時30分ころ，被害者の妻や子，孫らが本件病室に集まり，午後6時ころ，被告人が准看護婦とともに病室に入った。被告人は，家族が集まっていることを確認し，被害者の回復をあきらめた家族からの要請に基づき，被害者が死亡することを認識しながら，気道確保のために鼻から気管内に挿入されていたチューブを抜き取るとともに，呼吸確保の措置も採らなかった。

(8) ところが，予期に反して，被害者が身体をのけぞらせるなどして苦もん様呼吸を始めたため，被告人は，鎮静剤のセルシンやドルミカムを静脈注射するなどしたが，これを鎮めることができなかった。そこで，被告人は，同僚医師に助言を求め，その示唆に基づいて筋し緩剤であるミオブロックをICUのナースステーションから入手したうえ，同日午後7時ころ，准看護婦に指示して被害者に対しミオブロック3アンプルを静脈注射の方法により投与した。被害者の呼吸は，午後7時3分ころに停止し，午後7時11分ころに心臓が停止した。

被告人側は，事実関係を争ったほか，終末期にあった被害者について，被害者の意思を推定するに足りる家族からの強い要請に基づき，気管内チューブを抜管したものであり，本件抜管は，法律上許容される治療中止であると主張した。

[決定要旨]

「上記の事実経過によれば，被害者が気管支ぜん息の重積発作を起こして入院した後，本件抜管時までに，同人の余命等を判断するために必要とされる脳波等の検査は実施されておらず，発症からいまだ2週間の時点でもあり，その回復可能性や余命について的確な判断を下せる状況にはなかったものと認められる。そして，被害者は，本件時，こん睡状態にあったものであるところ，本件気管内チューブの抜管は，被害者の回復をあきらめた家族からの要請に基づき行われたものであるが，その要請は上記の状況から認められるとおり被害者の病状等について適切な情報が伝えられた上でされたものではなく，上記抜管行為が被害者の推定的意思に基づくということもできない。以上によれば，上記抜管行為は，法律上許容される治療中止には当たらないというべきである。

そうすると，本件における気管内チューブの抜管行為をミオブロックの投与行為と併せ殺人行為を構成するとした原判断は，正当である。」

Questions

Q4 Xの行為を，不作為と構成することは可能か。

Q5 医師の行為として，違法性が阻却されるためには，どのような事情が必要だったと考えられるか。

【参考判例3】
横浜地判平成7年3月28日判時1530号28頁・判タ877号148頁
[事実の概要]

被告人は，T大学医学部付属病院に勤務する医師であったが，平成3年4月13日午後8時35分ころ，同病院に多発性骨髄腫（発症原因不明のがんの一種であり，現代医学では不治の病気とされており，根治的治療は不可能であり，病気の進行を遅らせる

だけの治療しかできないもの）で入院していたA（当時58歳）に対し，患者がすでに末期状態にあり死が迫っていたものの，苦しそうな呼吸をしている様子を見た長男から，その苦しそうな状態から解放してやるためすぐに息を引き取らせるようにしてほしいと強く要請されて，患者に息を引き取らせることを決意した。

そこで，被告人は，殺意をもって，徐脈，一過性心停止等の副作用のある不整脈治療剤である塩酸ベラパミル製剤（商品名「ワソラン」注射液）の通常の2倍の使用量に当たる2アンプル4ミリリットルを患者の左腕に静脈注射をしたが，患者の脈拍等に変化もみられなかった。そこで，続いて，心臓伝導障害の副作用があり，希釈しないで使用すれば心停止を引き起こす作用のある塩化カリウム製剤（商品名「KCL」注射液）の1アンプル20ミリリットルを，希釈することなく患者の左腕に静脈注射をし，途中患者の心電図モニターに異常を発見したB看護師が，心電図モニターを病室に運んで来て，「心室細動が出ています」と声をかけたが，そのまま注射を続けて打ち終え，同日午後8時46分ころ，右病室において，患者を急性高カリウム血症に基づく心停止により死亡させた。

被告人は，殺人罪で起訴された。

[判旨]

横浜地裁は，以下のように述べて，被告人を殺人罪で懲役2年（執行猶予2年）に処した。

「回復の見込みがなく死が避けられない状態にある末期患者が，なおも激しい苦痛に苦しむとき，その苦痛を除去・緩和するため死期に影響するような措置をし，さらにはその苦痛から免れさせるため積極的に死を迎えさせる措置を施すことが許されるかということであるが，これは，古くからいわゆる安楽死の問題として議論されてきたところである。しかし，現代医療をめぐる諸問題の中で，生命の質を問い，あるいは自然死，人間らしい尊厳ある死を求める意見が出され，生命及び死に対する国民一般の認識も変化しつつあり，安楽死に関しても新思潮が生まれるようにもうかがわれるのであって，こうした生命及び死に対する国民の認識の変化あるいは将来の状況を見通しつつ，確立された不変なものとして安楽死の一般的許容要件を示すことは，困難なところといわなければならない。そこでここでは，今日の段階において安楽死が許容されるための要件を考察することとする。

一　まず，患者に耐えがたい激しい肉体的苦痛が存在することが必要である。

患者を耐えがたい苦痛から解放しあるいはその苦痛を除去・緩和するという目的のためにこそ，死を迎えさせあるいは死に影響する手段をとるという，安楽死における目的と手段の関係からして，解放のあるいは除去・緩和の対象として，患者に耐えがたい苦痛が存在しなければならない。そして，この苦痛の存在ということは，現に存在するか，または生じることが確実に予想される場合も含まれると解される。

この苦痛について弁護士は，安楽死によって免れることの許される対象としては，肉体的苦痛のみならず精神的苦痛をも考慮すべきであると主張する。なるほど，末期患者には症状としての肉体的苦痛以外に，不安，恐怖，絶望感等による精神的苦痛が存在し，この2つの苦痛は互いに関連し影響し合うということがいわれ，精神的苦痛が末期患者にとって大きな負担となり，それが高まって死を願望することもあり得ることは否定できないが，安楽死の対象となるのは，現段階においてはやはり症状として現れている肉体的苦痛に限られると解すべきであろう。苦痛については客観的な判定，評価は難しいといわれるが，精神的苦痛はなお一層，その有無，程度の評価が一方的な主観的訴えに頼らざるを得ず，客観的な症状として現れる肉体的苦痛に比して，生命の短縮の可否を考える前提とするのは，自殺の容認へとつながり，生命軽視の危険な坂道へと発展しかねないので，現段階では安楽死の対象からは除かれるべきであると解される。もちろん精神的苦痛は，前記の治療行為の中止に関連しては，患者がそれを望む動機として大きな比重を占めるであろうし，それを理由に治療行為の中止を拒む根拠にはならない。

二　次に，患者について死が避けられず，かつ死期が迫っていることが必要である。

　苦痛を除去・緩和するための措置であるが，それが死に影響しあるいは死そのものをもたらすものであるため，苦痛の除去・緩和の利益と生命短縮の不利益との均衡からして，死が避けられず死期が切迫している状況ではじめて，苦痛を除去・緩和するため死をもたらす措置の許容性が問題となり得るといえるのである。

　ただ，この死期の切迫性の程度については，後述する安楽死の方法との関係である程度相対的なものといえよう。すなわち，直ちに死を迎えさせる積極的安楽死については，死期の切迫性は高度のものが要求されるが，間接的安楽死については，それよりも低いものでも足りるということがいえよう。

三　さらに，患者の意思表示が必要である。

　末期状態にある患者が耐えがたい苦痛にさいなまれるとき，その苦痛に耐えながら生命の存続を望むか，生命の短縮があっても苦痛からの解放を望むか，その選択を患者自身に委ねるべきであるという患者の自己決定権の理論が，安楽死を許容する1つの根拠であるから，安楽死のためには患者の意思表示が必要である。こうした安楽死のための患者の意思表示は，明示のものでなければならないか，あるいは患者の推定的意思によるのでもよいかは，安楽死の方法との関連で後に再度検討する。

四　そこで，安楽死の方法としては，どのような方法が許されるかである。

　従来安楽死の方法といわれているものとしては，苦しむのを長引かせないため，延命治療を中止して死期を早める不作為型の消極的安楽死といわれるもの，苦痛を除去・緩和するための措置を取るが，それが同時に死を早める可能性がある治療型

の間接的安楽死といわれるもの，苦痛から免れさせるため意図的積極的に死を招く措置をとる積極的安楽死といわれるものがある。このうち消極的安楽死といわれる方法は，前記治療行為の中止の範疇に入る行為で，動機，目的が肉体的苦痛から逃れることにある場合であると解されるので，治療行為の中止としてその許容性を考えれば足りる。

間接的安楽死といわれる方法は，死期の迫った患者がなお激しい肉体的苦痛に苦しむとき，その苦痛の除去・緩和を目的とした行為を，副次的効果として生命を短縮する可能性があるにもかかわらず行うという場合であるが，こうした行為は，主目的が苦痛の除去・緩和にある医学的適正性をもった治療行為の範囲内の行為とみなし得ることと，たとえ生命の短縮の危険があったとしても苦痛の除去を選択するという患者の自己決定権を根拠に，許容されるものと考えられる。

間接的安楽死の場合，前記要件としての患者の意思表示は，明示のものはもとより，この間接的安楽死が客観的に医学的適正性をもった治療行為の範囲内の行為として行われると考えられることから，治療行為の中止のところで述べた患者の推定的意思（家族の意思表示から推定される意思も含む。）でも足りると解される。

積極的安楽死といわれる方法は，苦痛から解放してやるためとはいえ，直接生命を絶つことを目的とするので，その許容性についてはなお慎重に検討を加える。末期医療の実際において医師が苦痛か死かの積極的安楽死の選択を迫られるような場面に直面することがあるとしても，そうした場面は唐突に訪れるということはまずなく，末期患者に対してはその苦痛の除去・緩和のために種々な医療手段を講じ，時には間接的安楽死に当たる行為さえ試みるなど手段を尽くすであろうし，そうした様々な手段を尽くしながらなお耐えがたい苦痛を除くことができずに，最終的な方法として積極的安楽死の選択を迫られることになるものと考えられる。ところで，積極的安楽死が許容されるための要件を示したと解される名古屋高裁昭和37年12月22日判決・高刑集15巻9号674頁は，その要件の1つとして原則として医師の手によることを要求している。そこで，その趣旨を敷衍して，右のような末期医療の実際に合わせて考えると，1つには，前記の肉体的苦痛の存在や死期の切迫性の認定が医師により確実に行われなければならないということであり，さらにより重要なことは，積極的安楽死が行われるには，医師により苦痛の除去・緩和のため容認される医療上の他の手段が尽くされ，他に代替手段がない事態に至っていることが必要であるということである。そうすると，右の名古屋高裁判決の原則として医師の手によるとの要件は，苦痛の除去・緩和のため他に医療上の代替手段がないときという要件に変えられるべきであり，医師による末期患者に対する積極的安楽死が許容されるのは，苦痛の除去・緩和のため他の医療上の代替手段がないときであるといえる。そして，それは，苦痛から免れるため他に代替手段がなく生命を犠牲にす

ることの選択も許されてよいという緊急避難の法理と、その選択を患者の自己決定に委ねるという自己決定権の理論を根拠に、認められるものといえる。

この積極的安楽死が許されるための患者の自己決定権の行使としての意思表示は、生命の短縮に直結する選択であるだけに、それを行う時点での明示の意思表示が要求され、間接的安楽死の場合と異なり、前記の推定的意思では足りないというべきである。

なお、右の名古屋高裁判決は、医師の手によることを原則としつつ、もっぱら病者の死苦の緩和の目的でなされること、その方法が倫理的にも妥当なものとして認容しうるものであることを、それぞれ要件として挙げているが、末期医療において医師により積極的安楽死が行われる限りでは、もっぱら苦痛除去の目的で、外形的にも治療行為の形態で行われ、方法も、例えばより苦痛の少ないといった、目的に相応しい方法が選択されるのが当然であろうから、特に右の2つを要件として要求する必要はないと解される。

したがって、本件で起訴の対象となっているような医師による末期患者に対する致死行為が、積極的安楽死として許容されるための要件をまとめてみると、①患者が耐えがたい肉体的苦痛に苦しんでいること、②患者は死が避けられず、その死期が迫っていること、③患者の肉体的苦痛を除去・緩和するために方法を尽くし他に代替手段がないこと、④生命の短縮を承諾する患者の明示の意思表示があること、ということになる。」

本件の「ワソラン及びKCLの注射については、その除去・緩和の対象となったいびきあるいはその原因である荒い呼吸は、到底耐えがたい肉体的苦痛とはいえないのみならず、そうしたものの除去・緩和を頼まれ、それを受けて右注射を行った時点では、そもそも患者は意識を失い疼痛反応もなく何ら肉体的苦痛を覚える状態にはなかったのであるから、安楽死の前提となる除去・緩和されるべき肉体的苦痛は存在しなかったのである。したがってまた、肉体的苦痛を除去するため、医療上の他の手段が尽くされたとか、他に代替手段がなく死に致すしか方法がなかったともいえないのである。さらに、積極的安楽死を行うのに必要な患者本人の意思表示が欠けていたことも明白である。

したがって、ワソラン及びKCLを注射して患者を死に致した行為は、いずれにしても積極的安楽死としての許容要件を満たすものではなかったといえる。」

【参考判例4】
名古屋高判昭和37年12月22日高刑集15巻9号674頁
[事実の概要]

被告人は父母によく仕え、弟妹を慈しみ、集落の青年団長を勤めたこともある真

面目な青年であった。
　被告人の父Aは昭和31年10月ころ脳溢血でたおれ，一時小康を得たこともあったけれども，昭和34年10月再発してからは全身不随となり，それ以来臥褥のままとなっていた。さらに，昭和36年7月初めころから食欲著しく減退し，そのため衰弱がはなはだしく，上下肢は曲げたまま，少しでも動かすと激痛を訴えるようになり，その上しばしば「しゃあくり」の発作におそわれ，息も絶えんばかりに悶え苦しみ，「早く死にたい」「殺してくれ」などと叫ぶ父の声を耳にし，またその言語に絶した苦悶の有様を見るにつけ，子として堪えられない気持ちになり，また，8月20日ころには，医師からも，「おそらくはあと7日か，よくもって10日だろう」と，もはや施す術もない旨を告げられた。
　以上から，被告人は，7月10日ころにはむしろ父Aの願いを容れ父を病苦から免れさせることこそ，父親に対する最後の孝養であると考え，その依頼に応じて同人を殺害しようと決意するにいたり，8月26日午前5時ごろ居宅水小屋において，当日早朝配達されていた牛乳180cc入1本に自家用のつかい残りの有機燐殺虫剤少量を混入した上，もとどおり栓をして右小屋にさしおき，同日午前7時30分ころ情を知らない母Bが父Aの求めにより同人に右牛乳を飲ませたため，同日午後0時30分ころ同人を有機燐中毒により死亡させた。
　第1審判決が，被告人の当該行為に殺人罪の成立を認めたのに対して，弁護側が控訴した。

[判旨]　破棄自判
　名古屋高裁は，以下のように述べて，被告人に嘱託殺人罪の成立を認め，懲役1年に処した。
　「行為の違法性を阻却すべき場合の一として，いわゆる安楽死を認めるべきか否かについては，論議の存するところであるが，それはなんといつても，人為的に至尊なるべき人命を絶つのであるから，つぎのような厳しい要件のもとにのみ，これを是認しうるにとどまるであろう。
(1)　病者が現代医学の知識と技術からみて不治の病に冒され，しかもその死が目前に迫つていること，
(2)　病者の苦痛が甚しく，何人も真にこれを見るに忍びない程度のものなること，
(3)　もつぱら病者の死苦の緩和の目的でなされたこと，
(4)　病者の意識がなお明瞭であつて意思を表明できる場合には，本人の真摯な嘱託又は承諾のあること，
(5)　医師の手によることを本則とし，これにより得ない場合には医師によりえない首肯するに足る特別な事情があること，
(6)　その方法が倫理的にも妥当なものとして認容しうるものなること。

これらの要件がすべて充されるのでなければ，安楽死としてその行為の違法性までも否定しうるものではないと解すべきであろう。
　本件についてこれをみるに，前にのべたように，被告人の父Aは不治の病に冒され命脈すでに旦夕に迫っていたと認められること，Aは身体を動かすたびに襲われる激痛と，しゃくりの発作で死にまさる苦しみに喘いでおり，真に見るに忍びないものであつたこと，被告人の本件所為は父Aをその苦しみからすくうためになされたことはすべて前記のとおりであるから，安楽死の右(1)ないし(3)の要件を充足していることは疑ないが，(4)の点はしばらくおくとしても，医師の手によることを得なかつたなんら首肯するに足る特別の事情が認められないことと，その手段として採られたのが病人に飲ませる牛乳に有機燐殺虫剤を混入するというような，倫理的に認容しがたい方法なることの2点において，右の，(5)，(6)の要件を欠如し，被告人の本件所為が安楽死として違法性を阻却するに足るものでないことは多言を要しない。」
　「しかしながら，被告人の父Aが死にまさるかようなひどい苦しみのなかから，『殺してくれ』『早く楽にしてくれ』などと口走つていたことは前記のとおりであるから，それが果して原判決説示のように同人の真意に基くものでないか否かについては，なお検討すべきものがあるであろう。原判決はAが右のようなことを口走るにいたつたのは同人の容態の急激に悪化した昭和37年7月初旬以後のことであつて，身体を動かすたびに襲われる激痛としやくりの苦しみに堪えかねて発した言葉であるから，同人の真意にいでたものとは認めがたいというのであるが，……右7月初旬頃にはAは5年有余のながきにわたる病苦のためにすでに精根をつかい果していたとはいえ，意識はまだ明瞭であつて，しかもその頃から病状は日に日に急激に悪化してきたので，Aもいよいよ死期の迫つたことを自覚し，どうせ助からぬものなら，こんなひどい苦しみを続けているよりは，一刻もはやく死んで楽になりたいと希つていたことを推認するに難くないのであるから，Aの発した右の『殺してくれ』『早く楽にしてくれ』という言葉は，むしろ同人の自由なそして真意にいでたものと認めるのが相当であつて，原判決がAは当時52才であつて現代時においてはむしろ働き盛りであつたとか，同人が平静時に死をのぞんでいたことが認められないというようなことから，その言葉が真意に基くものではないと認定したことは事実を誤認し，ひいては法律の適用を誤つたもので判決に影響することは明である。」

3　被害者の同意

〔設問2〕　以下の［事実の概要］を読み，Xの罪責について論ぜよ。
［事実の概要］

Xは，K・T・Sと共謀し，X運転の軽自動車をKが運転しT・Sが同乗するライトバンに故意に追突させ，これをXの過失による交通事故であるかの如く装って，保険金を騙取すると同時に身体障害者であったTに入院治療の機会を得させようと企て，交差点の赤信号で，K運転の車が停止し続いて第三者A運転の軽乗用車が停止した際，自車をA車の後部に追突させ，Aに約2か月の入院加療を要する頸椎捻挫の傷害を負わせた。Xは，業務上過失傷害罪により禁固8月執行猶予3年に処せられ，判決は確定した。ところがその後，真相が発覚し，K・T・Sの傷害はごく軽微であったのに重篤であるかのように装い入院給付金など総額112万円余を騙取したものであるとして，詐欺罪により有罪（実刑）判決を受けた。そこでXは，右業務上過失傷害事件につき，本件は故意の追突であって過失犯ではなく，K・T・Sの同意があるので傷害罪も成立しない等と主張して再審を請求した。

3　最決昭和55年11月13日刑集34巻6号396頁

［事実の概要］〔設問2〕参照

　原原決定は，K・T・Sの傷害は軽微で被害者の承諾により違法性が阻却される余地があっても，Aに対する故意の傷害罪が成立するから再審請求の理由に当たらないとして請求を棄却し，その即時抗告に対する原決定も，ほぼ同様に即時抗告を棄却した。これに対する特別抗告を棄却したのが本決定であり，最高裁は，抗告理由に当たらないとしたうえ，次のように判示した。

［決定要旨］

　「なお，被害者が身体傷害を承諾したばあいに傷害罪が成立するか否かは，単に承諾が存在するという事実だけでなく，右承諾を得た動機，目的，身体傷害の手段，方法，損傷の部位，程度など諸般の事情を照らし合せて決すべきものであるが，本件のように，過失による自動車衝突事故であるかのように装い保険金を騙取する目的をもって，被害者の承諾を得てその者に自己の運転する自動車を衝突させて傷害を負わせたばあいには，右承諾は，保険金を騙取するという違法な目的に利用するために得られた違法なものであって，これによって当該傷害行為の違法性を阻却するものではないと解するのが相当である。したがって本件は，原判決の認めた業務上過失傷害罪にかえて重い傷害罪が成立することになるから，同法〔刑訴法〕435条6号の『有罪の言渡を受けた者に対して無罪を言い渡し，又は原判決において認めた罪より軽い罪を認める』べきばあいにあたらないことが明らかである。本件再審請求は，右の点においてすでに理由がない。」

Questions

Q6 被害者の同意はどのような犯罪でも問題となりうるか。
また，犯罪が成立しないと考える根拠は何か。

Q7 自傷行為を処罰しない理由は何か。同意を得て他人を傷害する行為については，どのように考えるか。

Q8 **基本判例３**が，傷害罪の違法阻却を認めないとした理由は何か。
また，本決定は，どのような場合に承諾により傷害罪が成立しない場合があるとしているか。それに対する反論としてどのような見解があるか。

【参考判例５】
仙台地石巻支判昭和62年2月18日判時1249号145頁
［事実の概要］
被告人は，Ａ（当時42歳）方において，Ａの左手小指第一関節部に出刃包丁を当てたうえ，この包丁の峰を金づちで数回叩き，Ａに入院加療約20日間を要する左第五指末節切断の傷害を負わせた。

［判旨］
「被告人がＡから指をつめることを依頼されて，有合せの風呂のあがり台，出刃包丁，金づち（いずれも前掲証拠物）を用い，Ａの左小指の根元を有合せの釣糸でしばって血止めをしたうえ，風呂のあがり台の上にのせた小指の上に出刃包丁を当て金づちで２，３回たたいて左小指の末節を切断したことは争いがない事実である。
　もっとも，Ａが指をつめることを決意するにいたった動機については，同人が証人として当公判廷で供述するところによると，それまで同人が交際のあった甲野一家のＢから不義理を理由にケジメをつけるように言われたため，詫料として提供する金もなかったことから謝罪のしるしに指をつめるより仕方がないと決意して被告人に依頼した旨述べるのであるが，捜査段階では，被告人からＢとの交際を理由に250万円を出すか指をつめろと難詰されて止むなく被告人の言いなりに指をつめて貰った旨供述しており（Ａの昭和61年４月９日付，同年７月29日付各司法警察員に対する供述調書）その供述に変遷が見られる。そして，右の証言は，被告人の面前でなされていて，被告人をかばったとも考えられることや，被告人も捜査段階では後者のように自白していることから見て，被告人が強いて指をつめるよう命じて──すなわち瑕疵のある承諾のもとに──判示所為に及んだのではないかという疑いも濃厚である。しかし，Ａが当時甲野一家のＢの身内であったことと，被告人がそれと所属を異にする乙山会ＣＩ支部の身内でＹ支部長の輩下であり，当日はＹと行動を共にしていたことを考えると，被告人とＡとの間に指をつめなければならないよう

な不義理がどうして存在したのか判然としないところがある。Yは当公判廷において，CとAとの間に不義理はなく，Cの関係でAに指をつめさせたのではない旨証言している。Yの舎弟分にあたる被告人が自らの一存で指をつめさせるのも，後日甲野一家からの反発が起こる事態を招くおそれも考えられて不自然であり，やはり，Bの輩下でありながら，当時被告人らともっぱら交遊していた不義理をなじられて同人からケジメをつけるように言われたというAの証言の方に合理性が感じられる。

被告人の捜査段階における自白は，当初否認していたことでもあり，判示第2の各窃盗事件の取調に対する思惑がからんで，捜査官に迎合的に述べた旨の公判廷における供述を考えると，十分に信が措けるものとは認め難く，証人D，同Eの当公判廷における供述も伝聞の域を脱せず，極め手に乏しい。

そうだとすると，Y，Bら関係者の捜査が十分なされていなかった事情もあって，本件の動機がAの自発的な依頼すなわち同人の承諾によるという疑問は合理的な疑いの段階に達しているというべきである。

しかし，右のようなAの承諾があったとしても，被告人の行為は，公序良俗に反するとしかいいようのない指つめにかかわるものであり，その方法も医学的な知識に裏付けされた消毒等適切な措置を講じたうえで行われたものではなく，全く野蛮で無残な方法であり，このような態様の行為が社会的に相当な行為として違法性が失なわれると解することはできない。

したがって，被告人の判示第1の所為の違法性は阻却されないから，傷害罪は成立するといわざるを得ず，弁護人の主張は理由がない。」

Questions

Q9 本判決で，仮に被害者の承諾があったとしても，違法性が阻却されないとした理由は何か。また，このような見解に対する批判として，どのような考え方があるか。

【参考判例6】
東京地判昭和44年2月15日刑月1巻2号133頁・判時551号26頁・判タ233号231頁

性的倒錯者に対していわゆる性転換手術を行った医師につき優生保護法28条違反の罪の成立を認めた事例である。

[事実の概要]

被告人は，昭和23年9月A医科大学を卒業後，インターンを経て医師国家試験に合格し，昭和25年医師免許証の交付を受けるとともに同大学産婦人科教室の助手となり，昭和31年に医学博士号を取得して翌年から右産婦人科教室の講師を勤めてい

たが，そのかたわら昭和26年以来実兄Zが開設した肩書住居地所在の診療所甲野病院において産婦人科の担当医として診療に従事してきたものであるところ，いずれも右甲野病院において，男娼から睾丸摘出，陰茎切除，造膣等一連のいわゆる性転換手術を求められるやこれに応じ，法定の除外事由がないのに故なく生殖を不能にすることを目的として，(1)昭和39年5月13日ころB（当時22歳）に対しその睾丸全摘出手術をし，(2)同年11月15日ころC（当時23歳）に対しその睾丸全摘出手術をし，(3)前同日ころD（当時21歳）に対しその睾丸全摘出手術をした。

[判旨]

「性転向症者に対する性転換手術は次第に医学的にも治療行為としての意義を認められつゝあるが，性転換手術は異常な精神的欲求に合わせるために正常な肉体を外科的に変更しようとするものであり，生物学的には男女いずれでもない人間を現出させる不可逆的な手術であるというその性格上それはある一定の厳しい前提条件ないし適応基準が設定されていなければならない筈であって，こうした基準を逸脱している場合には現段階においてはやはり治療行為としての正当性を持ち得ないと考える。こうした点で……ジョーンズ・ホプキンス医学研究所での作業過程は厳しい適用基準を自ら打ち出してなされているものであるし，ベンジャミン博士の設定している指標もまことに傾聴に値するものと云わねばならない。ところで，現在日本においては，性転換手術に関する医学的研究も十分でなく，医学的な前提条件ないしは適用基準はもちろん法的な基準や措置も明確でないが，性転換手術が法的にも正当な医療行為として評価され得るためには少なくとも次のような条件が必要であると考える。……性転換手術が正当な医療行為として許容されるための前記の条件に照らしてみるに，本件各手術は以下のとおり多くの点で条件に適合していない。
(イ) 被告人は手術前に精神医学ないし心理学的な検査を全く行っていないし，一定期間観察を続けていたこともない。もっとも被告人はこの点に関し，長年の経験から本件被手術者らがいずれも性転向症者であることは一見して判ったと述べているが，仮に性転向症者であっても，安易に手術を行うことは前記のような弊害が生ずる可能性があり，また当該性転向症者にとって手術が最善であるか否かを厳格に確認すべきであり，被告人がいかに優秀な産婦人科医であるとしても独断に陥入る危険性がないと云えない。
(ロ) 被告人は本件被手術者らの家族関係，生活史等に関し問診をせず，調査，確認が全くなされていない。むしろ被告人は彼らが男娼であることを知っていたものの如くであるが，前記ベンジャミン博士の提案する指標に徴してもこのような者に対する性転換手術については相当慎重でなければならないのに，その点の配慮を欠いていた嫌いがある。
(ハ) 被告人は全く単独で手術に踏みきることを決定し，精神科医等の検査，診断

を仰ぐこともなく，他の専門科医等と協議，検討をすることもしていない。性転換手術の現段階における医学的評価をわきまえるならば，やはり精神科学的な治療の可能性に配慮し，手術をすべき患者の選択についてはできるだけ多くの専門分野から検討されるのが望ましいのに，それを全く欠いている。

(ニ) また被告人は正規の診療録も作成せず，被手術者から同意書をとるなどのこともせず，極めて安易に手術を行っている。

　従って被告人が本件手術に際し，より慎重に医学の他の分野からの検討をも受ける等して厳格な手続を進めていたとすれば，これを正当な医療行為と見うる余地があったかもしれないが，格別差迫った緊急の必要もないのに右の如く自己の判断のみに基いて，依頼されるや十分な検査，調査もしないで手術を行ったことはなんとしても軽卒の誇りを免れないのであって，現在の医学常識から見てこれを正当な医療行為として容認することはできないものというべきである。」

【参考判例7】
東京高判平成9年8月4日高刑集20巻2号130頁
［判旨］

「関係証拠によれば，(1) Aは，本件豊胸手術を受けるに当たり，被告人がF共和国における医師免許を有していないのに，これを有しているものと受取って承諾したものであること，(2)一般的に，豊胸手術を行うに当たっては，(a)麻酔前に，血液・尿検査，生化学的検査，胸部レントゲン撮影，心電図等の全身的検査をし，問診によって，既往疾患・特異体質の有無の確認をすること，(b)手術中の循環動態や呼吸状態の変化に対応するために，予め，静脈ラインを確保し，人工呼吸器等を備えること，(c)手術は滅菌管理下の医療設備のある場所で行うこと，(d)手術は，医師または看護婦の監視下で循環動態，呼吸状態をモニターでチェックしながら行うこと，(e)手術後は，鎮痛剤と雑菌による感染防止のための抗生物質を投与すること，などの措置をとることが必要とされているところ，被告人は，右(a)，(b)，(d)及び(e)の各措置を全くとっておらず，また，(c)の措置についても，滅菌管理の全くないアパートの一室で手術等を行ったものであること，(3)被告人は，Aの鼻部と左右乳房周囲に麻酔薬を注射し，メス等で鼻部及び右乳房下部を皮切し，右各部位にシリコンを注入するという医行為を行ったものであること，などの事実が認められ，右各事実に徴すると，被告人がAに対して行った医療行為は，身体に対する重大な損傷，さらには生命に対する危難を招来しかねない極めて無謀かつ危険な行為であって，社会的通念上許容される範囲・程度を超えて，社会的相当性を欠くものであり，たとえAの承諾があるとしても，もとより違法性を阻却しないことは明らかであるといわなければならないから，論旨は採用することができない。」

Questions

Q10 被告人の行為は，医療行為として正当化される余地はあるか。

Q11 医療行為に当たらない場合，一切正当化の余地はないのか。もし認める余地があるとすればどのような理由によるか。

Q12 被告人の行為が業務上過失致死傷罪ではなく傷害罪とされる理由は何か。

Q13 被害者らが手術についての承諾をしているにもかかわらず，本判決が違法阻却を認めないとする理由は何か。

【参考判例8】
東京地判平成9年3月12日判タ964号82頁
［事実の概要］
　原告は，宗教上の理由から輸血を拒否していた患者であるが，手術中に輸血を受けたことに対し，本件手術を主たる治療内容とする診療契約の締結に際して付された手術中いかなる事態になっても原告に輸血をしないとの特約に反して，被告医師らが，手術中いかなる事態になっても輸血を受け入れないとの意思に従うかのように振る舞って原告に本件手術を受けさせ，本件輸血をしたことについて，原告の自己決定権および信教上の良心を侵害した不法行為に基づく損害賠償を請求した。

［判旨］
　「原告は，被告国との間で，手術中にいかなる事態になっても原告に輸血をしないとの特約を合意したと主張しているが，医師が患者との間で，輸血以外に救命方法がない事態が生ずる可能性のある手術をする場合に，いかなる事態になっても輸血をしないとの特約を合意することは，医療が患者の治療を目的とし救命することを第一の目標とすること，人の生命は崇高な価値のあること，医師は患者に対し可能な限りの救命措置をとる義務があることのいずれにも反するものであり，それが宗教的信条に基づくものであったとしても，公序良俗に反して無効であると解される。よって，原告主張の特約は無効であるから，原告の被告国に対する債務不履行に基づく損害賠償請求は，右特約の存否について論ずるまでもなく，失当である。

　被告医師らが手術中いかなる事態になっても輸血を受け入れないとの原告の意思を認識した上で，原告の意思に従うかのように振る舞って，原告に本件手術を受けさせたことが違法であるとは解せられないし，相当でないともいうことはできない。

　なお，本件輸血は，原告の意思に反するものである。しかし，本件手術において閉腹操作を完了した時点で術前に被告医師らが予測した以上の2245ミリリットル余りの出血があり，原告が完全なショック状態までは至っていないが，進行性の機能障害へ進む過程にあったので，原告の生命を救うために，被告医師らは本件輸血を

したものであって，右のような状況では，本件輸血は，社会的に正当な行為として違法性がないというべきである。原告は，緊急避難の成否が問題となるのは，輸血以外に救命の方法がなく，かつ，患者の意思が不明であって，患者の承諾を得る暇がない緊急の場合に限られる旨主張し，甲第63号証及び同第64号証には，原告に対し本件輸血をしなくとも救命できる可能性があったとし，そのための方法などについて言及する部分がある。しかし，右甲号各証で指摘される方法が原告の救命に有効であったかどうかは必ずしも明らかでないし，このような場合に原告が望む治療法を医師に要求することはできない。また，原告は，本件輸血をする前に原告及び原告の家族にその承諾を求めるゆとりが十分にあった旨主張するが，医科研では，輸血をしなければ救命できない事態になったときには患者の意思に関わらず輸血をするという治療方針でいたのであり，前述のとおり右治療方針自体を違法と解することはできないから，右主張は採用できない。

　よって，被告医師らの行為に違法性が認められないから，原告の被告らに対する不法行為に基づく損害賠償請求は，失当である。」

【参考判例9】
最判平成12年2月29日民集54巻2号582頁
[事実の概要]　参考判例8の上告審
[決定要旨]

「本件において，U医師らが，Mの肝臓の腫瘍を摘出するために，医療水準に従った相当な手術をしようとすることは，人の生命及び健康を管理すべき業務に従事する者として当然のことであるということができる。しかし，Mが，輸血を受けることは自己の宗教上の信念に反するとして，輸血を伴う医療行為を拒否するとの明確な意思を有している場合，このような意思決定をする権利は，人格権の一内容として尊重されなければならない。そして，Mが，宗教上の信念からいかなる場合にも輸血を受けることは拒否するとの固い意思を有しており，輸血を伴わない手術を受けることができると期待して医科研に入院したことをU医師らが知っていたなど本件の事実関係の下では，U医師らは，手術の際に輸血以外には救命手段がない事態が生ずる可能性を否定し難いと判断した場合には，Mに対し，医科研としてはそのような事態に至ったときには輸血するとの方針を採っていることを説明して，医科研への入院を継続した上，U医師らの下で本件手術を受けるか否かをM自身の意思決定にゆだねるべきであったと解するのが相当である。

　ところが，U医師らは，本件手術に至るまでの約1か月の間に，手術の際に輸血を必要とする事態が生ずる可能性があることを認識したにもかかわらず，Mに対して医科研が採用していた右方針を説明せず，同人及び被上告人らに対して輸血する

可能性があることを告げないまま本件手術を施行し，右方針に従って輸血をしたのである。そうすると，本件においては，U医師らは，右説明を怠ったことにより，Mが輸血を伴う可能性のあった本件手術を受けるか否かについて意思決定をする権利を奪ったものといわざるを得ず，この点において同人の人格権を侵害したものとして，同人がこれによって被った精神的苦痛を慰謝すべき責任を負うものというべきである。そして，また，上告人は，U医師らの使用者として，Mに対し民法715条に基づく不法行為責任を負うものといわなければならない。これと同旨の原審の判断は，是認することができ，原判決に所論の違法があるとはいえない。論旨は採用することができない。」

第10講　正当防衛

〔設問1〕　次の事例において、Xの罪責について具体的事実を挙げて説明せよ。

1　X（35歳，男）は、ある夏の日の夜、A県B市内の繁華街の飲食店にいる友人を迎えに行くため、同繁華街周辺まで車を運転し、車道の左側端に同車を駐車した後、友人との待ち合わせ場所に向かって歩道を歩いていた。

その頃、Y（23歳，男）とZ（22歳，男）は、2人で酒を飲むため、同繁華街で適当な居酒屋を探しながら歩いていた。YとZは、かつて同じ暴走族に所属しており、Zは、暴走族をやめた後、会社員として働いていたが、Yは、少年時代から凶暴な性格で知られ、何度か傷害事件を起こして少年院への入退院を繰り返しており、この当時は、地元の暴力団の事務所に出入りしていた。Zは、Yの先を歩きながら居酒屋を探しており、Yは、少し遅れてZの後方を歩いていた。

その日は週末であったため、繁華街に出ている人も多く、歩道上を多くの人が行き交っていたところ、Xは、歩道を対向して歩いてきたYと肩が接触した。しかし、Yは、謝りもせず、振り返ることもなく歩いていった。Xは、一旦はやり過ごしたものの、Yの態度に腹が立ったので、一言謝らせようと思い、4，5メートル先まで進んでいたYを追い掛けたうえ、後ろからYの肩に手を掛け、「おい。人にぶつかっておいて何も言わないのか。謝れ」と強い口調で言った。Yは、振り向いてXの顔をにらみつけながら、「お前、俺を誰だと思ってんだ」などと言ってすごんだ。Xは、もともと短気な性格であったうえ、普段から体を鍛えていて腕力に自信もあり、Yの態度にひるむこともなく、XとYはにらみ合いになった。

XとYは、歩道上に向かい合って立ちながら、「謝れ」、「そっちこそ謝れ」などと言い合いをしていたが、そのうち、Xは、興奮のあまり、Yの腹部を右手の拳で1回殴打し、さらに、腹部の痛みでしゃがみ込んだYの髪の毛をつかんだうえ、その顔面を右膝で3回、立て続けに蹴った。これにより、Yは、前歯を2本折るとともに口の中から出血し、加療約1か月間を要する上顎左側中切歯・側切歯歯牙破折および顔面打撲等の怪我をした。

Zは、Yがついてこないので引き返し、通行人が集まっている場所まで戻って来たところ、複数の通行人に囲まれた中で、ちょうど、乙がXに殴られたうえで膝で蹴られる場面を見た。Zは、Yが一方的にやられており、更にYへの

攻撃が続けられる様子だったので、Yを助けてやろうと思い、「何やってんだ。やめろ」と怒鳴りながら、Xに駆け寄り、両手でXの胸付近を強く押した。

Xは、一旦後ずさりしたものの、すぐに「何だお前は。仲間か」などと言いながらZに近づき、Zの腹部や大腿部を右足で2回蹴った。さらに、体格で勝るXは、ひるんだZに対し、Zが着ていたシャツの胸倉を両手でつかんで引き寄せたうえ、Zの頭部を右脇に抱え込み、「おら、おら、どうした」などと言いながら、両手を組んでZの頭部を締め上げた。

Zは、たまらず、近くの歩道上にしゃがみ込んでいたYに対し、「助けてくれ」と言った。

Yは、Zが助けを求めるのを聞いて立ち上がり、Zを助けるとともにXにやられた仕返しをしてやろうと思い、Zの頭部を締め上げていたXに背後から近寄り、Xの後ろからその腰背部付近を右足で2回蹴った。

Xは、それでもひるまず、Zの頭部を締め上げ続けたので、Yは、さらに、Xの腰背部付近を数回右足で強く蹴った。そのため、Xは、Zの頭部を締め上げていた手をようやく離した。

Zは、Xの手が離れるや、Yに向かっていこうとしたXの背後からその頭部を右手の拳で2回殴打した。

Xは、YおよびZによる上記一連の暴行により、加療約2週間を要する頭部打撲および腰背部打撲等の怪我をした。また、Zは、Xによる上記一連の暴行により、加療約1週間を要する腹部打撲等の怪我をした。

2　Xは、二人組の相手に前後から挟まれ、形勢が不利になったうえ、周囲に多数の通行人が集まり、騒ぎが大きくなってきたので、この場から逃れようと思い、全速力で走って逃げ出した。Yは、「待て。逃げんのか」などと怒鳴りながら、Xの5、6m後ろを走って追い掛けた。

Zは、Yが興奮すると何をするか分からないと知っていたので、逃げ出したXをYが追い掛けていくのを見て心配になり、少し遅れて2人を追い掛けた。

Yは、多数の通行人が見ている場所でXからやられたことで面子を潰されたと思って逆上しており、Xを痛めつけてやらなければ気持ちがおさまらないと思い、走りながらズボンの後ろポケットに入れていた折り畳み式ナイフ（刃体の長さ約10cm）を取り出し、ナイフの刃を立てて右手に持った。

Xは、約300m離れた車道上に止めてあった自分の車の近くまで駆け寄り、車の鍵を取り出し、左手に持った鍵を運転席側ドアの鍵穴に差し込んだ。

Yは、Xに追い付き、その左手付近を目掛けてナイフで切りかかった。Xは左前腕部を切り付けられて左前腕部に加療約3週間を要する切創を負った。

3　Xは、その隙に車の運転席に乗り込み、運転席ドアの鍵を掛け、エンジ

ンをかけて車を発進させた。
　Xは，前方に車が止まっていたので，低速で車を走行させたところ，Yは走って同車を追い掛け，運転席側ドアの少し開けられていた窓ガラスの上端部分を左手でつかみ，窓ガラスの開いていた部分から右手に持ったナイフを車内に突っ込み，運転席に座っていたXの頭部や顔面に向けて何度か突き出しながら，「てめえ，やくざ者なめんな。逃げられると思ってんのか。降りてこい」などと言ってXに車から降りてこさせようとした。
　Xは，信号が変わり前方の車がなくなったことから，しつこく車についてくるYを何とかして振り切ろうと思い，アクセルを踏んで車の速度を上げた。Yは，運転席側ドアの窓ガラスの上端部分と同ドアのドアミラーの部分を両手でつかみ，運転席側ドアの下にあるステップに両足を乗せて車に飛び乗った。Xは，殺意をもってアクセルを更に踏み込んで加速するとともに，ハンドルを左右に急激に切って車を左右に蛇行させ，Yを車から振り落とし，Yは，頭部を路面に強打した結果，重傷を負った。　　　　　（平成23年度刑法論文問題改題）

Questions

Q1　Xは何罪に該当する行為をしていると考えられるか。考えられる罪名をすべて挙げよ。そのうち，本事案の解決にとって重要度のより高いものがどの行為であるかを踏まえ，その重要度に応じた検討をせよ（→6講〔設問1〕も参照）。

Q2　Xの3の行為について正当防衛・過剰防衛は成立するか。関連する論点・要件が何であるかを踏まえ，具体的事情と関連づけて検討せよ。

1　自招防衛

1　最決平成20年5月20日刑集62巻6号1786頁

[事実の概要]

1　原判決およびその是認する第1審判決の認定によれば，本件の事実関係は，次のとおりである。
(1)　本件の被害者であるA（当時51歳）は，本件当日午後7時30分ころ，自転車にまたがったまま，歩道上に設置されたごみ集積所にごみを捨てていたところ，帰宅途中に徒歩で通り掛かった被告人（当時41歳）が，その姿を不審と感じて声を掛けるなどしたことから，両名は言い争いとなった。
(2)　被告人は，いきなりAの左ほおを手けんで1回殴打し，直後に走って立ち去っ

た。

(3) Aは、「待て」などと言いながら、自転車で被告人を追い掛け、上記殴打現場から約26.5メートル先を左折して約60メートル進んだ歩道上で被告人に追い付き、自転車に乗ったまま、水平に伸ばした右腕で、後方から被告人の背中の上部または首付近を強く殴打した。

(4) 被告人は、上記Aの攻撃によって前方に倒れたが、起き上がり、護身用に携帯していた特殊警棒を衣服から取り出し、Aに対し、その顔面や防御しようとした左手を数回殴打する暴行を加え、よって、同人に加療約3週間を要する顔面挫創、左手小指中節骨骨折の傷害を負わせた。

原審は、Aの攻撃(3)は急迫の侵害に当たらないとして正当防衛状況になかったとした。被告人の側は、本件傷害行為については正当防衛が成立すると主張して上告した。

[決定要旨]

「本件の公訴事実は、被告人の前記1(4)の行為を傷害罪に問うものであるが、所論は、Aの前記1(3)の攻撃に侵害の急迫性がないとした原判断は誤りであり、被告人の本件傷害行為については正当防衛が成立する旨主張する。しかしながら、前記の事実関係によれば、被告人は、Aから攻撃されるに先立ち、Aに対して暴行を加えているのであって、Aの攻撃は、被告人の暴行に触発された、その直後における近接した場所での一連、一体の事態ということができ、被告人は不正の行為により自ら侵害を招いたものといえるから、Aの攻撃が被告人の前記暴行の程度を大きく超えるものでないなどの本件の事実関係の下においては、被告人の本件傷害行為は、被告人において何らかの反撃行為に出ることが正当とされる状況における行為とはいえないというべきである。そうすると、正当防衛の成立を否定した原判断は、結論において正当である」。

Questions

Q3 いわゆる「自招防衛」の事案についての学説の代表的なものを説明せよ。
　また、防衛者が先行して加害を行っている本件のような場合に、正当防衛を認めるか否かの判断にとって、実質的に重要な事実はどの点とどの点か。

Q4 「被告人において何らかの反撃行為に出ることが正当とされる状況における行為とはいえない」という解釈は、「急迫性の存否」、「防衛のための行為に該当するか」、という点の解釈、さらには、正当防衛権の濫用という説明の仕方のいずれに馴染みやすいのか。

2　積極加害意思・自招侵害と急迫性

2　大阪高判平成14年7月9日判時1797号159頁

　正当防衛に関しては、特に積極加害意思があると認められる場合にどのように処理すべきかにつき、議論が分かれる。一般に、事前に加害意思を持っている場合には「急迫性」の存否が問題となり、防衛行為の場で加害意思が生じた場合には「防衛の意思」の問題となると考えられている。

1　被告人Xは、本件当時、入院患者の搬送等を業とする株式会社「B」に勤務し、上司であるAと共にその業務に従事していた。

2　Xは、平成13年4月13日午前8時15分ころ、出社してきたAから、前日同人に断りなく退社したことを詰問されて、謝罪し、その後、同人の運転する業務用車両に同乗して、上記搬送業務に出かけた。

3　そして、同日午前8時35分ころ、走行中の車中で、かねてからXの自己に対する態度を快く思っていないこともあって収まらないAから、再度、「お前、なめとんか。しばくぞ」などと言われたうえ、胸倉をつかまれた。

4　その際、Aがそのつかんだ手を容易に離さなかったことから、XはAの左頬を1回殴打した。そうしたところ、同人が車を止め、2人が車外に出て互いに胸倉をつかみ合う事態となったが、たまたま付近に人通りがあったことから、Aが「仕事終わったら残っとけ」と言い残して乗車し、その場はいったん収まった。

5　その後、2人は、気まずい雰囲気はあったものの、何事もなく仕事を終え、同日午後2時30分ころ、Xの運転で前記会社に戻り、Aの誘導で同会社の駐車場に車を入れ、停車させた。

6　ところが、その直後、先に降車したAは、いきなり車外から運転席のドアを開けて、Xの胸倉をつかみ、Xが着用していたワイシャツの左胸辺りが大きく引き裂かれるように破れたのも構わずに、「降りてこい」「さっき殴ったのう」と怒鳴り付けて、Xを運転席から引きずり出した。

7　そのため、XもAの胸倉をつかみ返し、互いに胸倉をつかみ合ったまま、AがXに押されるようにして5、6歩後ずさりしたが、その際、左足を捻るようにしてAがその場に倒れ、左膝付近をコンクリート面に打ち付けた。そして、Xも反動で、Aの体の上に馬乗りになるように倒れ込んだ。

8　Aは、上記のように倒れ、左膝を打ち付けた衝撃で、全治約180日間を要する左脛骨外側高原骨折、左膝外側半月板断裂の傷害を負った。

[判旨]

　「以上認定の事実からすると、本件でAが転倒し受傷したのは、被告人がAの胸

倉をつかんで押すという有形力を行使したためであって，この両者の間に因果関係の存することは明らかである。しかしながら，他方，被告人がそのような暴行行為に出たのは，駐車場に戻ってきた直後にいきなりＡから強い力で胸倉をつかまれ，自動車の運転席から引きずり降ろされた上，なおも胸倉をつかんで攻撃を続けようとする同人との間でもみ合いとなって，自己の身体に対する危険を感じたためである。しかも，本件では，被告人がＡに対しそれ以上特段の攻撃を加えたと認めるに足りる証拠はない。そうである以上，被告人の上記行為は，自己の身体を防衛するため，やむを得ずにした行為であり，また，その程度も，防衛手段としての相当性の範囲を超えていないとみるべきである。

　これに対し，検察官は，本件が，被告人とＡとの当日午前中のけんかの延長であって，双方がその日の仕事を終えてからこの決着を付けることを合意していたもので，正に予想された事態であり，『侵害の急迫性』や『防衛の意思』を欠き，正当防衛は成立しないと主張する。しかし，検察官が主張するような合意の存在は，これを認める証拠がない。確かに，午前中の２人の言動からすると，Ａの午後の攻撃は予想された事態といえる面があることは否定できないが，Ａと被告人とは職場の上司と部下という関係にあり，当時ほとんど一緒に仕事をしていたことや，午前の出来事から約６時間が経過し，その間共に仕事もしていたことを考え併せると，被告人が当審で弁解するように，被告人としては話合いでの解決を考えていたこともまた否定できないから，たとえ，Ａの行為が一面において予期された侵害であったとしても，被告人が終始Ａの行為に対応する範囲内の行為しかとっておらず，その機会を利用し積極的にＡに対して加害行為をする意思まで認めることのできない本件では，被告人において予期していたという一事をもって，その『侵害の急迫性』を否定することはできない（最高裁昭和52年７月21日第１小法廷決定・刑集31巻４号747頁参照）。なおまた，『防衛の意思』の存在についても，前説示のとおりである。したがって，検察官の主張は採用できない。

　以上の理由により，被告人の本件行為は刑法36条１項にいう正当防衛行為に当たると考えるが，それにもかかわらず，被告人に対し傷害罪の成立を認めた原判決には，判決に影響を及ぼすことが明らかな事実誤認があるといわなければならない。論旨は理由がある。

　そうすると，原判決は，その余の控訴趣意について判断するまでもなく，破棄を免れない。」

Questions

Q5 ＡがＸを運転席から引きずり出した行為は，急迫不正の侵害と評価できるか。その理由は何か。

Q6 Xが，同日の午前中にAを殴った行為は，**Q5**の評価に影響しないか。
Q7 結論として，正当防衛を認めることは可能か。
Q8 検察官は「急迫性」「防衛の意思」ともに欠けると主張した。その論拠はどのようなものと考えられるか。

【参考判例1】
最決昭和52年7月21日刑集31巻4号747頁
［事実の概要］
いわゆるC派に属する被告人ら6名が，かねて対立関係にあったK派の学生らが右C派の主催した集会に押しかけてきたことから，共犯者らと共謀のうえ，右K派の学生らの生命，身体に対して共同して害を加える目的で，凶器を準備して集合するとともに，被告人らが，右K派に属する者に対し，それぞれ数名共同して暴行を加えた。

［決定要旨］
「刑法36条が正当防衛について侵害の急迫性を要件としているのは，予期された侵害を避けるべき義務を課する趣旨ではないから，当然又はほとんど確実に侵害が予期されたとしても，そのことからただちに侵害の急迫性が失われるわけではないと解するのが相当であり，これと異なる原判断は，その限度において違法というほかはない。しかし，同条が侵害の急迫性を要件としている趣旨から考えて，単に予期された侵害を避けなかつたというにとどまらず，その機会を利用し積極的に相手に対して加害行為をする意思で侵害に臨んだときは，もはや侵害の急迫性の要件を充たさないものと解するのが相当である。そうして，原判決によると，被告人は，相手の攻撃を当然に予想しながら，単なる防衛の意図ではなく，積極的攻撃，闘争，加害の意図をもつて臨んだというのであるから，これを前提とする限り，侵害の急迫性の要件を充たさないものというべきであつて，その旨の原判断は，結論において正当である。」

【参考判例2】
京都地判平成12年1月20日判時1702号170頁
［事実の概要］
暴力団関係者である被告人Xが，暴力団会長Aの散髪に際してボディーガードとして同行し，店内の待合室で待機していたところ，複数の自動車で乗り付けた他の暴力団関係者B，Cら7，8名がいきなりAおよびXに向けてけん銃で狙撃していたので，その反撃として，現場に駆けつけた数名と共謀のうえ，けん銃を発砲してB，C2名を射殺した。

[判旨]
「正当防衛が成立するためには，侵害に急迫性があることが必要であるが，緊急行為としての正当防衛の本質からすれば，反撃者が，侵害を予期した上，侵害の機会を利用し積極的に相手に対して加害行為をする意思で侵害に臨んだときは，侵害の急迫性は失われると解するのが相当である（最高裁昭和52年7月21日決定，刑集31巻4号747頁，同昭和59年1月30日判決，刑集38巻1号185頁参照）。

これを本件について見るに，本件銃撃戦に加わった被告人及び氏名不詳者らは，前記認定のとおり，A会長に対して，けん銃等使用した襲撃があり得ることを予期していたが，警察等に救援を求めることもせず，同会長の外出時には，ボディーガードとして被告人がA会長に同行するとともに，2台の自動車に分乗した男たちが，無線機で連絡を取り合うなどしながら，その周辺を見張り，かつ，けん銃を適合実包とともに携帯するなどの厳重な警護態勢を敷いていたものである。

そして，A会長らが本件襲撃を受けるや，被告人らは，事前の謀議に従い，即座に対応してこれに反撃を加え，本件襲撃者をその場から撃退するにとどまらず，殺意をもってけん銃を発砲して激烈な攻撃を加えてB及びCを殺害したものであって（このことは，B及びCの前記被弾状況や，「D理容店」にいるA会長が本件襲撃を受けたことを察知したと解される氏名不詳者らが，同会長や被告人の救援に向かうことなく，逃走中と思われる本件襲撃者に対する反撃に向かっていることなどからも裏付けられる。），A会長が襲撃を受けた機会を利用して積極的に本件襲撃者に加害行為をする意思で，B及びCの殺害を実行したものと評し得，また，関係各証拠を総合しても，予期していた以外の相手からの襲撃であったものとは認められないから，侵害の急迫性の要件を欠いており，正当防衛はもとより，過剰防衛も成立する余地はない。」
（本件判決は大阪高判平成13年1月30日判時1745号150頁で維持されている）

3 防衛の意思

正当防衛の要件である「防衛のため」については，防衛の意思をもって行為することであるとする見解が有力である。積極加害意思との関係で，判例は，憤激・逆上して反撃を加えたからといって防衛の意思を欠くものではないとするが，かねてから相手に対し憎悪の念を持ち，攻撃を受けたのに乗じ積極的な加害行為に出たなどの特別の事情が認められる場合には，防衛の意思が欠ける場合があることを認めている（**参考判例3**）。

【参考判例3】
最判昭和46年11月16日刑集25巻8号996頁
[事実の概要]

　被告人Xは，以前足蹴にされていたことなどもあって畏怖の念を抱いていた同宿人Aと言い争いとなり，一旦，同旅館を出て居酒屋で酒を飲んだりしていたが，一度Aにあやまってみようという気を起こし，Aの姿を見かけて同旅館帳場に入ったところ，立ち上がったAからいきなり手拳で2回ぐらい殴打され，さらにAが立ち向かってきたので，後ずさりして同帳場南隣の八畳間（広間）に入り，Aから押されて背中を同八畳間西側の障子にぶつけた。その際，かねてXが自室の壁に穴を開けて覗き見する目的で買い，同障子の鴨居の上に隠してあったくり小刀のことを思い出し，とっさにくり小刀を取り出して殴りかかってきたAの左胸部を突き刺し，よってAに心臓右心室大動脈貫通の刺創を負わせ，その場で刺創に基づく心嚢タンポナーゼのためAを死亡させた。

　第1審は，過剰防衛による殺人を認定したが，原審は，Xには防衛の意思はなく，Aによる法益の侵害が急迫ではないとして，過剰防衛の成立を否定し，Xに懲役5年の実刑判決を言い渡した。

[判旨]

　「刑法36条にいう『急迫』とは，法益の侵害が現に存在しているか，または間近に押し迫っていることを意味し，その侵害があらかじめ予期されていたものであるとしても，そのことからただちに急迫性を失うものと解すべきではない。これを本件についてみると，被告人はAと口論の末いったん止宿先の旅館を立ち退いたが，同人にあやまつて仲直りをしようと思い，旅館に戻つてきたところ，Aは被告人に対し，『X，われはまたきたのか。』などとからみ，立ち上がりざま手拳で2回ぐらい被告人の顔面を殴打し，後退する被告人に更に立ち向かつたことは原判決も認めているところであり，その際Aは被告人に対し，加療10日間を要する顔面挫傷および右結膜下出血の傷害を負わせたうえ，更に殴りかかつたものであることが記録上うかがわれるから，もしそうであるとすれば，このAの加害行為が被告人の身体にとつて『急迫不正ノ侵害』にあたることはいうまでもない」。

　「刑法36条の防衛行為は，防衛の意思をもつてなされることが必要であるが，相手の加害行為に対し憤激または逆上して反撃を加えたからといつて，ただちに防衛の意思を欠くものと解すべきではない。これを本件についてみると，前記説示のとおり，……更に本件広間西側に追いつめられて殴打されようとしたのに対し，くり小刀をもつて同人の左胸部を突き刺したものである……ことが記録上うかがわれるから，そうであるとすれば，かねてから被告人がAに対し憎悪の念をもち攻撃を受けたのに乗じ積極的な加害行為に出たなどの特別な事情が認められないかぎり，被

180　第10講　正当防衛

告人の反撃行為は防衛の意思をもってなされたものと認めるのが相当である。」

〔設問２〕　次の事例について，Ｘの罪責を論ぜよ。
(1)　本件現場である「甲野」はＣが経営するカウンターバーであり，客席としてカウンターの前に８つの椅子が置かれている。
(2)　Ｘは，本件当夜，Ｃに用事があって「甲野」に赴き，同店北側の出入口に最も近い椅子（南側の一番奥の椅子から数えて８番目の椅子）に座り，一緒に来店していたＤ子ほか１名と飲酒していたが，やがてこの２人は帰った。その後，同店内には，被告人が同じ椅子に座っていたほか，客として甲野の一番奥（南側）の椅子から数えて２番目の椅子にＢが，椅子１つ置いて同じく４番目の椅子にＥがそれぞれ座り，また，カウンター内にＣがいた。
(3)　ＣとＥは，ＣがＥ所有のビルへの出店計画が頓挫している件について話合い，Ｘが側からときどきアドバイスをしていたところ，すでに相当酒に酔っていたＢが自席から大声で茶々を入れてきたりしていたので，Ｅらが何度も制止したもののＢが一向にやめないため，Ｘが注意した。すると，Ｂは，普段からＸのことを快く思っていなかったこともあって，「お前は離婚した。デザイナーの仲間では評判だ。お前のデザインは駄目だ」などと激しい言葉でＸを罵倒したため，Ｘも自席から，Ｂが裏金を貰って仕事をしていることをなじった。Ｂは，しばらく黙っていたものの，やがて不意に自席から立ち上がり，ふらふらしながらＥの椅子の後ろと壁の間の狭い空間を通ってＸが座っていた椅子の左後ろに立った。そして，Ｂは，上半身を左に捻って顔をＢの方に向けたＸに対し，「馬鹿野郎。ふざけんな」と怒鳴ってその右目を右手拳で１回強く殴りつけた。Ｘは，一瞬呆然としたものの，すぐに我に返って立ち上がり，Ｂを後ろの壁に押さえ付け，Ｅらに向かって「殴っていい。殴っていい」と言ったが，Ｃらから宥められたため，Ｂを殴り返すことはしなかった。そして，被告人とＢとの間に入ってきたＥが，Ｂを後ろから抱きかかえ，暴れる同人を押さえながら店の出入口付近まで連れていった。また，この時Ｃはカウンターを出てＸの側に移動した。Ｘは，Ｂから以上のとおり右目を強打された結果，加療約107日間を要する右目裂孔原性網膜剥離の傷害を負った。
(4)　ところが，憤まんが収まらなかったＢは，出入口付近で身体を回して店内のＸの方を向くとともに，Ｅと向かい合う体勢になって，強い力で同人を押し戻してＸの方に戻ってきた。そのときのＸは，右横にいたＣから両手で脇腹付近を抱きかかえるようにして押さえられていた。そのような状態で，ＸとＢは罵声を浴びせ合っていたが，そのうちＢが右足でＸの左脛を２，３回蹴り，さらに暴行を加えるような気勢を示した。そこで，Ｘは，Ｂを押さえていたＥの

右肩越しに，左手拳（利き腕ではない）でBの右頬に向けて1，2回殴りかかり，そのうちの1発がBの右頬に当たった。その結果，Bは，全治まで約40日間を要する右頬骨骨折，下眼窩神経麻痺の傷害を負った。なお，XはBに蹴られたため，左脛に直径2センチメートルくらいの痣が生じ，1年以上経過した第5回公判時においても，その痕跡が確認されている。
(5) Xから殴打されたBは，少し膝を折ったような格好になったものの，すぐにわめきだしたため，Eから抱きかかえられるようにして店外に連れ出された。

Questions

Q9 Xの行為を防衛のための行為とはいえないとして，正当防衛の成立を否定することは可能か。その理由はどのようなものだと考えられるか。
　また，犯行時の状況は，XがCに抱きかかえられており，他方BはEに押さえられていた。このような状況で，Xが攻撃を加えることが，「防衛のための行為」といえるか否かの判断に，どのような影響を及ぼすか。

Q10 概ね上記のような事案に対し，**基本判例3**の原審判決は，防衛のための行為ではないとして正当防衛の成立を否定した。
　これに対し東京高裁は，防衛の意思の存在を肯定し，Xを無罪とした。高裁が原判決と異なる判断となった理由は何か。

Q11 攻撃の意思と防衛の意思とが併存するとはどのような状況か。「積極加害意思」が認められる場合とはどのように異なるのか。
　また，防衛の意思の存否と，客観的に「防衛のための行為」にあたるか否かの判断とはどのように異なるのか。

Q12 攻撃の意思と防衛の意思とが併存する場合，防衛行為の相当性判断に何らかの影響があると考えられるか（**参考判例4**参照）。

3　東京高判平成14年6月4日判時1825号153頁

［事実］〔設問2〕参照
［判旨］
　「原判決は，以上のような事実認定を前提として，『Bが，押し留めようとしていたEを押して被告人の側に来た際，右足で被告人の左脛を2，3回蹴った旨の被告人の供述を否定することはできず，……そうすると，被告人がBに対して判示暴行に及ぶ直前，同人は，被告人に再び暴行を加える気勢を示して迫ってきていただけでなく，実際にも被告人の左脛を右足で蹴る暴行も加えていたと言うべきであって，

Bのそれらの行為が急迫不正の侵害に当たることは明らかである』と判示した上で，被告人の本件行為が自己の身体を防衛する意思でやむを得ずにした防衛行為に当たるかどうかについて検討を加えるとして，以下のとおり判示している。すなわち，①被告人は，公判廷において『左手の手の平でBの頭を押したのは，左脛を蹴ってくるBをやめさせる意味もあった。Bを積極的に痛めつける考えはなかった』旨供述する一方で，『Bとは過去に色々あって，もういい加減にしてくれという破れかぶれの感じだった』とも供述しているし，Bは本件以前にも酒に酔っては被告人に絡むなどの行為に及んでおり，被告人もBを嫌っていたことが認められること，②被告人は，Bから右目を殴打された直後，大声で『殴ってもいいね』と2，3回繰り返して問いかけていたのをCから宥められていた上，BがEを押し戻しながら近づいてきた際には，その場から退避するような姿勢を示すことなくBとお互いに罵声を浴びせあっていただけでなく，その後，右横にいたCから両手で脇腹付近を抱えられ制止するようにして押さえられていた中で手拳で1，2回Bに殴りかかり，そのうちの1回がBの右顔面に当たったことが認められること，③その結果，Bが負った侵害は，10日後に医師の診察を受けた同人が右頬骨部から右上口唇周囲の疼痛や痺れ感を訴えていただけでなく，レントゲン検査では右上頬骨部に軽度のひびを推測させる所見があって圧痛点を伴っていたと認められ，Eの上記供述等によれば，Bは被告人から判示暴行を受けた直後一瞬ちょっと膝を折ったものと認められるのであって，被告人がBに加えた打撃は相当大きかったと考えられることなど，本件前後の状況，被告人がBに加えた打撃力の大きさ，更にはそれまでの被告人とBとの関係等に照らして考えると，被告人は，単にBから左脛を蹴られたのを止めさせようとの気持ちからというよりは，それまでBの振る舞いに我慢してきたものの，もはや我慢できなくなって，この機会に同人に対して積極的に攻撃を加えようとする意思に基づき判示暴行に及んだと考えられるのであって，被告人のそのような行為をもって自己の身体を防衛する意思でやむを得ずにした防衛行為に当たるということはできない，と判示している。

原判決の趣旨は要するに，被告人の本件行為の際，Bからの被告人の身体に対する急迫不正の侵害行為は認められるが，被告人には防衛の意思が欠けていたから，被告人の本件行為は正当防衛に該当しないというものである。

しかし，上記認定事実によれば，被告人が本件行為に及んだときは，BがEが制止するのを押し切って被告人に向かってきたばかりか，足で被告人の左脛を2，3回蹴り，更に攻撃を加える気勢を示していたのであり，かかるBの行為が急迫不正の侵害に当たることは原判決が説示するとおりである。そして，被告人は，Bのこのような行為に対応して，Bを制止しているEの肩越しにBの右顔面を左手拳で1回殴打したものであり，そのような一連の経緯及び本件行為の態様から見れば，被

告人の本件行為は，まさに防衛意思と攻撃意思が併存する状態においてなされたものと認めることができる。確かに，被告人は，Bから悪態をつかれて言い返したほか，同人から殴打されて，Eらに向かって『殴っていい』などと言ったが，同人らに宥められて我慢し，殴り返さなかったという経緯が認められる。しかし，被告人は，本件行為に先立って，Bから右目付近を強打され（前記のとおり重傷を負っている。），更に左脛を蹴られる暴行を受け，更に襲いかかってくるような気勢を示されているのであって，このような状況下にある被告人が憤激の感情ないし報復したいとの気持ちを抱くのは，人の心情としてはむしろ当然というべきであろう。被告人がこのような感情を抱いて本件行為に及んだからといって，そのことから直ちに本件行為が専ら攻撃意思（報復意思）に出たものとはいえず，防衛意思が並存していることが否定されるものではない。なお，被告人は，前記のとおり『殴っていい』と言うなどしたが，EやCらに宥められ，あるいは被告人とBの間に入られて制止され，BがEから出入口方向に押されていった後も自席にとどまっていたのであって，特に追いかけるような仕草は見せていないのであり，また，被告人が自席に位置していたのに，Bが出入口方向から更にEを店内に押し込むようにして被告人の方向にきて，被告人の左脛を蹴ってきたという経緯が認められる。この間，被告人は，Bと罵り合ってはいるものの，自ら暴行を加えようとするような態度には出ていない（被告人が後退していないことは検察官が指摘するとおりであるが，Bに向かって前進もしていないのである。）。このような経緯に徴すれば，被告人がBが戻ってくるのを待ち受け，Bが更に暴行を加えてくる機会を利用して積極的に加害する意思で本件行為に及んだものとして，Bからの侵害の『急迫性』が否定されるものと評価することもできない。

　原判決が防衛の意思を否定する根拠として掲げる点について検討すると，①の点は，被告人が，『Bとは過去に色々あって，もういい加減にしてくれという破れかぶれの感じだった』との心理状態であるからといって，直ちに防衛の意思が否定されるわけではない。また，②の被告人がBから殴打された直後，大声で『殴っていい』と２，３回繰り返して問いかけていたのをCから宥められていたことや，BがEを押し戻しながら近づいてきた際には，その場から退避するような姿勢を示すことなくBとお互いに罵声を浴びせあっていたことは認められるが，だからといって防衛の意思が否定されるものではない。もともと急迫不正の侵害に対し，その場から退避しなかったからといって正当防衛が否定されるものではない上，被告人が立っていた場所から退避しようとすれば，『甲野』店内の奥の方に逃げるほかないが，同所は行き止まりの狭い空間であって，退避することが容易な状況にあったとはいえない。③の被告人がBに加えた本件行為の衝撃やBの負った傷害の程度等に関する原判決の説示について見ると，被告人の攻撃は左手拳で２回程度殴りかかったも

のであり，そのうち１回がＢの顔面に当たったにすぎない。また，Ｂの負った傷害は全治まで約40日間を要する右頰骨骨折，下眼窩神経麻痺であるとはいうものの，右頰骨骨折は自然治癒に任せることが可能な程度のものであり，下眼窩神経麻痺も日常生活を営む上で大きな障害のない程度のものと認められる（Ｂは，受傷した翌日に鹿児島に出張しているし，病院には薬をもらいに行ったのを含め２度通院したにすぎない）。これに対し，被告人の負った傷害は加療約107日間を要する右目裂孔原性網膜剥離であり，しかも平成12年９月26日から同年10月３日まで入院し，その間の同年９月27日には右目の手術（右網膜復臼術）が施されているのであり，傷害の程度は遥かに被告人のそれが重いことは明らかである（検察官は，被告人は，同年10月16日まで手術を受けた病院に通院し，以後通院していないから，加療期間は37日と認定すべきであるというが，上記の病院に通院していないことから加療が必要でなかったことにはならない。被告人は，平成13年10月30日に開かれた原審第５回公判で，『いまだにかすれた黒い蚊のようなものが２，３匹飛んでいる状態で，疲れるとそれが増え，また，右目は少し色が戻っていない。若干ピンクがかった色が普通に復活していない』などと供述し，平成14年６月４日の当審第２回公判で『別の病院で治療を受け続けており，現在も完治せず，通院している状態である』旨供述しているところであって，右目の傷害は相当に重篤なものである。）。なお，被告人は医師の診断・治療を受けていないものの左脛にも傷を負っている。被告人の本件行為は，Ｂの先行する強烈な殴打や足蹴りの行為及びＢが更にこのような攻撃を続ける気勢を示していたことに照らすと，防衛の程度を超えたものとは認められない。いわんや，被告人の本件行為が防衛意思の存在を否定せしめるほどの意図的な過剰行為であるなどとは到底認められない。

以上のとおり，被告人の本件行為は，Ｂからの自己の身体への急迫不正の侵害に対して，自己の権利を防衛するためにやむを得ずにしたものと認められるのであり，そこに被告人のＢに対する憤り，憎悪の念が並存していたとしても，そのことだけで直ちに被告人の防衛の意思が否定されるわけではなく，本件においては，他に被告人の防衛の意思を否定せしめるような状況は存しない。

そうすると，被告人の本件行為につき，防衛の意思を欠くとして，被告人に対し正当防衛の成立を否定した原判決は，事実を誤認したか，又は刑法36条の解釈適用を誤ったものであり，これが判決に影響を及ぼすことが明らかである。」

【参考判例４】
大阪高判平成12年６月22日判タ1067号276頁
[事実の概要]

被告人Ｘは，平成10年７月14日午前零時10分ころ，Ｓ市所在のパブＨ店内で飲酒中，同店に居合わせたＡ（当時49歳）の言動が不快であるとして，退店しようとし

たところ，同人がXの後を追って来たことに気付き，そのころ，同店出入口付近において，右Aに対し，手でその顔面を突き，同人をその場に転倒させてその頭部を付近のレンガ製の床面等に強打させる暴行を加え，よって，同人に硬膜下血腫を伴なう脳挫傷，外傷性クモ膜下出血等の傷害を負わせ，同月31日午前6時47分ころ，S市立病院において，同人をして右脳挫傷に基づく脳腫脹による脳幹部圧迫により死亡するに至らせた。

　原判決は，Xは，Aに殴りかかられるという急迫不正の侵害を受けたため，とっさにAの方へ手を出し，Aの顔面に当てるという暴行を加えたが，Xの右暴行は，急迫不正の侵害を受けたことに対する防衛の意思でなされたものであり，かつ，防衛行為としての相当性を有するものであるとして，正当防衛の成立を認め，Xに無罪を言い渡した。

　これに対し検察官は，AがXに殴りかかろうとした事実はなく，仮にAがXに殴りかかろうとしたものであったとしても，Xは，急迫不正の侵害を受けたとはいえず，かつ，Xの行為は，防衛の意思および防衛行為としての相当性を欠いているから，正当防衛には当たらないと主張し控訴した。

　[判旨]
　「3　防衛の意思について
　所論は，被告人は，Aの言動に立腹して椅子を蹴り付けた後も立腹が収まらず，Aが酩酊のため，緩慢な動作で腕を突き出してくるのを見て，被告人を殴打しようとしてきたものと感じ，『こんな奴に殴られてたまるか』との思いに駆られて更に立腹し，突き出されたAの手拳を易々とかわした上，Aの顔面を掌で強く突いたものであって，被告人は，Aの攻撃を防ぐ意図からではなく，立腹の余り積極的にAに攻撃を加える意図で本件犯行に及んだものであるから，Aの攻撃に対応して，とっさに出した手が当たったに過ぎないものとして，被告人に防衛の意思があったとした原判決の事実認定には誤りがある，というのである。

　なるほど，被告人は，捜査段階において，『こんな奴に殴られてたまるか』と思い，Aの顔面を狙って掌で突いた旨供述しているところ，右供述は，Aの顔面を突いてやろうと思って行動したのかもしれない旨，及びAの態度に不快感と憎悪を感じ，立腹して椅子を蹴った旨の被告人の原審及び当審公判供述や，……Aが転倒した後，被告人が，助け起こそうともしなかったことなど，被告人がAの顔面を突く前後の客観的な状況ともよく符合していることなどに照らし，十分信用することができる。すなわち，右の供述は，被告人が，警察官及び検察官に対し，自らそのとおりの文言を用いて供述し始めたものかどうかはしばらく措くとしても，被告人がAの顔面を突いた際の，Aの痩せた体つきや，大人しそうな人柄からして，よもや反撃してくるとは思っていなかったAから反撃を受けたことに対する立腹とともに，

その反撃をかわし，更に再反撃を加えるに至ったという心情をよく表現している言葉として十分に了解することができるのである。したがって，被告人は，Ａが殴り掛かってくるのを見て，右のような心情から，Ａの顔面を狙って掌で突いたと認められるから，『とっさに突き出した手がＡの顔面に当たった』『被告人が，「こんな奴に殴られてたまるか」という気持ちを持って本件行為に及んだと認定するには合理的な疑問がある』『Ａの攻撃に対応してとっさに手を出したところ，それがＡの顔面に当たった』として，被告人が，専ら防衛的な意思のみに基づいて，たまたま手を出したところ，それがＡの顔面に当たったと認定した原判決の事実認定は，首肯することができない。

しかし，被告人が，Ａに向かって左掌を突き出したのは，Ａの左手拳を体を捻ってかわし，Ａの手拳が被告人の耳許をかすめたのとほぼ同時であったと認められること，また，当時の心情についての『こんな奴に殴られてたまるか』という被告人の供述自体，前記のとおり，Ａからの攻撃を回避するとともに，同人に反撃するという心情を表わしているとも解されることにかんがみると，Ａの顔面を突いた際，被告人は，攻撃の意思だけでなく，Ａからの攻撃に対応し，それを避けるという防衛の意思をも併せ持っていたと認められる。

ところで，行為者に，相手方の攻撃に対応してその侵害を排除するという意思がある限り，たとえ行為者が攻撃的な意思を有していても，防衛の意思はこれと併存しうるものと解せられる。換言すれば，行為者が，相手方の侵害とは無関係に，侵害を加えられた機会を利用して専ら攻撃をするというのではなく，権利を防衛するためという意思が，反撃行為をした理由の１つになっていると認められる場合には，防衛の意思があったというべきである。したがって，被告人に防衛の意思があったと認めた原判決の認定，判断は，結論において正当である。

4　防衛行為の相当性について

……前記のようなレンガ製の壁面や床面に囲まれた狭隘な場所で，至近距離から，酩酊している相手方の顔面を狙って左掌を強く突き出す行為は，それにより相手方を転倒させ，その頭部等を囲い顔面や床面に打ち付けさせて負傷させる危険性の高い行為であることが明らかであり，しかも，被告人は，前記のとおり，Ａに比べ，体格及び攻撃防衛能力において格段に勝っていた上，被告人がＡから受けた攻撃は弱いものであったから，これを容易に回避することができたのに，手加減を加えることもなく，同人をかなり強く突き倒したものである。したがって，被告人の右行為は，防衛行為としての相当性を欠いていることが明らかというべきである。なお，本件においては，前記説示のとおり，被告人がすでに退店しようとしていた際に起こった事件であるという特段の経緯，事情があることなどから，急迫性などの正当防衛状況がなかったとまでは断定できないとしても，被告人を殴打しようとしたＡ

の行為が，これより先に被告人がAに向けて椅子を蹴り付けた行為により誘発されたものであることは動かし難い事実であるから，被告人の反撃について，防衛行為としての相当性の有無を判断するに当たっては，本件事案を全体として見た上での保護法益の均衡という視点から，右のような誘発行為の存しない場合に比し，相当性が認められる範囲がより限定されるものと考えられるので，そのことをも勘案すると，右の結論は，より一層肯定されるというべきである。
5　結論
　以上の次第で，被告人の行為は，防衛行為としての相当性の程度を超えた過剰防衛であるから，それをも否定した原判決には，その前提となる事実について判決に影響を及ぼすことの明らかな事実誤認があり，ひいては法令の解釈適用の誤りがある。論旨は，その限度で理由がある。」

Questions

Q13　本判決が，攻撃の意思があっても防衛の意思が認められるとする理由は何か。本事案では，どのような事情から防衛の意思が認められたのか。

Q14　被告人がAに対し椅子を蹴りつけた行為は，正当防衛ないし過剰防衛の成否にどのような影響を及ぼすか。

第11講　過剰防衛

1　防衛行為の相当性

〔設問1〕　X（当時48歳）は，運転してきた軽貨物自動車を前記空地前の道路に駐車して商談のため近くの薬局に赴いたが，まもなく貨物自動車（いわゆるダンプカー）を運転して同所に来たK（当時39歳）が，車を空地に入れようとしてXの車が邪魔になり，数回警笛を吹鳴したので，商談を中断し，薬局を出てX車を数メートル前方に移動させたうえ，再び薬局に戻った。ところが，それでも思うように自車を空地に入れることができなかったKは，車内から薬局内のXに対し「邪魔になるから，どかんか」などと怒号したので，再び薬局を出てX車を空地内に移動させたが，Kの粗暴な言動が腹に据えかねたため，同人に対し「言葉遣いに気をつけろ」と言ったところ，Kは，空地内に自車を駐車してXと相前後して降車して来たのち，空地前の道路上において，薬局に向かおうとしていたXに対し，「お前，殴られたいのか」と言って手拳を前に突き出し，足を蹴り上げる動作をしながら近づいて来た。そのため，Xは，年齢も若く体格にも優れたKから本当に殴られるかも知れないと思って恐くなり，空地に停めていたX車の方へ後ずさりしたところ，Kがさらに目前まで追ってくるので，後に向きを変えてX車の傍らを走って逃げようとしたが，その際ふとX車運転席前のコンソールボックス上に平素果物の皮むきなどに用いている菜切包丁を置いていることを思い出し，とっさに，これでKを脅してその接近を防ぎ，同人からの危害を免れようと考え，X車のまわりをほぼ1周して運転席付近に至るや，開けていたドアの窓から手を入れて刃体の長さ約17.7センチメートルの菜切包丁を取り出し，右手で腰のあたりに構えたうえ，約3メートル離れて対峙しているKに対し「殴れるのなら殴ってみい」と言い，これに動じないで「刺すんやったら刺してみい」と言いながら2，3歩近づいてきた同人に対し，さらに「切られたいんか」と申し向けた。

Xは，暴力行為等処罰に関する法律違反（脅迫）並びに，銃砲刀剣類所持等取締法違反（ナイフの所持）により起訴された。

武器を持たない相手に対して，「切られたいんか」と言って脅迫したXに正当防衛は成立するか。設問の事実を基に具体的に説明せよ。

1 最判平成元年11月13日刑集43巻10号823頁

[事実の概要]　[設問１] 参照
[判旨]

「4　そこで，正当防衛の成否に関する原判決の法令の解釈適用について検討すると，右の事実関係のもとにおいては，XがKに対し本件菜切包丁を示した行為は，今にも身体に対し危害を加えようとする言動をもってXの目前に迫ってきたKからの急迫不正の侵害に対し，自己の身体を防衛する意思に出たものとみるのが相当であり，この点の原判断は正当である。

しかし，原判決が，素手で殴打しあるいは足蹴りの動作を示していたにすぎないKに対し，Xが殺傷能力のある菜切包丁を構えて脅迫したのは，防衛手段としての相当性の範囲を逸脱したものであると判断したのは，刑法36条1項の『已ムコトヲ得サルニ出テタル行為』の解釈適用を誤ったものといわざるを得ない。すなわち，右の認定事実によれば，Xは，年齢も若く体力にも優れたKから，『お前，殴られたいのか。』と言って手拳を前に突き出し，足を蹴り上げる動作を示されながら近づかれ，さらに後ずさりするのを追いかけられて目前に迫られたため，その接近を防ぎ，同人からの危害を免れるため，やむなく本件菜切包丁を手に取ったうえ腰のあたりに構え，『切られたいんか。』などと言ったというものであって，Kからの危害を避けるための防御的な行動に終始していたものであるから，その行為をもって防衛手段としての相当性の範囲を超えたものということはできない。

そうすると，Xの第1の所為は刑法36条1項の正当防衛として違法性が阻却されるから，暴力行為等処罰に関する法律1条違反の罪の成立を認めた原判決には，法令の解釈適用を誤った違法があるといわざるを得ない。

5　次に，Xの第2の所為について検討すると，その公訴事実は，Kを脅迫する際に刃体の長さ約17.7センチメートルの菜切包丁を携帯したというものであるところ，右行為は，Kの急迫不正の侵害に対する正当防衛行為の一部を構成し，併せてその違法性も阻却されるものと解するのが相当であるから，銃砲刀剣類所持等取締法22条違反の罪は成立しないというべきである。

そうすると，同法違反の成立を認めた原判決には，法令の解釈適用を誤った違法があるといわざるを得ない。

6　以上のとおり，各公訴事実につきXを有罪とした原判決及び第1審判決は，いずれも判決に影響を及ぼすべき法令違反があり，これを破棄しなければ著しく正義に反するものと認められる。そして，本件については，第1，2審において必要と思われる審理は尽くされているので，当審において自判するのが相当であり，Xに

対し無罪の言渡をすべきものである。」

Questions

Q1 本判決が，第1の事実について正当防衛を認めた理由は何か。
具体的にどのような事実を根拠に判断しているか。

Q2 第1の事実について正当防衛が認められると，第2の事実についても当然に違法性が阻却されるのか。

Q3 防衛行為の相当性については，「武器対等の原則」といった基準も主張されているが，素手による侵害に対し，ナイフを用いて防衛した場合でも，過剰とはされない場合もある。判例の考える相当性の要件には，行為が相当かだけでなく（行為の相当性），生じた結果と守ろうとした法益とのバランス（結果の相当性）も考慮されているのであろうか。**参考判例1**をも読んで検討せよ。

【参考判例1】
最判平成21年7月16日刑集63巻6号711頁
［事実の概要］

1　本件公訴事実の要旨は，「被告人は，平成18年12月22日午後7時20分ころ，広島市南区所在の被告人方前路上において，B（当時48歳）に対し，その胸部等を両手で突く暴行を加えて同人を転倒させ，よって，加療約1週間を要する後頭部打撲等の傷害を負わせた」というものである。

第1審判決は，公訴事実に沿うBの供述およびその場に居合わせたCの供述に信用性を認め，公訴事実と同旨の犯罪事実を認定し，傷害罪の成立を認め，被告人を罰金15万円に処した。これに対し，被告人が控訴を申し立て，被告人は上記暴行を加えていないとして第1審判決の事実誤認を主張した。原判決は，要旨以下のような理由により，被告人について傷害罪が成立するとした第1審判決は事実を誤認したものであるとして，これを破棄したうえ，被告人がBに対してその胸部等を両手で突いて転倒させる暴行（以下「本件暴行」という）を加えたという暴行罪の限度で事実を認定し，被告人を科料9900円に処した。すなわち，原判決は，本件暴行を否定する被告人およびその夫D（以下「D」という）の各供述を信用することはできないとする一方，Bが勤務する株式会社E不動産と，被告人，Dおよび被告人が代表取締役を務める有限会社F宅建との間で，上記被告人方住居兼事務所（登記上は倉庫・事務所。以下「本件建物」という）の使用方法等をめぐる民事上の紛争が生じており，Bが被告人を不利な立場に陥れることによりE不動産を上記紛争において有利な立場に導こうという意図を有していた可能性は否定し難いことを指摘したうえ，本件被害状況に関するBの供述の信用性には相当の疑問があるとし，Cの上記

供述と一致する点については信用できるものの，転倒した際に地面で後頭部を打ったとする点については信用できず，Bに後頭部打撲等の傷害が生じた事実を認定することはできないとした。

2　原判決の認定および記録によれば，本件の事実関係は次のとおりである。

(1)　本件建物およびその敷地は，Dの亡父が所有していたところ，その持分の一部は，同人から贈与または相続により取得した者を経て，E不動産が強制競売または売買により取得した。本件当時，登記上，本件建物については，DおよびE不動産がそれぞれ2分の1ずつの持分を有する一方，その敷地については，E不動産，被告人，Dほかが共有しており，そのうちE不動産は264分の83の持分を有していた。E不動産は，これらの持分を平成15年12月ころまでに取得したものである。

(2)　F宅建は，平成3年に本件建物の賃借人の地位を取得し，平成17年9月，それまで他の会社に転貸されていた本件建物の明渡しを受けた。そして，F宅建は，同年10月ころ，建設会社に本件建物の原状回復および改修の工事を請け負わせた。また，そのころ，被告人およびDは，本件建物の一部に居住し始めるとともに，これをF宅建の事務所としても使用するようになった。ところが，その後，E不動産の関連不動産会社である株式会社Gの従業員が上記建設会社の作業員らに対して上記工事を中止するように申し入れ，同年11月には，本件建物に取り付けられたばかりのサッシのガラス10枚すべてをE不動産関係者が割るなどしたことから，上記建設会社は，工事を中止した。

そこで，F宅建は，同年12月，改めて別の建設会社に上記工事の残工事を請け負わせたところ，E不動産の従業員であるBがほとんど毎日工事現場に来ては，上記建設会社の作業員に対し，本件建物の工事差止めを求めて裁判で争っているから工事をしてはならない旨申し向けて威圧的に工事の中止を求め，その工事を妨害した。また，E不動産は，上記建設会社に対し，工事の中止を求める内容証明郵便を送付したり，F宅建から支払われる請負代金額の3倍の保証金を支払うので工事から手を引くよう求めたりし，上記建設会社がこれを断ると，E不動産関係者は，今後広島で無事に仕事をすることができると思うなどと申し向けて脅迫した。平成18年に入ると，Bのほかにも，E不動産の従業員と称する者が，毎日，工事開始から終了まで本件建物前に車を止めて張り付き，作業員らにすごむなどしたため，上記建設会社も工事を中止した。

そして，E不動産は，その工事が続行されないように，本件建物の周囲に残っていた工事用足場をG名義で買い取ったうえ，本件建物の入口付近に鉄パイプを何本も取り付けて出入り困難な状態とし，「足場使用厳禁」等と記載した看板を取り付けるなどした。その後も，E不動産関係者は，本件建物の前に車を止めて，F宅建を訪れる客に対して立入禁止である旨を告げるなどした。また，E不動産は，同年

1月ころ以降，建設業者が本件建物に立ち入らないようにするため，その立入りを禁止する旨表示した看板を本件建物の壁面等に取り付けたところ，被告人らに外されたりしたため，その都度，同様の看板を本件建物に取り付けることを7，8回繰り返した。

(3)　一方，E不動産は，平成17年11月，本件建物の2分の1の共有持分権に基づく妨害排除請求権を被保全権利として，D，被告人およびF宅建を相手方として，本件建物の増改築工事の中止および続行禁止並びに明渡し断行を求める仮処分を申し立てたが，却下され，即時抗告を申し立てた。広島高等裁判所は，平成18年9月，F宅建はE不動産が本件建物の持分を取得する以前から本件建物について賃借権を有しており，Dは本件建物の共有持分権を有し，被告人はF宅建の代表者またはDの妻として本件建物を占有しているから，E不動産は，F宅建に対しても，Dおよび被告人に対しても，本件建物の明渡しを請求できない旨，F宅建は賃貸借契約において本件建物の大修繕や改良工事の権限が与えられているから，E不動産はF宅建による工事の中止や続行禁止を求めることもできない旨判示して，E不動産の上記即時抗告を棄却し，これが確定した。

(4)　Bは，平成18年12月20日に本件建物の壁に取り付けた立入禁止の看板の一部が同月21日朝にはがされたりちぎられたりし，同日夜にはなくなっているのを発見したので，同月22日午後7時10分ころ，立入禁止の看板3枚を本件建物に取り付けるため，看板製作・取付会社の取締役であるCおよび同社従業員のHほか1名と共に本件建物前に行った。Bの依頼により，CおよびHは，立入禁止の看板1枚（以下「本件看板」という）を自動車から下ろし，その裏面全面に接着剤であるコーキングを付け，はしごを本件建物西側の壁面に立て掛けるなど，本件看板を取り付ける作業を開始した。

　本件看板は，縦91センチメートル，横119.9センチメートル，厚さ0.3センチメートル，重さ2.5キログラムのものであり，「立入禁止　広島地方裁判所においてD，Aおよび㈲F宅建と係争中のため本件建物への立入を禁ずる。所有者株式会社E不動産」等と記載され，「立入禁止」の文字は赤色で他の文字より大きく，「広島地方裁判所」および「係争中」の文字もそれぞれ赤色で表示され，その他の文言は黒色で表示されている（なお，E不動産が，F宅建およびDを被告として，本件建物について共有物分割訴訟等を提起したのは，平成19年1月11日になってからである）。

　また，本件建物は，その西側が南北方向に走る市道に面し，その境界から約2メートル離れて建てられており，その西壁は南北の長さが約18メートルある。上記市道は車道幅員が約5メートルであり，その東側には幅員約1.9メートルの歩道が設けられている。上記市道は，夜間，交通が閑散である。

(5)　前記のとおりCらが本件看板を本件建物の壁面に取り付ける作業を開始したと

ころ，被告人およびDがやってきて，何をするんだなどと大声で怒鳴り，被告人は，Cの持っていた本件看板を強引に引っ張って取り上げ，裏面を下にして，本件建物西側敷地と上記歩道にまたがる地面へ投げ付け，その上に乗って踏み付けた。Bは，被告人が本件看板から降りた後，これを持ち上げ，コーキングの付いた裏面を自らの方に向け，その体から前へ10センチメートルないし15センチメートル離して本件看板を両手で持ち，付けてくれと言ってこれをCに渡そうとした。そこで，被告人は，これを阻止するため，Bに対し，上記市道の車道の方に向かって，その胸部を両手で約10回にわたり押したところ，Bは，約2メートル後退し，最後に被告人がBの体を右手で突いた際，本件看板を左前方に落として，背中から落ちるように転倒した（本件暴行）。

なお，Bが被告人に押されて後退し，転倒したのは，被告人の力のみによるものではなく，Bが大げさに後退したことと本件看板を持っていたこととがあいまって，バランスを崩したためである可能性が否定できない。

(6) Bは，本件当時48歳で，身長約175センチメートルの男性であり，被告人は，本件当時74歳で，身長約149センチメートルの女性である。被告人は，本件以前に受けた手術の影響による右上肢運動障害のほか，左肩関節運動障害や左肩鎖関節の脱臼を有し，要介護1の認定を受けていた。

3 原判決は，本件暴行につき被告人を有罪としたうえで，被告人はBらによる本件看板の設置を阻止しようとして本件暴行に及んだものであるが，前記2(3)のとおり即時抗告棄却決定においてE不動産が被告人らに対して本件建物の明渡しや工事の中止等を求める権利がない旨判断されていること等からすれば，Bが本件看板を本件建物に設置することは，違法な行為であって，従前の経緯等をも考慮すると，嫌がらせ以外の何物でもないというべきであるとし，Bによる違法な嫌がらせが本件の発端となったことは，刑の量定に当たって十分考慮しなければならない旨判示し，前記1のとおり，被告人を科料9900円に処した。

[判旨]

最高裁は正当防衛の成否について，以下のように判示した。

「検討するに，Bらが立入禁止等と記載した本件看板を本件建物に設置することは，被告人らの本件建物に対する前記2(3)の共有持分権，賃借権等を侵害するとともに，F宅建の業務を妨害し，被告人らの名誉を害するものといわなければならない。そして，Bの依頼を受けたCらは，本件建物のすぐ前において本件看板を取り付ける作業を開始し，被告人がこれを取り上げて踏み付けた後も，Bがこれを持ち上げ，付けてくれと言ってCに渡そうとしていたのであるから，本件暴行の際，Bらはなおも本件看板を本件建物に取り付けようとしていたものと認められ，その行為は，被告人らの上記権利や業務，名誉に対する急迫不正の侵害に当たるというべ

きである。
　そして，被告人は，BがCに対して本件看板を渡そうとしたのに対し，これを阻止しようとして本件暴行に及び，Bを本件建物から遠ざける方向に押したのであるから，Bらによる上記侵害から被告人らの上記権利等を防衛するために本件暴行を行ったものと認められる。
　さらに，Bらは，前記2(2)及び(4)のとおり，本件建物のガラスを割ったり作業員を威圧したりすることによって被告人らが請け負わせた本件建物の原状回復等の工事を中止に追い込んだ上，本件建物への第三者の出入りを妨害し，同(3)の即時抗告棄却決定の後においても，立入禁止等と記載した看板を本件建物に設置するなど，本件以前から継続的に被告人らの本件建物に対する権利等を実力で侵害する行為を繰り返しており，本件における上記不正の侵害はその一環をなすものである。一方，被告人とBとの間には同(6)のような体格差等があることや，同(5)のとおりBが後退して転倒したのは被告人の力のみによるものとは認め難いことなどからすれば，本件暴行の程度は軽微なものであったというべきである。そうすると，本件暴行は，被告人らの主として財産的権利を防衛するためにBの身体の安全を侵害したものであることを考慮しても，いまだBらによる上記侵害に対する防衛手段としての相当性の範囲を超えたものということはできない。
　以上によれば，本件暴行については，刑法36条1項の正当防衛として違法性が阻却されるから，これに正当防衛の成立を認めなかった原判決は，事実を誤認したか，同項の解釈適用を誤ったものといわざるを得ない」。
　5　以上のとおり，公訴事実につき被告人を有罪とした原判決及び第1審判決は，いずれも判決に影響を及ぼすべき法令違反ないし重大な事実誤認があり，これを破棄しなければ著しく正義に反するものと認められる。そして，本件については，訴訟記録並びに原裁判所及び第1審裁判所において取り調べた証拠によって直ちに判決をすることができるものと認められるので，被告人に対し無罪の言渡しをすべきである」。

Questions

Q4　財産権を守るために身体を害する行為が防衛行為として相当とされた判断において，重要だと思われる点を，すべて挙げよ。

【参考判例2】
最判昭和44年12月4日刑集23巻12号1573頁
[事実の概要]
　被告人Xは自己の勤務する運送店の事務所の入口付近で，貨物自動車の買戻しの

交渉のため訪ねて来たTと押し問答を続けているうちに，Tが突然Xの左手の中指および薬指をつかんで逆にねじあげたので，痛さのあまりこれをふりほどこうとして右手でTの胸の辺を1回強く突き飛ばし，Tを仰向けに倒してその後頭部をたまたま付近に駐車していた同人の自動車の車体（後部バンパー）に打ちつけさせ，Tに対し治療45日間を要する頭部打撲症の傷害を負わせた。

原審の東京高裁は，Xの所為は生じた傷害の結果から見て防衛の程度を超えたもので，過剰防衛にあたるとして，Xを有罪とした。

[判旨] 破棄差戻し

「右Tの行為が被告人の身体に対する急迫不正の侵害であることは，原判決も認めているところである。そして，刑法36条1項にいう『已ムコトヲ得サルニ出テタル行為』とは，急迫不正の侵害に対する反撃行為が，自己または他人の権利を防衛する手段として必要最小限度のものであること，すなわち反撃行為が侵害に対する防衛手段として相当性を有するものであることを意味するのであつて，反撃行為が右の限度を超えず，したがつて侵害に対する防衛手段として相当性を有する以上，その反撃行為により生じた結果がたまたま侵害されようとした法益より大であつても，その反撃行為が正当防衛行為でなくなるものではないと解すべきである。本件で被告人が右Tの侵害に対し自己の身体を防衛するためとつた行動は，痛さのあまりこれをふりほどこうとして，素手でTの胸の辺を1回強く突いただけであり，被告人のこの動作によつて，被告人の指をつかんでいた手をふりほどかれたTが仰向けに倒れたところに，たまたま運悪く自動車の車体があつたため，高橋は思いがけぬ判示傷害を蒙つたというのである。してみれば，被告人の右行為が正当防衛行為にあたるか否かは被告人の右行為がTの侵害に対する防衛手段として前示限度を超えたか否かを審究すべきであるのに，たまたま生じた右傷害の結果にとらわれ，たやすく被告人の本件行為をもつて，そのよつて生じた傷害の結果の大きさにかんがみ防衛の程度を超えたいわゆる過剰防衛であるとした原判決は，法令の解釈適用をあやまつた結果，審理不尽の違法があるものというべく，右違法は判決に影響を及ぼすことが明らかであり，かつ，これを破棄しなければ著しく正義に反するものと認める。」

2　過剰防衛と防衛行為の特定

〔設問2〕　次の事案を読んで，Xの正当防衛の成否について，問に解答せよ。

（1）X（当時64歳）は，本件当日，第1審判示「Aプラザ」の屋外喫煙所の外階段下で喫煙し，屋内に戻ろうとしたところ，B（当時76歳）が，その知人であるCおよびDと一緒におり，Bは，「ちょっと待て。話がある」とXに呼

び掛けた。Xは，以前にもBから因縁を付けられて暴行を加えられたことがあり，今回も因縁を付けられて殴られるのではないかと考えたものの，同人の呼び掛けに応じて，ともに上記屋外喫煙所の外階段西側へ移動した。

(2) Xは，同所において，Bからいきなり殴り掛かられ，これをかわしたものの，腰付近を持たれて付近のフェンスまで押し込まれた。Bは，さらにXを自己の体とフェンスとの間に挟むようにして両手でフェンスをつかみ，Xをフェンスに押しつけながら，ひざや足で数回けったため，XもBの体を抱えながら足を絡めたり，けり返したりした。そのころ，2人がもみ合っている現場にCおよびDが近づくなどしたため，Xは，1対3の関係にならないように，Cらに対し「おれはやくざだ」などと述べて威嚇した。そして，XをフェンスにC押さえつけていたBを離すようにしながら，その顔面を1回殴打した。

(3) すると，Bは，その場にあったアルミ製灰皿（直径19センチメートル，高さ60センチメートルの円柱形をしたもの）を持ち上げ，Xに向けて投げつけた。Xは，投げつけられた同灰皿を避けながら，同灰皿を投げつけた反動で体勢を崩したBの顔面を右手で殴打すると，Bは，頭部から落ちるように転倒して，後頭部をタイルの敷き詰められた地面に打ちつけ，仰向けに倒れたまま意識を失ったように動かなくなった（以下，ここまでのXのBに対する暴行を「第1暴行」という）。

(4) Xは，憤激の余り，意識を失ったように動かなくなって仰向けに倒れているBに対し，その状況を十分に認識しながら，「おれを甘く見ているな。おれに勝てるつもりでいるのか」などと言い，その腹部等を足蹴にしたり，足で踏みつけたりし，さらに，腹部にひざをぶつける（右ひざを曲げて，ひざ頭を落とすという態様であった）などの暴行を加えた（以下，この段階のXのBに対する暴行を「第2暴行」という）が，Bは，第2暴行により，肋骨骨折，脾臓挫滅，腸間膜挫滅等の傷害を負った。

(5) Bは，Aプラザから付近の病院へ救急車で搬送されたものの，6時間余り後に，頭部打撲による頭蓋骨骨折に伴うクモ膜下出血によって死亡したが，この死因となる傷害は第1暴行によって生じたものであった。

Questions

Q5 Xは，第1暴行以前にもBを殴打しており，「自招防衛」の問題は生じないか。

Q6 弁護人は，第1暴行と第2暴行は，分断せず一体のものとして評価すべきであって，前者について正当防衛が成立する以上，全体につき正当防衛を認めて無罪とすべきであるなどと主張する。第1暴行と第2暴行を分けて考えることは可

能か。その場合には，構成要件該当性の実行行為の特定の際の判断と，異なった要素を含むのか。

Q7 1個の防衛のためにする行為といえるか否かの判断において，防衛行為の認識（急迫不正の侵害の認識）はどのように影響するか。構成要件該当の実行行為性判断と比較して述べよ。

2 最決平成20年6月25日刑集62巻6号1859頁

[事実の概要]　〔設問2〕参照

　第1審判決は，Xは，自己の身体を防衛するため，防衛の意思をもって，防衛の程度を超え，甲に対し第1暴行と第2暴行を加え，同人に頭蓋骨骨折，腸間膜挫滅等の傷害を負わせ，搬送先の病院で同傷害に基づく外傷性クモ膜下出血により同人を死亡させたものであり，過剰防衛による傷害致死罪が成立するとし，Xに対し懲役3年6月の刑を言い渡した。これに対し，Xが控訴を申し立てたところ，原判決は，Xの第1暴行については正当防衛が成立するが，第2暴行については，甲の侵害は明らかに終了しているうえ，防衛の意思も認められず，正当防衛ないし過剰防衛が成立する余地はないから，Xは第2暴行によって生じた傷害の限度で責任を負うべきであるとして，第1審判決を事実誤認および法令適用の誤りにより破棄し，Xは，Xの正当防衛行為により転倒して後頭部を地面に打ち付け，動かなくなった甲に対し，その腹部等を足げにしたり，足で踏み付けたりし，さらに，腹部にひざをぶつけるなどの暴行を加えて，肋骨骨折，脾臓挫滅，腸間膜挫滅等の傷害を負わせたものであり，傷害罪が成立するとし，Xに対し懲役2年6月の刑を言い渡した。

[決定要旨]

　「前記事実関係の下では，第1暴行により転倒した甲が，Xに対し更なる侵害行為に出る可能性はなかったのであり，Xは，そのことを認識した上で，専ら攻撃の意思に基づいて第2暴行に及んでいるのであるから，第2暴行が正当防衛の要件を満たさないことは明らかである。そして，両暴行は，時間的，場所的には連続しているものの，甲による侵害の継続性及びXの防衛の意思の有無という点で，明らかに性質を異にし，Xが前記発言をした上で抵抗不能の状態にある甲に対して相当に激しい態様の第2暴行に及んでいることにもかんがみると，その間には断絶があるというべきであって，急迫不正の侵害に対して反撃を継続するうちに，その反撃が量的に過剰になったものとは認められない。そうすると，両暴行を全体的に考察して，1個の過剰防衛の成立を認めるのは相当でなく，正当防衛に当たる第1暴行については，罪に問うことはできないが，第2暴行については，正当防衛はもとより

過剰防衛を論ずる余地もないのであって，これにより甲に負わせた傷害につき，Xは傷害罪の責任を負うというべきである。以上と同旨の原判断は正当である。」

【参考判例3】
最決平成21年2月24日刑集63巻2号1頁
[事実の概要]

覚せい剤取締法違反の罪で起訴され，拘置所に勾留されていた被告人が，同拘置所内の居室において，同室の男性（以下「被害者」という）に対し，折り畳み机を投げ付け，その顔面を手けんで数回殴打するなどの暴行を加えて同人に加療約3週間を要する左中指腱断裂および左中指挫創の傷害（以下「本件傷害」という）を負わせたとして，傷害罪で起訴された事案である。

原判決は，上記折り畳み机による暴行については，被害者の方から被告人に向けて同机を押し倒してきたため，被告人はその反撃として同机を押し返したもの（以下「第1暴行」という）であり，これには被害者からの急迫不正の侵害に対する防衛手段としての相当性が認められるが，同机に当たって押し倒され，反撃や抵抗が困難な状態になった被害者に対し，その顔面を手けんで数回殴打したこと（以下「第2暴行」という）は，防衛手段としての相当性の範囲を逸脱したものであるとした。そして，原判決は，第1暴行と第2暴行は，被害者による急迫不正の侵害に対し，時間的・場所的に接着してなされた一連一体の行為であるから，両暴行を分断して評価すべきではなく，全体として1個の過剰防衛行為として評価すべきであるとし，罪となるべき事実として，「被告人は，被害者が折り畳み机を被告人に向けて押し倒してきたのに対し，自己の身体を防衛するため，防衛の程度を超え，同机を被害者に向けて押し返した上，これにより転倒した同人の顔面を手けんで数回殴打する暴行を加えて，同人に本件傷害を負わせた」旨認定し，過剰防衛による傷害罪の成立を認めた。そのうえで，原判決は，本件傷害と直接の因果関係を有するのは第1暴行のみであるところ，同暴行を単独で評価すれば，防衛手段として相当といえることを酌むべき事情の1つとして認定し，被告人を懲役4月に処した。

[決定要旨]

「所論は，本件傷害は，違法性のない第1暴行によって生じたものであるから，第2暴行が防衛手段としての相当性の範囲を逸脱していたとしても，過剰防衛による傷害罪が成立する余地はなく，暴行罪が成立するにすぎないと主張する。

しかしながら，前記事実関係の下では，被告人が被害者に対して加えた暴行は，急迫不正の侵害に対する一連一体のものであり，同一の防衛の意思に基づく1個の行為と認めることができるから，全体的に考察して1個の過剰防衛としての傷害罪の成立を認めるのが相当であり，所論指摘の点は，有利な情状として考慮すれば足

りるというべきである。以上と同旨の原判断は正当である。」

Questions

Q8 第1暴行と第2暴行とを分けて考えるか否かという意味で，類似の事案に関する基本判例と比較し，同じ第1小法廷が，一見すると矛盾するように見える判断を示したのはなぜか。

【参考判例4】
最判平成9年6月16日刑集51巻5号435頁
[事実の概要]

被告人は，A荘2階の一室に居住していたものであり，同荘2階の別室に居住するB（当時56歳）と日ごろから折り合いが悪かったところ，午後2時13分ころ，同荘2階の北側奥にある共同便所で小用を足していた際，突然背後からBに長さ約81センチメートル，重さ約2キログラムの鉄パイプ（以下「鉄パイプ」という）で頭部を1回殴打された。

続けて鉄パイプを振りかぶったBに対し，被告人は，それを取り上げようとしてつかみ掛かり，同人ともみ合いになったまま，同荘2階の通路に移動し，その間2回にわたり大声で助けを求めたが，だれも現れなかった。その直後に，被告人は，Bから鉄パイプを取り上げたが，同人が両手を前に出して向かってきたため，その頭部を鉄パイプで1回殴打した。そして，再度もみ合いになって，Bが，被告人から鉄パイプを取り戻し，それを振り上げて被告人を殴打しようとしたため，被告人は，同通路の南側にある1階に通じる階段の方へ向かって逃げ出した。

被告人は，階段上の踊り場まで至った際，背後で風を切る気配がしたので振り返ったところ，Bは，通路南端に設置されていた転落防止用の手すりの外側に勢い余って上半身を前のめりに乗り出した姿勢になっていた。しかし，Bがなおも鉄パイプを手に握っているのを見て，被告人は，同人に近づいてその左足を持ち上げ，同人を手すりの外側に追い落とし，その結果，同人は，1階のひさしに当たった後，手すり上端から約4メートル下のコンクリート道路上に転落した。Bは，被告人の上記一連の暴行により，入院加療約3か月間を要する前頭，頭頂部打撲挫創，第2および第4腰椎圧迫骨折等の傷害を負った。

[決定要旨]

「原判決及びその是認する第1審判決は，被告人がBに対しその片足を持ち上げて地上に転落させる行為に及んだ当時，同人が手すりの外側に上半身を乗り出した状態になり，容易には元に戻りにくい姿勢となっていたのであって，被告人は自由にその場から逃げ出すことができる状況にあったというべきであるから，その時点

でBの急迫不正の侵害は終了するとともに，被告人の防衛の意思も消失したとして，被告人の行為が正当防衛にも過剰防衛にも当たらないとの判断を示している。

　しかしながら，前記一の事実関係に即して検討するに，Bは，被告人に対し執ような攻撃に及び，その挙げ句に勢い余って手すりの外側に上半身を乗り出してしまったものであり，しかも，その姿勢でなおも鉄パイプを握り続けていたことに照らすと，同人の被告人に対する加害の意欲は，おう盛かつ強固であり，被告人がその片足を持ち上げて同人を地上に転落させる行為に及んだ当時も存続していたと認めるのが相当である。また，Bは，右の姿勢のため，直ちに手すりの内側に上半身を戻すことは困難であったものの，被告人の右行為がなければ，間もなく態勢を立て直した上，被告人に追い付き，再度の攻撃に及ぶことが可能であったものと認められる。そうすると，Bの被告人に対する急迫不正の侵害は，被告人が右行為に及んだ当時もなお継続していたといわなければならない。さらに，それまでの一連の経緯に照らすと，被告人の右行為が防衛の意思をもってされたことも明らかというべきである。したがって，被告人が右行為に及んだ当時，Bの急迫不正の侵害は終了し，被告人の防衛の意思も消失していたとする原判決及びその是認する第1審判決の判断は，是認することができない。

　以上によれば，被告人がBに対しその片足を持ち上げて地上に転落させる行為に及んだ当時，同人の急迫不正の侵害及び被告人の防衛の意思はいずれも存していたと認めるのが相当である。また，被告人がもみ合いの最中にBの頭部を鉄パイプで1回殴打した行為についても，急迫不正の侵害及び防衛の意思の存在が認められることは明らかである。しかしながら，Bの被告人に対する不正の侵害は，鉄パイプでその頭部を1回殴打した上，引き続きそれで殴り掛かろうとしたというものであり，同人が手すりに上半身を乗り出した時点では，その攻撃力はかなり減弱していたといわなければならず，他方，被告人の同人に対する暴行のうち，その片足を持ち上げて約4メートル下のコンクリート道路上に転落させた行為は，一歩間違えば同人の死亡の結果すら発生しかねない危険なものであったことに照らすと，鉄パイプで同人の頭部を1回殴打した行為を含む被告人の一連の暴行は，全体として防衛のためにやむを得ない程度を超えたものであったといわざるを得ない。

　そうすると，被告人の暴行は，Bによる急迫不正の侵害に対し自己の生命，身体を防衛するためその防衛の程度を超えてされた過剰防衛に当たるというべきであるから，右暴行について過剰防衛の成立を否定した原判決及びその是認する第1審判決は，いずれも事実を誤認し，刑法36条の解釈適用を誤ったものといわなければならない。」

Questions

Q9 本件で，Bの急迫不正の侵害は，どの時点からどの時点まで認められるか。第1審と最高裁とで，その認定が異なっているのはなぜか。

Q10 被告人の一連の反撃行為は1個の防衛行為と評価できるか。また，防衛の意思はどの時点からどの時点にまで認められるか。これらの判断は，**Q9**における急迫不正の侵害の継続性に関する判断とどのような関係に立つか。本件で，過剰性が認められた根拠は何か。

【参考判例5】
東京地判平成10年10月27日判タ1019号297頁
［事実の概要］

　1　被告人Aは，平成7年2月ころCと知り合って一時同棲していたが，被告人Aと別れたCが平成8年10月ころからDと同棲するようになったことで，被告人AとDはCをめぐって対立するようになり，被告人AがCらの居室から物を盗んだり，それを知ったDが逆に被告人Aの居室を襲ったりした。その後，被告人Aは，平成9年6月ころから，再びCとアパートPの一室で同棲するようになったが，Dとの関係は好転せず，CがDとの交際を断って被告人Aと同棲を再開したことやDとCとの同棲関係解消に絡む金銭関係をめぐって暴力沙汰を伴う対立関係が続いていた。

　被告人Bは，被告人Aの知り合いで，一時Cに好意を抱いたこともあったが，Dとも面識があって，Cとの交際を諦めるように忠告したりしていた。

　被告人両名は，Dとの接触を通じて，Dが催涙スプレー，特殊警棒等を所持していることに気づいていた。

　2　被告人AとCは，本件直前の平成9年7月11日，アパートPを出たところでDの待ち伏せに気づき，その場から逃げ出した。そして，被告人Aの携帯電話で応援を頼まれて駆けつけた被告人Bは，Dに殴りかかられて，殴り合いの喧嘩となった。その後，被告人両名が落ち合った際，被告人Aは，Dとの抗争に備えて刃物を買おうと言い，被告人Bを伴って前記ナイフ2本を購入した。被告人Aは，折りたたみ式ナイフを被告人Bに渡すことにして，被告人Bがいつも持ち歩いているセカンドバッグに入れた。

　3　翌12日，被告人両名とCは，友人と横浜のカジノバーへ出かけ，翌13日の午前2時9分ころ，タクシーでアパートPまで戻り，被告人AとCが下車した。しかし，被告人Aは，自室の消したはずの明かりが点いている状態を不審に思い，Dが潜んでいるのではないかと危惧し，すでに走りだしていたタクシー内にいた被告人Bを呼び戻して，自室内の様子を確認するよう頼んだ。

　2階のベランダに登って被告人Aの自室の様子を見た被告人Bから異常がない

旨告げられた被告人Aは，Cとともに自室に帰るべくアパートPの階段を上がったが，その途中で万一の場合に備え，Cのバッグに入れていたハンティングナイフを出させて右手に持った。自室内に入ると室内に人の足が見えたので，被告人Aは，「C，早く逃げて」と叫んだ。その瞬間，Dに催涙スプレーをかけられ，特殊警棒で手や頭を殴られた被告人Aは，右ナイフを振り回すなどして応戦し，アパートP1階出入り口付近まで逃げたが，その間もDから背中を殴られる等の暴行を受けた。

一方，被告人Bは，被告人Aの声を聞き，ベランダから降りたところ，被告人Aが「助けて，助けて」と言いながらアパートPの出入り口から走り出て来たので，すぐさまアパートPの中に入り，被告人Aを追って階段を降りて来ていたDに対し「あなたはどういうつもりですか」などと言った。Dは，いきなり催涙スプレーを被告人Bの顔にかけ，特殊警棒で2回ほど頭を殴りつけた。そのため，被告人Bは，一旦アパートP外の通路部分に出て，折たたみ式ナイフを取り出して右手に持ち，Dの攻撃から頭を守るため上着を脱いで左腕に巻いた。被告人Aは，前記出入り口付近に戻って，ハンティングナイフを振り回してDが外に出られないようにしていた。被告人Bもその場に行き，Dに対し，「まだやる，まだやる」などと言って，折りたたみ式ナイフを突きつけたところ，Dが催涙スプレーを噴射し，特殊警棒で殴ってきた。被告人Bは，折りたたみ式ナイフでDの胸部付近を突き刺し，被告人Aも，その左横から，ハンティングナイフでDの胸部付近を突き刺した（被告人Aの突き刺し行為については後にさらに説明する）。

4 催涙スプレーは，目に入ると目を強烈に刺激し，涙が止まらず，吸い込むと激しく咳き込む状態を引き起こす性能を有し，被告人両名とも，Dの噴射によって目に痛みを感じ，良好な視野を確保できない状態に陥った。

また，特殊警棒は警棒に相応した硬度があり，重さが約380グラム，棒の太い部分が約2.6センチメートル，細い部分が約1.2センチメートルの3段式で伸縮が可能であり，2，3段目の棒を1段目の棒に収納した短い状態で約15.8センチメートル，棒を全部伸ばした状態で約38.8センチメートルあり，警棒を振ることで簡単に棒を伸ばすことができ，被告人両名に対する前記攻撃の際は棒を全部伸ばした状態であったと認められる。このことは，Dの前記攻撃態様や被告人両名の後記受傷状況からも裏づけられる。

Dの前記攻撃で，被告人Aは右前頭部挫創，右手背打撲・挫創の，被告人Bは頭部打撲のいずれも全治10日前後の傷害をそれぞれ受けた

5 そこで，被告人両名は，共謀して，被告人両名の身体の安全を防衛するため，Dに対し，前記防衛に必要な程度を超えて，被告人Bは折りたたみ式ナイフで，被告人Aは前記ナイフで，それぞれDの胸部付近を突き刺すなどの暴行を加えた。その結果，Dに左側胸部刺創等の傷害を負わせ，午前3時ころ，搬送先の病院におい

て，同人を左側胸部刺創による心臓および左肺の損傷により死亡させた。

[判旨]

「二　Dの侵害の急迫性

……

　以上によれば，被告人Aは，Dと前記の対立関係にあって，Dが催涙スプレー，特殊警棒を持っていることを知っており，また，本件直前にも自宅付近でDの待ち伏せに遭い，新たに前記ナイフ2本を購入して自ら1本持参していたから，近い将来にDから催涙スプレー，特殊警棒をも使用した攻撃を受ける可能性を予期していたとは言える。しかし，本件当時は，バカラ賭博をして深夜に帰宅しようとしていたのであって，被告人Aの自室に侵入した上での前記のような攻撃をDから受けるとの具体的な予期まではなかったといえる。右の点は，被告人Bには，被告人A以上にいうことができる。なお，被告人Aは，前記のような自室の状態からDが潜んでいるのではないかと危惧したが，その後被告人Bの観察によって一応右の危惧は否定されていたから，自室に入る際にナイフを手にしていたことを考慮しても，右認定は影響されない。

　したがって，被告人Aらの留守中に違法に被告人Aの自室に侵入した上でのDの前記攻撃は，被告人両名に対する急迫不正な侵害に当たると認められる。

　三　被告人両名の防衛の意思

　被告人両名は突然で一方的なDの前記攻撃を受けて前記傷害を負い，特に被告人Bの頭部からの出血は多く，前記特殊警棒の形状からしても，Dの攻撃の激しさが窺われるから，被告人両名の前記各突き刺し行為も，右攻撃に対する防衛の意思によったものとみることができる。そして，Dに対する被告人両名の主な加害行為が前記の程度に留まっていること，被告人Aが当初自室から階下へ逃げたこと，被告人Bが本件でDと最初に対面した際は，ナイフも手にせずに声でDの攻撃を制止しようとしたことなどは，被告人両名に右意思があったことを裏付けている。また，被告人両名は現場から逃走することは可能であったが，Dは被告人Aの自室の不法侵入者であるから，Dを排除しない限り被告人Aは帰宅すらできないのであって，しかも，Dは潜んでいて突然攻撃を加えてきたのであって，そのようなDと冷静に話し合う余地もなかったとみられるから，被告人両名がDの攻撃に応戦して突き刺し行為に出たことは，防衛の意思の存在と矛盾するものではない。

　他方，被告人両名は，前記のようにDと対立関係にあって，暴力沙汰になったこともあり，Dから催涙スプレー，特殊警棒をも使用した攻撃を受けることがあり得ることを予期していて，Dから前記攻撃を受けたことに立腹したとみられるから，被告人両名がDへの加害行為に出た際には，Dに対する報復の意思もあったとみることができる。被告人両名が本件直後に関係者に対し本件を「喧嘩」と言ったり，

報復の気持ちがあったことを話したりし，捜査階段でも同旨の供述をしていること，被告人両名の攻撃を受け，徒歩で現場から離れつつあったDを追いかけて背後から，被告人Bが足蹴りし，被告人Aも前記ナイフで切りつけたこと（ただし，本件起訴に含まれていない。）などは，右意思の存在を裏付けている。

そうすると，前記各突き刺し行為に出た当時，被告人両名には防衛の意思と報復の意思とが併存していたとみられるが，Dの攻撃も依然続いていたから，専ら，報復の意思によって前記突き刺し行為に出たとするには合理的疑いが残る。したがって，疑わしきは被告人に有利にの原則に従い，右各行為は防衛の意思によるものと認定する。

……

四　防衛行為の相当性

防衛行為の相当性の判断に当たっては，被告人両名の被侵害利益の内容，被告人両名の行為が共謀によるものか否かが前提となるが，前記のように被告人Aが前記突き刺し行為に出たか否かが密接に関連しているので，この点から順次説明する。

1　D_1の傷の成傷器等

……

D_1の傷の成傷器は被告人Aが使用したハンティングナイフであると認められる。

他方，D_2の傷の成傷器は，その傷自体から特定できることを示す証拠はないが，被告人Bの供述から窺われる突き刺し行為の部位，態様に照らすと，被告人Bが持っていた折りたたみ式ナイフによって生じたものと認めるのが相当である。

致命傷となったD_1の傷の重篤度からすると，右傷を負ったDは急速に行動能力を失うとみられるところ，被告人両名の供述から窺われるDの行動状況に照らすと，DがD_1の傷を負ったのは，アパートPの出入り口付近で被告人両名がDに対し各人のナイフで攻撃したときと認めるのが相当である。

……被告人AがDを刺したことを明確に裏付ける傷はD_1の傷1つであることからすると，少なくとも1回の攻撃がなされたとの限度で信用するに留めるのが相当である。……

2　被告人両名の傷害の共謀の成否

本件は，Dの突然の前記攻撃を受けて逃げてきた被告人Aと同人を助けようとした被告人Bとが，各自のナイフで，Dの身体の枢要部である胸部を突き刺した事案であり，被告人両名はDの攻撃に応戦するという共通の目的を持ち，被告人Bは，被告人がアパートP出入り口付近でDにナイフを振り回しているのを認識した上で右突き刺し行為に出たこと，被告人Aは，自分の背後で被告人Bがナイフを手にしたことを現認できていないが，Dに関連した当日までの被告人両名の行動，心理状態，特に前記のように近接した時期に被告人Bに前記ナイフを渡していて，直前に

も被告人BがDの攻撃から被告人Aを庇う行動に出たことを認識していたから，被告人Bがナイフによる右突き刺し行為に出ることを十分予期できたとみられ，しかも，被告人Bの右突き刺し行為の直前に自らも前記突き刺し行為に出ていることからすると，遅くとも，被告人Bが右突き刺し行為に出る時点までには，被告人両名の間にDに対する傷害の黙示の共謀が成立していたものと認められる。

他方，これを否定する被告人Aの弁護人の主張は，被告人Aがナイフによる右突き刺し行為に出ていないことを前提としている点で，既に失当である。

3　被告人両名の被侵害利益の内容，防衛行為の相当性

被告人両名は，Dから催涙スプレーを噴射されて目に痛みを感じ，良好な視野を確保できない状態に陥り，また，特殊警棒で頭部等を殴られて，前記傷害を負ったりしたから，Dの急迫不正な侵害によって身体の安全が害されていたことは明らかである。しかし，Dの攻撃の程度や被告人両名の応戦の状況に照らすと，殊に，被告人両名が前記の共謀をしてナイフによる防衛行為に出る段階では，防衛行為を正当化するような生命に対する侵害はなかったと認めるのが相当である。

被告人両名の防衛行為の内容は，前記のように被告人両名が近接した場所にいて，それぞれ持っていた鋭利なナイフで，対峙していたDの身体の枢要部である胸部を突き刺しているから，Dが死亡する結果が生じたのも，通常生じ得ない事態といえないのは明らかである。そして，被告人両名が右防衛行為に出た時点では，Dに比べ被告人側が2対1と人的にも優勢になった上，凶器の性状も，特殊警棒も相当程度の攻撃力を有するとはいえ，一撃でも致命傷を与え得るナイフの殺傷能力の方が勝っている。

他方，Dの侵害行為は前記の態様のものであって，いまだ被告人両名の身体の安全を害する程度に留まっていた。

そうすると，被告人両名の右防衛行為は，防衛行為としての相当性の程度を越えたものといえ，また，右行為によってDは死亡しているから，法益の点でも相当性の範囲を越えているといえる。

したがって，被告人両名の行為は，正当防衛に該当せず，過剰防衛に該当する。仮に，［アパートP］出入り口付近でのDに対する被告人Aの突き刺し行為の回数が2回であったとしても，それだけでは，右結論は影響されない。」

Questions

Q11 被告人A・Bについて，どのような事情から，どの時点で共謀が認められているか。

Q12 本件で，侵害の急迫性，防衛行為，防衛の意思，防衛行為の相当性について，どのような判断がなされているか。具体的事情を挙げつつ考察しなさい。

第12講 間接正犯と共同正犯と幇助

1 間接正犯と教唆と共同正犯

〔設問1〕 次の判例を読み，Xの罪責について検討せよ。

1 最決平成13年10月25日刑集55巻6号519頁

[事実の概要]

スナックのホステスであった被告人Xは，生活費に窮したため，同スナックの経営者C子から金品を強取しようと企て，自宅にいた長男B（当時12歳10か月，中学1年生）に対し，「ママのところに行ってお金をとってきて。映画でやっているように，金だ，とか言って，モデルガンを見せなさい」などと申し向け，覆面をしエアーガンを突き付けて脅迫するなどの方法により同女から金品を奪い取ってくるよう指示命令した。Bは嫌がっていたが，被告人は，「大丈夫。お前は，体も大きいから子供には見えないよ」などと言って説得し，犯行に使用するためあらかじめ用意した覆面用のビニール袋，エアーガン等を交付した。これを承諾したBは，上記エアーガン等を携えて1人で同スナックに赴いたうえ，上記ビニール袋で覆面をして，被告人から指示された方法により同女を脅迫したほか，自己の判断により，同スナック出入口のシャッターを下ろしたり，「トイレに入れ。殺さないから入れ」などと申し向けて脅迫し，同スナック内のトイレに閉じ込めたりするなどしてその反抗を抑圧し，同女所有に係る現金約40万1000円およびショルダーバッグ1個等を強取した。Xは，自宅に戻って来たBからそれらを受け取り，現金を生活費等に費消した。

第1審判決は，「長男は，被告人に抗しがたい状況下で本件実行に及んだものではなく，自らの自由な意思で実行行為に及んだと評価すべきであること等の事情にかんがみれば，本件は間接正犯が成立する事案ではなく，また，被告人が本件犯行の準備を行い，奪った金品を主体的に処分していること等の事情にかんがみれば，本件は教唆犯にとどまる事案ではなく，共同正犯が成立する」との判断を示し，原判決も強盗の共同正犯の成立を認めた。

弁護人は，Xの単独犯行であるとの主張をしたほか，仮に強盗行為に及んだのが長男であったとしても，被告人は強盗の間接正犯であるから，強盗の共同正犯と認

定した原判決には事実誤認があるなどと主張して上告した。

[決定要旨] 上告棄却

「上記認定事実によれば，本件当時Bには是非弁別の能力があり，被告人の指示命令はBの意思を抑圧するに足る程度のものではなく，Bは自らの意思により本件強盗の実行を決意した上，臨機応変に対処して本件強盗を完遂したことなどが明らかである。これらの事情に照らすと，所論のように被告人につき本件強盗の間接正犯が成立するものとは，認められない。そして，被告人は，生活費欲しさから本件強盗を計画し，Bに対し犯行方法を教示するとともに犯行道具を与えるなどして本件強盗の実行を指示命令した上，Bが奪ってきた金品をすべて自ら領得したことなどからすると，被告人については本件強盗の教唆犯ではなく共同正犯が成立するものと認められる。したがって，これと同旨の第1審判決を維持した原判決の判断は，正当である。」

Questions

Q1 間接正犯とはどのように定義されるか。教唆犯とはどのような相違があるのか。
Q2 間接正犯の定義からみて，**基本判例1**のXの行為は間接正犯といえるか。弁護人の主張は理由があるか。
Q3 **基本判例1**が共同正犯とした根拠は何か。また，刑事未成年者との共同正犯の成立を認めることについて，何か問題はないか。
Q4 刑事未成年者に対する教唆は成立しえないとする考え方はあるか。それに対する批判としてどのようなものがあるか。

〔設問2〕 次の判例を読み，Xの罪責について検討せよ。

2 最決昭和58年9月21日刑集37巻7号1070頁

[事実の概要]

被告人Xは，当時12歳の養女Kを連れて四国八十八ヶ所札所等を巡礼中，日ごろ被Xの言動に逆らう素振りを見せる都度顔面にタバコの火を押しつけたりドライバーで顔をこすったりするなどの暴行を加えて自己の意のままに従わせていた同女に対し，寺の納経所・事務所などから金品を窃取するよう命じてこれを行わせた。第1審，原審判決ともに窃盗罪の成立を認めたが，弁護人は，「Kの行為は構成要件に該当し，違法なものであるが，Kが刑事未成年であるが故に犯罪が成立しないに

すぎない。Kに盗みを命じたXの行為は窃盗の教唆になるのは格別，窃盗の正犯にはならないと解すべきである」と主張し，上告した。

[決定要旨]

「被告人が，自己の日頃の言動に畏怖し意思を抑圧されている同女を利用して右各窃盗を行つたと認められるのであるから，たとえ所論のように同女が是非善悪の判断能力を有する者であつたとしても，被告人については本件各窃盗の間接正犯が成立すると認めるべきである。」

Questions

Q5 要素従属性の考え方によりこの事案を説明すると，それぞれどのような結論になるか。

Q6 **基本判例2**が間接正犯の成立を認めた根拠は何か。また，決定要旨で，「是非善悪の判断能力を有する者であつたとしても」としているのはなぜか。

Q7 共同正犯を認めた**基本判例1**と比較し，結論に差が生じたのはどのような理由によると考えられるか。

2　間接正犯と教唆犯の錯誤

〔設問3〕　次の事案を読み，XおよびYの罪責について検討せよ（1講〔設問1〕と比較すること）。

1　暴力団組長であるX（35歳）は，同組幹部のA（30歳）が対立する暴力団に情報提供していることを知り，Aの殺害を決意した。

Xは，Aに睡眠薬を混入させた飲料を飲ませて眠らせたうえ，Aを車のトランク内に閉じ込め，ひとけのない山中の採石場で車ごと燃やしてAを殺害することとした。Xは，Aを殺害する時間帯の自己のアリバイを作っておくため，Aに睡眠薬を飲ませて車のトランク内に閉じ込めるところまではX自身が行うものの，採石場に車を運んでこれを燃やすことは，末端組員であるY（20歳）に指示して実行させようと計画した。ただし，Xは，Yが実行をちゅうちょしないよう，YにはトランクAを閉じ込めていることは伝えないこととした。

2　Xは，上記計画を実行する当日夜，Yに電話をかけ，「後でお前の家に行くから待ってろ」と指示したうえ，Aに電話をかけ，「ちょっと話があるから付き合え」などと言ってAを呼び出した。Xは，古い自己所有の普通乗用自動車（以下「B車」という）を運転してAとの待ち合わせ場所に向かったが，その少し手前のコンビニエンスストアに立ち寄り，カップ入りのホットコーヒー2杯を購入し，そのうちの1杯に，あらかじめ用意しておいた睡眠薬5錠分の

粉末を混入させた。Xは，程なく待ち合わせ場所に到着し，そこで待っていたAに対し，「乗れ」と言い，AをB車助手席に乗せた。Xは，B車を運転して出発し，走行中の車内で，上記睡眠薬入りコーヒーをAに差し出した。Aは，Xの意図に気付くことなくこれを飲み干し，その約30分後，昏睡状態に陥った。Xは，Aが昏睡したことを確認し，ひとけのない場所にB車を止め，車内でAの手足をロープで縛り，Aが自由に動けないようにしたうえ，昏睡したままのAを助手席から引きずり出して抱え上げ，B車のトランク内に入れて閉じ込めた。なお，上記睡眠薬の1回分の通常使用量は1錠であり，5錠を一度に服用した場合，昏睡状態には陥るものの死亡する可能性はなく，Xも，上記睡眠薬入りコーヒーを飲んだだけでAが死亡することはないと思っていた。

　3　その後，Xは，給油所でガソリン10リットルを購入し，B車の後部座席にそのガソリンを入れた容器を置いたうえ，B車を運転してY宅に行った。Xは，Yに対し，「この車を廃車にしようと思うが，手続が面倒だから，お前と何度か行ったことがある採石場の駐車場に持って行ってガソリンをまいて燃やしてくれ。ガソリンはもう後部座席に積んである」などと言い，トランク内にAを閉じ込めた状態であることを秘したまま，B車を燃やすよう指示した。Yは，組長である甲の指示であることから，これを引き受けた。Xが以前にYと行ったことがある採石場（以下「本件採石場」という）は，人里離れた山中にあり，夜間はひとけがなく，周囲に建物等もない場所であり，Xは，本件採石場の駐車場（以下「本件駐車場」という）でB車を燃やしても，建物その他の物や人に火勢が及ぶおそれは全くないと認識していた。

　4　XがY宅から帰宅した後，Yは，1人でB車を運転し，Xに指示された本件採石場に向かった。Yの運転開始から約1時間後，Aは，B車のトランク内で意識を取り戻し，「助けてくれ。出してくれ」などと叫び出した。Yは，トランク内から人の声が聞こえたことから，道端にB車を止めてトランクを開けてみた。トランク内には，Aが手足をロープで縛られて横たわっており，「助けてくれ。出してくれ」と言ってYに助けを求めてきた。Yは，この時点で，Xが自分に事情を告げずにB車を燃やすように仕向けてAを焼き殺すつもりだったのだと気付いた。Yは，Aを殺害することにちゅうちょしたが，組長であるXの指示であることや，Y自身，日ごろ，Aからいじめを受けてAに恨みを抱いていたことから，Aをトランク内に閉じ込めたままB車を燃やし，Aを焼き殺すことを決意した。Yは，Aが声を出さないようにAの口を車内にあったガムテープで塞いだうえ，トランクを閉じ，再びB車を運転して本件採石場に向かった。Yは，Aの口をガムテープで塞いだものの，鼻を塞いだわけではないので，それによってAが死亡するとは思っていなかった。

5　Yは，その後，山中の悪路を約1時間走行し，トランク内のAに気付いた地点から距離にして約20キロメートル離れた本件駐車場に到着した。

　6　本件駐車場は，南北に走る道路の西側に面する南北約20メートル，東西約10メートルの長方形状の砂利の敷地であり，その周囲には岩ばかりの採石現場が広がっていた。本件採石場に建物はなく，当時夜間であったので，人もいなかった。Yは，上記南北に走る道路から本件駐車場に入ると，B車を本件駐車場の南西角にB車前方を西に向けて駐車した。本件駐車場には，他の車両はなく，人もいなかった。当時の天候は，小雨模様で，ほぼ無風であった。また，B車の車内のシートは布製であり，後部座席には雑誌数冊と新聞紙が置いてあった。Yは，それら本件駐車場内外の状況，天候や車内の状況等を認識したうえ，「ここなら，誰にも気付かれずにB車を燃やすことができる」と考え，その場でB車を燃やすこととした。Yは，B車を燃やしてAを殺害することとした。Yは，B車後部座席に容器に入れて置いてあったガソリン10リットルをB車の車内および外側のボディーに満遍なくまき，B車の東方約5メートルの地点まで離れたうえ，丸めた新聞紙にライターで火をつけてこれをB車の方に投げ付けた。すると，その火は，Yがまいたガソリンに引火し，B車全体が炎に包まれて，それによりトランク内のAは焼死した。

Questions

Q8　XがAに睡眠薬を飲ませた行為に，殺人の実行行為性は認められるか（1講参照）。Aをトランクに閉じ込めた行為は監禁罪に該当するか。
　Xが，YにB車を燃やすように指示した行為には殺人罪の実行行為性は認められるか。殺人罪の教唆と考えることはできるか。
　睡眠薬を飲ませAをトランクに閉じ込め焼き殺させる行為は一体のものと考えることができるか。

Q9　Yが，Xの意図に気付いたうえでAを焼き殺すことを決意しAの口をガムテープで塞いだうえトランクを閉じ車を運転して本件採石場に向かった行為には，殺人罪の実行行為性が認められるか。Yが殺人罪に該当する場合には，Xの罪責をどう考えるべきか。

3　最決平成9年10月30日刑集51巻9号816頁

[事実の概要]

　被告人Xは，フィリピン人と共謀のうえ，輸入禁制品の大麻を輸入しようと企て，

フィリピン共和国マニラ市内から本件大麻を隠匿した航空貨物をXが共同経営する東京都内の居酒屋あてに発送し，平成7年7月21日，右貨物が新東京国際空港に到着した後，情を知らない通関業者が輸入申告をし，同月24日税関検査が行われたが，その結果，大麻の隠匿が判明した。そこで，成田税関支署，千葉県警察本部生活安全部保安課および新東京空港警察署の協議により，「国際的な協力の下に規制薬物に係る不正行為を助長する行為等の防止を図るための麻薬及び向精神薬取締法等の特例等に関する法律」4条等に基づいていわゆるコントロールド・デリバリーが実施されることになり，同月27日午前に税関長の輸入許可がされ，その後，捜査当局の監視の下，配送業者が，捜査当局と打合せのうえ，右貨物を受け取って前記居酒屋に配達し，同日午後に被告人がこれを受け取った。

　関税法上の輸入とは，外国から本邦に到着した貨物を本邦に（本件のように保税地域を経由するものについては，保税地域を経て本邦に）引き取ることをいうが（同法2条1項1号），その引取りは，申告，検査，関税の賦課徴収および輸入許可という一連の行為を経て行われることが予定されていた。そして，本件においては，情を知らない通関業者が輸入申告をし，申告に係る貨物についての税関長の輸入許可を経た後，配送業者が，捜査当局等から右貨物に大麻が隠匿されていることを知らされ，コントロールド・デリバリーによる捜査への協力要請を受けてこれを承諾し，捜査当局の監視下において右貨物を保税地域から本邦に引き取ったうえ，捜査当局との間で配達の日時を打ち合わせ，Xが貨物を受領すれば捜査当局において直ちに大麻所持の現行犯人として逮捕する態勢が整った後，右貨物を被告人に配達したという事情があった。

［決定要旨］　上告棄却

「右事実関係によれば，被告人らは，通関業者や配送業者が通常の業務の遂行として右貨物の輸入申告をし，保税地域から引き取って配達するであろうことを予期し，運送契約上の義務を履行する配送業者らを自己の犯罪実現のための道具として利用しようとしたものであり，他方，通関業者による申告はもとより，配送業者による引取り及び配達も，被告人らの依頼の趣旨に沿うものであって，配送業者が，捜査機関から事情を知らされ，捜査協力を要請されてその監視の下に置かれたからといって，それが被告人らからの依頼に基づく運送契約上の義務の履行としての性格を失うものということはできず，被告人らは，その意図したとおり，第三者の行為を自己の犯罪実現のための道具として利用したというに妨げないものと解される。そうすると，本件禁制品輸入罪は既遂に達したものと認めるのが相当であり，これと同趣旨の原判断は，正当である。」

［遠藤光男裁判官の意見］

「私は，本件上告を棄却すべきものとする多数意見の結論には同調するが，その理

由を異にし，本件禁制品輸入罪は未遂にとどまるものと解するので，この点についての私の考えを述べておくこととする。

一　輸入禁制品を輸入しようとする者が，自ら当該貨物を引き取ることなく，情を知らない配送業者をしてこれを引き取らせた場合，委託者が禁制品輸入罪につき刑事責任を負うのは，右業者が委託者の道具としてその行為を行うからにほかならない。したがって，禁制品輸入罪が既遂に達するためには，引取りの時点において，右業者が委託者の道具として当該行為を行ったことを要するものというべきである。

二　原判決が認定したところによると，税関検査の結果，本件貨物中に大麻が隠匿されていることが明らかとなったことから，税関及び捜査当局の協議により，コントロールド・デリバリーが実施されることになり，右貨物につき税関長の輸入許可がされた後，捜査当局の監視の下，配送業者が捜査当局と打合せの上，右貨物を受け取ってこれを被告人方に配送したというのであるから，右事実関係の下においては，配送業者は，既に委託者である被告人の道具としての地位を喪失したとみるのが相当である。けだし，配送業者の引取り行為は，委託者のため行われたものではなく，専ら捜査手続に協力することを目的として行われたものにすぎないからである。

三　本件の場合，配送業者が運送契約の履行という外形を保ちながら，本件貨物を引き取り，かつ，これを配送していることは，多数意見の述べるとおりである。しかしながら，配送業者としては，本件貨物中に大麻が隠匿されていることを告知された以上，捜査当局からの要請がない限り，いかに契約上の履行義務が残置していたとはいえ，これに応じてその引取り及び配送行為に及ぶことはあり得なかったはずである。けだし，右業者としては，その時点において，『情を知らない第三者』としての法的地位を失うことになるばかりでなく，あえてこれを強行したとすれば，業者自体の犯罪責任が問われることになるからである。なお，その反公序性からみても，配送業者が契約上の義務履行を適法に拒絶し得ることはいうまでもない。

そうであるとするならば，配送業者による引取り行為は，契約上の義務履行としてなされたとみるべきではなく，専ら捜査手続に協力するために行われたとみるのが相当であるから，右行為の外形に依拠して，右業者の道具性を認定することは困難であると考える。

四　被告人は，情を知らない通関業者を介して本件貨物につき輸入申請をしたものの，これを引き取るには至らなかったのであるから，本件禁制品輸入罪は未遂にとどまるものというほかない。したがって，同罪の既遂を認めた原判決には判決に影響を及ぼす法令違反がある。しかし，同罪が既遂に達しなかったのは，たまたま税関検査段階において大麻隠匿が発見されたことによるものであり，その罪質は，既遂罪の場合に比して決定的に異なるものと評価することができないことに加え，

被告人は，本件禁制品輸入未遂罪と観念的競合関係にある営利目的による大麻輸入罪につき有罪の認定を受けているため，一罪として重い大麻取締法違反罪の刑により処断されるべき関係にあること，その他本件各犯行の罪質，態様，動機等の諸般の事情に照らせば，被告人に対する量刑は相当であるから，原判決を破棄しなければ著しく正義に反するとは認められず，結局，本件上告は棄却すべきものである。」

Questions

Q10 間接正犯には，**基本判例1**で検討した刑事未成年者の利用の他，学説上は過失犯を利用する場合，異なる故意犯を利用する場合，故意ある道具を利用する場合などが挙げられるが，現実の事例として問題となるのは，ほぼ刑事未成年者の利用に尽きるといってもよい。例外として，数は少ないものの，単なる道具として犯罪行為を認識していなかった被利用者が，事情を知るに至り，それでも犯行を続行する例がある。**基本判例3**がその例である。
多数意見が，運送業者が情を知りつつ運搬する行為についても，間接正犯が成立するとする根拠は何か。

Q11 遠藤裁判官の意見で，未遂にとどまるとする根拠は何か。多数意見とどの点で異なるのか。

3 共謀共同正犯

4 最決昭和57年7月16日刑集36巻6号695頁

［事実の概要］

被告人Xは，昭和55年9月末ころ，かつて共にタイ国から大麻を持ち帰ったことのあるYから再び大麻密輸入の計画をもちかけられるや，大麻を入手したい欲求にかられた。そして，同人に対し，自らは執行猶予中の身であるから，その実行を担当することはできない旨右申出を断わるとともに，代わりの人物を紹介することを約したのち，同年10月上旬ころ，被告人の知人のZに右の事情を明かして協力を求めたところ，同人もこれを承諾したので，同人を右Yに引きあわせ，さらに，そのころ右Yに対し大麻密輸入の資金の一部として金20万円を提供するとともに，同人との間で大麻を入手したときには右金額に見合う大麻をもらい受けることを約束した。一方，Yは知人のWを誘い，Zを交えて協議した末，Wがタイ国現地における大麻の買付け役，Zが右大麻をタイ国から本邦内に持ち込む運び役とそれぞれ決めたうえ，W，Zの両名が同月23日タイ国へ渡航し，大麻の密輸入を実行に移した。

[決定要旨]

「被告人は，タイ国からの大麻密輸入を計画したYからその実行担当者になって欲しい旨頼まれるや，大麻を入手したい欲求にかられ，執行猶予中の身であることを理由にこれを断ったものの，知人のZに対し事情を明かして協力を求め，同人を自己の身代りとしてYに引き合わせるとともに，密輸入した大麻の一部をもらい受ける約束のもとにその資金の一部（金20万円）をYに提供したというのであるから，これらの行為を通じ被告人が右Y及びZらと本件大麻密輸入の謀議を遂げたと認めた原判断は，正当である。」

[団藤重光裁判官の意見]

「わたくしは，もともと共謀共同正犯の判例に対して強い否定的態度をとっていた（団藤・刑法綱要総論・初版・302頁以下）。しかし，社会事象の実態に即してみるときは，実務が共謀共同正犯の考え方に固執していることにも，すくなくとも一定の限度において，それなりの理由がある。一般的にいって，法の根底にあって法を動かす力として働いている社会的因子は刑法の領域においても度外視することはできないのであり（団藤・法学入門129－138頁，206頁参照），共謀共同正犯の判例に固執する実務的感覚がこのような社会事象の中に深く根ざしたものであるからには，従来の判例を単純に否定するだけで済むものではないであろう。もちろん，罪刑法定主義の支配する刑法の領域においては，軽々に条文の解釈をゆるめることは許されるべくもないが，共同正犯についての刑法60条は，改めて考えてみると，一定の限度において共謀共同正犯をみとめる解釈上の余地が充分にあるようにおもわれる。そうだとすれば，むしろ，共謀共同正犯を正当な限度において是認するとともに，その適用が行きすぎにならないように引き締めて行くことこそが，われわれのとるべき途ではないかと考える。

おもうに，正犯とは，基本的構成要件該当事実を実現した者である。これは，単独正犯にも共同正犯にも同じように妥当する。ただ，単独正犯のばあいには，みずから実行行為（基本的構成要件に該当し当の構成要件的特徴を示す行為）そのものを行った者でなければ，この要件を満たすことはありえないが，共同正犯のばあいには，そうでなくても基本的構成要件該当事実を実現した者といえるばあいがある。すなわち，本人が共同者に実行行為をさせるについて自分の思うように行動させ本人自身がその犯罪実現の主体となったものといえるようなばあいには，利用された共同者が実行行為者として正犯となるのはもちろんであるが，実行行為をさせた本人も，基本的構成要件該当事実の共同実現者として，共同正犯となるものというべきである。わたくしが，『基本的構成要件該当事実について支配をもった者──つまり構成要件該当事実の実現についてみずから主となった者──が正犯である』としているのは（団藤・刑法綱要総論・改訂版・347－348頁参照），この趣旨にほかならない。

以上は，刑法の理論体系の見地から考えて到達する結論であるが，それは同時に，刑法60条の運用についての実務的要求の観点からみて，ほぼ必要にして充分な限界線を画することになるものといってよいのではないかとおもう。
　これを本件についてみると，まず，被告人はかなりの大麻吸引歴をもっていたところから（記録によれば，1年ばかり前から80回くらい大麻を吸引していたというから，すでに大麻に対する依存性が生じていたのではないかと想像される。），大麻の密輸入を計画したYからその実行担当者になってほしい旨頼まれると，みずから大麻を入手したい欲求にかられて，本件犯行に及んだこと，また，大麻の一部をもらい受ける約束のもとにその代金に見合う資金を提供していることがみとめられる。これは被告人にとって本件犯罪が自分のための犯罪でもあったことを示すものというべく，それだけでただちに正犯性を基礎づけるには足りないとはいえ，本人がその犯罪実現の主体となったものとみとめるための重要な指標のひとつになるものというべきである。そこで，さらに進んで，被告人が本件において果たした役割について考察するのに，被告人はYから本件大麻密輸入の計画について実行の担当を頼まれたが，自分は刑の執行猶予中の身であったので，これはことわり，自分の身代わりとしてZを出したというのである。ところで，Zは被告人よりも5，6歳年少の青年で，被告人がかねてからサーフィンに連れて行くなどして面倒をみてやっていた者であるが，たまたま被告人とZは一緒にグアム島に旅行する計画を立てていたところ台風のために中止になり，Zはせっかく旅券も入手していたことでもあり外国旅行を切望していた。被告人はそこに目をつけて，『旅費なしでバンコックへ行ける話がある』といってタイ国行きを2つ返事で応諾させたのであり，その際，大麻の密輸入のこともいつて，自分の代わりに行くことを承知させたものと認められる。このような経過で中野は本件犯行計画に参加し大麻の密輸入を実行するにいたったのであって，被告人は，単に本件犯行の共謀者の一員であるというのにとどまらず，Yとともに，本件犯行計画においてZを自分の思うように行動させてこれに実行をさせたものと認めることができる。以上のような本件の事実関係を総合して考えると，被告人は大麻密輸入罪の実現についてみずからもその主体になったものとみるべきであり，私見においても，被告人は共同正犯の責任を免れないというべきである。」

Questions

Q12 共謀を認定するうえで，最高裁が重要と考えているのは，いかなる点なのか。基本判例4と参考判例1を読んで，具体的に指摘せよ。

【参考判例1】
最大判昭和33年5月28日刑集12巻8号1718頁

[事実の概要]

　昭和26年12月ころ，都内練馬区の製紙会社で発生した争議に際し，第2組合の委員長A，および紛争の処理にあたった練馬警察署B巡査に対する反感が，第1組合員の間で高まった。被告人Xは政党軍事組織の地区委員長，被告人Yは地域細胞の責任者であるところ，AおよびBに暴行を加えようと計画し，Y方等において，ほか1名と相謀り，具体的な実行の指導ないし連絡についてはYがその任にあたることを決めた。12月26日夜，被告人Zほか数名がZ方，被告人Dほか数名はD方に集合し，それぞれB巡査およびAの襲撃について協議したが，たまたまAの所在が不明であったことから，Yの連絡示唆によって他のグループもB巡査の襲撃計画に合流，さらにY等を介して別の被告人数名も加わることになった。被告人Zほか数名が，深夜，B巡査を詐って路上に誘い，古鉄管や丸棒等を振るって後頭部等を乱打し，同巡査を脳損傷により現場で死亡せしめた。

　第1審および原審が，現場に参加しなかったX・Y両名を含む全被告人について，傷害致死の共同正犯を認めたのに対し，被告人側は，憲法31条や個人責任の法理を援用して上告した。

[判決要旨]

　「共謀共同正犯が成立するには，2人以上の者が，特定の犯罪を行うため，共同意思の下に一体となって互に他人の行為を利用し，各自の意思を実行に移すことを内容とする謀議をなし，よって犯罪を実行した事実が認められなければならない。したがって右のような関係において共謀に参加した事実が認められる以上，直接実行行為に関与しない者でも，他人の行為をいわば自己の手段として犯罪を行ったという意味において，その間刑責の成立に差異を生ずると解すべき理由はない。さればこの関係において実行行為に直接関与したかどうか，その分担または役割のいかんは右共犯の刑責じたいの成立を左右するものではないと解するを相当とする」。

　「数人の共謀共同正犯が成立するためには，その数人が同一場所に会し，かつその数人間に1個の共謀の成立することを必要とするものでなく，同一の犯罪について，甲と乙が共謀し，次で乙と丙が共謀するというようにして，数人の間に順次共謀が行われた場合は，これらの者のすべての間に当該犯行の共謀が行われたと解するを相当」とする。

4　幇助犯

5　最決平成25年4月15日刑集67巻4号437頁

[事実の概要]

X，Yは，運送会社に勤務する同僚運転手であり，同社に勤務するZとは，仕事の指導等をする先輩の関係にあるのみならず，職場内の遊び仲間でもあった。X，Yは，平成20年2月17日午後1時30分ころから同日午後6時20分ころまでの間，飲食店でZらとともに飲酒をしたところ，Zが高度に酩酊した様子をその場で認識したばかりでなく，更に飲酒をするため，別の場所に向かってZが乗用自動車で疾走する様子を後から追う車内から見て，「あんなに飛ばして大丈夫かな」などと話し，Zの運転を心配するほどであった。
　X，Yは，目的の店に到着後，同店駐車場に駐車中の本件車両に乗り込んで，Zとともに同店の開店を待つうち，同日午後7時10分前後ころ，Zから，「まだ時間あるんですよね。一回りしてきましょうか」などと，開店までの待ち時間に，本件車両に被告人両名を同乗させて付近の道路を走行させることの了解を求められた折，被告人Aが，顔をZに向けて頷くなどし，被告人Bが，「そうしようか」などと答え，それぞれ了解を与えた。
　これを受けて，Zは，アルコールの影響により正常な運転が困難な状態で，上記駐車場から本件車両を発進させてこれを走行させ，これにより，同日午後7時25分ころ，埼玉県熊谷市内の道路において，本件車両を時速100ないし120キロメートルで走行させて対向車線に進出させ，対向車2台に順次衝突させて，その乗員のうち2名を死亡させ，4名に傷害を負わせる本件事故を起こした。被告人両名は，その間，先に了解を与えた際の態度を変えず，Zの運転を制止することなく本件車両に同乗し，これを黙認し続けていた。

［決定要旨］
　「刑法62条1項の従犯とは，他人の犯罪に加功する意思をもって，有形，無形の方法によりこれを幇助し，他人の犯罪を容易ならしむるものである（最高裁昭和24年（れ）第1506号同年10月1日第2小法廷判決・刑集3巻10号1629頁参照）ところ，……Zと被告人両名との関係，Zが被告人両名に本件車両発進につき了解を求めるに至った経緯及び状況，これに対する被告人両名の応答態度等に照らせば，Zが本件車両を運転するについては，先輩であり，同乗している被告人両名の意向を確認し，了解を得られたことが重要な契機となっている一方，被告人両名は，Zがアルコールの影響により正常な運転が困難な状態であることを認識しながら，本件車両発進に了解を与え，そのZの運転を制止することなくそのまま本件車両に同乗してこれを黙認し続けたと認められるのであるから，上記の被告人両名の了解とこれに続く黙認という行為が，Zの運転の意思をより強固なものにすることにより，Zの危険運転致死傷罪を容易にしたことは明らかであって，被告人両名に危険運転致死傷幇助罪が成立するというべきである。」

6　東京高判平成2年2月21日判夕733号232頁

[事実の概要]

　Aは，宝石商Z（当時38歳）に対し，宝石等を多量に購入するなどと言葉巧みに働きかけて，Zにできる限り高価な宝石類を持参させようと企て，昭和62年1月13日ころから同月16日午後7時ころまでの間に，Zから，数回にわたり，ダイヤモンド裸石8個ほか宝石類7点，ミンクの毛皮コート4着およびロレックス製腕時計12個（時価合計約7600万円相当）の引渡しを受けて預かり保管していた。しかし，もはやZにこれ以上宝石類を持参させることは困難であると判断し，Zをけん銃で殺害して預かり保管中の宝石類等の返還を免れようとの意図の下に，同日午後7時過ぎころ，Kビルの事務所に来たZを商品取引名下に誘い出してZ所有の普通乗用車（クラウン）に同乗させ，Bの運転で出発した。そして，同日午後9時ころ，関越自動車道を走行中に，同車内において，口径0.38インチ回転式けん銃でZの胸腹部および頭部を狙って銃弾6発を発射し，よって，即時，同所において，Zを脳損傷により死亡させて殺害したうえ，同日午後10時ころ，群馬県内の山林において，Zの携帯していた現金約40万円を抜き取り，もって，Zを殺害して，Zから預かり保管中の前記宝石類等の返還を免れるとともに，Zが携帯していた右現金を強取した（強盗殺人）。

　被告人Xは，①Aの前記犯行に先立ち，午後2時ころに同ビルの地下室でAからけん銃により人を殺す旨の意向を打ち明けられ，同日午後3時ころ，AがKビルの地下室内でZをけん銃で射殺する計画をしていた際，Bとともに，けん銃音が同建物の外部に漏れることを防止するため，同ビル地下室の入口戸の周囲のすき間等をガムテープで目張りしたり，換気口を毛布で塞ぐなどし，Bとともにその効果を確かめたりした。さらに，Xは同ビル3階に戻ってAからの指示を待ち，②午後7時ころ，Dなどが運転する普通乗用車（BMW）に同乗して，前記Bの運転する自動車に追従して，前記殺害現場に至るなどした。Xは，①と②の両行為に関して，Aの強盗殺人の犯行を容易にして，これを幇助したとして起訴された。

　Xの弁護人は，①地下室における目張り行為は，Aが現実には地下室で犯行に及ばず，車中でこれを実行したのであるから，現実のAの強盗殺人の実行行為との関係では，役に立たなかったのであるから，Xの幇助行為に因果関係はないと主張したが，原審は，「Aとしては，Bばかりでなく，Xにも地下室における準備を期待し，Xも，右地下室でのAとの会話などを踏まえ，その意図を理解し，目張り行為等をしたものと推認できるのであって，Aがその後たまたま地下室においての実行計画を発展的に変更し，車中でこれを実行したものであるが，結局は，当初の意図

4　幇助犯　219

どおり，Aが強盗目的によりけん銃で被害者を射殺するという，被侵害利益や侵害態様など，構成要件上重要な点を共通にする行為が，前の計画と同一性を保って，時間的にも連続する過程において遂行されたものであるから，Xの右目張り行為等は，Aの同日の一連の計画に基づく被害者の生命等の侵害を現実化する危険性を高めたものと評価できるのであって，幇助犯の成立に必要な因果関係において欠けるところはない」として，①行為についても，強盗殺人幇助罪の成立を認めた。

これに対して，弁護人が控訴した。

[判旨] 破棄自判

「Aは，現実には，当初の計画どおり地下室で本件被害者を射殺することをせず，同人を車で連れ出して，地下室から遠く離れた場所を走行中の車内で実行に及んだのであるから，被告人の地下室における目張り等の行為がAの現実の強盗殺人の実行行為との関係では全く役に立たなかったことは，原判決も認めているとおりであるところ，このような場合，それにもかかわらず，被告人の地下室における目張り等の行為がAの現実の強盗殺人の実行行為を幇助したといい得るには，被告人の目張り等の行為が，それ自体，Aを精神的に力づけ，その強盗殺人の意図を維持ないし強化することに役立ったことを要すると解さなければならない。しかしながら，原審の証拠及び当審の事実取調べの結果上，Aが被告人に対し地下室の目張り等の行為を指示し，被告人がこれを承諾し，被告人の協力ぶりがAの意を強くさせたというような事実を認めるに足りる証拠はなく，また，被告人が，地下室の目張り等の行為をしたことを，自ら直接に，もしくはBらを介して，Aに報告したこと，又は，Aがその報告を受けて，あるいは自ら地下室に赴いて被告人が目張り等をしてくれたのを現認したこと，すなわち，そもそも被告人の目張り等の行為がAに認識された事実すらこれを認めるに足りる証拠もなく，したがって，被告人の目張り等の行為がそれ自体Aを精神的に力づけ，その強盗殺人の意図を維持ないし強化することに役立ったことを認めることはできないのである。」

「原判決が指摘しているような，Aとしては，BばかりでなくXにも地下室における準備を期待し，Xも，右地下室でのAとの会話などからその意図を理解し，目張り等の行為をしたものと推認できないわけではないこと，さらに，Aが当初強盗目的により地下室で本件被害者をけん銃で射殺しようとしたことと，同じ目的により走行中の車内で同人をけん銃で射殺した行為とは，被侵害利益や侵害態様など構成要件上重要な点を共通にしており，現実の実行行為が前の計画と同一性を保って時間的にも連続する過程において遂行されたものであることなどを考慮しても，被告人の地下室における目張り等の行為が，それ自体，Aの同日の一連の計画に基づく被害者の生命等の侵害を現実化する危険性を高めたものと評価することはできないものというべきであり，結局，被告人の右目張り等の行為が，それ自体，Aを

精神的に力づけ，その強盗殺人の意図を維持ないし強化することに役立ったことを認めるに足りる証拠はないのである。したがって，被告人の右目張り等の行為がAの本件強盗殺人の行為に対する幇助行為に該当するものということはでき」ない。

「しかしながら，被告人に追従行為に際しAの強盗殺人を幇助する故意があったことは，前述のとおりである。そして，Aの検察官に対する……供述調書によれば，Aも，被告人が自己の後から追従して来ることを心強く感じていたことが認められ，この点をも考慮すれば，原判決が，『本件各証拠によれば，Aは，Kビル前を出発した後に一度，後続するはずのBMWと離れてしまったため，わざわざ速度を緩めてこれを待ち，同車を発見して合流した後に本件強盗殺人の実行行為に移ったというのであるから，XらがAの思惑どおり同人と行動を共にしていたということは，Aの抱いていた強盗殺人の意図を強化した』と認めたのは正当というべきである。

このように，被告人がAらの車に追従すること自体がAの強盗殺人を幇助することになるとの故意をもって車に乗り込んで発進し，Aらの車に追従して殺害現場に至った以上，被告人の強盗殺人幇助罪は成立」する。

Questions

Q13 幇助の因果性について，いかなる見解が主張されているか。また，本件では，地下室の目張り行為には幇助の因果性が否定され，自動車で追随する行為には幇助の因果性が肯定されているが，この結論は，幇助の因果性に関する各見解から合理的に説明することができるか。

5 共同正犯と幇助の限界

【参考判例２】
東京地判昭和63年7月27日判時1300号153頁

［事実の概要］

A，Bおよび被告人Xの兄Cらは，日本国へ，法定の除外事由がないのに営利の目的でけん銃を密輸入し，かつ，法定の許可を受けていないのにけん銃用実包を密輸入しようと企てた。そしてAらは共謀のうえ，自動装填式けん銃15丁およびけん銃用実包76発を大理石風木製テーブル内に隠匿して，横浜市内甲野マンション407号室Dにあてた航空貨物でフィリピン共和国から発送し，昭和63年2月22日，G航空第864便で同国アキノ国際空港から千葉県成田市の新東京国際空港に到着させ，情を知らない航空関係作業員をしてこれを取り降ろさせてけん銃およびけん銃用実包を日本国内に持ち込んで輸入するとともに，同月23日ころ，情を知らない航空関係運輸業者をして千葉県内所在のT社保税上屋に保税運送させて税関長の許可を受けることなく右けん銃およびけん銃用実包を輸入しようとした。しかし，同月25日

に東京税関職員に発見されたため、その目的を遂げなかった。

　Xは、上記犯行に先立ち、2月15日ころ、AおよびXの実兄Cらにマニラ市内の喫茶店に呼び出され、Cから、Bと一緒に輸出業者へ行って、荷物を日本にいるDあてに発送するよう頼まれた。XがCらから発送を依頼された荷物は、表面に大理石風合成樹脂製板を用いた木製テーブル1個であったが、そのテーブル板裏面には、けん銃15丁およびその実包76発を石膏で固め、その上から黒色布を貼り付けて隠匿してあり、さらにその全体を緩衝用シートとダンボール片で包んで梱包したものであった。Xは、Cらの依頼を受け、Bと共に右喫茶店の駐車場に駐車中のワゴン車に乗ってE社のマニラ支店に向かったが、右ワゴン車には既に梱包済みの本件テーブルが積み込まれており、XがBに中味を尋ねたところ、Bは、「イタリア製の大理石のテーブルだ」と答えた。Xは、E社のマニラ支店において、Bの代理人として右テーブルを横浜在住のDあてに発送する手続を行ったが、その際、右テーブルの計量をしたE社の従業員が、「重いぞ。送料が高くなる」などと言うのを聞いたのに加えて、当初3000ペソ以下と考えていた送料を3630ペソ請求され、Bの所持金では不足したことから、右テーブルの中には何か違法なもの、たとえばけん銃やその弾丸が隠されているかもしれず、Cらがこれを、日本に密輸して売り捌くつもりかもしれないと考えたが、そのままXの妻名義の小切手を用いて右送料を支払い、発送手続を済ませた。そして、Xは、前記発送手続後の同月16日ころ、マニラ市内のコーヒーショップでAらに会い、その際、Aから「お前に日本に行ってもらうかもしれない。Fに会って手を貸してやってくれ。往復の飛行機代のほかに500ドルやるから」などと言われ、さらに、3月1日、マニラ市内のレストランでAおよびCに会い、Aからテーブルの中味がけん銃であることを告げられたうえ、日本に行ってDからテーブルを受け取ってFに渡し、Fからけん銃等の代金375万円を受け取って来るよう命じられ、翌3月2日に来日し、Fと落ち合ったうえ、右D宅に赴いたが、予め待機していた捜査官に逮捕された。

　公判で、検察官は、主位的訴因として、Xがほか数名の者と共謀のうえ、けん銃・実包の密輸入を実行した旨主張した（なお、予備的訴因として、幇助犯の成立を主張した）。これに対して弁護人は、右密輸入の実行者はC、A、Bらであって、Xはこれを幇助したにすぎない旨主張した。

　[判旨]
　東京地裁は、以下のように述べて、被告人Xに拳銃密輸入の幇助犯の成立を認めた（懲役2年6月）。

　「被告人は、本件テーブルの発送手続時点において、右テーブル内にけん銃及びその実包が隠されているかもしれず、Cらがこれを日本に密輸して売り捌くつもりなのかもしれない旨の認識を、未必的に持つに至ったものと認められ、発送手続前

においてかかる認識を持っていたものと認めるに足りる証拠はない。一方，被告人がけん銃等の隠匿を未必的に認識した後発送手続終了までの間，C，Aの両名はその場におらず，またE社に同行したAが，この僅かな時間内に被告人の右未必的認識を察知して，けん銃等の密輸行為につき被告人と互いに意思を相通じたと認めるに足りる証拠はなく，被告人の片面的，未必的認識の限度に止まると言うべきである。そして，被告人が本件密輸入に果たした役割をみると，被告人は，本件において，最終的にはC，Aから，DからFへの本件テーブルの受け継ぎと，けん銃等の代金回収という重要な役割を依頼されているが，これを初めて打診されたのは，本件テーブルの発送手続後であり，被告人の来日が最終的に決まり，被告人がけん銃等の隠匿のことをAらから初めて告げられたのは，証拠上は日本国で既に判示密輸入行為を発覚した後であって，本件テーブルの発送手続時には，被告人は右のような重要な役割まで担うことについては認識がなかった。そして，右の来日後の役割を除くと，被告人がけん銃等の調達，隠匿等の実質的行為に関与したという証拠はなく，単に，貨物輸出入運送業者での本件テーブルの発送手続にかかわったのみであり，右発送手続自体もB名義で行われているのであって，被告人の本件への関与は，重要な部分に関するものではあるが，特に被告人でなくともなし得る形式的・機械的行為を行ったにすぎない。加えて，被告人が，発送手続後，来日の報酬として告げられた額も500ドルで，けん銃等の代金総額375万円と比較するとごく一部にすぎないのであって，これらの諸点を併せ考えると，判示けん銃・実包の密輸入行為に際し，これにつき被告人がCらと共謀していたと認めるには未だ証明十分とは言い難く，むしろ，被告人は，CやAらに利用され，本件テーブルの形式的な発送手続を行おうとしたが，右手続中Cらの密輸入行為につき未必的な認識を持つに至ったものの，実兄からの依頼ということもあつて，これを幇助する意思のもとに，そのまま右発送手続を完了させたものと認められる。したがって，被告人には，判示のとおり，検察官が予備的訴因として主張する幇助犯を認めるのが相当である。」

Questions

Q14 本件で，Xの行為に幇助が認められたのは，いかなる事由に基づくものか。共同正犯性を否定する事由，および幇助を積極的に基礎づける事由がそれぞれ何であるかに留意しつつ，検討せよ。

第13講　不作為と共同正犯・幇助

〔設問1〕　以下の事案について、YとZの罪責について述べよ（2講〔設問1〕参照）。

1　X（23歳、女性）は、Y（24歳、男性）と婚姻し、某年3月1日、Yとの間に長男Aを出産し、Y名義で借りたアパートの一室に暮らしていたが、Aを出産してからYと不仲となった。Yは、Xと離婚しないまま別居することとなり、5月1日、同アパートから出て行った。Yは、その際、Xから、「二度とアパートには来ないで。アパートの鍵は置いていって」と言われ、同アパートの玄関の鍵をXに渡したものの、以前に作った合鍵1個をXに内緒で引き続き所持していた。Xは、Yが出て行った後も名義を変えずに同アパート（以下「X方」という）にAと住み続け、自分でその家賃を支払うようになった。Xは、5月中旬ころ、Z（30歳、男性）と知り合い、6月1日ころから、X方において、Zと同棲するようになった。

2　Zは、Xと同棲を開始した後、家賃を除くXやAとの生活に必要な費用を負担するとともに、育児に協力してAのおむつを交換したり、Aを入浴させるなどしていた。しかし、Zは、Aの連日の夜泣きにより寝不足となったことから、6月20日ころには、Aのことを疎ましく思うようになり、そのころからおむつ交換や入浴などの世話を一切しなくなった。

3　Xは、その後、ZがAのことを疎ましく思っていることに気付き、Zに気付かれないようにAを殺害することを決意した。Aは、容易に入手できる安価な市販の乳児用ミルクに対してはアレルギーがあり、母乳しか飲むことができなかったところ、Xは、「Aに授乳しなければ、数日で死亡するだろう」と考え、7月1日朝の授乳を最後に、Aに授乳や水分補給を一切しなくなった。

このときまで、Xは、2時間ないし3時間おきにAに授乳し、Aは、順調に成育し、体重や栄養状態は標準的であり、特段の疾患や障害もなかった。通常、Aのような生後4か月の健康な乳児に授乳等を一切しなくなった場合、その時点から、①約24時間を超えると、脱水症状や体力消耗による生命の危険が生じ、②約48時間後までは、授乳等を再開すれば快復するものの、授乳等を再開しなければ生命の危険が次第に高まり、③約48時間を超えると、病院で適切な治療を受けさせない限り救命することが不可能となり、④約72時間を超えると、病院で適切な治療を受けさせても救命することが不可能となるとされている。

なお、Xは、Aを殺害しようとの意図をZに察知されないように、Aに授乳等を一切しないほかは、Aのおむつ交換、着替え、入浴などは通常どおりに行った。

4　7月2日昼前には、Aに脱水症状や体力消耗による生命の危険が生じた。Zは、そのころ、Aが頻繁に泣きながら手足をばたつかせるなどしているのに、

Xが全くAに授乳等をしないことに気付き，Xの意図を察知した。しかし，Zは，「Aが死んでしまえば，夜泣きに悩まされずに済む。Aは自分の子でもないし，普通のミルクにはアレルギーがあるから，俺がミルクを与えるわけにもいかない。Aに授乳しないのはXの責任だから，このままにしておこう」と考え，このままではAが確実に死亡することになると思いながら，Xに対し，Aに授乳等をするように言うなどの措置は何ら講じず，見て見ぬふりをした。

Xは，Zが何も言わないことから，「Zは，私の意図に気付いていないに違いない。Aが死んでも，何らかの病気で死んだと思うだろう。Zが気付いて何か言ってきたら，Aを殺すことは諦めるしかないが，Zが何か言ってくるまではこのままにしていよう」と考え，引き続き，Aに授乳等をしなかった。

5　7月3日昼には，Aの脱水症状や体力消耗は深刻なものとなり，病院で適切な治療を受けさせない限り救命することが不可能な状態となった。同日昼過ぎ，Zは，Xが買物に出掛けている間に，Aを溺愛しているXの母親から電話を受け，同日夕方にAの顔を見たいのでX方を訪問したいと言われた。Aは，同日夕方に病院に連れて行って適切な治療を受けさせれば，いまだ救命可能な状態にあったが，Zは，「Xの母親は，Aの衰弱した姿を見れば，必ず病院に連れて行く。そうなれば，Aが助かってしまう」と考え，Xの母親に対し，Xらと出掛ける予定がないのに，「あいにく，今日は，これからみんなで出掛け，帰りも遅くなるので，またの機会にしてください」などと嘘をつき，Xの母親は，やむなく，その日のX方訪問を断念した。

6　その翌日，Aは衰弱死した。

Questions

Q1　Yの行為は，不作為による殺人罪を構成するか。また，不作為による殺人罪の共同正犯に該当するか。

Q2　不作為の共同正犯が成立するには，どのような作為義務が必要か。

Q3　Zの行為は，不作為による殺人罪の共同正犯を構成するか。また，不作為による殺人幇助罪に該当するか。また，罪責について述べよ。殺人罪の実行行為性はあるか。

Q4　片面的・精神的幇助は成立するか。

1　不作為の共同正犯

東京高判平成20年10月6日判タ1309号292頁

[事実の概要]

　X（当時17歳）は，遊び仲間であるV（当時18歳）に対して好意を寄せていたところ，V方で就寝中に性交渉を求められたというXにとってショッキングなことが起きた。Xの友人のYは，Xからそのことを打ち明けられ，詳しく事情を聞くため，遊び仲間であるA〜F6名（Bのみが女性）がたむろする同市内のコンビニの駐車場に立ち寄った（なお，AはXと以前交際しており，Vを快く思っていなかった。また，CもXに対して好意を持っていた）。Xの話を聞いたY，A，BはVに腹を立て（ことにAはXが強姦されたと誤解した），Bらに説得されたXは，Vを別のコンビニの駐車場に呼び出した。その場に移動したAらは，先輩のGの運転する軽自動車で現れたVを問いつめたところ，Vは，Xの陰部に指を挿入したことを認めたが，強姦したとは認めず，他方，Cから事情を尋ねられたXはVに強姦されかけたなどと言った。Vは突然逃げ出したが，Aら6名とYは，そのことで一層怒りを募らせ，GにVを探させて，指定した駐車場までVを連行させた。Xらも自動車に分乗してその駐車場に赴き，A，C〜FがVに対して暴行を加え，同駐車場が人目に付きやすかったことなどから全員が運動公園に移動した。そこで，Vは，A，C〜Fから凄惨な暴行を受けて意識を失った（なお，その間，EがGに対してナイフを突きつけて詰め寄るということがあり，そのとき，Xは「Gさんは関係ないからやめて」と言ったが，Aは「お前がやられたって言ったから俺ら動いたんだよ」などと言った）。Aらは，Vを病院に連れて行くようGに言い，一旦解放したが，警察に通報されることを恐れて，Vを殺害することとし，GとVを呼び戻して，Gに対して，Vを殺害するよう命じた。そして，被告人ら全員が殺害場所付近に移動したうえで，GがVを池に落として殺害した。また，Aらは，証拠隠滅のためにGの軽自動車を損壊した。

　第1審は，以上の事実関係について，要旨，以下のような判断を示した。

　「ア　被告人両名は，GにVを連行させることと決まった時点までには，Aら6名がVに対して暴行を加える意思を有していることを了解し，Xはこれをやむを得ないものと，YはVが痛い目にあった方がいいとそれぞれ考えている。被告人両名は，Vとの出来事を周囲に話してこれを呼び出し，その存在や言動なしにはAら6名のVに対する怒りや暴行の意図は生じ得なかったという立場にあり，そのような被告人両名が，暴行を認容しつつ，Aら6名と共に自動車等に分乗して，Vを連行し暴行を加えるべき場所に移動することで，暗にその犯意を被告人両名相互及びAら6名に伝え，被告人両名の存在が男性共犯者らの暴行に根拠を与え，進めること

となった面も否定できないのであるから，被告人両名及びAら6名は，順次，Vに対して集団で暴行を加える旨の共謀を成立させたものと認められる。
　イ　運動公園における暴行は，Aら6名と共謀の上で駐車場で行われた暴行に引き続き行われた一連の犯行の一部であり，同駐車場での被告人両名及びAら6名の相互の意思連絡ないし協力関係が継続する状態にあったということができる。したがって，運動公園における暴行についても，被告人両名は，Aら6名と，駐車場から移動するまでに，互いに暗黙のうちに意思を相通じて共謀したものと認められる。
　ウ　被告人両名は，Aら6名と同様のV殺害の動機を有し，2か所での暴行の際の相互の意思連絡，協力関係が残った状態で，V殺害に関する謀議の現場に立ち会ってその内容を了解した上，Vを犯行現場まで運搬するという犯行の実現に向けた重要な前提行為を共同して行うなどしたのであるから，Aら6名同様，Vの殺害につき犯罪の主体として関わっていたものと認められる。結局，被告人両名は，全員で犯行現場に向かうことに決まった時点までに，V殺害をやむを得ないものと考えて認容し，Aら6名及びGと車に分乗してVを運搬する行為を共同することにより，暗黙のうちに相互の犯意を認識し，殺害を共謀したものと認められる。」

[判旨]
「本件のように，現場に同行し，実行行為を行わなかった者について共同正犯としての責任を追及するには，その者について不作為犯が成立するか否かを検討し，その成立が認められる場合には，他の作為犯との意思の連絡による共同正犯の成立を認めるほうが，事案にふさわしい場合があるというべきである。この場合の意思の連絡を現場共謀と呼ぶことは実務上一向に構わないが，その実質は，意思の連絡で足り，共謀者による支配型や対等関与型を根拠付けるようなある意味で内容の濃い共謀は必要でないというべきである。その代わり，不作為犯といえるためには，不作為によって犯行を実現したといえなければならず，その点で作為義務があったかどうかが重要となるし，不作為犯構成により犯罪の成立を限定するほうが，共謀内容をいわば薄める手法よりもより適切であるといえる。このような新たな観点から，本件を見直すと，原判決があまり重視しているとはいえない被告人Xの当初の言動，すなわち，被害者を呼び出した時の状況等が重要となる。すなわち，本件は，被告人Xが被害者に『やられはぐった』と被告人Yに話したことを端緒とし，嘘の口実を設けて被害者を呼び出したことに始まる。被告人Xは，上記の話を聞き付けたAやBが憤激し，実際には被告人Xは強姦などされていなかったのに，そう誤解したAが『1回ぶっとばされないと分からないのかな』などと言い，Bが執拗に被害者の呼び出しを迫るなどしている姿を見，また，被告人Xとかつて交際していたAが被害者を快く思っていなかったことを知っており，被害者に会う相手のなかにAも入っていたことからすると，少なくともAにおいて，場合によっては被害者に

暴力を振るう可能性があることを十分認識していたということができる。被告人Xは，かかる認識を有しながら呼び出し行為に及んでいるものであって，これは身体に危険の及ぶ可能性のある場所に被害者を誘い入れたものといえる。そして，被害者に会う相手であるA，B，被告人Yのいずれもが，呼び出す前の段階で被害者に対して怒りを持っていたことを考えると，危険が生じた際に被害者を救うことのできる者は被告人Xのほかにはいなかったといえる。この点につき，所論（被告人X）は，呼び出しはBに逆らえずにやむなく承諾したものであるし，呼び出したのは話し合いをするためであるなどというが，仮にそうだとしても，被害者が暴力を受ける危険性はやはり否定しきれないから，被害者の身体に対する危険を作り出したことに変わりはないといえる。また，所論（被告人X）がいうように，AとCに，被告人Xに好意を抱いていたという事情があったとしても，被告人Xがやられたという話がなければ被害者への怒りを発しなかったことも確かなところであるから，被告人Xの言動が，Aらの暴行の犯意の発生に寄与した点は動かない。また，所論（被告人X）は，共犯者らは被害者が逃げたことで怒りに達し，もはや他人の説得による抑制の効かない状況にあった，暴行が自分に向けられる危険があったなどという。しかし，被告人Xが最年少であるという立場を考慮に入れても，『お前がやられたって言ったから俺ら動いたんだよ』というAの発言にみられるように，共犯者らは，仲間である被告人Xのために被害者に怒りを発していたといえるから，本当は強姦などされていないという事実を説明すべきであったのである。被害者の逃走によって，Aらの怒りがさらに増幅されたのであるから，なお一層，被告人Xは本当のところを言うべきであったといえる。Aらの怒りの理由は，被告人Xが強姦されたというからであって，だからこそ，被害者を呼びつけて被告人Xに謝らせるという大義名分があったのである。Aの前記発言は，このことを如実に示している。その事実がなければ，Aらですら，被害者に本件のような執拗・残虐な暴行を加えた上，殺害するまでの動機も理由もなく，そうはしなかったはずであろう。まして，被告人Xが本当は被害者が好きだったというなら，なおのことそのことを言うべきで，そう言われてしまえば，他の共犯者は被害者に手を出す理由はなくなってしまうのである。しかも，被告人Xが実はこうですと言えない理由は全くない。そういうことが恐ろしかったとしても，一番肝心なことなのだから，意を決して，本件一連の暴行等のいかなる段階でも言うべきであったのである。それを言わないといういい加減な態度は法の立場からすれば，到底許されないところなのである。

　被告人Yについては，若干立場を異にする。被告人Yは，被告人Xの言葉が本当だと思っていたのであり，事実でないのにこれを述べなかった被告人Xとは異なる。しかしながら，被告人Yは，被害者の逃走後には，被害者が一度痛い目にあったほうがいいと積極的に思っていたものであって，他方で，被告人Xから話を聞いて，

まず自らが被害者に怒りを感じたものであるし，被告人Xを大声で叱るなどしてA，Bが聞き付ける素地を作り出した上，Aの怒る言動等を認識しながらも，被害者の呼び出しを求めるなどして，これを押し進めたことからすると，被告人Xと同様に，身体に危険の及ぶ可能性のある場所に被害者を積極的に誘い入れたものということができる。そうすると，被告人Yは，被害者が暴行を加えられている場面で，被害者への暴行を制止する行為をしていることが認められるものの，これは，被告人Yが予想した以上の暴行が加えられていたためと考えられ，身体に危険の及ぶ可能性のある場所に被害者を誘い入れた者としては，警察や知人等に通報するなどして犯行の阻止に努めるべきであったことに変わりはない。なお，Zは，Dの交際相手として，終始Dと行動を共にし，犯行現場にも立ち会うなどしているものの，本件各犯行について刑事責任を問われていないが，被害者の呼び出し等に関わっていない点で被告人両名とは異なっているといえる。

以上の次第で，被告人両名には，本件各犯行について不作為犯としての共同正犯が成立する。」

Questions

Q5 不作為の共同正犯は認められるか。従来の議論を整理せよ。

Q6 本件では，X・Yについて，第1審が共謀共同正犯を認めたのに対し，控訴審は不作為の共同正犯の成立を認めている。このような相違が生じたのはなぜか。具体的事実に対する評価の相違と，控訴審が不作為の共同正犯を認めた具体的事情を指摘しつつ検討せよ。

【参考判例1】
名古屋地判平成9年3月5日判時1611号153頁
[事実の概要]

Y，Z，VおよびWらは，被告人Xの自宅であるF方に赴き，その場でXは，Y，Zから暴行を受けた。その後，本件A殺人の正犯者であるY，Z，VおよびWらは，共謀のうえ，午後7時30分ころ，F方において，A（当時13歳）に対し，同人の言動に腹を立て，その頭部，顔面等をビール瓶，ほうきの柄などで数十回殴打するなどの暴行を加え，次いで，翌日午前1時ころ，緑地公園駐車場において，同人に対し，その頭部等をほうきの柄で数回殴打し，その腹部等を数回足蹴にするなどの暴行を加え，さらに，午前2時ころ，河川堤防上等において，同人に対し，その頭部，背部等をカーボン製パイプ等で数十回殴打するなどの暴行を加え，一連の暴行により，同人に対し，自力で行動することができなくなる瀕死の傷害を負わせた。

その後，Yらは，この犯行を隠蔽するため，さらに共謀のうえ，Aを直ちに最寄

りの病院に搬送して適切な医療措置を講ずれば，同人の死亡の結果を防止することが可能であり，かつ，同人を救護すべき義務があったのに，同人をそのまま放置すれば同人が死亡することを知りながら，同人を遺棄して殺害しようと企て，午前2時30分ころ，同人を救護することなく，同人を堤防上から中腹付近に蹴り落として河川敷雑木林内に引きずって同所に放置して立ち去り，よって，そのころ，同所において，同人を殺害した。

その際，Yらに随行していたXは，YらがAを遺棄して殺害しようとしていることを知りながら，Yらに命じられて，Wらと河川堤防中腹付近からAの身体を引きずるなどして，河川敷雑木林内へ移動させた。

検察官は，Xは，Aに対する遺棄行為前に，YらがAに加えた暴行によってAが瀕死の重傷を負ったことや，YらがAを殺害する意思を有していることを認識しながら，こうしたYらとAを河川堤防上から蹴り落とし，自らもAを河川敷雑木林内に引きずる暴行を加えて立ち去ったものであるから，XにもAを救護すべき義務が発生し，Xの行為は，不作為の殺人の共謀共同正犯にあたる旨主張した。

[判旨]

「Aが堤防上から川側の中腹付近に蹴り落とされる前にXが右共謀に加わっていたとは認め難いだけでなく，Aを河川敷に蹴り落とすという行為や河川敷雑木林内まで引きずって放置したという行為それ自体によっては，Aの死期が早められたものとは認め難いから，こうした行為をそのまま作為による殺人の実行行為ととらえることはできない。しかしながら，Yらは，右遺棄行為の前に，Aに対して暴行を加えて自力で行動することのできない瀕死の重傷を負わせたのであるから，こうした先行行為に基づく作為義務として，Aを救護すべき義務があり，しかも，その救護義務を尽くしていれば，Aを救命することができたのに，その義務を尽くさず，殺意を持ってAを遺棄したのであるから，不作為による殺人の刑事責任を負うべきである。

次に，不作為犯としての殺人に関する被告人の刑事責任について検討するに，……Aが堤防上から川側の中腹付近に蹴り落とされる前にXがYらと検察官が主張するような共謀を遂げたとは認め難いから，Aが［河川］堤防上から蹴り落とされた行為についてXの刑事責任を問うことはできない。また，Aを堤防中腹付近から堤防下に下ろそうとしたときには，Xは，YらがAに対して殺意を有していることを認識しており，その上で，Bらに命じられてその遺棄行為を手伝うことにしたのであるから，Aを堤防中腹付近から堤防下に下ろそうとした後の行為は，Xについて，救護義務（不作為による殺人の作為義務）発生の根拠となるものではない。

そこで，更に検討すると，……Xは，Yらに暴行を受けた後，Yらに随行していたものにすぎない。そして，自らがAを殺害しなけれはならないような動機はなく，

事前の共同謀議にも加わっていないから，Xには正犯意思を認め難いだけでなく，訴因となっているXが関与した行為も，Yらの不作為による殺人行為のうちの遺棄行為にすぎず，しかも，その行為自体，それだけではAの死亡との間に因果関係のないものである。そうすると，このようなXの行為は，Yらの不作為による殺人行為を容易にしたものとして，その幇助に当たるものと認めるのが相当である。」

Questions

Q7 Xに不作為の殺人の共同正犯ではなく，不作為の殺人の幇助が認められたのはなぜか。検察官の主張の根拠がいかなる点に求められるかも含めて考察しなさい。

【参考判例２】
大阪高判昭和62年10月2日判タ675号246頁

[事案の概要]
　暴力団組長である被告人Xは，倒産した会社からの債権回収を企図していたY，Zらと共謀のうえ，当該会社の経営者Aを大阪市内で補足して自動車トランク内に監禁し「隠し資産」の所在を追及した。しかし，Aがその所在を明らかにしなかったことに憤慨したYがAを殺害すると言い出したため，XはYと行動を共にして，A殺害を制止しようと考え，自動車トランク内にAを乗せたYの運転する自動車に同乗した。兵庫県内の土砂採取場付近道路に自動車を停めたYが，突然トランクの蓋を開けるや，つるはしの金具の部分でAの頭部を殴打し，さらにその後も同様の殴打を加えて重傷を負わせたうえ，なおも付近の山林内に連れ込んで資産の所在を追及すると言い出し，協力を求めたので，Xもこれを了承し，共同してAを抱えるようにして山林内へ運び込んだ。その段階で，一連の犯行の発覚を阻止するためには，A殺害を容認するのもやむをえないと考えるに至った。そして，自分がその場を離れない限りYがAを殺害することはあるまいが，いったん離れればAを容易に殺害してしまうことが十分考えられたにもかかわらず，Yから，路上に駐車中の自動車からスコップとつるはしを持ってきてくれるよう依頼されるや，これに応ずればその間にYがAを殺害する行為に出ることを予測・認容しながらその場を離れ，土砂採取場付近で約10分間を空費した。そのころYが山林内においてAの頸部に布製ベルトを1回巻きつけて殺意をもって強く締めつけ同人を殺害した。第1審はXを殺人の実行共同正犯として処断した。

[判決要旨]
　「被告人は，Yからスコップやつるはしの持参を依頼されても，これに応ずることなく同席を続け，YによるA殺害を阻止すべき義務を有していたと解すべきであ

る。しかるに，被告人は，［自己の不在中同人がA殺害の挙に出ることを予測・容認していたという］意図（予測・容認）のもとに，約10分間その場を離れることにより，YのA殺害を容易ならしめたものであるから，不作為による殺人幇助罪の刑責を免れないというべきである。」

「本件において，検察官の予備的訴因は，不作為による殺人罪（正犯）の成立を主張するが，被告人に課せられる前示のような作為義務の根拠及び性質，並びに被告人の意図が前示のようにAの殺害を積極的に意欲したものではなく，単に，これを予測し認容していたに止まるものであること等諸般の事情を総合して考察すると，本件における被告人の行為を，作為によって人を殺害した場合と等価値なものとは評価し難く，これを不作為による殺人罪（正犯）に問擬するのは，相当ではないというべきである」として不作為による殺人幇助罪の成立を認めた。

2　不作為の幇助
【参考判例3】
札幌高判平成12年3月16日判時1711号170頁・判タ1044号263頁
［事実の概要］

被告人Xは，平成9年6月ころ，先に協議離婚したAと再び同棲を開始するに際し，当時自己が親権者となっていた，元夫Bとの間にもうけた長男Cおよび二男D（当時3歳6か月）を連れてAと内縁関係に入った。

しかし，その後，AがDらにせっかんを繰り返すようになったため，Xは，その親権者兼監護者としてDらに対するAのせっかんを阻止してDらを保護すべき立場にあったところ，Aが，平成9年11月20日午後7時15分ころ，Kマンションの居室において，Dに対し，その顔面，頭部を平手および手拳で多数回にわたり殴打し，転倒させるなどの暴行を加え，よって，Dに硬膜下出血，くも膜下出血等の傷害を負わせ，翌21日午前1時55分ころ，搬送先の病院において，Dを前記傷害に伴う脳機能障害により死亡させた。

Xは，Aが前記犯行を行った際，同月20日午後7時15分ころ，同マンション居室において，Aが前記暴行を開始しようとしたのを認識したのに，何らの措置を採ることなく放置し，Aの前記犯行を容易にしたとして，傷害致死幇助（当初は傷害致死）で起訴された。

第1審判決（釧路地判平成11年2月12日判時1675号148頁）は，不作為による幇助犯が成立するためには，他人による犯罪の実行を阻止すべき作為義務を有する者が，犯罪の実行をほぼ確実に阻止し得たにもかかわらず，これを放置しており，要求される作為義務の程度および要求される行為を行うことの容易性等の観点からみて，その不作為を作為による幇助と同視し得ることが必要であるとした。そして，(1)作

為義務に関しては,「Dの年齢や身体状態, AがDらに激しいせっかんを繰り返していたことからすると, 被告人に認められる作為義務の程度は, 一定程度強度なものであったというべきである。しかし, 被告人は, Kマンションで, Aから強度の暴行を受けるようになって以降, 子供達を連れてAの下から逃げ出したいと考えていたものの, 逃げ出そうとしてAに見付かり, 酷い暴行を受けることを恐れ, 逃げ出せずにいたことを併せ考えると, その作為義務の程度は極めて強度とまではいえない」とした。また, (2)Xに具体的に要求される作為の内容としては,「罪刑法定主義の見地から不真正不作為犯自体の拡がりに絞りを掛ける必要がある上, 不真正不作為犯を更に拡張する幇助犯の成立には特に慎重な絞りが必要であることにかんがみると, Aの暴行を阻止すべき作為義務を有する被告人に具体的に要求される作為の内容としては, Aの暴行をほぼ確実に阻止し得た行為」が必要であるとし, 本件で具体的に要求される作為の内容としては, ①Aの暴行を実力をもって阻止する行為を想定すべきであって, 検察官の主張する②XがAとDの側に寄ってAがDに暴行を加えないように監視する行為, あるいは, ③Aの暴行を言葉で制止する行為は想定すべきでないとした。そのうえで, ①の行為については不可能ではなかったものの, Xは当時妊娠しており, またXがAから激しい暴行を受けて負傷していた相当の可能性のあったことは否定し難く, 場合によっては胎児の健康にまで影響の及んだ可能性もあり, Xとしては, Aの暴行を実力により阻止することが極めて困難な心理状態にあったから, XがAの暴行を実力により阻止することは著しく困難な状況にあったとした。それゆえ,「被告人の不作為を, 作為による傷害致死幇助罪と同視することはできない」として, Xを無罪とした。

これに対して, 検察側が控訴した。

[判旨] 破棄自判

札幌高裁は, 原審の事実認定には誤認があり,「被告人は, Aの暴行を実力により阻止することが著しく困難な状況にあったとはいえず, ……原判決の判示を前提としても, 被告人の不作為を作為による傷害致死幇助罪と同視することができないとはいえない」と事実を認定し直した上で, 以下のように述べて, 不作為の傷害致死幇助の成立を認め, 被告人を懲役2年6月(執行猶予4年)に処した。

「一 ……不作為による幇助犯の成立要件に徴すると, 原判決が掲げる『犯罪の実行をほぼ確実に阻止し得たにもかかわらず, これを放置した』という要件は, 不作為による幇助犯の成立には不必要というべきであるから, 実質的に, 作為義務がある者の不作為のうちでも結果阻止との因果性の認められるもののみを幇助行為に限定した上, 被告人に具体的に要求される作為の内容としてAの暴行を実力をもって阻止する行為のみを想定し, AとDの側に寄ってAがDに暴行を加えないように監視する行為, あるいは, Aの暴行を言葉で制止する行為を想定することは相当で

ないとした原判決には，罪刑法定主義の見地から不真正不作為犯自体の拡がりに絞りを掛ける必要があり，不真正不作為犯を更に拡張する幇助犯の成立には特に慎重な絞りが必要であることを考慮に入れても，なお法令の適用に誤りがあるといわざるを得ない。

二　そこで，被告人に具体的に要求される作為の内容とこれによるＡの犯罪の防止可能性を，その容易性を含めて検討する。

１　まず，ＡとＤの側に寄ってＡがＤに暴行を加えないように監視する行為は，数メートル離れた台所の流し台からＡとＤのいる寝室に移動するだけでなし得る最も容易な行為であるところ，関係証拠によれば，Ａは，以前，被告人がＡのせっかんの様子を見ているとせっかんがやりにくいとの態度を露わにしていた上，本件せっかんの途中でも，後ろを振り返り，被告人がいないかどうかを確かめていることが認められ，このようなＡの態度にかんがみると，被告人がＡの側に寄って監視するだけでも，Ａにとっては，Ｄへの暴行に対する心理的抑制になったものと考えられるから，右作為によってＡの暴行を阻止することは可能であったというべきである。

２　次に，Ａの暴行を言葉で制止する行為は，Ａを制止し，あるいは，宥める言葉にある程度の工夫を要するものの，必ずしも寝室への移動を要しない点においては，監視行為よりも容易になし得る面もあるところ，関係証拠によれば，Ａは，Ｄに対する暴行を開始した後も，Ｄ及び被告人の反応をうかがいながら，１発ずつ間隔を置いて殴打し，右暴行をやめる機会を模索していたものと認められ，このようなＡの態度にかんがみると，被告人がＡに対し，『やめて。』などと言って制止し，あるいは，Ｄのために弁解したり，Ｄに代わって謝罪したりするなどの言葉による制止行為をすれば，Ａにとっては，右暴行をやめる契機になったと考えられるから，右作為によってＡの暴行を阻止することも相当程度可能であったというべきである（被告人自身も，原審公判廷において，本件せっかんの直前，言葉で制止すれば，その場が収まったと思う旨供述している。）。

３　最後に，Ａの暴行を実力をもって阻止する行為についてみると，原判決も判示するとおり，被告人が身を挺して制止すれば，Ａの暴行をほぼ確実に阻止し得たことは明らかであるところ，右作為に出た場合には，Ａの反感を買い，自らが暴行を受けて負傷していた可能性は否定し難いものの，Ａが，被告人が妊娠中のときは，胎児への影響を慮って，腹部以外の部位に暴行を加えていたことなどに照らすと，胎児の健康にまで影響の及んだ可能性は低く，……被告人がＡの暴行を実力により阻止することが著しく困難な状況にあったとはいえないことを併せ考えると，右作為は，Ａの犯罪を防止するための最後の手段として，なお被告人に具体的に要求される作為に含まれるとみて差し支えない。

４　そうすると，被告人が，本件の具体的状況に応じ，以上の監視ないし制止行為

を比較的容易なものから段階的に行い、あるいは、複合して行うなどしてAのDに対する暴行を阻止することは可能であったというべきである……。」

【参考判例4】
東京高判平成11年1月29日判時1683号153頁
[事実の概要]

　ブラジル人であるBら4名は、平成8年11月5日午前9時15分ころ、H市内のビル近くにおいて、同ビル内にあるパチンコ店丙川から売上金を集金した集金人に、顔面を殴打して昏倒させるなどの暴行を加えて現金約1965万円を奪い取り、その際同人に加療約10日間の傷害を負わせた（強盗致傷罪）。

　被告人Xは、被害にあったパチンコ店を経営するC社に雇用されて勤め、同社が経営するゲームセンターDの主任として売上金を本社に納入する義務に従事していた。原審は、Xは、C社に対して、同じ従業員であるA（Bに対して、犯行当日に集金車の到着を知らせるなどしたため、上記強盗致傷の共同正犯であると認定された）ら、売上金を本社に納入する業務に携わる者らとともに、右売上金が右集金人によって確実に本社に搬送されるよう努めるべき義務を負っていたが、しかし、Aが、Xらに対し、Bらと一緒に前記のような強盗を企てていることを打ち明け、暗に、その犯行を見逃す（黙認する）よう求めると、Aの右意図を察知し、Aの右の求めに応ずることを決意し、Aに対し、「関係ないならいいです」などと答えて、それ以上に止めようとはせず、これに関知することを避けて過ごす態度を示し、そのことがAを安堵させ、右犯行を容易にさせるものと認識しながら、その後も、右犯行を防止したり、その被害を避けるための措置を何ら講ぜずに過ごしたことについて不作為の幇助を認めた。原審は、不作為の幇助が成立するには、正犯者の犯罪を防止すべき義務に結びつく保護義務が必要であるが、Xにはその保護義務があり、それはXに売上金が集金人によって確実に本社に搬送されるよう努めるべき義務があること、その義務は、XがDの売上金を本社に納入する義務に従事していたことに基づく認定をしていた。

　これに対し、Xが控訴した。

[判旨]　破棄自判

　「正犯者が一定の犯罪を行おうとしているのを知りながら、それを阻止しなかったという不作為が、幇助行為に当たり幇助犯を構成するというためには、正犯者の犯罪を防止すべき義務が存在することが必要であるといえるのである。そして、こうした犯罪を防止すべき義務は、正犯者の犯罪による被害法益を保護すべき義務（以下、「保護義務」という。）に基づく場合と、正犯者の犯罪実行を直接阻止すべき義務（以下、「阻止義務」という。）に基づく場合が考えられるが、この保護義務ない

し阻止義務は、一般的には法令、契約あるいは当人のいわゆる先行行為にその根拠を求めるべきものと考えられるところ、本件に即してみると、被告人Ｘが各種遊技店を経営する株式会社Ｃ社に雇用された従業員であることから、その雇用契約に基づく義務として右の保護義務ないし阻止義務があるか否かが検討されるべきであるといえる。」

「まず被告人Ｘが従事していた職務内容をみると、同被告人は、Ｄの業務全般に関与する者として、同店舗内に置かれたゲーム機の売上金、メダル販売機の売上金、玩具機の売上金を、Ｄの金庫内に保管し、それを一定期間ごとに本社に納入する職務を負っていたが、その職務として行う各売上金の本社への納入の具体的な方法は、袋に納められた右の各売上金をＤの金庫内に保管し、10日に１回の割合で本社に納入するため、本社から集金に来る前日に、右売上金をＤの金庫から同じビルの階下にあるパチンコ店Ｅの金庫に運んで納めておき、その後は、毎日各遊技店を巡回して各店舗の売上金を集金する本社社員が、Ｅの金庫に納められているＥ、Ｆの各売上金と共に、収集して本社に運ぶというものであって（原判決自身も『これ（Ｄの売上金）を本社からの集金人に託する業務に従事していた』と判示する。）、右Ｅの金庫からの収集と本社までの搬送は、経営する各遊技店の売上金を巡回して収集する本社側の担当社員によって行われており、被告人Ｘが、Ｅの金庫に移して納めたＤの売上金について、その後の本社社員による収集及び本社への搬送に関与することはなかったのである。そうすると、被告人Ｘの売上金を本社へ納入するその職務も、Ｅの金庫へ移して納めるまでであって、その後の同金庫からの収集と本社への搬送は、もっぱら本社社員によって行われていたのであるから、右金庫に既に納められ、その後本社社員によって収集され本社に搬送されようとした本件金銭については、被告人Ｘの職務の対象から離れているので、同被告人に、原判決のいう『（本社からの）集金人によって確実に本社に搬送されるよう努めるべき義務』、すなわち前記保護義務を認めることはできないといわねばならない。」

「さらに、Ｄの主任（店長）としての立場から、被告人ＸにＡの犯行を阻止すべき義務が認められるかを検討すると、被告人Ｘは、同被告人及びＡを含めた正従業員３名並びにその他アルバイト員らが働くゲームセンターであるＤの主任の立場にあったとはいえ、その職務内容は、ゲーム機の管理・点検、店内の巡視・監視、売上金及び両替用現金の管理・保管等、ゲームセンターとしての店舗の現場業務に関するものであって、そうした職務とは別途に、他の従業員らを管理・監督するような人事管理上の職務を行っていたわけではなく、原判決も、『被告人Ａと同Ｘは、当時、いずれも、Ｃ社経営のＤに勤め、同店の業務全般に携わっており、同店では、被告人Ｘが、主任の立場にあったものの、被告人Ａも、同社第一営業部長Ｇの指示を受けて、被告人Ｘと同様の仕事を任され、同等の立場でその業務に従事し、その

売上金等を管理，保管していた。』と判示しており，被告人XがAの行状を監督する職務を特に負っていたものではないから，被告人Xに職務上Aの本件のごとき犯行を阻止すべき義務があったということはできない。

したがって，被告人Xについては，その職務との関係から，いずれにしても本件犯行に関する前記保護義務及び阻止義務を認めることができないといわねばならない。」

「なお，職務内容とは関係なく，従業員としての一般的地位から，前記保護義務及び阻止義務が認められるか考えると，もしその従事する具体的な職務内容と関連なく，一般的に，例えば雇用会社の財産について保護義務あるいはそれに対する犯罪の阻止義務が認められるとなると，その保護義務及び阻止義務が無限定的に広がってその限界が不明となり，ひいてはそれら義務懈怠の責任を問われないため取るべき行動内容があいまいとなって，余りに広くその義務懈怠の刑事責任が問われたり，あるいは犯罪告発の危険を負うべきかその懈怠の責任を問われるか進退両難に陥らせるなど，酷な結果を導きかねないといえるのであって，職務とは関係なく従業員としての地位一般から，保護義務あるいは阻止義務を認めることはできないといわねばならない。ただ，もしそうした義務が是認されることがあるとすれば，犯罪が行われようとしていることが確実で明白な場合に限られるものと考えられる。そこで，本件における被告人Xの場合について検討すると，被告人Xが，10月18日ころAから，B及びAらが集金車を狙った強盗をやる計画があることを打ち明けられ，それを止めさせようとしたが，同被告人に拒否された上，やるしかないとの言葉を聞かされ，同月下旬ころ，出勤した朝方，ソファーに疲れた様子で座っていたAから，『やろうとしたが，やれなかった』旨聞かされたことがあったというのであるから，被告人Xとしては，B及びAらによる強盗が近い時期に行われる可能性が高いとの推測がついたともいえるのである。しかし一方，被告人X自身は，Bら実際に強盗を実行しようとしている者からはそれについて全く話を聞いていないため，具体的な犯罪実行の時期，方法，さらには実行の決意の程度をはっきりと認識できず，また，A自身，Bに集金車の到着を知らせることは承諾したものの，その後Cの度々の催促があっても，遅疑逡巡して決断が付かずに連絡を断る状態が続き，本件犯行当日の朝になってようやく決断をして，連絡をしたという状況であるから，被告人Xにおいて，その原審公判供述にあるように，Aらが犯行を実行するのかどうか半信半疑のまま経過した，というのも一概に否定できず，被告人Xが本件犯行が実行される以前に，それが明白確実に実行されるとの認識を持ったものと，にわかに断定することはできないといわねばならない。そうすると，前記のように，従業員たる地位一般から保護義務ないし阻止義務が是認される場合があるとしても，被告人Xの場合それに該当するものと認めることはできない。

したがって，被告人Xについて，雇用契約による従業員たる地位一般から前記保護義務及び阻止義務を導くことはできないというべきである。

以上のとおりであって，被告人Xについて，いずれにしても不作為による幇助犯の成立を認める前提となる犯罪を防止すべき義務を認めることができな」い。

Questions

Q8 不作為の幇助が認められるには，いかなる根拠が必要であると考えられるか。**参考判例3**と**参考判例4**の2つの裁判例を比較しつつ，考察しなさい。

第14講　承継的共同正犯・過失共同正犯と行為共同説

〔設問1〕
　被告人Xの罪責について、具体的事実を挙げて説明せよ。
　1　AおよびB（以下「Aら」という）は、平成22年5月26日午前3時ころ、愛媛県伊予市内の携帯電話販売店に隣接する駐車場またはその付近において、同店に誘い出したCおよびD（以下「Cら」という）に対し、暴行を加えた。その態様は、Dに対し、複数回手拳で顔面を殴打し、顔面や腹部を膝蹴りし、足をのぼり旗の支柱で殴打し、背中をドライバーで突くなどし、Cに対し、右手の親指辺りを石で殴打したほか、複数回手拳で殴り、足で蹴り、背中をドライバーで突くなどするというものであった。
　2　Aらは、Dを車のトランクに押し込み、Cも車に乗せ、同県松山市内の別の駐車場（以下「本件現場」という）に向かった。その際、Bは、被告人がかねてよりCを捜していたのを知っていたことから、同日午前3時50分ころ、被告人に対し、これからCを連れて本件現場に行く旨を伝えた。
　3　Aらは、本件現場に到着後、Cらに対し、更に暴行を加えた。その態様は、Dに対し、ドライバーの柄で頭を殴打し、金属製はしごや角材を上半身に向かって投げつけたほか、複数回手拳で殴ったり足で蹴ったりし、Cに対し、金属製はしごを投げつけたほか、複数回手拳で殴ったり足で蹴ったりするというものであった。これらの一連の暴行により、Cらは、Xの本件現場到着前から流血し、負傷していた。
　4　同日午前4時過ぎころ、Xは、本件現場に到着し、CらがAらから暴行を受けて逃走や抵抗が困難であることを認識しつつAらと共謀のうえ、Cらに対し、暴行を加えた。その態様は、Dに対し、Xが、角材で背中、腹、足などを殴打し、頭や腹を足で蹴り、金属製はしごを何度も投げつけるなどしたほか、Aらが足で蹴ったり、Bが金属製はしごで叩いたりし、Cに対し、Xが、金属製はしごや角材や手拳で頭、肩、背中などを多数回殴打し、Aに押さえさせたCの足を金属製はしごで殴打するなどしたほか、Aが角材で肩を叩くなどするというものであった。Xらの暴行は同日午前5時ころまで続いたが、共謀加担後に加えられたXの暴行の方がそれ以前のAらの暴行よりも激しいものであった。
　5　Xの共謀加担前後にわたる一連の前記暴行の結果、Dは、約3週間の安

静加療を要する見込みの頭部外傷擦過打撲、顔面両耳鼻部打撲擦過、両上肢・背部右肋骨・右肩甲部打撲擦過、両膝両下腿右足打撲擦過、頸椎捻挫、腰椎捻挫の傷害を負い、Cは、約6週間の安静加療を要する見込みの右母指基節骨骨折、全身打撲、頭部切挫創、両膝挫創の傷害を負った。

Questions

Q1 承継的共犯とは何か。承継的共犯が問題となりうる類型として、いかなる事案が考えられるか。

Q2 Xの罪責に関し承継的共犯を認めることはできるか。認めるとすればいかなる範囲で可能か。承継的共犯の成否、成立範囲および論拠について、従前の判例・学説の立場を整理しつつ、どのような結論を導くのが妥当と考えられるか検討せよ。

1 承継的共犯

1 最決平成24年11月6日刑集66巻11号1281頁

［事実の概要］　［設問1］参照
［決定要旨］
　原審が、被告人Xは、Aらの行為およびこれによって生じた結果を認識、認容し、さらに、これを制裁目的による暴行という自己の犯罪遂行の手段として積極的に利用する意思の下に、一罪関係にある傷害に途中から共謀加担し、上記行為等を現にそのような制裁の手段として利用したものであると認定し、Xは共謀加担前のAらの暴行による傷害を含めた全体について、承継的共同正犯として責任を負うとの判断を示した。それに対し最高裁は以下のように判示した。
　「所論は、被告人の共謀加担前のAらの暴行による傷害を含めて傷害罪の共同正犯の成立を認めた原判決には責任主義に反する違法があるという。
　そこで検討すると、前記1［**設問1**］の1～5］の事実関係によれば、被告人は、Aらが共謀してCらに暴行を加えて傷害を負わせた後に、Aらに共謀加担した上、金属製はしごや角材を用いて、Dの背中や足、Cの頭、肩、背中や足を殴打し、Dの頭を蹴るなど更に強度の暴行を加えており、少なくとも、共謀加担後に暴行を加えた上記部位についてはCらの傷害（したがって、第1審判決が認定した傷害のうちDの顔面両耳鼻部打撲擦過とCの右母指基節骨骨折は除かれる。以下同じ。）を相当程度重篤化させたものと認められる。この場合、被告人は、共謀加担前にAらが既に生

じさせていた傷害結果については，被告人の共謀及びそれに基づく行為がこれと因果関係を有することはないから，傷害罪の共同正犯としての責任を負うことはなく，共謀加担後の傷害を引き起こすに足りる暴行によってCらの傷害の発生に寄与したことについてのみ，傷害罪の共同正犯としての責任を負うと解するのが相当である。原判決の上記2［**決定要旨**］第1段落］の認定は，被告人において，CらがAらの暴行を受けて負傷し，逃亡や抵抗が困難になっている状態を利用して更に暴行に及んだ趣旨をいうものと解されるが，そのような事実があったとしても，それは，被告人が共謀加担後に更に暴行を行った動機ないし契機にすぎず，共謀加担前の傷害結果について刑事責任を問い得る理由とはいえないものであって，傷害罪の共同正犯の成立範囲に関する上記判断を左右するものではない。そうすると，被告人の共謀加担前にAらが既に生じさせていた傷害結果を含めて被告人に傷害罪の共同正犯の成立を認めた原判決には，傷害罪の共同正犯の成立範囲に関する刑法60条，204条の解釈適用を誤った法令違反があるものといわざるを得ない。」

2　大阪高判昭和62年7月10日高刑集40巻3号720頁

[事実の概要]

　Qらは共謀のうえ，暴力団N組事務所内で，Aの顔面，頭部を数回にわたって手拳，木刀およびガラス製灰皿で殴打し，その下腿部を足蹴りにする暴行を加えたが，被告人Xにおいても，右事務所内での暴行の途中から右Qらと意思相通じ共謀のうえ，Aの顔面を2，3回殴打する暴行を加え，加療約8日間を要する傷害を負わせた。原審は，Xについても，傷害罪の共同正犯の成立を認めた。

[判旨]

　「思うに，先行者の犯罪遂行の途中からこれに共謀加担した後行者に対し先行者の行為等を含む当該犯罪の全体につき共同正犯の成立を認め得る実質的根拠は，後行者において，先行者の行為等を自己の犯罪遂行の手段として積極的に利用したということにあり，これ以外には根拠はないと考えられる。従って，いわゆる承継的共同正犯が成立するのは，後行者において，先行者の行為及びこれによって生じた結果を認識・認容するに止まらず，これを自己の犯罪遂行の手段として積極的に利用する意思のもとに，実体法上の一罪（狭義の単純一罪に限らない。）を構成する先行者の犯罪に途中から共謀加担し，右行為等を現にそのような手段として利用した場合に限られると解するのが相当である。」

　「……先行者が遂行中の一連の暴行に，後行者がやはり暴行の故意をもって途中から共謀加担したような場合には，1個の暴行行為がもともと1個の犯罪を構成す

るもので，後行者は一個の暴行そのものに加担するのではない上に，後行者には，被害者に暴行を加えること以外の目的はないのであるから，後行者が先行者の行為等を認識・認容していても，他に特段の事情のない限り，先行者の暴行を，自己の犯罪遂行の手段として積極的に利用したものと認めることができず，このような場合，当裁判所の見解によれば，共謀加担後の行為についてのみ共同正犯の成立を認めるべきこととな」る。

「……Xは，N組事務所1階応接室へ現われた段階で，同室内におけるQらの行動や被害者Aの受傷状況，更にはMの説明などにより，事態の成行きを理解し，同室内におけるQらのAへの暴行及びこれによる同人の受傷の事実を認識・認容しながら，これに途中から共謀加担したものといい得る。しかし，前示のような暴行罪そのものの性質，並びにXがAに対し現実にはその顎を2，3回突き上げる程度の暴行しか行っていないことからみて，Xが先行者たるQらの行為等を自己の犯罪遂行の手段として利用する意思であったとか，これを現実にそのようなものとして利用したと認めることは困難である。従って，本件において，Xに対しては，Qらとの共謀成立後の行為に対して共同正犯の成立を認め得るに止まり，右共謀成立前の先行者の行為等を含む犯罪全体につき，承継的共同正犯の刑責を問うことはできないといわざるを得ない。

しかして，本件においては，被害者Aの……受傷の少なくとも大部分は，Xの共謀加担前に生じていたことが明らかであり，右加担後の暴行……によって生じたと認め得る傷害は存在しない。そうすると，Xに対しては，暴行罪の共同正犯が成立するに止まり，傷害罪の共同正犯の刑責を問うことはできない。」

3　東京地判平成7年10月9日判時1598号155頁・判タ922号292頁

[事実の概要]

同棲していたA男およびB子は，以前から2人でスナックの経営者に睡眠薬を飲ませて眠らせ，金品を盗取するという昏酔強盗を行っていたが，平成7年4月13日にも，遊興費欲しさから，同様の昏酔強盗を計画し，B子が睡眠薬を用意した。また，B子は，遊び友達である被告人Xを犯行に誘うことをA男に提案し，電話でXを呼び出した。

Xは，同日深夜，A男らと落ち合い，スナックで酒を飲んだが，その席上，B子から「薬飲ましてお金取っちゃおうよ」などと昏酔強盗の計画を持ちかけられて，これに同意した。XとA男とは，この時が初対面であったが，Xら3名は，その後，

数軒のスナックを見て歩き、客が少なく容易に犯行を実行できそうな店を探し、翌14日午前5時35分ころ、Vの経営する本件スナックに入ったが、まもなく他の客が帰ったことから、Vにビールを飲むように勧め、一気飲みを何度もさせ、Vを酔わせるように仕向けた。そして、B子は、Vのすきをうかがってビールグラスに睡眠薬を入れ、これを同人に飲ませたが、Vは、意識がもうろうとし始めたものの、眠り込むまでには至らなかった。そこで、A男は、Vが眠り込むのを待ち切れず、同人に暴行を加えて気絶させたうえ、金品を奪取しようと考え、カウンターの中に入り、「この野郎、くたばらないのか」と言って、同人の顔面を手拳で数回殴打するなどしたため、同人は頭部顔面外傷の傷害を負い、気絶した。この間、B子もVに向かって「ふざけんじゃあない」などと罵声を飛ばし、Xは傍らでこれを見ていた。

その後、A男およびB子は、Vのバッグの中から現金約10万円およびネックレスなどを奪い、Xも、A男が金品強取の意図で暴行を加えていることを認識しながら、B子に促されて、カウンターの上に置いてあったコンパクトディスク十数枚と、引出しの中にあった現金数千円を奪った。

Xは、A男およびB子と共謀のうえ、Vに対し暴行を加え、その反抗を抑圧して金品を強取した際、右暴行により同人に全治2週間を要する頭部顔面外傷の傷害を負わせたとして強盗致傷罪で起訴された。

[判旨]

東京地裁は、「XにはA男らとの間で暴行脅迫を手段とする強盗の〔現場〕共謀が成立したとは認められないので、右共謀の存在を前提として強盗致傷罪の責任を負わせることはできない」としたうえで、いわゆる承継的共同正犯の成否について以下のように判示した。

「1　Xは、前記のとおり、A男が強盗の犯意をもってVに暴行を加えて傷害を負わせた後、A男の意図を認識しながら、同人らと共にVから財物を奪取しているので、この場合に被告人の負うべき責任の範囲について更に検討する。

2　先行行為者の犯罪に途中から共謀加担した者（後行行為者）の負うべき責任の範囲については、種々の議論があるが、強盗致傷の事案において、本件のように、先行行為者が専ら暴行を加え、被害者の反抗を抑圧し、右暴行により傷害を与えた後に、財物奪取を共同して行った後行行為者については、強盗罪の共同正犯としての責任を負うものの、強盗致傷罪の共同正犯としての責任までは負わないものと解するのが相当である。何故なら、後行行為者は、財物奪取行為に関与した時点で、先行行為者によるそれまでの行為とその意図を認識しているのみでなく、その結果である反抗抑圧状態を自己の犯罪遂行の手段としても積極的に利用して財物奪取行為に加担しているのであるから、個人責任の原則を考慮に入れても、先行行為者の行為も含めた強盗罪の共同正犯としての責任を負わせるべきものと考えられるが、

反抗抑圧状態の利用を超えて，被害者の傷害の結果についてまで積極的に利用したとはいえないのにその責任を負わせることは，個人責任の原則に反するものと考えられるからである。

本件においても，財物奪取行為のみに関与した被告人については，強盗罪の共同正犯の責任は負うものの，強盗致傷罪の共同正犯の責任までは負わないものと解される。」

Questions

Q3 承継的共犯を認めることはできるか。認めるとすればいかなる理論構成が考えられるか。**基本判例1，2，3**を比較しつつ検討せよ。

【参考判例1】
東京高判平成16年6月22日東高刑時55巻1=12号50頁

[事実の概要]

AはW会系の暴力団V組の若頭であり，Bは同組の若頭補佐であり，Dおよび被告人Xは同組組員である。C（当時41歳）も，もとV組組員であったが，暴力団Y会系Z組の組員から暴行，傷害を受けたことがあり，これが刑事事件となり，被害者として東京地方裁判所で証言することとなって上京し，平成14年5月3日には，東京都内のd公園内にテントを張って生活している知人のところにいた。

AやBらV組幹部は，Cが上記刑事事件において被害者として証言することは，同組とY会等との関係を悪化させることになるため，Cを探索していたところ，同日午後10時30分ころ，d公園においてCを発見するや，同人をら致しようと企て，Bが剣先スコップの先端で，Aが特殊警棒で，それぞれCを殴打するなどしたうえ，d公園北交差点付近路上に駐車中の普通乗用自動車にCを乗車させて発進し，同日午後11時30分ころ，東京都内のhマンションj号室のV組事務所へ連行し，同所においてBが模造刀の鞘でCの手背を突くなどしていた。

XとDは，Aから上記V組事務所に来るよう指示されて，そのころ，同事務所に到着した。その時点では，Cは応接セットのテーブルとソファーとの間の床に正座させられており，AやBがソファーに座るなどして，Cを怒鳴りつけていた。XはCがそのような監禁状態にあることを認識したが，その後，AやBは，Cを他県に連れて行くなどの話をした。Xは，A，BおよびDと暗黙のうちに意思を相通じて，同月4日午前零時30分ころ，上記マンション前路上で，Cを普通乗用自動車後部座席に乗車させ，Bが運転し，被告人とDが同乗し，同車を走行させて，同日午前3時ころ，山梨県内の道路脇の空き地まで連行した。

原審は，上記事実について，Xが犯行に関与する以前のd公園からの監禁行為に

ついても,「Xは,本件において,V組事務所においてCが監禁されている事実を認識しつつ,その犯人と犯意を共通にして,以後の監禁に加担したことになるのであって,そうであれば,継続犯という監禁罪の性質等を考慮すると,Xが同事務所に到着する以前の監禁についても併せて承継的共同正犯としての責任を負うものと言うべきである」として刑事責任を認めた。これに対して,弁護人が控訴した。

[判旨] 控訴棄却

「被告人は,上記V組事務所に到着した時点で,Cが正座をさせられていてAやBから怒鳴られているという状況を認識して,その後の監禁行為に加功したものではあるが,CがV組事務所に連行される前の,d公園でのAらの暴行や連行の態様等については知らなかったと認められるのであり,しかも,被告人は,暴力団の上位者であるAからの指示によって上記組事務所に赴き,その場の状況から,Cを監禁し,他県へ連行するというAらの意図を了解してその後の監禁行為に加功したに過ぎないのであって,自分が加功する前の監禁状態をことさらないしは積極的に利用する意思があったものとも認められない。そうすると,被告人が,Cの監禁について共同正犯としての責任を負うのは,上記V組事務所に到着した以後の監禁に限られると解するのが相当である。

原判決は,上記のとおり,被告人がV組事務所に到着する以前の監禁についても承継的共同正犯としての責任を負うと判断しており,この点で,共同正犯の成立範囲についての法令の解釈・適用を誤ったものというべきである。なお,原判決もこの点についての法令適用の前提となる事実関係については,上記の認定と異なる事実を認定しているものではないから,原判決に事実誤認は認められない。」

Questions

Q4 本件では,原審はXに監禁罪の承継的共同正犯の成立を認め,控訴審はそれを否定している。この結論の差が生じたのは,いかなる点に求められるか。また,いずれの見解が妥当であると考えられるか。

2 同時傷害の特例と承継的共犯

〔設問2〕 以下の事案について,T,Sの罪責について述べなさい。
　T,S,Bは共に飲酒後,歩道の上を,TとSが先を行き,その20,30メートル後方をBが遅れて歩いていたところ,その直前にTとBとが公衆電話の受話器を引きちぎるいたずらをしたことを目撃した被害者Aが,その弁償を求めるべく,被告人TやBを追いかけて来て,遅れて歩いていたBに声をかけてきたことから,BはAに対しいきなりその顔面に頭突きをし膝蹴りを加えるなど

のかなり激しい暴行を加え，Aを路上に転倒させた。先を歩いていたTとSは，後方の異変に気づき振り返ったところ，BがAに右暴行を加えていたことから，両名が喧嘩しているものと思い，Bに加勢しようと考えて暴行現場に駆けつけ，まずTが，引き続きSが，それぞれBの暴行に加わり，同所に転倒しているAに対し，3名でこもごもAの頭部等を多数回にわたり足蹴にするなどの暴行を加えた。さらにその後，Bは単独で，引き続き別の場所においても，Aの頭部等を足蹴にする暴行を続けた。

その結果，Aは，この一連の暴行により，入院加療約32日間を要する鼻骨骨折，全身打撲等の傷害を受けたが，その傷害は，T，Sが加勢する前のBの単独暴行によるものか，T，S，B3名による暴行により生じたのかは不明であった。

Questions

Q5 本事案において，T，S，B3名の共謀を認めることができるか。どの時点に認めることができるか。

Q6 Q5で，共謀が一連の暴行の途中で成立したと考える場合，途中から暴行に加わったT，Sについて，いかなる犯罪の成立が可能と考えられるか。

Q7 本事案に対する刑法207条の適用可能性について，どのように考えるべきか。承継的共犯論との比較，刑法207条の法的性質を明らかにしつつ，肯定説・否定説それぞれの論拠・問題点を検討せよ。

4　大阪地判平成9年8月20日判タ995号286頁

［事実］　［設問2］参照
［判旨］
1　「……関係各証拠によれば，前記のとおり，BがAに頭突き等の暴行を加えて同人が転倒したのを見て，被告人両名はBに加勢しようと考え，現場において暗黙裡に3名間に傷害の共謀が成立したものと認めるのが相当である。」
2　「承継的共同正犯の成否
右認定を前提とすると，次の問題となるのは，被告人両名につき，傷害の承継的共同正犯が成立しないかである。これが成立するならば，被告人両名とも，共謀成立に先立つBの頭突き等の暴行についても共同正犯としての罪責を免れないことになる。
ところで，承継的共同正犯の成立範囲については諸説存するところではあるが，

当裁判所は，『承継的共同正犯が成立するのは，後行者において，先行者の行為及びこれによって生じた結果を認識・認容するに止まらず，これを自己の犯罪遂行の手段として積極的に利用する意思のもとに，実体法上一罪を構成する先行者の犯罪に途中から共謀加担し，右行為等を現にそのような手段として利用した場合に限られると解する』立場（大阪高裁昭和62年7月10日判決・高刑集40巻3号720頁）に賛同するものである。
　そこで，このような見地から本件につき検討すると，確かに，後行者たる被告人両名は，先行者たるBが頭突き等の暴行を加えるのを認識・認容していたことが認められるが，それ以上に被告人両名がこれを『自己の犯罪遂行の手段として積極的に利用する意思』を有していたとか，現にそのような手段として利用したとかの事実は本件全証拠によっても認めることはできないから，結局，被告人両名には傷害の承継的共同正犯は成立しないというべきである。」

3　「同時傷害罪の成否
　しかし，以上から直ちに，被告人両名は共謀成立後の傷害の結果についてのみ傷害罪の共同正犯に問われると結論することはできない。……けだし，前記のとおり，本件傷害の結果は共謀成立の前後にわたるB及び被告人両名の一連の暴行によって生じたことは明らかであるが，それ以上に，これがBの頭突き等の暴行にのみ起因するものであるのか，それともその後の被告人両名及びBの暴行にのみ起因するものであるのか，はたまた両者合わさって初めて生じたものであるのかは，本件全証拠によってもこれを確定することはできないからである……。
　そして，一般に，傷害の結果が，全く意思の連絡がない2名以上の者の同一機会における各暴行によって生じたことは明らかであるが，いずれの暴行によって生じたものであるのかは確定することができないという場合には，同時犯の特例として刑法207条により傷害罪の共同正犯として処断されるが，このような事例との対比の上で考えると，本件のように共謀成立の前後にわたる一連の暴行により傷害の結果が発生したことは明らかであるが，共謀成立の前後いずれの暴行により生じたものであるか確定することができないという場合にも，右一連の暴行が同一機会において行われたものである限り，刑法207条が適用され，全体が傷害罪の共同正犯として処断されると解するのが相当である。けだし，右のような場合においても，単独犯の暴行によって傷害が生じたのか，共同正犯の暴行によって傷害が生じたのか不明であるという点で，やはり『その傷害を生じさせた者を知ることができないとき』に当たることにかわりはないと解されるからである。」

3　行為共同説と犯罪共同説

5　最決昭和54年4月13日刑集33巻3号179頁

［事実の概要］

　被告人AはY組系暴力団S組の組長，被告人Bは同組若者頭補佐，被告人C，同Dは同組組員であるが，昭和45年9月24日午後9時ころ，神戸市兵庫区O町所在のスタンド「R」（経営者・被告人E）前路上において，兵庫警察署保安課巡査Pが同店の裏口から風俗営業に関する強硬な立入り調査をしたとして，同巡査に対し「店をつぶす気やろ」などと毒づき，さらに同町所在の兵庫警察署O派出所前路上に押しかけ，途中から加わったS組若者頭F（原審相被告人），同組組員G（第1審相被告人）ともども同派出所に向かってP巡査の前記措置を大声でなじり，同9時30分ころ同町内のOサウナセンター前路上に引き上げた。しかし，気の治まらない被告人Aが組員X（原審相被告人）に召集をかけるなどし，ここに，被告人A，同B，同C，同Dは，F，X，Gとともに，順次，P巡査に対し暴行ないし傷害を加える旨共謀し，同午後10時ころ，前記O派出所前において，被告人Aら7名がこもごもP巡査に対し挑戦的な罵声・怒声を浴びせ，これに応答したP巡査の言動に激昂したXが，未必の殺意をもって所携のくり小刀（刃体の長さ約12.7センチメートル）でP巡査の下腹部を1回突き刺し，よって同午後11時30分ころ，同巡査を下腹部刺創に基づく右総腸骨動脈等切損により失血死させて殺害した。

　第1審判決は，被告人Aら7名の右所為は刑法60条，199条に該当するが，Xを除くその余の被告人らは暴行ないし傷害の意思で共謀したものであるから，同法38条2項により同法60条，205条1項の罪の刑で処断する旨の法令の適用をし，原判決もこれを維持した。

［決定要旨］

　「殺人罪と傷害致死罪とは，殺意の有無という主観的な面に差異があるだけで，その余の犯罪構成要件要素はいずれも同一であるから，暴行・傷害を共謀した被告人Aら7名のうちのXが前記O派出所前でP巡査に対し未必の故意をもって殺人罪を犯した本件において，殺意のなかった被告人Aら6名については，殺人罪の共同正犯と傷害致死罪の共同正犯の構成要件が重なり合う限度で軽い傷害致死罪の共同正犯が成立するものと解すべきである。すなわち，Xが殺人罪を犯したということは，被告人Aら6名にとっても暴行・傷害の共謀に起因して客観的には殺人罪の共同正犯にあたる事実が実現されたことにはなるが，そうであるからといって，被告人Aら6名には殺人罪という重い罪の共同正犯の意思はなかったのであるから，被告人Aら6名に殺人罪の共同正犯が成立するいわれはなく，もし犯罪としては重

い殺人罪の共同正犯が成立し刑のみを暴行罪ないし傷害罪の結果的加重犯である傷害致死罪の共同正犯の刑で処断するにとどめるとするならば，それは誤りといわなければならない。

しかし，前記第1審判決の法令適用は，被告人Aら6名につき，刑法60条，199条に該当するとはいっているけれども，殺人罪の共同正犯の成立を認めているものではないから，第1審判決の法令適用を維持した原判決に誤りがあるということはできない」。

6　最決平成17年7月4日刑集59巻6号403頁

入院中の患者を退院させてその生命に具体的な危険を生じさせたうえ，その親族から患者に対する手当てを全面的にゆだねられた者につき，不作為による殺人罪が成立するとされた事例（2講**基本判例1**参照）であるが，共同正犯の罪名につき，「未必的な殺意をもって，上記医療措置を受けさせないまま放置して患者を死亡させた被告人には，不作為による殺人罪が成立し，殺意のない患者の親族との間では保護責任者遺棄致死罪の限度で共同正犯となると解するのが相当である」と判示した。

Questions

Q8　「殺人罪が成立し，傷害致死罪（保護責任者遺棄致死罪）の限度で共同正犯となる」とするのと，殺人罪の共同正犯となるとするのではどのような差異があるのか。

【参考判例2】
最判昭和32年11月19日刑集11巻12号3073頁
［事実の概要］
　被告人Xは元S村村長および同村新制中学校建設工事委員会の工事委員長，同Yは元同村助役および同工事委員会の工事副委員長として右Xを補佐していたが，当時同村収入役として出納その他の会計事務を掌り，傍ら前示中学校建設委員会の委託を受け同校建設資金の寄附金の受領，保管その他の会計事務を管掌していたZと共謀のうえ，同人が昭和24年4月10日ころから同年10月11日ころまでのS村A外190余名から学校建設資金として前記工事委員会またはS村に対する寄附金として合計金231,550円を受け取りこれを業務上保管中，該金員中から合計金81,647円を別表記載のごとく昭和24年7月23日ころから同年12月ころまでの間ほしいままに

S村B方外1か所において，同人外1名から酒食等を買い入れてこれが代金として支払い，もってこれを費消横領した。

［決定要旨］

「挙示の証拠によると，右Zのみが昭和24年4月10日頃より同年8月30日までの間右中学校建設委員会の委託を受け同委員会のため，昭和24年8月31日より同年12月頃までの間S村の収入役として同村のため右中学校建設資金の寄附金の受領，保管その他の会計事務に従事していたものであって，被告人両名はかかる業務に従事していたことは認められないから，刑法65条1項により同法253条に該当する業務上横領罪の共同正犯として論ずべきものである。しかし，同法253条は横領罪の犯人が業務上物を占有する場合において，とくに重い刑を科することを規定したものであるから，業務上物の占有者たる身分のない被告人両名に対しては同法65条2項により同法252条1項の通常の横領罪の刑を科すべきものである。」

4　過失と共同正犯

【参考判例3】
東京地判平成4年1月23日判時1419号133頁

［事実の概要］

　被告人X，Yは，いずれも通信線路工事の設計施工等を目的とするM通信工業株式会社の線路部門担当作業員として，電話ケーブルの接続部を被覆している鉛管をトーチランプの炎により溶解開披して行う断線探索作業等の業務に従事していた。昭和59年11月16日午前11時30分ころ，S区所在の日本電信電話公社（現日本電信電話株式会社）S電話局第3棟局舎の地下から約130メートルC交差点寄り地点にある地下洞道（同公社所有，コンクリート造，幅員約2.65メートル，高さ約2.35メートル，床面中央部に幅員約0.82メートルの通路，壁面北側に8段24条，南側に7段18条，合計42条の電話ケーブル設置）において，電話ケーブルの断線探索作業に共同して従事し，壁面北側の下から4段目に並列して設置された3本の電話ケーブルのうち通路寄りの1本（IYケーブル）につき断線を探索した際，その下段の電話ケーブル上に布製防護シートを掛け，通路上に垂らして覆い，点火したトーチランプ各1個を各自が使用し，鉛管を溶解開披する作業中，断線箇所を発見し，その修理方法等を検討するため，一時，右洞道外に退出することとした。そうするに当たっては，同所には右のとおり布製防護シートが垂らされており，右シートにトーチランプの炎が接して着火し，火災が発生する危険があり，これを十分に予見することができたのであるから，右危険を回避するためには，被告人両名において，前記作業で使用した計2個のトーチランプを指差し呼称するなどして確実に消火したことを相互に確認し合い，共同して火災の発生を未然に防止すべきであった。しかし，被告人両

名は，これを怠り，右2個のトーチランプの炎が確実に消火しているか否かにつき何ら相互の確認をすることなく，トーチランプを前記防護シートの近接位置に置いたまま，被告人両名共に同所を立ち去ったために，右2個のトーチランプのうちとろ火で点火されたままの状態にあった1個のトーチランプから炎を前記防護シート等に着火させ，さらに前記電話ケーブル等に延焼させ，よって，同公社所有の電話ケーブル合計104条（加入電話回線等23万3,800回線，総延長1万4,600メートル）および洞道壁面225メートルを焼燬させ，これにより，前記S電話局第3棟局舎に延焼するおそれのある状態を発生させ，もって，公共の危険を生じさせた。

[判旨]

「被告人両名の過失責任

1　出火場所・原因との関係

そこで，前記……出火場所・原因に関する諸事実，すなわち，(1)本件各洞道は，第3棟局舎地下入口から入る正規の入洞方法以外には，外部から洞道内に容易に立ち入ることのできない構造となっており，もとより普段は人気も火気もなく，その洞道内に正規の方法で立ち入り，かつ，洞道内で火気を使用することができる者は，電話局関係者，工事関係者等に限られていたこと，(2)本件当日，火災発生前に本件洞道内に入った工事関係者は被告人両名を含めて4名だけであり，そのうち後記(3)の特に激しい焼損部分の第2現場において火気を用いて作業をしていたのは被告人両名であること，(3)本件火災による洞道内の焼損状況の中で特に激しい焼損部分が認められるのは，Dマンホール付近と第2現場以西部分であるが，そのうち第2現場付近の焼損状況がより激しいものと認められること，(4)そして第2現場付近の電話ケーブルの焼損状況は，洞道北側部分が南側部分に比して激しい火勢を蒙ったものと推認されること，(5)専用回線異常感知記録によると，C洞道北側部分に敷設された電話ケーブルが最も早期に異常を感知しているところから，右部分が出火場所に近接していたものと推認されること，(6)本件において出火原因として検討を要するものとして，煙草の火の不始末や第三者による放火があるが，これらの可能性は全くないこと，(7)そして，弁護人指摘の電気的原因による出火の可能性の点についても，本件においてはこれを否定し得ること，(8)本件において現実的可能性のある出火原因としては，被告人両名の作業によるものであり，本件各鑑定結果によると，被告人両名のいずれかが使用した……トーチランプのとろ火が防護シートその他の可燃物に接炎し，これを燃焼させ，その火炎が電話ケーブルに燃え移った可能性を肯認できること，などを総合すると，本件火災は，被告人両名が第2現場において作業をした後，被告人両名のいずれかが完全に消火しなかったトーチランプのとろ火が防護シート等の可燃物に接炎して燃え移り，更にそれが電話ケーブルに延焼して燃え広がった結果，これが発生するに至ったものと認定せざるを得ない。

なお，被告人両名は，……いずれも当公判廷においてトーチランプの火の不始末につき積極的に否認しているものであるが，右両名の各供述を対比してみると，トーチランプの火の処理につき両名の供述間に大きな隔たりがあって，いずれもその信用性を容易に判定することができず，殊に，本件各トーチランプにつき積極的に指差呼称を履践した旨の被告人Xの供述についてみると，同被告人は，本件火災発生直後に録取作成された昭和59年11月16日付司法警察員調書〔乙1〕をはじめ，同月26日付司法警察員調書〔乙2〕，同月27日付司法警察員調書〔乙3〕，同月28日付司法警察員調書〔乙4〕の合計4通の各供述調書中において，いずれも指差呼称の点につき全く供述をしていなかったのに，事件から1年以上経た昭和61年2月12日付司法警察員調書〔乙10〕に至り，はじめて指差呼称等の点につき具体的な供述をし始め，その後これを維持している経緯が認められるのであって，その供述経過に照らして極めて不自然である上，被告人Yにおいては，当初から被告人Xの指差呼称等を耳にしたことはない旨一貫した供述をしていること，を併せ考えると，被告人Xの右供述を信用することができず，また，関係証拠によれば，事件直後から被告人Xが被告人Yに対して右の事実関係につき口裏を合わせるよう求め，被告人Yもこれに応じていたことが窺われるのであって，このような事情に徴すると，本件における被告人両名の各供述は，いずれも前記客観的事実関係と他の関係証拠により裏付けられ得る部分を除き，その信用性は低いものと言わざるを得ず，もとより本件出火場所・原因に関する前記結論に対し合理的な疑いを生じさせるに足るものではない。

2　被告人両名の共同過失責任

　そこで，本件火災における出火原因は，以上判示したとおり，被告人両名が第2現場で解鉛作業に使用した2個のうち1個のトーチランプの火が完全に消火されなかったため，この火が同所の電話ケーブルを覆っていた防護シートに着火した点にあると認定されるところであるが，以下，この点に関する被告人両名の注意義務と過失行為の有無について検討する。

　まず，前記本件各洞道の構造，洞道内における可燃性電話ケーブルの敷設状況等に照らして，このような洞道内で火災事故が一旦発生すれば，消火活動が困難であり，電話ケーブルが焼損して電話回線が不通となり，多数の電話加入権者を含む一般市民の電話使用が不能となって，社会生活上重大な影響の惹起されることは，一般的に容易に予見し得るところである。

　そして，かかる事態の発生を未然に防止する見地から，関係証拠によれば，日本電信電話公社においては，洞道内の火器使用上の注意として，『火器使用に当たっては，周囲の可燃物に対し適切な措置を行う。作業場を離れる時は，火気のないことを確認する。』旨を定め（電気通信技術標準実施方法C811・030『とう道の保守』（基

準, 標準）〔第1版・改定書第1号・昭和59年8月24日改定, 同年10月20日実施〕中の9の3『とう道入出者の遵守事項』参照。），同公社T電気通信局長から電気通信設備請負工事施工会社宛に, 既設洞道内での火災事故防止として『トーチランプを使用するときは, 作業現場を整理し, 可燃物等は付近におかないこと。』旨を指示し（昭和54年4月24日付『とう道内火災事故防止について』第2参照。），これに従い, 被告人両名所属のM通信の元請企業であるE電話においても,『とう道内作業時の事故防止対策』（昭和58年4月改定）を定めて,『火気使用に当たっては, 周囲の加熱物に対し適切な措置を行う。』『作業現場を離れるときは, 火気のないことを確認する。』旨を一般的に規定するほか, その遵守を徹底するため, E電話の社員のみならず, M通信等の下請会社の作業員に対しても, 日頃から始業前のミーティング, 安全対策会議等を通じて,『トーチランプの作業が終わったら火は必ず消すこと。作業現場から離れるときは, その場に置いておくトーチランプの火が消えているかどうかを確認し, その際には自己の使用したランプだけではなく, 一緒に作業した者のランプについても確認すること。特に, その確認に当たっては, トーチランプを指差し, 消火の有無を呼称して確認すること。』などの指示が繰り返し行われていたことが認められるとともに, 殊に, 本件の解鉛作業の場合等のように, 数名の作業員が数個のトーチランプを使用して共同作業を行い, 一時, 作業を中断して現場から立ち去るときには, 作業慣行としても, 各作業員が自己の使用したランプのみならず共同作業に従事した者が使用した全てのランプにつき, 相互に指差し呼称して確実に消火した点を確認し合わなければならない業務上の注意義務が, 共同作業者全員に課せられていたことが認められるのであって, 右の事実に徴すると, 本件のように共同解鉛作業中, 一時現場を離れるに当たり, 共同作業者においては, トーチランプにつき相互に指差し呼称確認を行うことは容易なことであるとともに, これを行うことによりトーチランプの火による他の可燃物への燃焼を未然に防止し得ることも明らかであるから, 本件の共同作業者に対して右のごとき内容の注意義務を課することは, なんら無理を強いるものではなく, 極めて合理的かつ常識的な作業慣行であるものと思料される。

したがって, 本件の被告人両名においては, 第2現場でトーチランプを使用して解鉛作業を行い, 断線箇所を発見した後, その修理方法等につき上司の指示を仰ぐべく, 第3棟局舎へ赴くために第2現場を立ち去るに当たり, 被告人両名が各使用した2個のトーチランプの火が完全に消火しているか否かにつき, 相互に指差し呼称して確認し合うべき業務上の注意義務があり, 被告人両名がこの点を十分認識していたものであることは, 両名の作業経験等に徴して明らかである。

しかるに, 被告人両名は, 右の断線箇所を発見した後, その修理方法等を検討するため, 一時, 第2現場を立ち去るに当たり, 被告人Xにおいて, 前回の探索の際

に断線箇所を発見できなかった責任を感じ，精神的に動揺した状態にあったとはいえ，なお被告人両名においては，冷静に前記共同の注意義務を履行すべき立場に置かれていたにも拘らず，これを怠り，前記2個のトーチランプの火が完全に消火しているか否かにつき，なんら相互の確認をすることなく，トーチランプをIYケーブルの下段の電話ケーブルを保護するための防護シートに近接する位置に置いたまま，被告人両名が共に同所を立ち去ったものであり，この点において，被告人両名が過失行為を共同して行ったことが明らかであるといわなければならない。

以上の理由により，もとよりいわゆる過失犯の共同正犯の成否等に関しては議論の存するところであるが，本件のごとく，社会生活上危険かつ重大な結果の発生することが予想される場合においては，相互利用・補充による共同の注意義務を負う共同作業者が現に存在するところであり，しかもその共同作業者間において，その注意義務を怠った共同の行為があると認められる場合には，その共同作業者全員に対し過失犯の共同正犯の成立を認めた上，発生した結果全体につき共同正犯者としての刑事責任を負わしめることは，なんら刑法上の責任主義に反するものではないと思料する。」

Questions

Q9 両被告人に過失の共同正犯を認める意義はどこにあるか。共同正犯を基礎づける意思の連絡とはどのようなものを指しているのか。

Q10 両被告人について，相互に，トーチランプの火が完全に消火しているか否かにつき，相互に指差し呼称して確認する業務上の注意義務があるとすることとどこが異なるのか。

5　正当防衛の共謀

〔設問3〕　Xは，Y等数名と夜間歩道上で雑談していたところ，酩酊して通りかかったAと言い争いとなり，AがXの仲間の女性Sの髪を引っぱる等の乱暴を始めたため制止したが，AはSの髪をつかんだまま車道を横断して，向かい側の駐車場入口までSを引っ張っていった。Xらが追いかけて暴行を加えてSの髪から手を放させたものの，AはXらに悪態をつきなおも応戦する気勢を示しながら，後ずさるように駐車場奥へと移動した。Xら4名もほぼ一団となってAを駐車場奥へ追いつめる格好で追っていった。その間，駐車場中央でYが，応戦の態度を崩さないAに手拳で殴りかかり，顔をかすった程度で終わったため，再度殴りかかろうとしたがZがこれを制止し，さらに駐車場奥でYが制止を振り切ってAの顔面を手拳で殴打し，そのためAは転倒してコンクリー

ト床に頭部をぶつけ，加療約7か月半を要する傷害を負った。

Questions

Q11 Xには，最後の加療約7か月半を要する傷害についても帰責されるか。

7　最判平成6年12月6日刑集48巻8号509頁

[事実の概要]　〔設問3〕参照

原審は，AがSの髪をつかんだ時点から，YがAを最終的に殴打するまでのXら4名の行為は，意思連絡の下に行われた一連一体のものであり，その全体について共同正犯が成立し，これが過剰防衛に当たるとした。これに対し，弁護人が正当防衛行為を共同しても，犯罪行為の共同ではないので共謀には当たらず，追撃行為はYの単独正犯であるとして上告した。

[判旨]

「本件のように，相手方の侵害に対し，複数人が共同して防衛行為としての暴行に及び，相手方からの侵害が終了した後に，なおも一部の者が暴行を続けた場合において，後の暴行を加えていない者について正当防衛の成否を検討するに当たっては，侵害現在時と侵害終了後とに分けて考察するのが相当であり，侵害現在時における暴行が正当防衛と認められる場合には，侵害終了後の暴行については，侵害現在時における防衛行為としての暴行の共同意思から離脱したかどうかではなく，新たに共謀が成立したかどうかを検討すべきであって，共謀の成立が認められるときに初めて，侵害現在時及び侵害終了後の一連の行為を全体として考察し，防衛行為としての相当性を検討すべきである」。そして，AがSの髪を放すに至るまでの「反撃行為」と，その後の「追撃行為」に分けたうえで，反撃行為については「いまだ防衛手段としての相当性の範囲を超えたものということはできない」として正当防衛を認め，追撃行為については，「一団となっていたからといって，Xら4名の間にAを追撃して暴行を加える意思があり，相互にその旨の意思の連絡があったものと即断することができない」とし，「追撃行為については新たに暴行の共謀が成立したとは認められないのであるから，反撃行為と追撃行為とを一連一体のものとして総合評価する余地はな」いので，これらを一連一体のものとして過剰防衛に当たるとした原判決を破棄・自判して無罪を言い渡した。

Questions

Q12 XYらが「正当防衛行為を共同した」という点はどのように評価されるか。

「防衛しよう」という合意には，「犯罪行為」を犯すことに関する合意は含まれておらず，そこから発する心理的因果性は，「一部実行の全部責任」という共同正犯効果の基礎とはなり得ないという説明をどう考えるか。

Q13 ただ，Yの追撃行為は，Aがなおも応戦の構えをとっていたことなどから，急迫性はなお存在していたと考えられ，過剰防衛となると思われる。そこで，Yに対し，Aによる侵害の急迫性が継続してたとすると，本判決のように反撃行為と追撃行為とを一連一体のものとして総合評価する余地はないとするのは，論旨が矛盾しているとはいえないか。新たな攻撃は，急迫性が継続している状況下でも考えられるのではないか。

〔設問4〕 被告人Xは，友人Yの居室から飲食店Mに電話をかけて同店に勤務中の女友達と話していたところ，店長Aに一方的に電話を切られて立腹し，再三にわたり電話をかけなおし取次を求めたが，拒否された上侮辱的な言葉を浴びせられて憤慨し，Mに押しかけようと決意し，同行を渋るYを強く説得し，包丁を持たせて一緒にタクシーでMに向かった。Xは，タクシー内で，自分もAとは面識がないのに，Yに対し，「おれは顔が知られているからお前先に行ってくれ。喧嘩になったらお前を放っておかない」等と言い，さらに，Aを殺害することもやむを得ないとの意思の下に，「やられたらナイフを使え」と指示するなどして説得し，M付近に到着後，Yを同店出入口近くに行かせ，少し離れた場所で同店から出て来た女友達と話をしたりして待機していた。Yは，内心ではAに対し自分から進んで暴行を加えるまでの意思はなかったし，面識のないAからいきなり暴力を振われることもないだろうと考え，M出入口付近で被告人の指示を待っていたところ，意外にも同店から出てきたAに被告人と取り違えられ，いきなりえり首をつかまれて引きずり回されたうえ，手拳で顔面を殴打されコンクリートの路上に転倒させられて足蹴にされ，抵抗したが頼みとするXの加勢も得られず，再び路上に殴り倒されたため，自己の生命身体を防衛する意思で，とっさに包丁を取り出し，被告人の指示通り包丁を使用してAを殺害することになってもやむを得ないと決意し，被告人との共謀の下に，包丁でAの左胸部等を数回突き刺し，急性失血により同人を死亡させた。

Xの罪責について述べよ。

8 最決平成4年6月5日刑集46巻4号245頁

〔事実の概要〕 〔設問4〕参照

原審は，Yに関し，Aの暴行は急迫不正の侵害でありこれに対する反撃が防衛の程度を超えたものであるとして過剰防衛の成立を認めたが，被告人Xについては，Aが攻撃してくる機会を利用しYに包丁で反撃を加えさせようとしていたもので，積極的な加害意思で侵害に臨んだものであるから急迫性を欠くとし，過剰防衛の成立を認めなかった。これに対して被告側は，過剰防衛の効果は共同正犯者に及ぶ等として上告した。

[決定要旨]

「共同正犯が成立する場合における過剰防衛の成否は，共同正犯者の各人につきそれぞれの要件を満たすかどうかを検討して決するべきであって，共同正犯者の1人について過剰防衛が成立したとしても，その結果当然に他の共同正犯者についても過剰防衛が成立することになるわけではない。原判決の認定によると，被告人は，Aの攻撃を予期し，その機会を利用してYをして包丁でAに反撃を加えさせようとしていたもので，積極的な加害の意思で侵害に臨んだものであるから，AのYに対する暴行は，積極的な加害の意思のなかったYにとっては，急迫不正の侵害であるとしても，被告人にとっては急迫性を欠くものであって（最高裁昭和51年（あ）第671号同52年7月21日第1小法廷決定・刑集31巻4号747頁参照），Yについて過剰防衛の成立を認め，被告人についてこれを認めなかった原判断は，正当として是認することができる。」

Questions

Q14 共同正犯の場合，一方の正当防衛事情は他の者に常に連帯的に影響するのではないか。

Q15 XYがA1人を傷害しようと共謀し，Xが見つけて正当防衛状況下で傷害を負わせたような場合，Xは正当防衛で不可罰であろうが，Yは傷害罪の構成要件行為を共同したと評価しうるので処罰すべきなのであろうか。

第15講　共犯関係の解消・共謀の射程

〔設問1〕　甲，乙には何罪が成立するか，具体的事実を示して論じなさい。本事例において甲乙間の共犯関係の解消が認められるか否かを，また後記基本判例1を踏まえ，具体的に論じなさい。

1　Aは，自動車運転中に赤色信号を見落として交差点に進入したため，青色信号に従って交差点に進入したB運転の自動車と衝突事故を起こし，Bに重傷を負わせた。

　Bは，入院治療費，休業損害および自動車修理費として合計240万円の損害を被り，うち合計120万円については，A運転の自動車に付されていた自賠責保険の保険金によって支払われたが，残りの120万円について，Bは支払を受けることができなかった。そこで，Bは，Aに対して120万円の損害賠償を求めたが，Aは，「そのうち支払う」と述べるにとどまり，損害金の支払には応じなかった。

2　甲は，知人であるBからこの件について話を聞き，自らがBに代わってAとの交渉に当たることで，Bの損害金120万円に自らの取り分を上乗せした金額をAに要求して支払わせ，上乗せ分の利益を得ようと企て，Bに対し，その意図を伏せたうえで，「Aから損害金120万円を取ってやるから，Aとの交渉をおれに任せてくれ」と言い，Bの了承を得た。

3　甲は，かつての不良仲間で先輩格であった乙に対して前記の事情を話し，「Bの損害額の残り120万円に80万円を上乗せして請求し，うまく支払わせたらBに120万円を渡して，取り分の80万円を40万円ずつ山分けしましょう。Aは支払を拒んでいるそうなので，脅かしてでも金を出させましょう」と告げて協力を求め，乙の同意を得た。

4　その後，甲乙両名はAと面談し，甲が「Bは現在も仕事を休んで治療を続けており，追加の治療費と休業補償分を加えると，未払分は120万円にとどまらず，既に200万円になっている」と嘘を言ったうえ，乙が「いつまで開き直っているつもりだ。このまま支払わなければそのうちBがあきらめるとでも思っているのか」と言って，200万円の支払を要求したが，Aは，支払を拒否する態度を変えようとしなかった。

　そこで，甲は，Aの態度を変えさせるためにはやはり脅す必要があると考え，語気を強めながら，「あんたにも家族がいるだろう。家族が事故に遭えば，被

害に遭った者の気持ちが分かるかもしれんな。家族が事故に遭ってから，あの時200万円支払っておけば良かったと悔やんでも遅いぞ」とAに申し向け，200万円の支払を強く要求した。

　Aは，甲乙両名との面談の前までは，Bに対して損害金を支払う意思は全くなかったが，面談の結果，甲の言うとおり，その損害額の残りが200万円に及んでいるものと誤信したうえ，このまま損害金の支払を拒否していると，甲乙両名らによって自己の家族に危害を加えられるのではないかと畏怖したことから，200万円を支払わなければならないと考えた。しかし，Aは，手持ちの現金が20万円しかなかったことから，甲乙両名に対し，「今はこれしかないので，これで勘弁してくれ」と言って，とりあえず20万円を手渡した。

　5　甲は，Aから現金20万円を受け取った後，残金180万円についても後日Aに支払わせて，甲乙両名の取り分はこの残金180万円の中から入手しようと考え，乙の了解を得て，Aから受け取った現金20万円全額をBに手渡した。

　6　その後，甲は，乙に対し「残りはAに借金させて，支払わせましょうか」と持ちかけたが，乙は，甲のAに対する脅し文句が予想以上に強かったことから，これ以上執拗かつ強硬に支払を要求すると警察沙汰になるのではないかと恐れ，甲に対し，「少しやりすぎたのではないか。やはりおれは手を引くから，お前もこの辺りでやめておけ。出させた20万円も返した方がいい」と強い口調で告げた。

　甲は，乙からやめろと言われたため，やむなく「仕方ない。あきらめますか」と言って，乙の言葉に従う態度を示したが，同時に，「しかし，Bには120万円取ってやると言ってしまったからなあ。既に渡した20万円を返してくれとも言いにくいし」とも言い，若干未練を抱いている様子だった。

　そこで，乙は，甲に対し，「お前がAにしつこく要求して警察沙汰になったら，おれが迷惑することを忘れるな」と念押しし，甲は，渋々ながら，「分かりました。この話はなかったことにします。20万円もBから返してもらって，Aに返しますよ」と返答したが，内心ではあきらめきれずにいた。

　7　甲は，その後間もなく，せめてBの損害額120万円はAに支払わせてBに手渡してやらないと，Bに対するメンツが立たないと考えた。そこで，甲は，残金100万円を支払わせるため単独でAと面談し，甲乙両名による前回の行為によって，Aが自己の家族に危害を加えられるのではないかとなお畏怖し続けていることを知りながら，「残りを受け取りに来た。100万円払え。金がないなら借金してでも作ってもらおうか」と言って，100万円の支払を要求した。

　Aは，前記のとおり畏怖し続けていたことから，甲の要求どおり，残金として100万円の支払に応じることとし，いわゆるヤミ金融業者から現金100万円を

高利で借り入れ，これを甲に手渡した。
　8　その後，Aは，前記ヤミ金融業者に対し，前記100万円の借入れに対する返済として元利合計200万円を支払った。
　なお，乙は，甲から何の連絡もなかったことから，甲が乙の言葉に従って，Aに対し現金20万円を返還し，Aに支払を約束させていた残金180万円の受け取りも断念したものと考えていた。

1　共犯（共謀）関係の解消

1　最決平成元年6月26日刑集43巻6号567頁

[事実の概要]
　被告人Xは，Yの舎弟分であるが，両名は，昭和61年1月23日深夜スナックで一緒に飲んでいた本件被害者Aの酒癖が悪く，再三たしなめたのに，逆に反抗的な態度を示したことに憤慨し，同人に謝らせるべく，車でY方に連行した。Xは，Yとともに，1階八畳間において，Aの態度などを難詰し，謝ることを強く促したが，同人が頑としてこれに応じないで反抗的な態度をとり続けたことに激昂し，その身体に対して暴行を加える意思をYと相通じた上，翌24日午前3時30分ころから約1時間ないし1時間半にわたり，竹刀や木刀でこもごも同人の顔面，背部等を多数回殴打するなどの暴行を加えた。
　Xは，同日午前5時過ぎころ，Y方を立ち去ったが，その際「おれ帰る」といっただけで，自分としてはAに対しこれ以上制裁を加えることを止めるという趣旨のことを告げず，Yに対しても，以後はAに暴行を加えることを止めるよう求めたり，あるいは同人を寝かせてやってほしいとか，病院に連れていってほしいなどと頼んだりせずに，現場をそのままにして立ち去った。
　その後ほどなくして，Yは，Aの言動に再び激昂して，「まだシメ足りないか」と怒鳴って右八畳間においてその顔を木刀で突くなどの暴行を加えた。Aは，そのころから同日午後1時ころまでの間に，Y方において甲状軟骨左上角骨折に基づく頸部圧迫等により窒息死したが，右の死の結果がXが帰る前にXとYがこもごも加えた暴行によって生じたものか，その後のYによる前記暴行により生じたものかは断定できなかった。
　弁護人は，Xが立ち去った後にYが加えた暴行によってAの死亡の結果が生じた可能性があり，そうである以上，Yが暴行を加えた際にはXとYとの間の共犯関係が解消しているので，XにAの死の結果について共同正犯としての責任を負わせる

ことはできないと主張した。しかし，原審は，「本件のように2人以上の者が他人に暴行を加えることを共謀し，かつ，共同してこもごも被害者に暴行を加えたようなときに，共犯者の1人あるいは一部の者の離脱ないし共犯関係の解消が認められるのは，離脱しようとした者がまず自己において被害者に暴行を加えることを止め，かつ，自分にはもはや共謀に基づいて暴行を加える意思がなくなったこと，すなわち共犯関係から離脱する意思のあることを他の共犯者らに知らせるとともに，他の共犯者らに対してもこれ以上暴行を加えないことを求めて，現に加えている暴行を止めさせたうえ，以後は自分を含め共犯者の誰もが当初の共謀に基づく暴行を継続することのない状態を作り出している場合に限られ」ると判示し，Xに傷害致死の共同正犯の成立を認めた。

[決定要旨]
「Xが帰った時点では，Yにおいてなお制裁を加えるおそれが消滅していなかったのに，Xにおいて格別これを防止する措置を講ずることなく，成り行きに任せて現場を去ったに過ぎないのであるから，Yとの間の当初の共犯関係が右の時点で解消したということはできず，その後のYの暴行も右の共謀に基づくものと認めるのが相当である。そうすると，原判決がこれと同旨の判断に立ち，かりにAの死の結果がXが帰った後にYが加えた暴行によって生じていたとしても，Xは傷害致死の責を負うとしたのは，正当である。」

【参考判例1】
最判昭和24年7月12日刑集3巻8号1237頁
[事実の概要]
被告人XおよびY₁～Y₄は，A女を強姦すること共謀して同女を強姦し，その際に同女に傷害を与えた。ただし，Xは同女を姦淫しようとしたが，同女が哀願したため姦淫を中止した。
[判旨]
「被告人等はA女を強姦することを共謀して同女を強姦し，且つ強姦をなすに際して同女に傷害を与えたというのであるから，共謀者全員強姦致傷罪の共同正犯として責を負わなければならない。Xは，同女を姦淫しようとしたが同女が哀願するので姦淫を中止したのである。しかし他の共犯者と同女を強姦することを共謀し，他の共犯者が強姦をなし且つ強姦に際して同女に傷害の結果を与えた以上，他の共犯者と同様共同正犯の責をまぬかれることはできないから中止未遂の問題のおきるわけはない。」

Questions

Q1 共犯からの離脱と共犯の中止の問題はいかなる関係に立つと考えるべきか。
Q2 **基本判例1**は，***Q1***のいずれが問題となった事案か。**参考判例1**の判例と比較した場合，いかなる相違があると考えられるか。

2 共犯からの離脱

2 最決平成21年6月30日刑集63巻5号475頁

[事実の概要]

原判決およびその是認する第1審判決の認定並びに記録によれば，本件の事実関係は，次のとおりである。

(1) 被告人は，本件犯行以前にも，第1審判示第1および第2の事実を含め数回にわたり，共犯者らとともに，民家に侵入して家人に暴行を加え，金品を強奪することを実行したことがあった。

(2) 本件犯行に誘われた被告人は，本件犯行の前夜遅く，自動車を運転して行って共犯者らと合流し，同人らと共に，被害者方およびその付近の下見をするなどした後，共犯者7名との間で，被害者方の明かりが消えたら，共犯者2名が屋内に侵入し，内部から入口のかぎを開けて侵入口を確保したうえで，被告人を含む他の共犯者らも屋内に侵入して強盗に及ぶという住居侵入・強盗の共謀を遂げた。

(3) 本件当日午前2時ころ，共犯者2名は，被害者方の窓から地下1階資材置場に侵入したが，住居等につながるドアが施錠されていたため，いったん戸外に出て，別の共犯者に住居等に通じた窓の施錠を外させ，その窓から侵入し，内側から上記ドアの施錠を外して他の共犯者らのための侵入口を確保した。

(4) 見張り役の共犯者は，屋内にいる共犯者2名が強盗に着手する前の段階において，現場付近に人が集まってきたのを見て犯行の発覚をおそれ，屋内にいる共犯者らに電話をかけ，「人が集まっている。早くやめて出てきた方がいい」と言ったところ，「もう少し待って」などと言われたので，「危ないから待てない。先に帰る。」と一方的に伝えただけで電話を切り，付近に止めてあった自動車に乗り込んだ。その車内では，被告人と他の共犯者1名が強盗の実行行為に及ぶべく待機していたが，被告人ら3名は話し合って一緒に逃げることとし，被告人が運転する自動車で現場付近から立ち去った。

(5) 屋内にいた共犯者2名は，いったん被害者方を出て，被告人ら3名が立ち去ったことを知ったが，本件当日午前2時55分ころ，現場付近に残っていた共犯者

3名とともにそのまま強盗を実行し，その際に加えた暴行によって被害者2名を負傷させた。

原審，原原審ともに被告人と他の共犯者らとの共謀関係は解消されないとした。

［決定要旨］

「被告人は，共犯者数名と住居に侵入して強盗に及ぶことを共謀したところ，共犯者の一部が家人の在宅する住居に侵入した後，見張り役の共犯者が既に住居内に侵入していた共犯者に電話で『犯行をやめた方がよい，先に帰る』などと一方的に伝えただけで，被告人において格別それ以後の犯行を防止する措置を講ずることなく待機していた場所から見張り役らと共に離脱したにすぎず，残された共犯者らがそのまま強盗に及んだものと認められる。そうすると，被告人が離脱したのは強盗行為に着手する前であり，たとえ被告人も見張り役の上記電話内容を認識した上で離脱し，残された共犯者らが被告人の離脱をその後知るに至ったという事情があったとしても，当初の共謀関係が解消したということはできず，その後の共犯者らの強盗も当初の共謀に基づいて行われたものと認めるのが相当である。これと同旨の判断に立ち，被告人が住居侵入のみならず強盗致傷についても共同正犯の責任を負うとした原判断は正当である。」

【参考判例2】
東京地判平成12年7月4日判時1769号158頁

［事実の概要］

少年である被告人Xは，D，Fほか氏名不詳者数名らと共謀のうえ，平成11年12月5日午前4時40分ころ，甲野マンションのX方居室において，D，Fらが略取してきたGに対し，自称Eらが，Gの目と口に粘着テープを巻き付け，両手両足をネクタイで縛ったうえ，同人を殴るなどの暴行を加えるなどし，XらがGを監視するなどして，同人が同室から脱出するのを不能にした。さらに，同日午前11時ころ，Dらにおいて，Gを同室から連れ出し，Dが呼び出したH運転の普通乗用自動車後部座席にGを乗車させ，両脇から同人を挟んで座りその脱出を不能にするとともに，同人の両眼に粘着テープを貼り付けた状態で同車を発進させ，同日午後6時30分ころ同人を解放するまで，同人を同車内に閉じ込めて脱出することを不能にし，もって同人を不法に監禁した。

また，Xは，D，Fらと共謀のうえ，Dらが，多数回にわたり，前記X方居室等からGの弟Iが所持する携帯電話に電話をかけ，同人に対し身の代金を要求し，もって略取された者の安否を憂慮する者の憂慮に乗じて財物を要求する行為をしたが，Xについては，通報を受けて張り込んでいた警察官により，身の代金受渡し場所でIと会って同人から紙袋を受け取るのを現認され，同日午後3時8分ころ現行犯逮

捕された。

　その後，Xは警察の捜査に協力するなどした。すなわち，Xは，逮捕後，警察官らに対し「Fらが昨晩私のマンションに誘拐した被害者を連れてきて監禁した。今はボスに言われて金を取りに来た」と自供し，氏名，生年月日および住所を明らかにしたほか，監禁場所や犯人の数についても供述した。さらに，Xは，警察官らから，D ら共犯者の逮捕および被害者の解放のために捜査に協力するよう説得されて了承し，午後4時22分ころ以降，警察官らの指示に従って，Dからの電話に対し「金は受け取った」などと応答したほか，Dらが携帯するショルダーバッグ内にサバイバルナイフ等が入っているなどと申し立てて，捜査に協力した。

　一方，Dは，一時Xらとの電話連絡が取れなくなったため，Xらが逮捕されたことを察知したが，被害者から「明日必ずお金を出すから助けてください。私を釈放すれば何とかお金を集めてくる」などと必死に説得されて，自己の銀行口座に200万円振り込むことを約束させたうえ，前記のとおり同日午後6時30分ころ，私鉄T線U駅付近で被害者を解放した。なお，Dは，その後逃走を続けたが，平成12年1月20日に通常逮捕された。

[判旨]

　「(一) 以上認定の事実関係に照らすと，Xが犯行を中止したのは，警察官らに現行犯逮捕されたためであって，Xの意思に基づくものではない。しかも，Xらが逮捕された以降も，その共犯者であるDらにおいて，引き続き被害者を監禁して被害者の近親者に対する身の代金要求を繰り返しており，Dらが被害者を解放したのは，被害者がDらを説得し，自ら現金を支払う旨約束したことによるものであって，Xがその犯行遂行を現実に阻止したことはなかったというべきである。

(二) (1) しかしながら，Xは，逮捕後，警察官らに対し，直ちに犯行の概要を自供し，自らの氏名，住所等を明らかにしているほか，警察官らの指示に従って，Dからの電話に対し『金は受け取った。』，『池袋にいる。』，『マクドナルドにいる。』などと応答したり，警察官らに，Dらの所持する凶器の種類を教えるなどして，Dらによる被害者の解放や警察官らによるDらの逮捕に資する行動をとっており，逮捕された者としてなし得る犯行防止措置は尽くしたということができる。

　(2) しかも，Xは，被害者を拐取した者ではなく，Dらが自室に被害者を連れ込むことにより本件各犯行に関与するに至った者であり，監禁の犯行については，Dと共に居住する本件居室を監禁場所として提供したほか，同室で被害者の見張りを担当しただけで，午前11時ころにDらが被害者を同室から連れ出した後は，被害者を直接支配していない。

　さらに，拐取者身の代金要求の犯行についても，Xの役割は身の代金の受取りのみであるところ，Xが，逮捕後，Dらに『金は受け取った。』旨述べ，Dらも，X

が逮捕されたことを察知したことにより，右犯行において，Xがその役割を果たす余地はなくなったものと認められる。加えて，Xは，共犯者の間で格段に最年少の少年であり，本件各犯行への加担も，主犯格であるDに対する恩義もあって同人の指示に従ったものであることを考慮すると，本件各犯行へのXの加功は決して強いものとはいえないし，Xらの逮捕後は，これを察知したDらにおいて，Xとは無関係に，被害者に対する監禁及び被害者の弟に対する身の代金要求を繰り返したものと認められるのである。

㈢　以上からすると，本件各犯行において，Xは，警察官らに逮捕された後，その説得に応じて捜査協力をしたことにより，自らの加功により本件各犯行に与えた影響を将来に向けて消去したものと評価できるから，その時点において，Dらとの間の当初の共犯関係から離脱したものと認めるのが相当である。」

【参考判例３】
東京地判昭和51年12月9日判時864号128頁
[事実の概要]

被告人X・Yは，いわゆる過激派に所属し，他の同派構成員とともに密かに爆弾を製造して武装闘争を展開するとの行動目標を掲げて爆弾製造の準備を進めていたところ，昭和50年5月4日ごろ，X・Y両名およびAら同派の構成員により，それまでに各人において準備した装置や資材，薬品等を持ち寄って，爆弾製造方法についての検討会が開かれた際，判示薬品等の保管方法につきX・Y両名および右Aほか1名の間で協議がなされ，Bの指示もあって，右Aにおいてこれを保管することが決定された。この決定に基づきAは，爆発性のある劇物である塩素酸カリウム約33グラムおよび塩素酸ナトリウム約1キログラムを所携のショルダーバック内に入れて所持し，当時の住居に持ち帰って同押入れ内に隠匿して保管するなどしていた。X・Y両名は，この共謀に基づいて，前記薬品を所持したとして起訴された。

弁護人は，Xらは，昭和50年10月ごろ，Xらの所属している組織からAを除名すると共に，同人に対し，前記薬品を返還するかあるいは直ちに廃棄するよう強く要求したところ，同人において以後独自の責任のもとにこれを所持する旨を明言したのであるから，少なくともその時期以降はXらとAとの間に判示薬品所持についての共同意思は存在しない，と主張した。

[判旨]

「弁護人は，同年10月ごろ以降はXらと右Aとの間に判示薬品所持についての共謀関係がない旨の主張をするが，前掲証拠によれば，右Aは，そのころ前記組織から資格停止処分を受けると共にXらから判示薬品の返還の要求を受けていた事実は認められるものの，前記認定のとおり，そのころ既にXらとの間の共謀に基づき，

判示薬品所持の実行行為を継続していたものであるから，X・Y両名が右所持の共謀関係から離脱したといいうるためには，Xらにおいて，右Aから判示薬品を一たん取り戻すなどして同人の占有を失わせるか，或は，そのための真摯な努力をなしたにもかかわらず，同人においてこれが返還等をなさず，以後の判示薬品の所持が当初の共謀とは全く別個の同人独自の新たな意思に基づいてなされたものと認めるべき特段の事情がなければならないものと解されるところ，Xらは，右Aに対し，判示薬品の返還要求の意思表示はなしたものの，これを取り戻すなど同人の占有を喪失させるための真摯な努力をなした形跡は全く見当らず，また，右Aにおいても，当初の共謀とは全く別個の意思で改めて所持するに至ったものと認めるべき特段の事情も存しないのであるから，Xらが所持の共謀関係から離脱したものと認めることはできない。」

Questions

Q3 共犯関係からの離脱が認められるには，いかなる事情が必要であると考えられるか。**基本判例2**と**参考判例2**と**3**を比較検討しながら，判断基準とその根拠について述べよ。その場合には，着手前に離脱した場合と，着手後の離脱で，類型的に差異が生じるか。

3 同時傷害の特例と共犯の離脱

〔設問2〕 以下の事実について，Xの罪責について述べなさい。

D子は，年下の遊び仲間であるF子から，同女がGに無理やり陰毛や眉毛を剃られたり，姦淫された後，山中に置き去りにされた旨の虚偽の混じった話を聞いて立腹し，その日の夕方，F子や男友達のCと一緒に友人のE子，B夫婦方へ行った折り，C，E子，Bに対して，上記の話を伝えたうえ，Gの親がその見返りに2万円を支払った旨付け加えたところ，Bらも上記の話を真に受けてGに腹を立て，Bが，「そんなやつ，やき入れて，毛を剃ってやればいい」「無理やりやって2万は少ない」などと，Gに暴力を振るって制裁を加えたうえ，同人に慰藉料を支払わせる旨の発言をし，その場にいた他の者らもこれに同調した。その後，B，E子，D子，F子は，Cの運転する自動車に乗車し，B方を出発し，Gの所在を確認するため同人の知人の家に向かった。

その途中，Cが，友人の被告人Xを同行させようと提案し，Bの了承を得た上，同日午後7時29分ころ，Xに電話をかけ，「F子がGに強姦されたのでヤキを入れに行く」旨の話を伝え，X方までXを迎えに行った。Xは，友人のD子からすでにF子が訴える話の概要を聞いていたが，C運転車両に乗車した後，

同車内において，Bから，Gに暴力を振るって制裁を加えたうえ，うまく行けば同人に慰藉料を支払わせる旨の説明を聞き，Bらの意図を知ったが，同人らと行動を共にして一緒にGに暴行を加えることを決意した。その後，Gの知人の家に向かう途中，Gと携帯電話で連絡が取れたうえ，D子が，言葉巧みに判示のH公園駐車場で会うことをGに承諾させたことから，Xは，他の共犯者と一緒に，直ちにH公園に向かい，そこでGを待っていた。

そして，午後8時30分ころ，Gが自動車に乗ってH公園駐車場に到着し，同所にいたD子の近くで自動車を止めたため，Xは，Bと一緒にGの車両に近付き，Bが，運転席のドアを開け，運転席にいたGの顔面を手拳で数回殴打し，同人を車外に引きずり出したうえ，XおよびBが，こもごも，Gの顔面，頭部等を足蹴にし，その頭部を手拳で殴打するなどの暴行を加えた（第1暴行）。Gは，この第1暴行により反抗を抑圧され，抵抗できない状態になった。

この暴行の際，XおよびBの暴行を見ていたCが，やりすぎではないかと感じて制止したことをきっかけに，XおよびBは，Gに対する暴行を中止した。そして，Xは，Bに対し，「俺が話をする」旨言ってGを暴行の現場から少し離れた公園内のベンチのところへ連れて行き，大丈夫かという趣旨の問いかけをしていた。しかし，この様子を見ていたBが，XとGの間で勝手に話を進めているとして立腹し，「なにやってんだ」などとXを怒鳴り付けてきたため，Xは，「まってろ」などと言い返したが，このやり取りでさらに興奮したBから，いきなり顔面を殴打されて転倒し，気を失った。

Bは，GがF子を姦淫した際，G以外にもう1人が関わっている旨聞いていたことから，Gを他の場所へ連れて行き，関与した者についてさらに問い質すなどの必要があると考え，近くにいたD子に対し，Xの様子を見ているよう頼んだ後，自らは，Gの車両のところまでGを連れて行き，乗車させたうえ，同車両を運転して判示のI港岸壁に向けて出発し，H公園に残ったXおよびD子以外のE子，C，F子の3人も，Bの運転する車両を追ってCのワゴン車でI港岸壁へ向かった。そして，Bは，I港岸壁に到着した後，Gを車外に引きずり出し，午後9時ころ同所において，Bが，Gの顔面を手拳で殴打するなどの暴行を加えた（第2暴行）。

Gは上記一連の暴行により，(1)通院加療約2週間を要する上顎左右中切歯亜脱臼，(2)通院加療約1週間を要する顔面挫傷，左頭頂部切傷，(3)安静加療約1週間を要した頸部，左大腿挫傷，右大腿挫傷挫創などを負ったが，(1)は第1暴行によって生じたものと認められるが，(2)および(3)は第1，第2のいずれの暴行によって生じたか両者あいまって生じたかは，明らかでなかった。

Questions

Q4 本件において，Xには共犯関係からの離脱は認められるか。その際に考慮すべき事情として何が考えられるか。

Q5 離脱が認められるとした場合，Xは(1)の傷害についてのみ罪責を負うと解するべきか。

3 名古屋高判平成14年8月29日判時1831号158頁

[事実の概要] 〔設問2〕参照
[判旨]
「このような事実関係を前提にすると，Bを中心としXを含めて形成された共犯関係は，Xに対する暴行とその結果失神したXの放置というB自身の行動によって一方的に解消され，その後の第2の暴行はXの意思・関与を排除してB，Cらのみによってなされたものと解するのが相当である。したがって，原判決が，被告人の失神という事態が生じた後も，XとBらとの間には心理的，物理的な相互利用補充関係が継続，残存しているなどとし，当初の共犯関係が解消されたり，共犯関係からの離脱があったと解することはできないとした上，(2)及び(3)の傷害についてもXの共同正犯者としての刑責を肯定したのは，事実を誤認したものというほかない……。しかしながら，叙上の事実関係によれば，Xは第1の暴行の結果である(1)の傷害について共同正犯者として刑責を負うだけでなく，(2)及び(3)の各傷害についても同時傷害の規定によって刑責を負うべきものであって，被害者の被った最も重い傷が(1)の傷害である本件においては，(2)及び(3)の各傷害について訴因変更の手続をとることなく上記規定による刑責を認定することが許されると解されるから，結局，原判決が(2)及び(3)の各傷害についてのXの責任を肯認したことに誤りはなく，原判決はその根拠ないし理由について誤りを犯したにすぎないことになる」。

4 正当防衛と共犯関係の解消

4 最判平成6年12月6日刑集48巻8号509頁

[事実の概要]
 被告人Xは，昭和63年10月22日の夜，中学校時代の同級生であるY，Z，WおよびDとともに，近く海外留学するDの友人Eを送別するために集まり，Aビル2階

のレストランで食事をし、翌23日午前1時30分ころ、同ビルとはF通りを隔てた反対側にあるB会館前の歩道上で雑談をするなどしていたところ、酩酊して通りかかったV（当時45歳）が、付近に駐車してあったYの乗用車のテレビ用アンテナに上着を引っかけ、これを無理に引っ張ってアンテナを曲げておきながら、何ら謝罪等をしないまま通り過ぎようとした。不快に思ったYは、Vに対し、「ちょっと待て」などと声をかけた。Vは、これを無視してB会館に入り、まもなく同会館から出て来たが、Xらが雑談をしているのを見て、険しい表情でXらに近づき、「おれにガンをつけたのはだれだ」などと強い口調で言ったうえ、「おれだ」と答えたYに対し、いきなりつかみかかろうとし、Yの前にいたDの長い髪をつかみ、付近を引き回すなどの乱暴を始めた。X、Y、ZおよびW（以下「Xら4名」という）は、これを制止し、Dの髪からVの手を放させようとして、こもごもVの腕、手等をつかんだり、その顔面や身体を殴る蹴るなどし、Xも、Vの脇腹や肩付近を2度ほど足蹴にした。しかし、Vは、Dの髪を放そうとせず、Yの胃の辺りを蹴ったり、ワイシャツの胸元を破いたりした上、Dの髪をつかんだまま、F通りを横断して、向かい側にある本件駐車場入口の内側付近までDを引っ張って行った。Xら4名は、その後を追いかけて行き、Vの手をDの髪から放させようとしてVを殴る蹴るなどし、XにおいてもVの背中を1回足蹴にし、Vもこれに応戦した。その後、ようやく、Vは、Dの髪から手を放したものの、近くにいたXら4名に向かって、「馬鹿野郎」などと悪態をつき、なおも応戦する気勢を示しながら、後ずさりするようにして本件駐車場の奥の方に移動し、Xら4名もほぼ一団となって、Vを本件駐車場奥に追い詰める格好で迫って行った。

そして、その間、本件駐車場中央付近で、Zが、応戦の態度を崩さないVに手拳で殴りかかり、顔をかすった程度で終わったため、再度殴りかかろうとしたが、Wがこれを制止し、本件駐車場の奥で、今度はYがVに殴りかかろうとしたため、再びWが2人の間に割って入って制止した。しかし、その直後にYがVの顔面を手拳で殴打し、そのためVは転倒してコンクリート床に頭部を打ちつけ、入通院加療約7か月半を要する外傷性小脳内血腫、頭蓋骨骨折等の傷害を負うに至った。なお、VがDの髪から手を放した本件駐車場入口の内側付近からYの殴打により転倒した地点までの距離は、20メートル足らずであり、この間の移動に要した時間も短時間であり、Xら4名のうちZやWは、VがいつDの髪から手を放したか正確には認識していなかった。

第1審判決は、以上の事実を認定し、Xらの本件行為について、その全体を一連の行為として傷害罪が成立するものとし、これが過剰防衛に当たると認めて、Xに対し懲役10月、2年間執行猶予の判決を言い渡し、原判決も、第1審判決の認定判断を是認した。これに対して、Xが上告した。

[判旨]
1 「本件のように，相手方の侵害に対し，複数人が共同して防衛行為としての暴行に及び，相手方からの侵害が終了した後に，なおも一部の者が暴行を続けた場合において，後の暴行を加えていない者について正当防衛の成否を検討するに当たっては，侵害現在時と侵害終了後とに分けて考察するのが相当であり，侵害現在時における暴行が正当防衛と認められる場合には，侵害終了後の暴行については，侵害現在時における防衛行為としての暴行の共同意思から離脱したかどうかではなく，新たに共謀が成立したかどうかを検討すべきであって，共謀の成立が認められるときに初めて，侵害現在時及び侵害終了後の一連の行為を全体として考察し，防衛行為としての相当性を検討すべきである。」
2 「右のような観点から，Xらの本件行為を，VがDの髪を放すに至るまでの行為（以下，これを「反撃行為」という。）と，その後の行為（以下，これを「追撃行為」という。）とに分けて考察すれば，以下のとおりである。
(1) まず，Xらの反撃行為についてみるに，VのDに対する行為は，女性の長い髪をつかんで幹線道路である不忍通りを横断するなどして，少なくとも20メートル以上も引き回すという，常軌を逸した，かつ，危険性の高いものであって，これが急迫不正の侵害に当たることは明らかであるが，これに対するXら4名の反撃行為は，素手で殴打し又は足で蹴るというものであり，また，記録によれば，Xら4名は，終始，Vの周りを取り囲むようにしていたものではなく，Y及びZがほぼVとともに移動しているのに対して，Xは，一歩遅れ，Wについては，更に遅れて移動していることが認められ，その間，Xは，VをDから離そうとしてVを数回蹴っているが，それは六分の力であったというのであり，これを否定すべき事情もない。その他，VがXら4名の反撃行為によって特段の傷害を負ったという形跡も認められない。以上のような諸事情からすれば，右反撃行為は，いまだ防衛手段としての相当性の範囲を超えたものということはできない。
(2) 次に，Xらの追撃行為について検討するに，前示のとおり，Y及びZはVに対して暴行を加えており，他方，Wは右両名の暴行を制止しているところ，この中にあって，Xは，自ら暴行を加えてはいないが，他の者の暴行を制止しているわけでもない。」
「そして，Vを追いかける際，Xら4名がほぼ一団となっていたからといって，Xら4名の間にVを追撃して暴行を加える意思があり，相互にその旨の意思の連絡があったものと即断することができないことは，この4人の中には，Y及びZの暴行を2度にわたって制止したWも含まれていることからしても明らかである。また，Y及びZは，第1審公判廷において，Vから『馬鹿野郎』と言われて腹が立った旨供述し，Vの右罵言がYらの追撃行為の直接のきっかけとなったと認められる

ところ，XがVの右罵言を聞いたものと認めるに足りる証拠はない。

Xは，追撃行為に関し，第1審公判廷において，『謝罪を期待してVに付いて行っただけであり，暴行を加えようとの気持ちはなかった。Dの方を振り返ったりしていたので，ZがVに殴りかかったのは見ていない。WがYとVの間に入ってやめろというふうに制止し，一瞬間があいて，これで終わったな，これから話合いが始まるな，と思っていたところ，YがVの右ほおを殴り，Vが倒れた。』旨供述しているのであって，右公判供述は，本件の一連の事実経過に照らして特に不自然なところはない。

以上によれば，Xについては，追撃行為に関し，Vに暴行を加える意思を有し，Y及びZとの共謀があったものと認定することはできないものというべきである」。

3 「以上に検討したところによれば，Xに関しては，反撃行為については正当防衛が成立し，追撃行為については新たに暴行の共謀が成立したとは認められないのであるから，反撃行為と追撃行為とを一連一体のものとして総合評価する余地はなく，Xに関して，これらを一連一体のものと認めて，共謀による傷害罪の成立を認め，これが過剰防衛に当たるとした第1審判決を維持した原判決には，判決に影響を及ぼすべき重大な事実誤認があり，これを破棄しなければ著しく正義に反するものと認められる。

そして，本件については，訴訟記録並びに原裁判所及び第1審裁判所において取り調べた証拠によって直ちに判決をすることができるものと認められるので，被告人に対し無罪の言渡しをすべきである。」

Questions

Q6 本件でXとY，Z，Wは，何について共謀したのか。その射程は何であったか。

Q7 Xには，共犯関係からの離脱は認められるか。

Q8 本件でXが無罪となったのは，いかなる事情を根拠にしたものと考えられるか。

第16講　住居侵入罪・脅迫罪

1　住居侵入罪の保護法益

〔設問〕　以下の事実が認定されたものとして，Xの罪責を述べなさい。

　Xは，共犯者らと，A銀行の現金自動預払機を利用する客のカードの暗証番号，名義人氏名，口座番号等を盗撮するため，現金自動預払機が複数台設置されており，行員が常駐しないA銀行B支店C出張所（看守者は支店長）に営業中に立ち入り，うち1台の現金自動預払機を相当時間にわたって占拠し続けることを共謀した。

　共謀の内容は，次のようなものであった。

　「同銀行の現金自動預払機には，正面に広告用カードを入れておくための紙箱（以下「広告用カードホルダー」という）が設置されていたところ，これに入れる広告用カードの束に似せたビデオカメラで現金自動預払機利用客のカードの暗証番号等を盗撮する。盗撮された映像は，受信機に無線で送られ，それが更に受像機に送られて記録される。

　Xらは，盗撮用ビデオカメラと受信機および受像機の入った紙袋を持って，目標の出張所に立ち入り，1台の現金自動預払機の前に行き，広告用カードホルダーに入っている広告用カードを取り出し，同ホルダーに盗撮用ビデオカメラを設置する。そして，その隣の現金自動預払機の前の床に受信機等の入った紙袋を置く。盗撮用ビデオカメラを設置した現金自動預払機の前からは離れ，隣の受信機等の入った紙袋を置いた現金自動預払機の前に，交替で立ち続けて，これを占拠し続ける。このように隣の現金自動預払機を占拠し続けるのは，受信機等の入った紙袋が置いてあるのを不審に思われないようにするためと，盗撮用ビデオカメラを設置した現金自動預払機に客を誘導するためである。その間，Xらは，入出金や振込等を行う一般の利用客のように装い，受信機等の入った紙袋を置いた現金自動預払機で適当な操作を繰り返すなどする。

　相当時間経過後，Xらは，再び盗撮用ビデオカメラを設置した現金自動預払機の前に行き，盗撮用ビデオカメラを回収し，受信機等の入った紙袋も持って，出張所を出る」。

　Xらは，この共謀に基づき，盗撮目的で，平成17年9月5日午後0時9分ころ，現金自動預払機が6台設置されており，行員が常駐しないA銀行B支店C

出張所に営業中に立入り，1台の現金自動預払機の広告用カードホルダーに盗撮用ビデオカメラを設置し，その隣の現金自動預払機の前の床に受信機等の入った紙袋を置き，そのころから同日午後1時47分ころまでの1時間30分間以上，適宜交替しつつ，同現金自動預払機の前に立ってこれを占拠し続け，その間，入出金や振込等を行う一般の利用客のように装い，同現金自動預払機で適当な操作を繰り返すなどした。また，Xらは，この共謀に基づき，翌6日にも，現金自動預払機が2台設置されており，行員が常駐しないA銀行B支店D出張所で，午後3時57分ころから午後5時47分ころまでの約1時間50分間にわたって，同様の行為に及んだ。なお，Xらがそれぞれの銀行支店出張所で上記の行為に及んでいた間には，Xら以外に他に客がいない時もあった。

1 最決平成19年7月2日刑集61巻5号379頁

［事実の概要］　［設問］参照
［決定要旨］
「以上の事実関係によれば，被告人らは，現金自動預払機利用客のカードの暗証番号等を盗撮する目的で，現金自動預払機が設置された銀行支店出張所に営業中に立ち入ったものであり，そのような立入りが同所の管理権者である銀行支店長の意思に反するものであることは明らかであるから，その立入りの外観が一般の現金自動預払機利用客のそれと特に異なるものでなくても，建造物侵入罪が成立するものというべきである。

　また，被告人らは，盗撮用ビデオカメラを設置した現金自動預払機の隣に位置する現金自動預払機の前の床にビデオカメラが盗撮した映像を受信する受信機等の入った紙袋が置いてあるのを不審に思われないようにするとともに，盗撮用ビデオカメラを設置した現金自動預払機に客を誘導する意図であるのに，その情を秘し，あたかも入出金や振込等を行う一般の利用客のように装い，適当な操作を繰り返しながら，1時間30分間以上，あるいは約1時間50分間にわたって，受信機等の入った紙袋を置いた現金自動預払機を占拠し続け，他の客が利用できないようにしたものであって，その行為は，偽計を用いて銀行が同現金自動預払機を客の利用に供して入出金や振込等をさせる業務を妨害するものとして，偽計業務妨害罪に当たるというべきである。」

Questions

Q1　住居侵入罪の保護法益は何か。

Q2 保護法益に関する各見解からみて，本件事実のいかなる事情が住居侵入罪の成否に関わる部分として考えられるか。
Q3 業務妨害罪における「偽計」の意義は何か。
Q4 業務妨害罪の罪質に関していかなる見解があるか。本件事実においていかなる事情が業務妨害罪の「結果」であるのか。

2　最判平成20年4月11日刑集62巻5号1217頁

[事実の概要]

　被告人3名は，反戦平和を課題とした諸活動等を行っている「立川自衛隊監視テント村」（以下「テント村」という）の構成員として活動している者であった。

　テント村は，平成15年夏に関連法律が成立して自衛隊のイラク派遣が迫ってきたころから，これに反対する活動として，駅頭情報宣伝活動やデモを積極的に行うようになった。そして，自衛官およびその家族に向けて，平成15年10月中ごろ，同年11月終わりころ，同年12月13日と月1回の割合で，それぞれ，自衛隊のイラク派遣に反対し，かつ，自衛官に対しイラク派兵に反対するよう促し，自衛官のためのホットラインの存在を知らせる内容のA4判大のビラを，立川宿舎の各号棟の1階出入口の集合郵便受けまたは各室玄関ドアの新聞受けに投かんした。この平成15年12月13日のビラの投かん後，立川宿舎の管理業務に携わっていた者は，管理者の意を受けて，「ビラ貼り・配り等の宣伝活動」等を官舎地域内の禁止事項とする表示を出入口などに掲示し，そのころ，同年12月13日のビラの投かんについて，立川宿舎の管理業務に携わっていた者により管理者の意を受けて警察に住居侵入の被害届が提出された。

　また，被告人3名は，共謀のうえ，テント村の活動の一環として，「自衛官・ご家族の皆さんへ　自衛隊のイラク派兵反対！　いっしょに考え，反対の声をあげよう！」との表題の下，前同様の内容のA4判大のビラを，立川宿舎の各号棟の各室玄関ドアの新聞受けに投かんする目的で，平成16年1月17日午前11時30分過ごろから午後0時ころまでの間，立川宿舎の敷地内に3名とも立ち入ったうえ，分担して，3号棟東側階段，同棟中央階段，5号棟東側階段，6号棟東側階段および7号棟西側階段に通じる各1階出入口からそれぞれ4階の各室玄関前まで立ち入り，各室玄関ドアの新聞受けに上記ビラを投かんするなどした。これに対し，平成16年1月23日，このビラの投かんについて，立川宿舎の管理業務に携わっていた者により管理者の意を受けて警察に住居侵入の被害届が提出された。なお，同年2月3日に実施された実況見分時には，1号棟および9号棟の各出入口並びに3号棟の中央

出入口，4号棟の東側出入口，5号棟の西側出入口および8号棟の西側出入口には，前記の禁止事項表示物がなかった。

　さらに，被告人Aおよび同Bは，共謀のうえ，テント村の活動の一環として，「ブッシュも小泉も戦場には行かない」との表題の下，前同様の内容のA4判大のビラを，立川宿舎の各号棟の各室玄関ドアの新聞受けに投かんする目的で，平成16年2月22日午前11時30分過ぎころから午後0時過ぎころまでの間，立川宿舎の敷地内に2名とも立ち入ったうえ，分担して，3号棟西側階段，5号棟西側階段および7号棟西側階段に通じる各1階出入口からそれぞれ4階の各室玄関前まで立ち入り，各室玄関ドアの新聞受けに上記ビラを投かんするなどした。これに対し，平成16年3月22日，このビラの投かんについて，立川宿舎の管理業務に携わっていた者により管理者の意を受けて警察に住居侵入の被害届が提出された。

　本件立川宿舎は，防衛庁の職員およびその家族が居住するための国が設置する宿舎である。本件当時，1号棟ないし8号棟は，ほぼ全室に居住者が入居していた。国家公務員宿舎法，同法施行令等により，敷地および5号棟ないし8号棟は陸上自衛隊東立川駐屯地業務隊長の管理，1号棟ないし4号棟は航空自衛隊第1補給処立川支処長の管理となっており，9号棟，10号棟は防衛庁契約本部ないし同庁技術研究本部第3研究所の管理下にある（なお，本件立川宿舎の敷地や各号棟等の状況については277頁参照）。

　1審東京地裁八王子支部は，被告人らの行為は住居侵入罪の構成要件に該当するものの，法秩序全体の理念からして，刑事罰に処するに値する程度の違法性があるとは認められないとして，被告人らを無罪とした。これに検察官が控訴したところ，2審東京高裁は，検察官の控訴をいれ，住居侵入罪の構成要件に該当する被告人らの行為が，可罰的違法性を欠くとして違法性が阻却されるとはいえず，被告人らの行為にこの罪を適用して処罰しても憲法21条に違反しないなどとして，原判決を破棄して自判し，被告人らに罰金刑を言い渡した。これに対し被告人らが上告した。

［決定要旨］

　「刑法130条前段にいう『侵入し』とは，他人の看守する邸宅等に管理権者の意思に反して立ち入ることをいうものであるところ（最高裁昭和55年（あ）第906号同58年4月8日第2小法廷判決・刑集37巻3号215頁参照），立川宿舎の管理権者は，前記……のとおりであり，被告人らの立入りがこれらの管理権者の意思に反するものであったことは，前記……の事実関係から明らかである。」

　「そうすると，被告人らの本件立川宿舎の敷地及び各号棟の1階出入口から各室玄関前までへの立入りは，刑法130条前段に該当するものと解すべきである。なお，本件被告人らの立入りの態様，程度は前記……の事実関係のとおりであって，管理者からその都度被害届が提出されていることなどに照らすと，所論のように法益侵

害の程度が極めて軽微なものであったなどということもできない。」

「(1) 所論は，本件被告人らの行為をもって刑法130条前段の罪に問うことは憲法21条1項に違反するという。
(2) 確かに，表現の自由は，民主主義社会において特に重要な権利として尊重されなければならず，被告人らによるその政治的意見を記載したビラの配布は，表現の自由の行使ということができる。しかしながら，憲法21条1項も，表現の自由を絶対無制限に保障したものではなく，公共の福祉のため必要かつ合理的な制限を是認するものであって，たとえ思想を外部に発表するための手段であっても，その手段が他人の権利を不当に害するようなものは許されないというべきである（最高裁昭和59年（あ）第206号同年12月18日第3小法廷判決・刑集38巻12号3026頁参照）。本件では，表現そのものを処罰することの憲法適合性が問われているのではなく，表現の手段すなわちビラの配布のために『人の看守する邸宅』に管理権者の承諾なく立ち入ったことを処罰することの憲法適合性が問われているところ，本件で被告人らが立ち入った場所は，防衛庁の職員及びその家族が私的生活を営む場所である集合住宅の共用部分及びその敷地であり，自衛隊・防衛庁当局がそのような場所として管理していたもので，一般に人が自由に出入りすることのできる場所ではない。たとえ表現の自由の行使のためとはいっても，このような場所に管理権者の意思に反して立ち入ることは，管理権者の管理権を侵害するのみならず，そこで私的生活を営む者の私生活の平穏を侵害するものといわざるを得ない。したがって，本件被告人らの行為をもって刑法130条前段の罪に問うことは，憲法21条1項に違反するものではない。このように解することができることは，当裁判所の判例（昭和41年（あ）第536号同43年12月18日大法廷判決・刑集22巻13号1549頁，昭和42年（あ）第1626号同45年6月17日大法廷判決・刑集24巻6号280頁）の趣旨に徴して明らかである。所論は理由がない。」

Questions

Q5 保護法益に関する各見解からみて，本件のいかなる事情が住居侵入罪の構成要件該当性を肯定することになると考えられるか。

Q6 被告人らは，本件行為は憲法21条1項の表現の自由の行使であると主張したが，それは，構成要件該当性の不存在を意味するのか，それとも違法性阻却事由の存在を主張するものなのか。また，最高裁は，いかなる理由から被告人らの主張を否定したのか。また，その見解は，住居侵入罪の保護法益に関する各見解とどのように関わるか。次の**基本判例3**の判例も参照しつつ検討せよ。

3　最判平成21年11月30日刑集63巻9号1765頁

[事実の概要]

　被告人は，平成16年12月23日午後2時20分ころ，N党K区議団だより，N党都議会報告，N党K区議団作成の区民アンケートおよび同アンケートの返信用封筒の4種（以下「本件ビラ」という）を本件マンションの各住戸に配布するために，本件マンションの玄関出入口を開けて玄関ホールに入り，更に玄関内東側ドアを開け，1階廊下を経て，エレベーターに乗って7階に上がり，各住戸のドアポストに，本件ビラを投かんしながら7階から3階までの各階廊下と外階段を通って3階に至ったところを，住人に声をかけられて，本件ビラの投かんを中止した（以下，この本件マンションの廊下等共用部分に立ち入った行為を「本件立入り行為」という）。

　本件マンションは，東京都K区所在の地上7階，地下1階建ての鉄筋コンクリート造りの分譲マンションであり，1階部分は4戸の店舗・事務所として，2階以上は40戸の住宅として分譲されている。1階の店舗・事務所部分への出入口と2階以上の住宅部分への出入口とは完全に区分されている。そして，2階以上の住宅部分への出入口としては，本件マンション西側の北端に設置されたガラス製両開きドアである玄関出入口と，敷地北側部分に設置された鉄製両開き門扉である西側敷地内出入口とがある。住宅部分への出入口である玄関出入口から本件マンションに入ると，玄関ホールがあり，玄関ホールの奥にガラス製両開きドアである玄関内東側ドアがあり，これを開けて，1階廊下を進むと，突き当たりの右手側にエレベーターがあり，左手側に鉄製片開きドアである東側出入口がある。東側出入口から本件マンションの敷地内に入ると，すぐ左手に2階以上に続く階段がある。

　また，玄関出入口付近の壁面には警察官立寄所のプレートが，玄関出入口のドアには「防犯カメラ設置録画中」のステッカーがちょう付されていた。そして，玄関ホール南側には掲示板と集合ポストが，北側には同ホールに隣接する管理人室の窓口があり，掲示板には，A4版大の白地の紙に本件マンションの管理組合（以下「本件管理組合」という）名義で「チラシ・パンフレット等広告の投函は固く禁じます。」と黒色の文字で記載されたはり紙と，B4版大の黄色地の紙に本件管理組合名義で「当マンションの敷地内に立ち入り，パンフレットの投函，物品販売などを行うことは厳禁です。工事施行，集金などのために訪問先が特定している業者の方は，必ず管理人室で『入退館記録簿』に記帳の上，入館（退館）願います。」と黒色の文字で記載されたはり紙がちょう付されていた。これらのはり紙のちょう付されている位置は，ビラの配布を目的として玄関ホールに立ち入った者には，よく目立つ位置である。管理入室の窓口からは，玄関ホールを通行する者を監視すること

ができ，本件管理組合から管理業務の委託を受けた会社が派遣した管理員が，水曜日を除く平日の午前8時から午後5時まで，水曜日と土曜日は午前8時から正午までの間，勤務していた。

本件マンションの管理組合規約は，本件マンションの共用部分の保安等の業務を管理組合の業務とし，本件管理組合の理事会が同組合の業務を担当すると規定していたところ，同理事会は，チラシ，ビラ，パンフレット類の配布のための立入りに関し，葛飾区の公報に限って集合ポストへの投かんを認める一方，その余については集合ポストへの投かんを含めて禁止する旨決定していた。

被告人は，本件当時，上記の玄関出入口および玄関ホール内の状況を認識していた。

被告人は，住居侵入罪で逮捕・起訴されたが，本件立入り行為をもって刑法130条前段の罪に問うことは憲法21条1項に違反する旨主張した。

[決定要旨]

「以上の事実関係によれば，本件マンションの構造及び管理状況，玄関ホール内の状況，上記はり紙の記載内容，本件立入りの目的などからみて，本件立入り行為が本件管理組合の意思に反するものであることは明らかであり，被告人もこれを認識していたものと認められる。そして，本件マンションは分譲マンションであり，本件立入り行為の態様は玄関内東側ドアを開けて7階から3階までの本件マンションの廊下等に立ち入ったというものであることなどに照らすと，法益侵害の程度が極めて軽微なものであったということはできず，他に犯罪の成立を阻却すべき事情は認められないから，本件立入り行為について刑法130条前段の罪が成立するというべきである。」

「確かに，表現の自由は，民主主義社会において特に重要な権利として尊重されなければならず，本件ビラのような政党の政治的意見等を記載したビラの配布は，表現の自由の行使ということができる。しかしながら，憲法21条1項も，表現の自由を絶対無制限に保障したものではなく，公共の福祉のため必要かつ合理的な制限を是認するものであって，たとえ思想を外部に発表するための手段であっても，その手段が他人の権利を不当に害するようなものは許されないというべきである（最高裁昭和59年（あ）第206号同年12月18日第3小法廷判決・刑集38巻12号3206頁参照）。本件では，表現そのものを処罰することの憲法適合性が問われているのではなく，表現の手段すなわちビラの配布のために本件管理組合の承諾なく本件マンション内に立ち入ったことを処罰することの憲法適合性が問われているところ，本件で被告人が立ち入った場所は，本件マンションの住人らが私的生活を営む場所である住宅の共用部分であり，その所有者によって構成される本件管理組合がそのような場所として管理していたもので，一般に人が自由に出入りすることのできる場所ではない。

たとえ表現の自由の行使のためとはいっても，そこに本件管理組合の意思に反して立ち入ることは，本件管理組合の管理権を侵害するのみならず，そこで私的生活を営む者の私生活の平穏を侵害するものといわざるを得ない。したがって，本件立入り行為をもって刑法130条前段の罪に問うことは憲法21条1項に違反するものではない。このように解することができることは，当裁判所の判例（昭和41年（あ）第536号同43年12月18日大法廷判決・刑集22巻13号1549頁，昭和42年（あ）第1626号同45年6月17日大法廷判決・刑集24巻6号280頁）の趣旨に徴して明らかである（最高裁平成17年（あ）第2652号同20年4月11日第2小法廷判決・刑集62巻5号1217頁参照）。」

【参考判例1】
最判昭和58年4月8日刑集37巻3号215頁
［事実の概要］
　被告人らは，全逓の春季闘争の一環として，多数のビラを貼付する目的で，O郵便局局舎内に管理権者であるN局長の事前の了解を受けることなく立ち入った。そして，局舎等におけるビラ貼りは，郵政省（当時）庁舎管理規程によると，法令等に定めのある場合のほかは，管理権者が禁止すべき事項とされているのに，被告人らは，夜間，多人数で土足のまま局舎内に立ち入り，縦約25センチメートル，横約9センチメートル大の西洋紙に「大巾賃上げ」「スト権奪還」などとガリ版印刷をしたビラ約1000枚を局舎の各所に乱雑に貼付した。
　原判決は，N局長が，被告人らのビラ貼り目的による局舎内への立入りを予測しながら，事前にこれを阻止するための具体的措置をとらなかったことなどから，本件においては，被告人らの立入りを拒否する管理権者の意思が外部に表明されていたとはいえないとし，被告人らの所為は，結局，管理権者の意思に反したといえないから，建造物侵入罪の構成要件に該当しない，とした。
　これに対して，検察側が上告した。
［判旨］　破棄差戻し
　「刑法130条前段にいう『侵入シ』とは，他人の看守する建造物等に管理権者の意思に反して立ち入ることをいうと解すべきであるから，管理権者が予め立入り拒否の意思を積極的に明示していない場合であつても，該建造物の性質，使用目的，管理状況，管理権者の態度，立入りの目的などからみて，現に行われた立入り行為を管理権者が容認していないと合理的に判断されるときは，他に犯罪の成立を阻却すべき事情が認められない以上，同条の罪の成立を免れないというべきである。
　ところで，原判決は，被告人らが，全逓の春季闘争の一環として，多数のビラを貼付する目的で，P郵便局局舎内に管理権者であるN局長の事前の了解を受けることなく立ち入つたものであること，局舎等におけるビラ貼りは，郵政省庁舎管理規

程によると，法令等に定めのある場合のほかは，管理権者が禁止すべき事項とされていること，被告人らは，夜間，多人数で土足のまま局舎内に立ち入り，縦約25糎，横約9糎大の西洋紙に『大巾賃上げ』『スト権奪還』などとガリ版印刷をしたビラ約1000枚を局舎の各所に乱雑に貼付したものであり，被告人らの右ビラ貼りは，右庁舎管理規程に反し，前記N局長の許諾しないものであることが明らかであること，右ビラ貼りは，その規模等からみて外形上軽犯罪法違反に該当する程度の評価が可能であり，それが組合の闘争手段としてなされたものであるとはいえ，庁舎施設の管理権を害し，組合活動の正当性を超えた疑いがあるから，管理権者としては，このような目的による立入りを受忍する義務はなく，これを拒否できるものと考えられること，組合のビラ貼りについては，東北郵政局から警戒するよう指示されていたこともあつて，前記N局長は，当夜，A局長代理と交代で局舎に立ち寄り，局舎の外側からビラ貼りを警戒していたが，被告人らが局舎内に立ち入りビラ貼りをしているのを確認するや，右局長代理とともに局舎に入り被告人らに退去を求めたことなどを認定している。これらの事実によれば，記録上他に特段の事情の認められない本件においては，被告人らの本件局舎内への立入りは管理権者である右局長の意思に反するものであり，被告人らもこれを認識していたものと認定するのが合理的である。局舎の宿直員が被告人らの立入りを許諾したことがあるとしても，右宿直員は管理権者から右許諾の権限を授与されていたわけではないから，右宿直員の許諾は右認定に影響を及ぼすものではない。」

Questions

Q7 住居侵入罪の保護法益に関するいずれの見解からも，本件事案の結論は妥当だと考えられるか。

2 住居・邸宅・建造物の意義

4 最判平成20年4月11日刑集62巻5号1217頁

[事実の概要] 基本判例2参照

1. 本件で住居侵入罪の客体となった東京都立川市所在の防衛庁（当時）立川宿舎の敷地は，南北に細長い長方形（南北方向の辺の長さは約400メートル，東西方向の辺の長さは約50メートルである。以下「南側敷地」という）の北端に東西に細長い長方形（南北方向の辺の長さは約25メートル，東西方向の辺の長さは約130メートルである。以下「北側敷地」という）が西側に伸びる形で付いた逆L字形をしている。南側敷地の東側，北側敷地の東側と北側が，一般道路に面し，南側敷地の西側，北側敷地の

西側と南側の西半分が，自衛隊東立川駐屯地と接している。南側敷地の南半分には，南から北へ順に1号棟ないし8号棟の集合住宅が建っている。いずれも東西に細長い直方体であり，鉄筋4階建てで，各階に6室ずつある（1号棟ないし8号棟の敷地の南北方向の辺の長さは約200メートルである）。南側敷地の北半分は，南北に細長い長方形の空き地（以下「北側空き地」という）になっている。北側敷地には，東西に並んで東から西へ順に9号棟，10号棟の前同様の集合住宅が建っている。ただし，9号棟および10号棟は，いずれも5階建てで，10号棟は各階に8室ずつある。

2．また，立川宿舎の敷地の囲にょう状況については，(ｱ)1号棟ないし8号棟の敷地は，南側は高さ約1.5メートルの鉄製フェンス，一般道路に面する東側は，高さ約1.5メートルないし約1.6メートルの鉄製フェンスないし金網フェンス，北側空き地と接する北側は木製杭，自衛隊東立川駐屯地と接する西側は，門扉のある通用門1か所のほかは，高さ約1.85メートルないし約2.1メートルの鉄製フェンスで囲まれている。東側のフェンスは，各号棟の北側通路に通じる出入口となる部分がそれぞれ1号棟に係るものから順に幅約7.1メートル，約5.9メートル，約8メートル，約6.1メートル，約6.3メートル，約5メートル，約9メートル，約6.1メートルにわたって開口しており，各開口部に門扉はない。北側の木製杭には，おおむね等間隔に4本の鉄線が張られており，(ｲ)9号棟および10号棟の敷地も，高さ約1.5メートルないし約1.7メートルの金網フェンスないし鉄製フェンスで囲まれ，一般道路に面する東側，北側のフェンスは，各号棟の出入口となる部分が幅数メートルないし約8.2メートルにわたって開口するなどしており，各開口部に門扉はない。

さらに，各開口部のすぐわきのフェンス部分には，A3判大の横長の白色の用紙に，「宿舎地域内の禁止事項 一 関係者以外，地域内に立ち入ること 一 ビラ貼り・配り等の宣伝活動 …… 管理者」と印刷された禁止事項表示板が設置されていた。

3．1号棟ないし9号棟には，それぞれ東側階段，中央階段，西側階段があり，各号棟の1階には，その北側に各階段ごとに各階段に通じる門扉のない3か所の出入口があり，10号棟の1階には，その北側に，東側階段，東側中階段，西側中階段，西側階段に通じる門扉のない4か所の出入口がある。これらの出入口には，それぞれ集合郵便受けが設置されている。これらの階段に面して各階2室ずつの玄関があり，各室玄関ドアには新聞受けが設置されている。これらの出入口の掲示板等には，A4判大の用紙に，前記禁止事項表示板と同じ文言が印刷された禁止事項表示物が掲示されていた。

4．本件立川宿舎は，防衛庁の職員およびその家族が居住するための国が設置する宿舎であるが，本件当時，1号棟ないし8号棟は，ほぼ全室に居住者が入居していた。国家公務員宿舎法，同法施行令等により，敷地および5号棟ないし8号棟は

陸上自衛隊東立川駐屯地業務隊長の管理，1号棟ないし4号棟は航空自衛隊第1補給処立川支処長の管理となっており，9号棟，10号棟は防衛庁契約本部ないし同庁技術研究本部第3研究所の管理下にある。

［決定要旨］
「被告人らは，立川宿舎の敷地内に入り込み，各号棟の1階出入口から各室玄関前まで立ち入ったものであり，当該立入りについて刑法130条前段の罪に問われているので，まず，被告人らが立ち入った場所が同条にいう『人の住居』，『人の看守する邸宅』，『人の看守する建造物』のいずれかに当たるのかを検討する。」

「前記……の立川宿舎の各号棟の構造及び出入口の状況，その敷地と周辺土地や道路との囲障等の状況，その管理の状況等によれば，各号棟の1階出入口から各室玄関前までの部分は，居住用の建物である宿舎の各号棟の建物の一部であり，宿舎管理者の管理に係るものであるから，居住用の建物の一部として刑法130条にいう『人の看守する邸宅』に当たるものと解され，また，各号棟の敷地のうち建築物が建築されている部分を除く部分は，各号棟の建物に接してその周辺に存在し，かつ，管理者が外部との境界に門扉等の囲障を設置することにより，これが各号棟の建物の付属地として建物利用のために供されるものであることを明示していると認められるから，上記部分は，『人の看守する邸宅』の囲にょう地として，邸宅侵入罪の客体になるものというべきである（最高裁昭和49年（あ）第736号同51年3月4日第1小法廷判決・刑集30巻2号79頁参照）。」

Questions

Q8 住居・邸宅・建造物のそれぞれの意義は何か。本件では宿舎のどの部分がいかなる根拠から「人の看守する邸宅」と認められたのか。

---

5 最決平成21年7月13日刑集63巻6号590頁

［事実の概要］
　被告人は，交通違反等の取締りに当たる捜査車両の車種やナンバーを把握するため，大阪府Y市所在の大阪府Y警察署東側塀（以下「本件塀」という）の上によじ上り，塀の上部に立って，同警察署の中庭を見ていたところ，これを現認した警察官に現行犯逮捕された。

　大阪府Y警察署は，敷地の南西側にL字型の庁舎建物が，敷地の東側と北側に塀が設置され，それらの塀と庁舎建物により囲まれた中庭は，関係車両の出入りなどに利用され，車庫等が設置されている。同警察署への出入口は複数あるが，南側の

庁舎正面出入口以外は施錠などにより外部からの立入りが制限されており，正面出入口からの入庁者についても，執務時間中職員が受付業務に従事しているほか，入庁者の動静を注視する態勢が執られ，庁舎建物から中庭への出入りを制限する掲示があった。また，本件塀は，高さ約2.4メートル，幅約22センチメートルのコンクリート製で，本件庁舎建物および中庭への外部からの交通を制限し，みだりに立入りすることを禁止するために設置されており，塀の外側から内部をのぞき見ることもできない構造となっていた。

[決定要旨]

「以上の事実関係によれば，本件塀は，本件庁舎建物とその敷地を他から明確に画するとともに，外部からの干渉を排除する作用を果たしており，正に本件庁舎建物の利用のために供されている工作物であって，刑法130条にいう『建造物』の一部を構成するものとして，建造物侵入罪の客体に当たると解するのが相当であり，外部から見ることのできない敷地に駐車された捜査車両を確認する目的で本件塀の上部へ上がった行為について，建造物侵入罪の成立を認めた原判断は正当である。」

Questions

Q9 建造物の意義は何か。本件で塀を建造物と認める根拠となった具体的事実として何が挙げられるか。

【参考判例2】
東京地判平成7年10月12日判時1547号144頁

[事実の概要]

被告人Xは，宗教法人O教（以下，教団）の幹部として活動していたものであるが，同教団幹部のAおよび同教団信者B，同C，同Dと共謀のうえ，同教団が保有する小銃部品を隠匿するため自動車への積み替え作業を行う目的で，平成7年4月6日午前零時ころから同日午前1時ころまでの間，甲野土地株式会社（代表取締役E）が所有し，乙山建物管理株式会社（代表取締役F）が管理する東京都港区内所在のアパートメント・丙川屋内半地下駐車場にみだりに立ち入った。

[判旨]

東京地裁は，以上の事実について住居侵入罪の成立を認め，さらに，以下のような補足説明をした。

「一 弁護人は，判示アパートメント・丙川8階B室には，前記Aが代表取締役となっている株式会社丁原通商産業（以下『丁原通商』という。）の事務所があり，同建物前敷地には同社のための駐車区画が設けられていたのであるから，①右駐車区画と連続する本件屋内駐車場に立ち入ることも許容されていたと解すべきであり，

②少なくとも被告人は右Aの案内で立ち入ったものであるから建造物侵入の故意を欠き，③仮に外形上建造物侵入に当たるとしても，被害法益に対する侵害の程度が軽微であって可罰的違法性を有しない旨主張する。

二　前掲証拠によれば，以下の事実が認められる。

1　判示アパートメント・丙川は，約15社が入居する9階建ての建物で，その前面の区道までの間に幅約12メートル，奥行き約12メートルの敷地に区道から建物に向かって左（西）側に1ないし4，右（東）側に5ないし7までの番号を表示した駐車区画が設けられ，建物1階の向かって右（東）側約半分に半地下駐車場に下りる短いスロープが設けられ，これに続いて8番の駐車区画，更にその奥にシャッター設備のある半地下駐車場があり，正面（北側）壁に向かって9番及び10番の駐車区画が平行して設けられ，さらに，左（西）側壁に向かって，11番駐車区画が設けられている。

同ビルの入居者らに対しては，甲野土地株式会社との間に，駐車自動車を特定し，かつ，駐車区画を限定した駐車場の賃貸借契約が結ばれていたが，前記丁原通商は，有限会社戊田設備工業（代表取締役G）名義で同ビル8階B室を賃借していたもので，その駐車区画は屋外の2番，駐車自動車はセンチュリーとされ，また本件侵入現場である半地下駐車場11番は同ビル7階A，B，Cの3室の賃借人である有限会社甲田プロが使用しており，甲野土地株式会社のH及び同建物の管理人I並びに前記有限会社甲田プロの取締役Jらの供述によれば，契約者以外が半地下駐車場に駐車することがおよそ認められていなかったことが明らかである。

2　被告人は，Aから，教団が保有していた銃の部品を隠匿することを依頼され，平成7年4月4日，前記Cの運転するカローラでY県K村所在の同教団施設『第六サティアン』から東京に向かい，同日午後11時すぎころ，前記アパートメント・丙川屋内半地下駐車場の11番駐車区画に同車を乗り入れ，同所であらかじめA及びBが他の教団幹部から受け取り，同駐車区画付近に運び込んでいたスポーツバッグ3個に入った小銃部品等を，自車の座席の下などに積み込んだ上，再びCの運転で，翌5日未明，K村所在の同教団施設『第二サティアン』に持ち帰り，次いで，同日午後8時ころ，前日同様の目的で，C運転の前記カローラでK村を出発し，翌6日午前零時ころ，前記アパートメント・丙川に到着し，11番駐車区画に乗り入れた。一方，Aも前夜同様，都内で受け取ったスポーツバッグ4，5個分の教団保有の小銃部品を同ビルに搬入し，B及びDに命じて前記11番駐車区画付近に準備した。その上で，被告人は，B及びCとともに，小銃部品をカローラの座席下等に隠匿する作業を行ったが，この間，Aの指示で，前記スロープ付近で見張りに立っていたDは，半地下駐車場に立ち入ろうとした入居会社の従業員を制止するなどし，同日午前1時ころ，右従業員の通報により駆けつけた警察官らによって被告人，C及びD

の3名が建造物侵入の現行犯人として逮捕されたものである。
三　右のとおりの本件駐車場の構造及びその管理の状況に照らせば，丁原通商が使用を認められていたのは屋外の2番駐車区画のみで，11番駐車区画等の半地下駐車場部分については全く使用する権限を有していなかったことが明らかであり，かつ，その侵入の目的，態様に照らしても，社会通念上管理権者の承諾があったとは到底認めがたい。
　被告人自身は，丁原通商の使用権限の範囲を明確に認識していたとはいえないとしても，その行為の実態は，小銃部品の隠匿という，より重大な行為に意識を奪われ，使用権限を何ら意に介することなく，最も人目につきにくい11番駐車区画に自動車を乗り入れさせて判示のとおりの犯行に及んだものであり，侵入の目的，その時刻，侵入の態様等に照らし，建造物侵入の故意に欠ける点があるとは到底認められず，前掲司法巡査作成の現行犯人逮捕手続書によれば，被告人自身，逮捕前に警察官からの『ここはあなたが立ち入ることを許可された場所ですか。』との質問に，『許可されていないと思います。』と答えた事実も認められ，被告人が犯意を有していたことが明らかである。
　右に述べた侵入の目的，侵入の時刻，時間を始めその態様からすれば，本件建造物侵入は，反社会性の強い悪質な犯行であって，入居者らにも深刻な不安を与えたものと認められ，可罰的違法性を有することはいうまでもない。」

3　法人に対する脅迫・強要
【参考判例3】
高松高判平成8年1月25日判時1571号148頁
［事実の概要］
　Xは，政治結社X野党総裁であり，B（原審共同被告人）は，政治結社乙山会会長であるが，S電力株式会社が発電所ダムに流入した流木等の漂流物の処理を丙川建設株式会社に依頼し，右丙川建設株式会社の下請け業者である丁原運輸有限会社が同社管理の空き地に集積していた流木が燃える火災が発生したことを聞知するや，X，Bの両名は，共謀の上，平成6年8月3日午後4時25分ころ，M市所在のS電力株式会社M支店において，同支店副支店長C（当時51歳）に対し，Bが「政治結社乙山会会長B」と印刷された名刺を，Xが「政治結社X野党総裁A」と印刷された名刺を，それぞれ手渡したうえ，こもごも「今回の火災は，丙川が流木を処理しようとして起きたものだ。丙川のようなずさんな業者に流木の処理を請け負わせたのはS電力の責任だ。今後どうするんぞ。S電力としてどうするかはっきりせい」「今回の火災は，ずさんな業者に請け負わせたS電力の責任じゃ。S電力がこのことできちんとした対応をせんかったら，I原発の反対運動を起こすぞ。今後，S電

力は，丙川建設と契約しないと約束しろ」などと申し向けて前記のＳ電力株式会社の営業活動等にいかなる妨害をも加えかねない気勢を示した。

原審松山地方裁判所は，上記Ｘの行為について，脅迫罪の成立を認めた。

[判旨]　原判決破棄

「原判決は，本件被告人に関する罪となるべき事実として，全く公訴事実にそって『被告人は，政治結社Ｘ野党総裁であり，Ｂ（原審共同被告人）は，政治結社乙山会会長であるが，Ｓ電力株式会社が発電所ダムに流入した流木等の漂流物の処理を丙川建設株式会社に依頼し，右丙川建設株式会社の下請け業者である丁原運輸有限会社が同社管理の空き地に集積していた流木が燃える火災が発生したことを聞知するや，被告人，Ｂの両名は，共謀の上，平成6年8月3日午後4時25分ころ，Ｍ市……所在のＳ電力株式会社Ｍ支店において，同支店副支店長Ｃ（当時51歳）に対し，Ｂが『政治結社乙山会会長Ｂ』と印刷された名刺を，被告人が『政治結社Ｘ野党総裁Ａ』と印刷された名刺を，それぞれ手渡した上，こもごも『今回の火災は，丙川が流木を処理しようとして起きたものだ。丙川のようなずさんな業者に流木の処理を請け負わせたのはＳ電力の責任だ。今後どうするんぞ。Ｓ電力としてどうするかはっきりせい。』『今回の火災は，ずさんな業者に請け負わせたＳ電力の責任じゃ。Ｓ電力がこのことできちんとした対応をせんかったら，伊方原発の反対運動を起こすぞ。今後，Ｓ電力は，丙川建設と契約しないと約束しろ。』などと申し向けて前記のＳ電力株式会社の営業活動等にいかなる妨害をも加えかねない気勢を示して脅迫し，もって，団体の威力を示して脅迫したものである。』と判示し，罰条として，平成7年法律第91号による改正前の刑法60条，暴力行為等処罰に関する法律1条（同刑法222条1項）を掲げ，被告人らの判示行為は，暴力行為等処罰に関する法律1条の団体示威脅迫罪にあたるとしている。

ところで，前記刑法222条の脅迫罪は，意思の自由を保護法益とするものであることからして，自然人を客体とする場合に限って成立し，法人に対しその法益に危害を加えることを告知しても，それによって法人に対するものとしての同罪が成立するものではなく，ただ，法人の法益に対する加害の告知が，ひいてその代表者，代理人等として現にその告知を受けた自然人自身の生命，身体，自由，名誉または財産に対する加害の告知にあたると評価され得る場合には，その自然人に対する同罪が成立するものと解され，このことは，同条を構成要件の内容として引用している暴力行為等処罰に関する法律一条の団体示威脅迫罪においても異ならない（大阪高裁昭和61年12月16日判決・判例時報1232号160頁以下参照）。

そこで，原判決をみるに，原判決は，前記のとおり，その罪となるべき事実の判示において，脅迫行為の加害の対象を『Ｓ電力株式会社の営業活動等』とし，具体的な脅迫文言についても『Ｉ原発の反対運動を起こすぞ。』などともっぱら同社の

営業等に向けられたと解されるものばかりを摘示し，害悪の告知を受けた相手方についても，個人ではなく同社の業務活動に関する役職者の表示と解される『Ｓ電力株式会社Ｍ支店副支店長Ｃ（当時51歳）』としていること，そして，右の同社の営業活動等に対する加害の告知が，ひいて現にその告知を受けた右Ｃ自身の法益に対する加害の告知にあたると評価され得ることを示すような事情は全く摘示していないことに照らすと，原判決は，もっぱら前記会社自体に対する団体示威脅迫の事実を認定，判示し，これに暴力行為等処罰に関する法律１条（同刑法222条１項）を適用したものと解するほかはない。そうすると，原判決は，罪とならない事実を犯罪事実として認定，判示して，これに刑罰法令を適用したことになり，法令の解釈，適用を誤ったものというべきで，その誤りは判決に影響を及ぼすことが明らかである。

よって，論旨について判断するまでもなく，右の点で原判決には判決に影響を及ぼすことが明らかな法令の解釈，適用の誤りがあるので，刑事訴訟法397条１項，380条により原判決のうち，被告人に関する部分を破棄し，前記会社の営業等に対する加害の告知がひいて前記Ｃ自身の法益に対する加害の告知にあたると評価され得るような事情が存するか否かについて，検察官に釈明を求めるなどして更に審理を尽くさせるため，同法400条本文により本件のうち，右破棄部分を松山地方裁判所に差し戻すこととして，主文のとおり判決する。」

Questions

Q10 脅迫罪・強要罪の保護法益は何か。
Q11 法人に対して脅迫的言辞を弄しても，常に脅迫罪は成立しないと解すべきか。

4　略取誘拐罪

6　最決平成17年12月６日刑集59巻10号1901頁

[事実の概要]

被告人Ｘは，Ｂとの間にＣが生まれたことから婚姻し，東京都内で３人で生活していたが，平成13年９月15日，Ｂと口論した際，Ｘが暴力を振るうなどしたことから，Ｂは，Ｃを連れてＡ県Ｈ市内のＢの実家に身を寄せ，これ以降，被告人と別居し，自分の両親およびＣとともに実家で暮らすようになった。Ｘは，Ｃと会うこともままならないことから，ＣをＢの下から奪い，自分の支配下に置いて監護養育しようと企て，自宅のある東京からＣらの生活するＨ市に出向いた。

そこでXは、別居中の妻であるBが養育している長男C（当時2歳）を連れ去ることを企て、平成14年11月22日午後3時45分ころ、H市内の保育園の南側歩道上において、Bの母であるDに連れられて帰宅しようとしていたCを抱きかかえて、同所付近に駐車中の普通乗用自動車にCを同乗させたうえ、同車を発進させてCを連れ去り、Cを自分の支配下に置いた。

連れ去り行為の態様は、Cが通う保育園へBに代わって迎えに来たDが、自分の自動車にCを乗せる準備をしているすきをついて、Xが、Cに向かって駆け寄り、背後から自らの両手を両わきに入れてCを持ち上げ、抱きかかえて、あらかじめドアロックをせず、エンジンも作動させたまま停車させていたXの自動車まで全力で疾走し、Cを抱えたまま運転席に乗り込み、ドアをロックしてから、Cを助手席に座らせ、Dが、同車の運転席の外側に立ち、運転席のドアノブをつかんで開けようとしたり、窓ガラスを手でたたいて制止するのも意に介さず、自車を発進させて走り去ったというものであった。

Xは、同日午後10時20分ころ、A県I町内の付近に民家等のない林道上において、Cと共に車内にいるところを警察官に発見され、通常逮捕された。

なお、被告人は、平成14年8月にも、知人の女性にCの身内を装わせて上記保育園からCを連れ出させ、ホテルを転々とするなどした末、9日後にO県下において未成年者略取の被疑者として逮捕されるまでの間、Cを自分の支配下に置いたことがあった。

Bは、被告人を相手方として、夫婦関係調整の調停や離婚訴訟を提起し、係争中であったが、本件当時、Cに対する被告人の親権ないし監護権について、これを制約するような法的処分は行われていなかった。

［決定要旨］

「Xは、Cの共同親権者の1人であるBの実家においてB及びその両親に監護養育されて平穏に生活していたCを、祖母のDに伴われて保育園から帰宅する途中に前記のような態様で有形力を用いて連れ去り、保護されている環境から引き離して自分の事実的支配下に置いたのであるから、その行為が未成年者略取罪の構成要件に該当することは明らかであり、Xが親権者の1人であることは、その行為の違法性が例外的に阻却されるかどうかの判断において考慮されるべき事情であると解される（最高裁平成14年（あ）第805号同15年3月18日第2小法廷決定・刑集57巻3号371頁参照）。

本件において、Xは、離婚係争中の他方親権者であるBの下からCを奪取して自分の手元に置こうとしたものであって、そのような行動に出ることにつき、Cの監護養育上それが現に必要とされるような特段の事情は認められないから、その行為は、親権者によるものであるとしても、正当なものということはできない。また、

本件の行為態様が粗暴で強引なものであること，Cが自分の生活環境についての判断・選択の能力が備わっていない2歳の幼児であること，その年齢上，常時監護養育が必要とされるのに，略取後の監護養育について確たる見通しがあったとも認め難いことなどに徴すると，家族間における行為として社会通念上許容され得る枠内にとどまるものと評することもできない。以上によれば，本件行為につき，違法性が阻却されるべき事情は認められないのであり，未成年者略取罪の成立を認めた原判断は，正当である。」

[今井功裁判官の補足意見]

「私は，家庭内の紛争に刑事司法が介入することには極力謙抑的であるべきであり，また，本件のように，別居中の夫婦の間で，子の監護について争いがある場合には，家庭裁判所において争いを解決するのが本来の在り方であると考えるものであり，この点においては，反対意見と同様の考えを持っている。しかし，家庭裁判所の役割を重視する立場に立つからこそ，本件のような行為について違法性はないとする反対意見には賛成することができない。

家庭裁判所は，家庭内の様々な法的紛争を解決するために設けられた専門の裁判所であり，そのための人的，物的施設を備え，家事審判法をはじめとする諸手続も整備されている。したがって，家庭内の法的紛争については，当事者間の話合いによる解決ができないときには，家庭裁判所において解決することが期待されているのである。

ところが，本件事案のように，別居中の夫婦の一方が，相手方の監護の下にある子を相手方の意に反して連れ去り，自らの支配の下に置くことは，たとえそれが子に対する親の情愛から出た行為であるとしても，家庭内の法的紛争を家庭裁判所で解決するのではなく，実力を行使して解決しようとするものであって，家庭裁判所の役割を無視し，家庭裁判所による解決を困難にする行為であるといわざるを得ない。近時，離婚や夫婦関係の調整事件をめぐって，子の親権や監護権を自らのものとしたいとして，子の引渡しを求める事例が増加しているが，本件のような行為が刑事法上許されるとすると，子の監護について，当事者間の円満な話合いや家庭裁判所の関与を待たないで，実力を行使して子を自らの支配下に置くという風潮を助長しかねないおそれがある。子の福祉という観点から見ても，一方の親権者の下で平穏に生活している子を実力を行使して自らの支配下に置くことは，子の生活環境を急激に変化させるものであって，これが，子の身体や精神に与える悪影響を軽視することはできないというべきである。

私は，家庭内の法的紛争の解決における家庭裁判所の役割を重視するという点では反対意見と同じ意見を持つが，そのことの故に，反対意見とは逆に，本件のように，別居中の夫婦が他方の監護の下にある子を強制的に連れ去り自分の事実的支配

下に置くという略取罪の構成要件に該当するような行為については，たとえそれが親子の情愛から出た行為であるとしても，特段の事情のない限り，違法性を阻却することはないと考えるものである。」

[滝井繁男裁判官の反対意見]
「私も，親権者の1人が他の親権者の下で監護養育されている子に対し有形力を行使して連れ出し，自分の事実的支配下に置くことは，未成年者略取罪の構成要件に該当すると考えるものである。しかしながら，両親の婚姻生活が円満を欠いて別居しているとき，共同親権者間で子の養育をめぐって対立し，親権者の1人の下で養育されている子を他の親権者が連れ去り自分の事実的支配の下に置こうとすることは珍しいことではなく，それが親子の情愛に起因するものであってその手段・方法が法秩序全体の精神からみて社会観念上是認されるべきものである限りは，社会的相当行為として実質的違法性を欠くとみるべきであって，親権者の1人が現実に監護していない我が子を自分の支配の下に置こうとすることに略取誘拐罪を適用して国が介入することは格別慎重でなければならないものと考える。

未成年者略取誘拐罪の保護法益は拐取された者の自由ないし安全と監護に当たっている者の保護監督権であると解されるところ，私は前者がより本質的なものであって，前者を離れて後者のみが独自の意味をもつ余地は限られたものであると解すべきであると考える。とりわけ，本件のように行為が親権者によるものであるとき，現に監護に当たっている者との関係では対等にその親権を行使し得るものであって，対立する権利の行使と見るべき側面もあるのであるから，それが親権の行使として逸脱したものでない限り，略取された者の自由等の法益の保護こそを中心にして考えるべきものである。

このような観点から本件を見るに，被告人は，他の親権者である妻の下にいるCを自分の手元に置こうとしたものであるが，そのような行動に出ることを現に必要とした特段の事情がなかったことは多数意見の指摘するとおりである。しかしながら，それは親の情愛の発露として出た行為であることも否定できないのであって，そのこと自体親権者の行為として格別非難されるべきものということはできない。

確かに，被告人の行動は，生活環境についての判断・選択の能力が十分でない2歳の幼児に対して，その後の監護養育について確たる見通しがない状況下で行われたことも事実である。しかしながら，親子間におけるある行為の社会的な許容性は子の福祉の視点からある程度長いレンジの中で評価すべきものであって，特定の日の特定の行為だけを取上げその態様を重視して刑事法が介入することは慎重でなければならない。

従来，夫婦間における子の奪い合いともいうべき事件において，しばしば人身保護法による引渡しの申立てがなされたが，当裁判所は引渡しの要件である拘束

『顕著な違法性』の判断に当たっては，制限的な態度をとり，明らかに子の福祉に反すると認められる場合を除きこの種紛争は家庭裁判所の手続の中で解決するとの立場をとってきたものである（最高裁平成5年（オ）第609号同年10月19日第3小法廷判決・民集47巻8号5099頁，同平成6年（オ）第65号同年4月26日第3小法廷判決・民集48巻3号992頁など）。

　私は，平成5年（オ）第609号同年10月19日第3小法廷判決において，『別居中の夫婦（幼児の父母）の間における監護権を巡る紛争は，本来，家庭裁判所の専属的守備範囲に属し，家事審判の制度，家庭裁判所の人的・物的の機構・設備は，このような問題の調査・審判のためにこそ存在するのである。』として，子の親権をめぐる紛争において審判前の保全処分の活用を示唆された裁判官可部恒雄の補足意見に全面的に賛成し，子の監護をめぐる紛争は子の福祉を最優先し，専ら家庭裁判所の手続での解決にゆだねるべきであって，他の機関の介入とりわけ刑事司法機関の介入は極力避けるべきものと考える。

　このような考えに立つ以上，被告人もまたこの種紛争の解決は家庭裁判所にゆだねるべきであったのであるから，一方の親権者の下で平穏に生活している子に対し親権を行使しようとする場合には，まず，家庭裁判所における手続によるべきであって，それによることなく実力で自分の手元に置こうとすることは許されるべきことではないといえるものである。

　しかしながら，そのことから被告人が所定の手続をとることなく我が子を連れ出そうとしたことが直ちに刑事法の介入すべき違法性をもつものと解すべきものではない。

　そのような行為も親権の行使と見られるものである限り，仮に一時的に見れば，多少行き過ぎと見られる一面があるものであっても，それはその後の手続において子に対する関係では修復される可能性もあるのであるから，その行為をどのように評価するかは子の福祉の観点から見る家庭裁判所の判断にゆだねるべきであって，その領域に刑事手続が踏み込むことは謙抑的でなければならないのである。

　確かに，このような場合家庭裁判所の手続によることなく，他の親権者の下で生活している子を連れ出すことは，監護に当たっている親権者の監護権を侵害するものとみることができる。しかしながら，その行為が家庭裁判所での解決を不可能若しくは困難にしたり，それを誤らせるようなものであればともかく，ある時期に，公の手続によって形成されたわけでもない一方の親権者の監護状態の下にいることを過大に評価し，それが侵害されたことを理由に，子の福祉の視点を抜きにして直ちに刑事法が介入すべきではないと考える。

　むしろ，このような場合，感情的に対立する子を奪われた側の親権者の告訴により直ちに刑事法が介入することは，本件でも見られたように子を連れ出そうとした

親権者の拘束に発展することになる結果，他方の親権者は保全処分を得るなど本来の専門的機関である家庭裁判所の手続を踏むことなく，刑事事件を通して対立する親権者を排除することが可能であると考えるようになって，そのような方法を選択する風潮を生む危険性を否定することができない。そのようになれば，子にとって家庭裁判所による専門的，科学的知識に基づく適正な監護方法の選択の機会を失わせるという現在の司法制度が全く想定していない事態となり，かつまた子にとってその親の1人が刑事事件の対象となったとの事実が残ることもあいまって，長期的にみればその福祉には沿わないことともなりかねないのである（このような連れ出し行為が決して珍しいことではないにもかかわらず，これまで刑事事件として立件される例がまれであったのは，本罪が親告罪であり，子を連れ去られた親権者の多くが告訴をしてまで事を荒立てないという配慮をしてきたからであるとも考えられるが，これまで述べてきたような観点から刑事法が介入することがためらわれたという側面も大きかったものと考えられる。本件のようなありふれた連れ出し行為についてまで当罰的であると評価することは，子を連れ去られた親権者が行為者である他方親権者を告訴しさえすれば，子の監護に関する紛争の実質的決着の場を，子の福祉の観点から行われる家庭裁判所の手続ではなく，そのような考慮を入れる余地の乏しい刑事司法手続に移し得ることを意味し，問題は大きいものといわなければならない。）。

　以上の観点に立って本件を見るとき，被告人の行為は親権者の行為としてやや行き過ぎの観は免れないにしても，連れ出しは被拐取者に対し格別乱暴な取扱いをしたというべきものではなく，家庭裁判所における最終的解決を妨げるものではないのであるから，このような方法による実力行使によって子をその監護下に置くことは子との関係で社会観念上非難されるべきものではないのである。

　このような考えから，私は被告人の本件連れ出しは社会的相当性の範囲内にあると認められ，その違法性が阻却されると解すべきものであると考える（私は，多数意見の引用する当小法廷の決定においては，一方の親権者の下で保護されている子を他方の親権者が有形力を用いて連れ出した行為につき違法性が阻却されないとする法廷意見に賛成したが，それは外国に連れ去る目的であった点において，家庭裁判所における解決を困難にするものであり，かつその方法も入院中の子の両足を引っ張って逆さにつり上げて連れ去ったという点において連れ出しの態様が子の安全にかかわるものであったなど，本件とは全く事案を異にするものであったことを付言しておきたい。）。

　以上によれば，本件被告人の行為が違法性が阻却されないとした原判決は法律の解釈を誤ったものであり，その違法は判決に影響を及ぼすことは明らかであるから，これを破棄しなければ著しく正義に反するものといわなければならない。」

Questions

Q12 略取誘拐罪の保護法益は何か。

Q13 被拐取者が拐取に同意していた場合には、拐取罪の成立が認められるか。それは、保護法益に関する理解とどのように関係するか。

Q14 監護権者による拐取罪は成立するか。また、監護者による拐取行為が、正当行為として認められる場合は考えられるか。

Q15 拐取罪の構成要件該当性と正当化事由との関係について、どのように理解すべきか。Xの行為は処罰すべきであるか。その理由は何に求めるべきか。

Q16 未成年者に監護権者が存在しない場合に、拐取罪は成立するか。

5　安否を憂慮する者の意義

7　最決昭和62年3月24日刑集41巻2号173頁

[事実の概要]

被告人は、他の3名と共謀のうえ、S相互銀行の代表取締役社長であるT（当時65歳）を略取して同人の安否を憂慮する同銀行幹部らから身代金を交付させようと企て、昭和59年12月17日午前8時45分ころ、走行中の同銀行運転手Uが運転しTが同乗する普通乗用自動車を停車させたうえで、Tの安否を憂慮する前記銀行幹部らから身代金を交付させる目的で右Tを略取した。そして引き続き、Tをホテルの一室に連れ込み、同日午前10時40分ころから午後5時20分ころまでの間、11回にわたり、同室からS相互銀行本店などに自動車用電話を使って架電し、前記略取などにより畏怖しているTを介して、S相互銀行代表取締役専務Vらに対し、「現金3億円を準備してくれ。事情は後で話す。居場所は言えない」、「金の用意はできたか」、「金はIホテルのロビーに持ってきてくれ」、「金は競馬場北側の喫茶店Dに持ってきてくれ」などと告げた。

以上の行為が、Tの安否を憂慮するVらの憂慮に乗じて身代金を要求する行為にあたるとして、身代金目的拐取罪等で起訴された。被告人側は、「S銀行の幹部らは共に同銀行の役員であって事実上の保護関係にあるものではないから、刑法225条の2の『近親其他被拐取者の安否を憂慮する者』に該当しない」と主張したが、第1審の佐賀地裁は、同罪の「趣旨は、右罪が被拐取者の生命、身体に対する極めて危険な犯罪であり、近親等被拐取者と密接な関係のある者に対し被拐取者の生命、身体に対する危険を感知させ、その憂慮、心痛を利用して財物を交付させようとする卑劣な行為を特に重く処罰することにあり、同条2項の規定の趣旨もまた同様と考えられ、右規定の趣旨に照らすと、同条の『近親其他被拐取者の安否を憂慮する

者』とは，被拐取者と近しい親族関係その他これに準ずる特殊な人的関係があるため被拐取者の生命又は身体に対する危険を親身になって心配する立場にある者をいい，近親以外であっても，被拐取者ととくに親近な関係があり，被拐取者の生命，身体の危険をわがことのように心痛し，その無事帰還を心から希求するような立場にあればここに含まれるが，被拐取者又はその近親等の苦境に同情するにすぎない第三者は含まれない」とし，銀行幹部，殊にVは，被拐取者であるTととくに親近な関係にあり，Tの不幸をわがことのように心痛し，その無事帰還を心から希求する立場にあり，同罪の「被拐取者の安否を憂慮する者」に該当するものとした。控訴審もその判断を是認したため，被告人側が上告した。

[決定要旨]　上告棄却

「刑法225条の2にいう『近親其他被拐取者の安否を憂慮する者』には，単なる同情から被拐取者の安否を気づかうにすぎないとみられる第三者は含まれないが，被拐取者の近親でなくとも，被拐取者の安否を親身になつて憂慮するのが社会通念上当然とみられる特別な関係にある者はこれに含まれるものと解するのが相当である。本件のように，相互銀行の代表取締役社長が拐取された場合における同銀行幹部らは，被拐取者の安否を親身になつて憂慮するのが社会通念上当然とみられる特別な関係にある者に当たるというべきであるから，本件銀行の幹部らが同条にいう『近親其他被拐取者の安否を憂慮する者』に当たるとした原判断の結論は正当である。」

8　東京地判平成4年6月19日判夕806号227頁

[事実の概要]

被告人らは共謀のうえ，F銀行の行員を強制的に連れ去って，安否を憂慮する同銀行代表取締役らから，その憂慮に乗じて3億円を取得しようと考え，平成3年11月26日午後7時50分ころ，同銀行Y家庭寮敷地内において，たまたま帰宅途中であった同銀行東京事務センターに勤務するA（当時37歳）にけん銃を突き付け，路上に待機させていた自動車の後部座席に押し込んで支配下においた。そして，27日午前1時45分ころ，F銀行代表取締役頭取B方に電話をかけ，Bに対し，「Aを預かっている。Aを取り返したいなら，3億円を用意して欲しい。もし，警察に通報したらAの命はないと思え。F銀行の別の行員も抹殺する」などと言ったうえ，さらに，同日午後4時24分から29日午後5時21分ころまでの間，47回にわたり，F銀行本店に電話をかけ，Cらを介してBに対し，「金は揃ったのか」「一から十まで言うとおりにしろ。ごたごた言うんだったら本当に知らない」「Aさんも目隠しされて精神状態がおかしくなると思いますよ」「人の命がかかってるから遊び半分でやっ

てるわけじゃない」「殺すぞ，本当に」などと言って，BがAの安否を憂慮しているのに乗じて3億円の交付を要求するなどした。

弁護人らは，F銀行代表取締役頭取Bは，刑法225条の2にいう「近親其他被拐取者の安否を憂慮する者」に当たらず，身代金目的拐取および拐取者身代金取得等の罪は，いずれも成立しないと主張した。

[判旨]

東京地裁は，以下のように判示して，身代金目的拐取罪および拐取者身代金取得等罪が成立するとした。

「刑法225条の2にいう『其他被拐取者の安否を憂慮する者』には，単なる同情から被拐取者の安否を気づかうに過ぎない者は含まれないものの，近親以外で被拐取者の安否を親身になって憂慮するのが社会通念上当然と見られる特別な関係にある者はこれに含まれると解されるところ（最高裁判所昭和62年3月24日決定・刑集41巻2号173頁参照），この特別な関係にあるかどうかは，被拐取者との個人的交際関係を離れ，社会通念に従って客観的類型的に判断すべきであり，そのような特別の関係にある以上，近親に準ずるような者でなくても『安否を憂慮する者』に当たるものと解される。

そこで本件についてみると，確かに，みのしろ金要求の相手方Bと被拐取者Aとの間に個人的交際関係は全くなく，両者の関係は都市銀行の代表取締役頭取と一般行員というに過ぎない。しかし，我が国の会社組織においては，多少社会的流動性が高まってきているとはいえ，大企業を中心に終身雇用制が広く認められ，会社側が社員らの福利厚生を含め，その生活全般を保護しようとする関係にあることが認められる。このような社会的背景事情等もあって，大企業の社員が誘拐され犯人が会社側にみのしろ金を要求した場合，代表取締役は，社員が安全に解放されることを切に願い，無事に解放されるのであれば，みのしろ金がたとえ高額なものであっても，会社を代表して交付するものと社会一般に考えられている。現に，前掲各証拠によれば，本件においても，Aが誘拐されたことが判明した後，BからF銀行の部下に対して，Aが無事救出されることを最優先に考えるよう指示が出され，それに従って直ちにみのしろ金3億円が用意されたこと，他方，被告人らも銀行側が当然みのしろ金を出すものと考えて本件犯行を計画し，行動していたことが認められるが，これらの事実も前記のような社会一般の考えを裏付けるものである。

以上のような理由により，誘拐された者が一般行員であっても，都市銀行の代表取締役はその行員の安否を親身になって憂慮するのが社会通念上当然と見られる特別な関係にあるものと認められる。

なお，弁護人の主張するように，代表取締役の憂慮の動機には，銀行の体面，信用や他の行員への配慮といった面もあることは否定できないが，いかなる動機に基

づくにせよ，被拐取者の安否を気づかうにとどまらず，親身になって憂慮すると見られる関係にある以上，『被拐取者の安否を憂慮する者』に含まれると解することの妨げとはならない。」

Questions

Q17 身代金目的略取罪における「安否を憂慮する者」の意義は何か。その判断基準に関して，どのような考え方があるか。上記2つの判例は，それぞれ，どのような事情を基にしていかなる判断基準で「安否に憂慮する者」にあたると判断したのか。

第17講　強制わいせつ・強姦罪

〔設問〕以下の事実について，各供述の任意性・信用性にも注意しながら，Xの罪責について述べなさい。

被告人X（当時60歳）は，午前7時34分ころ，B線C駅から準急列車の前から5両目の車両に，女子高校生A（当時17歳）は，午前7時44分ころ，D駅から同車両に乗った。XとAは，遅くとも，本件電車が午前7時56分ころH駅を発車して間もなくしてから，満員の車両の，進行方向に向かって左側の前から2番目のドア付近に，互いの左半身付近が接するような体勢で向かい合うような形で立っていた。

Aは，本件電車がI駅に着く直前，左手でXのネクタイをつかみ，「電車降りましょう」と声を掛けた。これに対して，Xは，声を荒げて「何ですか」などと言い，Aが「あなた今痴漢をしたでしょう」と応じると，Aを離そうとして，右手でその左肩を押すなどした。本件電車は，間もなく，I駅に止まり，2人は，開いたドアからホームの上に押し出された。Aは，その場にいた同駅の駅長に対し，Xを指さし，「この人痴漢です」と訴えた。そこで，駅長がXに駅長室への同行を求めると，Xは，「おれは関係ないんだ，急いでいるんだ」などと怒気を含んだ声で言い，駅長の制止を振り切って車両に乗り込んだが，やがて，駅長の説得に応じて下車し，駅長室に同行した。

［Aの供述］

D駅から乗車した後，左側ドア付近に立っていると，E駅を発車してすぐに，私と向かい合わせに立っていたXが，私の頭越しに，かばんを無理やり網棚に載せた。そこまで無理に上げる必要はないんじゃないかと思った。その後，私とXは，お互いの左半身がくっつくような感じで立っていた。F駅を出てから痴漢に遭い，スカートの上から体を触られた後，スカートの中に手を入れられ，下着の上から陰部を触られた。G駅に着く少し前に，その手は抜かれたが，G駅を出ると，H駅に着く直前まで，下着の前の方から手を入れられ，陰部を直接触られた。触られている感覚から，犯人は正面にいるXと思ったが，されている行為を見るのが嫌だったので，目で見て確認はしなかった。

H駅に着いてドアが開き，駅のホーム上に押し出された。Xがまだいたらドアを替えようと思ったが，Xを見失って迷っているうち，ドアが閉まりそうに

なったので，再び，同じドアから乗った。乗る直前に，Xがいるのに気づいたが，後ろから押し込まれる感じで，またXと向かい合う状態になった。私が，少しでも避けようと思って体の向きを変えたため，私の左肩がXの体の中心にくっつくような形になった。

H駅を出ると，今度は，スカートの中に手を入れられ，右の太ももを触られた。私は，いったん電車の外に出たのにまたするなんて許せない，捕まえたり，警察に行ったときに説明できるようにするため，しっかり見ておかなければいけないと思い，その状況を確認した。すると，スカートのすそが持ち上がっている部分に腕が入っており，ひじ，肩，顔と順番に見ていき，Xの左手で触られていることがわかった。その後，Xは，下着のわきから手を入れて陰部を触り，さらに，その手を抜いて，今度は，下着の前の方から手を入れて陰部を触ってきた。その間，再び，お互いの左半身がくっつくような感じになっていた。

私が，I駅に着く直前，Xのネクタイをつかんだのと同じころ，Xは，私の体を触るのを止めた。

［Xの供述］

網棚にかばんを置いたのは，G駅を出てH駅に着くまでの間であって，E駅を出て直ぐではない。電車がH駅を出て，しばらくして，前に立っていた男性が，左の方につり革を1つずれたので，少し前に出て，その男性がそれまで持っていたつり革をつかんだとき，体の左側に向かい合って立っている女性（A）に気づいた。それまで，その女性がどこにいたのかはわからない。私は，左手がその女性の胸に当たりそうになったので，左肩の方に回したりしたが，そのような姿勢も続けられず，途中で下に降ろした。そうしていたところ，電車がI駅に到着してドアが開こうとしたころ，その女性にネクタイをつかまれた。私は，その女性に痴漢行為はしていない。

1 強制わいせつ・強姦の事実認定

1 最判平成21年4月14日刑集63巻4号331頁

［事実の概要］〔設問〕参照

被告人Xは，捜査段階から一貫して犯行を否認していたが，第1審判決は，Xから痴漢被害を受けたとするAの供述内容は，当時の心情も交えた具体的，迫真的なもので，その内容自体に不自然，不合理な点はなく，Aは，意識的に当時の状況を観察，把握しており，犯行内容や犯行確認状況について，勘違いや記憶の混乱等が

起こることも考えにくいなどとして、Aの供述に信用性を認め、公訴事実記載のとおりの犯罪事実を認定して、Xを懲役1年10月の実刑に処した。
　Xは控訴したが、控訴審も1審判決を是認したため、さらに上告した。

[判旨]　破棄自判（被告人は無罪）
　「被告人は、捜査段階から一貫して犯行を否認しており、本件公訴事実を基礎付ける証拠としては、Aの供述があるのみであって、物的証拠等の客観的証拠は存しない（被告人の手指に付着していた繊維の鑑定が行われたが、Aの下着に由来するものであるかどうかは不明であった。）。被告人は、本件当時60歳であったが、前科、前歴はなく、この種の犯行を行うような性向をうかがわせる事情も記録上は見当たらない。したがって、Aの供述の信用性判断は特に慎重に行う必要があるのであるが、(1)Aが述べる痴漢被害は、相当に執ようかつ強度なものであるにもかかわらず、Aは、車内で積極的な回避行動を執っていないこと、(2)そのこと……Aのした被告人に対する積極的な糾弾行為とは必ずしもそぐわないように思われること、また、(3)Aが、H駅でいったん下車しながら、車両を替えることなく、再び被告人のそばに乗車しているのは不自然であること（原判決も「いささか不自然」とは述べている。）などを勘案すると、同駅までにAが受けたという痴漢被害に関する供述の信用性にはなお疑いをいれる余地がある。そうすると、その後にAが受けたという公訴事実記載の痴漢被害に関する供述の信用性についても疑いをいれる余地があることは否定し難いのであって、Aの供述の信用性を全面的に肯定した第1審判決及び原判決の判断は、必要とされる慎重さを欠くものというべきであり、これを是認することができない。被告人が公訴事実記載の犯行を行ったと断定するについては、なお合理的な疑いが残るというべきである。」
　「以上のとおり、被告人に強制わいせつ罪の成立を認めた第1審判決及びこれを維持した原判決には、判決に影響を及ぼすべき重大な事実誤認があり、これを破棄しなければ著しく正義に反するものと認められる。
　そして、既に第1審及び原審において検察官による立証は尽くされているので、当審において自判するのが相当であるところ、本件公訴事実については犯罪の証明が十分でないとして、被告人に対し無罪の言渡しをすべきである。」

[堀籠幸男裁判官の反対意見]
　「1　本件における争点は、被害者Aの供述と被告人の供述とでは、どちらの供述の方が信用性があるかという点である。
　被害者Aの供述の要旨は、多数意見が要約しているとおりであるが、Aは長時間にわたり尋問を受け、弁護人の厳しい反対尋問にも耐え、被害の状況についての供述は、詳細かつ具体的で、迫真的であり、その内容自体にも不自然、不合理な点はなく、覚えている点については明確に述べ、記憶のない点については『分からない』

と答えており，Aの供述には信用性があることが十分うかがえるのである。
　多数意見は，Aの供述について，犯人の特定に関し疑問があるというのではなく，被害事実の存在自体が疑問であるというものである。すなわち，多数意見は，被害事実の存在自体が疑問であるから，Aが虚偽の供述をしている疑いがあるというのである。しかし，田原裁判官が指摘するように，Aが殊更虚偽の被害事実を申し立てる動機をうかがわせるような事情は，記録を精査検討してみても全く存しないのである。
　2　そこで，次に被害者Aの供述からその信用性に対し疑いを生じさせるような事情があるといえるかどうかが問題となる。
　(1)　多数意見は，先ず，被害者Aが車内で積極的な回避行動を執っていない点で，Aの供述の信用性に疑いがあるという。この点のAの供述の信用性を検討するに際しては，朝の通勤・通学時におけるB線の急行・準急の混雑の程度を認識した上で行う必要がある。この時間帯のB線の車内は，超過密であって，立っている乗客は，その場で身をよじる程度の動きしかできないことは，社会一般に広く知れ渡っているところであり，証拠からも認定することができるのである。身動き困難な超満員電車の中で被害に遭った場合，これを避けることは困難であり，また，犯人との争いになることや周囲の乗客の関心の的となることに対する気後れ，羞恥心などから，我慢していることは十分にあり得ることであり，Aがその場からの離脱や制止などの回避行動を執らなかったとしても，これを不自然ということはできないと考える。Aが回避行動を執らなかったことをもってAの供述の信用性を否定することは，同種痴漢被害事件において，しばしば生ずる事情を無視した判断といわなければならない。
　(2)　次に，多数意見は，痴漢の被害に対し回避行動を執らなかったAが，I駅で被告人のネクタイをつかむという積極的な糾弾行動に出たことは，必ずしもそぐわないという。しかし，犯人との争いになることや周囲の乗客の関心の的となることに対する気後れ，羞恥心などから短い間のこととして我慢していた性的被害者が，執拗に被害を受けて我慢の限界に達し，犯人を捕らえるため，次の停車駅近くになったときに，反撃的行為に出ることは十分にあり得ることであり，非力な少女の行為として，犯人のネクタイをつかむことは有効な方法であるといえるから，この点をもってAの供述の信用性を否定するのは，無理というべきである。
　(3)　また，多数意見は，AがH駅でいったん下車しながら，車両を替えることなく，再び被告人のそばに乗車しているのは不自然であるという。しかしながら，Aは，H駅では乗客の乗降のためプラットホームに押し出され，他のドアから乗車することも考えたが，犯人の姿を見失ったので，迷っているうちに，ドアが閉まりそうになったため，再び同じドアから電車に入ったところ，たまたま同じ位置のとこ

ろに押し戻された旨供述しているのである。Aは一度下車しており，加えて犯人の姿が見えなくなったというのであるから，乗車し直せば犯人との位置が離れるであろうと考えることは自然であり，同じドアから再び乗車したことをもって不自然ということはできないというべきである。そして，同じ位置に戻ったのは，Aの意思によるものではなく，押し込まれた結果にすぎないのである。多数意見は，『再び被告人のそばに乗車している』と判示するが，これがAの意思に基づくものと認定しているとすれば，この時間帯における通勤・通学電車が極めて混雑し，多数の乗客が車内に押し入るように乗り込んで来るものであることに対する認識に欠ける判断であるといわなければならない。この点のAの供述内容は自然であり，これをもって不自然，不合理というのは，無理である。

(4) 以上述べたように，多数意見がAの供述の信用性を否定する理由として挙げる……(1), (2)及び(3)は，いずれも理由としては極めて薄弱であり，このような薄弱な理由を3点合わせたからといって，その薄弱性が是正されるというものではなく，多数意見が指摘するような理由のみではAの供述の信用性を否定することはできないというべきである。

3 次に，被告人の供述については，その信用性に疑いを容れる次のような事実がある。

(1) 被告人は，検察官の取調べに対し，I駅では電車に戻ろうとしたことはないと供述しておきながら，同じ日の取調べ中に，急に思い出したなどと言って，電車に戻ろうとしたことを認めるに至っている。これは，I駅ではプラットホームの状況についてビデオ録画がされていることから，被告人が自己の供述に反する客観的証拠の存在を察知して供述を変遷させたものと考えられるのであり，こうした供述状況は，確たる証拠がない限り被告人は不利益な事実を認めないことをうかがわせるのである。

(2) 次に，被告人は，電車内の自分の近くにいた人については，よく記憶し，具体的に供述しているのであるが，被害者Aのことについては，ほとんど記憶がないと供述しているのであって，被告人の供述には不自然さが残るといわざるを得ない。

(3) 多数意見は，被告人の供述の信用性について，何ら触れていないが，以上によれば，被告人の供述の信用性には疑問があるといわざるを得ない。

4 原判決は，以上のような証拠関係を総合的に検討し，Aの供述に信用性があると判断したものであり，原判決の認定には，論理則や経験則に反するところはなく，また，これに準ずる程度に不合理といえるところもなく，原判決には事実誤認はないというべきである。」

【参考判例1】
東京高判平成16年2月19日判時1872号137頁
[事実の概要]
　B子（当時26歳）は，買い物をして帰宅するため，私鉄T線S駅から，午後9時45分発のC駅行きの電車（以下，「本件電車」という）に乗っていたが，当時，上記S駅のホームは混雑しており，また本件電車内も身動きできないほど込み合った状態であった。被告人Xは，その勤務する会社の研修に参加するため，当日福岡から空路上京し，会社が予約していた宿泊施設（X野会館，上記T線I駅で下車）に宿泊する予定であった。Xは，S駅から本件電車に乗り，B子の背後に乗り合わせ，具体的な密着範囲や部分はともかくとして，B子に密着した状態で，M駅まで乗って行った。Xは，茶色革製のセミロングコートを着用し，黒色の手提げ鞄（肩にかける紐の付いたもの）を持っていた。午後9時54分ころ，本件電車がM駅に着くと，B子は，Xの手をつかんでともに下車し，Xを駅務室に連れて行って，Xに痴漢行為をされた旨を訴えた。Xは，B子に手をつかまれて駅務室へ連れて行かれた際にも，駅務室においても，特段の弁解や抗議を行わなかった。
　原審は，被害者が前記電車内においてそのような被害に遭ったことは認められるとしながら，被害者の犯人識別に関する供述には信用性がないうえ，Xの捜査段階の自白供述にも信用性がなく，本件公訴事実については犯罪の証明がないとして，無罪を言い渡した。これに対して，検察官は本件強制わいせつの犯人はXであって，Xから上記わいせつ行為の被害を受けたという被害者の供述には高度の信用性が認められる上，Xの捜査段階での自白ないし不利益供述にも犯人性を自認する限度で信用性が認められると主張して控訴した。

[判旨]
　本件電車内での強制わいせつの被害状況についてのB子の「証言は，内容が具体的かつ詳細で迫真性があり，格別不合理，不自然なところはなく，M駅に着いて直ちに痴漢被害に遭ったことを訴えていることも，その信用性を裏付けているといえ，信用するに十分であ」り，犯人識別に関するB子の「証言内容も，具体的かつ詳細で迫真性があり，格別不合理，不自然なところはなく，信用するに十分である」。
　「以上によれば，B子は，わいせつ行為をされている時にXの顔を直接確認しているわけではないけれども，真後ろに密着していた人物が1人しかおらず，人が変わったということはないというその証言内容に不自然なところはなく，犯人がXの着衣と同様の革製の茶色のコートを着用し，同様の鞄を持っていたことを確認していて，M駅でわいせつ行為終了直後に振り返ってXを捕まえているのであって，そのようなB子の証言及び犯人識別の状況からすれば，Xが本件わいせつ行為の犯人であると認められる。加えて，XがB子に手をつかまれ，駅務室に連れて行かれた

際に，特段の抗議や弁解をしていないこと，Xが捜査段階において後記のような供述をしていることも，この認定の正しさを裏付けるものといえる。」

「……Xの供述をみると，特徴的なことは，Xが，捜査段階において，強制わいせつの故意がなかった旨の供述をするようになった後も，最後まで，自分の手がB子のスカートの中に入り，パンティーの中にも入ったということを認めていることであって，Xの捜査段階の供述のうち，少なくともこの点は信用できるものといえる。」

「……捜査段階のXの自白調書及び否認調書中の外形的行為を認める趣旨の供述部分は信用するに足りるものである。前記B子の公判証言等の証拠にこれらXの供述を総合すれば，本件公訴事実は優に認めることができるというべきである。」

「したがって，以上の判断と異なり，Xに対して無罪を言い渡した原判決は，事実を誤認したものであって，破棄を免れない。」

Questions

Q1 上記2つの判例を比較しつつ，強制わいせつの事実を認定する際に留意すべき事項として何があるか検討してみよ。

2 最判平成11年10月21日判時1688号173頁・判タ1014号177頁

[事実の概要]

被告人Xは，「A子（当時15歳）を普通乗用自動車に連れ込んで強いて同女を姦淫しようと企て，平成9年9月2日午前4時35分ころ，S薬局駐車場において，同女に対し，所携の軽便かみそりを突き付け，『車に乗れ。』，『言うことを聞かないと殺すぞ。』などと言って脅迫し，同女を自己が運転する普通乗用自動車に同乗させたうえ，同車を人気のない河川敷まで疾走させ，同所に停止させた同車内で，同女の顔面，腹部を手拳で数回殴打するなどの暴行を加えて，同女の反抗を抑圧し，同女を強いて姦淫するとともに，同日午前5時10分ころまでの間，同女を車内から脱出困難にさせて，監禁した」という公訴事実で起訴された。

Xは，前記の部分について，捜査，公判を通じて，A子とはテレクラのツーショットダイヤルで知り合い，待ち合わせの約束をしたのであって，A子にかみそりを突き付けるなどして脅したり，むりやり車に乗せたことはなく，河川敷でA子と性交渉をしたが，これは，同女も了解しており，和姦であったと主張した。

第1審判決は，以上のような被害を受けたとするA子の供述の信用性を認め，公

訴事実と同旨の犯罪事実を認定して，Xを懲役2年6月に処し，Xからの控訴に対し，原判決は，第1審判決の事実認定及び量刑判断を支持して，控訴を棄却した。

[判旨]　破棄自判

最高裁は，「以上の原判決及び第1審判決の認定事実のうち，Xが河川敷に停止させた自動車内においてA子に暴行を加えて強姦したとの部分は，同女の供述，これと符合する客観的証拠及び第三者の供述並びにそれを認めるXの供述等により，是認することができる。しかしながら，右認定事実のうち，Xが強姦の目的でS駐車場で同女を脅迫して自動車に乗せ，河川敷に至るまでの間監禁したとの部分は」，A子およびXの各供述の信用性について検討すると，「是認することができない」とした。

まず，(1)Xがテレクラに電話をかける等した際「の状況は，概ねXの右供述……と符合する。これに対し，A子は，捜査段階においては，一貫して，XとはS薬局前において偶然出会ったと供述し，起訴後の取調べで，捜査官から関係者の通話状況の記録を示されて初めて，前記のとおり，テレクラを通じてXと知り合ったことを供述するに至っており，当初はこの事実を隠していたことが明らかである。しかも，A子は，Xと出会う直前の右電話の相手方について，Xであることを否定するのみで，何ら具体的供述をしていない。

このように，テレクラを通じて知合い，S薬局前において出会った経緯についてのA子の供述は，にわかに信用し難いものであるのに対し，この点に関するXの供述は，信用性を否定し難いものというべきである。

(2)また，A子は，いきなりXにかみそりを突き付けられて脅され，むりやり車に乗せられたと供述するが，それは，テレクラを通じて待ち合わせをしていた男性の相手方女性に対する行動としては，いかにも唐突で不自然といわざるを得ない。また，Xは，当時かみそりを所持していなかったと供述するところ，記録によれば，A子が強姦の被害を受けた際に使われたというバイブレーターは後にXの自動車内から発見されているが，前記かみそりは発見されておらず，Xが当時かみそりを所持していたというA子の供述には，信用性に疑いが残る。

(3)A子は，車内でXと会話を交わしたことを否定し，特に，Xに妊娠していると告げたことを強く否定しているが，A子の妊娠は，本件後に同女が病院で検査を受けて裏付けられた事実であるところ，A子が本件当時15歳であり，外見上も妊娠の徴候が見られなかったことからすると，同女と初対面のXが右の事実を知り得る可能性は，同女から直接告げられる以外には考え難いところであり，A子は，車内でXと親密な会話を交わしたことを殊更に否定している疑いがある。

(4)なお，Cは，A子が『男の人に車に連れ込まれて，かみそりのようなもので脅かされて，強姦された。』と言っていたと供述するが，同女がXと知り合った経緯

に関する供述が信用し難いことは，前述のとおりであり，同女がXとテレクラで知り合い，Xの運転する車に自ら乗ったことを隠すために，右のように言ったという疑いも否定できない。

(5)以上の検討によれば，A子の供述のうち，Xと出会った経緯，Xの運転する自動車に乗車した際の状況，河川敷に至るまでの車内での状況等に関する部分は，信用性に疑いがあり，他方，この部分に関するXの供述は，必ずしも信用性を否定できない」。

「そうすると，この部分に関するA子の供述の信用性を肯定する一方，Xの供述を信用できないとした原判決の認定判断は，是認することができない」。

「以上のとおり，Xに監禁罪の成立を認め，S薬局駐車場において強姦罪の実行の着手があったとする原判決は，証拠の評価を誤り，判決に影響を及ぼすべき重大な事実誤認をしたものといわざるを得ず，それは，本件において認め得る強姦行為の犯情に著しい影響を及ぼすものであるから，原判決及び第1審判決を破棄しなければ著しく正義に反するものと認められる。」

Questions

Q2 強姦罪の事実を認定する際に留意すべき事項として，本件判決は何を重視していると考えられるか。

2 傾向犯

3 最判昭和45年1月29日刑集24巻1号1頁

[事実の概要]

被告人Xは，内妻Aが本件被害者Bの手引により東京方面に逃げたものと信じ，これを詰問すべくアパート内の自室にBを呼び出し，同所で右Aと共にBに対し「よくも俺を騙したな，俺は東京の病院に行っていたけれど何もかも捨ててあんたに仕返しに来た。硫酸もある。お前の顔に硫酸をかければ醜くなる」と申し向けるなどして，約2時間にわたり右Bを脅迫した。そして，同女が許しを請うのに対し同女の裸体写真を撮ってその仕返しをしようと考え，「5分間裸で立っておれ」と申し向け，畏怖している同女をして裸体にさせてこれを写真撮影した。

[判旨]

「刑法176条前段のいわゆる強制わいせつ罪が成立するためには，その行為が犯人の性欲を刺戟興奮させまたは満足させるという性的意図のもとに行なわれることを要し，婦女を脅迫し裸にして撮影する行為であつても，これが専らその婦女に報復

し，または，これを侮辱し，虐待する目的に出たときは，強要罪その他の罪を構成するのは格別，強制わいせつの罪は成立しないものというべきである。」

[入江俊郎裁判官・長部謹吾裁判官の反対意見]

「私は，刑法176条の罪は，これを行為者（犯人）の性欲を興奮，刺激，満足させる目的に出たことを必要とするいわゆる目的犯ではないと考える。また，本条の罪をいわゆる傾向犯と解する余地も，まことに乏しいといわざるをえないと思う。」

「㈠行為者が一定の目的・意図をもって行為に出ることを必要とする犯罪については，刑法は，その各本条に，『……ノ目的ヲ以テ』（たとえば155条 1 項）とか，『……ヲ為ス為』（たとえば107条）などの要件を付しているのである。ところが，刑法176条には右のような文言はなく，明文上において，本条の罪を目的犯であると解すべき根拠がない。

㈡尤も，一定の目的・意図，すなわち主観的意図が構成要件として明示されていない犯罪でも，構成要件の解釈上，それを必要とするものがないわけではない。たとえば，窃盗罪などの財産犯のごとく，これらの罪については，いわゆる不法領得の意思を必要とするというのが通説であり，また判例である。これは，たとえば窃盗罪についていうと，窃取という構成要件が，単に他人の所持する物を自己の所持に移すという客観的事実だけでなく，それに加えて，その物を自己の物にするという意思を必要とする行為であることによつて，はじめてこれを犯罪とする意味が生ずることによるのである。ところが，本条の罪のわいせつの行為については，解釈上，行為者（犯人）自身の性的意図を必要とする理由を見出しえない……。すなわち本条は，個人（被害者）の性的自由を侵害する罪を定めた規定であり，その保護法益は個人のプライヴァシーに属する性的自由に存するのであつて，相手方（被害者）の性的自由を侵害したと認められる客観的事実があれば，当然に本条の罪は成立すると解すべく，行為者（犯人）に多数意見のいうような性的意図がないというだけの理由で犯罪の成立を否定しなければならない解釈上の根拠は，本条の規定の趣旨からみて，到底見出しえないのである。」

【参考判例 2 】
東京高判平成26年 2 月13日公刊物未登載
［事実の概要］

　被告人は，数年にわたり共にバンド活動を行い，一方的に好意を寄せていた被害女性（当時24歳）から，バンドを脱退し，被告人との関わりも絶つ旨告げられた。被告人は，被害女性に対する自らの思いが拒絶され，自らが心血を注いでいたバンド活動も継続できなくなったことから，被害女性に対して復讐したいとの感情を抱くに至った。被告人は，平成24年12月15日午後 7 時18分ころから同日午後 9 時43分

ころまでの間，スタジオ内において，被害女性に対し，その首を絞め，転倒した被害女性の上に乗り，その額をつかんで床に押し付け，両手首に手錠を掛け，口付近にテープを巻き付けて口を塞ぐなどの暴行を加え，その着衣を脱がせて乳房を揉み，腟内に手指およびバイブレーターを挿入し，その際，被害女性に全治まで約2週間を要する頭部打撲，頸部打撲等の傷害を負わせたという，強制わいせつ致傷罪で起訴された。

被告人および弁護人は，被告人が，被害女性に対する報復を目的として，被害女性が精神的に最も苦痛を抱くであろう性的手段によって暴行を加え，傷害を負わせた事案であって，犯行当時，被告人は性的意図は有していなかった旨主張し，強制わいせつ致傷罪の成立を争った。

これに対し，第1審判決（東京地判平成25年9月9日公刊物未登載）は，被告人の本件犯行の動機は報復のみであって，性的意図はなかった旨の弁護人の主張は採用できないことなどから，本件犯行当時，被告人が性的意図を有していたことは明らかであるとして，強制わいせつ致傷罪の成立を認めた。

これに対し，被告人は，あらためて，被害女性に対し，被害女性が精神的に最も苦痛を抱くであろう性的手段によって暴行を加えるという報復目的しか有しておらず，その結果傷害を負わせた事案であって，強制わいせつ致傷罪には該当しないなどと主張し控訴した。

[判決要旨] 控訴棄却

本判決は，原判決が，主として本件犯行態様から被告人に性的意図があったことを推認し，被告人には性的意図とともに報復目的が併存していることを認定したうえで，本件犯行態様は性的色彩が強く，執拗かつ長時間に過ぎること等から弁護人の主張は採用できないと判断していることについて，いずれも経験則に適う合理的なものであって正当として是認できるとし，被告人が性的意図を有していた旨認定した原判決の判断に誤りはないとし，以下のように判示した。

「なお，本罪の基本犯である強制わいせつ罪の保護法益は被害者の性的自由であると解されるところ，同罪はこれを侵害する行為を処罰するものであり，客観的に被害者の性的自由を侵害する行為がなされ，行為者がその旨認識していれば，同罪の成立に欠けることはないというべきである。本件において，被告人の行為が被害者の性的自由を侵害するものであることは明らかであり，被告人もその旨認識していたことも明らかであるから，強制わいせつ致傷罪が成立することは明白である。被告人の意図がいかなるものであれ，本件犯行によって，被害者の性的自由が侵害されたことに変わりはないのであり，犯人の性欲を刺激興奮させまたは満足させるという性的意図の有無は，上記のような法益侵害とは関係を有しないというべきである。そのような観点からしても，所論は失当である。」

Questions

Q3 傾向犯とは何か。犯罪体系において類似した構造を有する犯罪は他にあるか。
Q4 最高裁が「わいせつの傾向」を要求する実質的根拠は何か。
Q5 強制わいせつ罪・強姦罪の保護法益は何か。その理解を前提にすると，強制わいせつ罪を傾向犯と解することに合理性は認められるか。
Q6 参考判例2は，基本判例3との比較において，いかなる理解に立った裁判例であると位置づけるべきか。

3 強制わいせつ・強姦致傷罪
(1) 死傷の結果

4 東京高判平成12年2月21日判時1740号107頁・判タ1057号265頁

[事実の概要]

　被告人Xは，平成11年5月18日午前7時24分ころ，地下鉄T線M駅からO駅に向かうためにT駅行きの電車に乗車し，乗降ドア付近に立っていたところ，同7時43分ころ，電車内が非常に混雑し，Xの横に立っていたA子（当時16歳）の身体に自分の腕が触れたことから同女に劣情を催し，左手を同女のパンティーの中に差し入れ，同女の陰部を指で撫でまわすなどの強制わいせつ行為をした。そして，同7時46分ころ，被告人は，同電車がK駅ホームに到着し，Xがいた側の乗降ドアが開くため，わいせつ行為の継続を断念して左手指をパンティーから抜いたところ，その直後にA子から上着の左袖口を右手でつかまれたので，これを振り切り，乗降ドアから降りて逃走しようとした。すると，今度はA子から右腕を同女の両手でつかまれ，「この人痴漢です」と叫ばれたため，Xは，同電車内の同じ位置において，A子を振り切って逃走する目的で，A子につかまれた右腕を前に突き出して強く振り払う暴行を加え，その結果，同女に全治約1か月間を要する左中指末節骨骨折等の前記傷害を負わせた。Xは，こうしてA子を振り切り，開いた乗降ドアから駅のホームに降りて逃げようとしたが，A子の前記声を聞いて集まってきた駅員らにより現行犯逮捕された。

　原審の東京地裁は，A子の傷害の結果は，Xが，強制わいせつ行為の終了後に，逮捕されることを免れる目的で被害者に暴行を加えたことにより生じたものであって，強制わいせつ罪については，刑法238条に相当するような特別規定が存在しない以上，このようなXの行為は強制わいせつ致傷罪に該当しないとして，強制わい

せつ罪と傷害罪の併合罪の成立を認めた。これに対して検察官は，A子に傷害を負わせる原因となったXの暴行は，Xの行った強制わいせつ行為と時間的，場所的に接着し，強制わいせつ行為に通常随伴すると認められる一連，一体の行為であり，強制わいせつ致傷罪が成立すると主張した。

[判旨]
「XがA子につかまれた右腕を前に突き出して強く振り払った行為は，Xが右経緯により強制わいせつ行為を終了した直後に，強制わいせつ行為が行われたのと全く同じ場所で，被害者から逮捕されるのを免れる目的で行われたものであると認められるから，強制わいせつ行為に随伴する行為であったといういうことができる。そして，Xは，強制わいせつ行為に随伴する右行為によってA子に前記傷害を負わせたものであるから，このような場合，Xに強制わいせつ致傷罪の成立を認めるのが相当である（大審院明治44年6月29日判決・大審院刑事判決録17輯1330頁参照）。」

Questions

Q7 強制わいせつ致死傷，強姦致死傷における死傷の結果は，「強姦の機会に行われた密接関連行為から生じたもので足りる」という見解がある。これに対立する見解として何が考えられるか（最決昭和43年9月17日刑集22巻9号862頁）。また，「強姦の機会」とは具体的に何を指すと考えられるか。

Q8 強制わいせつ，強姦終了後の暴行により死傷が生じた場合，いかなる罪で処理することが考えられるか。事後強盗罪（238条）に相当する規定がないこととの比較を踏まえて検討すること。

(2) **死傷の結果に故意がある場合**

5　最判昭和31年10月25日刑集10巻10号1455頁

[事実の概要]
被告人Xは，M小学校便所内で同校2年生A子（当時7歳）の姿を認めるや，にわかに劣情を催し，同女を姦淫しようと決意し，直ちに同女便所内に立ち入り，扉を閉めて内側から鍵をかけ，驚き，怖れて声も立てられないでいる少女のズロースをはぎとり，左手でいたずらをはじめたところ，同女が声を出したので，右手に持っていたズロースをその口の中に無理に押し込んだが，同女がこれを引き出そうとしてあがき，かつ泣き声を上げたため，Xは犯行の露見をおそれ，かつ情慾を遂げようとの一念から同女を静かにさせようと考え，そのためには同女が死亡しても構わないという気持ちになり，両手の拇指を揃えて同女の咽喉に強く当て，その他の指

を両方から後方に廻して力をこめて絞るようにして4，5分間締め続けて同女の呼吸を止めた後，即時同所において同女を姦淫してその目的を遂げ，かつ右絞扼による窒息に基き同女を即死させ殺害した。

原々審，原審とも，強姦致死の点につき刑法181条，177条を，また殺人の点につき同法199条を各適用し，両者を観念的競合として重い殺人罪の刑に従って処断し，Xに死刑を宣告した。これに対して，弁護人は，殺意がある場合であっても，181条のみを適用すべきであるなどと主張して上告した。

[判旨]　上告棄却

「原審の是認した第1審判決が，同判決判示の罪となるべき事実を認定して（第1審判決の右認定，ことに殺意の点は，同判決挙示の証拠に照らし，当審においてもこれを是認することができる。），強姦致死の点につき刑法181条，177条を，殺人の点につき同法199条を適用し，両者は同法54条1項前段の1個の行為にして数個の罪名に触れる場合であるとして同法10条に基き，重い殺人罪の刑によって処断すべきであるとした法律判断は正当であって，この点に関する原審の判示は相当である。」

【参考判例3】
札幌地判昭和47年7月19日判時691号104頁
[事実の概要]

Xは，ホステスのA子（当時22歳）を車に乗せ，その車を停めて休憩中，同女に肉体関係を迫ったところ，予想に反して凄い剣幕で怒り出すなどの態度をとったことから，肉体関係を持つことはできないものとあきらめたが，その後，この機会をのがせば同女と関係することができなくなると考え，前記の態度から同女との肉体関係を遂げるためには同女を殺害するより他に方法がないと決意し，助手席でリクライニングシートを倒して眠り込んでいる同女の頸部に自分のズボンからはずした皮製バンドを巻きつけ，助手席に膝をつき同女の前面から約5分間その両端を力いっぱい両手で引っ張って絞めつけ，よってそのころ同所において同女を窒息死するに至らしめて殺害したうえ，強いて同女を姦淫した。

[判旨]

Xの「所為中，殺人の点は〔刑〕法199条に，強姦の点は同法177条前段に……該当する。

なお，検察官は，Xの所為は殺人罪（同法199条）および強姦致死罪（同法181条）に該当すると主張するが，この見解は1個の死を二重に評価することになって不当であるばかりでなく，右強姦致死罪は殺意なくして死の結果を生じさせた場合にのみ適用せらるべきものであるから，前記のように殺人罪および強姦罪（同法177条前段）に該当すると解するべきであり，このように解しても，右両罪は，一所為

数法の関係となるのであるから，検察官主張の適条と比較して刑の不均衡を生ずることはなく，また強姦致死罪を，法定刑として死刑が定められている強〔盗〕殺人罪（同法240条後段）と同様に解釈すべき理由もないというべきである。」

Questions

Q9 強制わいせつ致死傷・強姦致死傷の事案について，死傷の結果に故意がある場合の処断に関する学説として，いかなるものが主張されているか。また，この学説の対立の根底にある考え方の相違として，どのようなものが挙げられるか。

Q10 死傷結果について故意がある場合をどのように処断するのが合理的と考えられるか。刑法240条の場合との比較をも踏まえつつ，検討せよ。また，上記2判例の結論は，是認できるものであるか。

第18講　名誉毀損罪・業務妨害罪

1　名誉毀損罪

〔設問1〕　以下の事実を読んで、Xの罪責について論じなさい。

　被告人は、フランチャイズによる飲食店「ラーメン甲」の加盟店等の募集および経営指導等を業とする乙株式会社の名誉を毀損しようと企て、平成14年10月18日ころから同年11月12日ころまでの間、X方において、パーソナルコンピュータを使用し、インターネットを介して、プロバイダーから提供されたサーバーのディスクスペースを用いて開設した「丙観察会　逝き逝きて丙」と題するホームページ内のトップページにおいて、「インチキFC甲粉砕！」、「貴方が『甲』で食事をすると、飲食代の4～5％がカルト集団の収入になります」などと、同社がカルト集団である旨の虚偽の内容を記載した文章を掲載した。また、同ホームページの同社の会社説明会の広告を引用したページにおいて、その下段に「おいおい、まともな企業のふりしてんじゃねえよ。この手の就職情報誌には、給料のサバ読みはよくあることですが、ここまで実態とかけ離れているのも珍しい。教祖が宗教法人のブローカーをやっていた右翼系カルト『丙』が母体だということも、FC店を開くときに、自宅を無理矢理担保に入れられるなんてことも、この広告には全く書かれず、『店が持てる、店長になれる』と調子のいいことばかり」と、同社が虚偽の広告をしているがごとき内容の文章等を掲載し続け、これらを不特定多数の者の閲覧可能な状態に置いた。

1　最決平成22年3月15日刑集64巻2号1頁

［事実の概要］　〔設問1〕参照

　被告人は、〔設問1〕の事実により、乙株式会社の名誉を毀損したとして起訴された。第1審判決（東京地判平成20年2月29日判時2009号151頁・判タ1277号46頁）は、被告人の行為が名誉毀損罪の構成要件に該当すると認め、被告人が摘示した事実は、公共の利害に関する事実に係り、その主たる目的は公益を図ることにあったと認められるものの、重要な部分が真実であると証明されたとはいえず、公共の利害に関する場合の特例である刑法230条の2第1項は適用されないとした。そして、**基本**

判例2が示した「行為者がその事実を真実であると誤信し，その誤信したことについて，確実な資料，根拠に照らし相当の理由があるときは，犯罪の故意がなく，名誉毀損の罪は成立しない」との従来の基準によれば，被告人に名誉毀損罪の故意がなかったとはいえないとした。しかしながら，東京地裁は，新たな基準を定立し，被害会社には本件表現行為に対する反論を要求しても不当とはいえない状況があり，被告人がインターネットの個人利用者に対して要求される程度の情報収集をしたうえで本件表現行為に及んだものと認められることからすると，名誉毀損の罪責は問えないとして，被告人に無罪を言い渡した。すなわち，インターネット上での表現行為の被害者は，名誉毀損的表現行為を知り得る状況にあれば，インターネットを利用できる環境と能力がある限り，容易に加害者に対して反論することができることや，マスコミや専門家などがインターネットを使って発信するような特別な場合を除くと，個人利用者がインターネット上で発信した情報の信頼性は一般的に低いものと受け止められていることなどを理由として，新たな基準を定立した。

これに対し，検察官の控訴を受けた控訴審判決（東京高判平成21年1月30日判タ1309号91頁）は，被害者に反論の可能性があることをもって従来の基準を緩和するのは，被害者保護に欠け相当でないことや，インターネット上で個人利用者が発信する情報であるからといって，必ずしも信頼性が低いとは限らないことなどを指摘し，個人利用者によるインターネット上の表現行為について名誉毀損罪の成否に関する独自の基準を定立した第1審判決は，刑法230条の2第1項の解釈・適用を誤っているとして第1審判決を破棄した。そして，被告人は，公共の利害に関する事実について，主として公益を図る目的で本件表現行為を行ったものではあるが，摘示した事実の重要部分である，乙株式会社と丙とが一体性を有すること，そして，加盟店から乙株式会社へ，同社から丙へと資金が流れていることについては，真実であることの証明がなく，被告人が真実と信じたことについて相当の理由も認められないとして，被告人を有罪とした。

これに対して，弁護人側が上告した。

[決定要旨] 上告棄却

「所論は，被告人は，一市民として，インターネットの個人利用者に対して要求される水準を満たす調査を行った上で，本件表現行為を行っており，インターネットの発達に伴って表現行為を取り巻く環境が変化していることを考慮すれば，被告人が摘示した事実を真実と信じたことについては相当の理由があると解すべきであって，被告人には名誉毀損罪は成立しないと主張する。

しかしながら，個人利用者がインターネット上に掲載したものであるからといって，おしなべて，閲覧者において信頼性の低い情報として受け取るとは限らないのであって，相当の理由の存否を判断するに際し，これを一律に，個人が他の表現手

段を利用した場合と区別して考えるべき根拠はない。そして，インターネット上に載せた情報は，不特定多数のインターネット利用者が瞬時に閲覧可能であり，これによる名誉毀損の被害は時として深刻なものとなり得ること，一度損なわれた名誉の回復は容易ではなく，インターネット上での反論によって十分にその回復が図られる保証があるわけでもないことなどを考慮すると，インターネットの個人利用者による表現行為の場合においても，他の場合と同様に，行為者が摘示した事実を真実であると誤信したことについて，確実な資料，根拠に照らして相当の理由があると認められるときに限り，名誉毀損罪は成立しないものと解するのが相当であって，より緩やかな要件で同罪の成立を否定すべきものとは解されない（最高裁昭和41年（あ）第2472号同44年6月25日大法廷判決・刑集23巻7号975頁参照）。これを本件についてみると，原判決の認定によれば，被告人は，商業登記簿謄本，市販の雑誌記事，インターネット上の書き込み，加盟店の店長であった者から受信したメール等の資料に基づいて，摘示した事実を真実であると誤信して本件表現行為を行ったものであるが，このような資料の中には一方的立場から作成されたにすぎないものもあること，フランチャイズシステムについて記載された資料に対する被告人の理解が不正確であったこと，被告人が乙株式会社の関係者に事実関係を確認することも一切なかったことなどの事情が認められるというのである。以上の事実関係の下においては，被告人が摘示した事実を真実であると誤信したことについて，確実な資料，根拠に照らして相当の理由があるとはいえないから，これと同旨の原判断は正当である。」

Questions

Q1 本件で，名誉毀損罪の構成要件該当性が問題となりうる事実を挙げなさい。

Q2 本件では，第1審は被告人を無罪とし，控訴審判決および上告審判決は被告人を有罪としている。その差は，いかなる点に求められるか。被告人が真実性の証明に失敗した場合の法的対応として，インターネット上の表現とそうでない表現とを区別することは妥当か。

〔設問2〕 以下の事実について，Xの罪責について述べなさい。
　被告人Xは，自らの発行する夕刊紙Aに，「吸血鬼Sの罪業」と題し，S本人またはSの指示のもとにSが経営するB新聞の記者が，W市役所土木部のC課長に向かって，「出すものを出せば目をつむってやるんだが，チビリくさるのでやったんや」と聞こえよがしの捨てぜりふを吐いたうえ，今度は上層のD主幹に向かって「しかし魚心あれば水心ということもある，どうだ，お前にも汚職の疑いがあるが，1つ席を変えて1杯やりながら話をつけるか」と凄ん

だ旨の記事を掲載，頒布した。

　名誉毀損罪で起訴されたXは，公判で，上記記事は，新聞人としてSの編集発行にかかるB新聞の悪徳性を徹底的に批判し，武器なき善良な市民のためペンの暴力と闘い，これに対する世論の批判を喚起して市民のため悪徳新聞の姿勢を正させて，新聞の自主的倫理規範と品位を確立することを目指したものであって，いずれも①公共の利害に関する事実に係り，②その目的は専ら公益を図るためであり，また，③摘示事実は真実に符合するものであると主張した。しかし，被告人の提出した証拠は，SがCやDのもとを恐喝目的で訪れた事実を認めるには十分であるが，発言内容については，それが真実であることの証明までできるものではなかった。

　被告人の本件行為について，上記①および②が認定できるとして，Xには，名誉毀損罪の成立が認められるか。

2　最大判昭和44年6月25日刑集23巻7号975頁

[事実の概要]

　被告人Xは，その発行する昭和38年2月18日付「夕刊A時事」に，〔設問2〕に示した内容の記事を掲載，頒布し，もって公然事実を摘示して右Sの名誉を毀損したというのであり，第1審判決は，上記認定事実に刑法230条1項を適用し，Xに対し有罪の言渡しをした。

　そして，原審弁護人が「Xは証明可能な程度の資料，根拠をもって事実を真実と確信したから，Xには名誉毀損の故意が阻却され，犯罪は成立しない」旨を主張したのに対し，原判決は，「被告人の摘示した事実につき真実であることの証明がない以上，被告人において真実であると誤信していたとしても，故意を阻却せず，名誉毀損罪の刑責を免れることができないことは，すでに最高裁判所の判例（昭和34年5月7日第1小法廷判決，刑集13巻5号641頁）の趣旨とするところである」と判示して，右主張を排斥し，被告人が真実であると誤信したことにつき相当の理由があったとしても名誉毀損の罪責を免れえない旨を明らかにした。

[判旨]　破棄差戻し

　「刑法230条ノ2の規定は，人格権としての個人の名誉の保護と，憲法21条による正当な言論の保障との調和をはかったものというべきであり，これら両者間の調和と均衡を考慮するならば，たとい刑法230条ノ2第1項にいう事実が真実であることの証明がない場合でも，行為者がその事実を真実であると誤信し，その誤信したことについて，確実な資料，根拠に照らし相当の理由があるときは，犯罪の故意が

なく，名誉毀損の罪は成立しないものと解するのが相当である。これと異なり，右のような誤信があったとしても，およそ事実が真実であることの証明がない以上名誉毀損の罪責を免れることがないとした当裁判所の前記判例（昭和33年（あ）第2698号同34年5月7日第1小法廷判決，刑集13巻5号641頁）は，これを変更すべきものと認める。したがって，原判決の前記判断は法令の解釈適用を誤ったものといわなければならない。」

Questions

Q3 名誉毀損罪の真実性の証明に失敗した場合，被告人の罪責はどのように判断されるか。230条の2の法的性質，および35条との関係を踏まえつつ，判例および学説を整理し，自説を明らかにしたうえで，本件の結論がどうなるかを検討しなさい。

【参考判例1】
最判平成16年7月15日民集58巻5号1615頁
［判旨］
「事実を摘示しての名誉毀損にあっては，その行為が公共の利害に関する事実に係り，かつ，その目的が専ら公益を図ることにあった場合に，摘示された事実がその重要な部分について真実であることの証明があったときには，上記行為には違法性がなく，仮に上記証明がないときにも，行為者において上記事実の重要な部分を真実と信ずるについて相当の理由があれば，その故意又は過失は否定される（最高裁昭和37年（オ）第815号同41年6月23日第1小法廷判決・民集20巻5号1118頁，最高裁昭和56年（オ）第25号同58年10月20日第1小法廷判決・裁判集民事140号177頁参照）。一方，ある事実を基礎としての意見ないし論評の表明による名誉毀損にあっては，その行為が公共の利害に関する事実に係り，かつ，その目的が専ら公益を図ることにあった場合に，上記意見ないし論評の前提としている事実が重要な部分について真実であることの証明があったときには，人身攻撃に及ぶなど意見ないし論評としての域を逸脱したものでない限り，上記行為は違法性を欠くものというべきであり，仮に上記証明がないときにも，行為者において上記事実の重要な部分を真実と信ずるについて相当な理由があれば，その故意又は過失は否定される（最高裁昭和60年（オ）第1274号平成元年12月21日第1小法廷判決・民集43巻12号2252頁，前掲最高裁平成9年9月9日第3小法廷判決参照）。

上記のとおり，問題とされている表現が，事実を摘示するものであるか，意見ないし論評の表明であるかによって，名誉毀損に係る不法行為責任の成否に関する要件が異なるため，当該表現がいずれの範ちゅうに属するかを判別することが必要と

なるが，当該表現が証拠等をもってその存否を決することが可能な他人に関する特定の事項を明示的又は黙示的に主張するものと理解されるときは，当該表現は，上記特定の事項についての事実を摘示するものと解するのが相当である（前掲最高裁平成9年9月9日第3小法廷判決参照）。そして，上記のような証拠等による証明になじまない物事の価値，善悪，優劣についての批評や論議などは，意見ないし論評の表明に属するというべきである。

　上記の見地に立って検討するに，法的な見解の正当性それ自体は，証明の対象とはなり得ないものであり，法的な見解の表明が証拠等をもってその存否を決することが可能な他人に関する特定の事項ということができないことは明らかであるから，法的な見解の表明は，事実を摘示するものではなく，意見ないし論評の表明の範ちゅうに属するものというべきである。また，前述のとおり，事実を摘示しての名誉毀損と意見ないし論評による名誉毀損とで不法行為責任の成否に関する要件を異にし，意見ないし論評については，その内容の正当性や合理性を特に問うことなく，人身攻撃に及ぶなど意見ないし論評としての域を逸脱したものでない限り，名誉毀損の不法行為が成立しないものとされているのは，意見ないし論評を表明する自由が民主主義社会に不可欠な表現の自由の根幹を構成するものであることを考慮し，これを手厚く保障する趣旨によるものである。そして，裁判所が判決等により判断を示すことができる事項であるかどうかは，上記の判別に関係しないから，裁判所が具体的な紛争の解決のために当該法的な見解の正当性について公権的判断を示すことがあるからといって，そのことを理由に，法的な見解の表明が事実の摘示ないしそれに類するものに当たると解することはできない。

　したがって，一般的に，法的な見解の表明には，その前提として，上記特定の事項を明示的又は黙示的に主張するものと解されるため事実の摘示を含むものというべき場合があることは否定し得ないが，法的な見解の表明それ自体は，それが判決等により裁判所が判断を示すことができる事項に係るものであっても，そのことを理由に事実を摘示するものとはいえず，意見ないし論評の表明に当たるものというべきである。」

2　名誉毀損罪と侮辱罪との関係

3　最決昭和58年11月1日刑集37巻9号1341頁

[事実の概要]

　被告人Xは，N火災海上保険株式会社の顧問弁護士Iと交渉を続けていたところ，同人および右N火災海上保険関係者に圧迫を加えて右交渉を有利に進めようと企て，

ビルの玄関柱に，管理者の許諾を受けないで，「Ｔ海上の関連会社であるＮ火災は，悪徳Ｉ弁護士と結託して被害者を弾圧している，両社は責任を取れ！」と記載したビラ12枚を糊で貼付した。

[決定要旨]

「なお，刑法231条にいう『人』には法人も含まれると解すべきであり（大審院大正14年（れ）第2138号同15年３月24日判決・刑集５巻３号117頁参照），原判決の是認する第１審判決が本件Ｎ火災海上保険株式会社を被害者とする侮辱罪の成立を認めたのは，相当である。」

[団藤重光裁判官の意見]

「侮辱罪（刑法231条）の保護法益を名誉毀損罪（同法230条）のそれと同じく客観的な社会的名誉（人格的価値の社会による承認・評価）とみるか，それとも主観的な名誉感情とみるかについては，学説の対立があるが，通説および大審院の判例が前説を採つているのに対して，わたくしはかねてから後説を支持している（団藤・刑法綱要・各論413頁以下）。

……もちろん，名誉感情という主観的なものを保護法益とすることについては，被害者の名誉感情の個人差の問題や証明の問題がある。しかし，前者は行為の定型性の見地から解決されるべきであり，後者は──名誉毀損罪における社会的名誉についていわれているのと同様──名誉感情の現実の侵害を要件としないことによつて解決されるべきである（団藤・前掲414頁）。刑法231条の規定が公然性を要件としていること，しかも面前性を要件としていないことも，名誉感情を侮辱罪の保護法益とみることに対する本質的な批判となるものではない。

このようにして，わたくしは名誉感情を侮辱罪の保護法益と解するのであつて，この見地からすれば，法人を被害者とする侮辱罪の成立は当然に否定されるべきことになる。」

[谷口正孝裁判官の意見]

「（刑法）231条が相手方の面前における侮辱を処罰せず，名誉毀損罪におけると同様に公然性をその要件としていることを理由に侮辱罪の保護法益を右のように解すべきであるとすることには疑問を感ずる。なるほど相手方の面前における侮辱は，公然侮辱の場合に比べて相手方の名誉感情をより大きく侵害する場合もあろう。然し，公然性を要件としているからといつて直ちに侮辱罪の保護法益を右の如く理解しなければならないわけのものではなく，相手方の面前における侮辱はわれわれの社会生活上とかくありがちのことであるとして，その行為に可罰性を認めず，公然侮辱という例外的な場合に限つてその可罰性を認めたものと説明することも十分可能である。

次に，侮辱罪の保護法益を名誉感情・名誉意識だと考えると，名誉感情・名誉意

識というのは完全に本人の主観の問題であり，それには高慢なうぬぼれや勝手な自尊心もあるはずで，かような不合理な意識までを刑法で保護する必要があるかは疑問であるとする主張がある。名誉感情・名誉意識に対する侵害はモラルの問題であるとするわけである。極めて傾聴すべき見解である。たしかに，名誉感情・名誉意識というのは完全に本人の主観の問題ではある。然し，公然侮辱するというのは日常一般的なことではない。名誉感情・名誉意識がたとえ高慢なうぬぼれや勝手な自尊心であつたにせよ，現に人の持つている感情を右のように日常一般的な方法によらずに侵害することをモラルの問題として処理してよいかどうかについてはやはり疑問がある。可罰的違法性があるものとしても決して不当とはいえまい。侮辱罪の保護法益を人の社会的価値に関する社会的評価としなければ可罰的違法性を導くことができないものとは考えられない。けだし，そのように構成してみても，人の社会的価値に関する社会的評価の侵害は抽象的危険犯として構成せざるをえないわけで，その実質的危険の有無は極めて微妙なものがあるのにかかわらず，その場合には可罰的違法性を認めるのに異論のないことが対照されてよい。

さらに，名誉毀損罪と侮辱罪との保護法益を同じく人の社会的価値に関する社会的評価であると考え，両罪のちがいを専ら事実の摘示の有無に求める場合，両罪に対する法定刑の極めて顕著なちがいをどのように説明するのか。私は，名誉毀損罪が人の社会的価値に関する社会的評価といういわば客観的なものであるのに対し，侮辱罪が名誉感情・名誉意識という主観の問題と解することによつて，両罪の間に可罰性の程度のちがいがあり，そのことが両罪の法定刑の右の如きちがいを導いているのだと考える。

以上の次第であって，私は多数意見と異なり，侮辱罪の保護法益を名誉感情・名誉意識と理解する。」

Questions

Q4 名誉毀損罪と侮辱罪の相違は何か。それぞれの保護法益を何に求めるかに関する見解の対立とどのような関係に立つか。

Q5 法人に対する侮辱罪の成立を認めるべきか。

【参考判例２】
東京地判平成9年9月25日判夕984号288頁
[事実の概要]

被告人Ｘは，甲野商事株式会社東京本社ビル前路上において，街頭宣伝車の拡声器を使用して，(1)「甲野商事……ホモ野商事といいます。社長がホモなんです。男妾を囲って，男妾に貢ぐ，これが甲野商事社長Ａなんです。甲野商事，通称ホモ野

商事というんです」，(2)「甲野商事社長Ａ，いやホモ野商事社長Ａ，貴様のようなホモ野郎はＮ会会長を即刻辞職すべきなんだ。貴様のようなホモ野郎をＮ会会長に据え置くことは日本の恥なんだ。貴様は元左翼運動家，さらにはＫ党を手先に使い，地方の中小零細企業の財産を根こそぎ奪い取り，そして男妾に貢ぐ。貴様は男妾の事業の失敗で尻拭いをして今度はその男妾の尻に世話になっているホモ野郎」，(3)「そのようなスキャンダルがありながら，なぜ甲野商事社長ＡはＮ会会長にいられるか。Ｎ会は，通産省の所管にあります。この通産省と甲野商事の癒着，これはまた後日出てきますが……どんどん出てきます。甲野商事と通産省との癒着ははっきりしております」等と大声で多数回にわたって怒鳴り，あるいは(4)童謡「桃太郎」の節で「ホモ野さん，ホモ野さん。Ｎ会長やめなさい。社長がホモでは恥ずかしい」等と歌った声を録音したテープを再生し，もって，公然事実を摘示して右Ａの名誉を毀損するとともに，公然右会社を侮辱するなどした。

［判旨］

「法人あるいはそれに類する団体（以下「法人等」という）も名誉毀損罪及び侮辱罪の保護法益である名誉の主体になりうると解されるが，それは法人等もその構成員とは別個の社会的な活動の重要な単位であり，その社会的評価も保護に値するからなのである。そして，法人等の活動とは無関係なその構成員の私的行状は，たとえそれが当該法人等の代表者の行状であったとしても，直ちに当該法人等自体の社会的評価を低下させるものではないと解される（もっとも，宗教団体等のように，一定程度の倫理性をその存立基盤とし，代表者の行動に対する倫理的評価が当該法人等の社会的評価に結びつくような法人等の場合は，別論である）。」

「Ｘの本件における表示には，Ａ個人の名誉を毀損する具体的な事実の摘示が含まれていることは，明白であって弁護人もこれを争わないところであるが，甲野商事の社会的評価を害するに足るべき具体的事実の摘示が含まれているとは認められず，同社を被害者とする名誉毀損罪は成立しないというべきである。」

「しかしながら，(2)及び(3)の表示は，その内容の点からはもとより，ほぼ同一の内容をほぼ連日にわたって拡声器を通して怒鳴るなどして表示するという態様からしても，同社が不当，悪質な活動をしている旨の同社の社会的評価を軽侮する被告人の抽象的評価・判断を示したものであることは明らかである。そして，本件における表示の中には，童謡『桃太郎』の節に乗せて『ホモ野さん，ホモ野さん』と歌うなど，甲野商事を揶揄して呼称する部分も織り込まれているのであり，この歌声を含む(4)の表示は，ある会社を『破廉恥会社』と声高に呼称するのと同様に，同社の社会的評価を軽侮する被告人の抽象的評価を端的かつ執拗に示したものと評価することができる。さらに，(1)の表示は，それ自体は主としてＡの私的行状に関するものといえるのであるが，本件における表示の中には，『甲野商事社長Ａ，いやホ

モ野商事社長Ａ，貴様のようなホモ野郎は……』とか，『甲野商事……ホモ野商事といいます。社長がホモなんです』というようなものも数多く含まれていることや，本件での表示の態様に，前記のとおり，その内容を抽象的に了知され易い面があることからすれば，(1)の表示も，『ホモ野商事』あるいは『ホモ野さん』という軽侮の表示と一体となっている限度において，これもまた甲野商事に対する軽侮の表示とみることができる。

結局，Ｘの本件……における表示は，全体として，Ａを被害者とする名誉毀損罪のみならず，甲野商事を被害者とする侮辱罪をも構成するものと認められる。」

3 信用毀損罪における「虚偽の風説の流布」「信用」の意義

4 最判平成15年3月11日刑集57巻3号293頁

[事実の概要]

被告人Ｘは，コンビニエンスストア「Ｌ」Ｋ店（店長Ｋ）で購入した紙パック入りのオレンジジュースに自ら次亜塩素酸イオン等が成分となっている家庭用洗剤を注入したにもかかわらず，あたかも購入前からそのジュースに異物が混入されており，それを自分の子供が過って飲んだかのように装ったうえ，子供が異物混入ジュースを飲んだなどと公表させることを意図し，平成10年9月7日午後5時30分ころ，大阪市Ｔ区所在のＳ病院において，Ｔ警察署司法警察員警部補Ｍに対し，「『Ｌ』Ｋ店で買った紙パック入りオレンジジュースをそのまま子供に飲ませたところ口の中がピリピリすると言い，帰宅した主人も口にしたところ，異変に気付いて吐き出した」旨虚偽の申告をし，この申告内容を信じた警察職員にその旨報道機関に発表させ，よって，報道機関をして，そのころ，大阪府内において，「Ｌ」Ｋ店では異物が混入したジュースを陳列・販売していた旨の虚偽の報道をさせた。

弁護人は，Ｘの行為は，①Ｍという特定人かつ1人の者に告げたものであるから，「流布」には該当しない，②虚偽の申告をすることによってコンビニエンスストア「Ｌ」Ｋ店の支払能力や支払意思に対する他人の信頼を害したわけではないから，「信用」を毀損したことにはならない，と主張した。

[判旨]

「1 原判決の是認する第1審判決の認定によると，被告人は，コンビニエンスストアで買った紙パック入りオレンジジュースに次亜塩素酸イオン等を成分とする家庭用洗剤を注入した上，警察官に対して，上記コンビニエンスストアで買った紙パック入りオレンジジュースに異物が混入していた旨虚偽の申告をし，警察職員からその旨の発表を受けた報道機関をして，上記コンビニエンスストアで異物の混入

されたオレンジジュースが陳列，販売されていたことを報道させたというのである。
　そうすると，被告人は，粗悪な商品を販売しているという虚偽の風説を流布して，上記コンビニエンスストアが販売する商品の品質に対する社会的な信頼を毀損したというべきところ，原判決は，刑法233条にいう『信用』には，人の支払能力又は支払意思に対する社会的な信頼のほか，販売する商品の品質等に対する社会的な信頼が含まれるとして，被告人の上記行為につき同条が定める信用毀損罪の成立を認めた。
　2　所論引用の大審院の判例のうち，大審院大正5年（れ）第2605号同年12月18日判決・刑録22輯1909頁及び大審院昭和8年（れ）第75号同年4月12日判決・刑集12巻5号413頁は，人の支払能力又は支払意思に対する社会的な信頼を毀損しない限り，信用毀損罪は成立しないとしたものであるから，原判決は，上記大審院の各判例と相反する判断をしたものといわなければならない。
　しかし，刑法233条が定める信用毀損罪は，経済的な側面における人の社会的な評価を保護するものであり，同条にいう『信用』は，人の支払能力又は支払意思に対する社会的な信頼に限定されるべきものではなく，販売される商品の品質に対する社会的な信頼も含むと解するのが相当であるから，これと異なる上記大審院の各判例は，いずれもこれを変更し，原判決を維持すべきである。」

Questions

Q6　「虚偽の風説」「流布」の意義はそれぞれ何か。他人のうわさ話を真実だと思って特定の1人に話したが，うわさ話の内容は虚偽であり，またその話を聞いた者が，他に伝えたという場合にはどうか。

Q7　本件では，Xは警察官1名に虚偽の申告をしているが，警察官には守秘義務がある。このような場合に，Xの行為は「流布した」と言えるか。

Q8　「信用」の意義は何か。民法における「信用」の意義と同義に解するべきか。信用毀損罪の保護法益を踏まえつつ，従来の判例の見解と本件判例の見解とを比較せよ。

Q9　信用毀損の結果はどのように理解されるべきか。

4　業務妨害罪における業務の意義
(1)　業務妨害の意義

5　最判平成23年7月7日刑集65巻5号619頁

[事実の概要]

(1)　東京都立Ａ高等学校の校長は，平成15年10月23日に東京都教育委員会教育長が都立高等学校長等に対して発出した「入学式，卒業式等における国旗掲揚及び国歌斉唱の実施について（通達）」と題する通達を受け，平成16年3月11日に実施されることとなっていた同校の卒業式において，国歌斉唱の際，生徒，教職員を始め，来賓や保護者にも起立を求めることとし，同日午前10時に本件卒業式が開式となる旨および全員が起立して国歌を斉唱する旨等が記載された実施要綱を作成した。

　(2)　同校の元教諭である被告人は，希望がいれられて，本件卒業式に来賓として出席することとなり，当日午前9時30分ころ，本件卒業式が実施される体育館に赴いた。そして，本件卒業式の開式前に，体育館の中央付近に配置された保護者席を歩いて回り，ビラを配り始めた。

　(3)　そのころ，校長及び教頭は，校長室から体育館に移動を始めたところ，被告人がビラを配布している旨の報告を受けたことから，教頭が，校長より先に体育館に向かった。

　体育館に到着した教頭は，保護者席内にいた被告人に近づいてビラの配布をやめるよう求めたが，被告人は，これに従わずにビラを配り終え，同席の最前列中央まで進んで保護者らの方を向いて，同日午前9時42分ころ，校長らに無断で，大声で，本件卒業式は異常な卒業式であって国歌斉唱のときに立って歌わなければ教職員は処分される，国歌斉唱のときにはできたら着席してほしいなどと保護者らに呼び掛け，その間，教頭から制止されても呼び掛けをやめず，被告人をその場から移動させようとした教頭に対し，怒号するなどした。

　遅れて体育館に入場した校長も，被告人の近くに来て退場を求めるなどし，教頭も退場を促したところ，被告人は，怒鳴り声を上げてこれに抵抗したものの，午前9時45分ころ，体育館から退場した。

　(4)　校長は，その後も体育館に隣接する格技棟廊下で抗議を続ける被告人に対し，校外に退出するよう求めたところ，被告人はこれに応じる様子がなかったが，入場のために待機していた卒業生の担任教諭が校長及び被告人に対して卒業式の開式を促すなどしたことを契機に，被告人は校外に向かい，その様子を見た校長及び教頭は体育館内に戻った。そして，卒業生が予定より遅れて入場し，本件卒業式は予定より約2分遅れの午前10時2分ころ，開式となった。

　[判決要旨]　上告棄却

　「以上の事実関係によれば，被告人が大声や怒号を発するなどして，同校が主催する卒業式の円滑な遂行を妨げたことは明らかであるから，被告人の本件行為は，威力を用いて他人の業務を妨害したものというべきであり，威力業務妨害罪の構成要件に該当する。

　所論は，被告人の本件行為は，憲法21条1項によって保障される表現行為である

から，これをもって刑法234条の罪に問うことは，憲法21条1項に違反する旨主張する。

　被告人がした行為の具体的態様は，上記のとおり，卒業式の開式直前という時期に，式典会場である体育館において，主催者に無断で，着席していた保護者らに対して大声で呼び掛けを行い，これを制止した教頭に対して怒号し，被告人に退場を求めた校長に対しても怒鳴り声を上げるなどし，粗野な言動でその場を喧噪状態に陥れるなどしたというものである。表現の自由は，民主主義社会において特に重要な権利として尊重されなければならないが，憲法21条1項も，表現の自由を絶対無制限に保障したものではなく，公共の福祉のため必要かつ合理的な制限を是認するものであって，たとえ意見を外部に発表するための手段であっても，その手段が他人の権利を不当に害するようなものは許されない。被告人の本件行為は，その場の状況にそぐわない不相当な態様で行われ，静穏な雰囲気の中で執り行われるべき卒業式の円滑な遂行に看過し得ない支障を生じさせたものであって，こうした行為が社会通念上許されず，違法性を欠くものでないことは明らかである。したがって，被告人の本件行為をもって刑法234条の罪に問うことは，憲法21条1項に違反するものではない。このように解すべきことは，当裁判所の判例……の趣旨に徴して明らかである（最高裁昭和59年（あ）第206号同年12月18日第3小法廷判決・刑集38巻12号3026頁参照）。被告人の本件行為について同罪の成立を認めた原判断は正当であり，所論は理由がない。」

(2) 公務と業務の意義

6　最決平成12年2月17日刑集54巻2号38頁

[事実の概要]

　被告人Xは，平成4年11月15日施行のS市町長選挙に際し，同選挙選挙長による立候補届出受理業務を妨害しようと企て，同月10日午前8時30分，同選挙長Aが，N県S町町役場2階会議室において，同選挙の立候補届出受理業務を開始した際，立候補届出をすると称して同所に赴き，同選挙長において，X以外に1名の立候補届出人があったことにより受付順位を決定するくじを実施しようとし，これに先立ち立候補予定者の戸籍抄本，供託証明書等を確認しようとしたところ，「戸籍抄本，供託証明書を提示せよという規定はどこにあるのか」「根拠がなければ提示せずにくじを引きたい」などと申し向け，同選挙長を困惑させて戸籍抄本等の確認作業を断念させた。次いで，右くじの方法につき用意されていた方法を変更するよう執ように要求し，その後くじの方法が決定し，くじを引くよう促されても，その場にち

ょ立したままくじを引こうとせず，度重なる要請を受けてようやくくじを引こうとしたが，その際「気を付け」と怒号するなどし，よって，受付順位決定まで約3時間30分の時間を費やすことを余儀なくさせて右手続きを遅延させたうえ，右くじの過程において，突如17名の立候補届出をする旨同選挙長に申し向け，選挙ポスター掲示場の区画の増設および立候補者に交付する選挙運動用自動車表示板等の物品の追加調達を余儀なくさせた。さらに，右くじ終了後立候補届出の必要書類を受付会場で作成すると称し，同選挙に関する事務を行う職員から所定の用紙を受領してその記載を開始したが，故意に記載を遅延させるなどして手続の進行を困難ならしめ，よって，右くじ終了後受付順位第1位の候補者の立候補届出受理まで約3時間40分の時間を費やすことを余儀なくさせて右手続を遅延させた。

さらに，平成5年7月18日施行の第40回衆議院総選挙に際し，N県選挙区選挙長による立候補届出受理業務を妨害しようと企て，同月4日午前8時30分，同選挙長Bが，N県庁第一会議室において，同選挙の立候補届出受理業務を開始した際，自己を含む10名の立候補届出をすると称して同所に赴き，同選挙に関する事務を行う職員が立候補予定者の戸籍抄本，供託証明書を確認するに際し，被告人が立候補届出をすると称している10名分の戸籍抄本等立候補届出に必要な書類は，あらかじめN県選挙管理委員会の事前審査を受け，同委員会から審査済みの書類を封入し封印した封筒10通を受領していたのに，Xにおいて，右各封筒を開封して審査済みの書類を取り出した上，「ばか，あほ，まぬけ」等と記載した書面1枚のみを入れて封をし，右封筒10通をぬれた新聞紙で包んで同選挙に関する事務を行う職員に示した上，「そん中にうんこが入っていると思ってんねやろ。今日はそんなことせえへん」などと申し向け，あたかも右各封筒に審査済みの書類のみならず汚物が在中しているがごとく装って，同職員による戸籍抄本等の確認作業を困難ならしめた。また，同選挙区の議員の定数が5名であるところ，被告人において10名分の立候補届出をすると称し，その他8名の立候補予定者があったため，同選挙長において受付順位を決定するくじを実施しようとしたが，右くじに際し，被告人において，くじを引いたのにその番号と立候補予定者名を同職員に告げず，あるいは，棒状のくじを引くに際し，所携の玩具のマジックハンドを使用するなどし，よって，受付順位決定まで約40分の時間を費やすことを余儀なくさせて右手続を遅延させた。さらに，被告人において立候補届出の必要書類を受付会場で作成すると称し，同職員から所定の用紙を受領してその記載を開始したが，故意に記載を遅延させるなどしたうえ，これを促進させるため同職員が制限時間を設けたのに対し，「誰がそんなことを決めたんや」などと怒号したうえ，所持していたボールペンを机上にたたき付けるなどし，よって，受付順位第1位の候補者の立候補届出受理から受付順位第8位の候補者の立候補届出受理まで約1時間19分の時間を費やすことを余儀なくさせて右手

続を遅延させた。

Xらは、選挙管理委員会の選挙長が行う立候補届出受理事務は、権力的公務であるから、業務妨害罪にいう「業務」に当たらないと主張したが、第1審判決は、「本件において妨害の対象となった選挙長の立候補届出受理事務は、なんら被告人らに対して強制力を行使する権力的公務ではないのであるから、右事務が業務妨害罪にいう『業務』に当たるというべきであ」るとした。原審判決も、「強制力を行使する権力的公務は、公務執行妨害罪の対象となるのみで、業務妨害罪の対象とはならず、右以外の公務は同罪の対象となるものと解すべきところ、これを本件についてみると、選挙長は、……裁量権を有しているけれども、立候補届出受理業務を妨害する者に対して物理的な実力を行使することができる旨の法令上の根拠はないから、右業務は、強制力を行使する権力的公務とはいえず、業務妨害罪の対象となるというべきである」としたので、Xらが上告した。

〔決定要旨〕　上告棄却

「なお、本件において妨害の対象となった職務は、公職選挙法上の選挙長の立候補届出受理事務であり、右事務は、強制力を行使する権力的公務ではないから、右事務が刑法（平成7年法律第91号による改正前のもの）233条、234条にいう『業務』に当たるとした原判断は、正当である」。

【参考判例3】
最大判昭和41年11月30日刑集20巻9号1076頁
〔事実の概要〕

昭和32年春闘の際、国鉄労組（国労）は賃上げ要求に関する公労委の調停案を受諾したが、国鉄当局側がこれを拒否したので、国労は、調停案の即刻受諾と完全実施を要求して各地で遵法闘争や時間内外の職場大会を実施した。これに対して、国鉄当局側は国労の幹部などに対して19名の解雇を含む多数の停職、戒告、訓告等の行政処分を行った。

国労は、この行政処分に抗議し、さらに各地で勤務時間内3時間の職場大会を開催するよう指令し、青函連絡船摩周丸においても、昭和32年5月11日午前4時過ぎから船内職場大会がもたれた。この職場大会に先立ち、当局側は、組合側が職場大会のためタラップを取り外そうとする計画があるとの情報を得たため、タラップを鎖で巻いて施錠した。しかし、被告人らは、その鎖錠を破壊し、タラップを取り外して乗客の乗船を不能ならしめた結果、同日午前9時50分出航予定の同船の出航を約1時間29分遅延するに至らしめた。

被告人らは、以上の事実に関して、威力を用いて国鉄連絡船の運行業務を妨害したとして、威力業務妨害罪で起訴された。

[判決要旨]

「所論は要するに，日本国有鉄道（以下，国鉄と略称する。）の行う業務は，公務であって，刑法234条，233条（上告趣意に235条とあるは，誤記と認める。）にいう『業務』に含まれないものと解すべきである。わが刑法典は，公務執行妨害罪を公益（特に国家的法益）に対する罪とし，業務妨害罪を私的法益に対する罪として，両者は罪質を異にするとの観点の下に編さんされているものである。しかるに，原判決が，国鉄の行う業務も右両条にいう業務に含まれるとし，被告人らの本件所為を業務妨害罪として処断したのは法令の解釈を誤り，引用の大審院及び最高裁判所の各判例に違反するものである。原判決の解釈に従えば，国鉄は公務及び業務の両面において二重に保護を受けることとなり，民営鉄道に対比し，法律上の保護に差別を生じ，憲法14条に定める法の下における平等の原則に反する結果となるのみならず，従来の判例理論が判然と区別していた右業務と公務との両者の関係を不明確ならしめ，不明確な規準の下に法の適用をはかることになり，憲法31条の罪刑法定主義の精神に反する結果となる，というにある。

そこで案ずるに，国鉄は，公法上の法人としてその職員が法令により公務に従事する者とみなされ，その労働関係も公労法の定めるところによる（日本国有鉄道法2条，34条，35条）等，一般の私人又は私法人が経営主体となっている民営鉄道とは異なる特殊の公法人事業体たる性格を有するものではあるが，その行う事業ないし業務の実態は，運輸を目的とする鉄道事業その他これに関連する事業ないし業務であって，国若しくは公共団体又はその職員の行う権力的作用を伴う職務ではなく，民営鉄道のそれと何ら異なるところはないのであるから，民営鉄道職員の行う現業業務は刑法233条，234条の業務妨害罪の対象となるが，国鉄職員の行う現業業務は，その職員が法令により公務に従事する者とみなされているというだけの理由で業務妨害罪の対象とならないとする合理的理由はないものといわなければならない。すなわち，国鉄の行う事業ないし業務は刑法233条，234条にいう『業務』の中に含まれるものと解するを相当とする。所論引用の当裁判所大法廷判決は本件に適切ではなく，所論引用の各大審院判決は，右と見解を同じくする当裁判所第2小法廷判決（昭和31年（あ）第3015号同35年11月18日言渡刑集14巻13号1713頁）によりこれに反する限度において変更されていると解せられるから，所論判例違反の主張は，適法な上告理由とならない。

そして右の如く解するときは，国鉄職員の非権力的現業業務の執行に対する妨害は，その妨害の手段方法の如何によっては，刑法233条または234条の罪のほか同95条の罪の成立することもあると解するのが相当である。

されば国鉄の業務は，民営鉄道の業務と企業活動として実態を同じくすると同時に，国鉄職員の行う業務は，公共の福祉に特に重要な関係を有するものとして，そ

の職員は法令により公務に従事するものとみなされているのであるから，国鉄の業務が，これに対する妨害に対し，業務妨害罪または公務執行妨害罪の保護を受けるのは当然であって，民営鉄道の業務との間に，妨害に対する法律上の保護に差異があるからといって所論の如く憲法14条に違反する結果となるということはできない。この点に関する所論違憲の主張は，理由がない。」

(3) 強制力を伴わない公務の意義
【参考判例4】
東京高判平成21年3月12日判夕1304号302頁
［事実の概要］
　被告人は，平成20年7月26日，茨城県内の自宅において，同所に設置されたパーソナルコンピューターを操作して，そのような意図がないにもかかわらず，インターネット掲示板に，同日から1週間以内に東日本旅客鉄道株式会社土浦駅において無差別殺人を実行する旨の虚構の殺人事件の実行を予告し，これを不特定多数の者に閲覧させた。
　第1審は，被告人の上記行為について，この掲示板を閲覧した者からの通報を介して，茨城県警察本部の担当者らをして，同県内において勤務中の同県土浦警察署職員らに対し，その旨伝達させ，同月27日午前7時ころから同月28日午後7時ころまでの間，同伝達を受理した同署職員8名をして，上記土浦駅構内およびその周辺等への出動，警戒等の徒労の業務に従事させ，その間，同人らをして，被告人の予告さえ存在しなければ遂行されたはずの警ら，立番業務その他の業務の遂行を困難ならしめ，もって偽計を用いて人の業務を妨害した，との事実を認定し，業務妨害罪が成立するとした。
　弁護人は，本件において妨害の対象となった警察官らの職務は「強制力を行使する権力的公務」であるから，同罪にいう「業務」に該当せず，同罪は成立しないから，原判決には法令適用の誤りがある，と主張して控訴した。
　［判旨］　控訴棄却
　「上記警察官らの職務が業務妨害罪（刑法234条の罪をも含めて，以下『本罪』という。）にいう『業務』に該当するとした原判決の法令解釈は正当であり，原判決が『弁護人の主張に対する判断』の項で説示するところもおおむね正当として是認することができる。
　すなわち，最近の最高裁判例において，『強制力を行使する権力的公務』が本罪にいう業務に当たらないとされているのは，暴行・脅迫に至らない程度の威力や偽計による妨害行為は強制力によって排除し得るからなのである。本件のように，警察に対して犯罪予告の虚偽通報がなされた場合（インターネット掲示板を通じての間

接的通報も直接的110番通報と同視できる。)，警察においては，直ちにその虚偽であることを看破できない限りは，これに対応する徒労の出動・警戒を余儀なくさせられるのであり，その結果として，虚偽通報さえなければ遂行されたはずの本来の警察の公務（業務）が妨害される（遂行が困難ならしめられる）のである。妨害された本来の警察の公務の中に，仮に逮捕状による逮捕等の強制力を付与された権力的公務が含まれていたとしても，その強制力は，本件のような虚偽通報による妨害行為に対して行使し得る段階にはなく，このような妨害行為を排除する働きを有しないのである。したがって，本件において，妨害された警察の公務（業務）は，強制力を付与された権力的なものを含めて，その全体が，本罪による保護の対象になると解するのが相当である（最高裁昭和62年３月12日第１小法廷決定・刑集41巻２号140頁も，妨害の対象となった職務は，『なんら被告人らに対して強制力を行使する権力的公務ではないのであるから，』威力業務妨害罪にいう『業務』に当たる旨判示しており，上記のような解釈が当然の前提にされているものと思われる。)。」

(4) 公務性の意義
【参考判例５】
広島高判平成14年11月５日判時1819号158頁
［事実の概要］

　被告人は，平成14年３月19日午後０時30分ころ，Ｈ市所在のＨセンター１階において，保護の相談並びに行旅病人，行旅死亡人および行旅困窮者に対する援護指導等の業務に従事していたＨ市課長補佐Ａ（当時52歳）から，行旅困窮の一時旅費支給については，現金ではなく切符による支給であることを告げられて腹を立て，同人に対し，同人が着用していたネクタイを両手でつかんで引っ張る暴行を加えたうえ，「わしゃ，14犯なんじゃ。お前の顔は覚えた。今度出たらやったるけえの」などと怒鳴りつけ，同人の身体にさらに危害を加えかねない気勢を示して脅迫し，もって，同人の職務の執行を妨害した。

　原判決は，最決平成12年２月17日刑集54巻２号38頁を援用し，公務員が遂行する公務のうち，強制力を行使する権力的公務でない公務は，業務妨害罪の「業務」に当たるとの見解の下，Ａが従事していた職務は，強制力を行使する権力的公務ではない公務に当たり，威力業務妨害罪における「業務」に該当することは明らかであって，公務執行妨害罪の「公務」には該当しないとして，被告人を公務執行妨害罪で無罪と判示した。これに対して，検察官は，「刑法95条１項の『職務』は，強制力を行使する権力的公務であるとそれ以外の公務であるとを問わないから，原判決は，刑法95条１項の解釈適用を誤った」と主張して，控訴した。

　［判旨］　破棄自判

「公務執行妨害罪の立法の経緯についてみると，旧刑法139条は，『官吏其職務ヲ以テ法律規則ヲ執行シ又ハ行政司法官署ノ命令ヲ執行スルニ当リ暴行脅迫ヲ以テ其官吏ニ抗拒シタル者』を処罰すると規定しており，強制力を有する公務のみが保護の対象となると解される文言を用いていたが，保護の範囲が狭すぎる（刑法改正政府提出案理由書）として，現行刑法95条1項では，『公務員が職務を執行するに当たり，これに対して暴行又は脅迫を加えた者は，3年以下の懲役又は禁錮に処する。』と規定し，文言上，職務の内容は限定されていない。また，公務執行妨害罪の保護法益は，公務の円滑な遂行にあると解すべきであり，公務が円滑に遂行されることによって，国民全体の利益につながるのであるから，国民全体の奉仕者である公務員の職務を保護することには合理的な理由があるというべきである。そうすると，強制力を行使する権力的な公務はもとより，強制力を行使する権力的公務でない公務に関しても，同項の職務から除かれる理由はない。したがって，刑法95条1項の『職務』とは，公務員が担当・処理すべき事務である限り，公務員が取り扱う各種各様の事務の全てが含まれると解すべきである。

　原判決は，刑法95条1項によれば，公務員が職務を執行するに当たり，これに対して暴行，脅迫を加えた場合は公務執行妨害罪に当たるとされていることから，暴行，脅迫に至らない方法により公務員の職務を妨害した場合は公務執行妨害罪には当たらないと考えられるところ，この理由は，公務執行妨害罪における『公務』は強制力を行使することができることから，暴行，脅迫に至らない方法による妨害に対しては，自力により妨害を排除して，公務を遂行する力を持っているため，暴行，脅迫による妨害行為のみを可罰的なものとし，この程度に至らない妨害行為についてはこれを不問に付したものと考えるべきである，と説示している。しかし，暴行，脅迫に至らない方法により公務員の職務を妨害した場合は，公務執行妨害罪に当たらないことは規定上当然である（旧刑法においても同様である。）。原判決は，その理由を，公務執行妨害罪における『公務』は強制力を行使することができるからであるとしているが，公務員の職務を妨害する行為を暴行，脅迫と規定していることと公務執行妨害罪における『公務』について強制力を行使するものに限定することとは，論理的な必然性がないばかりか，原判決の見解は，上記の立法の経緯，刑法95条1項の文言及び保護法益に照らしても，これに同調することはできない。そして，強制力を行使する権力的公務ではない公務については，業務妨害罪（法定刑は，3年以下の懲役又は50万円以下の罰金）によってのみ処罰されるとする原判決の見解では，こうした公務に対する妨害行為につき，禁錮刑に処する余地をなくしてしまうのであって，この点からも相当ではない。

　以上のとおり，Xについて，公務執行妨害罪が成立しないと判示した原判決は，刑法95条1項の解釈適用を誤ったものというべきであり，この誤りが判決に影響を

及ぼすことは明らかである。」

5　業務妨害行為の意義

7　最決平成19年7月2日刑集61巻5号379頁

[事実の概要]
（1）被告人は，共犯者らと，本件銀行の現金自動預払機を利用する客のカードの暗証番号，名義人氏名，口座番号等を盗撮するため，現金自動預払機が複数台設置されており，行員が常駐しない同銀行支店出張所（看守者は支店長）に営業中に立ち入り，うち1台の現金自動預払機を相当時間にわたって占拠し続けることを共謀した。
（2）共謀の内容は，次のようなものであった。
ア　同銀行の現金自動預払機には，正面に広告用カードを入れておくための紙箱（以下「広告用カードホルダー」という）が設置されていたところ，これに入れる広告用カードの束に似せたビデオカメラで現金自動預払機利用客のカードの暗証番号等を盗撮する。盗撮された映像は，受信機に無線で送られ，それが更に受像機に送られて記録される。
イ　被告人らは，盗撮用ビデオカメラと受信機および受像機の入った紙袋を持って，目標の出張所に立ち入り，1台の現金自動預払機の前に行き，広告用カードホルダーに入っている広告用カードを取り出し，同ホルダーに盗撮用ビデオカメラを設置する。そして，その隣の現金自動預払機の前の床に受信機等の入った紙袋を置く。盗撮用ビデオカメラを設置した現金自動預払機の前からは離れ，隣の受信機等の入った紙袋を置いた現金自動預払機の前に，交替で立ち続けて，これを占拠し続ける。このように隣の現金自動預払機を占拠し続けるのは，受信機等の入った紙袋が置いてあるのを不審に思われないようにするためと，盗撮用ビデオカメラを設置した現金自動預払機に客を誘導するためである。その間，被告人らは，入出金や振込等を行う一般の利用客のように装い，受信機等の入った紙袋を置いた現金自動預払機で適当な操作を繰り返すなどする。
ウ　相当時間経過後，被告人らは，再び盗撮用ビデオカメラを設置した現金自動預払機の前に行き，盗撮用ビデオカメラを回収し，受信機等の入った紙袋も持って，出張所を出る。
（3）被告人らは，前記共謀に基づき，前記盗撮目的で，平成17年9月5日午後0時9分ころ，現金自動預払機が6台設置されており，行員が常駐しない同銀行支店出張所に営業中に立ち入り，1台の現金自動預払機の広告用カードホルダーに盗撮

用ビデオカメラを設置し、その隣の現金自動預払機の前の床に受信機等の入った紙袋を置き、そのころから同日午後1時47分ころまでの1時間30分間以上、適宜交替しつつ、同現金自動預払機の前に立ってこれを占拠し続け、その間、入出金や振込等を行う一般の利用客のように装い、同現金自動預払機で適当な操作を繰り返すなどした。また、被告人らは、前記共謀に基づき、翌6日にも、現金自動預払機が2台設置されており、行員が常駐しない同銀行支店の別の出張所で、午後3時57分ころから午後5時47分ころまでの約1時間50分間にわたって、同様の行為に及んだ。なお、被告人らがそれぞれの銀行支店出張所で上記の行為に及んでいた間には、被告人ら以外に他に客がいない時もあった。

［決定要旨］

「被告人らは、盗撮用ビデオカメラを設置した現金自動預払機の隣に位置する現金自動預払機の前の床にビデオカメラが盗撮した映像を受信する受信機等の入った紙袋が置いてあるのを不審に思われないようにするとともに、盗撮用ビデオカメラを設置した現金自動預払機に客を誘導する意図であるのに、その情を秘し、あたかも入出金や振込等を行う一般の利用客のように装い、適当な操作を繰り返しながら、1時間30分間以上、あるいは約1時間50分間にわたって、受信機等の入った紙袋を置いた現金自動預払機を占拠し続け、他の客が利用できないようにしたものであって、その行為は、偽計を用いて銀行が同現金自動預払機を客の利用に供して入出金や振込等をさせる業務を妨害するものとして、偽計業務妨害罪に当たるというべきである。」（住居侵入の点に関しては、273頁参照）

Questions

Q10 業務妨害罪における「偽計」の意義は何か。

Q11 業務妨害罪の罪質に関していかなる見解があるか。それぞれ、どのような根拠に基づいているか。

Q12 本件では、いかなる事情の存在が銀行の業務を妨害を認める根拠となっているか。それは、**Q11**の各見解から、どのように説明されることになるか。

第19講　財産犯の保護法益

1　本権説・所持説

〔設問1〕　被告人Xは、いわゆる自動車金融の形式で、客に対し自動車の時価2分の1から10分の1程度の融資金額を提示したうえ、買戻約款付自動車売買契約書に署名押印させて融資をしていた。契約内容は、借主が自動車を融資金額でXに売渡して所有権と占有権をXに移転し、返済期限に相当する買戻期限までに融資金額に利息を付した金額を支払って買戻権を行使しないかぎり、Xが自動車を任意に処分できるというものであったが、契約当事者間では借主が契約後も自動車を保管利用することができるとされていた。Xは自動車を転売した方が格段に利益が大きいため、借主が返済期限に遅れれば直ちに自動車を引き揚げて転売するつもりであったが、客にはその意図を秘し、契約書の写しを渡さなかった。借主は、契約後も従前どおり自動車を保管し使用していたが、Xらは、一部の自動車については返済期限の前日または当日、その他の自動車についても返済期限の翌日未明または数日中に、合鍵を用いたりレッカー車に牽引させて、借主に無断で自動車を引き揚げ、数日中に転売した。
Xの罪責について述べよ。

1　最決平成元年7月7日刑集43巻7号607頁

[事実の概要]　〔設問1〕参照
　第1審判決および原審判決は、高金利につき出資法違反、自動車の引揚げにつき窃盗罪の成立を認めた。弁護人は、引揚行為を権利行使であると主張して上告した。
[決定要旨]　上告棄却
　「被告人が自動車を引き揚げた時点においては、自動車は借主の事実上の支配内にあったことが明らかであるから、かりに被告人にその所有権があったとしても、被告人の引揚行為は、刑法242条にいう他人の占有に属する物を窃取したものとして窃盗罪を構成するというべきであり、かつ、その行為は、社会通念上借主に受忍を求める限度を超えた違法なものというほかはない。」

Questions

Q1 Xの引揚行為を権利行使であるとする弁護人による主張は、いかなる権利の行使だと主張しているのか。また、この主張は、刑法242条における本権説・所持説との関係ではどのような見解に立つといえるのか。

Q2 最高裁が窃盗罪の成立を認めた根拠は何か。
本権説・所持説の対立とは、どのように関係するのか。
最高裁の見解によれば、社会通念上受任を求める限度を超えない場合とは、どのようなものと考えられるか。

Q3 財産犯の保護法益は所有権か、事実上の所持かという争いからみた場合、本決定はどのように位置づけられるか。本権説・所持説の対立と違法阻却との関係に留意しつつ検討せよ。

【参考判例1】
大阪地判平成17年5月25日判タ1202号285頁
［事実の概要］

本件の公訴事実は以下のとおりである。

被告人Xはいわゆる同和団体の全国連合会E支部支部長、同Yは同支部副支部長、同Zは同支部事務局長、同Wは同支部執行委員であるが、大阪府F市所在の株式会社A社（代表取締役P）に契約期間を平成15年2月28日から同年4月27日までと定めて雇用されていた被告人Wが、同年3月13日ころ、同会社総務課長B（当時54歳）から、同月11日以後出社しないこと等を理由に解雇通告を受け、自己都合による退職を了承させられたことに因縁をつけ、上記解雇通告は何ら不当なものではなく、また、上記退職については解雇予告手当の支払いの必要がないのに、部落差別による不当解雇の糾弾を装って同会社から解雇予告手当名下に金員を喝取しようと企てた。

そこで、被告人4名は、共謀のうえ、同月18日午前10時ころから同日午後零時30分ころまでの間の約2時間30分にわたり、同会社2階応接室において、上記Bに対し、被告人4名が相対し、被告人Xが、上記団体の全国連合会E支部支部長の肩書の名刺を差し出すなどしたうえ、こもごも、「部落やから辞めさせたんか」「部落差別や」「人権問題や」「不当解雇や」などと語気荒く申し向け、さらに、被告人Xが、「朝からFの労働局へ行って来た。Wが会社で怪我したのに労災認定されんのはおかしい言うとった」などと怒号した。これに対して、上記Bが、「Wの怪我は以前の勤務先で痛めていたものと聞いている。怪我をしたところを見た者はいない」旨答えるや、被告人Xがテーブルを叩きながら、「人が見とらんときに怪我することもあるやろ。誰か見とらな労災にできんのか。Wが嘘ついてる言うんか」と

怒号し，被告人Zが，「手当を払わんかい。労働基準法違反やないか。今から労働局に一緒に行こか」などと語気荒く申し向けたうえ，なおも，こもごも「部落差別や」「会社がどうなってもええんか」などと執拗に怒号し続けるなどして，金員の交付を要求し，もしこの要求に応じなければ，団体の威力を背景にさらなる追及をするとともに，同会社が部落差別による不当解雇をする企業である旨を部外者に周知させて，その信用を失墜させるなどの危害を加えるかもしれない気勢を示して同人を畏怖・困惑させた。そして，同月24日，同人から，大阪府所在のK銀行H支店の被告人W名義の普通預金口座に同被告人の給与分11万5706円を含む28万4272円の振込入金を受けた。

　検察は，以上の事実について，「A社応接室における被告人4名の言動は，Bを畏怖困惑させるに十分なものであり，かつ，恐喝の犯意，共謀の存在について欠けるところはないから，恐喝罪の構成要件該当性が認められ，またWは，A社に対して，解雇予告手当請求権その他一切の金銭支払請求権を有するものではないから，恐喝罪の違法性が阻却されることもない恐喝罪が成立する」と主張した。これに対して，弁護人らは，「仮に，被告人4名について，恐喝罪の構成要件該当性が認められる場合であっても，①Wは，解雇されたわけではないから解雇予告手当請求権を有していたものではないが，被告人らにおいて，Wが解雇予告手当請求権を有すると信ずるにつき，社会通念上相当な理由がある，②Wは，A社に対して，金銭支払請求権（休業補償請求権）を有していた，③上記①②に加えて，被告人4名による交渉の目的・動機の正当性，Bの態度等，交渉過程の言動がA社において受忍すべきものであったことなどからすれば，被告人4名の言動は社会通念上相当な範囲を逸脱するものではなく，恐喝罪の違法性が阻却される」などと主張した。

　[判旨]
　大阪地裁は，「本件について恐喝罪の構成要件該当性が認められる……が，Wが，A社に対して，解雇予告手当の支払を請求しうる地位を有し，かつ，A社応接室における被告人4名の言動が，そのような権利を行使する方法として社会通念上一般に忍容すべきものと認められる程度を逸脱していないのであれば，恐喝罪の違法性が阻却されるというべきである（最高裁判所昭和30年10月14日判決・刑集9巻11号2173頁参照）」とし，本件では，「A社がWに対してした本件解雇は，就業規則に違反するなどして民事上無効なものである。そして，このような場合，無効な解雇をされた労働者の側から，あえて解雇を受入れた上で，解雇予告手当を請求する途を選択することもまた許されるものと解されるから，Wとしては，本件当時において，自己の方からA社に解雇されたことを是認した上で，解雇予告手当を請求することは可能であったものと解され，したがって，WはA社に対して解雇予告手当を請求しうる地位を有していたものと認めることができる」とした。

そして,「WがA社に対して解雇予告手当を請求しうる地位を有していたことは既に検討したとおりであるが,被告人4名の要求はこの範囲内にとどまっており,過大な要求をしたものとはいえない。すなわち,被告人4名は,例えば『迷惑料』,『足代』あるいは『日当』など名目の如何を問わず,解雇予告手当以外の金銭要求を一切していないのであ」り,「Wが最終的にA社から振込送金を受けた金額も,稼働日数に見合った給与相当分を除けば,解雇予告手当そのものとしてA社において算出したものと推認され,これに反する証拠はない。したがって,Wの権利行使は,その金額の範囲内にとどまっている」とし,結論として,「本件において,Wが,A社に対して,解雇予告手当の支払を請求しうる地位を有し,かつ,A社応接室における被告人4名の言動が,そのような権利を行使する方法として社会通念上一般に忍容すべきものと認められる程度を逸脱していないことになるのであるから,正当行為として,恐喝罪の違法性は阻却されるというべきである」として,被告人全員を無罪とした。

2　銀行預金の占有——民法上の権利と財産犯の保護法益

〔設問2〕　被告人Xは税理士Aと,税務に関する顧問契約を結んでいた。Aは,Xを含む顧問先からの税理士顧問料等の取立てを,集金事務代行業者であるB株式会社に委託していた。同社は,上記顧問先の預金口座から自動引き落としの方法で顧問料等を集金した上,これを一括してAが指定した預金口座に振込送金していたが,Aの妻が,誤って,上記振込送金先をS銀行K支店のX名義の普通預金口座に変更する旨の届出をしたため,上記B株式会社では,これに基づき,平成17年4月21日,集金した顧問料等合計75万円を同口座に振り込んだ。

　Xは,通帳の記載から,入金される予定のない上記B株式会社からの誤った振込みがあったことを知ったが,これを自己の借金の返済に充てようと考え,同月25日,上記支店において,窓口係員に対し,誤った振込みがあった旨を告げることなく,その時点で残高が92万円余りとなっていた預金のうち88万円の払戻しを請求し,同係員から即時に現金88万円の交付を受けた。

　振込依頼人と受取人との間に振込みの原因となる法律関係は存在しない場合であっても,受取人と振込先の銀行との間に振込金額相当の普通預金契約が成立し,受取人は銀行に対し,上記金額相当の普通預金債権を取得するという判例(参考判例2)を踏まえて,Xの罪責について述べよ。

2　最決平成15年3月12日刑集57巻3号322頁

[事実の概要]　〔設問2〕参照
[決定要旨]
「2　本件において，振込依頼人と受取人である被告人との間に振込みの原因となる法律関係は存在しないが，このような振込みであっても，受取人である被告人と振込先の銀行との間に振込金額相当の普通預金契約が成立し，被告人は，銀行に対し，上記金額相当の普通預金債権を取得する（最高裁平成4年（オ）第413号同8年4月26日第2小法廷判決・民集50巻5号1267頁参照）。

しかし他方，記録によれば，銀行実務では，振込先の口座を誤って振込依頼をした振込依頼人からの申出があれば，受取人の預金口座への入金処理が完了している場合であっても，受取人の承諾を得て振込依頼前の状態に戻す，組戻しという手続が執られている。また，受取人から誤った振込みがある旨の指摘があった場合にも，自行の入金処理に誤りがなかったかどうかを確認する一方，振込依頼先の銀行及び同銀行を通じて振込依頼人に対し，当該振込みの過誤の有無に関する照会を行うなどの措置が講じられている。

これらの措置は，普通預金規定，振込規定等の趣旨に沿った取扱いであり，安全な振込送金制度を維持するために有益なものである上，銀行が振込依頼人と受取人との紛争に巻き込まれないためにも必要なものということができる。また，振込依頼人，受取人等関係者間での無用な紛争の発生を防止するという観点から，社会的にも有意義なものである。したがって，銀行にとって，払戻請求を受けた預金が誤った振込みによるものか否かは，直ちにその支払に応ずるか否かを決する上で重要な事柄であるといわなければならない。これを受取人の立場から見れば，受取人においても，銀行との間で普通預金取引契約に基づき継続的な預金取引を行っている者として，自己の口座に誤った振込みがあることを知った場合には，銀行に上記の措置を講じさせるため，誤った振込みがあった旨を銀行に告知すべき信義則上の義務があると解される。社会生活上の条理からしても，誤った振込みについては，受取人において，これを振込依頼人等に返還しなければならず，誤った振込金額相当分を最終的に自己のものとすべき実質的な権利はないのであるから，上記の告知義務があることは当然というべきである。そうすると，誤った振込みがあることを知った受取人が，その情を秘して預金の払戻しを請求することは，詐欺罪の欺罔行為に当たり，また，誤った振込みの有無に関する錯誤は同罪の錯誤に当たるというべきであるから，錯誤に陥った銀行窓口係員から受取人が預金の払戻しを受けた場合には，詐欺罪が成立する。

前記の事実関係によれば，被告人は，自己の預金口座に誤った振込みがあったことを知りながら，これを銀行窓口係員に告げることなく預金の払戻しを請求し，同係員から，直ちに現金の交付を受けたことが認められるのであるから，被告人に詐欺罪が成立することは明らかであり，これと同旨の見解の下に詐欺罪の成立を認めた原判決の判断は，正当である。」

【参考判例２】
最判平成8年4月26日民集50巻5号1267頁
　［事実の概要］
　XはT_1に振り込むべきところ，誤ってA銀行のT_2名義の普通預金口座に振り込んでしまった。T_2の債権者YはT_2の上記預金に対して差押えをしたので，XはYに対し第三者異議の訴えを提起した。原判決がT_2のA銀行に対する預金債権の成立を否定した上で，Xは預金債権に対する差押えの排除を求めることができるとしたため，Yが上告した。
　［判旨］
　「1　振込依頼人から受取人の銀行の普通預金口座に振込みがあったときは，振込依頼人と受取人との間に振込みの原因となる法律関係が存在するか否かにかかわらず，受取人と銀行との間に振込金額相当の普通預金契約が成立し，受取人が銀行に対して右金額相当の普通預金債権を取得するものと解するのが相当である。けだし，前記普通預金規定には，振込みがあった場合にはこれを預金口座に受け入れるという趣旨の定めがあるだけで，受取人と銀行との間の普通預金契約の成否を振込依頼人と受取人との間の振込みの原因となる法律関係の有無に懸からせていることをうかがわせる定めは置かれていないし，振込みは，銀行間及び銀行店舗間の送金手続を通して安全，安価，迅速に資金を移動する手段であって，多数かつ多額の資金移動を円滑に処理するため，その仲介に当たる銀行が各資金移動の原因となる法律関係の存否，内容等を関知することなくこれを遂行する仕組みが採られているからである。
　2　また，振込依頼人と受取人との間に振込みの原因となる法律関係が存在しないにかかわらず，振込みによって受取人が振込金額相当の預金債権を取得したときは，振込依頼人は，受取人に対し，右同額の不当利得返還請求権を有することがあるにとどまり，右預金債権の譲渡を妨げる権利を取得するわけではないから，受取人の債権者がした右預金債権に対する強制執行の不許を求めることはできないというべきである。」

【参考判例3】
最判平成20年10月10日民集62巻9号2361頁
［事実の概要］

　XはS銀行T支店に普通預金口座（「本件普通預金」）を，Xの夫YはU銀行V支店に定期預金口座（1100万円）を開設していたが，各預金通帳と銀行届出印を窃取された。犯人らは，U銀行の定期預金約1100万円を解約してS銀行T支店普通預金口座に振り込み（「本件振込み」），その後当該普通預金口座から1100万円の払い戻しを受けた（「本件払戻し」）。Xは，S銀行を継承したM銀行に対して，この振込みにかかる預金の一部である1100万円の払戻しを求め，これに対してM銀行は，Xの払戻請求は権利の濫用に当たり許されないなどと主張して争った。

　原審は，「(1)本件振込みに係る金員は，本件振込みにより，本件普通預金の一部としてXに帰属したと解するのが相当である。(2)本件振込みに係る預金は，Xにおいて振込みによる利得を保持する法律上の原因を欠き，Xは，この利得により損失を受けた者へ，当該利得を返還すべきものである。すなわち，Xとしては，本件振込みに係る預金につき自己のために払戻しを請求する固有の利益を有せず，これを振込者（不当利得関係の巻戻し）又は最終損失者へ返還すべきものとして保持し得るにとどまり，その権利行使もこの返還義務の履行に必要な範囲にとどまるものと解すべきである。この権利行使は，特段の事情がない限り，自己への払戻請求ではなく，原状回復のための措置を執る方法によるべきである。そして，本件振込み後にされた犯人らに対する本件払戻しにより，これに全く関知しないXの利得は消滅したから，Xには不当利得返還義務の履行のために保持し得る利得も存在しない。このことは，本件払戻しにつきS銀行に過失がある場合でも変わるところがない」から，「Xの払戻請求は，X固有の利益に基づくものではなく，また，不当利得返還義務の履行手段としてのものでもないから，Xにおいて払戻しを受けるべき正当な利益を欠き，権利の濫用として許されないものと解すべきである」旨を判示した。

［判旨］

　「しかしながら，原審の……(1)の判断は是認することができるが，同(2)の判断は是認することができない。その理由は，次のとおりである。」

　「振込依頼人から受取人として指定された者（以下『受取人』という。）の銀行の普通預金口座に振込みがあったときは，振込依頼人と受取人との間に振込みの原因となる法律関係が存在するか否かにかかわらず，受取人と銀行との間に振込金額相当の普通預金契約が成立し，受取人において銀行に対し上記金額相当の普通預金債権を取得するものと解するのが相当であり［**参考判例2**参照］，上記法律関係が存在しないために受取人が振込依頼人に対して不当利得返還義務を負う場合であっても，受取人が上記普通預金債権を有する以上，その行使が不当利得返還義務の履行手段

としてのものなどに限定される理由はないというべきである。そうすると、受取人の普通預金口座への振込みを依頼した振込依頼人と受取人との間に振込みの原因となる法律関係が存在しない場合において、受取人が当該振込みに係る預金の払戻しを請求することについては、払戻しを受けることが当該振込みに係る金員を不正に取得するための行為であって、詐欺罪等の犯行の一環を成す場合であるなど、これを認めることが著しく正義に反するような特段の事情があるときは、権利の濫用に当たるとしても、受取人が振込依頼人に対して不当利得返還義務を負担しているというだけでは、権利の濫用に当たるということはできないものというべきである。」

【参考判例4】
東京高判平成25年9月4日判時2218号134頁
[事実の概要]

被告人は、氏名不詳者らと共謀のうえ、①銀行に開設された株式会社A名義の普通預金口座に詐欺等の犯罪行為により現金が振り込まれているのに乗じて、預金払戻しの名目で現金をだまし取ろうと考えた。そして、真実は預金の払戻しを受ける正当な権限がないのに、これがあるように装って、払戻請求書と同口座の預金通帳を提出して払戻しを請求する方法により、平成24年3月13日、株式会社B銀行C支店の行員から、同支店に開設されたA社名義の普通預金口座からの預金払戻しの名目で現金200万円をだまし取り、②同月13日、株式会社D銀行E支店に開設されたA社名義の普通預金口座への入金が詐欺等の犯罪行為により振込入金されたものであることを知りながら、同支店に設置された現金自動預払機に、同口座のA社名義のキャッシュカードを挿入して、同支店支店長管理の現金99万9000円を引き出して盗み、③①と同様の方法により、同月14日、同支店の行員から、同支店に開設されたA社名義の普通預金口座からの預金払戻しの名目で現金700万円をだまし取った。原審は、それぞれの事実に関して、詐欺罪と窃盗罪の成立を認めた。

[判旨] 控訴棄却

「A社の預金口座への振込金が詐欺等の被害者によって振り込まれたものであっても、A社は、銀行に対し、普通預金契約に基づき振込金額相当の普通預金債権を取得することになると解され（最高裁判所平成8年4月26日第2小法廷判決・民集50巻5号1267頁参照）、被告人はA社の代表者であることに鑑み、原判決が、被告人がした本件の各預金引出し行為は、正当な権限に基づかないものであって欺もう行為に当たり、被告人が現金自動預払機から預金を引き出した行為は窃盗罪に該当するとしている点について、検察官及び弁護人の意見書を踏まえて、職権で判断を加えることにする。

証拠によれば、本件各銀行は、預金債権を有する口座名義人から、その預金債権

の行使として自己名義の通帳やキャッシュカードを用いて預金の払戻し請求がされた場合，いかなるときでも直ちに支払に応じているわけではなく，それぞれの普通預金規定において，預金が法令や公序良俗に反する行為に利用され，又はそのおそれがあると認められる場合には，銀行側において，その預金取引を停止し，又はその預金口座を解約することができるものと定めており（B銀行の普通預金規定13条(2)③（原審甲42号証），D銀行の普通預金規定13条(2)③（同3号証）），今回のように預金口座が詐欺等の犯罪行為に利用されていると認めたときは，この規定に基づき，当該預金口座の取引停止又は解約の措置をとることができることとしている。そして，犯罪利用預金口座等に係る資金による被害回復分配金の支払等に関する法律（以下『救済法』という。）においては，『金融機関は，当該金融機関の預金口座等について，捜査機関等から当該預金口座等の不正な利用に関する情報の提供があることその他の事情を勘案して犯罪利用預金口座等である疑いがあると認めるときは，当該預金口座等に係る取引の停止等の措置を適切に講ずるものとする。』とされており（救済法3条1項。なお，その結果凍結された口座等に係る預金等債権は，その消滅手続を経た上で被害者に対する救済の原資に充てられる。），本件各銀行においても，警察からの上記情報提供によって，当該預金口座が詐欺等の犯罪に利用されているものであることが分かれば，救済法に基づき，当該預金口座を凍結して払戻しには応じないこととしていることが認められる。

　このように，銀行が犯罪利用預金口座等である疑いがある預金口座について口座凍結等の措置をとることは，普通預金規定に基づく取扱いであるとともに，救済法の期待するところでもあることから，銀行としても，救済法の趣旨に反するとの非難を受けないためにも，また，振り込め詐欺等の被害者と振込金の受取人（預金口座の名義人）との間の紛争に巻き込まれないためにも，このような口座については当然口座凍結措置をとることになると考えられる。そうすると，詐欺等の犯罪行為に利用されている口座の預金債権は，債権としては存在しても，銀行がその事実を知れば口座凍結措置により払戻しを受けることができなくなる性質のものであり，その範囲で権利の行使に制約があるものということができる。したがって，上記普通預金規定上，預金契約者は，自己の口座が詐欺等の犯罪行為に利用されていることを知った場合には，銀行に口座凍結等の措置を講じる機会を与えるため，その旨を銀行に告知すべき信義則上の義務があり，そのような事実を秘して預金の払戻しを受ける権限はないと解すべきである。そうすると，前記のとおり，被告人は，本件各犯行の時点では，A社名義の預金口座が詐欺等の犯罪行為に利用されていることを知っていたと認められるから，原判決の判示するとおり，被告人に本件預金の払戻しを受ける正当な権限はないこととなり，これがあるように装って預金の払戻しを請求することは欺もう行為に当たり，被告人がキャッシュカードを用いて現金

自動預払機から現金を引き出した行為は，預金の管理者ひいて現金自動預払機の管理者の意思に反するものとして，窃盗罪を構成するというべきである。」

Questions

Q4 参考判例2は，受取人と銀行との法的関係についてどのような理解に基づいているか。

Q5 最高裁が詐欺罪の成立を認めた根拠は何か。欺罔行為，錯誤は，それぞれどのように理解されているか。

Q6 この結論に対しては，「私法上払い戻し請求を行う権利のある金銭について財産犯が成立するのは不当である」とする批判があり得るが，それに対してはいかなる反論が考えられるか。

民事上の法的権利と財産犯の関係について，**参考判例5**ではどのように述べられているか。これと**基本判例2**とは同様の考え方といってよいか。

【参考判例5】
最決昭和61年7月18日刑集40巻5号438頁
〔事実の概要〕

被告人Xは，N県漁連の取引業者であったが，入札したあわびの価格が暴落したことから，売買契約をめぐって争いが生じ，Xは県漁連に対し，「取引はやめる」と連絡したが，県漁連側は「落札した以上受け取る義務がある」旨返答した。県漁連は，売買代金債権保全の必要性を感じ，Xに，「本件売買契約に基づく代金債務額等，県漁連に対する債務が1億円余であり，これを4回に分割して支払う」という債務確認並びに支払い誓約書に署名押印させ，さらに，右債権担保のため，X所有の本件建物，その敷地等の不動産について，極度額1,500万円の根抵当権設定契約を締結させその登記をした。そして県漁連は，Xらに対し，入金済みの分を除いた約5,800万円の売掛代金の支払を求める訴えを提起し，裁判所は原告の主張を認め，Xらに，5,700万円および遅延損害金の支払を命ずる判決を言い渡し確定した。県漁連は，前記根抵当権設定契約に基づき，裁判所に任意競売の申立をし，同競売手続において本件建物を競落して同支部の競落許可決定を受け，右競落を登記原因とする所有権移転登記をした。そして，県漁連の申立により，本件建物等の引渡命令が発せられ，執行官が同命令の執行のため本件建物に臨み，引渡しの履行を勧告したところ，憤激したXは，手斧で右建物の床柱等に切りつけ，19か所を切損した。

原原審は，Xの本件建物に対する根抵当権設定の意思表示は，県漁連職員の「根抵当権の設定は形式だけに過ぎない」との言辞を信じてなしたもので，その取消の

意思表示をしていたから，建物の所有権は損壊当時も依然としてXにあった可能性を否定することはできないとし，本件建物が刑法260条の『他人ノ』建造物であったことについて合理的な疑いを容れない程度に証明があったとはいえないとして，Xを無罪とした。

これに対し，原審判決は，県漁連の詐欺の成立を否定し，したがってXによる取消の意思表示の有無については判断するまでもないとして，第1審判決を破棄し，被告人に建造物損壊罪を認めた。弁護人より上告がなされた。

[決定要旨]　上告棄却

「所論は，要するに詐欺の成立を否定した原判決は事実を誤認したものであり，第1審判決が正当であるというのである。しかしながら，刑法260条の『他人ノ』建造物というためには，他人の所有権が将来民事訴訟等において否定される可能性がないということまでは要しないものと解するのが相当であり，前記のような本件の事実関係にかんがみると，たとえ第1審判決が指摘するように詐欺が成立する可能性を否定し去ることができないとしても，本件建物は刑法260条の『他人ノ』建造物に当たるというべきである。」

【参考判例6】
最判昭和36年10月10日刑集15巻9号1580頁

[事実の概要]

被告人Xは，Tが車庫から盗んできた三輪自動車用のタイヤ一式を，それをTが盗んできた物であることを知りながら，Yに売却する斡旋を行った。その際，Xはその代金1万4000円をYから受け取ったが，それをTには渡さずに着服した。

第1審では，Xは，贓物牙保罪（盗品の有償の処分のあっせん）と横領罪とで有罪とされ，懲役10月および罰金5000円に処せられた。Xより，売却代金は後日これを確実に返還できる見込みの下に一時流用したにすぎず，不法領得の意思はないとして控訴がなされたが，棄却された。Xは，TとXとの盗品の売却に関する委託関係は民法90条によって無効なので売却代金の所有権はTではなくXにあり，それゆえ横領罪は成立しないと主張し，上告した。

[判旨]　上告棄却

「大審院及び当裁判所の判例とする所によれば，刑法252条1項の横領罪の目的物は，単に犯人の占有する他人の物であることを以って足るのであって，その物の給付者において，民法上犯人に対しその返還を請求し得べきものであることを要件としない（大正2年（れ）第2059号，同年12月9日大審院判決，刑録19輯1393頁，大正4年（れ）第2104号，同年10月8日同院判決，刑録21輯1578頁，昭和11年（れ）第2010号，同年11月12日第1刑事部判決，刑集15巻1431頁，昭和23年（れ）第89号，同年6月5日第

2小法廷判決，刑集2巻7号641頁)。論旨引用の大審院判決は，これを本件につき判例として採用し得ない。したがって，所論金員は，窃盗犯人たる第1審相被告人Tにおいて，牙保者たるXに対しその返還を請求し得ないとしても，Xが自己以外の者のためにこれを占有して居るのであるから，その占有中これを着服した以上，横領の罪責を免れ得ない。されば，結局右と同趣旨に出た原判決に所論の違法はない。」

3 盗品関与罪の保護法益

〔設問3〕 盗品関与罪の保護法益に関しては，追求権説と違法状態維持説の対立がある。前者は，盗品等の占有を不法に取得し，所有者の物に対する追求権の実行を困難にすることを罪質としている。これに対し後者は，犯罪行為によって成立した違法な財産状態を維持存続させることが本罪の処罰根拠であるとする。

これらの対立を念頭に置き，基本判例3についての問を検討せよ。

3 最決平成14年7月1日刑集56巻6号265頁

[事実の概要]

Xは，共犯者と共謀の上，手形ブローカーから，約束手形131通（額面合計約5億5000万円──A社から盗まれた約束手形181通（額面合計約7億8000万円）の一部）の売却を依頼され，これらが盗品であることを知りながら，A社の子会社であるB社に代金約8,000千万円で売却し盗品の有償の処分のあっせんをした。

原審は，Xらの，本件行為は被害者に盗品等を回復させるものであるから盗品等処分あっせん罪に当たらないという主張を退けて，同罪の成立を認めた。Xは，追求権を害したものではないから盗品等処分あっせん罪に当たらないなどとして上告した。

[決定要旨] 上告棄却

「所論にかんがみ，職権で判断するに，盗品等の有償の処分のあっせんをする行為は，窃盗等の被害者を処分の相手方とする場合であっても，被害者による盗品等の正常な回復を困難にするばかりでなく，窃盗等の犯罪を助長し誘発するおそれのある行為であるから，刑法256条2項にいう盗品等の『有償の処分のあっせん』に当たると解するのが相当である（最3小判昭和26年1月30日刑集5巻1号117頁，最1小決昭和27年7月10日刑集6巻7号876頁，最2小決昭和34年2月9日刑集13巻1号76頁参照）。これと同旨の見解に立ち，Xの行為が盗品等処分あっせん罪に当たるとした

原判断は，正当である。」

Questions

Q7 追求権説，違法状態維持説それぞれの立場からは，本決定をどのように説明することが可能か。

Q8 不法原因給付に基づいて得られた財物について，当該財物を取得する行為が詐欺罪ないし横領罪に当たる場合，これらの物について盗品関与罪は成立するか。
　その結論は，追求権説，違法状態維持説それぞれから，どのように説明されるか。

Q9 盗品を被害者の下へ運搬する行為についても，判例は盗品関与罪の成立を認める（**参考判例7**）。これと，**基本判例3**の考え方は共通するものか。

【参考判例7】
最決昭和27年7月10日刑集6巻7号876頁
　［事実の概要］
　X_1およびX_2は，ミシン等を窃取された被害者Sからその回復を依頼され，その窃取犯人Kと交渉し，共謀のうえ，K方からS方までミシン等を運搬し，Kの要求する金員をSに支払わせた。

　［決定要旨］
　「しかし，原判決は，結局証拠に基き被告人X1並びに原審相被告人X_2等の本件贓物の運搬は被害者のためになしたものではなく，窃盗犯人の利益のためにその領得を継受して贓物の所在を移転したものであって，これによって被害者をして該贓物の正常なる回復を全く困難ならしめたものであると認定判示して贓物運搬罪の成立を肯定したものであるから，何等所論判例と相反する判断をしていない。されば，所論は，いずれも原判決の認定と異った事実関係を前提とするものであってその前提を欠き刑訴405条の適法な上告理由として採用し難い。」

4　財産犯と親族関係

4　最決平成18年8月30日刑集60巻6号479頁

　［事実の概要］
　被告人Xは，平成16年8月下旬ころから同年12月7日ころまでの間，前後7回にわたり，被害者A方において，A所有の現金合計725万円を窃取した。
　弁護人は，本件犯行当時，被告人とAは内縁関係にあり，刑法244条1項の規定

は内縁関係にも適用または準用が認められるべきであるから，被告人は刑を免除されるべきであると主張した。しかし，第1審判決は，被告人とAは昭和43年12月2日婚姻したが，昭和53年12月9日に協議離婚しており，本件犯行当時婚姻関係になかったという事実を認定したうえで，刑法244条1項の「配偶者」とは民法上婚姻が有効に成立している場合に限られ，いわゆる内縁関係ないし準婚関係を含まないものと解すべきであり，仮に弁護人が主張するように本件犯行当時被告人と被害者が内縁関係にあったとしても，刑法244条1項を適用または準用すべきものではないとした。

この判断を原判決も維持したため，弁護側が上告した。

[決定要旨]　上告棄却

「刑法244条1項は，刑の必要的免除を定めるものであって，免除を受ける者の範囲は明確に定める必要があることなどからして，内縁の配偶者に適用又は類推適用されることはないと解するのが相当である。したがって，本件に同条項の適用等をしなかった原判決の結論は正当として是認することができる。」

Questions

Q10 親族相盗例において刑の免除（244条1項）が認められる根拠は，何に求めるべきか。またそれぞれの根拠論によって，本件事案で親族相盗例の適用を認めなかった結論を是認できるか。

【参考判例8】
最決平成20年2月18日刑集62巻2号37頁

[事実の概要]

被告人は，家庭裁判所により，孫の未成年後見人に選任されたが，共犯者2名（被告人の息子夫婦で被後見人とは別居，共同被告人）と共謀のうえ，後見の事務として業務上預かり保管中の孫の貯金合計1500万円余りを引き出して横領したとして，業務上横領の事実で起訴された。

弁護人は，被告人は未成年被後見人の祖母であるから，刑法255条が準用する同法244条1項により刑を免除すべきであると主張したが，1審判決，控訴審判決とも，本件に同条項の準用はなく，親族相盗例の適用はない旨判示したため，被告人側が上告した。

[決定要旨]　上告棄却

「刑法255条が準用する同法244条1項は，親族間の一定の財産犯罪については，国家が刑罰権の行使を差し控え，親族間の自律にゆだねる方が望ましいという政策的な考慮に基づき，その犯人の処罰につき特例を設けたにすぎず，その犯罪の成立

を否定したものではない（最高裁昭和25年（れ）第1284号同年12月12日第3小法廷判決・刑集4巻12号2543頁参照）。

一方、家庭裁判所から選任された未成年後見人は、未成年被後見人の財産を管理し、その財産に関する法律行為について未成年被後見人を代表するが（民法859条1項）、その権限の行使に当たっては、未成年被後見人と親族関係にあるか否かを問わず、善良な管理者の注意をもって事務を処理する義務を負い（同法869条，644条），家庭裁判所の監督を受ける（同法863条）。また、家庭裁判所は、未成年後見人に不正な行為等後見の任務に適しない事由があるときは、職権でもこれを解任することができる（同法846条）。このように、民法上、未成年後見人は、未成年被後見人と親族関係にあるか否かの区別なく、等しく未成年被後見人のためにその財産を誠実に管理すべき法律上の義務を負っていることは明らかである。

そうすると、未成年後見人の後見の事務は公的性格を有するものであって、家庭裁判所から選任された未成年後見人が、業務上占有する未成年被後見人所有の財物を横領した場合に、上記のような趣旨で定められた刑法244条1項を準用して刑法上の処罰を免れるものと解する余地はないというべきである。したがって、本件に同条項の準用はなく、被告人の刑は免除されないとした原判決の結論は、正当として是認することができる。」

Questions

Q11 本件では、横領行為者（犯人）と被害者との間には親族関係があるが、それでも親族相盗規定の適用が認められなかった。それは、いかなる理由によるものか。また、それは妥当な解釈といえるか。

【参考判例9】
最決平成6年7月19日刑集48巻5号190頁
[事実の概要]

被告人Xは、午前1時30分ころ、A方庭先において、そこに駐車中の軽四輪貨物自動車内から、A保管にかかるB株式会社（代表取締役K）所有の現金約2万6000円を窃取したとして起訴され、第1審で有罪とされた。

X側は控訴し、本件窃盗の客体である現金の占有者はAであり、XとAとの間には同居していない親族（6親等の血族）の関係があるから、本件は刑法244条1項後段（現2項）により親告罪に該当するというべきであるのに、Aからの告訴のないままされた本件公訴を棄却しないで有罪判決を言い渡した第1審判決には、不法に公訴を受理した違法があると主張した。

原判決は、「窃盗罪においては、財物に対する占有のみならず、その背後にある

所有権等の本権も保護の対象とされているというべきであるから，財物の占有者のみならず，その所有者も被害者として扱われるべきであり，したがって，刑法244条1項が適用されるには，窃盗犯人と財物の占有者及び所有者双方との間に同条項所定の親族関係のあることが必要であり，単に窃盗犯人と財物の占有者との間にのみ又は窃盗犯人と財物の所有者との間にのみ右親族関係があるにすぎない場合には，同条項は適用されないと解すべきである」として，控訴を棄却した。

[決定要旨] 上告棄却

「本件は，被告人が，B株式会社（代表取締役K）の所有し，被告人と6親等の血族の関係にあるAの保管する現金を窃取したという事案であるところ，窃盗犯人が所有者以外の者の占有する財物を窃取した場合において，刑法244条1項［現2項］が適用されるためには，同条1項所定の親族関係は，窃盗犯人と財物の占有者との間のみならず，所有者との間にも存することを要するものと解するのが相当であるから，これと同旨の見解に立ち，被告人と財物の所有者との間に右の親族関係が認められない本件には，同条1項後段は適用されないとした原判断は，正当である。」

Questions

Q12 親族相盗とするためには，一般的に，親族関係が誰と誰にあることが必要か。それはいかなる根拠から導かれるか。本件控訴審の見解は，最高裁においても維持されていると考えられるか。

第20講　不法領得の意思

1　物の本来的・経済的用法に従って利用処分する意思

〔設問〕　以下の事案について，XおよびYの罪責について答えなさい。
　XとYは，支払督促制度を悪用してXの叔父Aの財産を差し押さえて強制執行することにより利益を得ようと計画し，XがAに対して1億円を超える債権を有する旨の内容虚偽の支払督促を申し立てたうえ，裁判所から債務者とされたA宛てに発送される支払督促正本および仮執行宣言付支払督促正本について，YがAを装って郵便配達員から受け取ることで適式に送達されたように外形を整え，Aに督促異議申立ての機会を与えないことにより支払督促の効力を確定させようと計画した。そこでYが，あらかじめXから連絡を受けた日時ころにA方付近で待ち受け，支払督促正本等の送達に赴いた郵便配達員Cに対して，「自分がAである」と名乗り出て受送達者本人であるように装い，郵便配達員の求めに応じて郵便送達報告書の受領者の押印または署名欄にAの氏名を記載して郵便配達員に提出し，Yを受送達者本人であると誤信したCから支払督促正本等を受け取った。Xは，当初からA宛ての支払督促正本等を他の何らかの用途に利用するつもりは全くなく，速やかに廃棄する意図であり，現にYから当日中に受け取った支払督促正本はすぐに廃棄していた。

1　最決平成16年11月30日刑集58巻8号1005頁

［事実の概要］
　〔設問〕と類似の事案について，第1審判決，原審判決は，支払督促正本等を受領した行為について，不法領得の意思を肯定し，詐欺罪の成立を認めた。これに対し，最高裁は，以下のように述べて不法領得の意思を否定した。
［決定要旨］　上告棄却
　「2　以上の事実関係の下では，郵便送達報告書の受領者の押印又は署名欄に他人である受送達者本人の氏名を冒書する行為は，同人名義の受領書を偽造したものとして，有印私文書偽造罪を構成すると解するのが相当であるから，被告人に対して有印私文書偽造，同行使罪の成立を認めた原判決は，正当として是認できる。

他方，本件において，被告人は，前記のとおり，郵便配達員から正規の受送達者を装って債務者あての支払督促正本等を受領することにより，送達が適式にされたものとして支払督促の効力を生じさせ，債務者から督促異議申立ての機会を奪ったまま支払督促の効力を確定させて，債務名義を取得して債務者の財産を差し押さえようとしたものであって，受領した支払督促正本等はそのまま廃棄する意図であった。このように，郵便配達員を欺いて交付を受けた支払督促正本等について，廃棄するだけで外に何らかの用途に利用，処分する意思がなかった場合には，支払督促正本等に対する不法領得の意思を認めることはできないというべきであり，このことは，郵便配達員からの受領行為を財産的利得を得るための手段の1つとして行ったときであっても異ならないと解するのが相当である。そうすると，被告人に不法領得の意思が認められるとして詐欺罪の成立を認めた原判決は，法令の解釈適用を誤ったものといわざるを得ない。
　しかしながら，本件事実中，有印私文書偽造，同行使罪の成立は認められる外，第1審判決の認定判示したその余の各犯行の罪質，動機，態様，結果及びその量刑などに照らすと，本件においては，上記法令の解釈適用の誤りを理由として原判決を破棄しなければ著しく正義に反するものとは認められない。」

Questions

Q1　第1審判決は，約束手形や借用証書のようなものは，その不存在ないしは利用を妨げることがそのまま約束手形の振出人や消費貸借の借主の経済的利益等になることがあるとして，その不存在ないしは利用を妨げることがそのまま特定の者の利益になる財物については，その特定の者が廃棄するつもりでその財物を騙取したとしても，その特定の者については，その財物を廃棄することが，「その経済的ないし本来的用法に従いこれを利用もしくは処分する」ことになると解するべきであるとし，Xらは，支払督促正本等を郵便配達員から騙し取り，正当な受領者である債務者のAに送達されないようにして，その利用を妨げることにより，仮執行宣言付支払督促正本に基づきAの財産を差し押さえることが可能な経済的利益を不正に得ようとしていたものであるから，騙取した支払督促正本等については廃棄するつもりであったとしても，不法領得の意思は認められるとして詐欺罪の成立を認めた。
　このような見解は妥当か。また，詐欺罪が成立するとすると，何を財産上の損害とすべきか。

Q2　控訴審判決は，Xの行為は支払督促正本等を詐取して，その本来の効用を発揮させようとしていたから，領得だとした。これは，第1審判決とは異なる見解か。

Q3　最高裁決定が不法領得の意思を否定した理由は何か。

この結論は，原原審，原審判決とは不法領得の意思の捉え方が異なるために生じたものか。それとも，第1審のいう「廃棄することが経済的な利用に当たる」という事実や，原審判決のいう「本来の効用を発揮させようとしていた」事実は認められないということか。

Q4 弁護人は，「被告人らにとって本件支払督促正本は何の価値もなく，何の利用もできず，何の使い道もない財物であり，現に何の利用もしていないのであるから，不法領得の意思は認定できない」と主張している。
最高裁決定は，この主張を認めたことになるのか。

Q5 当該財物にとって典型的な利用方法を目的として奪取する場合には，経済的利得動機の有無にかかわらず領得といえるとするのが判例である。最判昭和33年4月17日刑集12巻6号1079頁は，特定候補者の氏名を記入して投票に混入する目的で投票用紙を持ち出した行為につき，不法領得の意思を認めている。この観点から見て，支払督促正本等を本人に受領させないために受け取る行為は，当該財物の典型的な利用方法といえるか。

Q6 さらに，その物の典型的な利用とはいえない場合でも，その物から直接的に利得・享益する動機が明確であれば，不法領得の意思は認められる。値札などを外した上で返品を装って金員を交付させるため衣類を店内トイレに持ち出す行為も領得である（大阪地判昭和63年12月22日判タ707号267頁）。いわゆる「下着盗」等も，非典型的な類型だが領得罪として処罰が可能である。
この観点から見て，支払督促正本等を督促異議申立ての機会を奪う動機で奪取することについて，不法領得の意思が認められないといえるか。

【参考判例1】
東京高判平成12年5月15日判時1741号157頁
［事実の概要］

被告人Xは，本件当時，1,300万円程度の年収のある大手建設会社の中堅幹部社員であって，金に困っていたわけではなかったが，長年交際があって別れたA子に対して，主として報復の意図で，以下の行為を行った。
(1) Xは，平成10年12月21日，覆面をして，その顔を隠してA子を殴打していたところ，A子から，同女が床に置いていたバッグを指して，「殺さないで。これを持っていって」と哀願され，事前から考えていた物取りの犯行を装うためもあって，現金等が入っていたそのバッグを持ち去った。現場から逃げる途中に，バッグから財布を抜き取ってそのバッグは捨て，自宅に戻った後，財布から現金10万9695円を抜き取って，金額，金種を記載して茶封筒に入れて自分の物入れに保管し，財布は他の在中品とともにゴミとして捨てた（原判示第1の犯行）。
さらに，平成11年3月14日には，放火目的でA子経営の無人のスナックに侵入したものの，放火を断念した後，物取りの犯行を装うために，同店舗内から現金入り

の財布，ネックレス，指輪を持ち去った。しかし，現場を立ち去ろうとした際警備員に発見され，前記以外の現金その他の金品を現場に放置するなどして逃げ，自宅に持ち帰った財布から現金７万7920円を抜き取り，金額を書いて封筒に入れ，自宅寝室押入内の紙箱に保管し，財布は他の在中品とともにゴミとして捨て，ネックレス１本（時価１万2000円相当）と指輪１個（時価１万3000円相当）は，自宅にあったプラスチックケースに入れて自宅の庭に埋めた（原判示第３の犯行）。

[判旨]

　「三１　（一）以上によれば，被告人の第１の犯行における行為は強盗罪にいう『強取』行為に，被告人の第３の犯行における行為は窃盗罪にいう『窃取』行為に，それぞれ該当する典型的な形態のものと認められる。そして，被告人は，前記のように，金員そのものを強奪したり盗んだりするのを主目的としてはいなかったとはいえ，単に物を廃棄したり隠匿したりする意思からではなく，第１の犯行では事前から物取りを装う意図を有していて，Ａ子が生命を守るのと引替えに自分のバッグを提供したのに乗じてそのバッグを奪っており，第３の犯行ではその場で物取りを装おうと考え，その意図を実現するのに相応しい前記金品を持ち出して所有者の占有を奪っているのであるから，すでに右の事実関係からして，いずれの場合も被告人には不法領得の意思があったものというべきである。被告人は，各犯行後に，取得した金品の一部を廃棄したり，保管し続けて，費消・売却等の処分行為をしていないが，そのことで不法領得の意思が否定されることにはならない。
（二）所論や所論にそう被告人の原審や当審の公判供述について検討してみても右結論は動かない。以下補足して更に説明する。
　２　（一）所論が主張するように，第１の犯行の際，被告人にＡ子が被告人の連絡先を記載したメモを持っているかを確認したいとの考えがあったものと認められるが，そのような考えも，不法領得の意思に包含されるものといえるのであって，被告人に不法領得の意思があったとするのに妨げとはならない。
　（二）被告人が取得した金品の一部を投棄ないし廃棄している点については，盗犯が必要あるいは目的とする金品以外の物を犯行後に廃棄することはあり得ることであり，被告人は，取得した金品の内容もよく確認しないままその一部を廃棄しているのであって，被告人がこれらの金品を廃棄したからといって，不法領得の意思が否定されることにはならない。原判決が，不法領得の意思があったとする理由の一部として，被告人が比較的価値が低いと思われる金品を投棄したことを挙示しているのは，第１の犯行後逃走中に廃棄したバッグは時価5000円くらいであって，その中には8000円くらいの化粧品も入っており，また，被告人がゴミとして捨てた財布も時価３万円くらいであったことが認められるから，右判示は，必ずしも当を得たものではない。

(三)(1)被告人は，原審や当審の公判で，保管した現金等を費消する意図はなかった旨述べ，現に，前記のように，自宅に持ち帰った現金等について，費消・売却等の処分行為には出ていない。しかし，被告人には，前記のように犯行時点において不法領得の意思があったものと認められるのであって，犯行後に強奪・窃取した現金等について費消・売却等の処分行為をしていないからといって，右不法領得の意思が否定されることにはならない。しかも，被告人の右公判供述によっても，少なくとも，被告人が各犯行で自宅に持ち帰った現金はそれぞれ前記のようなまとまった金額であり，ネックレス，指輪はその経済的価値を考慮して長期間にわたって所有者の意思を排除して隠匿保管していたものと認められることからすれば，被告人の右保管行為は，不法領得の意思にそったものと見ることができ，もとより右意思を否定する根拠とはなり得ない。
(2)被告人は，妻を介してA子に右現金を返還する意思を有していたとも弁解する。しかし，右現金は，被告人が平成11年5月10日に第3の窃盗で逮捕されるまでA子に返還されておらず，将来現実に返還されるか否かは専ら被告人の意思如何にかかっていたのに過ぎないから，仮に，被告人に犯行の際に前記のような意思があったとしても，各犯行当時に被告人に不法領得の意思があったことを否定する根拠とはなり得ない。」

Questions

Q7 不法領得の意思がないとの弁護人の主張は，どのような内容のものか。
それに対して，本判決はどのような理由で不法領得の意思が認められるとしているか。

Q8 本判決は，「単なる廃棄の意思」では不法領得の意思は否定されるが，「物取りを装う意図」があれば不法領得の意思は認められるとする。この両者は異なるのか。**参考判例2**を参考にして，検討せよ。

【参考判例2】
大阪高判昭和61年7月17日判タ624号234頁
［事実の概要］
スナック店舗内で，強姦致傷を犯した被告人が，被害女性を人事不省に陥らせた後，犯行の発覚を防止しようとして被害者の首を絞め，さらに犯跡隠滅のために，同スナックに押し入った強盗犯人が金品を奪って被害者を殺害しようとしたように見せかけようとし，店外で投棄する目的で，被害者の所有する現金12万円余りが入った布製バッグなどの金品を，持参したバッグ内に詰め込んで立ち去ったが，上記布製バッグは自宅に持ち帰った。

[判旨]
「被告人が原判示の金品を持ち去ったのは，あくまでも自己の犯跡を隠蔽するところにその眼目があったこと，また搬出品の中には，例えばビール瓶の破片やコップなどのように，被告人の本件犯行を裏付ける証拠品とはなりえても，それ自体財物としての価値がないか若しくは極めて乏しいために，もともと経済的用法に従った利用等が考えられない物が多数含まれていること，そして被告人は，本件犯行後の逃走中ほどなく右搬出物の一部を道路脇の側溝に投棄しているが，その際，自己の先行する犯行には全く関係がなく，しかも経済的価値の高い男物腕時計をも共にこれを投棄していること，そのうえ被告人は，本件犯行当時自己の所持金として現金約38,000円を持っていたもので，格別金銭的に困窮した状況にもなかったことがそれぞれ認められるところであるから，これらの事実をも併せ勘案すると，前記金品は当初そのすべてを投棄する意図のもとに持ち去ったが，その後投棄の段階で気が変わり，現金等在中の布製バッグを持ち帰ったとする被告人の弁解供述にも，むえには排斥できないものがあり，そうした場合，被告人の当初の領得意思の存在はこれを認めることができない。」

【参考判例３】
大阪高判平成13年3月14日判夕1076号297頁
[事実の概要]
　被告人Xは，共犯者Yと被害者A女を強姦することを共謀し，A女を呼び出し，暴行脅迫を加えて車に監禁して別の場所まで連れて行こうとしたが，途中で走行中の車からA女が飛び降りて傷害を負った。車に監禁されている間，YはA女からかばんと携帯電話を奪ったが，A女が逃走した後，YはXに命じ，これらを川に捨てさせた。
　原判決は，監禁致傷罪，強姦致傷罪（観念的競合）の成立を認めたが，かばんと携帯電話については，X，Yがこれらを奪った意図は，①携帯電話で他に連絡を取ることを防ぐこと，および②返還しないことを強姦の脅迫手段として用いることにあったと認定し，不法領得の意思が欠けるため窃盗罪には当たらないとした。検察官は，予備的訴因としてこれらを川に投棄した行為が器物損壊罪に当たると主張したが，原判決は，車内での奪取行為時に器物損壊罪は既遂に達しており，投棄した行為は不可罰的事後行為に当たるから，予備的訴因についても犯罪が成立しないとし，結局，かばんおよび携帯電話の奪取・投棄行為については無罪となるとした。これに対し，検察官が控訴した。
[判旨]　原判決破棄
　「本位的訴因である窃盗の成否については，関係証拠上，被告人らがCからかば

んや携帯電話を取り上げた意図は，Cが携帯電話を使用して助けを呼ぶのを封ずることや，これらを取り上げることによりCに心理的圧力を与え，姦淫に応じさせる手段とすることにあったと認められ，被告人ら自身が，かばんや携帯電話それ自体の価値を獲得したり，用法に従って使用したりする意思があったとはいえないから，原判決が，被告人らに不法領得の意思を認めるには十分でないとして窃盗罪の成立を認めなかった判断に誤りはない。」。(なお，原判決が無罪としたかばん等の投棄行為については，次のように述べて，器物損壊罪の成立を認めた。「被告人らがかばんを被害者に返さず，かつ，被害者が持っていた携帯電話を取り上げた事実は認められるが，その段階では，両者は同じ車内の前部座席と後部座席に乗車していたこと，被害者が携帯電話を利用して助けを呼べなかったという状況が継続したのは，被害者の知人が被害者救出のため同車両の窓ガラスを割り，被害者が同車両から飛び降りるまでの約三分間というごく短時間のことであることのほか，携帯電話以外の物品については，具体的にどういう物が存在するかについてさえ明確な認識がなく，被告人らの主観としても，姦淫に応じさせるための一時的な手段として本件物品等を保有しているにすぎないことが認められること等を総合すれば，その時点で，かばんや携帯電話の効用そのものが失われたとまで解することはできないから，前記行為をもって器物損壊罪にいう『損壊』と評価するのは相当でなく，検察官が予備的訴因で主張するように，その後，被告人らが，かばん及び携帯電話を川に投棄した行為をもって，それらの物の効用を失わしめる『損壊』行為に当たると解するのが相当である。なお，所論は占有奪取の時点をもって実行の着手があったとの主張もしているが，この時点では川に『投棄』する意思はいまだ存在しなかったと認定されるから，予備的訴因のように考えるべきである。」)

Questions

Q9 **参考判例3**の第１審の段階で，検察官は，かばんには財布等が入っているのが通例であるから，前記［**事実の概要**］で示した①②の意思と金員を奪う意思とが併存していたとして，不法領得の意思が認められると主張した。これに対し原判決は，「経済的用法に従って利用または処分する意思」は文字通りの意味での「経済的用法」である必要はないとしつつ，「少なくとも財物そのものから何らかの効用を享受する意思であることを要すると解すべきであって，前記①②の意思では，いまだ不法領得の意思を認めるに足りない」とした。この原判決の判断は，**参考判例1**の不法領得の意思の理解と異なるか。

2　一時使用と不法領得の意思

2　最決昭和55年10月30日刑集34巻5号357頁

[事実の概要]
　被告人Xは，ガソリンスタンドに駐車中で，エンジンキーの付いたまま駐車してあった他人の乗用車を，午前0時ころに無断で乗り出し，午前5時半ころに返すつもりでH市内を乗り廻し，午前4時10分に数キロ離れた場所で発見されるまで無免許運転を行った。弁護人は，いわゆる使用窃盗にすぎないから無罪であると主張した。

[決定要旨]
　「第1審判決によれば，被告人は，深夜，H市内の給油所の駐車場から，他人所有の普通乗用自動車（時価約250万円相当）を，数時間にわたつて完全に自己の支配下に置く意図のもとに，所有者に無断で乗り出し，その後4時間余りの間，同市内を乗り廻していたというのであるから，たとえ，使用後に，これを元の場所に戻しておくつもりであつたとしても，被告人には右自動車に対する不正領得の意思があつたというべきである。」

Questions

Q10　返還意思がある場合でも不法領得の意思が認められるとすると，「所有権者として振る舞う意思」の内容は，どのように理解すればよいか。

Q11　自動車ではなく，自転車を乗り廻す事案であった場合，結論は異なるか。
　また，**参考判例5**のような，一定の価値を持った情報についてはどうか。

【参考判例4】
東京地判昭和59年6月28日刑月16巻5=6号476頁
[事実の概要]
　A製薬は先発メーカーが厚生大臣〔当時〕から製造承認を受けた新医薬品の再審査期間が切れるのを待って，厚生大臣からこれと同一医薬品の製造承認を受けて製造販売する，いわゆるゾロメーカーであり，被告人XはA製薬代表取締役社長，被告人Yは同社顧問であった。A製薬では，B製薬が昭和55年に厚生大臣から製造承認を受けた抗生物質のゾロ品の開発に当たり，同抗生物質の資料ファイルを入手することにより，製品の開発および製造承認申請を円滑に進め，早期に承認を得ようと考えた。そして，国立予防衛生研究所（予研）の抗生物質製剤室長が，中央薬事審議会委員として同資料ファイルを保管していたことから，XとYは，予研の抗生

物質製剤室技官であるZと共謀し，Zが出勤前の室長の戸棚の中から資料ファイルをひそかに取り出し，これを5月23日午前9時半ころXに渡した。XはこれをA製薬に持ち帰ってコピーを作成し，同日午後4時頃予研に赴いて，Zに上記ファイルを返還するなどした。

XおよびYは，窃盗罪などで起訴されたが，弁護人は，上記ファイルに関して，媒体であるファイルとそこに記載された思想内容とは一体不可分ではなく，Xらが窃取しようとしたのは思想内容そのものであって刑法235条にいう「財物」にはあたらないこと，また，ファイルについても持出期間は短く，Xらには権利者を排除しようとする意思がないこと等を理由に，窃盗罪は成立しないと主張した。

[判旨]

「そこで判断するに，関係証拠によれば，被告人両名につき判示窃盗罪の成立は優に是認できる。

1 まず，情報ないし思想，観念等（以下『情報』という。）の化体（記載・入力等。以下同様）された用紙などの媒体（以下『媒体』という。）が刑法235条にいう財物に該当するか否かを判断するに当たって，弁護人主張のように情報と媒体を分離して判定するのは相当でない。けだし，媒体を離れた情報は客観性，存続性に劣り，情報の内容が高度・複雑であればあるほど，その価値は減弱している。媒体に化体されていてこそ情報は，管理可能であり，本来の価値を有しているといって過言ではない。情報の化体された媒体の財物性は，情報の切り離された媒体の素材だけについてではなく，情報と媒体が合体したものの全体について判断すべきであり，ただその財物としての価値は，主として媒体に化体された情報の価値に負うものということができる。そして，この価値は情報が権利者（正当に管理・利用できる者を含む。以下同様）において独占的・排他的に利用されることによって維持されることが多い。また，権利者において複製を許諾することにより，一層の価値を生みだすことも可能である。情報の化体された媒体は，こうした価値も内蔵しているものといえる。以上のことは，判示窃盗にかかる本件ファイルについても同様であって，本件ファイルは，判示医薬品に関する情報が媒体に化体され，これが編綴されたものとして，財物としての評価を受けるものといわなければならない。弁護人主張のような論拠で財物性を論ずることはできない。

2 次に，不法領得の意思の有無について検討する。まず，本件ファイルの財物としての価値は，前示のように情報が化体されているところにあるとともに，権利者以外の者の利用が排除されていることにより維持されているのであるから，複写という方法によりこの情報を他の媒体に転記・化体して，この媒体を手許に残すことは，原媒体ともいうべき本件ファイルそのものを窃かに権利者と共有し，ひいては自己の所有物とするのと同様の効果を挙げることができる。これは正に権利者で

なければ許容されないことである。しかも，本件ファイルが権利者に返還されるとしても，同様のものが他に存在することにより，権利者の独占的・排他的利用は阻害され，本件ファイルの財物としての価値は大きく減耗するといわなければならない。

このような視点に立って本件をみるに，所論引用の判例にもあるように，『窃盗罪の成立に必要な不法領得の意思とは，権利者を排除し，他人の財物を自己の所有物と同様にその経済的用法に従いこれを利用又は処分する意思をいい，永久的にその物の経済的利益を保持する意思であることを必要としない』と解するのを相当とするところ，本件窃盗は，判示にもあるように，本件ファイルを複写して，これに化体された情報を自らのものとし，前示のような効果を狙う意図と目的のために持ち出したものであるから，これは正に被告人らにおいて，権利者を排除し，本件ファイルを自己の所有物と同様にその経済的用法に従い利用又は処分する意思であったと認められるのが相当である。

そして，こうした意思で本件ファイルを持ち出すことは，たとえ複写後すみやかに返還し，その間の権利者の利用を妨げない意思であり，かつ物理的損耗を何ら伴わないものであっても，なお被告人両名及びＺらに不法領得の意思があったものと認めざるを得ない。」

【参考判例５】
札幌地判平成５年６月28日判タ838号268頁
[事実の概要]

Ｓ市の住民名簿は，それを入手することができれば高価で取引される実情にあったが，住民基本台帳法に基づき各区役所で管理保管されている住民基本台帳閲覧用マイクロフィルムを正規に閲覧してその名簿を作成するためには，一件一件を手書きで写さなければならず，膨大な時間と費用を要し，実際上はそのような方法によることは不可能であった。そこで，被告人らは，マイクロフィルムを一時的に区役所外に持ち出して複写し，原マイクロフィルムはすぐに区役所に戻して持ち出し行為の発覚を回避したうえ，複写したものを他に売却して利益を得ようと考え，その旨共謀した。

被告人らは，この共謀に基づいて，各自役割分担をして本件各犯行に及んだが，具体的には，被告人甲は窃盗の実行行為は行わず，被告人Ｔが各区役所で閲覧を装ってマイクロフィルムを借り受け，トイレに行くふりをしてこれを無断で閲覧コーナーから持ち出して区役所内の便所で被告人乙に手渡し，被告人乙と区役所外で待機していた被告人丙とが，マイクロフィルムを被告人甲の事務所等に持ち込んで，予め準備していたマイクロフィッシュデュプリケーターを用いて複写し，数時間後

に，原マイクロフィルムを持って区役所に戻り，区役所内の便所で，それまで閲覧を続けているふりをしていた被告人Tに手渡し，被告人Tがこれを閲覧を終了したものの如く装って区役所に返還するというものであった。

[判旨]

「第二　本件の争点及びその判断

　本件では，被告人Tを除く被告人3名が無罪を主張しており，右の住民基本台帳閲覧用マイクロフィルム（以下「本件マイクロフィルム」という。）の財物性，占有侵害の有無，不法領得の意思の有無，可罰的違法性の有無が争点である。

一　本件マイクロフィルムの財物性について

　被告人らは本件マイクロフィルムを最低でも1回に34枚盗んでいるが，関係証拠によれば，本件マイクロフィルムは，製造原価だけでも1枚当たり約150円の価値を有する有体物であることが認められるから，この点だけからしても，本件マイクロフィルムが刑法235条にいう『財物』であることは明らかである。

　もとより，本件マイクロフィルムは，住民基本台帳のマスターファイルからその上に転記された住民の氏名・住所等の情報と一体不可分の関係にあり，右情報の価値をも包含している。本件証拠上，この情報の正確な価値を評定することはできないが，本件マイクロフィルムの財物としての価値は前記のフィルム自体の価値を遥かに超えていることは明らかである。しかし，それは，あくまでも有体物たる本件マイクロフィルムの財物としての経済的価値が，それに化体された情報の価値に負うところが大きいということを意味するに過ぎない。

　このように，本件マイクロフィルムについて財物性を肯定することは，同フィルムを離れた情報それ自体の財物性を認めることを意味するわけではないのである。

二　占有侵害の有無について

1　関係証拠によれば，本件マイクロフィルムは，所定の手続きをして借り受けた上，各区役所の事務室内にある所定の閲覧コーナーで，コムリーダーを用いて閲覧することだけが閲覧希望者に許されており，区役所の職員に無断で閲覧コーナーから持ち出すことは一切許されていないことが明らかである。そして，閲覧を許可された者は，たとえ閲覧時間中であっても，職員から返却するよう指示されれば，直ちに返却しなければならないのであって，これらの事情，及び，そもそも本件マイクロフィルムが公務所の管理する公の財産であることに照らせば，本件マイクロフィルムは，閲覧希望者が閲覧を許されたからと言ってこの者の排他的支配下に移るわけではなく，閲覧中も区役所側の管理支配下にあると認められる。したがって，本件マイクロフィルムを所定の閲覧コーナーから無断で持ち出す行為は，管理者の意思に反してその占有を侵害するものと言わなければならない。このことは，数時間後に本件マイクロフィルムを返却したとしても何ら異なるものではない。

また，被告人らは，本件マイクロフィルムを閲覧コーナーから持ち出すことが許されないことを知りながら持ち出しているのであるから，占有侵害の事実の認識もあったと認められる。
２　弁護人は，閲覧を許可された者は，本件マイクロフィルムを許可された時間中独占的に占有でき，その占有場所を問わないと主張する。しかし，閲覧を許可された者は，他の閲覧希望者に対する関係では優先的な地位にあるとは言い得ても，弁護人が主張するような占有権限を有するものでないことは既に述べたことから明らかである。また，弁護人は，被告人らは，区役所職員から本件マイクロフィルムの返却を求められれば，１，２時間内にこれに応じられる体制をとっていたとも主張するが，仮にそのような体制を敷いていたとしても本件占有侵害の事実に何ら影響を与えるものでない上，関係証拠によれば，被告人らがポケットベルを所持していたのは，区役所職員に察知されずにマイクロフィルムの受渡しをするためであり，職員に質されれば速やかにマイクロフィルムを戻せる体制を敷いていたとはそもそも認められないから，この点に関する弁護人の主張も採用できない。
三　不法領得の意思の有無について
　本件マイクロフィルムは，Ｓ市及び各区長が管理する住民に関する記録である。市町村が管理する住民に関する記録を他の者が管理保持することは現行法上予定されていない。したがって，本件マイクロフィルムの管理権を有する各区長が私人による所定の閲覧場所からの持出しや複写を容認しないことは明らかである。また，住民名簿は，多くの業種において顧客獲得・販路拡大に利用されるため，名簿業者が介在して取引の対象とされており，なかでも，本件マイクロフィルムのように住民基本台帳から正確に転記した上で市町村の管理するものは，その網羅性・正確性のため高い経済的価値を有するものである。
　このような本件マイクロフィルムを，複写する目的で所定の閲覧場所から持ち出すことは，まさに，権利者を排除して他人の物を自己の所有物と同様にその経済的用法に従いこれを利用もしくは処分する意思，すなわち不法領得の意思に基づくものであると認められる。そして，本件マイクロフィルムの場合，右のような不法領得を為すに要する時間は極く短時間を以て足るのであるから，被告人らが本件マイクロフィルムを数時間後に返却するつもりであったことや現にそのように返却したことは被告人らの不法領得の意思の存在の認定を妨げる事情とはならない。
　なお，本件では，このように，被告人らが本件マイクロフィルムを複写する目的を持っていたことが不法領得の意思の主要な内容をなしているが，それは，窃盗罪における主観的構成要件要素である『不法領得の意思』の存否に関する判断において，前記の目的の存在が大きな役割を果たしていることを意味するにとどまるものである。本件での被告人らの犯罪行為は，あくまでも被告人らが財物である本件マ

イクロフィルムを盗んだことであり，弁護人が主張するように『情報の窃取』そのものを処罰するものでないことは言うまでもない。」

Questions

Q12 ①財物性，②占有侵害の有無，③不法領得の意思に関する弁護人の主張をまとめよ。

Q13 それぞれに対する裁判所の判断はどのようなものか。

Q14 判旨が「本件マイクロフィルムの場合，右のような不法領得を為すに要する時間は極く短時間を以て足る」としている趣旨はどのようなものか。物の性質により，不可罰となる一時使用の範囲が異なるのか。

第21講 窃盗罪

1 窃盗罪における占有の意義
(1) 窃盗と占有離脱物横領の限界

〔設問〕 次の事実が認定されたものとして，Xの罪責について検討せよ。

　Aは，本件当日午後3時30分ころから，私鉄B駅近くの公園において，ベンチに座り，傍らに自身のポシェットを置いて，友人と話をするなどしていた。

　Xは，刑務所を出所後いわゆるホームレス生活をし，置き引きで金を得るなどしていたものであるが，午後5時40分ころ，上記公園のベンチに座った際に，隣のベンチでAらが本件ポシェットをベンチ上に置いたまま話し込んでいるのを見かけ，もし置き忘れたら持ち去ろうと考えて，本を読むふりをしながら様子をうかがっていた。Aは，午後6時20分ころ，本件ポシェットをベンチ上に置き忘れたまま，友人を駅の改札口まで送るため，友人と共にその場を離れた。Xは，Aらがもう少し離れたら本件ポシェットを取ろうと思って注視していたところ，Aらは，置き忘れに全く気付かないまま，駅の方向に向かって歩いて行った。

　Xは，Aらが，公園出口にある横断歩道橋を上り，上記ベンチから約27メートルの距離にあるその階段踊り場まで行ったのを見たとき，自身の周りに人もいなかったことから，今だと思って本件ポシェットを取り上げ，それを持ってその場を離れ，公園内の公衆トイレ内に入り，本件ポシェットを開けて中から現金を抜き取った。他方，Aは，上記歩道橋を渡り，約200メートル離れた私鉄駅の改札口付近まで2分ほど歩いたところで，本件ポシェットを置き忘れたことに気付き，上記ベンチの所まで走って戻ったものの，すでに本件ポシェットはなくなっていた。

　午後6時24分ころ，Aの跡を追って公園に戻ってきた友人が，機転を利かせて自身の携帯電話で本件ポシェットの中にあるはずのAの携帯電話に架電したため，トイレ内で携帯電話が鳴り始め，Xは，慌ててトイレから出たが，Aに問い詰められて犯行を認め，通報により駆けつけた警察官に引き渡された。

Questions

Q1 窃盗罪に代表される奪取罪は，被害者の占有を侵害し，その占有化にある財

物を奪う罪であり，奪取罪における占有とは事実上の支配を意味するとされている。事実上の支配とはどのような関係をいうのか。現実的な握持は不要であるとしても，どのような事情があれば，所有者の占有支配が及んでいると評価すべきなのか。

1 最決平成16年8月25日刑集58巻6号515頁

[事実の概要]　[設問]参照
[決定要旨]
　設問の事実に関し「被告人が本件ポシェットを領得したのは，被害者がこれを置き忘れてベンチから約27mしか離れていない場所まで歩いて行った時点であったことなど本件の事実関係の下では，その時点において，被害者が本件ポシェットのことを一時的に失念したまま現場から立ち去りつつあったことを考慮しても，被害者の本件ポシェットに対する占有はなお失われておらず，被告人の本件領得行為は窃盗罪に当たるというべきであるから，原判断は結論において正当である。」とした。

　参考：原審の大阪高判平成16年3月11日刑集58巻6号519頁は，①被害品が被害者の現実的握持から離れた距離および時間は，極めて短かった，②この間，公園内はそれほど人通りがなかった，③被害者は置き忘れた場所を明確に認識していた，④持ち去った者についての心当たりを有していた，⑤実際にも，すぐさま携帯電話を使って所在を探り出す工夫をするなどして，まもなく被害品を被告人から取り戻すことができている，といった事実を挙げたうえ，被告人が被害品を不法に領得した際，被害者の被害品に対する実力支配は失われていなかったとして，窃盗罪の成立を認めた。

Questions

Q2　本決定が，被害者の占有を認めた根拠を具体的に説明せよ。

Q3　Xが置き忘れを狙っていたことは，結論に影響するか。仮に，たまたま通りかかった者が，ベンチ上のポシェットに気づいて持ち去った場合には，結論が異なるか。

Q4　また，公園の一部が事実上の自転車置場になっており，通勤の者が毎朝自転車を置いておき，夕方乗って帰宅するような事情があった場合，その自転車を持ち去る行為は窃盗罪か。

Q5　次の**参考判例1**，**2**は窃盗罪の成立を認め，**参考判例3**はこれを否定している。

基本判例1と参考判例1，2および3とでは，それぞれ具体的にどのような事情の違いがあるか。

【参考判例1】
最判昭和32年11月8日刑集11巻12号3061頁
　[事実の概要]
　　Ⅰは，バスに乗るためバス待合室内の通路で行列に並んでいたが，バスを待つ間に身辺の左約30センチメートルのコンクリート台の上にカメラを1台置いておいた。Ⅰはそのまま行列の移動に連れて改札口の方に進んだが，改札口の手前でカメラを置き忘れたことに気がつき直ちに引き返したところ，すでに被告人により持ち去られていた。行列が動き始めてから，Ⅰがその場所に引き返すまでの時間は約5分位で，カメラを置いた場所とⅠが引き返した地点までの距離は約19.58メートルであった。また，当日は日曜日のためバスの乗客が多く，とくにⅠが待っていたバスの乗客の列は，バス待合室の建物内に収容しきれず建物外にも多く長く行列を作っていた状況にあり，被告人がカメラを持ち去ったときも，バスの行列の末尾とカメラとの距離は約8.6メートルにすぎなかった。

　[判旨]
　　「本件写真機が果して被害者（占有者）の意思に基かないでその占有を離脱したものかどうかを考えてみるのに，刑法上の占有は人が物を実力的に支配する関係であって，その支配の態様は物の形状その他の具体的な事情によって一様ではないが，必ずしも物の現実の所持又は監視を必要とするものではなく，物が占有者の支配力の及ぶ場所に存在するを以て足りると解すべきである。しかして，その物がなお占有者の支配内にあるというを得るか否かは通常人ならば何人も首肯するであろうところの社会通念によって決するの外はない。ところで……具体的な状況……を客観的に考察すれば，原判決が右写真機はなお被害者の実力的支配のうちにあったもので，未だ同人の占有を離脱したものとは認められないと判断したことは正当である。引用の仙台高等裁判所判例は事案を異にし本件に適切でない……。また，原判決が，当時右写真機はバス乗客中の何人かが一時その場所においた所持品であることは何人にも明らかに認識しうる状況にあったものと認め，被告人がこれを遺失物と思ったという弁解を措信し難いとした点も，正当であって所論の違法は認められない。」

【参考判例2】
名古屋高判昭和52年5月10日判時852号124頁
　[事実の概要]
　　旧国鉄ハイウェイバスのN駅待合室に，乗客Aが，旅行鞄（現金300円および中古

カメラ1個ほか10点在中）1個（時価合計約4万3000円相当）を置いたまま，午後8時過ぎから8時50分ころまでの間，約200メートル離れた食堂で夕食をとるために待合室を離れたが，Aが待合室を出た直後に，その直前までAのそばにいてAの様子を見ていたXが待合室に戻り，Aが鞄を置いたままその場を離れたと分かるや，鞄を持って立ち去った。

[判旨]

「刑法235条の窃盗罪の対象である他人の財物は犯人以外の者の実力的支配内に存在することをもって足り，必ずしも，その者が現実に所持又は監視することを要しないと解するのが相当であるところ，前認定の事実関係に徴すれば，前記Aが，N駅長の管理する駅構内の待合室の一隅に，不用意に前記旅行鞄を置いたまま食事のため同所から約203メートル離れた同じ駅構内の食堂へ行ったからといって，これをもって直ちに前同人が右旅行鞄の占有を放棄したものであるというわけにいかず，また，被告人は，右旅行鞄が前同人のものであることはもちろん，同人が右旅行鞄を一時前記待合室の一隅に置いてその場を離れたものであって，同旅行鞄が遺失物でないことも十分知悉しながらこれを前認定のとおり窃盗の意思で持ち去り窃取したものであることが推認されるので，右のような客観的かつ具体的状況の存する本件においては，被告人の右所為は窃盗罪に該当すると解するのが相当である。そうとすると，本件公訴事実について，犯罪の証明が十分でないとして無罪の言渡しをした原判決は，結局，事実を誤認し，ひいて窃盗罪に関する法令の解釈適用を誤ったものであるといわなければならず，その違法が判決に影響を及ぼすことは明らかであるから，原判決は破棄を免れない。検察官の論旨は理由がある。」

【参考判例3】
東京高判平成3年4月1日判時1400号128頁
[事実の概要]

大型スーパーの買い物客Aが，6階のエレベーター脇のベンチでアイスクリームを食べ，午後3時50分ころ，その場を立ち去る際に，他の手荷物などは持ったものの，札入れ（縦約10センチメートル，横約23センチメートル，革製のからし色のもの）をベンチの上に置き忘れて立ち去ってしまった。

Aは，6階からエスカレーターで地下1階の食料品売場に行き（所要時間は約2分20秒である），売場の様子などを見渡してから買物をするため，札入れを取り出そうとして，これがないことに気付き，すぐに本件札入れを6階のベンチに置き忘れてきたことを思い出し，直ちに6階のベンチまで引き返したが，その時にはすでに札入れは見当たらなかった。

被告人Xは，同日午後4時前ころ，同スーパー6階のゲームセンターへ行こうと

した際に誰もいないベンチの上に，手荷物らしき物もなく，本件札入れだけがあるのを目にとめ，付近に人が居なかったことから，誰かが置き忘れたか置放しにしているものと思い，持ち主が戻って来ないうちにこれを領得しようと考えて右ベンチに近づいたところ，斜め前方に数メートル離れた先の別のベンチに居たＢ子が本件札入れを注視しているのに気付き，本件札入れのあった右ベンチに座って暫く様子を窺っていたが，なおＢ子がＸを監視するようにして見ていたことから，Ｂ子に本件札入れが右ベンチにある事情を尋ね，誰かが置き忘れていったものであることを確めたうえで，これを落とし物として警備員に届けるふりを装うこととし，同日午後４時ころ，Ｂ子に「財布を警備員室に届けてやる」旨伝えて本件札入れを持ってその場を離れたが，実際には，そのまま３階のトイレに札入れを持って行き，中身を確認したうえ，これを持って店外へ出た。

[判旨]

「被害者は，開店中であって公衆が客などとして自由に立ち入ることのできるスーパーマーケットの６階のベンチの上に本件札入れを置き忘れたままその場を立ち去って，同一の建物内であったとはいえ，エスカレーターを利用しても片道で約２分20秒を要する地下１階まで移動してしまい，約10分余り経過した後に本件札入れを置き忘れたことに気付き引き返して来たが，その間に被告人が右ベンチの上にあった本件札入れを不法に領得したというのである。

このような本件における具体的な状況，とくに，被害者が公衆の自由に出入りできる開店中のスーパーマーケットの６階のベンチの上に本件札入れを置き忘れたままその場を立ち去って地下１階に移動してしまい，付近には手荷物らしき物もなく，本件札入れだけが約10分間も右ベンチ上に放置された状態にあったことなどにかんがみると，被害者が本件札入れを置き忘れた場所を明確に記憶していたことや，右ベンチの近くに居あわせたＢ子が本件札入れの存在に気付いており，持ち主が取りに戻るのを予期してこれを注視していたことなどを考慮しても，社会通念上，被告人が本件札入れを不法に領得した時点において，客観的にみて，被害者の本件札入れに対する支配力が及んでいたとはたやすく断じ得ないものといわざるを得ない。

そうすると，被告人が本件札入れを不法に領得した時点では，本件札入れは被害者の占有下にあったものとは認め難く，結局のところ，本件札入れは刑法254条にいう遺失物であって，『占有ヲ離レタル他人ノ物』に当たるものと認めるのが相当である。」

(2) 死者の占有

【参考判例４】
東京地判平成10年６月５日判タ1008号277頁

[事実の概要]

被告人Xは，12月21日にAを殺害（強盗殺人）した後の12月24日深夜，Xが勤務する風俗店PにXがかかわっていた痕跡を隠滅する目的で，Aの居室に同人から奪った鍵を使って入り込み，P関係の書類等を運び出した。その後，Xは，Bらに対する報酬に充てる金を作るため，Aの居室から金目のものを取ろうと考え，翌25日，同室内の物色をしてA名義の定期預金通帳等在中の耐火金庫（以下「耐火金庫」という。）を発見したが，重くて運び出せずに引き上げた。Xは，自分が何度もAの居室に出入りすると付近の住民に怪しまれると考え，Pの従業員であるCに耐火金庫の運び出しを依頼し，同日午後9時過ぎころ，CがAの居室から耐火金庫を運び出してXに渡した。

Xの弁護人は，この所為について，Xが耐火金庫を取得した時点では，その所有者であるAはすでに死んでおり，他の占有者も存在しなかったのであるから，窃盗罪は成立せず，占有離脱物横領罪が成立するにとどまると主張した。

[判旨]

「本件は，強盗殺人罪の犯人[X]が被害者[A]を殺害した約4日後に，殺害現場とは別の，被害者の生前と何ら変わるところのない平穏な管理状態が保たれた施錠されている被害者の居室において，強盗殺人罪とは別個の新たな財物取得の犯意に基づいて財物を持ち出した事案にかかるものである。

弁護人は，人を殺害した後に領得の意思を生じて被害者から財物を取得する場合に窃盗罪が成立するためには，殺害行為と財物取得行為との間に時間的，場所的接着性が認められることが必要である旨主張し，それ自体は正当な主張を含んでいるものと評価できるが，本件のように，殺害の現場とは全く別の，被害者の生前と何ら変わらない平穏な管理状態が維持され，施錠されている居室において財物を取る場合には，その外形的行為を客観的に観察する限り窃取行為と何ら区別ができないのであり，このような場合には，単に殺害の現場ないしその付近で財物を取得した場合とは異なり，場所的接着性はそれほど問題とならず，また，時間的な接着性についても相当程度緩やかに解するのが相当であり，本件程度の時間的接着性があるもとでは，窃盗罪として保護されるべき被害者の占有はなお存するものと認めるのが相当である。この点についての弁護人の主張は採用できない。」

Questions

Q6 本件でXが取得した耐火金庫にAの占有が認められるか否かを，死者の占有に関する学説を踏まえたうえで，具体的な事情を挙げながら検討しなさい。なお，例えば，殺害の1週間後，1か月後に運び出した場合であればどうか。また，本件では殺害場所とAの居室がともに都内であったが，遠隔地であった場合でも結

論は変わらないか。また，**参考判例5**は「死亡直後」であることを占有を認めるための判断要素に挙げているが，本件の判断はそれと矛盾しないか，事実関係の相違を踏まえつつ検討しなさい。

【参考判例5】
最判昭和41年4月8日刑集20巻4号207頁
[事実の概要]
被告人Xは，昭和38年6月22日夜10時ころ，貨物自動車を運転中に見かけた被害者A女を強いて姦淫しようと企て，家まで送ってやると欺き自車に同乗させてしばらく走行した後，周囲に人家の見られない草地内に引っ張り込んで強姦した。その直後，犯行の発覚と執行猶予の取消しを恐れてAを絞殺し，ついで各犯行隠蔽のため穴を掘って死体を埋めたが，その際，Aの腕に腕時計がはめられているのを見て，領得の意思を生じ，これをもぎ取った。

第1審・原審とも，強姦，殺人，死体遺棄のほかに腕時計奪取の点について窃盗罪の成立を認めたのに対して，弁護人は，腕時計奪取の点は占有離脱物横領罪にあたるにすぎないとして上告した。

[判旨] 上告棄却
「被告人は，当初から財物を領得する意思は有していなかったが，野外において，人を殺害した後，領得の意思を生じ，右犯行直後，その現場において，被害者が身につけていた時計を奪取したのであって，このような場合には，被害者が生前有していた財物の所持はその死亡直後においてもなお継続して保護するのが法の目的にかなうものというべきである。そうすると，被害者からその財物の占有を離脱させた自己の行為を利用して右財物を奪取した一連の被告人の行為は，これを全体的に考察して，他人の財物に対する所持を侵害したものというべきであるから，右奪取行為は，占有離脱物横領ではなく，窃盗罪を構成するものと解するのが相当である。」

(3) 占有侵害の範囲

2　最決平成21年6月29日刑集63巻5号461頁

[事実の概要]
被告人，Aおよび氏名不詳者は，共謀のうえ，針金を使用して回胴式遊技機（通称パチスロ遊技機）からメダルを窃取する目的で，いわゆるパチスロ店に侵入し，Aが，同店に設置された回胴式遊技機1080番台において，所携の針金を差し込んで誤動作させるなどの方法（以下「ゴト行為」という）により，メダルを取得した。

他方，被告人は，専ら店内の防犯カメラや店員による監視からＡのゴト行為を隠ぺいする目的をもって，1080番台の左隣の1078番台において，通常の方法により遊戯していたものであり，被告人は，この通常の遊戯方法により，メダルを取得した。被告人は，自らが取得したメダルとＡがゴト行為により取得したメダルとを併せて換金し，Ａおよび換金役を担当する氏名不詳者と共に，3等分して分配する予定であった。

　被告人らの犯行が発覚した時点において，Ａの座っていた1080番台の下皿には72枚のメダルが入っており，これは，すべてＡがゴト行為により取得したものであった。他方，1078番台に座っていた被告人の太ももの上のドル箱には，414枚のメダルが入っており，これは，被告人が通常の遊戯方法により取得したメダルと，Ａがゴト行為により取得したメダルとが混在したものであった。

　原判決は，被告人の遊戯行為も本件犯行の一部となっているものと評することができ，被害店舗においてそのメダル取得を容認していないことが明らかであるとして，被告人の取得したメダルも本件窃盗の被害品ということができ，前記下皿内およびドル箱内のメダルを合計した486枚のメダル全部について窃盗罪が成立する旨判示した。

　［決定要旨］
　「以上の事実関係の下においては，Ａがゴト行為により取得したメダルについて窃盗罪が成立し，被告人もその共同正犯であったということはできるものの，被告人が自ら取得したメダルについては，被害店舗が容認している通常の遊戯方法により取得したものであるから，窃盗罪が成立するとはいえない。そうすると，被告人が通常の遊戯方法により取得したメダルとＡがゴト行為により取得したメダルとが混在した前記ドル箱内のメダル414枚全体について窃盗罪が成立するとした原判決は，窃盗罪における占有侵害に関する法令の解釈適用を誤り，ひいては事実を誤認したものであり，本件において窃盗罪が成立する範囲は，前記下皿内のメダル72枚のほか，前記ドル箱内のメダル414枚の一部にとどまるというべきである。」

【参考判例6】
最決平成19年4月13日刑集61巻3号340頁
　［事実の概要］
　本件パチンコ店（以下「被害店舗」という）に設置されている回胴式遊技機（以下「パチスロ機」という）「甲」は，その内蔵する電子回路の有する乱数周期を使用して大当たりを連続して発生する場合を抽選するものであった。

　被告人Ｘが身体に隠匿装着していた，電子回路を内蔵するいわゆる体感器と称する電子機器（以下「本件機器」という）は，その乱数周期を上記パチスロ機の乱数周

期と同期させることによって，上記パチスロ機の大当たりを連続して発生させる絵柄をそろえるための回胴停止ボタンの押し順を判定することができる機能を有するもので，もっぱらパチスロ遊戯において不正にメダルを取得する目的に使用されるものである。

　被害店舗では不正なパチスロ遊戯を行うために使用されるいわゆる体感器のような特殊機器の店内への持込みを許しておらず，もとより体感器を用いた遊戯も禁止して，その旨を店内に掲示するなどして客に告知しており，Xもこのことを認識していた。

　Xは，当初から本件機器を使用してメダルを不正に取得する意図のもと被害店舗に入店して本件パチスロ機「甲」55番台でパチスロ遊戯を行い，本件機器を用いて大当たりを連続して発生させる絵柄をそろえることに成功するなどし，合計約1524枚のメダルを取得した。

　Xは，本件体感器を使用することは窃盗罪の構成要件に該当しない，Xが獲得したメダル1500枚余りにつき，本件体感器を使用して出したものかどうか明らかでないなどと主張して争った。

[決定要旨]

　「以上の事実関係の下において，本件機器がパチスロ機に直接には不正の工作ないし影響を与えないものであるとしても，専らメダルの不正取得を目的として上記のような機能を有する本件機器を使用する意図のもと，これを身体に装着し不正取得の機会をうかがいながらパチスロ機で遊戯すること自体，通常の遊戯方法の範囲を逸脱するものであり，パチスロ機を設置している店舗がおよそそのような態様による遊戯を許容していないことは明らかである。そうすると，被告人が本件パチスロ機『甲』55番台で取得したメダルについては，それが本件機器の操作の結果取得されたものであるか否かを問わず，被害店舗のメダル管理者の意思に反してその占有を侵害し自己の占有に移したものというべきである。したがって，被告人の取得したメダル約1524枚につき窃盗罪の成立を認めた原判断は，正当である。」

Questions

Q7 **基本判例2**と**参考判例6**とで，窃盗の成立範囲に関する結論に差が生じたのは，いかなる理由に基づくものであるか。

2 窃取行為──詐取との限界

　窃盗罪と詐欺罪の区別は，錯誤に基づく処分行為の有無にある。「衣服にゴミが付いている」などと虚偽の事実を申し向け，被害者が気をとられている隙に被害者の所持品を奪う行為は，「騙す行為」があったとしても，被害者の処分行為がない

ため，詐欺罪には該当しない。

また，欺罔により錯誤に陥るのは，はあくまでも「人」に限られ，「機械は騙されない」と考えられている。機械は，まさに与えられた指示に基づき，判断することなく処理をするだけだからである。

【参考判例7】
東京高判平成15年1月29日判時1838号155頁
［事実の概要］
　客が従業員と顔を合わせずに入室することができ，従業員は，客の入室・退室をセンサー等により確認し，チェックアウトの際に料金を精算するシステムを採るホテルにおいて，被告人Xは，所持金が130円余りしかないにもかかわらず，深夜1時頃，通常の客のように装って入室し，同日午後2時25分ころ，フロントへ行き，従業員Cに対し「金は持っていない。親に連絡させてください」と申し出たが，結局，連絡をとることができなかったため，警察に通報され，午後4時40分，本件ホテル事務室で無銭宿泊により現行犯逮捕された。

［判旨］
　「原判決は，『罪となるべき事実』において，被告人が……本件ホテルにおいて，ホテル従業員のCに対し，『宿泊代金支払いの意思も能力もないのに，これあるように装って，宿泊の申込みをした』旨認定，判示するところ，前記……のとおり，被告人は，本件ホテルでは従業員が機械装置により客の入室状況を把握していることを認識していた上，所持金が僅かしかなく，少なくとも宿泊代金を確実に支払う意思も能力もないのに，普通の客のような態度で，本件ホテルの入室システムに従って，前記時刻ころ212号室に入っている。そうすると，このような被告人の入室行為は，従業員に対し，直接，口頭で宿泊を申し込むものではないが，機械装置による入室管理システムの背後にいる従業員に向けられた行為であり，しかも，これを知った従業員をして，入室した以上は宿泊代金を確実に支払うものと誤信せしめ，これに基づき，ホテル宿泊の利便という財産上の処分行為をなさしめる行為であるといえるから，詐欺罪の欺く行為に該当すると認められる。また，被告人に詐欺の犯意も肯定することができる。なお，前記……のとおり，被告人が212号室に入室した時点で，フロント係のCは入室の事実を確認していないが，その事実は了知可能な状態になっていることに照らすと，詐欺罪の実行の着手に欠けるものではない。
　次に，原判決は，錯誤に基づく財産的処分行為，不法利益の取得の点について，前記のような欺く行為の摘示に続けて，Cをして，宿泊後直ちに宿泊代金の支払いを受けられるものと誤信させ，よって，『そのころ』（同日午前1時5分ころ）から同日午後2時25分ころまでの間，同ホテル2階212号室に宿泊滞在して，宿泊代金

『6300円』相当の宿泊の利便を受けた旨認定、判示するところ、まず、前記……のとおり、Cが212号室に利用客（被告人）が入っていることを認識し、宿泊代金の支払いを受けられると誤信して同室の利用を許容したのは、前記欺く行為から約1時間が経過した同日午前2時ころであって、この時点で錯誤に基づく財産的処分行為があったと認められるから、原判決が、前記欺く行為に引き続き、前記錯誤に基づく財産的処分行為があった趣旨の認定、判示をしている点には、事実の誤認があるといわざるを得ない。また、そうすると、Cの錯誤に基づく処分行為により被告人が取得した財産上の利益は、同時刻から同日午後2時25分ころまでの宿泊の利便であると認められ、その被害額も、証拠上、当日の本件ホテルの宿泊代金は、午前零時以降の入室の場合は入室時刻から12時間以内が定額4500円であり、これを超える30分ごとに600円の延長料金を加算するシステムであることなどに徴すると、Cが前記処分行為をした時刻からの定額分に、12時間を超えた延長料金分を加算した合計5100円ということになる（前記処分行為の前後の宿泊の対価は区分できないとして、被害額は依然6300円であるという検察官の所論は採用できない。）。そうすると、原判決が、被害額について6300円相当と認定した点にも事実誤認があるといわざるを得ない。しかしながら、前者の誤認は、同じ欺く行為に起因する財産的処分行為の時期の認定を誤ったものであって、既遂の時点が後退するだけであること、また、後者の誤認も、宿泊の利便の被害は、宿泊時間からみると、本来、12時間20分であるところ、1時間ほど多いに過ぎず、また、被害額からみても前述のとおりその誤差がそれほど多額なものではないことなどに照らすと、これらの事実誤認が判決に影響を及ぼすことが明らかであるとは認められない。」

Questions

Q8 機械を通して入室・退室のチェックをする場合でも、人に対する欺罔があると認められる理由は何か。
　　　また、本判決では、機械によるチェックが従業員により認識された時点に処分行為を認めているが、欺罔行為の時点との間にズレが生じないのか。
Q9 従業員の処分行為の内容はどのようなものか。
Q10 機械を通して出入りをチェックするという意味では、駅の自動改札も同様のシステムといえないか。自動改札機を使ったキセル乗車も詐欺罪に該当するのか。

【参考判例8】
東京高判平成12年8月29日判時1741号160頁・判タ1057号263頁
　［事実の概要］

1．被告人Xは，A薬局から商品を騙し取ろうと考え，客を装って右薬局を訪ね，店番の者と雑談をして顔見知りになったうえで，平成11年7月10日ころ，同薬局に赴き，店主の妻で店番をしていたB子（当時64歳）に対し，中元の進物として使うと嘘を言って，石鹸セット10組を取り寄せるよう依頼するとともに，同薬局でテレホンカードも取り扱うことを知って，テレホンカード80枚（1000円相当のカード50枚，500円相当のカード30枚）を注文したが，右B子は，Xの注文が真意に出たものと信じて，これを承諾した。

　2．Xは，同月14日，再度同薬局に赴き，右B子に対し，近所の大きな家具店の名前の入った名刺を差出し，同店の2代目であると嘘を言った。これを真に受けたB子は，Xに対し，石鹸セットの取寄せはまだできていないが，テレホンカードは準備できている旨を伝え，注文どおりの枚数のテレホンカードを販売ケースの上に置いて，「枚数を確認して下さい」と言った。

　3．すると，Xは，右テレホンカードを手に取って枚数を数えるふりをし，さらに，B子に対し，「今若い衆が外で待っているから，これを渡してくる。お金を今払うから，先に渡してくる」と申し出て，金目のものは何も入っていない自分のセカンドバッグを店内の椅子の上にわざと残したまま，テレホンカードを持って店外に出た。この申し出を聞いたB子は，Xが，その言葉どおり，店外にいる連れの者にテレホンカードを渡してすぐに戻り，代金を払ってくれるものと思い込み，Xがテレホンカードを持ったまま店外へ出ることを目の前で認識しながら，何らとがめることもしなかった。

　4．Xは，右のように言い置いて店外に出た後，テレホンカードを携帯したまま，用意してあった自転車に乗って逃走した。

[判旨]

　「右……に認定した各事実によれば，……もし，B子が被告人の申し出の嘘を見破っていれば，テレホンカードの店外持ち出しを容認せず，直ちに右申し出を拒むとともに，即時その場で代金の支払いを要求したことは明らかである。これを要するに，B子は，被告人の一連の虚言により，被告人が近所の家具店の者であって，テレホンカードを購入してくれるものと誤信し，直ぐ戻って来て代金を支払う旨の被告人の嘘に騙されて，注文されたテレホンカード80枚を被告人に交付したものと認められる。したがって，被告人の行為は，詐欺罪に該当することが明らかである。

　この点につき，原判決は，(1)B子は，枚数を確認させようとして，テレホンカードを被告人の前の販売ケースの上に置いたのであって，その処分を被告人に委ねたとは認められないから，B子の右所為は，詐欺罪における被欺罔者の処分行為に当たらない，(2)『今若い衆が外で待っているから，これを渡してくる』などと言って店番の女性の気をそらし，その隙に乗じてテレホンカードを持ち去った旨の被告人

の捜査段階における供述は，被告人に応対したB子の原審証言とも合致していて信用でき，これに反する被告人の原審公判供述は採用できないとして，本件は窃盗に当たるという結論を導いている。

しかしながら，被告人が，テレホンカードの詐取を意図していたことは，右……に認定した被告人の言動から明らかである。そして，被告人に応対したB子の原審証言には，テレホンカードを盗まれた旨述べた部分があるけれども，これは代金を払わずに持ち去られた事態をそのように表現したものと認められるのであって，その供述の要点は，被告人の言葉に注意を逸らした隙に，テレホンカードを盗まれたというのではなく，同人は，被告人が販売ケースの上のテレホンカードを手に取って店外に持ち出すのをその場で認識していたが，被告人がセカンドバッグを店内に残したままであることを見て取り，その際の被告人の右……掲記の言葉を信じて，被告人の右の行動を了解・容認したというにある。すなわち，同人は，欺かれて，テレホンカードを被告人に交付したものというべきである。原判決の判断は首肯できない。

4　以上によれば，テレホンカードの取得について，窃盗罪の成立を認めた原判決は，事実を誤認したものであり，これが判決に影響を及ぼすことは明らかであるから，量刑不当の主張について検討を加えるまでもなく，破棄を免れない。論旨は理由がある。」

Questions

Q11　窃盗罪と詐欺罪の法定刑は（平成18年の刑法改正で前者に50万円以下の罰金刑が法定された点を除き）同じであるが，弁護人はなぜ詐欺罪の成立を主張したと考えられるか（**参考判例9**についても同じ点に注意）。

Q12　原判決が窃盗罪の成立を認めた理由は何か。高裁判決は処分行為を認めているが，原判決はなぜこれが欠けるとしたのか。

Q13　自動車の試乗で，試乗車をそのまま乗り逃げする行為について，詐欺罪の成立が認められた裁判例がある（**参考判例9**）。それに対し，衣服の試着で，そのまま店外に逃走した行為について，窃盗罪の成立を認めた判例もある（広島高判昭和30年9月6日高刑集8巻8号1021頁）。

テレホンカードの購入，自動車の試乗，衣服の試着は，それぞれどのような理由で処分行為が認められたり認められなかったりするのか。

【参考判例9】
東京地八王子支判平成3年8月28日判タ768号249頁
［事実の概要］
被告人Xは，購入客を装って試乗名下に自動車を騙取しようと企て，平成3年4

月22日午後3時15分ころ，東京都N郡の自動車販売会社H支店において，同店従業員Aに対し，真実は試乗した自動車を直ちに返還する意思がないのにこれあるように装い，Ｉと偽名を名乗ったうえ，「試乗してもいいですか」などと申し向け，右Aをして試乗後は直ちに返還を受けられるものと誤信させ，よって，そのころ，同所において，同人から，自動車販売会社所有の普通乗用自動車1台（時価約320万円相当）を乗り出した。Xは，乗り逃げする意図のもとにその試乗車を同店から発進させ，しばらく走行したところで同車のガソリンが少ないことを示す警告灯が点灯しているのに気づいて，ガソリンスタンドでガソリン30リットルを給油して乗り回し，さらに翌日もガソリン30リットルを補給して右試乗車を乗り回していたが，同月24日午前10時20分ころ，同都F市内で，前記H支店整備係Cの乗った車とすれ違ったことから，同人に止められた。そして，同人が，直ちに警察署に通報したため，被告人は，前記自動車盗の検挙歴があったこと等から，右試乗車の窃盗犯人として通常逮捕されるに至った。

　なお，被告人が右試乗車を乗り回した距離は約175キロメートルであった。

［判旨］

　「三　検察官は，『いわゆる「試乗」は，自動車販売店である被害者が，サービスの一貫として，顧客になると予想される者に対し，当該車両の性能等を体験して貰うことを目的に行っているものであって，試乗時間は10分ないし20分程度を，その運転距離も試乗を開始した地点の周辺が予定されており，そのため試乗車には僅かなガソリンしか入れていないこと，試乗車にもナンバープレートが取り付けられており，仮に勝手に乗り回されても，直ちに発見される可能性が極めて高いことなどからすると，試乗に供された車輌については被害者の事実上の支配が強く及んでおり，被告人の試乗車の乗り逃げ行為によって初めて，被害者側の事実上の支配を排除して被告人が自己の支配を確立したと見るべきであり，窃盗罪が成立することは明らかである。』旨主張する。

　確かに，試乗目的は，検察官の指摘するところにあって，被害者の試乗車に対する占有の意思に欠けるところはなく，かつ，前記……のように自動車販売店の営業員等が試乗車に添乗している場合には，試乗車に対する自動車販売店の事実上の支配も継続しており，試乗車が自動車販売店の占有下にあるといえるが，本件のように，添乗員を付けないで試乗希望者に単独試乗させた場合には，たとえ僅かなガソリンしか入れておかなくとも，被告人が本件でやったように，試乗者においてガソリンを補給することができ，ガソリンを補給すれば試乗予定区間を外れて長時間にわたり長距離を走行することが可能であり，また，ナンバープレートが取り付けられていても，自動車は移動性が高く，前記……認定のとおり，殊に大都市においては多数の車輌に紛れてその発見が容易でないことからすれば，もはや自動車販売店

の試乗車に対する事実上の支配は失われたものとみるのが相当である。
　そうすると，添乗員を付けなかった本件試乗車の被告人による乗り逃げは，被害者が被告人に試乗車の単独乗車をさせた時点で，同車に対する占有が被害者の意思により被告人に移転しているので，窃盗罪は成立せず，従って，主位的訴因ではなく予備的訴因によって詐欺罪の成立を認めたものである。」

3　窃盗の既遂時期

3　東京高判平成4年10月28日判夕823号252頁

[事実の概要]
　被告人Xは，スーパー店内において，買物かごに入れた商品35点をレジで代金を支払うことなく持ち帰って窃取しようと考え，店員の監視の隙を見て，レジの脇のパン棚の脇から，右買物かごをレジの外側に持ち出し，これをカウンター（サッカー台）の上に置いて，同店備付けのビニール袋に商品を移そうとしたところを，店員に取り押さえられた。

[判旨]
　「以上の事実関係の下においては，被告人がレジで代金を支払わずに，その外側に商品を持ち出した時点で，商品の占有は被告人に帰属し，窃盗は既遂に達すると解すべきである。なぜなら，右のように，買物かごに商品を入れた犯人がレジを通過することなくその外側に出たときは，代金を支払ってレジの外側へ出た一般の買物客と外観上区別がつかなくなり，犯人が最終的に商品を取得する蓋然性が飛躍的に増大すると考えられるからである。
　所論は，これと異なり，窃盗既遂罪の成立には，犯人が買物かご内の商品を別の袋に移転することを必要とする旨主張するが，右見解は採用することができない。」

Questions

Q14　窃盗罪が既遂に達するには，被害者の占有の喪失と，行為者の占有の取得が必要である。万引き犯人が，商品を所携の紙袋に入れたり，衣服の下に隠せば，たとえ店内にいたとしても既遂となる。これに対し，店内備え付けのかご内に商品を入れている状態では，通常，客観的には既遂とはいえない。
　本判決では，どのような事情から，既遂が認められるとしているか。

【参考判例10】
東京高判平成21年12月22日判夕1333号282頁

[事実の概要]

被告人Xは，大型店舗3階の家電売り場に陳列してあったテレビ（幅47cm・高さ40cm・奥行17cm，19インチ相当）を盗むために買い物カート上のかごに入れ，レジで精算せずに買い物カートを押したまま同店舗3階北東側にある男性用トイレに持ち込み，トイレ内の洗面台下部に設置されている扉が付いた収納棚の中に本件テレビを隠し入れた。

その後，Xはトイレから出て売り場に戻り，本件テレビを入れて店外に持ち出すための袋を購入した。しかし，その際のXの言動に不審を感じた店員からの連絡で警備員が，Xが大きな紙袋を購入して精算をしている3階のレジに臨場し，Xがその紙袋を持ってトイレに向かったので，その後ろについてトイレに入ると，Xが洗面台の前に立っており，次いで洗面台の前から小便の便器の方へ移動したので，警備員は不審に思って洗面台下部の収納棚の扉を開けて中を確認したところ，本件テレビを発見した。そして，本件テレビが本件店舗の商品であること等を確認した上でXを補足した。

原審が窃盗既遂罪の成立を認めたのに対し，弁護側が未遂にとどまるとして控訴した。

[判旨] 控訴棄却

「以上の事実関係によれば，Xは，本件テレビをトイレの収納棚に隠し入れた時点で，被害者である本件店舗関係者が把握困難な場所に本件テレビを移動させたのであり，しかも上記のようにXが袋を買う際に不審を抱かれなければ，これを店外に運び出すことが十分可能な状態に置いたのであるから，本件テレビを被害者の支配内から自己の支配内に移したということができ，本件窃盗を既遂と認めた原判決は正当であって，原判決に事実の誤認はない。

所論は，本件店舗は7階建ての大型店舗であり，警備員が複数名配置され，監視カメラによる監視も行われていたことや本件テレビの大きさに照らせば，Xが店の従業員らに怪しまれずに本件テレビを店外に持ち出すことは困難または不可能であるから，Xが本件テレビを本件店舗内のトイレに設置された収納棚に隠しただけで，店外に搬出していない時点では，未だ本件店舗の占有を排除して自己の支配下に置いたとはいえない，という。

しかし，上記認定のとおり，Xが袋を購入する際の言動に不審を感じた店員の機転がなければ，Xは購入した袋に本件テレビを隠し入れて店外に持ち出すことが十分可能であったといえ……，自己の支配内に移したといえるから」，窃盗既遂罪の成立を認めた原審判決を「正当として是認することができる」。

Questions

Q15 窃盗の既遂時期に関する見解を整理しつつ，本件事案で，窃盗の既遂を否定すべき事実関係と肯定すべき事実関係とを踏まえ，本判決が窃盗の既遂を認めた理由を検討しなさい。

4　不動産侵奪行為

4　最判平成12年12月15日刑集54巻9号923頁

[事実の概要]

　被告人Xは，Aと共謀のうえ，中古家庭電器製品等の売場として利用する目的で，東京都が所有する東京都内所在の土地の一部合計約110.75平方メートルの空き地を侵奪することを企て，平成8年12月中旬ころ，同所において，東京都に無断で同空き地中央東寄り部分に木造ビニールシート葺平屋建簡易建物（建築面積約37平方メートル）を建築した。さらに引き続いて，そのころ，同所において，同簡易建物の西端に接続して同様の簡易建物（建築面積約27.3平方メートル）を増築した，として不動産侵奪罪で起訴された。

　本件土地は，東京都立M公園の予定地の一部であり，本件当時，有事の際の緊急用務等のほか，日常的には南側に隣接する区道の通行車両等のすれ違い等の利用に供されていた。被告人は，何ら権原がないのに，平成8年10月ころから，本件土地上に中古電器製品等を置いてリサイクルショップを営み，さらに，同年12月中旬ころ，材料として廃材を調達して上記簡易建物の建築に着手し，その後，これを完成させた。

　捜査段階において本件簡易建物等の検証が行われた平成9年8月1日時点における同建物の性状は，次のようなものであった。

　①本件簡易建物は，建築面積約64.3平方メートルで，本件土地の中央部を占め，その内部は，木製ドア及びシートによって，東側部分（約37平方メートル）と西側部分（約27.3平方メートル）に区分けされていた。②本件簡易建物は，土台として角材がそのまま地面の上に置かれ，その隅及び要所に長さ約3メートルの角材が柱として立てられ，屋根部分のけた及びもやに接合されていた。土台，柱，屋根部分等の組立てには，ほぞをほぞ穴に差し込んで固定する方法は採られておらず，土台の角材同士，土台の角材と柱，柱と柱を，平板等を当ててくぎ付けするなどしてつないでいた。屋根部分は，多数の角材等をけた，もやとし，その上にビニールシートを掛け，さらに，その上に平板を当てて柱等に固定するなどしていた。周囲は，ビニールシート，廃材の戸板，アコーディオンカーテン等で覆い，要所に板を当てて

くぎ打ちしていた。また，公園の金網フェンスに接する部分は，針金，電器コード等で右フェンスに結び付けられていた。③本件簡易建物の内部には，居住設備はなく，中古の家庭電器製品等が山積みされ，区道を隔てて向かい側にある建物から電線を引いて蛍光灯が設置されていた。

　本件簡易建物は，平成9年9月11日，東京都が依頼した解体業者によって，6名の人員で大き目のハンマー等を用いて約1時間で解体撤去された。その費用は，26万円余りであった。

　被告人Xを有罪とした第1審判決に対し，被告人の控訴を受けた原審判決は，上記事実を認定したうえで，本件で起訴の対象となっているのは平成8年12月中旬ころの時点における被告人らの行為であるが，この時点における本件簡易建物の性状を示す的確な証拠はなく，同時点の同建物は，前記検証時のそれより更に規模が小さく，構造が強度でなかった可能性があるとした。そして，「不動産侵奪罪にいう『侵奪』があったか否かについては，具体的事案に応じて，不動産の種類，占有侵奪の方法，態様，占有期間の長短，原状回復の難易，占有排除及び占有設定の意思の強弱，相手方に与えた損害の有無などを総合的に判断し，社会通念に従って決定すべきであるところ，前認定の事実によれば，本件簡易建物は，本格建築とはほど遠く，解体も容易なものであったから，占有侵害の態様は必ずしも高度のものとはいえない。東京都の本件土地の管理状況は比較的緩やかなものであり，その職員らは，平成8年10月ころ被告人らが本件土地を不法占有するようになって以降，時折警告を与えていたが，その内容は，本件簡易建物建築の前後を通じて，本件土地を明け渡すようにとの趣旨にとどまり，不動産侵奪をいうものではなかった。また，本件簡易建物は居住目的のものでなかったから，占有排除及び占有設定の意思，相手方に与えた損害，原状回復の困難性も，さほど大きいものとはいえない。そうすると，前記検証時の本件簡易建物の性状を前提にしても，同建物の建築をもって不動産侵奪罪にいう侵奪行為があったとするには，重大な疑問が残る。本件公訴事実のいう平成8年12月当時の本件簡易建物の形状は，右検証時のそれよりも更に規模が小さく，あるいは構造が強固でないものであった可能性があるから，不動産侵奪罪の成立を認めるには合理的疑いが残り，犯罪の証明がない」として，被告人を無罪とした。

　[判決要旨]　破棄差戻し
　「原判決の当否について検討する。
　1　刑法235条の2の不動産侵奪罪にいう『侵奪』とは，不法領得の意思をもって，不動産に対する他人の占有を排除し，これを自己又は第三者の占有に移すことをいうものである。そして，当該行為が侵奪行為に当たるかどうかは，具体的事案に応じて，不動産の種類，占有侵害の方法，態様，占有期間の長短，原状回復の難

易，占有排除及び占有設定の意思の強弱，相手方に与えた損害の有無などを総合的に判断し，社会通念に従って決定すべきものであることは，原判決の摘示するとおりである。

2 本件で起訴の対象となっている平成8年12月中旬ころの時点あるいはそれに引き続いて西側に増築された時点における本件簡易建物の性状を示す的確な証拠がないことも，原判決の指摘するとおりである。

しかし，捜査段階において検証が行われた平成9年8月1日当時の本件土地の状況について見ると，本件簡易建物は，約110.75平方メートルの本件土地の中心部に，建築面積約64.3平方メートルを占めて構築されたものであって，原判決の認定した前記構造等からすると，容易に倒壊しない骨組みを有するものとなっており，そのため，本件簡易建物により本件土地の有効利用は阻害され，その回復も決して容易なものではなかったということができる。加えて，被告人らは，本件土地の所有者である東京都の職員の警告を無視して，本件簡易建物を構築し，相当期間退去要求にも応じなかったというのであるから，占有侵害の態様は高度で，占有排除及び占有設定の意思も強固であり，相手方に与えた損害も小さくなかったと認められる。そして，被告人らは，本件土地につき何ら権原がないのに，右行為を行ったのであるから，本件土地は，遅くとも，右検証時までには，被告人らによって侵奪されていたものというべきである。」

「右検証時における本件土地の占有状態によってもなお侵奪があったとはいえない」として無罪とした「原審には判決に影響を及ぼすべき法解釈の誤り及び審理不尽の違法があるといわざるを得ず，原判決を破棄しなければ著しく正義に反するものと認められる。」

Questions

Q16 不動産侵奪罪にいう「侵奪」の意義は何か。また，本件で，原審判決と最高裁とで判断が分かれた理由がどこにあるのかについて，事実関係を踏まえつつ検討しなさい。

第22講 強盗罪

1 I項強盗とII項強盗

〔設問1〕 被告人Xが属していた暴力団I一家と，被害者Aが属していた暴力団H会とは，かねて対立抗争中であった。I一家W組組長は，知人であるYと話し合った結果，YがかねてからAを知っており，覚せい剤取引を口実に同人をおびき出せることがわかったので，H会幹部であるAを殺害すればH会の力が弱まるし，覚せい剤を取ればその資金源もなくなると考え，Yにその旨を伝えた。Yは，Aに対し，覚せい剤の買手がいるように装って覚せい剤の取引を申し込み，Aから覚せい剤1.4キログラムを売る旨の返事を得たうえ，Zも仲間に入れ，昭和58年11月10日，W組組長，その舎弟分のI一家O組組長MおよびMの配下のXとF駅付近で合流した。

X，Y，Z等が一緒にいた際に，Yは，Xに対し「H会の幹部Aをホテルに呼び出す。2部屋とって1つにAを入れ，もう1つの部屋にはお前が隠れていろ。俺がAの部屋に行きしばらく話をしたあと，お前に合図するから，俺と一緒についてこい。俺がドアを開けるからお前が部屋に入ってチャカ（拳銃）をはじけ。俺はそのときAから物（覚せい剤）を取って逃げる」と言って犯行手順を説明し，Xもこれに同調した。なお，この際，奪った覚せい剤は全部Yの方で自由にするということに話がまとまった。ところが，その後，Yは犯行手順の一部を変更し，Xに対し「俺がAの部屋で物を取りその部屋を出たあとお前の部屋に行って合図するから，そのあとお前は入れ替わりにAの部屋に入ってAをやれ」と指示した。

翌11日午前に至り，F市内のSホテル303号室にAを案内し，Aの持参した覚せい剤を見てその値段を尋ねたりしたあと，先方（買主）と話をしてくると言って309号室に行き，そこで待機しているX及びZと会って再び303号室に戻った。そして，Aに対し「先方は品物を受け取るまでは金はやれんと言ってる」と告げると，Aは「こっちも金を見なければ渡せない」と答えてしばらくやりとりが続いたあと，Aが譲歩して「なら，これあんたに預けるわ」と言いながらYに覚せい剤約1.4キログラム（以下，「本件覚せい剤」という）を渡した。そこで，Yはこれを受け取ってその場に居合わせたZに渡し，Aに「ちょっと待ってて」と言い，Zと共に303号室を出て309号室に行き，Xに対し「行ってくれ

と303号室に行くように指示し，Zと共に逃走した。
　Xは，Yと入れ替わりに303号室に入り，同日午前２時ころ，至近距離からAめがけて拳銃で弾丸５発を発射したが，同人が防弾チョッキを着ていたので，重傷を負わせたにとどまり，殺害の目的は遂げられなかった。
　YとZは，303号室でAから本件覚せい剤を受け取るや直ちに309号室に赴き，そこで本件覚せい剤をかねて準備していたショルダーバッグに詰め込み，靴に履き替えるなどして，階段を３階から１階まで駆け降りてSホテルを飛び出し，すぐ近くでタクシーを拾い，T方面に向かって逃走したが，Yは，309号室においてXに少し時間を置いてから303号室に行くように指示し，XもYらが出ていってから少し時間を置いて303号室に向かったことが認められ，したがって，XがAに対し拳銃発射に及んだ時点においては，YとZはすでにSホテルを出てタクシーに乗車していた可能性も否定できない。

Questions

Q1　X，Yに成立すると考えられる財産犯をすべて挙げよ。
Q2　客体は，「財物」「財産上の利益」のいずれと考えるのが適切か。

1　最決昭和61年11月18日刑集40巻7号523頁

［事実の概要］　〔設問１〕参照
　原判決は，(1)YはAの意思に基づく財産的処分行為を介して本件覚せい剤の占有を取得したとはいえず，これを奪取したものとみるべきであること，(2)あらかじめ殺人と金品奪取の意図をもって，殺害と奪取が同時に行われるときはもとより，これと同視できる程度に日時場所が極めて密着してなされた場合も強盗殺人罪の成立を認めるべきであること，(3)このように解することは，強盗殺人（ないし強盗致死傷）罪が財産犯罪と殺傷犯罪のいわゆる結合犯であることや，法が事後強盗の規定を設けている趣旨にも合致すること，(4)本件の場合，もともとAを殺害して覚せい剤を奪取する計画であったところ，後に計画を一部変更して覚せい剤を奪取した直後にAを殺害することにしたが，殺害と奪取を同一機会に行うことに変わりはなく，右計画に従って実行していること，などの理由を説示して，X（およびY）に対しいわゆる１項強盗による強盗殺人未遂罪の成立を認め，これと結論を同じくする第１審判決を支持している。

［判旨］
　「(1)についてみると，前記１，２審認定事実のみを前提とする限りにおいては，

YらがAの財産的処分行為によって本件覚せい剤の占有を取得したものとみて，Xらによる本件覚せい剤の取得行為はそれ自体としては詐欺罪に当たると解することもできないわけではないが（本件覚せい剤の売買契約が成立したことになっていないことは，右財産的処分行為を肯認する妨げにはならない。），他方，本件覚せい剤に対するAの占有は，Yらにこれを渡したことによっては未だ失われず，その後YらがAの意思に反して持ち逃げしたことによって失われたものとみて，本件覚せい剤の取得行為は，それだけをみれば窃盗罪に当たると解する余地もあり，以上のいずれかに断を下すためには，なお事実関係につき検討を重ねる必要がある。ところで，仮に右の点について後者の見解に立つとしても，原判決が(2)において，殺害が財物奪取の手段になっているといえるか否かというような点に触れないで，両者の時間的場所的密着性のみを根拠に強盗殺人罪の成立を認めるべきであるというのは，それ自体支持しがたいというほかないし，(3)で挙げられている結合犯のことや，事後強盗のことが，(2)のような解釈を採る根拠になるとは，到底考えられない。また，(4)で，もともとの計画が殺害して奪取するというものであったと指摘している点も，現に実行された右計画とは異なる行為がどのような犯罪を構成するのかという問題の解決に影響するとは思われない。本件においては，Xが303号室に赴き拳銃発射に及んだ時点では，Yらは本件覚せい剤を手中にして何ら追跡を受けることなく逃走しており，すでにタクシーに乗車して遠ざかりつつあったかも知れないというのであるから，その占有をすでに確保していたというべきであり，拳銃発射が本件覚せい剤の占有奪取の手段となっているとみることは困難であり，Xらが本件覚せい剤を強取したと評価することはできないというべきである。したがって，前記のような理由により本件につき強盗殺人未遂罪の成立を認めた原判決は，法令の解釈適用を誤ったものといわなければならない。

　しかし，前記の本件事実関係自体から，Xによる拳銃発射行為は，Aを殺害して同人に対する本件覚せい剤の返還ないし買主が支払うべきものとされていたその代金の支払を免れるという財産上不法の利益を得るためになされたことが明らかであるから，右行為はいわゆる2項強盗による強盗殺人未遂罪に当たるというべきであり（暴力団抗争の関係も右行為の動機となっており，Xについてはこちらの動機の方が強いと認められるが，このことは，右結論を左右するものではない。），先行する本件覚せい剤取得行為がそれ自体としては，窃盗罪又は詐欺罪のいずれに当たるにせよ，前記事実関係にかんがみ，本件は，その罪と（2項）強盗殺人未遂罪のいわゆる包括一罪として重い後者の刑で処断すべきものと解するのが相当である。したがって，前記違法をもって原判決を破棄しなければ著しく正義に反するものとは認められない。」

【参考判例１】利益強盗罪
東京高判平成21年11月16日判時2103号158頁・判タ1337号280頁
［事実の概要］
　被告人Ｘは，金品窃取の目的で，午前２時50分ころ，無施錠の玄関ドアから被害者Ａ方に侵入し，台所兼居間でＡが寝ていることを確認するとともに，隣の南側和室に財布が入ったバッグがあることを発見し，Ａが目を覚ましてもすぐには見えない同和室の隅の壁際に同バッグを移動したうえで，中から財布を取り出して中身を確認したところ，現金は6000円程度しか入っていなかったものの，数枚のキャッシュカードが入っていたことから，Ａを包丁で脅して暗証番号を聞き出し，キャッシュカードで現金を引き出そうと決意した。
　そして，Ｘは，帰る際に持って行けばいいと考えてキャッシュカードの入った財布を同和室の隅に置いておいたバッグに戻したうえ，包丁を台所から持ち出し，これをＡに突きつけながら，「静かにしろ。一番金額が入っているキャッシュカードと暗証番号を教えろ。暗証番号を教えて黙っていれば，殺しはしない」などと言って脅迫し，Ａは，やむなく本件口座の暗証番号を教えた。
　原判決は，①ＸがＡから窃取にかかるキャッシュカードの暗証番号を聞き出したとしても，財物の取得と同視できる程度に具体的かつ現実的な財産的利益を得たとは認められないとし，また，②刑法236条２項の「財産上不法の利益」について，「移転性」のある利益に限られ，同項に該当するためには，犯人の利益の取得に対応した利益の喪失が被害者に生じることが必要であると解したうえで，Ｘが上記のとおり暗証番号を聞き出したとしても，キャッシュカードの暗証番号に関する情報がＡとＸとの間で共有されるだけで，本件被害者の利益が失われるわけではないから，Ｘが「財産上不法の利益を得た」とはいえないとして，強盗罪の成立を否定し，強要罪が成立するにすぎないとした。
［判旨］
　東京高裁は以下のように判示して，利益強盗罪の成立を認めた。
「１　①の点について
　……キャッシュカードを窃取した犯人が，被害者に暴行，脅迫を加え，その反抗を抑圧して，被害者から当該口座の暗証番号を聞き出した場合，犯人は，現金自動預払機（ＡＴＭ）の操作により，キャッシュカードと暗証番号による機械的な本人確認手続を経るだけで，迅速かつ確実に，被害者の預貯金口座から預貯金の払戻しを受けることができるようになる。このようにキャッシュカードとその暗証番号を併せ持つ者は，あたかも正当な預貯金債権者のごとく，事実上当該預貯金を支配しているといっても過言ではなく，キャッシュカードとその暗証番号を併せ持つことは，それ自体財産上の利益とみるのが相当であって，キャッシュカードを窃取した犯人

が被害者からその暗証番号を聞き出した場合には，犯人は，被害者の預貯金債権そのものを取得するわけではないものの，同キャッシュカードとその暗証番号を用いて，事実上，ATMを通して当該預貯金口座から預貯金の払戻しを受け得る地位という財産上の利益を得たものというべきである。

原判決は，キャッシュカードが盗難に係るものである場合には，銀行が払戻しを拒む正当な理由があることもその論拠としているが，被害者等からキャッシュカードの盗難届等が出されない限り，銀行側において被害の事実を知り得ず，犯人はATMによって預貯金の払戻しを受けられるのであるから，この点は２項強盗の罪の成立を妨げる理由とはならない（もとより，一旦成立した犯罪がその後盗難届等が出されたことなどによって消滅するものでもない。）。」

「２ ②の点について

原判決は，刑法236条２項の財産上の利益は移転性のあるものに限られるというのであるが，２項強盗の罪が成立するためには，財産上の利益が被害者から行為者にそのまま直接移転することは必ずしも必要ではなく，行為者が利益を得る反面において，被害者が財産的な不利益（損害）を被るという関係があれば足りると解される（例えば，暴行，脅迫によって被害者の反抗を抑圧して，財産的価値を有する輸送の役務を提供させた場合にも２項強盗の罪が成立すると解されるが，このような場合に被害者が失うのは，当該役務を提供するのに必要な時間や労力，資源等であって，輸送の役務そのものではない。）。そして，本件においては，被告人が，ATMを通して本件口座の預金の払戻しを受けることができる地位を得る反面において，本件被害者は，自らの預金を被告人によって払い戻されかねないという事実上の不利益，すなわち，預金債権に対する支配が弱まるという財産上の損害を被ることになるのであるから，２項強盗の罪の成立要件に欠けるところはない。

原判決は，『被告人が暗証番号を聞き出したとしても，キャッシュカードの暗証番号に関する情報が被告人と本件被害者の間で共有されただけであり，そのことによって，本件被害者の利益が失われるわけではない。』とも説示しているが，これは，暗証番号が情報であることにとらわれ，その経済的機能を看過したものといわざるを得ない。

したがって，刑法236条２項の財産上の利益は移転性のあるものに限られ，２項強盗の罪が成立するためには，犯人の利益の取得に対応した利益の喪失が被害者に生じることが必要であるとする原判決は，同項の解釈を誤ったものというべきである。」

Questions

Q3 被害者に暴行・脅迫を加えてキャッシュカードの暗証番号を聞き出す行為に

ついて，本件の原判決が2項強盗罪の成立を否定した根拠は何か。これに対して，東京高裁はどのような判断を示しているか。「利益の移転性」が判断要素として挙げられているが，その具体的内容はどのようなものと考えられているのか，また，「利益の移転性」はなぜ必要とされているのか。

Q4 神戸地判平成17年4月26日判タ1238号343頁は，「Xらは，風俗店経営者Aを殺害して，Xにおいて，Aが実質的に経営する会社および店舗の什器備品・従業員等を利用して同店舗等を営業し，その売上金等を収受すること等を含む経営上の権益を強取した」旨の検察官の主張に対し，「経営上の権益」を2項強盗罪における「財産上の利益」にあたらないとしているが，他方で，「殺害行為自体によって，Aから『経営上の権益』が移転したとはいい難い」ともいっている。そもそも，財産上の利益ではないとしたのか，それとも，財産上の利益となる可能性はあるが，当該事案では殺害により移転の結果が生じたとはいえないとしたのか。

Q5 東京高判平成元年2月27日高刑集42巻1号87頁は，両親を殺害して，自己のために相続を開始させた行為について，2項強盗罪の成立を否定し，「相続の開始による財産の承継は，生前の意思に基づく遺贈あるいは死因贈与等とも異なり，人の死亡を唯一の原因として発生するもので，その間任意の処分の観念を容れる余地がないから，同条2項にいう財産上の利益には当たらない。」とした。

この事案でも，任意の処分といえないとして「財産上の利益」にはあたらないとしているが，処分行為が認められないと，そもそも利益にあたらないことになるのか。

2 手段としての暴行・脅迫の意義

〔設問2〕 強盗罪の手段としての暴行・脅迫は，被害者の反抗を抑圧する程度のものでなければならない。その点に着目しつつ，以下の事実を読んで，Xの罪責について述べよ。

X（36歳男性，身長180センチメートル）は，女友達のY子に万引をしようと誘い掛け，これを承諾したY子と共謀のうえ，犯行当日の午後3時ころから約30分間にわたり，スーパーマーケット「A」店内で，食料品や日用雑貨など42点を次々と買物用カートに入れたうえ，人目を忍んでA子持参のボストンバッグ内に詰め込んだ。さらに，稼働中のレジ前を通らずにサッカー台（商品を袋に入れる台）に至り，ボストンバッグに入りきらない商品を同店のマーク入リビニール袋2袋に詰め込んだ後，Y子がボストンバッグを，Xがビニール袋2袋を持ち，同日午後3時30分ころ，Y子がだれかに見られているようだと訴

えたこともあって，同店正面入り口から敷地内通路に出て，足早に同店敷地から立ち去ろうとした。

他方，2年前から「A」に派遣の保安係として私服で勤務していた被害者B（62歳男性，身長170センチメートル，体重72キログラム）は，上記万引の途中からXらを尾行しており，人目を忍んでボストンバッグ内に商品を詰め込むのを目撃したが，弁解のきかない店外に出た後に声を掛けて事務室に同行しようと考え，そのまま尾行を継続した。そして，A店正面出入口を出た付近で，前方を足早に歩くXらに「もしもし」と声を掛けた。Xは，Bから声を掛けられるや，Y子からボストンバッグを受け取り，ビニール袋2袋と一緒に持って逃げ出そうとしたが，Y子がその場に立ち尽くしてしまったため，両手がふさがっていたこともあって，とっさにBを足で蹴って転倒させた隙にY子を連れて逃げようと考え，サンダル履きの右足を高く上げ，その足の裏で正面から被害者の左胸の下付近を思い切り踏み付けるようにして1回蹴るという暴行を加えた。その結果，Bは路上に転倒したが，やはりY子が逃げようとせず，かえってその場に座り込んでしまったため，Xは，それ以上の暴行に及ぶことなく，ボストンバッグ等を手に持って1人で逃げ出した。

Bは，仰向けに転倒して背中と右ひじ付近を地面に打ち付けて，加療3日間を要する右ひじ，腹部（左胸の下）打撲挫傷，右背部挫傷の傷を負い，眼鏡も1メートル前後吹き飛ばされたが，この暴行を「押すように突き放すように」感じた。Bは，倒れた直後は一瞬ショックが残ったが，まずY子を確保することが必要だと考え，座り込んでいるY子にレシートを見せるように要求したうえ，保安係事務室にY子を同行した。他方，Xは，近くの料理旅館の敷地のやぶの中にボストンバッグ等を隠匿した後，Y子を連れに戻ったが，BおよびY子が既に現場にいなかったため，Y子が保安係事務室に同行されたものと考えて自ら同事務室に赴いた。

なお，Bは，比較的大柄で，数年前に空手同好会に入っていたことがあった。また，本件暴行の現場は，「A」店の正面出入口東南から約30メートル離れた「A」店敷地内の通路上であり，通路の北側にある自動車駐車場に沿った部分は自動車置き場になっていた。

2　大阪高判平成7年6月6日判時1554号160頁

［事実の概要］〔設問2〕参照

〔設問2〕の事実について，原判決は被告人Xに事後強盗致傷罪が成立するとし

た。これに対し，弁護人は，事後強盗罪の成立に必要な反抗を抑圧するに足りる暴行に至っていない等と主張して控訴した。

[判旨] 破棄自判

「本件暴行それ自体の態様は，おおむね原判決が補足説明において判示するとおりであり，サンダル履きの右足を高く上げ，その足の裏で正面から被害者の左胸の下付近を思い切り踏み付けるようにして1回蹴り，その結果，被害者は，仰向けに転倒して背中と右ひじ付近を地面に打ち付けて，加療3日間を要する右ひじ，腹部（左胸の下）打撲挫傷，右背部挫傷の傷を負い，眼鏡も1メートル前後吹き飛ばされたというものである。ちなみに，被告人が蹴った態様に関して，被害者は，原審公判廷において，『どーんと突くように』，『急激に押したような感じ』，『足の裏で蹴るような，踏み付けるような感じ』，『押すように突き放すように』などという表現を用いている。

なお，原判決の罪となるべき事実における『足で蹴り付け』という判示は，それ自体としてみると，足の裏以外の部分でボールを蹴るように蹴ったこと，あるいは，被告人の足が被害者の身体に当たる瞬間の速度ないし衝撃がかなり大きかったことを意味するものと解する余地が多分にあるが，右補足説明における判示と併せ読めば，全体としてそのような趣旨を判示しているものとは解されないから，この点に関する事実の誤認があるとは言えない。」

「以上見たような本件暴行の態様を前提として，原判決は，それが被害者の反抗を抑圧するに足りると解した。確かに，①本件暴行が，『もしもし』などと声を掛けてきただけの被害者に対し，被告人から積極的に先制攻撃を加えたものであって，被害者による逮捕行為を避けるなどの消極的，受動的な態様でなされたものではないこと，②その結果被害者が地面に仰向けに倒れてしまい，軽微とはいえ傷害を負い，眼鏡も吹き飛んだこと，③当時周囲には，被告人及び共犯者Y子の逃走を防ごうとする者は，被害者以外にいなかったこと，④被告人は，本件暴行の直後，窃取した食料品，日用雑貨等を入れたボストンバッグ及びビニール袋2袋を持って，その場から逃走していること，⑤被害者は62歳，身長170センチメートルの保安係の男性であるのに対し　被告人は36歳，身長180センチメートルの男性であり，年齢差，体格差が大きかったことなどに照らすと，原判決の判断にも理由があるように思われないではない。」

しかしながら，[設問2] の「具体的状況も併せ検討すると，①本件暴行は，両手がビニール袋等でふさがった状態で，サンダル履きの足を高く上げ，その足の裏で被害者の正面から胸の下付近を踏み付けるようにして1回蹴っただけのものであり，それ自体としては，さほど重い傷害を与えるような性質のものではないこと，②被告人の意図も，被害者が転倒している隙にY子を連れて逃走しようというもの

であって，右暴行によって被害者の逮捕意思を制圧しようというものではなかったこと，③被害者と被告人間には前示のような年齢差，体格の違いがあるが，他方で，被害者は，同店の保安係として2年の経験を有し，声を掛けるまでの対応や転倒後の対応も落ち着いている上，体格も比較的大柄で，空手を学んだ経験もあったこと，④当時周囲には被告人らの逃走を防ごうとする者がいなかったにせよ，現場は大規模スーパーマーケットの広大な敷地内の通路上で，近くには自動車駐車場や自転車駐車場等があり，時間帯から見ても，被害者の逮捕意思等を低下させるような事情はなかったこと，⑤被害者がそれ以上被告人を追跡しなかったのも，Y子が傍らに座り込んでいたため，既に共犯者の1人を確保できたも同然であったことが大きい理由であると解されること等の事情が認められ，これらを総合考慮すると，被告人の本件暴行は，いまだ被害者の反抗を抑圧するに足りる程度には至っていなかったと解するのが相当である。」

Questions

Q6 原審判決が事後強盗罪の成立を認めた理由として，どのような事実を挙げることができるか。

Q7 それに対し，本判決はどのような理由でこれを否定しているか。被告人と被害者との体格の差や共犯者の態度，日時・場所等の周囲の状況は，結論にどのように影響しているか，あるいはしていないか。

Q8 仮に，被害者がスーパーマーケットの小柄な女性店員であったとすると，同程度の暴行を加えた場合に結論は異なるか。

【参考判例2】
仙台高判平成14年10月22日判タ1140号277頁

[事実の概要]

被告人Xは，平成13年4月18日朝，長年付き合いのあったB方に赴き，その茶の間において，こたつにBと相向かいに座ったところ，Bは，前日貸してくれることを約束した10万円を取り出し，こたつのテーブル上に置いた。被告人は，それに手をつけず，前夜さらに10万円を上積みして貸してもらおうと考えていたことから，さらに10万円を貸してくれるよう頭を下げながら頼んだところ，Bは「分かった」と言って承諾した。そこで，Bは，こたつテーブル上に出していた10万円をいったん手元に戻したうえ，傍らに置いたバッグを引き寄せ，バッグから封筒を引き出し，その封筒から1万円札を出して数え始めた。

Xは，Bが数えている1万円札の札束を目にして，にわかにその札束を奪って自分の物にしたくなり，とっさにBを殺害すれば，その札束も先に出された10万円も，

Bが所持する目の前の金員すべてを獲得できると考え，目に付いたこたつの電気コードを使って首を絞め，殺害しようと決意した。Xは，さらにBを殺害する手順等を考えていたが，Bは，封筒から10万円を数えて取り出すと，前に差し出した10万円と合わせて束にし，それをこたつのテーブル上に差し出したため，Xは，その差し出された20万円を手にして数えたうえ，自分のジャンパーのポケットに入れた。Xは，なおBを襲う機会をうかがって，話しかけるBに適当に相づちを打ちながら，何気ない振りをしてBの背後に回り，こたつから伸びた電気コードをつかむと，それを両手に持ってBの首に巻き付け，引き続き力一杯引っ張ってBの首を締めつけ，そのうちBが倒れて動かなくなったことから，Xは，Bが死んだと思い，現金80万円等が入ったバッグを自分のジャンパーのポケットにねじ込んだ。その後，Xは，自己の犯罪の犯跡隠ぺいのため，Bの遺体とともに建物を燃やそうと考え，持っていたライターでこたつカバーに火をつけ，カバーが燃え始めたのを確認して，B方から立ち去った。

[判旨]

「上記の事実関係によれば，被告人がBから差し出された20万円を手にとってポケットに入れたことにより，被告人はその20万円の占有を取得したといえるのであるが，しかし，その時点において，被告人は既にBを殺害してバッグ内の現金を含めてBの所持する全金員を奪う意思を有していたのであり，Bが20万円を差し出したのは，被告人のそうした意思を知らずに，依然正当に借りるものと誤信していたからであり，Bが被告人の内心の意思を知ったならば，たちまちその返還を求めたであろうことは明白であるから，たとえ被告人が差し出された20万円をポケットに入れて，その占有を取得していたとしても，その占有は確実なものとはいえず，被告人が殺害したのは，20万円を確実に確保するためであったといえるのである。そうすると，20万円については，不確実な占有状態にあるのを完全に確保するための手段として殺害が行われたと認めることができるので，いわゆる1項強盗による強盗殺人罪の成立を肯定できる。

したがって，原判決が20万円についてもいわゆる1項強盗による強盗殺人罪の成立を認定したことに誤りはない。」

Questions

Q9 暴行・脅迫は，強盗の犯意を生じた時点以降になされなければならない。強盗の手段としての殺害の実行に着手する前に，すでに20万円は受け取っていたが，この20万円についても一項強盗とすることができるのか。本判決はこれを肯定しているが，その理由は何か。

【参考判例3】
札幌高判平成7年6月29日判時1551号142頁
　[事実の概要]
　　X, Yは, A子を強姦することを共謀し, 路上においてA子をワンボックスカー内にむりやり連れ込み, 激しく抵抗したA子に対し,「殺すぞ」などといって脅迫し, A子の顔面を多数回にわたって殴打するなどして, 全治6週間を要する傷害を負わせ, 身動きしない状態となったA子を強姦し, その後Yは, A子のバッグ内からアドレス帳等を取り出し, 運転席脇のコンソールボックス内に入れ, またXも, A子の腕時計を外してコンソールボックス内に入れた。A子が身動きしなくなった間, 被告人両名はA子が失神しているものと思っていたが, 実はA子は逆らえばまた殴られると考えて, 被告人両名の行為を止めようとしなかっただけであった。その後, 車から降ろされる際に, A子がアドレス帳と自宅の鍵を返してほしいと頼んだところ, 被告人両名は, アドレス帳は指紋が付いているから返せないなどと言って鍵だけを返還したが, A子は逆らえばまた暴行を受けると考えて, それ以上の要求を断念した。
　　原審は, XYには, 強盗の犯意が欠けるとして, 窃盗罪が成立するに止まるとした。
　[判旨]
　　反抗を抑圧された者から奪う場合, 強盗の成立には新たな暴行・脅迫は不要だとする検察側の主張に対し,「所論によると, 反抗不能状態の利用意思があれば強盗罪となり, それがなければ窃盗罪となることになろう。反抗不能状態の利用の意思については, 暴行・脅迫により反抗不能状態を生じさせた者が, 金品を取る犯意を生じて金品を取った場合は, 特段の事情の認められない限り, その意思があるというべきであるが, そのような反抗不能状態の利用の意思があるにしても, 失神した状態にある被害者に対しては, 脅迫をすることは全く無意味というほかなく, 同様に, 失神した被害者に対して腹いせのために暴行を加えるような特段の事情のある場合は別として, そのような事情のない限り, 反抗不能の状態を継続するために新たな暴行を加える必要もないことは明らかである。……犯意に関していえば, そのような被害者が意識を取り戻した場合又はその気配を感じた場合は別として, 被害者が失神している場合は, もともと, 脅迫をすることはもちろん, 新たな暴行を加えることも考え難いから, 犯人の主観としては, 窃盗の犯意はあり得ても, 暴行・脅迫による強盗の犯意は考え難いというべきであろう。他方, このような場合は, 被害者の反抗もまた何ら論じる余地もないといわなければならない。さらに, 被害者が金品を奪取されることを認識していないのであるから, 被害者が失神している状態にある間に金品を取る行為は, 反抗不能の状態に陥れた後に金品を取る犯意を

生じて，被害者に気付かれないように金品を盗み取る窃盗，更にいえば，殺人犯が人を殺した後，犯意を生じ死者から金品を取る窃盗とさほどの差異がないというべきである。……所論は，失神した被害者に対する関係では，新たな暴行・脅迫を問題にしないという限りでは，……その理由においてその立場をとることができないから，採用することはできない。……したがって，本件を窃盗罪とした原判決の認定は結論として誤りはない。」

ただ，札幌高裁は，ＸＹが鍵等の返還を拒否した行為につき，事後強盗の事実を認定できた可能性が大であったとして，札幌地裁に差し戻した。

Questions

Q10 多くの裁判例は，暴行・脅迫を加え，被害者の反抗を抑圧した後に財物奪取の意思が生じた場合には，相手の反抗抑圧状態を積極的に利用する場合に限り，強盗罪の成立が認められるとする。失神している者に対する場合には，通常の反抗抑圧状態と異なり積極的な利用は認められないのか。

また，失神していなくとも，行為者が被害者が失神していると誤信している場合にはどのように評価すべきか。本判決を参考に検討せよ。

【参考判例4】
東京高判昭和48年3月26日高刑集26巻1号85頁

［事実の概要］

被告人Ｘは，被害者Ａに暴行を加えたのち，Ａから金品を強取しようと考え，この暴行を受けた結果その場にうずくまっている同人が畏怖しているのに乗じ，「金はどこにあるのか」「無銭飲食だ」などと言いながら，その背広左内ポケットに手を差し入れて懐中をさぐり，その態度からして，もしその財物奪取を拒否すればさらに激しい暴行を加えられるものと同人を畏怖させて脅迫し，その反抗を抑圧したうえ，同人からその所有の1万円札1枚および腕時計1個（時価1,500円位相当）を取り上げた。

［判旨］

「強盗罪は相手方の反抗を抑圧するに足りる暴行または脅迫を手段として財物を奪取することによって成立する犯罪であるから，その暴行または脅迫は財物奪取の目的をもってなされるものでなければならない。それゆえ，当初は財物奪取の意思がなく他の目的で暴行または脅迫を加えた後に至って初めて奪取の意思を生じて財物を取得した場合においては，犯人がその意思を生じた後に改めて被害者の抗拒を不能ならしめる暴行ないし脅迫に値する行為が存在してはじめて強盗罪の成立があるものと解すべきである（もっとも，この場合は，被害者はそれ以前に被告人から加え

られた暴行または脅迫の影響によりすでにある程度抵抗困難な状態に陥つているのが通例であろうから，その後の暴行・脅迫は通常の強盗罪の場合に比し程度の弱いもので足りることが多いであろうし，また，前に被告人が暴行・脅迫を加えている関係上，被害者としてはさらに暴行・脅迫（特にその前者）を加えられるかもしれないと考え易い状況にあるわけであるから，被告人のささいな言動もまた被害者の反抗を抑圧するに足りる脅迫となりうることに注意する必要がある。……）。」

3　強盗致死傷罪──「強盗の機会」
【参考判例5】
東京地判平成15年3月6日判タ1152号296頁
［事実の概要］

　被告人およびXは，平成13年6月6日午前零時55分ころ，客を装って被害店舗の出入り口から同店内に入り，正面にある受付のカウンター内にいた同店店長のBと二，三言，言葉を交わした後，いきなり所携のエアガンを取出し，こもごもカウンター越しに同人の腹辺りに突きつけたうえ，同人を受付と衝立で区切られている東隣の待合室のソファーに座らせた。その直後ころ，同店従業員のLが，客に頼まれた水を入れたコップを持って待合室東隣にある控室のドアを開けて待合室に出て来たので，XがLの腹辺りに所携のエアガンを突きつけ，Bの隣に座らせた。続いて受付の西側に並んでいる，カーテンで仕切られた個室の1つから同店従業員のMがカーテンを開けて通路へ出てきたので，被告人がMにエアガンを突きつけたうえ，北京語で「黙っていろ」などと言って待合室に連行し，ソファーに座らせた。その後，被告人らは個室が並んでいる通路奥西側中央の窓際に取り付けられていた警報機が赤く点滅しているのに気付き，Xがソファーに座っているBたちにエアガンを突きつけてその反抗を抑圧する一方で，被告人が警報機の側に行き，点滅しているフラッシュライトを引き降ろし持っていたエアガンで叩くなどした。そのころ，個室にいた客のDが通路に出てきたので，XがDの後頭部にエアガンを突きつけて待合室に連行し，ソファーに座らせた。その直後ころ被告人らは被害店舗から外に出て逃走したが，これらの犯行の間に被告人らは受付カウンターの下にあった手提げ金庫から，現金約6万円を強取した。

　他方，被害店舗の経営者であるAは，受付の西隣にある個室のベッドの上に横になり仮眠していたが，被告人らが同店に入店した直後ころに目を覚まし，カーテンの隙間から待合室の方向を覗き見たところ，LがXからけん銃らしきものを突きつけられるのを見て，強盗に入られたと思った。そこで，Aは，同室内に持ち込んでいた警報機のスイッチを入れた後，同店舗西側の北の窓から外へ逃げ出そうと考え，早歩きで西側の個室に移動したところ，同室方向へ近寄ってくる足音を聞いたこと

から，被告人らが追いかけてきたと思い，自分も被告人らに捕まるのではないかとの恐怖のあまり，上記窓からその下方に作られている建造物の上に一旦降りてから地上に脱出しようと決意した。そして，窓から飛び降りたものの，上記建造物の上に降りるのに失敗し，そのまま地上に転落し，全治148日間を要する左手関節開放骨折，左肘脱臼，左肋骨骨折の傷害を負った。ただし，被告人らがAの存在を認識している事情は認められなかった。

　弁護人は，被告人およびXはAに対して暴行，脅迫を加えておらず，Aは，自らの意思で被害店舗内から脱出しようとして足場に降りることができず，誤って2階から転落し負傷したのであるから，Aの傷害について被告人に責任を負わせるのは相当でなく，被告人は強盗罪の範囲内で責任を負うと主張した。

[判旨]
「第3　強盗致傷罪の成立について
1　以上の事実関係を前提に，被告人に強盗致傷罪が成立するか否かを検討するに，本件では，被告人らにおいては，犯行時Aが被害店舗内にいたことを認識していなかったにもかかわらず，同女の負った傷害の結果についても責任を負うのかどうかが問題となる。ところで，強盗致死傷罪は，強盗の機会には人に傷害等を負わせる行為を伴うことが少なくないことから強盗罪の加重類型として，『強盗（犯人）が人を負傷させたとき』に成立するとされていることからすれば，強盗致死傷罪が成立するためには，単に強盗の現場において致死傷の結果が発生したというだけではなく，通常強盗に付随して行われるような強盗犯人の行為に基づき傷害等の結果が発生したと評価できることを要すると解される。
2　そこで，これを見るに，被告人らの行為は，Bらに対してエアガンを突きつけるなどして脅迫したものであるところ，被害店舗は，3階建てビルの2階部分にあって，通路を挟んだ7つの個室のほか，カウンターのある受付，ソファーが置いてある待合室，従業員用の控室，シャワールーム，トイレ及び流しがあるだけで，その広さは受付を中心に歩いても数秒以内で移動できる程度のものであり，出入口も被告人らが入ってきた1か所だけであること，しかも，個室とは言っても，いずれもカーテンによって通路と仕切られているだけの独立性の乏しい部屋で，その室内にはベッドと小さな棚等が置かれているだけのスペースがあるに過ぎないこと，そして，被告人らは，このようにさほど広くない被害店舗に2人組で押し入った上，その出入口近くにある待合室において，Bらに対して，真正なけん銃と見まがうようなエアガンを突きつけて脅迫し同人らの反抗を抑圧したものであって，このような被害店舗内の状況及び被告人らの犯行態様に照らすと，同店舗内にいた者は，仮にエアガンを突きつけられていなくとも，被告人らからエアガンを突きつけられ脅迫されているBらの状況を目にすれば，被告人らに発見されないで同店舗内から脱

出することが事実上困難であり，もし被告人らに発見されればＢらと同様に脅迫されるであろうと考えるのが自然であり，被告人らがＢらにエアガンを突きつけて脅迫した行為は，客観的には，その脅迫の威力を同店舗内にいた者全員に及ぼしていたと評価することができる。

そして，Ａは，ＬがＸからエアガンを突きつけられているのを目撃して強盗に入られたと考え，自分も被告人らに捕まるのではないかとの恐怖心の余り，被害店舗の２階西側の北の窓から脱出しようとして誤って地上に転落し，判示傷害を負ったものである。

3　他方，被告人らは，既に認定したとおり，犯行時Ａが被害店舗内にいるとの具体的な認識までは有していなかったとは言え，同店舗内は当時薄暗い状態にあって，各個室はカーテンによって通路と仕切られていたこと，被告人らは，同店舗内をくまなく探索したわけではなかったこと，他方，被告人らは客を装って同店舗内に入ったもので，当時店がまだ営業中であったことは十分認識しており，現に，被告人らが同店舗内にいた約５分という短い時間内に，受付にいたＢのほかにも，従業員のＬやＭ，客のＤが立て続けに被告人らの前に姿を現してきたことなどの事情に照らせば，被告人らは，同店舗内にはまだ被告人らによって発見されていない者が存在している可能性についても十分認識できたと認められる。

そして，被告人らは，被害店舗に入った後，まず出入り口正面の受付カウンターの中にいたＢに対してエアガンを突きつけて脅迫し，次いで控え室から出てきたＬに対してもエアガンを突きつけて脅迫し，更には，それぞれ別の個室から通路に出てきたＭとＤに対しても順次エアガンを突きつけて脅迫するなど，被告人らにおいてその存在を認識し得た者全員に対してエアガンを突きつけて脅迫し，その反抗を抑圧していたものであって，このような犯行態様からすると，被告人らは，同店舗内において財物を強取するに当たって障害となる可能性のある者に対しては全て脅迫を加える意図を有していたことが明らかであり，この点については，被告人も，検察官に対し，『強盗をして無理矢理現金を奪い取るためには，店にいる全員を脅して怖がらせる必要がある』と思っていた旨供述している。

その上，被告人らのように，被害店舗の従業員らにエアガンを突きつけ脅迫するなどの強盗行為に及んだ場合，直接エアガンを突きつけられていない者であっても，恐怖心の余り，難を逃れるために被害店舗から外に脱出しようとして怪我を負うことも考えられることからすれば，Ａの判示傷害の結果は予測可能な範囲内にあったと言える。

4　そうすると，被告人らにおいて，犯行当時Ａが被害店舗内にいることについて具体的な認識を有していなかったとしても，被告人らは，Ａの存在について十分認識し得る状況にあり，被告人らがエアガンをＢらに突き付けた行為によって，客観

的には，同店舗内にいたAに対しても脅迫が加えられていたと評価できる中で，これによって畏怖したAが上記窓から地上に降りようとして負傷した以上，被告人らは強盗致傷罪の責任を負うと解するのが相当である。

なお，弁護人は，強盗致傷罪における『負傷』の結果は暴行の意思による行為に基づいて生じることを要する旨主張するが，強盗致傷罪の立法趣旨等に鑑みれば，同罪の成立についてそのような限定を加えるべき理由は認められず，弁護人の主張は採用できない。」

Questions

Q11 強盗致死傷罪の死傷結果は，強盗の手段としての暴行・脅迫により生ずる場合に限るものではなく，強盗の犯行の機会に生じたものも含む。では，行為者が直接その存在を認識していない者について死傷結果が発生した場合も含むのか。本判決では，行為者が認識していない者の負傷についても強盗致傷罪の成立を認めているが，その根拠となった具体的な事実を挙げよ。

【参考判例6】
岡山地判平成8年4月15日判時1587号155頁
［事実の概要］

被告人Xは，いわゆるサラ金等から多額の借金をしたまま失業したうえ，病気を患って満足に働くこともできず，生活費に窮する一方，同棲中のA子をいとしく思い，同女との生活に固執し，同女との生活を維持するためには何としても実父B（79歳）から金を借り受けようとしてB方に赴き，午後1時30分ころ，同人方において，同人に「100万円ほど貸してもらえんじゃろうか」と畳に額をすりつけて借金の申し出をした。

ところが，この申し出はBから固く拒絶されたうえ，生活態度等についても小言を言われたり，罵られたりして互いに大声で怒鳴り合う事態になった。これ以上Bに頼んでも無駄だと思ったXは，「ほんならええわ」と捨てぜりふを残して隣の表六畳間に行こうとしたが，その時，偶々同四畳半のステレオラックの上に荷作り用ナイロン紐が折りたたまれて置かれてあるのが目につき，その後，同六畳間でしばらくベッドに腰掛けて考えこんでいたXは，立ち上がってナイロン紐を手に取り，Bの背後から同人に近づき，ナイロン紐を同人の頸部に巻きつけて絞殺した。B絞殺後，大変なことをしてしまったと思ったXは，ナイロン紐をBの頸部から外して元の場所に置き，続いて，Bの死体を隠さなければいけないと考え，Bが寝ているように装うためこたつの掛け布団を同人の体の上に掛けたうえ，再び表六畳間に行き，ベッドに腰掛けていた。

さらに，同日午後2時ころ，Xがベッドに腰掛けて考え込んでいる時に実母C（74歳）が買い物から帰ってきたが，同女が四畳半の間に横たわっているBに気がつき，驚いて駆け寄りざま「おじいさん，どうしたん」といううろたえた声を上げるや，Xは，前記ナイロン紐を手に取り，Bの顔を覗き込んでいるCの右横から同女に近づき，ナイロン紐を同女の頸部に巻きつけて絞殺した。
　その後，Xは，外から室内を覗き込まれたら困ると考え，四畳半の間において，こたつ台を窓ガラス側に立て掛けたうえ，両親の死体を並べて仰向けに寝かせてこたつ布団をかぶせ，顔にはシャツや布を被せたうえ，同日午後3時ころから，物色行為にとりかかり，同所にあった現金2万円，預金通帳等4冊，キャッシュカード2枚および印鑑在中の印鑑ケース2個を奪取し，辺りが暗くなるのを待って，午後5時半過ぎにB方を出た。

[判旨]

　「検察官は，被告人がいずれも金品強取の目的で各被害者を殺害した旨主張するのに対し，弁護人は，被告人には各被害者殺害時にいずれも金品強取の目的はなく，両名殺害後に初めて財物奪取の意思を抱くに至ったものであるから，右両名殺害については通常の殺人罪が，その後の郵便貯金通帳等の奪取については窃盗罪が各成立するのみである旨主張し，被告人も，強盗の故意を認めていた捜査段階での供述を覆し，当公判廷においては，父親B殺害については，借金を断られた上，言い合い，罵り合いとなって感情を抑えられなくなり，かっとなって殺したものであり，母親C殺害については，B殺害を知られて騒がれたら困ると思って殺したものである旨供述するので，この点について以下検討する。」
　「B殺害の動機について検討するに，……被告人は，Bから罵しられたその場で直ちに同人を殴打したり，手で同人の首を絞めたりするなどの暴行を加えたのではなく，一旦隣室のベッドに腰掛けて思案した上，目にとまったナイロン紐を手に取り，Bの背後から同人に気付かれないように忍び寄って同人殺害行為に出ているのであり，このような殺害行為の態様からすると，被告人の行為は，激情にかられた発作的，衝動的行動とは到底いえないし，……これだけ頼んでも金を貸してくれようとしないBに対する憎しみと今なお続く金への執着とがあいまって，もはやこの上はBを殺害して金品を奪うほかないとの金品強取の目的から，被告人は，B殺害に及んだことを認めるに十分である。」
　「C殺害に当たっては，B殺害の事実を知られて騒がれたくないとの口封じの目的でこれがなされたと認められ，他に検察官主張の金品強取の目的を認めるに足りる証拠はない。
　もっとも，C殺害の動機が右認定のとおりであるとしても，前記認定のとおり，B殺害が金品強取の目的でなされたものであり，B殺害の事実を知られたくないと

いう口封じ目的でCを殺害したことは，強盗の機会におけるその発覚を防ぐための犯行ということになるから，結局法律的評価としては，C殺害についても強盗殺人罪が成立することになる。」

Questions

Q12 本件で，C殺害の動機は「B殺害の事実を知られたくないという口封じ目的」であったことが認定されているにもかかわらず，C殺害についても強盗殺人の成立が認められたのはなぜか。

4 事後強盗
(1) 窃盗の機会の継続

〔設問3〕 住宅街の公園でホームレス生活をしていたXは，金品窃取の目的で，某日午前11時50分ころ，公園から30メートルほど離れたA方住宅に，1階居間の無施錠の掃き出し窓から侵入し，同居間で現金等の入ったように見えた封筒を見つけこれを窃取したが，物音がしたような気がしてすぐに玄関扉の施錠を外して戸外に出た。Aの妻Bが2階におり，物音を不審に思い階下に降りてきたが，Xとは遭遇しなかったため，Xを追跡することはなく，夫の携帯に連絡を取った。
　Xは，公園に戻り盗んだ封筒の中を見たところ，千円札1枚と書類しか入っていなかったので，再度A方に盗みに入ることにしてA方に引き返し，同日午後0時50分ころ，同人方玄関の扉を開けたところ，室内に家人がいる気配がしたので，扉を閉めて門扉外に走り去ろうとした。そこでタクシーで帰宅したAに出会い，公園まで逃げて走ったところで追いつかれて捕まりそうになったので，その場にいたホームレス仲間のYに加勢を求めた。そして，2人でAを殴打して逃げ去った。その際Aは全治1週間の傷害を負った。
　XYの罪責について述べよ。

Questions

Q13 殴打する行為は，強盗罪の暴行といえるか。

Q14 事後強盗罪の構成要件解釈において最も問題となるのは，窃取行為と暴行・脅迫との「距離」である。下記**基本判例3**と〔**設問3**〕の事案とでは，どのような相違があるか。時間的・場所的離隔性，被害者からの追求の有無などで違いがあるか。

Q15 基本判例3，参考判例7と比較し，〔設問3〕の事案におけるＸＹの殴打は，窃盗の機会の継続中といえるか。

Q16 Ｙの行為は強盗罪の共同正犯にあたるか。共同正犯の成立を肯定する論拠として複数の見解を挙げよ。

また，Ｙの行為を強盗罪に該当しないとする見解はありうるか。

3 最判平成16年12月10日刑集58巻9号1047頁

[事実の概要]

1．被告人は，金品窃取の目的で，平成15年1月27日午後0時50分ころ，Ａ方住宅に，1階居間の無施錠の掃き出し窓から侵入し，同居間で現金等の入った財布および封筒を窃取し，侵入の数分後に玄関扉の施錠を外して戸外に出て，だれからも発見，追跡されることなく，自転車で約1キロメートル離れた公園に向かった。

2．被告人は，同公園で盗んだ現金を数えたが，3万円余りしかなかったため少ないと考え，再度Ａ方に盗みに入ることにして自転車で引き返し，午後1時20分ころ，同人方玄関の扉を開けたところ，室内に家人がいると気付き，扉を閉めて門扉外の駐車場に出たが，帰宅していた家人のＢに発見され，逮捕を免れるため，ポケットからボウイナイフを取出し，Ｂに刃先を示し，左右に振って近付き，Ｂがひるんで後退したすきを見て逃走した。

原判決は，以上の事実関係の下で，被告人が，盗品をポケットに入れたまま，当初の窃盗の目的を達成するため約30分後に同じ家に引き返したこと，家人は，被告人が玄関を開け閉めした時点で泥棒に入られたことに気付き，これを追ったものであることを理由に，被告人の上記脅迫は，窃盗の機会継続中のものというべきであると判断し，被告人に事後強盗罪の成立を認めた。

[判旨] 破棄差戻し

「上記事実によれば，被告人は，財布等を窃取した後，だれからも発見，追跡されることなく，いったん犯行現場を離れ，ある程度の時間を過ごしており，この間に，被告人が被害者等から容易に発見されて，財物を取り返され，あるいは逮捕され得る状況はなくなったものというべきである。そうすると，被告人が，その後に，再度窃盗をする目的で犯行現場に戻ったとしても，その際に行われた上記脅迫が，窃盗の機会の継続中に行われたものということはできない。

したがって，被告人に事後強盗罪の成立を認めた原判決は，事実を誤認して法令の解釈適用を誤ったものであり，これが判決に影響することは明らかであって，原判決を破棄しなければ著しく正義に反するものと認められる。」

【参考判例7】
東京高判平成17年8月16日判タ1194号289頁
〔判旨〕
「論旨は，要するに，原判決は，罪となるべき事実第1として，被告人は，金品窃取の目的で，平成16年6月7日午前9時ころ，C県T市内のA方に侵入し，同所において，同人所有の現金約6万9700円及び財布等在中の手提げバッグ1個（時価合計約5万6100円相当）を窃取し，その際，在宅していたB（当時79歳）に犯行を目撃されたと考え，その罪跡を隠滅するため，同人を殺害しようと決意し，そのころ，同所八畳間において，同人を俯せに倒すなどしてその背部に馬乗りになった上，同所にあったストッキングを同人の頸部に巻き付けて締め付け，よって，そのころ，同所において，同人を絞頸等により窒息させて殺害したとの事実を認定判示しているが，被告人は窃盗をした後A方から外に出て自宅に戻っており，その時点で窃盗の機会は終了しているというべきであるから，本件は窃盗罪と殺人罪として評価されるべき事案であって，原判決には判決に影響を及ぼすことが明らかな事実認定の誤りがあり，ひいて法令適用の誤りがあるというのである。

そこで，原審記録を調査して検討することとする。

関係証拠によれば，被告人は，原判示第1の日時ころ，金品窃取の目的で前記A方に侵入し，四畳半間において，同人所有の前記手提げバッグを手に取り，そのまま同人方を出ると，誰からも追跡されることなく東側に隣接する被告人方居宅に戻ったこと，この逃走中，A方敷地内から自宅敷地内へ塀越しに手提げバッグを投げ入れ，自宅に戻るや同バッグを屋内に取り込んだこと，被告人は自宅において約10分ないし15分間逡巡するうち，窃盗現場を立ち去る際隣室の八畳間から物音が聞こえたことからBに自己の窃盗が発覚したと考え同人を殺害するほかないと決意し，再びA方に至り，同所八畳間において，原判示のとおりBを殺害したことが認められる（なお，殺害が罪跡隠滅目的であったことは，上記経過に徹して，優に認定できる。）。

以上の事実関係を前提に，原判決は，Bが隣人である被告人による窃盗を目撃していた可能性があること，窃盗敢行後被告人が戻った自宅はその犯行現場の隣接地であること，被告人が自宅に戻っていた時間は僅か10ないし15分程度であることから，本件では窃盗現場との時間的場所的接着性が認められ，加えて被告人との関係からBが警察への通報等を一定時間逡巡することも容易に想定できることを併せ考慮すると，被告人に対しBからの追及可能性が継続していることを理由に，本件殺害行為はなお窃盗の機会の継続中に行われたというべきであるとして，事後強盗罪の成立を認めた。

しかしながら，被告人は，手提げバッグを窃取した後，誰からも追跡されずに自宅に戻ったのであり，その間警察へ通報されて警察官が出動するといった事態もな

く,のみならず,盗品を自宅内に置いた上でBが在宅するA方に赴いたことも明らかである。そうしてみると,被告人は,B側の支配領域から完全に離脱したというべきであるから,B等から容易に発見されて,財物を取り返され,あるいは逮捕され得る状況がなくなったと認めるのが相当である。本件殺害は,窃盗の機会の継続中に行われたものということはできない。原判決は時間的接着性のほか被告人方がA方と隣接していることをもって場所的接着性があるというが,たとえ時間的かつ距離的に近接していても追跡されないまま自宅という独立したいわば被告人自身の安全圏に脱した以上,時間的場所的接着性は本件における窃盗の機会継続に関する認定を左右するものではないというべきである。また,Bによる警察への通報等の可能性を強調し被告人に対する追及の可能性が継続していたことを指摘する点についても,本件においては追及の現実の行動がなかったことが明白である以上可能性を問題とする原判決の説示にも賛同できない。

　したがって,被告人に(事後)強盗殺人罪の成立を認めた原判決は事実を誤認し法令の解釈適用を誤ったものであり,これが判決に影響を及ぼすものであることは明らかであるから,破棄を免れない。論旨は理由がある。」

【参考判例8】
最決平成14年2月14日刑集56巻2号86頁
[事実の概要]
　被告人は,留守であった被害者宅に侵入し,台所の食品を食べる等した後,午後3時ころ家屋内を物色して指輪を窃取しポケットに入れたが,その後も犯行現場の真上の天井裏に潜んでいたところ,犯行の約1時間後に帰宅した被害者から,窃盗の被害に遭ったことおよびその犯人が天井裏に潜んでいることを察知され,午後5時半ころ被害者の通報により警察官が駆けつけ,午後6時ころその警察官に天井裏の潜んでいるところを発見されたため,逮捕を免れるため,持っていた切出しナイフで警察官の顔面等を切り付け,よって,同人に加療3週間を要する傷害を負わせた。

[決定要旨]
　「このような事実関係によれば,被告人は,上記窃盗の犯行後も,犯行現場の直近の場所にとどまり,被害者等から容易に発見されて,財物を取り返され,あるいは逮捕され得る状況が継続していたのであるから,上記暴行は,窃盗の機会の継続中に行われたものというべきである。したがって,被告人に強盗致傷罪の成立を認めた原判断は,相当である。」

Questions

Q17 本事案は，**基本判例3**，**参考判例7**と比べどのような特色があるか。また約3時間後でも「窃盗の機会の継続中」であるとされた理由は何か。

参考 広島高判昭和28年5月27日高裁特31巻15頁は，窃盗の被害者自身に対する暴行については，約30分後，1km余り離れた場所であっても「犯行の機会継続中」とした。東京高判昭和27年6月26日高裁特34巻86頁は，現場から200メートルしか離れていなくとも，たまたま遭遇した警察官の職務質問を暴行により免れた場合には，事後強盗罪とはならないとした。

東京高判昭和45年12月25日高刑集23巻4号903頁は，住宅に侵入して現金等を盗んだ2人組の犯人が，自動車で1km離れた場所に行って盗品を分け，30分後に再度窃盗のために住宅に侵入した際に家人に気付かれて脅したというもので，本問に類似している。同判決は，「窃盗と脅迫との間に現場からだれにも発見されずに立ち去り盗品を処分したことなど重要な事実が介在した」ことを理由として機会継続性を否定した。

(2) 事後強盗罪と傷害罪の罪数関係

【参考判例9】
名古屋高金沢支判平成3年7月18日判時1403号125頁

［事実の概要］

被告人Xは，信号待ちをしていた被害者A（当時64歳）の自転車の前籠から現金2万4000円等が在中していた手提げバック1個を窃取した。その際，これに気づいたAから左手を掴まれるや，その取還をふせぎ，かつ逮捕を免れるため，Aの腕を引っ張って付近路上に転倒させたうえ，普通貨物自動車に乗り込んでこれを発進させて逃走するにあたって，同車両の前に立ちはだかったAに同車両を衝突させてAを付近路上に転倒させる暴行を加えた。それにより，Aは，加療3週間を要する外傷性頸部症候群等の傷害を負った。

原判決は，Xが窃取行為に及んだ直後にAから左手を掴まれた際，これを振りほどこうとしてAの腕を強く引っ張ってAを路上に転倒させた行為（「第1の暴行」）と，それに引き続いて，自動車に乗り込んで発進逃走しようとするXの車の前に立ちはだかってこれを阻止しようとしたAに対して，車を前進させた行為（「第2の暴行」）の両暴行につき，前記傷害の結果が，その両暴行のいずれかもしくは双方によって生じたものに違いないとしながら，それぞれの暴行の傷害への寄与の有無，程度は証拠上不明であるとしたうえ，さらに，第2の暴行はいわゆる事後強盗罪における，相手の反抗や財物の奪還意思を抑圧するに足る程度の暴行に該当するが，第1の暴

行はいまだその程度に達していたとは評価できないから、その時点で事後強盗罪の実行着手があったとはいえないとし、結局において、Xは本件窃取行為後、被害者から逮捕されあるいは財物が取還されるのをふせぐため、それらの意思を抑圧するに十分な第2の暴行を被害者に加えたという限りで事後強盗罪の成立を認めた。これに対し、強盗致傷罪については、その傷害が第2の暴行の結果生じたことが立証できないということでその成立を否定し、他方、第1の暴行は事後強盗とは無関係な行為としながらも、第1および第2の両暴行以外に成傷原因が考えられない傷害をXにまったく帰責できないとするのは合理的でないとし、この場合被告人の利益にの鉄則に従い、その傷害の結果は全部第1の暴行によって生じたものと認めるのを相当とするとの見解のもと、傷害罪の成立を認め、最終的にこの両罪は併合罪の関係にあるものとして各別に認定判示した。

[判旨] 破棄自判

「第1と第2の各暴行は、事後強盗罪の構成要件に該当する程度のものかどうかについてはそれぞれの評価を異にするが、互いに別個無縁のものでないばかりか、ともに本件窃取行為の直後、被害者からの財物の取還をふせぎかつ逃走を図るため被害者に対して行った一連の犯行であり、暴行の点に限っていえば、逆に両暴行は前後一体のものとして観察されるのであるから、本件傷害にそれぞれの暴行のどちらがどの程度に寄与したかまでは不明だとしても、全体的には両暴行を原因としてその傷害が発生したことに間違いがない以上、本件傷害は、不可分的に一連の両暴行に起因して生じた単純傷害とする限度で認定することができる（原判決のように暴行との因果関係について擬制的認定をするわけではない。）と同時に、第2の暴行とのみ結合する事後強盗罪の成立も認められるのであって、その両者の関係は、暴行途中で強盗の犯意を生じてそのまま暴行を継続し、その一連の暴行によって相手に傷害を負わせたが、その傷害が、犯意を生じた時期の前後いずれの暴行によったのかが不明である場合とほぼ同視してよいものと考えられ（仙台高判昭和34年2月26日・高刑集12巻2号77頁参照）、結局、全体的に観察して、前記のような前後一連の暴行に起因する単純傷害罪と第2の暴行による事後強盗罪とが混合した包括一罪が成立するものと解され、その処断は重い事後強盗罪の刑に従うべきものとするのが相当である。」

(3) **事後強盗罪の共同正犯**
【参考判例10】
大阪高判昭和62年7月17日判時1253号141頁・判タ654号260頁
[事実の概要]
被告人Xは、共犯者2名と共謀のうえ、サイドリングマスコット1個を窃取し、

その直後, 警備員Aから逮捕されそうになるや, 逮捕を免れる目的でAに対し, こもごも殴る蹴るの暴行を加え, Aに加療約10日間を要する傷害を加えたとして, 強盗致傷の共同正犯の公訴事実で起訴された。

原判決は, 共犯者2名は, Xの窃盗が既遂に達したのちにこれに関与したものであって, 窃盗の共同正犯ではないとし, かかる共犯者は事後強盗の主体ともならないから, Xら3名について強盗致傷の共同正犯をもって擬律することは相当でないとの見解を示したうえ, Xの所為につき,「刑法240条前段 (238条) に該当 (但し, 傷害罪の限度で同法60条も適用) する」旨判示した。

[判旨] 控訴棄却

「原認定のように, 共犯者2名が被告人の犯行に関与するようになったのが, 窃盗が既遂に達したのちであったとしても, 同人らにおいて, 被告人が原判示マスコットを窃取した事実を知った上で, 被告人と共謀の上, 逮捕を免れる目的で被害者に暴行を加えて同人を負傷させたときは, 窃盗犯人たる身分を有しない同人らについても, 刑法65条1項, 60条の適用により (事後) 強盗致傷罪の共同正犯が成立すると解すべきであるから (なお, この場合に, 事後強盗罪を不真正身分犯と解し, 身分のない共犯者に対し更に同条2項を適用すべきであるとの見解もあるが, 事後強盗罪は, 暴行罪, 脅迫罪に窃盗犯人たる身分が加わって刑が加重される罪ではなく, 窃盗犯人たる身分を有する者が, 刑法238条所定の目的をもって, 人の反抗を抑圧するに足りる暴行, 脅迫を行うことによってはじめて成立するものであるから, 真正身分犯であって, 不真正身分犯と解すべきではない。従って, 身分なき者に対しても, 同条2項を適用すべきではない。), 傷害罪の限度でのみしか刑法60条を適用しなかった原判決は, 法令の解釈適用を誤ったものといわなければならないが, 原判決は, 被告人自身に対しては刑法240条 (238条) を適用しているのであるから, 右法令の解釈適用の誤りが, 判決に影響を及ぼすことの明らかなものであるとはいえない。」

Questions

Q18 窃盗犯人でない者Xが, 窃盗犯人Yと意思連絡のうえ, 財物の取還をふせぐため被害者に暴行・脅迫を加えた場合, Xには, どのような罪責が認められるべきか。本件の示した見解は妥当であるか。この論点に関する学説の対立を踏まえながら, また, 東京地判昭和60年3月19日判時1172号155頁が,「Xが, Yの行った窃盗の結果を十分認識して, 窃盗にかかる金銭の取還をふせぐべく, Yと意思相通じて被害者に暴行を加えて, その結果傷害が生じた場合,「身分のないXには, 刑法65条1項により強盗致傷罪の共同正犯となるものと解するが, その刑は, 同法65条2項によって傷害の限度にとどまると判断するのが相当である」と判示していることと比較しながら考察しなさい。

第23講 詐　欺　罪

1 「欺く行為」の意義

〔設問1〕　以下の事実が認定されたとして，Xの行為は詐欺罪に該当するか。

　Xは，Bらと共謀のうえ，航空機によりカナダへの不法入国を企図している中国人のため，航空会社係員を欺いて，関西国際空港発バンクーバー行きの搭乗券を交付させようと企て，平成18年6月7日，関西国際空港旅客ターミナルビル内のA航空チェックインカウンターにおいて，Bが，A航空から業務委託を受けている会社の係員に対し，真実は，バンクーバー行きA航空36便の搭乗券をカナダに不法入国しようとして関西国際空港のトランジット・エリア内で待機している中国人に交付し，同人を搭乗者として登録されているBとして航空機に搭乗させてカナダに不法入国させる意図であるのにその情を秘し，あたかもBが搭乗するかのように装い，Bに対する航空券および日本国旅券を呈示して，上記A航空36便の搭乗券の交付を請求し，上記係員をしてその旨誤信させて，同係員からBに対する同便の搭乗券1枚の交付を受けた。

　さらに，Cらと共謀のうえ，同年7月16日，上記チェックインカウンターにおいて，Cが，上記と同様の意図および態様により，Cに対する航空券および日本国旅券を呈示して，バンクーバー行きA航空36便の搭乗券の交付を請求し，Cに対する同便の搭乗券1枚の交付を受けた。

　しかし，搭乗口で，航空会社職員に偽造パスポートによる搭乗者であることを見抜かれ，搭乗を拒まれた。

　なお，当該行為時においては，A航空の係員らは，搭乗券の交付を請求する者に対して，旅券と航空券の呈示を求め，旅券の氏名および写真と航空券記載の乗客の氏名および当該請求者の容ぼうとを対照して，当該請求者が当該乗客本人であることを確認したうえで，搭乗券を交付することとされていた。航空券および搭乗券にはいずれも乗客の氏名が記載されていた。このように厳重な本人確認が行われていたのは，航空券に氏名が記載されている乗客以外の者の航空機への搭乗が航空機の運航の安全上重大な弊害をもたらす危険性を含むものであったことや，本件航空会社がカナダ政府から同国への不法入国を防止するために搭乗券の発券を適切に行うことを義務付けられていたこと等の点において，当該乗客以外の者を航空機に搭乗させないことが本件航空会社の航空運

送事業の経営上重要性を有していたからであって，本件係員らは，上記確認ができない場合には搭乗券を交付することはなかった。また，これと同様に，本件係員らは，搭乗券の交付を請求する者がこれを更に他の者に渡して当該乗客以外の者を搭乗させる意図を有していることがわかっていれば，その交付に応じることはなかった。

1 最決平成22年7月29日刑集64巻5号829頁

［事実の概要］〔設問1〕参照
［決定要旨］
「以上のような事実関係からすれば，搭乗券の交付を請求する者自身が航空機に搭乗するかどうかは，本件係員らにおいてその交付の判断の基礎となる重要な事項であるというべきであるから，自己に対する搭乗券を他の者に渡してその者を搭乗させる意図であるのにこれを秘して本件係員らに対してその搭乗券の交付を請求する行為は，詐欺罪にいう人を欺く行為にほかならず，これによりその交付を受けた行為が刑法246条1項の詐欺罪を構成することは明らかである。被告人の本件各行為が詐欺罪の共同正犯に当たるとした第1審判決を是認した原判断は正当である。」

Questions

Q1 詐欺罪における「欺く行為」とは何か。本決定は，いかなる行為が「欺く行為」であるとしているか。

Q2 本決定のいう「交付の判断の基礎となる重要な事項」とは何か。また，本決定では，「本件航空会社の航空運送事業の経営上の重要性」を問題としているが，これは「欺く行為」とどのような関係にあるのか。

Q3 本件の客体は何か。また，航空運賃を支払っていても，欺く行為や損害は認められるのか。

【参考判例1】
最決平成16年2月9日刑集58巻2号89頁
［事実の概要］
1．Aは，友人のBから，同人名義の本件クレジットカードを預かって使用を許され，その利用代金については，Bに交付したり，所定の預金口座に振り込んだりしていた。
　その後，本件クレジットカードを被告人Xが入手した。その入手の経緯はつまび

らかではないが，当時，Aは，バカラ賭博の店に客として出入りしており，暴力団関係者である被告人も，同店を拠点に賭金の貸付けなどをしていたものであって，両者が接点を有していたことなどの状況から，本件クレジットカードは，Aが自発的に被告人を含む第三者に対し交付したものである可能性も排除できない。なお，被告人とBとの間に面識はなく，BはA以外の第三者が本件クレジットカードを使用することを許諾したことはなかった。

2．被告人は，本件クレジットカードを入手した直後，加盟店であるガソリンスタンドにおいて，本件クレジットカードを示し，名義人のBになりすまして自動車への給油を申し込み，被告人がB本人であると従業員を誤信させてガソリンの給油を受けた。

上記ガソリンスタンドでは，名義人以外の者によるクレジットカードの利用行為には応じないこととなっていた。

3．なお，本件クレジットカードの会員規約上，クレジットカードは，会員である名義人のみが利用でき，他人に同カードを譲渡，貸与，質入れ等することが禁じられている。また，加盟店規約上，加盟店は，クレジットカードの利用者が会員本人であることを善良な管理者の注意義務をもって確認することなどが定められている。

第1審，控訴審判決は共に詐欺罪の成立を認めたが，弁護人は，本件カードについて，Aが使用権限を受けていたことは明らかであるから，そのAからXはカードの使用についての承諾を得ている以上，Xのカード使用には真実の権利者の推定的承諾が認められ，そのような場合には，詐欺の犯意を阻却すると主張して上告した。

［決定要旨］　上告棄却

「以上の事実関係の下では，被告人は，本件クレジットカードの名義人本人に成り済まし，同カードの正当な利用権限がないのにこれがあるように装い，その旨従業員を誤信させてガソリンの交付を受けたことが認められるから，被告人の行為は詐欺罪を構成する。仮に，被告人が，本件クレジットカードの名義人から同カードの使用を許されており，かつ，自らの使用に係る同カードの利用代金が会員規約に従い名義人において決済されるものと誤信していたという事情があったとしても，本件詐欺罪の成立は左右されない。したがって，被告人に対し本件詐欺罪の成立を認めた原判断は，正当である。」

Questions

Q4 他人名義のクレジットカードの不正使用について，詐欺罪が成立するとすると，欺罔行為は名義を偽ったことか，支払能力・意思がないのに，それをあるように装ったことか。

Q5 自己名義のクレジットカードを支払能力・意思がないのに使用する行為につ

いては，欺罔行為はどのように理解すべきか。仮に，カードを使用した時点では支払能力・意思がなかったが，その後，決済の時期までに何らかの事情で口座に入金がなされた場合にも，詐欺罪は成立するのか。

Q6 本件最高裁決定は，名義人になりすましてカードを使用したこと自体を欺罔行為だとしているのか。これは，Xが，カード名義人が使用を承諾していると認識している場合でも変わらないのか。

　仮に，カード名義人の家族が，名義人から使用の承諾を得てカードを使った場合も，詐欺罪が成立するのか。この場合には，弁護人が主張するような阻却事由を認める余地があるのか。

【参考判例2】
最決平成26年4月7日刑集68巻4号715頁
[決定要旨]

「(1)暴力団員である被告人は，自己名義の総合口座通帳及びキャッシュカードを取得するため，平成23年3月10日，郵便局において，株式会社ゆうちょ銀行から口座開設手続等の委託を受けている同局局員に対し，真実は自己が暴力団員であるのにこれを秘し，総合口座利用申込書の『私は，申込書3枚目裏面の内容（反社会的勢力でないことなど）を表明・確約した上，申込みます。』と記載のある『おなまえ』欄に自己の氏名を記入するなどして，自己が暴力団員でないものと装い，前記申込書を提出して被告人名義の総合口座の開設及びこれに伴う総合口座通帳等の交付を申し込み，前記局員らに，被告人が暴力団員でないものと誤信させ，よって，その頃，同所において，前記局員から被告人名義の総合口座通帳1通の交付を受け，さらに，同月18日，当時の被告人方において，同人名義のキャッシュカード1枚の郵送交付を受けた。

(2)政府は，平成19年6月，企業にとっては，社会的責任や企業防衛の観点から必要不可欠な要請であるなどとして『企業が反社会的勢力による被害を防止するための指針』等を策定した。

前記銀行においては，従前より企業の社会的責任等の観点から行動憲章を定めて反社会的勢力との関係遮断に取り組んでいたところ，前記指針の策定を踏まえ，平成22年4月1日，貯金等共通規定等を改訂して，貯金は，預金者が暴力団員を含む反社会的勢力に該当しないなどの条件を満たす場合に限り，利用することができ，その条件を満たさない場合には，貯金の新規預入申込みを拒絶することとし，同年5月6日からは，申込者に対し，通常貯金等の新規申込み時に，暴力団員を含む反社会的勢力でないこと等の表明，確約を求めることとしていた。また，前記銀行では，利用者が反社会的勢力に属する疑いがあるときには，関係警察署等に照会，確

認することとされていた。そして，本件当時に利用されていた総合口座利用申込書には，前記のとおり，1枚目の『おなまえ』欄の枠内に『私は，申込書3枚目裏面の内容（反社会的勢力でないことなど）を表明・確約した上，申込みます。』と記載があり，3枚目裏面には，『反社会的勢力ではないことの表明・確約について』との標題の下，自己が暴力団員等でないことなどを表明，確約し，これが虚偽であることなどが判明した場合には，貯金の取扱いが停止され，又は，全額払戻しされても異議を述べないことなどが記載されていた。さらに，被告人に応対した局員は，本件申込みの際，被告人に対し，前記申込書3枚目裏面の記述を指でなぞって示すなどの方法により，暴力団員等の反社会的勢力でないことを確認しており，その時点で，被告人が暴力団員だと分かっていれば，総合口座の開設や，総合口座通帳及びキャッシュカードの交付に応じることはなかった。」

「以上のような事実関係の下においては，総合口座の開設並びにこれに伴う総合口座通帳及びキャッシュカードの交付を申し込む者が暴力団員を含む反社会的勢力であるかどうかは，本件局員らにおいてその交付の判断の基礎となる重要な事項であるというべきであるから，暴力団員である者が，自己が暴力団員でないことを表明，確約して上記申込みを行う行為は，詐欺罪にいう人を欺く行為に当たり，これにより総合口座通帳及びキャッシュカードの交付を受けた行為が刑法246条1項の詐欺罪を構成することは明らかである。被告人の本件行為が詐欺罪に当たるとした第1審判決を是認した原判断は正当である。」

Questions

Q7 本件で「欺く行為」は何か。また，客体は何か。

Q8 本決定は，どのような事項を「その交付の判断の基礎となる重要な事項」としているか。

【参考判例3】
東京地八王子支判平成10年4月24日判タ995号282頁
[事実の概要]

被告人Xは，その妻の従姉であるA（当時60歳）がその養母Bから多額の遺産を相続した際に，その相続税を脱税しようとしているのではないかとの疑いを持ち，これにつけ込んで，Aから金員を喝取しようと企てた。

そして，Xは，4月24日ころ，A方において，Aに対し，「自宅付近から不審なちんぴら風の男に後をつけられ，相手の男から，『Bの脱税資料を持っている。この資料が税務署に渡るとばく大な追徴金がAさんにかかる。この資料を1億くらいでAさんに売りたいので，Xさんに仲に入って交渉してほしい』と言われて交渉を

頼まれた」「明日，相手の男と喫茶店で会い，脱税資料を引き取る交渉をするので，買い取る金を覚悟してほしい」などと申し向け，資料の買取りを勧めた。また，Xは，その際，Aに対し，Aが信頼している顧問税理士Cにその不審な男のことを言うと資格剥奪になるかも知れないので黙っているようになどと口止めをしていた。

Xは，次いで，25日ころ，A方において，つい今しがたその男と会ってきたかのように振る舞い，なんとかして少しでも買い取る金を用意できないのかといった様子で，その男が当初提示してきたという金額から徐々に減額し，5000万円で買い取ってきてやる旨Aに申し向けた。そして，Xが不審な男から脱税資料を5000万円で買い取るため5000万円を用意するよう告げて，金員の交付方を要求し，Aをして，もしこの要求に応じなければ，脱税資料の買取りを要求してきた者がその資料を税務署に提出し，多額の相続税等を徴収され，かつ，この者からAの身体・財産等にどのような危害を加えられることになるかも知れないと畏怖させた。そして，Xは，26日，A方において，Aから現金5000万円の交付を受けた。

公判で，Xおよび弁護人は，この事実について，XはAに脱税資料の買取請求をしている男がいると嘘を言ってその買取代金として5000万円を交付させたが，XにおいてAを脅すつもりはなく，詐欺罪はともかく恐喝罪は成立しない旨主張した。

[判旨]

「たしかに，被告人がAに対して申し向けた不審な男から脱税資料をAに買い取るようにとの交渉を依頼されたとの話は被告人が勝手に作り上げた虚偽の事実である。しかしながら，被告人とAとの関係や，Aが，顧問税理士にもBの相続財産の一部を知らせておらず，被告人からは顧問税理士へ相談しないよう口止めされていて，被告人以外の者にその男との交渉を依頼するすべがない状況におかれていた本件にあっては，被告人のAに対する話はAを畏怖させるに足りる害悪の告知そのものであり，Aは，被告人の右話を聞き，被告人に交渉を依頼しなければ自分の身体・財産等に危害が及んでくるのではないかと畏怖し，その害悪から逃れられるかどうかについて被告人がその男に対し影響を与える立場にあると考えたからこそ，やむなく被告人にその男との交渉を依頼して5000万円もの大金を交付したものであり，被告人自身，Aが畏怖していることを十分認識した上で現金5000万円を受領したのであるから，被告人には判示第一のとおり恐喝罪が成立するというべきである。」

Questions

Q9 本件で，被告人の詐欺罪ではなく恐喝罪の成立が認められたのはなぜか。具体的な事実関係を挙げつつ考察しなさい。

2 重要な事実を偽る行為と「欺く行為」

[設問2]
(1) 甲は，第三者に譲渡する預金通帳およびキャッシュカードを入手するため，友人のAと意思を通じ，平成15年12月9日から平成16年1月7日までの間，前後5回にわたり，いずれも，Aにおいて，5つの銀行支店の行員らに対し，真実は，自己名義の預金口座開設後，同口座に係る自己名義の預金通帳およびキャッシュカードを第三者に譲渡する意図であるのにこれを秘し，自己名義の普通預金口座の開設並びに同口座開設に伴う自己名義の預金通帳およびキャッシュカードの交付方を申し込み，上記行員らをして，Aが，各銀行の総合口座取引規定ないし普通預金規定等に従い，上記預金通帳等を第三者に譲渡することなく利用するものと誤信させ，各銀行の行員らから，それぞれ，A名義の預金口座開設に伴う同人名義の普通預金通帳1通およびキャッシュカード1枚の交付を受けた。
(2) 甲は，AおよびBと意思を通じ，平成17年2月17日，Bにおいて，上記(1)と同様に，銀行支店の行員に対し，自己名義の普通預金口座の開設等を申し込み，B名義の預金口座開設に伴う同人名義の普通預金通帳1通およびキャッシュカード1枚の交付を受けた。
(3) 上記各銀行においては，いずれもAまたはBによる各預金口座開設等の申込みがあった当時，契約者に対して，総合口座取引規定ないし普通預金規定，キャッシュカード規定等により，預金契約に関する一切の権利，通帳，キャッシュカードを名義人以外の第三者に譲渡，質入れまたは利用させるなどすることを禁止していた。また，AまたはBに応対した各行員は，第三者に譲渡する目的で預金口座の開設や預金通帳，キャッシュカードの交付を申し込んでいることがわかれば，預金口座の開設や，預金通帳およびキャッシュカードの交付に応じることはなかった。

---

2 最決平成19年7月17日刑集61巻5号521頁

[事実の概要] [設問2]参照
[決定要旨]
「以上のような事実関係の下においては，銀行支店の行員に対し預金口座の開設等を申し込むこと自体，申し込んだ本人がこれを自分自身で利用する意思であることを表しているというべきであるから，預金通帳およびキャッシュカードを第三者

に譲渡する意図であるのにこれを秘して上記申込みを行う行為は，詐欺罪にいう人を欺く行為にほかならず，これにより預金通帳およびキャッシュカードの交付を受けた行為が刑法246条1項の詐欺罪を構成することは明らかである。」

Questions

Q10 本問における欺く行為はどのように解すべきか。第三者に売却することを秘すことが「欺く行為」といえるか。

また，それにより銀行支店の行員は錯誤に陥ったといえるか。

Q11 他人名義の預金口座を開設する場合（**参考判例3**参照）と比べ，「欺く行為」の内容に違いはあるか。

Q12 本問において，客体は何か。また損害は発生しているのか。

【参考判例4】
最決平成14年10月21日刑集56巻8号670頁

［事実の概要］

被告人Ｘは，不正に入手したＡ名義の国民健康保険被保険者証を使用して同人名義の預金口座を開設し，これに伴って預金通帳を取得しようとの意図の下に，同人名義の「口座開設のお客さま用新規申込書」を偽造し，これが真正に成立し，かつ，自己がＡ本人であるかのように装って，上記国民健康保険被保険者証，Ａと刻した印鑑と共に銀行窓口係員に提出して行使し，同係員らをしてその旨誤信させ，同係員から貯蓄総合口座通帳1冊の交付を受けた。

第1審判決は，上記と同旨の事実を認定し，有印私文書偽造罪，同行使罪のほか，詐欺罪についても被告人を有罪とした。これに対し，原判決は，預金通帳は預金口座開設に伴い当然に交付される証明書類似の書類にすぎず，銀行との関係においては独立して財産的価値を問題にすべきものとはいえないところ，他人名義による預金口座開設の利益は詐欺罪の予定する利益の定型性を欠くから，それに伴う預金通帳の取得も刑法246条1項の詐欺罪を構成しないとして，第1審判決を破棄し，詐欺罪の成立を否定した。

［決定要旨］

「預金通帳は，それ自体として所有権の対象となり得るものであるにとどまらず，これを利用して預金の預入れ，払戻しを受けられるなどの財産的な価値を有するものと認められるから，他人名義で預金口座を開設し，それに伴って銀行から交付される場合であっても，刑法246条1項の財物に当たると解するのが相当である。そして，被告人は，上記のとおり，銀行窓口係員に対し，自己がＡ本人であるかのように装って預金口座の開設を申込み，その旨誤信した同係員から貯蓄総合口座通帳

1冊の交付を受けたのであるから，被告人に詐欺罪が成立することは明らかである。そうすると，詐欺罪の成立を否定した原判決には，刑法246条1項の解釈適用を誤った違法があるというべきである。

ところで，本件詐欺罪の対象となった上記通帳自体の価額は少額であることに加え，本件詐欺罪は，有印私文書偽造罪，同行使罪と牽連犯の関係にあるところ，これらの罪については有罪とされており，しかも，以上は，他の9件の窃盗罪等と併合罪の関係にあるとされていることなどを考慮すると，上記法令違反をもって刑訴法411条により原判決を破棄しなければ著しく正義に反するものとは認められない。」

Questions

Q13 本決定は，いかなる根拠から，預金通帳を「財物」に当たるとしているか。原判決はどのような理由で，これを否定したといえるか。

Q14 他人になりすましてローンカードの発行を受ける行為について，カード自体に対する欺罪の成立が認められるとする判例がある（最決平成14年2月8日刑集56巻2号71頁）。ローンカードと預金通帳とは，同様の価値があるものと評価できるか。

【参考判例5】
最決平成19年7月10日刑集61巻5号405頁
[事実の概要]

(1) 被告人は，A建設の屋号で建設業を営むものであるが，平成17年6月6日，H市から同市内の下水道工事を受注し，同市との間で工事請負契約を締結した。

(2) H市工事請負契約約款では，請負業者が前払金の支払を請求するには，保証事業会社との間で前払金保証契約を締結しなければならず，前払金は，その使途が当該工事の材料費，労務費等，必要な経費の支払に限定され，それ以外の支払に充当してはならないとされていた。

(3) これに従い被告人が保証事業会社との間で締結した前払金保証契約においては，請負業者から保証事業会社に上記前払金の使途に応じた用途が記載された「前払金使途内訳明細書」を提出する一方，前払金は保証事業会社があらかじめ業務委託契約を締結している金融機関の中から請負業者が選定する預託金融機関の請負業者名義の前払金専用普通預金口座に振り込まれることとされていた。また，上記保証契約によれば，請負業者は，前払金を保証事業会社に提出した書面に記載された目的に適正に使用する責任を負い，預託金融機関に適正な使途に関する資料を提出して，その確認を受けなければ，上記口座の預金の払出しを受けることができないとされていた。

(4) 保証事業会社と預託金融機関との間で締結された業務委託契約によれば，保証事業会社は預託金融機関に「前払金使途内訳明細書」の写しを送付し，預託金融機関は，「前払金使途内訳明細書」の使用項目，使用金額，支払先等の内容と，請負業者が払出請求時に提出する「前払金払出依頼書」の内容が符合し，使途が上記保証契約に適合する場合に限って払出しに応じることとされていた。

(5) 被告人は，上記前払金専用口座として，株式会社Ｂ銀行Ｆ支店にＡ建設被告人名義の口座を開設したうえで，同年７月28日，Ｈ市に対して前払金480万円（内訳は，下請の株式会社Ｃ土木への土工配管工費400万円，直用労務費80万円）を請求し，同市から，同年８月12日，上記前払金専用口座へ480万円が振り込まれた。

(6) 被告人は，同日，上記銀行支店の係員に480万円全額の払出しを求めたが，係員から400万円はＣ土木の口座へ振り込むようにしなければ払出しに応じられないと断られた。

(7) そこで，被告人は，400万円を「前払金使途内訳明細書」に記載されたＣ土木への下請代金支払のように装って前払金専用口座から引き出し，Ａ建設の運転資金に充てようと企て，共犯者と共謀のうえ，Ｃ土木名義の預金口座を同社に無断でＤ信用金庫松原支店に開設したうえ，同月15日，上記Ｂ銀行Ｆ支店で真実の意図を秘し，上記のように装い，支払先をＣ土木とする「前払金払出依頼書」を提出して，前払金の払出しを請求し，同支店係員をその旨誤信させ，上記前払金専用口座から400万円を払い出したうえで上記Ｃ土木名義の口座に振込入金させた。

［決定要旨］

「所論は，本件において，被告人は，自分名義の口座に適正に振り込まれた金員を自己の管理するＣ土木名義の口座に移しただけで，実質的には，社会通念上，被告人自身の金とみなされるべきものを動かしたにすぎず，前払金制度の適正という公共的法益が侵害されたにとどまり，銀行にも財産権に関する実害が生じていないから，詐欺罪は成立しないというのである。

しかし，前記事実関係によれば，被告人は，Ａ建設被告人名義の前払金専用口座に入金された金員について，前払金としての使途に適正に使用し，それ以外の用途に使用しないことをＨ市及び保証事業会社との間でそれぞれ約しており，Ｂ銀行Ｆ支店との関係においても同口座の預金を自由に払い出すことはできず，あらかじめ提出した『前払金使途内訳明細書』と払出請求時に提出する『前払金払出依頼書』の内容が符合する場合に限り，その限度で払出しを受けられるにすぎないのであるから，同口座に入金された金員は，同口座から被告人に払い出されることによって，初めて被告人の固有財産に帰属することになる関係にある（最高裁平成12年（受）第1671号同14年１月17日第１小法廷判決・民集56巻１号20頁参照）。すなわち，上記前払金専用口座に入金されている金員は，いまだ被告人において自己の財産として自由に

処分できるものではない。一方，B銀行F支店も，保証事業会社との間で，前払金専用口座に入金された金員の支払に当たって，被告人の払出請求の内容を審査し，使途が契約内容に適合する場合に限って払出しに応じることを約しており，同口座の預金が予定された使途に従って使用されるように管理する義務を負っている。そうすると，被告人らにおいて，A建設の運転資金に充てる意図であるのに，その意図を秘して虚偽の払出請求をし，同支店の係員をして，下請業者に対する前払金の支払と誤信させて同口座から前記C土木名義の口座に400万円を振込入金させたことは，同支店の上記預金に対する管理を侵害して払出しに係る金員を領得したものであり，詐欺罪に該当するものというべきである。」

3 利益詐欺罪

〔設問3〕 暴力団員である甲は，Aゴルフ倶楽部の会員であるBと共に，平成22年10月13日，同ゴルフ倶楽部において，暴力団員であることを秘して施設利用を申込み，施設を利用した。

　Aゴルフ倶楽部では，暴力団員及びこれと交友関係のある者の入会を認めておらず，入会の際には暴力団または暴力団員との交友関係がないことを確認するアンケートに回答することを求めるとともに，「私は，暴力団等とは一切関係ありません。また，暴力団関係者等を同伴・紹介して貴倶楽部に迷惑をお掛けするようなことはいたしません」と記載された誓約書に署名押印させたうえ，提出させていた。ゴルフ場利用約款でも，暴力団員の入場及び施設利用を禁止していた。Bは，平成21年6月ころ，Aゴルフ倶楽部の入会審査を申請した際，上記アンケートの項目に対し，「ない」と回答したうえ，上記誓約書に署名押印して提出し，同倶楽部の会員となった。

　甲は，暴力団員であり，長野県内のゴルフ場では暴力団関係者の施設利用に厳しい姿勢を示しており，施設利用を拒絶される可能性があることを認識していたが，Bから誘われ，本件当日，その同伴者として，Aゴルフ倶楽部を訪れた。

　Aゴルフ倶楽部のゴルフ場利用約款では，他のゴルフ場と同様，利用客は，会員，ビジターを問わず，フロントにおいて，「ご署名簿」に自署して施設利用を申し込むこととされていた。しかし，Bは，施設利用の申込みに際し，甲が暴力団員であることが発覚するのを恐れ，その事実を申告せず，フロントにおいて，自分については，「ご署名簿（メンバー）」に自ら署名しながら，甲ら同伴者5名については，事前予約の際にAゴルフ倶楽部で用意していた「予約承り書」の「組合せ表」欄に，「△△」「〇〇〇〇」「××〇〇××」などと氏または名を交錯させるなどして乱雑に書き込んだうえ，これを従業員Cに渡

して「ご署名簿」への代署を依頼するという異例な方法をとり，甲がフロントに赴き署名をしないで済むようにし，甲分の施設利用を申し込み，会員の同伴者である以上暴力団関係者は含まれていないと信じた従業員Cをして施設利用を許諾させた。なお，Bは，申込みの際，従業員Cから同伴者に暴力団関係者がいないか改めて確認されたことはなく，自ら同伴者に暴力団関係者はいない旨虚偽の申出をしたこともなかった。

　他方，甲は，Bに施設利用の申込みを任せ，フロントに立ち寄ることなくクラブハウスを通過し，プレーを開始した。なお，甲の施設利用料金等は，翌日，Bがクレジットカードで精算した。

3　最決平成26年3月28日刑集68巻3号646頁

［事実の概要］　［設問3］参照
［決定要旨］
　「ゴルフ場が暴力団関係者の施設利用を拒絶するのは，利用客の中に暴力団関係者が混在することにより，一般利用客が畏怖するなどして安全，快適なプレー環境が確保できなくなり，利用客の減少につながることや，ゴルフ倶楽部としての信用，格付け等が損なわれることを未然に防止する意図によるものであって，ゴルフ倶楽部の経営上の観点からとられている措置である。
　Aゴルフ倶楽部においては，ゴルフ場利用約款で暴力団員の入場及び施設利用を禁止する旨規定し，入会審査に当たり上記のとおり暴力団関係者を同伴，紹介しない旨誓約させるなどの方策を講じていたほか，長野県防犯協議会事務局から提供される他の加盟ゴルフ場による暴力団排除情報をデータベース化した上，予約時又は受付時に利用客の氏名がそのデータベースに登録されていないか確認するなどして暴力団関係者の利用を未然に防いでいたところ，本件においても，被告人が暴力団員であることが分かれば，その施設利用に応じることはなかった。」
　「以上のような事実関係からすれば，入会の際に暴力団関係者の同伴，紹介をしない旨誓約していた本件ゴルフ倶楽部の会員であるBが同伴者の施設利用を申し込むこと自体，その同伴者が暴力団関係者でないことを保証する旨の意思を表している上，利用客が暴力団関係者かどうかは，本件ゴルフ倶楽部の従業員において施設利用の許否の判断の基礎となる重要な事項であるから，同伴者が暴力団関係者であるのにこれを申告せずに施設利用を申し込む行為は，その同伴者が暴力団関係者でないことを従業員に誤信させようとするものであり，詐欺罪にいう人を欺く行為にほかならず，これによって施設利用契約を成立させ，Bと意を通じた被告人におい

て施設利用をした行為が刑法246条2項の詐欺罪を構成することは明らかである。被告人に詐欺罪の共謀共同正犯が成立するとした原判断は，結論において正当である。」

Questions

Q15 本件で，「欺く行為」は何か。

Q16 本決定は，どのような事情を「施設利用の許否の判断の基礎となる重要な事項」であるとしているか。また，それは「欺く行為」とどのような関係にあるか。

Q17 客体は何か。また，それは移転したといえるのか。

【参考判例6】
大阪地判平成17年3月29日判夕1194号293頁

[事実の概要]

被告人X，Y，Z女はいわゆる過激派であるK協反主流派の活動家であるが，Aが所有するマンションの1室を，活動拠点として利用する目的であるのにこれを秘して，B女と共謀のうえ，B女が仲介業者を通じてAに対し，B女およびZ女の女性2人が住居用に使用する旨の虚偽の事実を申し向け，Aと1年間の賃貸借契約を締結し，Z女，B女，Xが入居した。入居後，被告人らは，対立抗争する勢力からの攻撃に備えて，マンション室内およびベランダ内に，金属製単管および金属板等を固定し，建築足場状に組み上げるなどして要塞化する等の措置を施し，また，被告人らの所属する派の事務所として使用した。判決は，以下のように述べて利益詐欺罪の成立を認めた。

[判旨]

「建物の賃貸借契約は高度な人的信頼関係に基づく継続的契約であるから，賃貸人にとって，当該物件にどのような人物が住むか，当該借主がどのような形態で使用するかは，当該契約を締結するか否かを判断する際の極めて重要な事項であり，本件賃貸借契約証書の第2条にも，『本物件を住居用に使用し，これ以外の目的に使用しないものとする』旨明確に記載されていることからすると，Aが，K協反主流派の主宰するL関西支社の事務所とし，室内及びベランダ内に金属製単管及び金属板等を固定し，建築足場状に組み上げて要塞化するなどして，同室を同派の活動拠点として使用するなどという使用形態を事前に知っていたならば，当然契約を締結せず，同室を貸さなかったであろうことは明らかであって，このことは，住居用建物の賃貸借契約を締結する当事者にとって自明の事柄に属するものというべきである。従って，賃借人として本件賃貸借契約を締結したB女においても，407号室

が前記のとおりの形態で使用されることを貸主が知れば，当然本件賃貸借契約の締結を拒絶されるであろうことを認識していたことは容易に推認可能であるところ，B女において，本件賃貸借契約締結時において，407号室が上記のような形態で使用されることを告知していなかったことは証拠上明白であるから，B女において，本件賃貸借契約締結時に407号室が前記のとおりの形態で使用する意図を有していたのであれば，B女に詐欺罪が成立することは明らかというべきである。」

Questions

Q18 被告人らが得た利益はどのような内容か。その利益はいつAから被告人らに移転したのか。

Q19 弁護人は，貸主の基本的義務である家賃の支払意思・能力の点に虚偽はなく，民事上の債務不履行責任が問題となるにとどまると主張した。これに対し判決は，「建物賃貸借契約は，家主と借主との高度な人的信頼関係に基づく継続的契約であり，家主にとって，当該物件にどのような人物が住むか，当該借主がどのような形態で当該物件を使用するかは，契約締結の可否を決する際の判断要素の1つであって，その重要性は家賃の支払意思と能力の点に比して勝るとも劣らないというべきであ」るとして，本件賃貸借契約証書第2条（上掲）を挙げつつ，この主張を退けている。では，①使用目的や借主の属性について虚偽の事実を申し向けた場合には，すべて詐欺罪の成立が認められるのか，また，②契約証書にこのような文言がなければ，詐欺罪には当たらないのか。

【参考判例7】
最決昭和30年7月7日刑集9巻9号1856頁
[決定要旨]

「刑法246条2項にいわゆる『財産上不法の利益を得』とは，同法236条2項のそれとはその趣を異にし，すべて相手方の意思によつて財産上不法の利益を得る場合をいうものである。従つて，詐欺罪で得た財産上不法の利益が，債務の支払を免れたことであるとするには，相手方たる債権者を欺罔して債務免除の意思表示をなさしめることを要するものであつて，単に逃走して事実上支払をしなかつただけで足りるものではないと解すべきである。されば，原判決が『原（第1審）判示のような飲食，宿泊をなした後，自動車で帰宅する知人を見送ると申欺いて被害者方の店先に立出でたまま逃走したこと』をもつて代金支払を免れた詐欺罪の既遂と解したことは失当であるといわなければならない。しかし，第1審判決の確定した本件詐欺事実は『被告人は，所持金なく且代金支払の意思がないにもかかわらず然らざるものの如く装つて東京都文京区湯島天神町○○料亭T方に於て昭和27年9月20日

から同月22日迄の間宿泊1回飲食3回をなし同月22日逃亡してその代金合計3万2290円の支払を免れたものである』というのであるから，逃亡前すでにTを欺罔して，代金32290円に相当する宿泊，飲食等をしたときに刑法246条の詐欺罪が既遂に達したと判示したものと認めることができる。」

Questions

Q20 処分行為の意義は何か。本決定は，処分行為をどのように定義しているか。これは1項詐欺の交付行為とは異なるのか。

Q21 決定が，逃亡前に既に246条の詐欺罪が既遂に達しているとしているはどのような意味か。1項，2項のいずれが成立するのか。

4 罪数・他罪との関係
(1) 詐欺罪と他罪との関係
【参考判例8】
最決平成14年2月8日刑集56巻2号71頁
［事実の概要］

被告人Xは，他人になりすまし，消費者金融A社からローンカードの交付を受けたうえ，同カードを利用して同社の現金自動入出機から現金を引き出そうと企てた。そして，Xは，T市内の上記無人契約機コーナーに設置された無人契約機を介して，不正に入手した他人名義の自動車運転免許証により氏名等を偽るなどして，M市内の同社Mサービスセンターにいる同社係員を欺き，他人名義で同社と上記基本契約を締結したうえ，同係員からローンカードの交付を受け，その約5分後に，同カードを同無人契約機コーナー内に設置された現金自動入出機に挿入し，同機を操作して作動させ，同機から現金20万円を引き出した。なお，Xは，ローンカードの交付に引き続いて行われた現金の引き出しに際し，上記係員から，現金自動入出機の操作について教示を受けたと供述していた。

A社とカードローンに関する基本契約（カードローンの借入条件等が定められたもの。）を締結して，同社から融資用キャッシングカード（以下「ローンカード」という。）を交付されたカードローン契約者は，同カードを同社の各店舗に設置された現金自動入出機に挿入して同機を操作する方法により，契約極度額の範囲内で何回でも繰り返し金員を借り入れることができるという権利を有する。一方，同社は，同契約者が上記のような権利を行使しなければ，同契約者に対し金員を貸しつける義務を負わない。また，同社発行にかかるローンカードの所持人が，同社の各店舗に設置された現金自動入出機に同カードを挿入し，暗証番号を正しく入力したときには，たとえその者が同カードの正当な所持人でなかったとしても，現金自動入出機によ

り，自動的に貸付金相当額の現金が交付される仕組みになっていた。
[決定要旨]
「上記のようなカードローン契約の法的性質，ローンカードの利用方法，機能及び財物性などにかんがみると，同社係員を欺いて同カードを交付させる行為と，同カードを利用して現金自動入出機から現金を引き出す行為は，社会通念上別個の行為類型に属するものであるというべきである。上記基本契約の締結及びローンカードの交付を担当した同社係員は，これらの行為により，上記無人契約機コーナー内に設置された現金自動入出機内の現金を被告人に対して交付するという処分行為をしたものとは認められず，被告人は，上記2のような機能を持つ重要な財物である同カードの交付を受けた上，同カードを現金自動入出機に挿入し，自ら同機を操作し作動させて現金を引き出したものと認められる。したがって，被告人に対し，同社係員を欺いて同カードを交付させた点につき詐欺罪の成立を認めるとともに，同カードを利用して現金自動入出機から現金を引き出した点につき窃盗罪の成立を認めた原判決の判断は，正当である。被告人が供述する上記のような事情は，被告人の行為及び同社係員の行為の性質に関する前記評価に影響を及ぼすものとは認められない。」

Questions

Q22 本件では，A社係員を欺罔してローンカードを取得した詐欺罪と，そのカードを利用してATMから現金を引き出したという窃盗罪の2罪の成立が認められ，両者を併合罪の関係にあるとしている。(1)一連の行為を一体とみて，ローンカードを騙取した詐欺罪のみの成立を認めるべきで，窃盗罪の成立を認めないことはできないのはなぜか。逆に，(2)ローンカードの騙取を手段とした現金の引き出し行為と捉えて，窃盗罪一罪の成立を認めることはできないのか。本件最高裁は，いかなる根拠に基づいて詐欺罪と窃盗罪の2罪の成立を認めたのか。

【参考判例9】
最判昭和27年12月25日刑集6巻12号1387頁
[事実の概要]
被告人Xは，アメリカ領事館係員を欺罔して旅券の下付を受けようとしたが，その後占領軍官憲の調査により，その際提出した証明書2通の記載内容が虚偽であることを発見されたため，旅券騙取の目的を遂げなかった。
原判決は，上記認定事実について，刑法246条1項，250条に該当する詐欺未遂である旨を判示した。
[判旨]

「〔刑法157条2項〕の刑罰が1年以下の懲役又は300円以下の罰金に過ぎない点をも参酌すると免状，鑑札，旅券の下付を受ける行為のごときものは，刑法246条の詐欺罪に問擬すべきではなく，右刑法157条2項だけを適用すべきものと解するを相当とする。されば，原判決が右下付を受けようとした行為を目して詐欺未遂としたことは擬律錯誤の違法があるものといわなければならない。」

Questions

Q23 本件で，旅券の騙取に詐欺罪の成立が否定されたのは，いかなる根拠に基づくものと考えられるか。それは，預金通帳やローンカードの騙取に詐欺罪の成立を認めた**基本判例2**，**参考判例4，8**と矛盾するものではないのか。詐欺罪における損害概念，および157条2項の趣旨を踏まえつつ考察しなさい。

(2) 詐欺罪の罪数判断
【参考判例10】
最決平成22年3月17日刑集64巻2号111頁
［事実の概要］
　被告人Xは，難病の子供たちの支援活動を装って，街頭募金の名の下に通行人から金をだまし取るという街頭募金詐欺を企てた。
　そして，Xは，平成16年10月21日ころから同年12月22日ころまでの間，大阪市，堺市，京都市，神戸市，奈良市の各市内およびその周辺部各所の路上において，真実は，募金の名の下に集めた金について経費や人件費等を控除した残金の大半を自己の用途に費消する意思であるのに，これを隠して，虚偽広告等の手段によりアルバイトとして雇用した事情を知らない募金活動員らを上記各場所に配置したうえ，おおむね午前10時ころから午後9時ころまでの間，募金活動員らに，「幼い命を救おう！」「日本全国で約20万人の子供達が難病と戦っています」「特定非営利団体NPO緊急支援グループ」などと大書した立看板を立てさせた上，黄緑の蛍光色ジャンパーを着用させるとともに1箱ずつ募金箱を持たせ，「難病の子供たちを救うために募金に協力をお願いします。」などと連呼させるなどして，不特定多数の通行人に対し，NPOによる難病の子供たちへの支援を装った募金活動をさせ，寄付金が被告人らの個人的用途に費消されることなく難病の子供たちへの支援金に充てられるものと誤信した多数の通行人に，それぞれ1円から1万円までの現金を寄付させて，多数の通行人から総額約2480万円の現金をだまし取った。
［決定要旨］
　「本件においては，個々の被害者，被害額は特定できないものの，現に募金に応じた者が多数存在し，それらの者との関係で詐欺罪が成立していることは明らかで

ある。弁護人は，募金に応じた者の動機は様々であり，錯誤に陥っていない者もいる旨主張するが，正当な募金活動であることを前提として実際にこれに応じるきっかけとなった事情をいうにすぎず，被告人の真意を知っていれば募金に応じることはなかったものと推認されるのであり，募金に応じた者が被告人の欺もう行為により錯誤に陥って寄付をしたことに変わりはないというべきである。

　この犯行は，偽装の募金活動を主宰する被告人が，約2か月間にわたり，アルバイトとして雇用した事情を知らない多数の募金活動員を関西一円の通行人の多い場所に配置し，募金の趣旨を立看板で掲示させるとともに，募金箱を持たせて寄付を勧誘する発言を連呼させ，これに応じた通行人から現金をだまし取ったというものであって，個々の被害者ごとに区別して個別に欺もう行為を行うものではなく，不特定多数の通行人一般に対し，一括して，適宜の日，場所において，連日のように，同一内容の定型的な働き掛けを行って寄付を募るという態様のものであり，かつ，被告人の1個の意思，企図に基づき継続して行われた活動であったと認められる。加えて，このような街頭募金においては，これに応じる被害者は，比較的少額の現金を募金箱に投入すると，そのまま名前も告げずに立ち去ってしまうのが通例であり，募金箱に投入された現金は直ちに他の被害者が投入したものと混和して特定性を失うものであって，個々に区別して受領するものではない。以上のような本件街頭募金詐欺の特徴にかんがみると，これを一体のものと評価して包括一罪と解した原判断は是認できる。そして，その罪となるべき事実は，募金に応じた多数人を被害者とした上，被告人の行った募金の方法，その方法により募金を行った期間，場所及びこれにより得た総金額を摘示することをもってその特定に欠けるところはないというべきである。」

5　電子計算機詐欺罪

【参考判例11】
最決平成18年2月14日刑集60巻2号165頁
　［事実の概要］
　被告人Xは，窃取したクレジットカードを利用して，料金を支払わずにいわゆる出会い系サイトの携帯電話によるメール情報受送信サービスを利用しようと企て，5回にわたり，携帯電話機を使用して，インターネットを介し，電子マネーの発行によりサイト利用代金のクレジットカード決済の代行業務をしていた業者に対し，本件クレジットカードの名義人氏名，番号および有効期限を入力送信して同カードで代金を支払う方法による電子マネーの購入を申込み，同代行業者が使用する電子計算機に接続されているハードディスクに，名義人が同カードにより販売価格合計11万3000円相当の電子マネーを購入したとする電磁的記録を作り，同額相当の電子

マネーの利用権を取得した。第1審，控訴審ともに電子計算機使用詐欺罪の成立を認め，本決定も被告人の上告を棄却したが，職権判断として以下のように判示した。

［決定要旨］

「以上の事実関係の下では，被告人は，本件クレジットカードの名義人による電子マネーの購入の申込みがないにもかかわらず，本件電子計算機に同カードに係る番号等を入力送信して名義人本人が電子マネーの購入を申し込んだとする虚偽の情報を与え，名義人本人がこれを購入したとする財産権の得喪に係る不実の電磁的記録を作り，電子マネーの利用権を取得して財産上不法の利益を得たものというべきであるから，被告人につき，電子計算機使用詐欺罪の成立を認めた原判断は正当である。」

Questions

Q24 他人名義のクレジットカードを冒用し，加盟店で商品を購入する行為は1項詐欺に当たる。本件も，他人名義のクレジットカードの冒用であるが，1項詐欺に当たる事例と比較し，どのような特色があるか。

Q25 従来，電子計算機使用詐欺罪（246条の2）における「虚偽の情報」については，「電子計算機を使用する当該事務処理システムにおいて予定されている事務処理の目的に照らし，その内容が真実に反する情報をいう」（東京高判平成5年6月29日高刑集46巻2号189頁）とされてきた。本件において，「虚偽の情報」とは何をさすか。

Q26 本件において「財産上不法の利益」とは何か

Q27 仮に，クレジットカード名義人本人が，支払意思・能力がないにもかかわらず，電子マネー購入の申込みをした場合にはどのように考えられるか。

第24講 横領罪

〔設問1〕 以下の事例に基づき，甲および乙の罪責について，具体的な事実を摘示しつつ論じなさい（文書偽造罪および特別法違反の点を除く）。

 1 A合同会社は，社員甲，社員Bおよび社員Cの3名で構成されており，同社の定款において，代表社員は甲と定められていた。

 2 甲は，自己の海外での賭博費用で生じた多額の借入金の返済に窮していたため，知人であるDから個人で1億円を借り受けて返済資金に充てようと考え，Dに対し，「借金の返済に充てたいので，私に1億円を融資してくれないか」と申し入れた。

 Dは，相応の担保の提供があれば，損をすることはないだろうと考え，甲に対し，「1億円に見合った担保を提供してくれるのであれば，融資に応じてもいい」と答えた。

 3 甲は，A社が所有し，甲が代表社員として管理を行っている東京都南区川野山○-○-○所在の土地一筆（時価1億円相当。以下「本件土地」という）に第一順位の抵当権を設定することにより，Dに対する担保の提供を行おうと考えた。

 なお，A社では，同社の所有する不動産の処分・管理権は，代表社員が有していた。また，会社法第595条第1項各号に定められた利益相反取引の承認手続については，定款で，全社員が出席する社員総会を開催し全社員がこれを承認することが必要であるにもかかわらず，甲は，A社社員総会を開催せず，社員Bおよび社員Cの承認を得ないまま，1億円の融資の担保として本件土地に第一順位の抵当権を設定する旨申し入れ，Dもこれを承諾したので，甲とDとの間で，甲がDから金1億円を借り入れることを内容とする消費貸借契約，および，甲の同債務を担保するためにA社が本件土地に第一順位の抵当権を設定することを内容とする抵当権設定契約が締結された。

 Dは，これらの必要書類を用いて，前記抵当権設定契約に基づき，本件土地に対する第一順位の抵当権設定登記を行うとともに，甲に現金1億円を交付した。

 なお，その際，Dは，会社法およびA社の定款で定める利益相反取引の承認手続が適正に行われ，抵当権設定契約が有効に成立していると信じており，そのように信じたことについて過失もなかった。

甲は，Dから借り入れた現金1億円を，すべて自己の海外での賭博費用で生じた借入金の返済に充てた。

4　本件土地に対する第一順位の抵当権設定登記および1億円の融資から1か月後，甲は，A社所有不動産に抵当権が設定されていることが取引先にわかれば，A社の信用が失われるかもしれないと考えるようになり，Dに対し，「会社の土地に抵当権が設定されていることが取引先にわかると恥ずかしいので，抵当権設定登記を抹消してくれないか。登記を抹消しても，土地を他に売却したり他の抵当権を設定したりしないし，抵当権設定登記が今後必要になればいつでも協力するから」などと申し入れた。Dは，抵当権設定登記を抹消しても抵当権自体が消滅するわけではないし，約束をしている以上，甲が本件土地を他に売却したり他の抵当権を設定したりすることはなく，もし登記が必要になれば再び抵当権設定登記に協力してくれるだろうと考え，甲の求めに応じて本件土地に対する第一順位の抵当権設定登記を抹消する手続をした。

なお，この時点において，甲には，本件土地を他に売却したり他の抵当権を設定したりするつもりは全くなかった。

5　本件土地に対する第一順位の抵当権設定登記の抹消から半年後，甲は，知人である乙から，「本件土地をA社からEに売却するつもりはないか」との申入れを受けた。

乙は，Eから，「本件土地をA社から購入したい。本件土地を購入できれば乙に仲介手数料を支払うから，A社と話を付けてくれないか」と依頼されていたため，A社代表社員である甲に本件土地の売却を持ち掛けたものであった。

しかし，甲は，Dとの間で，本件土地を他に売却したり他の抵当権を設定したりしないと約束していたことから，乙の申入れを断った。

6　更に半年後，甲は，再び自己の海外での賭博費用で生じた多額の借入金の返済に窮するようになり，その中でも暴力団関係者からの5000万円の借入れについて，厳しい取立てを受けるようになったことから，その返済資金に充てるため，乙に対し，「暴力団関係者から借金をして厳しい取立てを受けている。その返済に充てたいので5000万円を私に融資してほしい」などと申し入れた。

乙は，甲の借金の原因が賭博であり，暴力団関係者以外からも多額の負債を抱えていることを知っていたため，甲に融資を行っても返済を受けられなくなる可能性が高いと考え，甲による融資の申入れを断ったが，甲が金に困っている状態を利用して本件土地をEに売却させようと考え，甲に対し，「そんなに金に困っているんだったら，以前話した本件土地をA社からEに売却する件を，前向きに考えてみてくれないか」と申し入れた。

甲は，乙からの申入れに対し，「実は，既に，金に困ってDから私個人名義

で1億円を借り入れて、その担保として会社に無断で本件土地に抵当権を設定したんだ。その後で抵当権設定登記だけはDに頼んで抹消してもらったんだけど、その時に、Dと本件土地を売ったり他の抵当権を設定したりしないと約束しちゃったんだ。だから売るわけにはいかないんだよ」などと事情を説明した。

　乙は、甲の説明を聞き、甲に対し、「会社に無断で抵当権を設定しているんだったら、会社に無断で売却したって一緒だよ。Dの抵当権だって、登記なしで放っておくDが悪いんだ。本件土地をEに売却すれば、1億円にはなるよ。僕への仲介手数料は1000万円でいいから。君の手元には9000万円も残るじゃないか。それだけあれば暴力団関係者に対する返済だってできるだろ」などと言って甲を説得した。

　甲は、乙の説得を受け、本件土地を売却して得た金員で暴力団関係者への返済を行えば、暴力団関係者からの取立てを免れることができると考え、本件土地をEに売却することを決意した。

　7　数日後、甲は、A社社員B、同社員CおよびDに無断で、本件土地をEに売却するために必要な書類を、乙を介してEに交付するなどして、A社が本件土地をEに代金1億円で売却する旨の売買契約を締結し、Eへの所有権移転登記手続を完了した。甲は、乙を介して、Eから売買代金1億円を受領した。

　なお、その際、Eは、甲が本件土地を売却して得た金員を自己の用途に充てる目的であることは知らず、A社との正規の取引であると信じており、そのように信じたことについて過失もなかった。

　甲は、Eから受領した1億円から、乙に約束どおり1000万円を支払ったほか、5000万円を暴力団関係者への返済に充て、残余の4000万円については、海外での賭博に費消した。

　乙は、甲から1000万円を受領したほか、Eから仲介手数料として300万円を受領した。

Questions

Q1 甲の抵当権設定行為は業務上横領罪にあたるのか、背任罪にあたるのか。両罪の関係も念頭におきつつ、具体的事情を挙げつつ検討しなさい。

Q2 業務上横領罪の成否に関して、同罪の客観的構成要件要素の意義や既遂時期を踏まえつつ、構成要件該当性の有無を、具体的事情を挙げつつ検討しなさい。

Q3 甲が本件土地をEに売却した行為の罪責について、A社との関係、およびDとの関係のそれぞれについて、具体的事情を挙げつつ検討しなさい。特にA社との関係では、①**Q1**で成立させた犯罪との関係、および②**基本判例1**の趣旨を踏まえつつ論じなさい。

Q4 ***Q3***の売却行為に関与した乙の罪責について，具体的事情を挙げつつ検討しなさい。

Q5 甲がDから交付を受けた1億円，およびEから交付を受けた1億円について，甲の罪責を，具体的事情を挙げつつ検討しなさい。

Q6 甲に成立する犯罪についての罪数処理はどのようになるか，検討しなさい。

1　抵当権設定・所有権移転（二重売買）と横領

〔設問2〕　以下の行為を行ったXの罪責について，〔前提事実〕，〔弁護側の主張〕を踏まえつつ検討せよ。

Xは，宗教法人Aの責任役員であるところ，Aの代表役員らと共謀のうえ，(1)平成4年4月30日，業務上占有するA所有のK市K町の土地（以下「本件土地1」という）を，B株式会社に対し代金1億324万円で売却し，同日，その所有権移転登記手続を了して，(2)同年9月24日，業務上占有するA所有の同区L町の土地（以下「本件土地2」という）を，株式会社Cに対し代金1500万円で売却し，同年10月6日，その所有権移転登記手続を了した。

〔前提事実〕

上記各売却に先立ち，Xは，各土地に次のとおり抵当権を設定していた。すなわち，本件土地1については，昭和55年4月11日，Xが経営するD株式会社（以下「D」という）を債務者とする極度額2500万円の根抵当権（以下「本件抵当権①」という）を設定してその旨の登記を了し，その後，平成4年3月31日，Dを債務者とする債権額4300万円の抵当権（以下「本件抵当権②」という）を設定してその旨の登記を了し，また，本件土地2については，平成元年1月13日，Dを債務者とする債権額3億円の抵当権（以下「本件抵当権③」という）を設定してその旨の登記を了していた。

なお，本件抵当権①，③の設定の経緯やその際の各借入金の使途等はつまびらかでなく，これらの抵当権設定行為が横領罪を構成するようなものであったかどうかは明瞭でない。仮に横領罪を構成することが証拠上明らかであるとしても，これらについては，公訴時効が完成している。本件抵当権②の設定は横領に当たるものと考えられる。

〔弁護側の主張〕

不動産について抵当権が設定された後，売却行為を行った場合について，大審院以来の判例は，抵当権設定行為が横領罪を構成し，売却行為はいわゆる不可罰的事後行為として横領罪とはならない（最判昭和31年6月26日刑集10巻6号874頁（参考判例1））としている。Xの行為を横領とすることはこれらの判例

に違反する。

Questions

Q7 甲が所有する不動産をVに売却し形式上所有権を移転したものの、いまだその旨の登記を了していないことを奇貨とし、さらにWに対し当該不動産につき抵当権を設定しその旨の登記を了したとき、当該不動産は、自己の占有する他人の物といえるか。
　　Vから甲に代金が支払われた場合はどうか。

Q8 甲は委託に基づいて占有しているといえるか。

1　最大判平成15年4月23日刑集57巻4号467頁

［事実の概要］　〔設問2〕参照

　〔設問2〕の事実について、原審は、〔設問2〕の抵当権①、③の設定の経緯等が明らかではなく、これらの行為が横領罪を構成するか否かは明瞭でないし、仮に横領罪を構成することが明らかであるとしても、公訴時効が完成しているとし、また、本件抵当権②の設定は横領に当たるが、本件土地①の売却と抵当権②の設定とでは土地売却の方がはるかに重要であるとして、本件土地①、②を売却したことが各抵当権設定との関係でいわゆる不可罰的事後行為に当たることを否定し、両土地の売却行為について横領罪の成立を認めた第1審の結論を支持した。

［判旨］
　原審は、弁護人が「自己名義の登記が残っていることを奇貨として既に売却した土地に抵当権を設定しその旨の登記を了したときは横領罪が成立し、その後、その不動産について抵当権者に所有権を移転する登記をしても、別に横領罪を構成するものではない」とした**参考判例1**に違反すると主張したのに対し、以下のように判示した。

　最高裁は、「委託を受けて他人の不動産を占有する者が、これにほしいままに抵当権を設定してその旨の登記を了した後においても、その不動産は他人の物であり、受託者がこれを占有していることに変わりはなく、受託者が、その後、その不動産につき、ほしいままに売却等による所有権移転行為を行いその旨の登記を了したときは、委託の任務に背いて、その物につき権限がないのに所有者でなければできないような処分をしたものにほかならない。したがって、売却等による所有権移転行為について、横領罪の成立自体は、これを肯定することができるというべきであり、先行の抵当権設定行為が存在することは、後行の所有権移転行為について犯罪の成

立自体を妨げる事情にはならないと解するのが相当である。
　このように，所有権移転行為について横領罪が成立する以上，先行する抵当権設定行為について横領罪が成立する場合における同罪と後行の所有権移転による横領罪との罪数評価のいかんにかかわらず，検察官は，事案の軽重，立証の難易等諸般の事情を考慮し，先行の抵当権設定行為ではなく，後行の所有権移転行為をとらえて公訴を提起することができるものと解される。また，そのような公訴の提起を受けた裁判所は，所有権移転の点だけを審判の対象とすべきであり，犯罪の成否を決するに当たり，売却に先立って横領罪を構成する抵当権設定行為があったかどうかというような訴因外の事情に立ち入って審理判断すべきものではない。このような場合に，Xに対し，訴因外の犯罪事実を主張立証することによって訴因とされている事実について犯罪の成否を争うことを許容することは，訴因外の犯罪事実をめぐって，Xが犯罪成立の証明を，検察官が犯罪不成立の証明を志向するなど，当事者双方に不自然な訴訟活動を行わせることにもなりかねず，訴因制度を採る訴訟手続の本旨に沿わないものというべきである。
　以上の点は，業務上横領罪についても異なるものではない。
　そうすると，本件において，Xが本件土地1につき本件抵当権①，②を設定し，本件土地2につき本件抵当権③を設定して，それぞれその旨の登記を了していたことは，その後Xがこれらの土地を売却してその旨の各登記を了したことを業務上横領罪に問うことの妨げになるものではない。したがって，本件土地1，2の売却に係る訴因について業務上横領罪の成立を認め，前記(1)，(2)の各犯罪事実を認定した第1審判決を是認した原判決の結論は，正当である。」と判示した。

Questions

Q9 二重売買において，不動産の名義人は，常に占有者といってよいのか（最判昭和30年12月26日刑集9巻14号3053頁参照）。また，たとえば，抵当権設定のため土地の登記済権利証，白紙委任状を受け取っていた不動産業者は，占有者といえるのか（福岡高判昭和53年4月24日判時905号123頁参照）。

Q10 他人の所有する不動産に無断で抵当権を設定し，その後に先順位の抵当権があることを秘してさらに無断で抵当権を設定する行為は領得行為といえるか。その場合，どのような財産的利益が侵害されたといえるのか（なお，後掲**Q13**も参照）。

Q11 後行の行為が抵当権の設定と，不動産の売却とではどのように異なるか。この場合，どのような財産的利益が侵害されたといえるのか。

2　最決平成21年3月26日刑集63巻3号291頁

[事実の概要]

　被告人は，平成17年2月25日に成立した，A株式会社（以下「A」という）および医療法人B会の2者間，並びに，A，破産者C破産管財人弁護士DおよびB会の3者間の各裁判上の和解（以下「本件和解」という）に基づき，同日，Aから上記DおよびB会に順次譲渡されたものの，所有権移転登記が未了のためAが登記簿上の所有名義人であった本件建物を，Aの実質的代表者として，B会のために預かり保管中であったものであるが，医療法人E会理事長Fほか2名と共謀のうえ，本件建物およびその敷地である本件土地に設定されていた本件地上権の各登記簿上の名義人が，いずれもAであることを奇貨とし，その各登記簿上にE会を登記権利者とする不実の抵当権設定仮登記をすることにより，上記Dおよび本件建物で病院を経営していたB会から原状回復にしゃ口して解決金を得ようと企て，真実は，AがE会から5億円を借り受ける金銭消費貸借契約を締結した事実並びにその担保として本件建物および本件地上権に係る抵当権設定契約を締結した事実がないのに，同年3月11日ころ，法務局出張所において，登記官に対し，本件建物および本件地上権につき，E会を登記権利者，Aを登記義務者とし，上記内容の虚偽の金銭消費貸借契約および抵当権設定契約を登記原因とする本件建物および本件地上権に係る各抵当権設定仮登記の登記申請書等関係書類を提出し，情を知らない登記官をして，本件建物および本件土地の登記簿の原本として用いられる電磁的記録である各登記記録にそれぞれその旨の記録をさせ，そのころ，同所において，その各記録を閲覧できる状態にさせ，もって，公正証書の原本として用いられる電磁的記録に不実の記録をさせて，これを供用するとともに，本件建物を横領した，として起訴された。

　弁護人は，①原判決の是認する第1審判決は，本件建物につき抵当権設定仮登記（以下「本件仮登記」という）を了したことにより横領罪が成立するとしているが，本登記とは異なり，仮登記には順位保全の効力があるだけであるから，横領罪は成立しない，②原判決の是認する第1審判決が，AとE会との間で本件建物に抵当権を設定した事実はないとして，本件仮登記を了したことは電磁的公正証書原本不実記録罪及び同供用罪に当たるとする一方で，横領罪にも当たるとしているのは自己矛盾であると主張して上告した。

[決定要旨]　上告棄却

　「まず，本件仮登記の登記原因とされたAとE会との間の金銭消費貸借契約及び抵当権設定契約は虚偽であり，本件仮登記は不実であるから，電磁的公正証書原本不実記録罪及び同供用罪が成立することは明らかである。そして，被告人は，本件

和解により所有権がＢ会に移転した本件建物を同会のために預かり保管していたところ，共犯者らと共謀の上，金銭的利益を得ようとして本件仮登記を了したものである。仮登記を了した場合，それに基づいて本登記を経由することによって仮登記の後に登記された権利の変動に対し，当該仮登記に係る権利を優先して主張することができるようになり，これを前提として，不動産取引の実務において，仮登記があった場合にはその権利が確保されているものとして扱われるのが通常である。以上の点にかんがみると，不実とはいえ，本件仮登記を了したことは，不法領得の意思を実現する行為として十分であり，横領罪の成立を認めた原判断は正当である。また，このような場合に，同罪と上記電磁的公正証書原本不実記録罪及び同供用罪が併せて成立することは，何ら不合理ではないというべきである（なお，本件仮登記による不実記録電磁的公正証書原本供用罪と横領罪とは観念的競合の関係に立つと解するのが相当である。）。」

Questions

Q12 横領行為の意義は何か。本件で，横領罪が成立するとされた具体的事情は何か。

Q13 本件では，①本件建物に関して上記抵当権設定の仮登記の登記申請書を3月11日に提出して同仮登記を了したあと，さらに，②本件建物にかかる所有権移転仮登記および本件地上権にかかる移転仮登記の各登記申請書等関係書類を3月22日に提出して同仮登記を了している。この点に関し，検察官は，①抵当権設定仮登記と②所有権等移転仮登記とは，そのいずれもが横領罪に該当し，これらが併合罪関係にあるとして公訴提起をしたところ，本件の第1審である大阪地判平成20年3月14日判タ1279号337頁は，「最初の抵当権設定仮登記によって，被告人は，本件建物の所有者でなければできない処分を既にしており，本件建物に対する所有権の侵害は確定的に生じているとみるべきであるから，検察官がこの点を横領罪として捉えて公訴提起をしている以上は，この事実をもって処罰すれば基本的に十分であると解する上，とりわけ，本件においては，それらの仮登記が，被告人と同一共犯者との共謀に基づき，所有者（寄託者）を同じくする同一不動産に対してわずか11日間前後というかなり近接した時点でなされていることや，各仮登記の目的がいずれも，被告人において，破産管財人らとの間における本件建物の所有権やその敷地地上権等の帰属をめぐる交渉を有利に進めるための仮装にあり，仮装の内容も同一架空債権を担保したかのように装うというものであったことをも併せ考えれば，前記各仮登記の点に刑法的観点から罪数評価を加え横領罪として処断するにあたっては，先行する前記抵当権設定仮登記の点について包括的一罪として横領罪の成立を認めれば足り，後行する前記所有権移転

仮登記の点はいわゆる不可罰的ないし共罰的事後行為としてもはや処罰の対象にはなら」ないとして，後行する②所有権等移転登記について，不可罰的（共罰的）事後行為であるとして横領罪の成立を否定し，本件上告審では，この点は争われなかった。

　この判断は，**基本判例1**と整合するのか。両事案における前提事実の相違や訴因の相違，さらには**参考判例1**も参照しつつ，「横領後の横領」における領得行為の意義や，その際に生ずる財産的利益の侵害の意義を考察しなさい。

【参考判例1】
最判昭和31年6月26日刑集10巻6号874頁
［事実の概要］

　Yが所有する不動産をTに売却したが，所有権移転登記をしていないのを奇貨として，Xに対し抵当権を設定し，さらにその後Xが，Yに対する債権の代物弁済として当該不動産の所有権取得の登記をした。

［判旨］　破棄差戻し

「職権をもつて調査するに，原判決は，控訴趣意第2点の判断において，被告人Xは，『前記の事実を良く知りながら本件不動産の占有者である被告人Yと共謀して擅に本件不動産につき自己に所有権移転登記をしたことを認め得るのであるから被告人Xにも共謀による横領罪が成立するものといわねばならない』と判示している。しかしながら同第4点について判示するところと第1審判決の判示によれば，被告人Xは，被告人Yに対する元金2万8千円の債権に基きその代物弁済として昭和24年2月5日本件不動産の所有権移転登記を受けその所有権を取得したというのであるから代物弁済という民法上の原因によつて本件不動産所有権を適法に取得したのであつて，被告人Yの横領行為とは法律上別個独立の関係である。されば本件においてたとい被告人Xが『前記の事実を良く知りながら』右所有権の移転登記を受けたとしても，これをもつて直ちに横領の共犯と認めることはできないのである。原判決はこの点において刑法の解釈適用を誤つた違法あるに帰する。

　さらに原判決は，控訴趣意第4点の判断において，『被告人Yが……昭和23年9月6日右元金合計2万8千円の担保として本件不動産に二番抵当権の設定登記をしたことは明らかであるが，右二番抵当権設定登記は昭和24年2月4日抹消され被告人Yは本件不動産につきTのためにまたその占有を始めたのであるから被告人両名が本件不動産につき更に判示の如く所有権移転登記をした以上その所為はまた横領罪に該当するものというべく……』と判示している。しかしながら仮に判示のように横領罪の成立を認むべきものとすれば，被告人Yにおいて不動産所有権がTにあることを知りながら，被告人Xのために二番抵当権を設定することは，それだけ

で横領罪が成立するものと認めなければならない。判示によれば，昭和24年2月4日右二番抵当権登記は抹消されたというが，第1審判決の認定によれば，その翌日2月5日代物弁済により被告人Xに所有権移転登記をしたというのであつて，記録によれば，右二番抵当権登記の抹消は所有権移転登記の準備たるに過ぎなかつたことを認めるに十分である。されば原判決がことさらに被告人Yが右2月4日1日だけTのため本件不動産の占有を始めたという説明によつて右所有権移転登記の時に横領罪が成立すると判断したことは，刑法の解釈を誤つた違法があるに帰する。」

【参考判例2】
福岡高判昭和47年11月22日刑月4巻11号1803頁
［事実の概要］

本件山林は，S_1の先代亡S_2の所有であったが，同人が大正5年2月18日ころに亡M_1から金35円85銭を借り受け，その担保として本件山林に同人のため抵当権を設定し，その旨の投棄を経由していたが，昭和6年12月28日ころ右M_1に対し右貸金債務の代物弁済として本件山林の所有権を移転すると共にこれを引き渡し，その後右山林の所有権等は，いずれも相続により同人から亡M_2を経てM_3に移転したが，登記簿上は依然前期S_2の所有名義のままになっていた。しかし被告人は，昭和45年ころNの依頼により本件山林を含むK県A市の山林約10町歩を買収するに当たり，かつて同地区の行政協力員をしていたことのある知人Oから，同人保管にかかる右B地区の字図写を借り受け，右図面に本件山林の所有権がM_2と記載されていることを知り，またそのころ本県山林を右M方で現実に占有管理していることも知るに至ったが，その後土地家屋調査士に依頼して本件山林の投棄名簿を調査したところ，登記名簿上の所有名義人が前記のとおりS_2であって，M_1を権利者とする抵当権設定登記のあることが分かった。そこで，前記M_2が存命中の同年10月ころ，権利関係を確め，併せて買入れの交渉をするべく，土地家屋調査士と共にM_2に対し本件山林の売却方を交渉したが，にべなく断られ，その際同人から本件山林は先代の時にS_2から賃金のかたに買い取ったものである旨告げられた。被告人は，右M_2が難しい人物であることを聞知していたので，同人から本件山林を買収することは至難であると思い，いったんは諦めていたが，本件山林を除く前記B地区の買収が終わり，その宅地造成工事を進めるに当たり，本件山林が右工事の邪魔になるため右Nから是非とも買収してくれと依頼されたことから，本件山林の登記簿上の所有名義がS_2にあることを利用して，同人の相続人である前記S_1から本件山林を取得しようと企てた。そして，前記M_2に含むところのある前記Oと共に，あるいは単身で，同年12月ころから再三にわたり右S_1方を訪れ，同人及び家族の者らに対し本件山林の売渡方を申入れ，同人が本件山林は父の代に借金のかたにMにやったものであ

るから売ることはできい旨述べて拒絶したのにもかかわらず，法的知識に疎く，経済的にも困っていた同人に対し，「あの山はあなたの名義になっているし，借金はもう50年以上たっているから担保も時効になっている」「Mの方には米の相場で計算して10倍も金を払えば，何も言わない」「このことで裁判になっても，自分が引き受けてやるから心配はいらない」等と執拗に，かつ言葉巧みに申し向け，昭和46年3月下旬ころついに同人をして本件山林を売却しても，裁判沙汰になるようなことはなく，万一そのようなことになっても被告人が引き受けてくれるものと誤信させて本件山林を被告人に売却することを承諾させ，同人から本件山林を代金10万円で買い受けたうえ，これを直ちに前記Nの長男に代金28万4000円で転売し，中間省略の方法により同人名義に所有権移転登記を経由した。

[判旨]

「右の如き不動産の二重譲渡の場合，売主である前記S_1の所為が横領罪を構成することは明らかであるが，その買主については，単に二重譲渡であることを知りつつこれを買受けることは，民法第177条の法意に照らし，経済取引上許された行為であって，刑法上も違法性を有しないものと解すべきことは，所論のとおりである。しかしながら本件においては，買主たる被告人は，所有者Mから買取ることが困難であるため名義人Sから買受けようと企て，前叙のとおり単に二重譲渡になることの認識を有していたのに止まらず，二重譲渡になることを知りつつ敢て前記S_1に対し本件山林の売却方を申入れ，同人が二重譲渡になることを理由に右申入れを拒絶したのにもかかわらず，法的知識の乏しい同人に対し，二重譲渡の決意を生ぜしめるべく，借金はもう50年以上たっているから担保も時効になっている，裁判になっても自分が引受けるから心配は要らない等と執拗且つ積極的に働きかけ，その結果遂に同人をして本件山林を二重譲渡することを承諾させて被告人と売買契約を締結するに至らしめたのであるから，被告人の本件所為は，もはや経済取引上許容されうる範囲，手段を逸脱した刑法上違法な所為というべく，右Sを唆かし，更にすすんで自己の利益をも図るため同人と共謀のうえ本件横領行為に及んだものとして，横領罪の共同正犯としての刑責を免れないものというべきである。」

Questions

Q14 本件で，経済取引上許容される範囲を逸脱し，横領罪の共同正犯が成立するとされた具体的事情は何か。

Q15 判決では，「すすんで自己の利益をも図る」とされているが，どのような利益を図ったといえるのか。2倍以上の価格で転売しているが，そのような事情が横領罪の共同正犯の成立に当たって考慮されるのか。

2　横領罪における「自己の占有」の特色

〔設問3〕　横領罪の客体は自己の占有する他人の物であり、横領罪における占有概念は、窃盗罪における「事実的支配」とは異なり法的支配をも含むとされる。例えば、銀行の預金は、預金者に占有があるとされてきたが（大判大正元年10月8日刑録18輯1231頁）、以下の参考判例を読んで、「法的支配」の内容を考えよ。

【参考判例3】
広島地判平成16年7月27日TKC文献番号28105124
［事実の概要］

　a、bは、平成9年4月1日から平成12年3月31日までは地方事務官、同年4月1日から平成13年1月5日までは労働事務官、同年1月6日から平成16年3月5日までは厚生労働事務官であり、aは、平成9年4月1日から平成12年3月31日までの間、H県商工労働部職業安定課管理係主任として労働省所管経費の支出負担行為等に関する事務に従事し、同年4月1日から平成14年3月31日までH公共職業安定所雇用指導官であったもの、bは、平成9年4月11日から平成12年3月31日までの間、H県商工労働部雇用保険課庶務係主任として労働保険特別会計の予算経理等に関する事務に従事し、同年4月1日からはH労働局総務部総務課会計第一係主任として同労働局の所掌にかかる経費及び収入の予算、会計等に関する事務に従事していたものであるところ

第1　a、bは、人を欺いて労働保険特別会計にかかる国庫金を交付させようと企て、平成11年8月23日ころから平成13年4月25日ころまでの間、前後27回にわたり、日本銀行H支店において、同支店職員らに対し、真実は、支出官H県商工労働部長dらが株式会社H銀行県庁支店・H県地域雇用推進懇談会会長eら名義の普通預金3口座に国庫金を振り込むよう請求した事実はなく、上記eら3名がいずれも上記国庫金の正当な受取人ではないのに、その旨虚偽の記載をした国庫金振込請求書合計27通を提出するなどして、上記eら名義の普通預金3口座への国庫金振込を請求し、上記日本銀行H支店職員らをしてその旨誤信させ、よって、平成11年8月23日から平成13年4月25日までの間、前後34回にわたり、いずれもH銀行県庁支店に開設され、aが管理する上記eら名義の普通預金3口座に合計4276万6050円の国庫金を振込送金させた。

第2　fは、平成12年4月1日から平成14年4月1日まで労働事務官（ただし、平成13年1月6日からは厚生労働事務官）H労働局職業安定部長であり、支出負担行為担当官労働省（平成13年1月6日からは厚生労働省、以下同じ）職業安定局長との契約

に基づき，同支出負担行為担当官から委託されて雇用安定・創出対策事業等を実施する権利能力なき社団「H雇用安定・創出対策協議会」（会長 g 。以下，「対策協議会」という）の出納者として，支出官労働省労働大臣官房会計課長から対策協議会宛に概算払いで支出交付される上記雇用安定・創出対策事業等の委託実施費の出納保管等の会計事務に従事していたものであるが，a は，f らと共謀のうえ，単一の犯意で，平成12年8月3日から平成13年4月13日までの間，前後20回にわたり，上記 H 銀行県庁支店ほか2か所において，かねて上記支出官から上記 g 名義の対策協議会の普通預金2口座に振込送金され，交付を受けた上記委託実施経費につき，これを対策協議会のため業務上預かり保管中，ほしいままに自己らの用途に供するため，その中から合計1030万1907円の払戻しを受けて着服した。

[判旨]
　a，b の第1の行為につき1項詐欺罪，a の第2の行為につき業務上横領罪が成立するとした。ただし，a には業務上占有者の身分がないので刑法65条2項により252条1項の刑を科するとした。f については分離して審理されたが，業務上横領罪の成立が認められた。

Questions

Q16 本件は，H県商工労働部において，かねてより，「幹部対応」，「本省対応」と称して，幹部職員の飲食費や労働省からの出張者に対する接待費等に充てるため，不正な会計処理によって，いわゆる裏金を捻出することが続けられており，職業安定課においては管理係主任，雇用保険課においては庶務係主任がその捻出工作に当たっていたところ，上記預金口座に振り込まれた委託費を流用して，裏金が捻出されるようになり，具体的には，職業安定課管理係主任が，架空の請求書や支払調書を作成したうえ，職業安定課長の決裁を経て，上記預金口座から現金を引き出すことを繰り返していたという事案である。

　被告人 f は，H県商工労働部職業安定課主幹に就任した時期以降，職業安定課管理係主任等から，「幹部対応」として，毎月数万円の現金の交付を受けていたほか，転任時にはせんべつ名目で多額の現金を受け取ったり，妻との温泉旅行の費用負担をしてもらうなどしており，さらに，主幹在任当時は，管理係から求められた架空の支払調書の決裁に関して，課長の印鑑も預かっていたことから，主幹及び課長の決裁印を押捺して，事実上の最終決裁権者として振る舞っていたこともあった。

　以上の情況の下で，f が部下の会計責任者 a と共謀のうえ，自らが事実上管理する口座から金員を引き出し，自らの用途に支出していたというものである。

　判決では，国庫から不正に金員を振り込ませた行為が1項詐欺罪に該当するとされており，預金口座に振り込まれた時点で被告人らの占有が認められることになるが，その上で，さらにその預金口座から金員を引き出す行為について横領罪

の成立が認められるとされている。

　このような場合にも，預金口座における金員は「自己の占有する他人の物」といえるのか。

Q17　横領罪との関係で，本件預金口座は誰が占有していたといえるのか。実際に預金通帳を保管しているaなのか，「事実上の最終決裁権者として振る舞っていた」fなのか。

Q18　本件の不正な裏金作りは，従来より慣行として行われたものであったことから，fは控訴して「公訴権濫用」に当たると主張した。控訴審判決は以下のようにこの主張を退けた（広島高判平成17年11月8日TKC文献番号28115083）。弁護人としては，このような慣行が常態化していたことを理由に，他に主張すべき事柄があったか。例えば，違法性の意識の可能性などについて主張しえたか。

　「論旨は，要するに，H県商工労働部雇用保険課及び職業安定課の主幹，課長の全員が不正支出を命じて，いわゆる裏金の恩恵に浴していた上，H労働局においても，同時期に総務部長であった労働省から出向していたCは，総務部総務課会計第1係主任Dから不正に捻出された現金を毎月受け取るなどしていたのに，被告人だけが業務上横領罪に問われるのは，Cは起訴されておらず，あまりにも不平等であるから，検察官の公訴権濫用として，起訴手続の無効を来すべきである，というのである。

　そこで，検討すると，被告人以外の多数の歴代のH県商工労働部の幹部職員や，H労働局総務部長であったCが，被告人と同様に不正な方法で捻出された多額の現金の交付を継続的に受けていたことは明らかであり，幹部職員として刑事訴追を受けた被告人がこれに不満を抱くことは，心情的には理解できることであるが，その関与の態様，程度等によって，起訴不起訴が決せられることはやむを得ないところであって，検察官の本件公訴提起がその裁量の範囲を逸脱し，職務犯罪を構成するような違法な場合ではないことが明らかであるから，所論を受入れることはできない。」

【参考判例4】
東京高判平成15年10月22日東高刑時54巻1=12号75頁
　［事実の概要］
　Xは，平成12年11月8日から平成13年1月19日までの間，株式会社Fの経理事務員として，経理一般および同会社の銀行預金通帳，キャッシュカード等を用いて，預金の入出金，振込送金等の手続をする業務に従事していたものであるが，株式会社F代表取締役T名義の普通預金口座のキャッシュカードを上記株式会社Fのために業務上保管中，平成12年12月27日から同月29日までの間，前後3回にわたり，M銀行O支店ほか2か所において，ほしいままに，自己の用途にあてるため，同キャッシュカードを用いて同預金口座から現金合計1000万円を引き出して上記株式会社Fのために業務上預かるこれら現金を着服した。

Questions

Q19 本件で、横領罪が成立するためには、Xが預金を占有しているという事実が認められる必要があるが、どのような条件が整えばそのようにいえるか。

Q20 仮に、Xが取引先に支払うために1000万円の現金を引き出した場合、その時点で、その金員を自らの用途に使用することを決意し、自らの名義の口座に入金した場合はどうなるか。

　　また、現金を引き出す前に、1000万円を自己の用途に使用することを決意し、自己名義の口座に振込送金したらどうなるか。

Q21 仮に、預金通帳およびキャッシュカードが常に会社に保管してあり、経理事務員であるXは、社長Tの指示があったつど、これらを用いて銀行に出向いて預金から金員を引き出していた場合、横領罪が成立するか。

3　横領罪における不法領得の意思

3　最決平成13年11月5日刑集55巻6号546頁

[事実の概要]

1　被告人は、昭和59年6月から63年5月までの間、A株式会社（以下「A社」という）の取締役経理部長として、Bは、昭和60年4月から63年12月までの間、A社経理部次長として、いずれも、A社の資金の調達運用、金銭の出納保管等の業務に従事していた。

(1)　被告人は、CがA社の株式を買い占めてその経営権をD会長ら一族から奪取しようと画策していたのに対抗し、Bと共謀して、E研究所代表FおよびG研究所代表Hの両名（以下「Fら」という）に対し、Cの取引先金融機関等に融資を行わないよう圧力をかけ、あるいはCらを中傷する文書を頒布してその信用を失墜させ、同人に対する金融機関等の資金支援を妨げて株買占めを妨害し、さらには買占めにかかる株式を放出させるなど、Cによる経営権の取得を阻止するための工作を依頼し、その工作資金および報酬等にA社の資金を流用しようと企て、支出権限がないのに、昭和63年2月2日ころから同年4月11日ころまでの間、6回にわたり、業務上保管中のA社の現金合計8億9500万円をFらに交付して横領した。

(2)　被告人は、昭和63年5月11日に経理部長の職を解かれた後、Bと共謀し、Fらに対して同様の工作を依頼し、その工作資金および報酬等にA社の資金を流用しようと企て、支出権限がないのに、同年7月13日ころから同年10月18日ころまでの間、3回にわたり、Bが業務上保管中のA社の現金合計2億8000万円をFらに

交付して横領した。

2　上記事実関係において，被告人の計9回の現金交付（以下「本件交付」という）の意図がもっぱらA社のためにするところにあったとすれば，不法領得の意思を認めることはできず，業務上横領罪の成立は否定される。

そして，第1審判決が被告人はもっぱらA社のために本件交付を行ったものと認定したのに対し，原判決は，これを否定して，被告人につき不法領得の意思の存在を認めた。

[原審の判旨]

3　原判決（東京高判平成8年2月26日刑集55巻6号700頁）が，被告人の本件交付の意図がもっぱらAのためにするところにあったとは認められないとした理由の要旨は，次のとおりである。

(1)　Aにおいて，C側の支配する株式を買い取るとの方針は固まっておらず，I社長も，株式買取りの可能性を探るための工作を了承したにとどまる。また，本件交付にかかる金額の合計は11億7500万円に上るのに，各交付の時点において，それぞれの交付に見合った工作が成功するか否かはまったく不明確であった。さらに，被告人は，I社長らに本件交付について報告する機会がたびたびあったのに，その交付の内容や具体的交付目的等を報告していない。

(2)　他方，被告人は，本件交付を開始する前，昭和62年6月ころから9月ころにかけて，C側と通じ，協力してAの経営権を握ろうと図り，その過程でA株を多数売買して多額の売却益を得たほか，C側から約2億3000万円の売却益の分配を受け取っている。その後，昭和63年1月にC側とAが全面対決するに至り，C側から裏切り者として攻撃され，妻子に危害を加えるなどとの脅迫をたびたび受けた。被告人がFらに工作を依頼して，最初の3000万円を交付したのは，Cの意を受けた者から最初に脅迫を受けた直後であった。

こうした事情を総合すると，被告人の意図は，もっぱらAのためにするところにあったとはいえず，自己の前記弱みを隠しまたは薄める意図と，度重なる交付行為の問題化を避ける意図とが加わっていたと認定するのが相当である。

(3)　さらに，本件交付が委託者である会社自体であれば行いうる性質のものであったか否かという観点からも検討する必要がある。すなわち，その行為の目的が違法であるなどの理由から，金員の委託者である会社自体でも行いえない性質のものである場合には，金員の占有者である被告人がこれを行うことは，もっぱら委託者である会社のためにする行為ということはできない。

本件交付は，Cによる株買占めに対抗するための工作費用としてされたものであって，最終的にはC側からA株を買い取ることを目的としていた。しかしながら，それは，防戦買いを実施して発行済み株式総数の過半数を制した後に，さらに，A

の資金により，約1700万株という大量の株式を買い取るというもので，商法の自己株式取得の禁止規定に明らかに違反し，委託者本人であるＡ自体でも行うことができないものである。また，Ｆらに依頼した工作の具体的な手段は，名誉毀損，信用毀損，業務妨害，脅迫等の罪に触れかねないものであって，Ａ自体においても行うことは許されない。

したがって，この観点からしても，被告人の不法領得の意思を否定することはできない。

[決定要旨]

「被告人の不法領得の意思の有無について検討する。

当時，Ａとしては，乗っ取り問題が長期化すると，同社のイメージや信用が低下し，官公庁からの受注が減少したり，社員が流出するなどの損害が懸念されており，被告人らがこうした不利益を回避する意図をも有していたことは，第１審判決が認定し，原判決も否定しないところである。しかし，原判決も認定するように，本件交付は，それ自体高額なものであった上，もしそれによって株式買取りが実現すれば，Ｆらに支払うべき経費及び報酬の総額は25億5000万円，これを含む買取価格の総額は595億円という高額に上り（当時のＡの経常利益は，１事業年度で20億円から30億円程度であった。），Ａにとって重大な経済的負担を伴うものであった。しかも，それは違法行為を目的とするものとされるおそれもあったのであるから，会社のためにこのような金員の交付をする者としては，通常，交付先の素性や背景等を慎重に調査し，各交付に際しても，提案された工作の具体的内容と資金の必要性，成功の見込み等について可能な限り確認し，事後においても，資金の使途やその効果等につき納得し得る報告を求めるはずのものである。しかるに，記録によっても，被告人がそのような調査等をした形跡はほとんどうかがうことができず，また，それをすることができなかったことについての合理的な理由も見いだすことができない。原判決が前記３(1)及び(2)で指摘するところに加えて，上記の事情をも考慮すれば，本件交付における被告人の意図は専らＡのためにするところにはなかったと判断して，本件交付につき被告人の不法領得の意思を認めた原判決の結論は，正当として是認することができる。

なお，原判決の上記３の判断のうち，(3)の第１段において述べるところは，是認することができない。当該行為ないしその目的とするところが違法であるなどの理由から委託者たる会社として行い得ないものであることは，行為者の不法領得の意思を推認させる１つの事情とはなり得る。しかし，行為の客観的性質の問題と行為者の主観の問題は，本来，別異のものであって，たとえ商法その他の法令に違反する行為であっても，行為者の主観において，それを専ら会社のためにするとの意識の下に行うことは，あり得ないことではない。したがって，その行為が商法その他

の法令に違反するという一事から、直ちに行為者の不法領得の意思を認めることはできないというべきである。しかし、本件において被告人の不法領得の意思の存在が肯認されるべきことは前記のとおりであるから、原判決の上記の判断の誤りは結論に影響しない。」

Questions

Q22 本事案において、領得行為の有無（不法領得の意思の有無）の判断にとって重要な意味をもつ事実はどのようなものと考えられるか。

Q23 与えられた権限を逸脱しているのか、自己の計算でほしいままに処分したのか、違法な目的であれば、たとえ本人でも行いえない行為である以上、領得にあたるという説明と、どのような差があると考えられるか。

Q24 違法な目的であれば、たとえ本人でも行いえない行為である以上、領得にあたるという原審判断をどう考えるか。

4 横領罪と背任罪の関係

4 最判昭和34年2月13日刑集13巻2号101頁

[事実の概要]

森林組合（社団法人）の組合長で常務理事であるFらは、農林漁業資金融通法により造林資金以外の用途には使用できない政府貸付金を保管中、翌年3月の組合改組まではこれに手をつけないとの役員会決議も無視し、その一部を資金難のB町に組合名義で貸し付けた。第1審は、横領罪の起訴に対し不法領得の意思が欠けるとしたが、原審は不法領得の意思を認めた。そこでFらから上告がなされた。

[判旨] 上告棄却

「論旨前段は、原判示第一の（一）、（二）の事実共に被告人らには不法領得の意思なく且つ本件政府貸付金はこれを貸付目的以外の目的に使用してもそれ自体何ら処罰の対象とはならないのに、被告人らに対し業務上横領罪の成立を認めた原判決は、法令の解釈を誤り且つ従来の判例にも違反すると主張する。

農林漁業資金融通法（昭和26年法律105号、同年4月1日施行、同27年法律355号農林漁業金融公庫法附則8項1号により廃止）による政府貸付金は、これを貸付の目的以外の目的に使用してはならないが、貸付金の使途の規正に反する行為に対しては何ら罰則の定がなく、同法による政府貸付金は消費貸借による貸金として貸付を受けた自然人若しくは法人の所有に帰し、これを貸付の目的以外の目的に使用した場合そのこと自体は、貸主たる政府に対する関係において単なる貸付条件違反として一

時償還を生ずるに止まり，直ちに横領罪が成立するものでないことは，正に所論のとおりであり，この理は借受人が自然人であると法人であるとにより何ら差異はない（同法3条4項2号，4条1項参照）。

そして右政府貸付金は，自然人に対して貸し付けられる場合とその自然人が組織する法人に対して貸し付けられる場合とあり（同法2条参照），いずれの場合にもその使途が規正されていること前叙の如くであつて，後者の場合該貸付金は政府と法人との消費貸借の当然の結果として一旦は法人の所有に帰するが，必ず予定転借人である自然人に転貸することを要し，事業の進捗状態に応じ速かに転貸交付するか，直ちに転貸しないときは転貸資金として受託機関（例えば，農林中央金庫，地方銀行）に預託し，法人の通常の収入，資金とは別途に保管すべきもので，一定の手続さえ履践すれば転貸資金以外の用途に流用支出することができるものと異なり，保管方法と使途が限定され，転貸資金以外他のいかなる用途にも絶対流用支出することができない性質の金員であること，本件の場合判示B町森林組合は旧森林法（明治40年法律43号）により設立された同町区域内の森林所有者の組織する営利を目的としない社団法人であつて，被告人Fは当時組合長として組合の業務一切を掌理し，同Hは当時組合常務理事として組合長を補佐し組合の業務を執行していたこと，本件政府貸付金175万円は，政府が農林漁業資金融通法により右組合の組合員のうち造林事業を営む者に交付するため，右組合に対し貸付決定したもので同法4条1項により造林資金以外の用途に使用することのできない金員であること，被告人らは右組合の業務執行機関として組合のためその委託に基き業務上これを保管する責に任じていたことは，いずれも原判決挙示の証拠により十分に認められ，この点の原審認定に誤りはない。

とすれば，たとえ右貸付金175万円が一旦は組合の所有に帰したとしても，組合の業務執行機関として組合のためその委託に基きこれが保管の責に任じていた被告人らが，これを使途の規正に反し貸付の目的以外の目的に使用したときは，借主たる組合自体と貸主たる政府との外部関係において貸付条件違反として一時償還の問題を生ずるのは勿論のこと，更にこれとは別個に，金員保管の委託を受けている被告人らと委託者本人である組合との内部関係においては，金員流用の目的，方法等その処分行為の態様如何により業務上横領罪の成否を論ずる余地のあることは当然といわなければならない。

ところで原審の確定した事実によれば，判示第一の（一）のB町に対する貸付は年末に際し諸経費の支払資金に窮していた同町からの要請に基き専ら同町の利益を図るためになされたものであつて，組合の利益のためにする資金保管の一方法とは到底認め難く，又同（二）のカラ松球果採取事業は被告人らの経営する個人事業であつて同事業のための借入金元利返済に充てられた本件40万円余りは専ら被告人ら

個人の利益を図るために使用されたものと認めるの外なく，しかも右（一），（二）の各支出は組合役員会の決議の趣旨にも反し，組合本来の目的を逸脱し，たとえ監事Mの承認を経ているとはいえ，この承認は監事の権限外行為に属し，これあるため被告人らの右各支出行為が組合の業務執行機関としての正当権限に基く行為であると解すべきものでないことは原判示のとおりであり，結局原判示第一の（一），（二）の各支出行為は，被告人らが委託の任務に背き，業務上保管する組合所有の金員につき，組合本来の目的に反し，役員会の決議を無視し，何ら正当権限に基かず，ほしいままに被告人ら個人の計算において，B町及び被告人ら個人の利益を図つてなしたものと認むべきである。

されば，たとえ被告人らが組合の業務執行機関であり，本件第一の（一）のB町に対する貸付が組合名義をもつて処理されているとしても，上来説示した金員流用の目的，方法等その処分行為の態様，特に本件貸付のための支出は，かの国若しくは公共団体における財政法規違反の支出行為，金融機関における貸付内規違反の貸付の如き手続違反的な形式的違法行為に止まるものではなくて，保管方法と使途の限定された他人所有の金員につき，その他人の所有権そのものを侵奪する行為に外ならないことにかんがみれば，横領罪の成立に必要な不法領得の意思ありと認めて妨げなく，所論指摘の事由は未だもつて横領罪の成立を阻却する理由とはならず，背任罪の成否を論ずる余地も存しない。

従つて，原判決が本件につき業務上横領罪の成立を認めたのは正当であり，論旨引用の諸判例はすべて本件に適切でなく，所論判例違反の主張は採用することができない。」

Questions

Q25 横領と背任の両罪は，信義誠実義務違反という意味で共通した性格を有する。たしかに，①財産上の利益に関しては横領罪の成立の余地はなく，逆に，②加害目的の場合には背任罪しか成立しえない。しかし，他人のための事務処理者が，自己の占有する他人の物を不法に処分した場合には，両罪の成立の可能性が存在し，横領罪と背任罪の区別が問題となる。

一般に判例は，自己の名義・計算で行ったか本人の名義・計算で行ったかを重視するとされるが，それと，「権限の趣旨に背いて権限を濫用している場合は背任罪であり，外形上一般的・抽象的権限内でも，委託の趣旨から絶対に許されない行為は横領罪である」とする考え方とはどのような関係にあるか。

Q26 基本判例4において不法領得の意思が認められる根拠とされたのは，どのような事実か。

【参考判例5】
東京地判昭和58年10月6日判時1096号151頁
［事実の概要］
　被告人は、金融業を営むA商事株式会社Z支店の支店長として、現金の貸付、保管等の業務に従事していた。同支店における貸付限度額は顧客1名につき30万円以下と内規により定められており、その貸付手続は、新規、増額を問わず、融資申込人に対し所定の受付票に申込金額、申込人の本籍、住所、職業、氏名、勤務先等必要事項を記入させ、これに基いてJ・D・Bと称する同業者間の情報センター機関に照会して当該申込人の他の同業者からの借入状況、事故の有無等の信用状態を調査した後、貸付適格者に対しては所定の貸付申込書に必要事項を記入させ、社会保険証、身分証明書等により勤務先に照会するなどして本人であることを確認したうえ、借用書を差入れさせて貸付をするという一連の手順、方式を履践すべきものとされ、また、融資申込額が前記支店貸付限度額を超えるものについては本店扱いとし、融資申込を受けた支店から本店に連絡し、本店において稟議を経たうえ本店から申込人に直接融資する手続が定められていた。しかし、昭和55年8月中旬ころ、Sから100万円の融資申込を受けるや、同人が既に同社N支店から限度額を超える貸付を受けている身であって、その信用や資力関係からも右正規の手続によっては貸付をすることができないことを知悉していたことから、同月25日ころ、上記Z支店において、前記貸付に関する正規の手順、方式を履践することなく、同人に架空人名義の借用書を差入れさせたのみで、同会社のため業務上預り保管中の現金100万円を自己の支店長としての権限外で同人に貸与するため着服したのを手始めに、昭和56年5月28日ころまでの間に、別紙一覧表記載のとおり、右を含めて前後89回にわたり、いずれも前同所において、前同様の方法により、その権限に基くことなくほしいままに同会社のため業務上預り保管中の現金合計5180万円を同人に貸与するため着服して横領した。

［判旨］
　「弁護人は、被告人の本件所為は、支店長としての権限の範囲内においてその権限を濫用したものに過ぎないから背任罪を構成するは格別、業務上横領罪は成立するに由なく、被告人は無罪である旨主張し、被告人も当公判廷において右主張にそう供述をしているが、前掲関係証拠によれば、判示のとおり、融資金が30万円を超える場合には、本店の稟議を経るべきものと定められ、本店においては、顧問弁護士とも相談し、貸付適格者に対しては、担保差入れを求めるなど貸付元利金に対する保全措置を講じたうえ融資を決定していたことが認められるのに、被告人はこれらの会社で定められた貸付に関する正規の手続を履践することなく、Sのタクシー運転手という職業柄の信用、資力等の関係や同人の融資申込の際の言動等から、多

額の貸付をした場合の貸付元利金の回収不能に陥る事態を、昭和55年8月の貸付当初においては少くとも未必的に、同年12月ころからは確定的に認識していたにもかかわらず、架空名義によって貸付の体裁をとったうえ、会社のため保管中の支店の融資限度額を超える多額の現金を自己の所持金のごとくに同人に貸与していた事実は明らかであり、かかる被告人の本件所為は、専ら利益追求を目的とする金融業を営む会社のためにその計算において支店の業務としてなされたものとは到底認められず、被告人が同人に架空名義の借用書を差入れさせて同人を連帯保証人とし、会社の貸付元帳にも右架空人名義で記帳をし、受入れ利息金は右帳簿に記帳していたことは一応認められるものの、これは被告人が本件犯行の本店に発覚することを虞れ、同人に利息だけは入れるよう慫慂したためとられた措置であり、犯行発覚防止工作とも認めうるものであって、右の一事をもってしては未だ会社の計算による貸付行為とは認め難く、被告人が保管中の会社の現金を同人に貸与するため不法に領得したとの判示認定を毫も左右するものではないといわねばならない。

してみると、被告人が本件業務上横領の刑責を負うべきことはもとよりであって、弁護人の前記主張は理由がないことに帰する。」

Questions

Q27 横領罪と背任罪との区別が、権限の逸脱の有無により判断されるとすると、支店長や取締役のように権限が広い場合には、背任にはなりえても横領に該当する場合は少ない。しかし、金員をギャンブル等全くプライベートに流用すれば委託の趣旨からいって絶対に許されない行為なので横領となる。**参考判例5**は、金融機関の支店長が、定められた手続を全く履践せず貸付限度額を著しく超えた貸付けを行った場合につき業務上横領罪の成立を認めたものであるが、このような行為も、権限を逸脱したものといえるのであろうか。

第25講 背任罪

1 背任罪における「事務処理者」「他人の事務」

〔設問1〕 以下の事案について，X，YおよびZの罪責について答えなさい。

以下の事実については，被告人等は争っていない。

Xは，C証券株式会社審査部長等を経て，昭和57年12月に，株式の店頭公開の準備を進めるため，不動産の売買，賃貸，仲介等を目的とするA社に出向し，取締役，代表取締役副社長を経て，平成2年11月に辞任したYの後を受けて，同社の代表取締役社長に就任し，同社の創業者で実質的経営者であり同社の発行済株式の過半数を所有するYの指示の下に，同社の業務を統括していた。

A社は，Zが社長を務める住宅金融専門会社B社から，事業用・販売用不動産の取得費用等として，多額の借入れをしていた。しかし，多額の交際費など経営に無駄が多く，好況の時期でも，毎月のように運転資金の不足を来し，その都度B社からの融資により急場をしのいでいた。

その後，バブル経済の崩壊によりA社の売上げが激減し，その資金繰りが悪化する一方で金利負担が増大するにつれ，B社からA社に対する運転資金の融資が担保割れを起こしたが，B社は，代表取締役社長Zの指示により，なおもA社に対する運転資金の融資を継続し，平成3年4月の時点で同社に対する融資金の残高は約20億円に達した。B社は，同月以降も，実質無担保状態に陥ったA社に対する融資を継続したが，同社に対する融資が対外的に突出するのを避けるため，Xの協力を得て書類を整えた上，B社の関連会社やA社の子会社を経由する迂回融資の方法を採った。

そのような中でXは「急場を乗り切る事業展開のため，接待と調査旅費に必要だ」というYの依頼により，平成3年5月9日に額面500万円のA社代表取締役X名義の手形を，「当座の社長交際費として必要だ」として経理部長に命じて振り出させて現金化させ，400万円をXの部屋でYに，「有効に使ってくださいね」といって手渡した。A社では，社長には年額300万円程度の交際費が事実上認められてきていた。ただ，それには当然領収が必要であった。しかし，この件に関する領収書は残っていない。

捜査の結果，Yは，当該400万円を競馬（ダービー）の掛け金に費消してしまったことが証拠上明らかになっている。

その後、A社は、平成3年8月には、B社以外の金融機関からの融資が受けられなくなり、B社からの融資がなければ倒産に追い込まれる危機的状態に陥ったことが証拠により認定されている。

［供述調書など］

　手形の振り出し行為および、400万円をYに手交した行為についての捜査において、Yは、「領収書を要求された覚えはない。」と供述し、Xも「Yに対してはそれを要求しなかった。力関係からいって要求できなかった」と供述している。

　Yは、当初、調査旅費を請求する際には、ギャンブルに流用することは全く考えなかったと主張していた。ただ、友人に「ダービーには多額を突っ込む」という趣旨の話を、金員を請求する前に行っていた。

　また、XはYがギャンブル好きであったことは熟知しており、検察官に対する調書でも、「ひょっとしたら、接待といいつつダービーの話ばかりしていることは気付いていた」と供述し、調書を証拠とすることに同意している。

　迂回融資に関し、ZらB社の融資担当者は、同社の貸出規定等の定めを厳格には解さず、即事に貸付金の回収を行う等の措置を講ずることはしなかったことが認定されているが、その点に関する供述として以下の調書がある。

　Zは、「A社の存続によりこれまで注入した資金全体の回収が可能だと考えたからだ」と警察官に供述している。ただ、貸出規定には違反していること、回収不能になるおそれも十分在ることは認識していたと認めている。

　その後もZはさらに、A社の立ち直りを期待して、同月から同年11月までの間、4回にわたり、上記の迂回融資の方法により、合計18億7000万円をA社に貸し付けたことも明らかになっている。

　Zは、検察官の取調べに対し、A社に対する上記融資が焦げ付くことはないと考えていたと供述していたが、最後にその可能性は認識していたことを認めた。ただ、これに応じないと、A社がたちまち倒産し、巨額の融資金が回収不能となることが予想されたため、A社の利益を図る目的で行ったと主張している。ただ、一方で、それまで同社に運転資金として巨額の金員を放漫に貸し続けてきたことに対するZの責任が問われることを懸念して、自らの責任を回避し、保身を図る目的もなかったとはいえないことも認めている。

　Xは、A社の代表取締役として、同社に返済能力がなく、B社以外の金融機関からの融資が受けられない状態であるにもかかわらず、本件融資が実質無担保の高額な継続的融資であり、迂回融資の方法が採られるなど明らかに不自然な形態の融資であることを認識していたことは認めている。公判でも、証券会社の審査部長等を務めた経験を指摘され、「本件融資がZらのB社にとって危

険な選択であることは認識していた」と述べている。

しかし，Xは，B社に対し繰り返し運転資金の借入れを申し入れて，Zに執拗に融資をするように迫り，「我が社がつぶれたらお宅がもっと困るでしょう」と強く説得した。Xは，A社がB社に資金面で深く依存し，財務的に破綻状況にあったにもかかわらず，B社からの継続的な運転資金の借入れにより倒産を免れているという状態にあったため，Zら融資担当者がA社に対する過剰融資，貸付金の回収不能から生ずる自己の責任を回避せざるをえないと考えていたと供述している。また，これに対応して，ZもB社の利益を守りつつも，自己の保身を図るために，本件融資に応じざるをえないと思っていたと供述している。

Xは，Zら融資担当者と個人的に親密な関係にはなかった。Yの意向を体し，Zと個人的に親密なYを利用して，本件融資を実現したことを認めている。

Yは取り調べに際しては，今回の迂回融資の件では，XやZとは全く話をしていないと主張している。そして，Xの秘書の証言，Xの手帳，Zの日記などから，それが虚偽でないと推認されている。

以上の事実を前提に，X，Y，Zの罪責について述べよ。

Questions

Zの背任罪の成否について，以下の設問に答えよ。

Q1 背任罪と特別背任罪で，成立要件にはどのような差異があるか。

Q2 自らの責任を回避し，保身を図るとともに，A社の利益を図る目的を有していた場合には，図利・加害目的は認められるのか。

Q3 担保の十分でない貸付は，いかなる場合でも任務違背となるのか。

Q4 貸付先の存続によりこれまで注入した資金全体の回収を目指そうと，損害発生の危険を認識しつつ，不十分な担保しかないのに貸し付ける行為は任務違背行為に当たるか。

1 最決平成15年3月18日刑集57巻3号356頁

[事案の概要]

Xは，資産運用会社A社の代表取締役であったが，B生命保険相互会社から合計1億8000万円の融資を受けるに当たり，C社等の株券にそれぞれ根担保質権を設定し，質権者であるB社に交付していたが，返済期を過ぎても融資金を返済せず，A社の利益を図るため，当該株券について紛失したとする虚偽の理由による除権判決の申立てをし，除権判決を得て株券を失効させ，B社の持つ各質権を消滅させた。

第1審は，Xは質権設定者として，質権者B社のために各株券を担保として確保すべき任務に背き，除権判決により質権を消滅させ，B社に財産上の損害を加えたとして，背任罪の成立を認めた。これに対し，被告人が控訴したが，東京高裁は，二重抵当に関し背任を認めた**参考判例2**を引用しつつ，本件の株式質権の場合には，株券の交付は質権設定の有効要件であり，その株券を失効させ，いわば単なる紙切れにしてしまうことは，第三者に対する対抗力どころか，質権自体を消滅させてしまうのであるから，登記協力任務以上に背任罪の他人の事務に該当するという実質論を述べたうえで，担保権設定者は，担保権者のために広い意味で担保権を保全すべき任務を負い，その1つが第三者に対する対抗要件の具備に協力すべき任務であるが，担保権自体を維持すべき保全義務もまた広い意味での担保権保全義務の1つとして右登記協力義務と同様に扱うべき必然性があると判示して，背任罪の成立を認めた。

[決定要旨]
被告人側の上告に対し，最高裁も「株式を目的とする質権の設定者は，株券を質権者に交付した後であっても，融資金の返済があるまでは，当該株式の担保価値を保全すべき任務を負い，これには，除権判決を得て当該株券を失効させてはならないという不作為を内容とする任務も当然含まれる。そして，この担保価値保全の任務は，他人である質権者のために負うものと解される。したがって，質権設定者がその任務に背き，質入れした株券について虚偽の申立てにより除権判決を得て株券を失効させ，質権者に損害を加えた場合には，背任罪が成立するというべきであるから，これと同旨の見解の下に，被告人が刑法247条にいう『他人のためにその事務を処理する者』に当たるとして背任罪の成立を認めた原判決の判断は，正当である」と判示した。

Questions

Q5 本決定が，Xを事務処理者に当たるとした根拠は何か。

Q6 本事案で，任務違背行為，財産上の損害は，それぞれのように理解されるか。

【参考判例1】
最決平成17年10月7日刑集59巻8号1086頁
[事実の概要]
(1) Xは，昭和52年，不動産業等を目的とするK研究所を設立してその代表取締役社長に就任し，オーナー経営者として東京都内の土地の地上げや岐阜県のゴルフ場の開発事業等を手掛けていたものであるが，G観光株式会社の連帯保証で約270

億円を融資していたAが，同社振出の手形を簿外で濫発した末，所在不明となったことなどから，資金難に陥り，その後，同社の経営を引き継いでその簿外債務の処理に当たったものの，平成元年7月ころ，それまで多額の融資を受けていたO信用組合からも融資が打ち切られたため，一層資金繰りに窮するようになっていた。

(2) Xは，平成元年8月3日ころ，中堅総合商社であったI社の代表取締役社長Bの知己を得たが，Bは，当時，メインバンクのS銀行の意向をはねのけてI社社長の地位を保持するため，当面の決算対策用の利益計上の材料探しに躍起となっていたことなどから，Xに対し，XのプロジェクトをI社の資金提供の下に共同事業として遂行していくことを提案し，Xもこれに応ずることとした。その結果，同年9月ころから，I社からその子会社を介するなどして，K研究所等のXの関連会社に対し，数百億円規模の巨額の融資が繰り返し実行されることとなった。

(3) さらに，Bは，I社として不動産開発事業等に取り組み，それにより大きな収益を上げるためには，それらの事業を統轄し，迅速な決断を下しうる体制が必要であるとして，社長室に企画監理本部を新設する方針を打ち出したが，それとともに，Xからその手がけている不動産開発案件についての説明を聞くうち，I社内にはXほどの知識・経験を持つ不動産開発事業の専門家はいないと思うようになった。そこで，Bは，Xをいずれ役員とする含みでI社に入社させ，企画監理本部の本部長に充てようと考え，同年11月ころから，XにI社への入社を勧めるようになり，Xも，これに応じてI社への入社を決意するに至った。

(4) 企画監理本部は，平成2年1月1日付けで新設され，同年2月1日，I社理事を委嘱されたXがその本部長に就任するとともに，XがBに紹介した一級建築士のCが副本部長に就任し，同年4月1日，具体的な業務遂行のための7つの部と企画監理統轄室が設置され，大阪，東京，名古屋の各企画開発本部の本部長が1名ずつ，兼務で営業担当副本部長に就任した。そして，同月10日，企画監理本部から，対外貸付金限度決裁権者につき，5億円以下は企画監理本部長，5億円を超える場合は社長・副社長・企画監理本部長とする等の内容の決裁申請書が提出されるとともに，社長・管理本部長・企画監理本部長の連名で，不動産関係与信限度および不動産開発案件の申請は企画監理本部に提出することとする通知が発せられた。さらに，Xは，Bから，I社が新規事業として行う絵画取引を管理統括するようにとの指示を受け，同取引にも深く関与していた。

(5) Xは，入社当初から，同年6月の次期株主総会後に取締役に就任することが予定されており，大阪と東京の各本社に専用の執務室として顧問室を与えられたうえ，専属の秘書が置かれてスケジュール管理等が行われ，不動産開発案件等に関しXとの面談を希望する者については，秘書室で，用件，希望日時場所，所要時間等を聞き取って，日程調整が行われていた。そして，Xは，同年2月から3月にかけ

て，企画監理本部の体制が徐々に整備されていく中，不動産関係に使用中の融資資金および開発在庫資金の内容を個別に検討する「不動産資金会議」にBやI社副社長らと共に出席したり，決裁を求められた海外のゴルフ場買収案件について修正意見を付したり，従来からI社が子会社を通じて巨額の資金を投入しながら難航していた東京都内の土地の地上げが企画監理本部に移管されたのに伴い，部下に対し，土地の買収方法等を含めた具体的な指示を与えたりして，社長であるBの指揮命令の下，同本部の所管事項に携わっていた。

(6) 同年4月，企画監理本部の体制が整ってからも，Xは，I社大阪本社の同本部にはほとんど在室せず，同本部の日常業務は，もっぱら副本部長のCが切り回していたが，Cは，プロジェクトの承認や不動産融資案件の決定等は上司であるXの権限であるとの認識を持っていた。I社大阪本社にはXの印鑑が預けられ，基本的にはXの専属秘書がこれを保管しており，Xから事前に包括的委任を受けていたCが，Xに代わって決裁印を押していたが，何らかの判断を要する場合には，Xに連絡を取り，その指示を受けて押印することとしていた。そして，Xは，同月以降も，大阪本社および東京本社で月1回程度開催される「不動産事業開発検討会議」等の企画監理本部主催の会議等に出席して，営業部門の企画開発本部長らから報告を受けるなどしていた。

(7) その後，Xは，同年6月28日，当初からの予定どおりI社の常務取締役に就任し，引き続き企画監理本部長としての業務に従事したが，同年秋になり，巨額の絵画取引の疑惑等，Xが関与するI社のさまざまな問題がマスコミ報道されるに至ったことなどから，同年11月8日，I社を退社した。

(8) 以上の期間を通じて，XはI社から給与等の支給を受けていなかったが，Xがその支給を要求しなかった理由には，K研究所等の自己の関連会社がI社から巨額の融資等の経済的利益を受けていたことに恩義を感じていたことがあったものであり，他方，Bも，I社がXに給与等の名目では労務の対価を支払っていないことは知っていたものの，Xの入社の前後を通じて，K研究所等にかなりの額の融資を行い，その利便を図っていたことが，一種の報酬であると考えていた。

[決定要旨]

「以上によれば，理事兼企画監理本部長の立場にあった当時のXは，I社という株式会社の組織内に組み込まれ，社長であるBの指揮命令に服しながら，不動産開発等の業務を担当する企画監理本部の長として，I社の対外的法律行為に関する包括的代理権の行使を含め，I社の企業活動の一端を継続的かつ従属的に担っていたのであるから，I社からK研究所等に対して巨額の融資が実行されていたことなどの事情もあって，給与等の支給をI社から受けることがなかったとしても，I社の『営業ニ関スル或種類若ハ特定ノ事項ノ委任ヲ受ケタル使用人』に当たるというべ

きである。したがって，Ｘにつき特別背任罪の成立を認めた原判断は，結論において正当である。」

Questions

Q7 背任罪の主体は，他人のためその事務を処理する者に限られ，特別背任罪の主体は，会社法960〜961条に列挙された，発起人等，取締役，会計参与，監査役又は執行役，支配人，事業に関するある種類又は特定の事項の委任を受けた使用人，検査役，代表社債権者，決議執行者等である。改正前の商法486条1項には，「営業ニ関スル或種類若ハ特定ノ事項ノ委任ヲ受ケタル使用人」が含まれていた。総合商社の理事兼企画監理本部長が，同社から給与等の支給を受けていなくても，これに当たるとされた実質的理由はどこにあると考えられるか。

【参考判例2】
最判昭和31年12月7日刑集10巻12号1592頁
［事実の概要］

　ＸはＳより20万円を借り受けるに際し，自己の所有する家屋を抵当として提供する契約を結んだが，その後Ｗより20万円を借り受けるに当たり，同家屋をＷを第一根抵当者として登記したため，Ｓが第2抵当権者となった。

［判旨］

　「論旨第1は，背任罪の成立要件たる事務は他人の事務であることを要件とする。しかるに本件第一番抵当権者たるべきＳに対するＸの抵当権設定の登記義務は設定者である被告人固有の事務であつて他人の事務ではないのに，原審が被告人の所為を背任罪に問擬したのは刑法247条の解釈適用を誤つた違法があり，且つ憲法31条，11条違憲の判決であると主張する。しかし抵当権設定者はその登記に関し，これを完了するまでは，抵当権者に協力する任務を有することはいうまでもないところであり，右任務は主として他人である抵当権者のために負うものといわなければならない。この点に関する原判決の判示はまことに正当である。所論はひつきよう登記義務の性質に関し独自の見解を主張するものであつて，違憲の主張はその前提を欠く，論旨は採用できない。

　論旨第2は，背任罪は，財産上の損害を加えることを成立の要件とする。しかるに原判決は本件犯罪時における本件抵当物件の価額と両根抵当による借入債務額との関係を何等審査せずして，漫然背任罪の要件たる損害の事実を肯定したのは，審理不尽，理由不備，同そご，事実誤認の各違法があり，延いて憲法31条，11条違憲の違法があると主張する。

　しかし，抵当権の順位は当該抵当物件の価額から，どの抵当権が優先して弁済を

受けるかの財産上の利害に関する問題であるから，本件被告人の所為たる佐々木武夫の1番抵当権を，後順位の2番抵当権たらしめたことは，既に刑法247条の損害に該当するものといわなければならない。されば所論の点の審査如何は何等本件犯罪の成否に消長を来すものではない。所論は背任罪の要件たる損害につき独自の見解を主張するものであり，違憲の主張はその前提を欠くものである。論旨は理由がない。」

[弁護人の主張]

弁護人は，Xは事務処理者に当たらないとして，以下のように主張した。「原判決の所謂『被告人のSに対する抵当権を先順位の抵当権として登記手続を経由することに協力する任務』の性質を勘案するにSの根抵当権設定登記申請に対する被告人の協力という事務は被告人とS間の根抵当権設定契約により発生した被告人固有（原始的）の事務であつて，Sの事務ではない。詳言すればこの登記協力事務の履行はSの為め（注文に謂う他人の為め）にするものではあるが然しSの事務（法文に謂う其事務）を被告人がSの為めに履践するのではなく根抵当権設定契約により原始的に発生した被告人固有の事務をSの為に履行すべき義務を負担したにすぎないのであつて，之は恰も消費貸借契約により金銭を借り受けた債務者がその弁済期が到来すれば債権者に対して借り受け金を弁済すべき義務があり借受金の弁済は債権者の為めではあるが然し弁済という行為（事務）自体は決して債権者の事務ではなく債務者が債権者の為めに履行すべき自己の事務であるのと同様である。従つて金銭消費貸借上の債務者が債権者甲に弁済すべく準備して居つた資金を甲に弁済することなく他の債権者乙に対する借受金の弁済に充てたからといつて背任罪を構成しないのと同様本件被告人が先ずSに対する根抵当権設定登記手続に協力すべき義務があつたにもかかわらずその約に反してWの根抵当権設定登記手続に協力したが為めにSの根抵当権が第2順位に落ちたからといつてこれを背任罪として処断し得ないことは極めて明らかである。」

Questions

Q8 自己の事務に関しては背任罪は成立しない。ただ，自己の事務と他人の事務の限界は微妙で，たとえば，売買契約の際の売主の引渡し義務や買主の代金支払い義務を怠っても，民事上の債務不履行にすぎず，背任罪には該当しない。（**参考判例2**の[**弁護人の主張**]参照）。

最高裁は，どのような理由で弁護人の主張を退けたのか。

Q9 弁護人の主張するように「自己の事務」ではないとした場合，どのような犯罪の成立が考えられるか。

【参考判例3】
最決昭和38年7月9日刑集17巻6号608頁
[事実の概要]
　Xは(1)昭和35年11月11日ころその所有のT市内の田3畝14歩をF₁（その長男F₂の所有にすることにして）に対し代金3万円で，(2)同月30日ころ同地番の田2畝17歩をMに対し代金1万5000円で，いずれも県知事の許可を条件として売り渡し，当時同人等から右各代金をそれぞれ受領したこと，その後県知事から右(1)の田については昭和36年1月11日，(2)の田については同年8月10日それぞれ所有権移転の許可があったこと，被告人は右(1)の許可後で(2)の許可前である昭和36年1月20日ころ，それまでにたびたびA農業協同組合から支払いの督促を受けていた同組合に対する50万円の債務の担保として，右(1)，(2)の田が登記簿上X名義になっているのを幸いに，前記F₁およびMの両名に無断で上記田を一括し，その他の農地と共にA農業協同組合のため抵当権を設定し，翌21日盛岡地方法務局支局にその登記手続をしその旨の登記をしたことが認められる。
　第1審判決がこれらの行為のうち(1)につき横領罪，(2)につき背任罪の成立を認めたためXが控訴したが，原審判決（仙台高判昭和37年10月15日刑集17巻6号612頁）は以下のように述べてこれを棄却した。「一，論旨は，原判示……の事実につき，被告人の所為は横領罪および背任罪のいずれも成立しないのに，原判決が各その成立を認めたことは事実誤認である旨主張する。しかし，県知事の許可を条件として農地を売り渡した場合，その許可があったときは当然に買主に該農地の所有権は移転し，また許可前と雖も，売主は若し将来許可があれば買主に当然その所有権が移転するのであるから，それまでの間にこれを勝手に負担付のものにしないことはもちろん，許可があれば買主のため所有権移転登記することに協力すべき任務を有するものといわなければならない。したがって，登記簿上売主の所有名義にある該農地につき，売主が自己の債務の担保として擅に第三者に抵当権を設定し，登記を経たときは，それが若し右許可後であれば，右許可のあった以後売主は右農地を買主のために占有しているのに外ならないのであるから，売主の前記所為は横領罪を構成すべく，また許可前であれば，前記の任務に背いたものであるから，その所為は背任罪を構成すべきである。……原判決が被告人の右所為をもって，前記(1)のF₂に対し横領罪，(2)のMに対し背任罪を各構成するものとして各罪の成立を認めたことは正当であって，原判決には所論のような事実誤認の違法は存しない。」
[決定要旨]
　「弁護人Kの上告趣意は，単なる訴訟法違反の主張であって，刑訴405条の上告理由に当らない。（被告人の所論担保権設定行為は背任罪を構成するとした原判決の判断は正当である。）」

Questions

Q10 県の許可の前か後かで，抵当権設定行為に対して成立する犯罪が異なるのはなぜか。

2 図利・加害目的

〔設問2〕 図利・加害目的の機能は，財産上の損害を加えることを認識しながらあえて任務違背に及ぶ行為のうち，「本人の利益を意図した場合は処罰の対象としない」という点にあるとされる。すなわち，動機が「本人のため」であったと認定されれば図利・加害目的は否定される。参考判例4を読んで，本人に財産上の損害を加えることを認識しながらあえて任務違背に及んだとしても，「主として本人の利益のための目的」であるといえる場合の限界を考えよ。

【参考判例4】
最決平成10年11月25日刑集52巻8号570頁
[事実の概要]

H銀行の監査役，顧問弁護士であった被告人Xは，同銀行の経営全般につき強い発言力をもっていたが，H銀行と極めて密接な関係をもったTクラブにおいて，昭和58年3月以降レジャークラブ会員権償還資金を確保する必要が生じ，Tクラブの倒産がH銀行の危機につながることもありうる状況であったことから，Tクラブは同社の遊休資産売却による資金捻出を計画し，昭和57年3月ころ同社幹部がXにその協力を依頼し，これを受けてXはTクラブ所有のK市内の土地（屏風物件）の売却先を捜すよう知人に依頼し，その結果B社およびC社が購入する話が具体化した。

XはH銀行の融資業務担当者らにこれを伝えたが，調査の結果B，C両社とも業況，資産，信用状態が甚だしく不良であり，このような融資はH銀行の融資事務取扱要領等に違反することは明らかであり，融資金の回収が困難に陥るおそれがあることも明らかであった上，会員権償還請求時期にはまだ時間的余裕があり，他の買受先を捜したり，Tクラブが融資を受けるなど他の方途を探ることも可能であったため，屏風物件に関する問題の大きな融資を実行しなければならない必要性，緊急性はなかった。

昭和57年11月，H銀行の融資業務担当取締役Y，業務担当取締役Z，融資業務担当者らが本件融資の当否を検討し，全員，前記の問題点のために消極の意見であったが，Xの意向を確認したところ，Xは問題点を承知しながら融資を実行すべきであるとの意向を示したことから，代表取締役社長Wも，右経緯を受けて本件融資を了承した。その結果，同月屏風物件の購入資金60億円，開発資金20億円および貸付

後1年分の利息支払い資金8億円の合計88億円をH銀行からB社およびC社に貸し付ける融資が実行された（第1回融資）。

さらに，H銀行からB，C両社に昭和58年12月に8億2,000万円，60年6月に20億円の融資が実行され，H銀行からD社に対する融資もあわせて，原原審（東京地判平成2年3月26日判時1356号63頁）は，W，Y，ZおよびXに特別背任罪の共謀共同正犯の成立を認めた（ただし，Xについては監査役の地位にあるものの，本件融資への関与はこの地位と無関係に行われたことから，65条2項を適用し通常の背任罪の刑で処断するとした）。原審である東京高判平成7年2月27日東高刑時46巻1＝12号10頁もこの判断を維持したため弁護人が上告した。最高裁は上告を棄却したうえで，第1回融資につき職権で以下のように判断した。

［決定要旨］

「X及びWらは，本件融資が，Tクラブに対し，遊休資産化していた土地を売却してその代金を直ちに入手できるようにするなどの利益を与えるとともに，B社およびC社に対し，大幅な担保不足であるのに多額の融資を受けられるという利益を与えることになることを認識しつつ，あえて右融資を行うこととしたことが明らかである。そして，X及びWらには，本件融資に際し，Tクラブが募集していたレジャークラブ会員権の預り保証金の償還資金を同社に確保させることにより，ひいては，Tクラブと密接な関係にあるH銀行の利益を図るという動機があったにしても，右資金の確保のためにH銀行にとって極めて問題が大きい本件融資を行わなければならないという必要性，緊急性は認められないこと等にも照らすと，前記（略）のとおり，それは融資の決定的な動機ではなく，本件融資は，主として右のようにTクラブ，B社及びC社の利益を図る目的をもって行われたということができる。そうすると，X及びWらには，本件融資につき特別背任罪におけるいわゆる図利目的があったというに妨げなく，被告人につきWらとの共謀による同罪の成立が認められるというべきであるから，これと同旨の原判断は正当である。」

Questions

Q11 Xは監査役・顧問弁護士であるが，本件融資について「事務処理者」には当たらないのか。

Q12 X，Wらには「図利目的」があったとされるが，それは誰の利益か。
　また，「H銀行の利益を図るという動機」があったにもかかわらず，図利目的が認められた理由は何か。

【参考判例5】
最決平成17年10月7日刑集59巻8号779頁
［事実の概要］
　被告人Xは，S銀行取締役から転じて，中堅総合商社I社の代表取締役社長の地位に就き，I社の再建に取り組んだが，経営状況が悪化したため，S銀行から後任社長を送り込まれて自己の地位が危うくなるのをおそれ，公表予想経常利益の達成に躍起となっていた。
　Xは，平成元年に，不動産業，ゴルフ場開発等を手がける協和綜合開発研究所（以下「協和」とする）の代表取締役社長Aを紹介され，Aに対し，Aが計画しているゴルフ場開発計画を，I社の資金提供の下に共同事業として遂行していくことを提案した。そして，当時Aが，銀座の土地の地上げ等で資金繰りに窮していたところ，Xは，I社にとっての将来の採算性等について全く調査，検討することなく，銀座の土地に関連する協和の債務全額を肩代わりすることを決め，ノンバンク2社からの借入金436億円余は，I社から資金を貸し付けて肩代わりし，残る1社からの借入金230億円は，将来，ゴルフ場への融資名目で出金することを決めた。そして，同年11月，I社東京本社に副社長らを集め，協和との共同事業に取り組む方針を示し，I社から子会社を介して，協和に対し436億円余に金利を上乗せした465億円の融資が実行された。
　翌平成2年，すでに130億円と公表していた予想経常利益について，100億円が不足する見通しとなり，Aに対し，100億円を共同事業関連の企画料などとしてI社に入金し，利益出しに協力するよう要請した。Aは，同年2月にI社理事を委嘱され，社長室直轄の企画管理本部長となっていたが，利益出しに協力する見返りとして，かねて約束の借入金230億円の肩代わり融資の実行を求めた。Xは，当面の最優先課題である公表予想経常利益達成のためにはAの協力が不可欠であると考え，ゴルフ場の開発工事資金名目で，Aに対する230億円の融資を実行した。
　Xは，本件230億円の融資に際して，銀座のビル建築等による開発計画は採算の取れる見通しがなく，その資産価値や利用価値にも疑問があることを認識しており，さらに，ゴルフ場の開発利益や，共同事業の1つとして挙げられていたゴルフ場の会員権独占販売権による取得利益などを含めても，これらが実質無担保で実行される本件融資を補うに足りるような性質のものではないことについて認識していた。
　［決定要旨］　上告棄却
　決定は，特別背任罪の図利・加害目的について，上記と同様の事実を認めたうえで，「被告人が本件融資を実行した動機は，I社の利益よりも自己やAの利益を図ることにあったと認められ，また，I社に損害を加えることの認識，認容も認められるのであるから，被告人には特別背任罪における図利目的はもとより加害目的を

も認めることができる。したがって，被告人につき図利加害目的を認めた原判断は，結論において正当である。」とした。

Questions

Q13 本決定では，どのような理由で図利目的を認めているか。**参考判例4**と比較し，図利目的の認定方法に相違があるか。

Q14 本決定では，本人に損害を加えることの認識，認容があれば「加害目的」まで認められるとする。これは損害発生の故意とは異なるのか。下記の，本件の控訴審判決（一部）を参照して検討せよ。

＊大阪高判平成14年4月23日刑集59巻8号938頁

「法が，特別背任罪において，故意のほかに，図利加害目的という主観的要件を設けたのは，商法486条所定の身分を有する者が，会社に対して，財産上の損害を加えることを認識しながらあえて任務違背行為に及んだ場合において，その者が会社の利益を意図していなかった場合に限って当該行為を処罰の対象とし，もって，処罰の範囲を適正に画そうとした点にあるものと考えられる。そうすると，特別背任罪における図利加害目的があるといえるためには，その者が，任務違背行為を行うにあたり，会社の利益を意図していなかったことが必要であると解すべく，その者が，もっぱら若しくは主として自己又は第三者の利益を図る動機に出たものであるときは，会社の利益を意図していない場合に該当し，右にいう図利目的があると認めることができるものというべきである。そして，任務違背行為を行うにあたり，右のように，会社の利益を意図せず，自己又は第三者の利益を図る動機に出た場合において，これと表裏の関係をなすものとして，会社に対し，財産上の損害を加えることを認識，認容していることも十分あり得るところ，そのような認識，認容があれば，特別背任罪における故意の要件としての損害を加えることの認識が肯定されるのはもちろん，図利目的に加えて，加害目的も存すると認定して差し支えないと考えられる。」

3 背任に当たる行為者から借り受ける者と共同正犯

不正な貸付けが背任になる場合に，その貸付けを強く働きかけた借主の共犯の成否が問題となる（二重売買問題における情を知った買手の横領罪の共同正犯の成否について24講参照）。取引において対向的立場に立つ者が，どのような場合に相手方の背任罪の共同正犯となるのかという点をめぐっては，①非身分者（事務処理者）が（特別）背任罪の共同正犯になりうるのか，②借り手が貸し手に有利な条件を要求するのは当然であり，通常の取引を背任罪の共同正犯とすることは経済活動に対す

る不当な制約になる等の問題がある。
　かつて，実務は，貸し手と切り離して「借受人の立場を中心に判断」すべきであるとし，借り手の背任罪の成立に厳格な態度を示してきたが，近時は，不動産取引をめぐる背任事件の多発化の中で，「悪質な借主」が見られるようになり，起訴される事案も増加した。

〔設問3〕　B銀行代表取締役Yは，C社に対して以下の事情の下で57億円を貸し付けた。この融資について，YとC社実質的経営者のXについて，特別背任罪が成立するか検討せよ。

　1. (1)　株式会社B銀行（以下「B銀行」という）は，平成12年9月22日，株式会社C（以下「C社」という）に対し，57億円を貸し付けた（以下「本件融資」という）。本件融資の担保としては，千葉県K市内のC社が所有するゴルフ場（以下「本件ゴルフ場」という）に係る極度額32億円の第1順位の根抵当権，極度額36億4000万円の第3順位の根抵当権，Xらによる連帯保証があった。
(2)　本件当時，Yが代表取締役頭取を務めていたB銀行の財務状態は芳しくなく，平成12年3月期には100億円以上の損失を出していた。また，大蔵省（当時）等による検査，日本銀行の考査で，財務状況の悪化や審査管理の不十分さが度々指摘され，平成12年3月17日，金融監督庁（当時）は業務改善命令を発出した。E株式会社（以下「E社」という）は，Xが設立した会社であり，本件当時，Xが代表取締役会長であった。Xは，会社を次々と設立，買収するなどし，その結果，E社を中心とする十数社から成るAグループと呼ばれる企業集団が形成されていた。C社は，平成12年4月，本件ゴルフ場の譲渡先となる会社としてXが設立した会社であり，本件当時，Xが実質的な経営者であった。
(3)　B銀行はAグループの企業に多額の融資をしていたが，同グループの融資先企業は，E社を含め経営不振に陥り，元本はおろか利息の支払も満足にできず，慢性的な資金難状態で実質的に破たんしていた。B銀行は，このような状況のもと，返済期限の延長や利息の追い貸し，利払資金のう回融資等に及び，不良債権であることの表面化を先送りしてきた。その一方，Aグループの企業を他の不良債権の付け替え先として利用していた。このようにして，Aグループの企業に対する貸出金残高は，平成12年3月時点で200億円近くに上っていた。
(4)　E社は，F銀行やB銀行等から百数十億円の融資を受けて，本件ゴルフ場の開発を行ったが，会員権の販売が低迷したため，造成工事を受注したG社に工事代金を一部しか支払えないまま，平成9年9月，本件ゴルフ場を開場した。

しかし，会員権の販売状況は，計画を大幅に下回り，正会員権の価格を約3分の1にまで引き下げるなどしたものの，販売は伸びず，平成11年8月から平成12年5月までの10か月間の実績は，約8293万円，年間換算で約9952万円にとどまった。一方，平成12年9月時点で，会員数は約850名であり，償還を要する預託金額は約41億円に達し，その償還開始時期も平成14年3月に迫っていた。

また，E社のゴルフ場部門の経営状態も，赤字続きで，平成12年3月期には数千万円の損失を出していたが，E社の資産としては，本件ゴルフ場以外にはB銀行の債権の回収に充てられる見込みのものはなかった。

(5) 前記(4)のとおり本件ゴルフ場の開発に関してE社に融資していたF銀行とB銀行以外の金融機関は，平成11年3月ころ，E社に対する約100億円の債権を不良債権として処理すべく，これを極めて低額で外資系の会社に譲渡したことから，Xは，株式会社H（以下「H社」という）を経営するIに依頼し，同社を介してAグループの企業に，B銀行からの融資金で，同債権を低額で買い取らせた。

2．Xは，G社にも同種の方法により債権譲渡を働きかけようと考え，自己の支配する企業が，B銀行から融資を受けてE社から本件ゴルフ場を買い取ったうえ，G社に相当額を支払ってE社に対する債権を譲り受ける形を取るなどして，E社の債務圧縮を実現する案（以下「再生スキーム」という）をYおよびB銀行の担当者（以下「Yら」という）に提案するとともに，IにG社との交渉を依頼した。この再生スキームは，B銀行が，平成12年9月末を基準として行うこととされていた次回の金融庁検査に対応するうえでも，利点のあるものであった。

Xは，Iから，本件ゴルフ場の評価額を60億円から70億円とする不動産鑑定評価書を入手することができれば，G社に対する交渉材料として利用できる旨言われ，評価額が上記金額となる不動産鑑定評価書を作成させることとし，その旨不動産鑑定士に依頼した。不動産鑑定士は，求めに応じて本件ゴルフ場の価格を67億5273万円とする不動産鑑定評価書を作成し，E社に提出した。同鑑定評価書は，Iに提供され，さらに，本件融資の決定に当たってはB銀行にも提供された。しかし，本件当時の本件ゴルフ場の客観的な担保価値は，十数億円程度にすぎないものであった。

XとYらとの間での話合いの結果，本件ゴルフ場の売買代金の支払名目でなされる本件融資金のうち，約25億円をAグループの企業のB銀行に対する債務の返済に，約17億円をEのG社に対する債務の返済に，約5億円をHへの手数料等の支払に，約4億5000万円をAグループがB銀行の増資を引受けた見返りに行われた融資の返済に，約2億円をC社の運転資金およびホテルJに対する

B銀行からのう回融資の返済等に，約3億円をその他諸経費の支払にそれぞれ充てることとし，本件融資金額を57億円とすることが決まった。その結果，平成12年9月5日，E社とC社との間で，Cが約41億円の預託金返還債務を引き継いだうえ，本件ゴルフ場を譲り受けるとの売買契約が締結された。また，同月11日，E社，G社およびH社の間で，①E社は，G社に対する合計約156億円の債務のうち，17億円を支払う，②G社は，H社に，E社に対する上記債権の残額を300万円で譲渡する，③G社は，本件ゴルフ場における自社の担保権の抹消に同意するなどの合意が成立した。

本件融資については前記(1)のとおりXらによる連帯保証があったものの，これらの連帯保証人に本件融資金を返済する能力はなく，また，C社，更にはE社にも，本件ゴルフ場以外には本件融資金の返済に充てられるべき資産はなかったところ，本件当時の本件ゴルフ場の客観的な担保価値は前記のとおり十数億円程度のものであって，本件融資は担保価値の乏しい不動産を担保に徴求するなどしただけのものであった。本件当時のE社の経営状態は前記(3)のとおり実質的に破たん状態であったところ，本件ゴルフ場の会員権の販売状況，経営状態も，前記(4)のとおり劣悪な状況にあり，会員権の販売や営業収入の増加により本件融資金の返済が可能であったとは到底いえない。本件融資は，借り主であるC社，更にはE社が貸付金の返済能力を有さず，その回収が著しく困難であったものである。

Questions

Q15 前記1，2の事情のもとでYが行った本件融資に関して，B銀行における資金の貸付け並びに債権の保全および回収等の業務を担当していたYに，「B銀行の資産内容を悪化させることのないよう，貸付けに当たっては，回収の見込みを十分に吟味し，回収が危ぶまれる貸付けを厳に差し控え，かつ，十分な担保を徴求するなどして債権の保全及び回収を確実にするという任務」があったとすれば，本件融資はその任務に違背するものといえるか。具体的事情を挙げつつ検討せよ。

Q16 Yは，借り主であるC社，更にはE社が貸付金の返済能力を有さず，その回収が著しく困難であり，前記の67億余円という不動産鑑定評価額が大幅な水増しで，本件ゴルフ場の担保価値が乏しく，本件融資の焦げ付きが必至のものであると認識していた。しかし，本件融資を実行しない場合，E社は早晩経営が破たんし，そうなれば，E社等とB銀行との間の長年にわたる不正常な取引関係が明るみに出て，Yは経営責任を追及され，前記のE社のG社に対する債務の処理ができなければ，金融庁からの更に厳しい是正措置の発出も必至の状況にあったから，Yらは経営責任を追及される状況にあったことを認識しつつ，本件融資を行

ったものであった。この場合，Yに「図利・加害目的」を認めることは可能か。

Q17 Xは，本件融資について，その返済が著しく困難であり，本件ゴルフ場の担保価値が乏しく，本件融資の焦げ付きが必至のものであることを認識しており，本件融資の実行がYらの任務に違背するものであること，その実行がB銀行に財産上の損害を加えるものであることを十分に認識していた。そして，Xの経営するE社等はB銀行との間で長年にわたって不正常な取引関係を続けてきたものであるところ，本件融資の実行はE社の経営破たんを当面回避させるものであり，それはYらが経営責任を追及される事態の発生を回避させるというYらの自己保身につながる状況にあったもので，XはYらが自己の利益を図る目的も有していたことを認識していた。

この場合，Xに，本件融資に関する刑事責任を問うことは可能か。それを可能にすると思われる事由，その妨げになると思われる事由を挙げつつ，Xに罪責を問うことになるかを検討せよ。

2 最決平成20年5月19日刑集62巻6号1623頁

[事実の概要] [設問3] 参照。本件決定における被告人は [設問3] のXであるが，被告人に特別背任罪の共同正犯が成立するかが争われた。

[決定要旨]

「以上の事実関係のとおり，被告人は，特別背任罪の行為主体の身分を有していないが，上記認識の下，単に本件融資の申込みをしたにとどまらず，本件融資の前提となる再生スキームをYらに提案し，G社との債権譲渡の交渉を進めさせ，不動産鑑定士にいわば指し値で本件ゴルフ場の担保価値を大幅に水増しする不動産鑑定評価書を作らせ，本件ゴルフ場の譲渡先となるC社を新たに設立した上，Yらと融資の条件について協議するなど，本件融資の実現に積極的に加担したものである。このような事実からすれば，被告人はYらの特別背任行為について共同加功したものと評価することができるのであって，被告人に特別背任罪の共同正犯の成立を認めた原判断は相当である。」

Questions

Q18 借り主にも背任罪の共同正犯を認める実質的基準としていかなるものが考えられるか。たとえば，(ア)実質的に観察すれば相手方も本人の財産的利益を保護すべき立場にあるといえるような事情があるとき，(イ)相手方が当該背任事件，事務処理者の任務違背行為をまさに作り出したといわざるをえないような場合，(ウ)事務処理者に対する相手方の働きかけが著しく不相当であって，相手方自身の経

済的利益の追求という枠を明らかに超えるような場合等に限定するということは妥当か。

3 最決平成15年2月18日刑集57巻2号161頁

[事実の概要]

Xは，不動産会社A社の代表取締役社長に就任し，同社の創業者で実質的経営者であるYの指示の下に，同社の業務を統括していた。A社は，住宅金融専門のB社から借入れをしていたが，バブル経済の崩壊によりA社の資金繰りが悪化し，運転資金の融資が担保割れを起こしていた。しかしB社代表取締役社長Zの指示により，実質無担保状態に陥ったA社に対する融資を，迂回融資の方法を採るなどして継続した。A社は，平成3年8月には，B社以外の金融機関からの融資が受けられなくなり，B社からの融資がなければ倒産に追い込まれる危機的状態に陥ったにもかかわらず，ZらB社の融資担当者は，合計18億7000万円をA社に貸し付けた。

Zらは，A社に対する上記融資が焦げ付く可能性が高いことを十分認識していたが，これに応じないと，A社がたちまち倒産し，巨額の融資金が回収不能となることが予想されたため，それまで同社に運転資金として巨額の金員を放漫に貸し続けてきたことに対する責任が問われることを懸念して，自らの責任を回避し，保身を図るとともに，A社の利益を図る目的を有していた。

Xは，A社に返済能力がなく，本件融資が実質的無担保の高額な継続的融資であり，迂回融資の方法が採られるなど明らかに不自然な形態の融資であることを認識しており，本件融資がZらのB社に対する任務に違背し，本件融資がB社に財産上の損害を与えるものであることを十分認識していたにもかかわらず，B社に対し繰返し運転資金の借入れを申し入れて，ZらがA社に対する過剰融資，貸付金の回収不能から生ずる自己らの責任を回避し，保身を図る目的で本件融資に応じざるをえないことを知っていた。

第1審は，XとYに特別背任罪の共同正犯の成立を認め，原審もこの判断を支持したため，Xが上告した。

[決定要旨]

「Xは，Zら融資担当者がその任務に違背するに当たり，支配的な影響力を行使することもなく，また，社会通念上許されないような方法を用いるなどして積極的に働き掛けることもなかったものの，Zらの任務違背，B社の財産上の損害について高度の認識を有していたことに加え，Zらが自己及びA社の利益を図る目的を有していることを認識し，本件融資に応じざるを得ない状況にあることを利用しつつ，

B社が迂回融資の手順を採ることに協力するなどして，本件融資の実現に加担しているのであって，Zらの特別背任行為について共同加功をしたとの評価を免れないというべきである。これと同旨の見解の下に，Xに特別背任罪の共同正犯の成立を認めた原判決の判断は相当である」と判示した。

Questions

Q19 借り手であるにもかかわらず，背任の共犯となるには，融資を受けたことに加え，どのような事情が必要だと考えられるか。

Q20 基本判例3の事案では，そのような事情が認められるか。〔設問1〕についても検討せよ。

Q21 XがAに販売し代金も受け取った不動産をより高額の買取額を提示したYに販売し，その旨登記したような場合，YはXの横領罪の共犯になりうるか。

【参考判例6】
最判平成16年9月10日刑集58巻6号524頁

[事実の概要]

H銀行の頭取Xが，信用保証協会の役員Yと共謀して，同協会に対する背任の共同正犯に問われた事案である。YがH銀行に負担金拠出を依頼したのに対し，H銀行に対する別件の保証債務に付き免責を主張する協会の方針を見直して代位弁済に応ずるよう要請した結果，協会のそれまでの方針を変更して，Yらが代位弁済に応じた行為が，Yの協会に対する背任罪に問われた。なお，差戻し後の控訴審（平成17年10月）において，被告人は無罪とされた。

[決定要旨] 破棄差戻し

「(1)原判決は，前記……のとおり，被告人が，平成8年度の協会に対する負担金の拠出に応じないことを利用して，代位弁済を強く求めたとする。

記録によれば，負担金の問題については，次のような経緯がある。平成6年度から5年計画で協会の基本財産を10億5000万円増加させることとなり，5年間でI県が5億円，関係市町村が5000万円，県内の金融機関が5億円を協会に拠出することとなった。H銀行は，平成6年度に4200万円余，平成7年度に4400万円余を拠出し，平成8年度には4300万円余の拠出が求められていた。金融機関の拠出額は，協会の保証を受けた債務の前年末の残高及び過去1年間に受けた代位弁済額によって算定されることになっていた。H銀行関係は，当時においては，協会の保証債務残高の約5割弱，代位弁済額の約3割強ないし4割弱を占めており，いずれの額においても断然第1位であった。このような状況の下において，独りH銀行のみが負担金の拠出を拒絶し，協会から利益は受けるけれども，応分の負担をすることは拒否す

るという態度を採ることが実際上可能であったのか，ひいては，原審の認定のように，被告人が協会に対する負担金の拠出に応じないことを利用して代位弁済を強く求めることができたかどうか，については疑問があるといわざるを得ない。

(2) H銀行が協会に対する平成8年度の負担金の拠出を拒絶することが実際上も可能であり，かつ，協会側が被告人から負担金の拠出に応じられない旨を告げられていたとしても，協会としては，(ア)本件代位弁済に応ずることにより，H銀行の負担金の拠出を受け，今後の基本財産増強計画を円滑に進めるべきか，それとも，(イ) H銀行からの負担金を断念しても，本件代位弁済を拒否すべきか，両者の利害得失を慎重に総合検討して，態度を決定すべき立場にある。上記(ア)の立場を採ったとしても，負担金の拠出を受けることと切り離し，本件代位弁済をすることが，直ちに協会役員らの任務に背く行為に当たると速断することは，できないはずである。

(3) 原判決は，本件では免責通知書に記載された事由すなわち工場財団の対象となる機械166点のうち4点について，登記手続が未了であったという事実以外にも免責事由が存したとして，協会役員らが免責通知を撤回し代位弁済をした行為がその任務に違背するものであった旨を詳細に判示しているが，上記の登記手続が未了であったという事実以外の事実を当時の被告人が認識していたことは確定していないのであるから，そのような事実を直ちに被告人が行為の任務違背性を認識していた根拠とすることはできない。そして，記録によれば，上記の機械4点の登記漏れの事実が8000万円の債務全額について協会の保証責任を免責する事由となり得るかどうかについて，議論があり得るところである。

また，原判決は，被告人の要求は事務担当者間の実質的合意等を無視したものであるから根拠のある正当な行為とはいえない旨を判示しているが，事務担当者間の交渉結果につき役員による交渉によって再検討を求めること自体が不当なものと評価されるべきものではない。

(4) これらの諸事情に照らせば，本件においては，被告人が協会役員らと共謀の上，協会に対する背任行為を実行したと認定するには，少なからぬ合理的な疑いが残っているといわざるを得ない。」

Questions

Q22 本決定は，協会役員らの任務違背行為についてどのように認定しているか。

Q23 また，H銀行の協会への働きかけをどのように認定しているか。

Q24 被告人の認識について，どのように認定しているか。

【参考判例7】
最決平成17年10月7日刑集59巻8号1108頁
［事実の概要］

　被告人Xは，昭和44年ころから，建設会社，警備保障会社，不動産会社等を経営するようになり，多数の企業を擁するDグループを形成し，自ら会長として，これら企業を実質的に支配，経営していた。Xは，経営権を支配していたG社の経営が難航する中，K研究所のA（**参考判例5**のAと同一人物）が債権の支払を求めてきたことから，AにG社の経営を引き継ぎ，さらにXの有する他の債務についても協和が肩代わりすることとなった。他方，Xの側も，所有するゴルフ場などの収益でAや協和を支援することとなり，以降，XとAとは，金利等の定めや担保提供のないままに，随時相互に資金を融通し合う関係となり，その額は200から300億円にも達していた。

　その後Aは，I社の社長B（**参考判例5**のXと同一人物）と接近し，社長室直轄の企画管理本部長に就任し，さらに，I社の100％出資の子会社で，絵画事業を行うM社の代表取締役にも就任し，I社の美術品の仕入れおよび販売等の事業等を統括するようになった。

　（ア）Xは，平成2年2月から8月ころにかけて，AにⅩの支配する会社が所有する絵画等合計186点を買い取るよう依頼した。I社の絵画事業については，同社代表取締役名古屋支店長等の地位にあったCが，Aを補佐する立場にあったが，A，Cの両名は，共に絵画等美術品の取引経験も専門知識も乏しかったため，I社の商品として高額の絵画等美術品を仕入れるに当たっては，その商品としての特質上，あらかじめその真がんおよび価格の評価につき専門家の意見を徴するなどの措置を講じ，特に慎重に購入の可否を決すべきであるとともに，仕入原価をできる限り廉価とするなど仕入れに伴う無用な経費の支出を極力避け，同社に損害を加えることのないように同社のため誠実にその職務を遂行すべき任務を有していた。

　しかし，Aは，前記のとおり，Xとの間で巨額の資金を融通し合うことなどを繰り返しており，Aにとっては，Xの資金が潤沢になれば自己の資金需要を満たすことが可能となり，逆にXの資金状況がひっ迫すれば，A自身の資金繰りに大きな障害が生ずることから，I社がXから多額の利益を上乗せした価格で絵画を購入することは，Xの利益を図るとともに，Aが自己の利益を図ることにもなった。また，Cには，I社の決算上の利益出しのためにXの協力を得る必要などから，Xに利益を得させようとの目的があった。そこで，AおよびCは，それぞれ，その任務に背き，X，Aの利益を図る目的で，I社がXが支配する企業3社から前記絵画等を買い受けるに当たり，X側が申し出た売買代金価格が著しく不当に高額であり，その価格で購入すれば，I社に損害が生ずることを認識，認容しながら，あえて前記申

出の金額のままの合計472億410万円で買い取り，その結果，I社に約223億1000万円相当の財産上の損害を生じさせた。

（イ）Xは，平成2年7月ころ，Aに対し，I社においてX側が提供する絵画25点を63億円で買うように依頼した。

AとCは，当時，Xにおいて，M社が金融会社から資金を借り入れられるように仲介していたことや，Xの要請に応ずるとすればその借入金から支払わざるを得ないこと，また，I社に集中していた絵画の在庫を子会社に分散する必要があることなどから，M社を買受け先とすることにした。AとCは，M社の代表取締役の地位にあり，同社に対し，前記同様の任務を有していたが，前同様の図利目的により，その任務に違背し，同社に損害が発生することを認識しながら，同社において，Xの依頼に応ずることにしたものである。

M社は，同月30日，金融会社から，XおよびAを連帯保証人とし，I社の保証予約で100億円を借り入れ，同月31日，その借入金の中から63億円を，Xの支配する会社に売買代金として支払った。前記絵画25点の百貨店における店頭表示価格は，合計約22億6000万円であり，これをM社が，Xが申し出たとおりの金額である合計63億円で買い取った結果，同社には約40億4000万円相当の損害が生じた。

Xは，前記（ア），（イ）の各取引により，I社およびM社が財産上多額の損害を負うことを十分認識し，また，AおよびCが，そのような取引において，本件各売買契約の代金についてXとの間で減額等の交渉を全くせずXの言い値どおりに決めたこと，形だけの鑑定評価書を要求していたことなどから，AらがI社等に対する前記の任務に違背したものであることも十分認識していた。

以上の事実について，第1審，控訴審共に，Xに特別背任罪の共同正犯を認めた。

［決定要旨］ 上告棄却

「Xは，特別背任罪の行為主体としての身分を有していないが，前記認定事実のとおり，Aらにとって各取引を成立させることがその任務に違背するものであることや，本件各取引によりI社やM社に損害が生ずることを十分に認識していたと認められる。また，本件各取引においてI社やM社側の中心となったAとXは，共に支配する会社の経営がひっ迫した状況にある中，互いに無担保で数十億円単位の融資をし合い，両名の支配する会社がいずれもこれに依存するような関係にあったことから，Aにとっては，Xに取引上の便宜を図ることが自らの利益にもつながるという状況にあった。Xは，そのような関係を利用して，本件各取引を成立させたとみることができ，また，取引の途中からは偽造の鑑定評価書を差し入れるといった不正な行為を行うなどもしている。

このようなことからすれば，本件において，Xが，Aらの特別背任行為について共同加功したと評価し得ることは明らかであり，Xに特別背任罪の共同正犯の成立

を認めた原判断は正当である。」

Questions

Q25 本決定が，Xに特別背任罪の共同正犯の成立を認めた理由として，どのような事実が重要だと考えられるか。

Q26 決定では，XがAらの任務違背行為を「十分認識」していたとされている。背任罪の共犯が成立するためには，共犯者が，任務違背および財産上の損害について，どの程度の認識を有することが必要か。**基本判例3**および**参考判例7**と比較して検討せよ。

第26講 公共危険罪

1　具体的公共の危険の認定

〔設問1〕　XとYの罪責について述べなさい（殺人罪，および特別法違反の点を除く）。

(1)　暴力団組長Xは，事情を知らない部下のYに指示して，Aの殺害に使用し，車内にAの血痕等，犯罪の証拠の残る乗用車（以下，「B車」という）を燃やして証拠を隠滅しようと考えた。Xは，給油所でガソリン10ℓを購入し，B車の後部座席にそのガソリンを入れた容器を置いたうえ，B車を運転してY宅に行った。Xは，Yに対し，「このB車を廃車にしようと思うが，手続が面倒だから，お前と何度か行ったことがある，ひとけのない採石場（以下，「本件採石場」という）の駐車場（以下，「本件駐車場」という）に持って行ってガソリンをまいて燃やしてくれ。ガソリンはもう後部座席に積んである」などと言い，事情を秘したまま，B車を燃やすよう指示した。Yは，組長であるXの指示であることから，これを引き受けた。Xが以前にYと行ったことがある採石場は，人里離れた山中にあり，夜間はひとけがなく，周囲に建物等もない場所であり，Xは，本件採石場の本件駐車場でB車を燃やしても，建物その他の物や人に火勢が及ぶおそれは全くないと認識していた。

(2)　XがY宅から帰宅した後，Yは，1人でB車を運転し，Xに指示された本件採石場に向かった。Yは，その後，山中の悪路を約1時間走行し，約20km離れた本件駐車場に到着した。

(3)　本件駐車場は，南北に走る道路の西側に面する南北約20m，東西約10mの長方形状の砂利の敷地であり，その周囲には岩ばかりの採石現場が広がっていた。本件採石場に建物はなく，当時夜間であったので，人もいなかった。Yは，上記南北に走る道路から本件駐車場に入ると，B車を本件駐車場の南西角にB車前方を西に向けて駐車した。本件駐車場には，以前XとYが数回訪れたときには駐車車両はなかったが，この日は，Yが駐車したB車の右側，すなわち北側約5mの地点に，荷台にベニヤ板が3枚積まれている無人の普通貨物自動車1台（C所有）がB車と並列に駐車されていた。また，その更に北側にも，順に約1mずつの間隔で，無人の普通乗用自動車1台（D所有）および荷物が積まれていない無人の普通貨物自動車1台（E所有）がいずれも並列に駐車さ

れていた。しかし，本件駐車場内にはその他の車両はなく，人もいなかった。当時の天候は，晴れで，北西に向かって毎秒約2ｍの風が吹いていた。また，Ｂ車の車内のシートは布製であり，後部座席には雑誌数冊と新聞紙が置いてあった。Ｙは，それら本件駐車場内外の状況，天候や車内の状況等を認識したうえ，「ここなら，誰にも気付かれずにＢ車を燃やすことができる。他の車に火が燃え移ることもないだろう」と考え，その場でＢ車を燃やすこととした。Ｙは，Ｂ車後部座席に容器に入れて置いてあったガソリン10ℓをＢ車の車内および外側のボディーに満遍なくまき，Ｂ車の東方約5ｍの地点まで離れたうえ，丸めた新聞紙にライターで火をつけてこれをＢ車の方に投げ付けた。すると，その火は，Ｙがまいたガソリンに引火し，Ｂ車全体が炎に包まれて炎上した。その炎は，地上から約5ｍの高さに達し，時折，隣のＣ所有の普通貨物自動車の左側面にも届いたが，間もなく風向きが変わり，南東に向かって風が吹くようになったため，Ｃ所有の普通貨物自動車は，左側面が一部すすけたものの，燃え上がるには至らず，その他の2台の駐車車両は何らの被害も受けなかった。

(平成25年度刑法論文問題改題)

Questions

Q1 刑法110条にいう公共の危険の意義について，「刑法108条・109条所定の建造物等に延焼する危険」とする見解（限定説，大判明治44年4月24日刑録17輯655頁参照）と，「不特定または多数人の生命，身体または財産一般に対する危険」（非限定説，**基本判例1**）とする見解がある。それぞれ，いかなる根拠によるものと考えられるか。また，本件Ｂ車に放火した行為について，それぞれの見解によって結論に相違は生ずるかを踏まえつつ，公共の危険の発生があったとすべきかどうか検討せよ。

Q2 刑法110条の成否が問題となる場合，公共の危険の発生について，その認識を必要とすると解するべきか。相対立する見解を踏まえつつ，ＸおよびＹの罪責を検討せよ。なお，刑法109条2項の成否が問題となる場合も，同じに解してよいか。

2 公共の危険

1 最決平成15年4月14日刑集57巻4号445頁

［事実の概要］

被告人Ｘは，午後9時50分ころ，駐車場に無人でとめられていた自動車（被害車両）に対し，ガソリン約1.45ℓを車体のほぼ全体にかけたうえ，これにガスライタ

ーで点火して放火した。本件駐車場は，市街地にあって，公園および他の駐車場に隣接し，道路を挟んで小学校や農業協同組合の建物に隣接する位置関係にあった。また，本件当時，前部を北向きにしてとめられていた被害車両の近くには，被害車両所有者以外の者の所有に係る2台の自動車が無人でとめられており，うち1台（第1車両）は被害車両の左側部から西側へ3.8mの位置に，他の1台（第2車両）は第1車両の左側部からさらに西側へ0.9mの位置にあった。そして，被害車両の右側部から東側に3.4mの位置には周囲を金属製の網等で囲んだゴミ集積場が設けられており，本件当時，同所に一般家庭等から出された可燃性のゴミ約300kgが置かれていた。

被害車両には，当時，約55ℓのガソリンが入っていたが，前記放火により被害車両から高さ約20ないし30cmの火が上がっているところを，たまたま付近に来た者が発見し，その通報により消防車が出動し，消火活動により鎮火した。消防隊員が現場に到着したころには，被害車両左後方の火炎は，高さ約1m，幅約40ないし50cmに達していた。

本件火災により，被害車両は，左右前輪タイヤの上部，左右タイヤハウスおよびエンジンルーム内の一部配線の絶縁被覆が焼損し，ワイパーブレードおよびフロントガラスが焼けてひび割れを生じ，左リアコンビネーションランプ付近が焼損して焼け穴を作り，トランクの内部も一部焼損し，さらに第1，第2車両と前記ゴミ集積場に延焼の危険が及んだ。

[決定要旨]

「刑法110条1項にいう……『公共の危険』は，必ずしも同法108条及び109条1項に規定する建造物等に対する延焼の危険のみに限られるものではなく，不特定又は多数の人の生命，身体又は前記建造物等以外の財産に対する危険も含まれると解するのが相当である。そして，市街地の駐車場において，被害車両からの出火により，第1，第2車両に延焼の危険が及んだ等の本件事実関係の下では，同法110条1項にいう『公共の危険』の発生を肯定することができるというべきである。」

【参考判例1】 公共の危険の認識
最判昭和60年3月28日刑集39巻2号75頁
[事実の概要]

被告人XとYらと共謀のうえ，対立する暴走族集団に属するA所有の自動二輪車を焼燬するようYに命じ，YがXの文言をZらに伝え，YとZで焼燬の具体的方法を謀議したうえ，B方住宅南側のガラス窓から約30cm離れた軒下に置かれたA所有の自動二輪車のガソリンタンク内からガソリンを流出させてこれに所携のライターの火で点火し，同車のサドルシートなどを順次炎上させて同車を焼燬して，前記

B方家屋に延焼させた。
[判旨]
「刑法110条1項の放火罪が成立するためには，火を放って同条所定の物を焼燬する認識のあることが必要であるが，焼燬の結果公共の危険を発生させることまでを認識する必要はないものと解すべきである……。」
[谷口正孝裁判官の意見]
「私は，刑法110条1項の罪の成立については，多数意見と見解を異にし，公共の危険の発生することの認識を必要とするものと考える。その理由については，先に，当法廷昭和57年（あ）第893号・昭和59年4月12日決定（刑集38巻6号2107頁）の中で私の意見として述べておいたところである……。」
[昭和59年決定における谷口裁判官の意見]
「110条1項の罪の基本的行為はもともと放火罪の保護法益である公共の危険に対する侵害としてとらえられていない行為である。従って，その行為を公共の危険に対する犯罪としての放火罪たらしめる契機は，まさに当該行為によって具体的に公共の危険を生ぜしめたところにある。その意味において同条項にいう『公共ノ危険ヲ生セシメ』たことは，同条項所定の行為をして放火罪たらしめるための犯罪の成立要件となっているわけである。その要件の備わることによって初めてある行為が犯罪となる場合，その要件の存在することを認識することが故意の内容となることは，責任主義の原則上むしろ当然のことであろう。」

Questions

Q3 公共の危険の認識の必要説および不要説のそれぞれの論拠は何か。いずれの見解を妥当なものとすべきか。

【参考判例2】 往来の危険の認定
最決平成15年6月2日刑集57巻6号749頁・判時1833号158頁・判タ1129号127頁
[事実の概要]
(1) 被告人は，旧日本国有鉄道（以下「国鉄」という）に対し防災工事費用を分担するよう申し入れたところ，これを拒絶されたため憤慨し，本件当日午後1時15分ころから午後5時ころまでの間，国鉄山陽本線瀬野駅・八本松駅間の鉄道用地と境界を接する自己の所有地上において，Aをして，パワーショベルで同所有地を同境界に沿って深さ約3.8mないし4.3m，幅約2m，長さ約76mにわたり掘削させた。上り線の線路脇にある上止69号電柱は，同境界と線路が最も近接している場所付近に存在したが，掘削が進むにつれて同電柱付近の土砂が崩壊し，土地の境界杭が落

下したほか，国鉄側が同電柱を防護すべく打ち込んでいた長さ約３ｍのＨ鋼も滑り落ち，同電柱付近の路盤の掘削断面上端部は，同電柱から約0.6ｍの距離まで迫った。

(2)　上記掘削により，盛土上に位置する線路の軌道敷自体が緩むことはなかったものの，上止69号電柱付近の路盤の掘削断面は，著しく損なわれ，盛土の法面勾配に関する国鉄の安全基準（鉛直距離と水平距離の長さの割合が１対1.5）を大幅に超える急傾斜となった。

(3)　上記掘削開始後，国鉄広島鉄道管理局海田市保線区長Ｂは，上記安全基準を超えて土地が掘削されるのを目撃し，掘削現場にいた被告人に対して掘削をやめるよう警告するとともに，電車の徐行や電柱防護のための措置をとるなどした。本件当日午後４時37分ころ，国鉄側は，上止69号電柱直近の掘削により土砂が崩壊して境界杭が落下するなどしたことから，このまま電車を運行させると電柱の倒壊等により電車の乗客に危険が及ぶと判断して，送電停止の措置をとり，上り線の電車の運行を中止した。

[判旨]

「平成７年法律第91号による改正前の刑法125条１項にいう『往来ノ危険』とは，汽車又は電車の脱線，転覆，衝突，破壊など，これらの交通機関の往来に危険な結果を生ずるおそれのある状態をいい，単に交通の妨害を生じさせただけでは足りないが，上記脱線等の実害の発生が必然的ないし蓋然的であることまで必要とするものではなく，上記実害の発生する可能性があれば足りる［最判昭和35年２月18日刑集14巻２号138頁，最判昭和36年12月１日刑集15巻11号1807頁参照］。本件についてこれをみると，上記１[**事実の概要**]のような掘削行為の規模及び掘削断面と上止69号電柱等との位置関係や，本件当時，国鉄職員及び工事関係者らが，上記掘削により上止69号電柱付近において地すべりが生じ同電柱が倒壊するなどして，電車の脱線など安全な走行ができない状態に至るなど，極めて危険な状態にあると一致して認識しており，その認識は，現場の状況からして相当な理由があり合理的なものであったといえることなどに照らすと，上記実害の発生する可能性があったと認められる。したがって，電汽車往来危険罪の成立を認めた原判決は，結論において正当である。

なお，所論は，原審弁護人の請求に係る鑑定書によれば，上記掘削により上記電柱付近の路盤は物理的，土木工学的にみて不安定な状態になっておらず，上記実害の発生する物理的可能性のなかったことが明らかであるから，『往来ノ危険』は生じていない旨主張する。しかしながら，被告人が行った掘削行為は上記１[**事実の概要**]のとおりであって，同鑑定書は，その前提となる掘削断面の位置，形状等の把握に正確さを欠いており，同鑑定書に依拠して上記実害の発生する可能性を否定するのは相当でない。」

3 建造物の現住性

2 最決平成9年10月21日刑集51巻9号755頁

[事実の概要]

Xは，被告人Yとの共謀に基づき，Yらが沖縄旅行中の平成3年11月21日午前0時40分ころ，本件家屋に火を放ち，これを全焼させて焼燬した。

本件家屋及びその敷地は，Yが転売目的で取得したものであるが，風呂，洗面所，トイレ，台所等の設備があり，水道，電気，ガスが供給されていて，日常生活に最低限必要なベッド，布団等の寝具のほか，テーブル，椅子，冷蔵庫，テレビ等の家財道具が持ち込まれていた。Yは，本件家屋およびその敷地に対する競売手続の進行を妨げるため，人がそこで生活しているように装うとともに，防犯の意味も兼ねて，自己の経営する会社の従業員5名に指示して，休日以外は毎日交替で本件家屋に宿泊に行かせることとした。その結果，平成3年10月上旬ころから同年11月16日夜までの間に十数回にわたり，従業員5名が交替で本件家屋に宿泊して，近隣の住民の目から見ても本件家屋に人が住み着いたと感じ取れる状態になった。

他方，Yは，本件家屋およびこれに持ち込んだ家財道具を焼燬して火災保険金を騙取しようと企て，Xが本件家屋に放火する予定日前の同年11月19日から従業員5名を2泊3日の沖縄旅行に連れ出した。ただし，Yは，従業員らに対し，沖縄旅行から帰った後は本件家屋に宿泊しなくてもよいとは指示しておらず，従業員らは，旅行から帰れば再び本件家屋への交替の宿泊が継続されるものと認識していた。また，Yは，旅行に出発する前に本件家屋の鍵を回収したことはなく，その1本は従業員が旅行に持参していた。

[決定要旨]

「本件家屋は，人の起居の場所として日常使用されていたものであり，右沖縄旅行中の本件犯行時においても，その使用形態に変更はなかったものと認められる。そうすると，本件家屋は，本件犯行時においても，……刑法108条にいう『現ニ人ノ住居ニ使用』する建造物に当たると認めるのが相当であるから，これと同旨の見解に基づき現住建造物等放火罪の成立を認めた原判決の判断は正当である。」

Questions

Q4 「現に人が住居に使用し又は現に人がいる」（刑法108条）における，「人」の意義は何か。

Q5 現住性の意義は何か。本件において，建造物に現住性を認めるべきと考えられる要素，否定すべきと考えられる要素として，何が挙げられるか。

Q6 本件において，沖縄旅行に行った後に，交替の泊まり込みを継続しないことが，関与者全員の合意事項であったとした場合，建造物の現住性についてどのように判断すべきか。

4 建造物の一体性

〔設問 2〕 以下の事例について，Ｘの罪責を述べなさい。
1 Ｘは，以前に勤めていた，ホテルＡの代表者に対する憤まん等を晴らすため，同ホテルの鉄筋コンクリート造平屋建研修棟（床面積約1334.25平方メートル）に放火しようと企てた。
2 ホテルＡの鉄筋 8 階建ての宿泊棟は，昭和62年に当時の住宅都市整備公団が建設したもので，客室，レストラン等が設けられ，鉄筋コンクリート造平屋建の研修棟は，当時の建設省が建設した研修室等と，平成 8 年に増築されたチャペル，会議室等により構成された建物であるが，建設省と住宅都市整備公団との協議・同意により，宿泊棟のみならず研修棟も住宅都市整備公団が管理運営することとなり，その後，住宅都市整備公団とＢ株式会社との間で，宿泊棟等の賃貸借契約が締結され，研修棟についても賃貸借の対象ではないものの，宿泊棟等の賃貸施設と一体的にＢ社が管理運営を行うものと同契約により定められ，Ｂ社がホテルＡを構成する施設として宿泊棟及び研修棟を一体的に運営していた。

研修棟では，各種会議，結婚式，結婚披露宴，宴会等が行われているところ，ホテルＡの営業の中で，最も売上が多く，最も利益が多いのが結婚披露宴等であり，研修棟で行われる結婚式ないし結婚披露宴のために宿泊棟の客室の一部を着付室などに利用していた。

また，夜間には，宿泊棟で当直勤務についている従業員が，警備のため，宿泊棟のみならず研修棟をも巡回していた。
3 平成12年12月 2 日午前 1 時20分ころ，被告人は，無人の研修棟に侵入し，同棟研修室に設置された結婚披露宴用のステージ，ジョーゼットおよびじゅうたん等に所携の灯油をまいた上，所携のライターで同ジョーゼットに点火して火を放ち，その火を同ジョーゼットから同室内壁，天井等に燃え上がらせて，同室コンクリート内壁表面の厚さ約2.5センチメートルのモルタルを合計約12.9平方メートルにわたって剥離，脱落させると共に，同所のコンクリート天井表面に吹きつけてあった厚さ約センチメートルの石綿を合計61.6平方メートルにわたって損傷，剥離させたが，これらを炎上させることはなかった。
4 本件放火当時，宿泊棟において，Ｄら 3 名の従業員が勤務についていたほ

か，99名の宿泊客および2名の従業員が宿泊して，同棟に現在した。

5　研修棟側のロビーと宿泊棟側のレストランとの間には北西側渡り廊下が設けられているが，その長さは約7.5メートルであり，幅が約3.6メートル，高さが約3.1メートルである。

同渡り廊下の床面は，地表に鉄筋を敷き，その上にコンクリートを流し込んで，厚さ13センチメートルの床にするという基礎工事をした上に，タイルカーペットを張った構造となっている。

また，同渡り廊下内部の北西側側壁及び南東側側壁は，ほぼ全面にわたってガラス窓となっており，鋼鉄板の防火シャッターはもとより，防火シャッターのレールも金属製であり，窓ガラスの下に設けている鉄筋コンクリートの壁とその窓ガラスを仕切る幅約10センチメートルの額ふちが，同渡り廊下内の部材で唯一の木製の材料である。

同渡り廊下の天井から屋根にかけては，太さ350ミリメートル×170ミリメートルのH鋼を2本，左右に入れ，その両端をボルトで固定し，鉄製の土台となる梁を取り付け，その梁の上方に亜鉛合金板の屋根を乗せ，その梁の下方には空間を設け，その下に天井の下地となる軽鉄野縁を取り付け，その下に石膏ボードを張り，その下にロックウール化粧吸音板を張り付けた構造になっている。

同渡り廊下の研修棟側にはステンレス製の枠にガラスをはめ込んだ両開きの扉が設けられており，同扉は，本件火災当時閉められていた。

6　研修棟の屋根組は，切り妻屋根の折り板鉄板葺きであり，また，同棟の宿泊棟側の壁面には，機械室の扉が設けられているだけで，窓はなかった。

Questions

Q7　現住建造物の一体性が問題となるのはなぜか。それが問題になる類型として，どのようなものが考えられるか。設問は，いかなる類型に当たる事案か。

Q8　本設問で火を放たれた部分は，現住部分か非現住部分か。

Q9　建造物の一体性を判断する際に，物理的一体性，延焼の可能性，機能的一体性が判断要素として挙げられるのが一般であるが，それぞれ，一体性判断においてどのような意義を有すると考えられるか。本設問に当てはめた場合，どのような結論になるか。

Q10　本件では，客体を焼損したといえるか（***Q16***参照）。

3　最決平成元年7月14日刑集43巻7号641頁

[事実の概要]

被告人は午前3時すぎころ，平安神宮において祭具庫西側壁板壁付近にガソリン約10リットルを散布した上で，所携のライターで火を放ち，前記祭具庫およびこれに接続する西翼舎，東西両本殿等に燃え移らせて，その全部または一部を炎上させた。

平安神宮社殿は，東西両本殿，祝詞殿，内拝殿，外拝殿（大極殿），東西両翼舎，神楽殿（結婚儀式場），参集殿（額殿），斎館，社務所，守衛詰所，神門（応天門），蒼竜楼，白虎楼等の建物とこれらを接続する東西の各内廻廊，歩廊，外廻廊とから成り，中央の広場を囲むように方形に配置されており，廻廊，歩廊づたいに各建物を一周しうる構造になっていた。そして上記各建物は，すべて木造であり，廻廊，歩廊も，その屋根の下地，透壁，柱等に多量の木材が使用されており，そのため，祭具庫，西翼舎等に放火された場合には，社務所，守衛詰所にも延焼する可能性を否定することができなかった。外拝殿では一般参拝客の礼拝が行われ，内拝殿では特別参拝客を招じ入れて神職により祭事等が行われていた。夜間には，権禰宜，出仕の地位にある神職各1名と守衛，ガードマンの各1名の計4名が宿直に当たり，社務所又は守衛詰所で執務をするほか，出仕と守衛が午後8時ころから約1時間にわたり東西両本殿，祝詞殿のある区域以外の社殿の建物等を巡回し，ガードマンも閉門時刻から午後12時までの間に3回と午前5時ころに右と同様の場所を巡回し，神職とガードマンは社務所，守衛は守衛詰所でそれぞれ就寝することになっていた。

[判旨]

「以上の事情に照らすと，右社殿は，その一部に放火されることにより全体に危険が及ぶと考えられる一体の構造であり，また，全体が一体として日夜人の起居に利用されていたものと認められる。そうすると，右社殿は，物理的に見ても，機能的に見ても，その全体が一個の現住建造物であつたと認めるのが相当であるから，これと同旨の見解に基づいて現住建造物放火罪の成立を認めた原判決の判断は正当である。」

Questions

Q11 各建物が木造の廻廊で結ばれていたこと，夜間に職員らが各建物を巡回していたことは，建造物の一体性判断においてどのような意義を有するか。

【参考判例3】
福岡地判平成14年1月17日判夕1097号305頁
［事実の概要］
　被告人は，A社経営のホテルの鉄筋コンクリート造平屋建研修棟に放火して焼損しようと企て，深夜に無人の同研修棟に設置されていた設備・備品等に所携の灯油をまいたうえ，ライターで火を放ち，同室内壁，天井等に火を燃え移らせて炎上させ，同室および同棟廊下を焼損した。
　放火当時，隣接する宿泊棟には宿泊客・従業員104名が現在していたが，同研修棟は，同宿泊棟と2本の渡り廊下（いずれも長さ約7.5メートル，幅約2.25メートルと3.6メートル，高さ3.1メートル，鉄筋コンクリート構造，防火シャッター・防火戸設置）で構造上連結されていた。また，これらはA社により一体的に管理運営され，夜間には宿泊棟で当直勤務についている従業員により研修棟への巡回も行われていた。
［判旨］
　「現に人がいる建物（以下『現在の建物』という。）と，現に人が住居に使用せず，かつ，現に人がいない建物（以下『非現住・非現在の建物』という。）とがある場合，それらが全体として一個の現在建造物と認められるためには，各建物が渡り廊下などの構造物によって相互に連結されていることを前提に，その構造上の接着性の程度，建物相互間の機能的連結性の有無・強弱，相互の連絡，管理方法などに加えて，非現住・非現在の建物の火災が現在の建物に延焼する蓋然性をも考慮要素とし，これらの諸事情を総合考慮して，一個の現在建造物と評価することが社会通念上も相当とみられることが必要と解される。そして，現在建造物放火罪の法定刑が著しく加重されているのは，人の生命・身体に対する危険性に着目したものであるから，その抽象的危険犯としての性格を前提としても，非現住・非現在の建物から現在の建物へ延焼する可能性が全く認められない場合にまで，それら複数の建物を一個の現在建造物と評価することは許されないというべきである。したがって，それら複数の建物が一個の現在建造物と認められるためには，そのような延焼可能性が否定できないという程度の意味において，延焼の蓋然性が認められることが必要と考えるべきである。
　……被告人が放火した研修棟と従業員及び宿泊客が現在した宿泊棟とは，側壁及び天井を有する長さ約7.5メートルの2本の渡り廊下によって構造上連結されている上，……株式会社AがホテルBを構成する施設として両建物を管理運営し，研修棟において行われる結婚式ないし結婚披露宴の為に宿泊棟の客室の一部を着付室などとして利用し，……夜間には宿泊棟で当直勤務についている従業員により研修棟への巡回も行われているというのであるから，宿泊棟と研修棟との間には相当に強い機能的連結性が認められる。

しかしながら，……研修棟から宿泊棟へ延焼する蓋然性はこれを認めることができない。従って，研修棟と宿泊棟を一体のものとして，1個の現在建造物ということはできず，研修棟は，宿泊棟とは独立した，非現住・非現在建造物であると認めるのが相当と判断される。」

【参考判例4】
東京高判昭和58年6月20日刑月15巻4=6号299頁・判時1105号153頁
[事実の概要]
　被告人は，17名が現に住居に使用している鉄骨コンクリート造3階建マンションの空室である305号室に放火したが，未遂に終わった。同マンションは各階に5室ずつ1DKの部屋が並んでいて，各階とも，各室の南側に幅約0.90平方メートルのベランダが設けられ，北側には幅約1.30メートルの外廊下が玄関前に通じ，西側端には1階から各階を経て屋上に至る幅約2.20メートルの外階段が設置されており，これが各階の外廊下に接続し，各室への出入りができる構造になっていた。また，同マンションは耐火構造の集合住宅として建築されたものであるけれど，外廊下に面した各室の北側にはふろがまの換気口が突出しており，南側ベランダの隣室との境はついたて様の金属板で簡易な仕切りがなされているにすぎなかった。

[判旨]
「本件マンションは，……いったん内部火災が発生すれば，火炎はともかく，いわゆる新建材等の燃焼による有毒ガスなどがたちまち上階あるいは左右の他の部屋に侵入し，人体に危害を及ぼすおそれがないとはいえず，耐火構造といっても，各室間の延焼が容易ではないというだけで，状況によっては，火勢が他の部屋へ及ぶおそれが絶対にないとはいえない構造のものであることが明らかである。そして，放火罪が公共危険罪であることにかんがみれば，……，本件マンションのようないわゆる耐火構造の集合住宅であっても，刑法108条の適用にあたっては，各室とこれに接続する外廊下や外階段などの共用部分も含め全体として1個の建造物とみるのが相当である（所論のような，建物区分所有権の客体となりうるか否かによって，1個の建造物か否かを判別する見解は独自の説であって，到底採用できない。）。」

Questions

Q12 耐火性の大規模マンションの，空室である1室に火を放った場合には，どの放火罪が成立するか。また，その際の判断根拠は何か。

Q13 1階部分がテナントに使用されているマンションで，そのテナントに人が現在しない時点に火を放ったが，当該放火部分は2階以上の部分と構造上および効用上の独立性が強く認められるという場合には，どう判断すべきか（仙台地判

昭和58年3月28日刑月15巻3号279頁参照）。

Q14 マンションの居住者が利用するエレベーターに火を放った場合はどうか。

5　焼損の意義

4　最決平成元年7月7日判時1326号157頁

[事実の概要]
　被告人は，鉄骨鉄筋コンクリート造陸屋根12階建マンション内に設置されたエレベーターのかごに燃え移るかもしれないと認識しながら，ライターで新聞紙等に点火し，これを同エレベーターのかごの床上に置かれたガソリンのしみこんだ新聞紙等に投げつけて火を放ち，エレベーターのかごの側壁に燃え移らせて，その側壁化粧鋼板表面の化粧シートの一部を焼失させた。
　原審札幌高裁は，本件エレベーターについて，①その収納部分から取り外すには，作業員約4人かかりで1日の作業量を要するのであるから，毀損しなければ取り外すことができない状態にあり，建造物たるマンションの一部を構成する，②本件マンションの各居住空間の部分とともに，それぞれ一体として住宅として機能し，現住建造物であるマンションを構成しているとした上で，本件エレベーター側壁の化粧鋼板は建築基準法上の準不燃材料に認定されているが，化粧シートそのものは可燃物であり，かごの壁面中央部下約0.3平方メートルの部分について化粧シートが溶融，聞かして燃焼し，一部は炭化状態となり，一部は焼失したことが明らかである以上，媒介物であるガソリンから独立して燃焼したと認めるに十分であるとした。

[決定要旨]
　「被告人は，12階建集合住宅である本件マンション内部に設置されたエレベーターのかご内で火を放ち，その側壁として使用されている化粧鋼板の表面約0.3平方mを燃焼させたというのであるから，現住建造物等放火罪が成立するとした原審の判断は正当である。」

Questions

Q15 焼損の意義は何か。判例および学説においていかなる見解が主張されてきたか。また，見解が対立する根拠はどこに求められると考えられるか。

Q16 難燃性建造物の場合には，木造建造物の場合と比べて，焼損を異なる意義に解すべきであるとする見解があるが，それはどのような考え方か。また，それについてどのように評価すべきか（東京地判昭和59年6月22日刑月16巻5＝6号467頁・判時1131号156頁参照）。

第27講 文書偽造罪

1 偽造の意義

〔設問1〕 以下のような事実関係が認定されているとしてXの罪責について述べよ。

 Xは，甲らと共謀のうえ，国際運転免許証様の文書1通（以下「本件文書」という）を作成した。Xらは，本件文書のような国際運転免許証様の文書を顧客に販売することを業としており，本件文書も，顧客に交付する目的で作成されたものである。

 1949年9月19日にジュネーブで採択された道路交通に関する条約（以下「ジュネーブ条約」という）は，締約国もしくはその下部機構の権限ある当局またはその当局が正当に権限を与えた団体でなければ，同条約に基づいて国際運転免許証を発給することができない旨規定したうえ，国際運転免許証の形状，記載内容等の様式を詳細に規定している。わが国はジュネーブ条約の締約国であり，同条約に基づいて発給された国際運転免許証は，わが国において効力を有する。

 本件文書は，その表紙に英語と仏語で「国際自動車交通」，「国際運転免許証」，「1949年9月19日国際道路交通に関する条約（国際連合）」等と印字されているなど，ジュネーブ条約に基づく正規の国際運転免許証にその形状，記載内容等が酷似している。また，本件文書の表紙に英語で「国際旅行連盟」と刻された印章様のものが印字されていることなどからすると，本件文書には国際旅行連盟なる団体がその発給者として表示されているといえる。このような形状，記載内容等に照らすと，本件文書は，一般人をして，ジュネーブ条約に基づく国際運転免許証の発給権限を有する団体である国際旅行連盟により作成された正規の国際運転免許証であると信用させるに足るものである。

 国際旅行連盟なる団体がジュネーブ条約に基づきその締約国等から国際運転免許証の発給権限を与えられた事実はなく，Xもこのことを認識していた。しかし，Xは，メキシコ合衆国に実在する民間団体である国際旅行連盟から本件文書の作成を委託されていた旨弁解している。

1　最決平成15年10月6日刑集57巻9号987頁

[事実の概要]　〔設問1〕参照
[決定要旨]
　設問の事実に関し，「私文書偽造の本質は，文書の名義人と作成者との間の人格の同一性を偽る点にあると解される（最高裁昭和58年（あ）第257号同59年2月17日第2小法廷判決・刑集38巻3号336頁，最高裁平成5年（あ）第135号同年10月5日第1小法廷決定・刑集47巻8号7頁参照）。本件についてこれをみるに，上記……のような本件文書の記載内容，性質などに照らすと，ジュネーブ条約に基づく国際運転免許証の発給権限を有する団体により作成されているということが，正に本件文書の社会的信用性を基礎付けるものといえるから，本件文書の名義人は，『ジュネーブ条約に基づく国際運転免許証の発給権限を有する団体である国際旅行連盟』であると解すべきである。そうすると，国際旅行連盟が同条約に基づきその締約国等から国際運転免許証の発給権限を与えられた事実はないのであるから，所論のように，国際旅行連盟が実在の団体であり，Xに本件文書の作成を委託していたとの前提に立ったとしても，Xが国際旅行連盟の名称を用いて本件文書を作成する行為は，文書の名義人と作成者との間の人格の同一性を偽るものであるといわねばならない。したがって，Xに対し有印私文書偽造罪の成立を認めた原判決の判断は，正当である」と判示した。

Questions

Q1 偽造罪の立法主義については，形式主義と実質主義の2つがあるとされる。それぞれ，どのような考え方か。また，わが国の刑法は，いかなる考え方を採用していると解されるか。

Q2 有形偽造・無形偽造とは何か。それぞれ，刑法典の偽造罪関連の条文におけるどの文言に該当するか。公文書と私文書とで，有形偽造，無形偽造の扱いにいかなる相違が存するか。

Q3 本事例においては，具体的にどのような理由で「人格の同一性の偽り」が認められたのか。本件で問題となった文書の名義人は誰と解するべきか。また，その根拠は何か。

Q4 架空人名義の文書は，文書偽造罪における文書といえるか。

2　最決平成11年12月20日刑集53巻9号1495頁

[事実の概要]

被告人Xは、爆発物取締罰則違反事件に関与した嫌疑で指名手配を受けていたが、別の事件等の容疑で特別指名手配を受けていた他の者らとともにS県内のアパートの一室に潜伏中、一同の生活費等に窮したところから、特別指名手配でないため街頭等に顔写真等が張り出されることのなかったXが「A」の偽名で就職して一同の生活費等に充てようと考え、求人情報誌に掲載されていたB社の求人広告を見てこれに応募することとし、履歴書用紙と「A」と刻した印鑑を購入したうえ、同アパートの室内において、履歴書用紙の氏名欄に「A」、生年月日欄に「41　1　24」、現住所欄に「O県N市」などと実際とは相違する記載をし、その名下に「A」と刻した右印鑑を押捺し、自己の顔写真を貼付して履歴書1枚を作成して、B社総務課宛てに郵送して総務部長らに閲読させるなどした。

[決定要旨]

「私文書偽造の本質は、文書の名義人と作成者との間の人格の同一性を偽る点にあると解されるところ（最高裁昭和58年（あ）第257号同59年2月17日第2小法廷判決・刑集38巻3号336頁、最高裁平成5年（あ）第135号同年10月5日第1小法廷決定・刑集47巻8号7頁）、原判決の認定によれば、Xは、Aの偽名を用いて就職しようと考え、虚偽の氏名、生年月日、住所、経歴等を記載し、Xの顔写真をはり付けた押印のあるA名義の履歴書及び虚偽の氏名等を記載した押印のあるA名義の雇用契約書等を作成して提出行使したものであって、これらの文書の性質、機能等に照らすと、たとえXの顔写真がはり付けられ、あるいはXが右各文書から生ずる責任を免れようとする意思を有していなかったとしても、これらの文書に表示された名義人は、Xとは別人格の者であることが明らかであるから、名義人と作成者との人格の同一性にそごを生じさせたものというべきである。したがって、Xの各行為について有印私文書偽造、同行使罪が成立するとした原判断は、正当である。」

Questions

Q5 本件では、本人自身の写真が貼り付けてある以上、人格の同一性にそごは生じないのではないか。

【参考判例１】
東京地判平成15年1月31日判時1838号158頁
[事実の概要]
　被告人は，戸籍上Aの氏名を有していた者であるが，金融会社から多額の借金をしたもののその返済をしなかったことから信用を失い，自己の名義であるAではさらに融資を受けることができない融資不適格者となっていたことから，Bの承諾を得ないまま，同人を養父とする養子縁組届を行い，戸籍上の氏名をCとしたうえ，不正に入手したC名義の自動車運転免許証を使用して，金融会社からキャッシングカードを詐取したうえ，同カードを使用して金員を窃取しようと企て，乙山株式会社O支店において，行使の目的をもって，ほしいままに，同店備付けの極度借入基本契約書の氏名欄に「C」などと冒書し，もって，C作成名義の極度借入基本契約書1通を偽造したうえ，即時同所において同店従業員Dに対し，これをあたかも真正に成立したもののように装って，前記C名義の自動車運転免許証とともに提出行使し，同社発行のキャッシングカードである丙川カードの交付を申し込み，前記Dをして，被告人がCであり，同人から丙川カードの交付の申込があったものと誤信させ，よって，そのころ同所において，前記Dを欺いて同カード1枚を交付させ，もって，人を欺いて財物を交付させるなどした。
　弁護人は，以上について，被告人が戸籍上「C」であった当時に行われた行為であり，被告人は他人の名義を使用し，あるいは他人に成り済ましたものでなく，民法上は無効であっても「C」が「C」として行動しているのであるし，また，被害会社は，戸籍の外観によって形式的に顧客となろうとする者を識別し，顧客として受け入れるかどうかを決定しているのであるから，「C」をであると認識することに錯誤はなく，有印私文書偽造，同行使および詐欺につき無罪であると主張した。
[判旨]
　「私文書偽造罪及び同行使罪の成否について検討するに，上記認定の事実によれば，サラ金業者である各被害会社にとって，融資の申込に際して行う審査の目的は，戸籍の外観によって形式的に顧客となろうとするものを特定，識別するに止まらず，上記各事項を確認することによって，返済の意思や能力など，当該申込者の人格そのものに帰属する経済的信用度を判断し，申込者が融資を受ける適格を有する者か否かを判断することにあると解されるのであるから，その審査にとって極めて重要な判断資料として機能する本件各申込書は，社会通念上はもとより，取引信義則上も，申込者の人格に帰属する経済的信用度を誤らせることがないよう，その人格の本来的帰属主体を表示することが要求され，その帰属主体を偽ることが許されない性質の文書というべきである。
　また，当事者間に縁組をする意思がないとき，養子縁組は無効であるが（民法802

条1号)，ここにいう縁組意思とは，実質的な縁組意思，すなわち，真に親子関係と認められるような身分関係の設定を欲する効果意思を意味し，かかる意思を欠く場合，縁組が無効であることはもとより，縁組の有効性を前提とする氏の変更（民法810条）の効果も生じないというべきであって，上記認定の事実によれば，被告人は，Bと全く面識がなく，その了解を得てもいないのに本件養子縁組を行ったものであるから，本件養子縁組は，縁組意思を欠き無効なものであって，被告人の氏をB姓とする氏の変更の効果も生じないことは明らかである。

そうすると，本件において融資適格者ではない被告人が，C名義を用いて……『極度借入基本契約書』……と題する……書面を作成した行為は，当時の被告人の戸籍上の記載に基づく表示であったとしても，本件養子縁組が無効である以上，……被害会社に対し，以後の融資契約等の法律効果の帰属主体を，本件養子縁組以前のAすなわち被告人とは別個の人格であるCと偽り，その結果，融資契約等の法律効果が帰属する人格の経済的信用度を誤らせるもので，虚偽の人格の帰属主体を表示し，各文書の作成名義を偽るものにほかならず，いずれについても有印私文書偽造罪が成立する。

また，そのような偽造にかかる本件各申込書を各被害会社の担当者に提出，提示して閲覧させる行為は，いずれも偽造有印私文書行使罪に該当する。」

2　偽造概念と代理・代表名義（肩書）の冒用

〔設問2〕 以下の事例に基づき，甲および乙の罪責について，具体的な事実を摘示しつつ論じなさい（特別法違反の点を除く）。

1　A合同会社（以下「A社」という）は，社員甲，社員Bおよび社員Cの3名で構成されており，同社の定款において，代表社員は甲と定められていた。

2　多額の借入金の返済に窮していた甲は，知人であるDに対し，1億円の融資を申し入れたところ，Dは，「1億円に見合った担保を提供してくれるのであれば，融資に応じてもいい」と答えた。そこで，甲は，A社が所有し，甲が代表社員として管理を行っている都内の土地一筆（時価1億円相当）に第一順位の抵当権を設定することにより，Dに対する担保の提供を行おうと考えた。

3　ただ，A社では，同社の所有する不動産の処分・管理権は，代表社員が有していた。また，会社法第595条第1項各号に定められた利益相反取引の承認手続については，定款で，全社員が出席する社員総会を開催したうえ，同総会において，利益相反取引を行おうとする社員を除く全社員がこれを承認することが必要であり，同総会により利益相反取引の承認が行われた場合には，社員の互選により選任された社員総会議事録作成者が，その旨記載した社員総

議事録を作成の上，これに署名押印することが必要である旨定められていた。

4　その後，甲は，A社社員総会を開催せず，社員Bおよび社員Cの承認を得ないまま，Dに対し，1億円の融資の担保として本件土地に第一順位の抵当権を設定する旨申し入れ，Dもこれを承諾したので，甲とDとの間で，甲がDから金1億円を借り入れることを内容とする消費貸借契約，および，甲の同債務を担保するためにA社が本件土地に第一順位の抵当権を設定することを内容とする抵当権設定契約が締結された。

その際，甲は，別紙の「社員総会議事録」を，その他の抵当権設定登記手続に必要な書類と共にDに交付した。この「社員総会議事録」は，実際には，平成××年××月××日，A社では社員総会は開催されておらず，社員総会において社員Bおよび社員Cが本件土地に対する抵当権設定について承認を行っていなかったにもかかわらず，甲が議事録作成者欄に「代表社員甲」と署名し，甲の印を押捺するなどして作成したものであった。

Dは，これらの必要書類を用いて，前記抵当権設定契約に基づき，本件土地に対する第一順位の抵当権設定登記を行うとともに，甲に現金1億円を交付した。

なお，その際，Dは，会社法及びA社の定款で定める利益相反取引の承認手続が適正に行われ，抵当権設定契約が有効に成立していると信じており，そのように信じたことについて過失もなかった。　　　（平成26年度刑法論文問題改題）

【別　紙】

社員総会議事録

1　開催日時
　　平成××年××月××日
2　開催場所
　　A合同会社本社特別会議室
3　社員総数
　　3名
4　出席社員
　　代表社員　甲　　　社員　B　　　社員　C

社員Bは，互選によって議長となり，社員全員の出席を得て，社員総会の開会を宣言するとともに下記議案の議事に入った。

なお，本社員総会の議事録作成者については，出席社員の互選により，代表社員甲が選任された。

> 記
>
> 議案　当社所有不動産に対する抵当権設定について
>
> 　議長から，代表社員甲がDに対して負担する1億円の債務について，これを被担保債権とする第一順位の抵当権を当社所有の東京都南区川野山○－○－○所在の土地一筆に設定したい旨の説明があり，これを議場に諮ったところ，全員異議なくこれを承認した。
>
> 　なお，代表社員甲は，特別利害関係人のため，決議に参加しなかった。
>
> 　以上をもって議事を終了したので，議長は閉会を宣言した。
>
> 　以上の決議を証するため，この議事録を作成し，議事録作成者が署名押印する。
>
> 平成××年××月××日　　　　　　議事録作成者　代表社員甲　印

Questions

Q6　本問の「社員総会議事録」は，事実証明に関する文書か，権利義務に関する文書か。

Q7　同議事録の名義人は誰か。それはどのような事情から判断されるか。また，作成者は誰か。人格の同一性の偽りがあるといえるか。

Q8　有印か無印か。甲の印を押捺していることは，影響するか。

3　最決平成5年10月5日刑集47巻8号7頁

[事実の概要]

　被告人Xは，弁護士資格を有しないのに，第二東京弁護士会に所属する弁護士X'が自己と同姓同名であることを利用して，同弁護士であるかのように装っていた。

　そして，1　Xを弁護士と信じていた不動産業者Aから弁護士報酬を得ようとして，昭和63年2月下旬ころ，(1)「第二東京弁護士会所属，弁護士X」と記載し，X'弁護士の角印に似せて有り合わせの角印を押した，土地調査に関する鑑定料等として弁護士会報酬規定に基づき7万8000円を請求する旨の「弁護士報酬金請求について」と題する書面，(2)「X法律事務所大阪出張所，第二東京弁護士会所属，弁護士X」と記載し，前記角印を押した，右金額をX名義の普通預金口座に振り込むよう依頼する旨の振込依頼書，(3)「X法律事務所（大阪事務所），弁護士X」と記載し，「辯護士X職印」と刻した丸印および前記角印を押した，右金額を請求する旨

の請求書各1通を作成し，Aに対し，右3通の文書を郵便により一括交付した。

さらに，2　同年3月17日ころ，(4)「X法律税務事務所大阪出張所，辯護士X」と記載し，前記丸印および角印を押した，土地の調査結果を報告する内容の「経過報告書」と題する書面，(5)「X法律事務所（大阪事務所），弁護士X」と記載し，前記丸印および角印を押した，土地調査に関する鑑定料等として10万円を受領した旨の領収証各1通を作成し，Aの代理人に対し，右2通の文書を一括交付した。

[決定要旨]

「私文書偽造の本質は，文書の名義人と作成者との間の人格の同一性を偽る点にあると解されるところ（最高裁昭和58年（あ）第257号同59年2月17日第2小法廷判決・刑集38巻3号336頁参照），前示のとおり，Xは，自己の氏名が第二東京弁護士会所属の弁護士X'と同姓同名であることを利用して，同弁護士になりすまし，『弁護士X』の名義で本件各文書を作成したものであって，たとえ名義人として表示された者の氏名がXの氏名と同一であったとしても，本件各文書が弁護士としての業務に関連して弁護士資格を有する者が作成した形式，内容のものである以上，本件各文書に表示された名義人は，第二東京弁護士会に所属する弁護士X'であって，弁護士資格を有しないXとは別人格の者であることが明らかであるから，本件各文書の名義人と作成者との人格の同一性にそごを生じさせたものというべきである。したがって，Xは右の同一性を偽ったものであって，その各所為について私文書偽造罪，同行使罪が成立するとした原判断は，正当である。」

Questions

Q9　本件において作成された文書の名義人は誰と解するべきか。

Q10　同姓同名の別人の氏名がいることを奇貨とし，その別人の肩書きを用いて文書を作成する行為は，有形偽造か，無形偽造か。以上の判断の根拠となる事由は何か。

【参考判例2】
最決昭和45年9月4日刑集24巻10号1319頁
[事実の概要]

学校法人K義塾の経営するL高校の教諭であり同学校法人の理事でもあったX・Yは，昭和38年3月末の理事会で，反対派の理事から教諭職を解任され，理事の資格を失ったと主張された。これに対して，X・Yは，教諭資格を剥奪することはできないはずだと主張して争い，以来X・Y両名の理事の登記は残存したまま，X・Y両名に理事の資格があったか否かは同理事会の結果が不明確であったことなどから，あいまいな状態となり，5月17日にはA理事長が理事長を辞任した旨の登記を

したので，理事長は空席のままとなる事態になった。

そこで，X・Yは，昭和38年8月6日K義塾で理事会が開かれ，議案として理事任免に関する件および理事長選任に関する件が検討されることを悪用し，反対派の理事を解任しXが理事長に選任されたような理事会決議録を勝手に作成し，その旨の登記をしてしまい，この際学校法人K義塾の実権を一挙に自分達の手中に収めようと企てた。そこで，両名は共謀のうえ，8月6日の理事会における議案のうち，理事任免および理事長選任に関する件は結論が出ないまま継続審議され，解散となったのであるから，同日のK義塾の理事会においては，Xに単独で当日の理事会の内容を録取した文書に理事署名人として署名捺印してK義塾理事会の議事録の性質を持つ文書を作成する権限は与えられず，したがってXには右のような文書に単独の理事署名人として署名捺印して文書を作成する権限は存在しなかったにもかかわらず，右のような権限が与えられたかのように装って，本来はK義塾理事会を構成する理事各自の署名捺印をもって作成すべき理事会決議録を作成しようとした。そして，行使の目的をもって8月10日ころX宅において，まず「理事会決議録」と題し，同月6日L高校理科室で行われた理事会において，「Bらの5名の理事を解任するとともに，Cを理事に選任し，更にXを理事長に選任した」旨（虚偽内容）を記載し，さらに本文中に「当日の議事録署名人をXとすることを可決した」旨を記載したうえ，末尾に「理事録署名人，X」と記名し，その名下にXの印を押印し，もって，Xにおいて権限がなかった理事会議事録についての署名人の資格を冒用し，理事会議事録署名人作成名義の理事会決議録なる文書を偽造するなどした。

[決定要旨]

「他人の代表者または代理人として文書を作成する権限のない者が，他人を代表もしくは代理すべき資格，または，普通人をして他人を代表もしくは代理するものと誤信させるに足りるような資格を表示して作成した文書は，その文書によって表示された意識内容にもとづく効果が，代表もしくは代理された本人に帰属する形式のものであるから，その名義人は，代表もしくは代理された本人であると解するのが相当である（明治42年6月10日大審院判決，判決録15輯738頁参照）。ところで，原判決の是認した第1審判決は，その罪となる事実の第一として，昭和38年8月6日に開かれた学校法人K義塾理事会は，議案のうち，理事任免および理事長選任に関する件については結論が出ないまま解散したもので，被告人Xを理事長に選任したり，同被告人に，理事署名人として当日の理事会議事録を作成する権限を付与する旨の決議もなされなかつたのにかかわらず，被告人らは，行使の目的をもって，理事会決議録と題し，同日L高等学校理科室で行なわれた理事会において，被告人Xを理事長に選任し，かつ，同被告人を議事録署名人とすることを可決したなどと記載し，その末尾に，理事録署名人Xと記載し，その名下に被告人Xの印を押し，も

つて，同被告人において権限のなかつた理事会議事録について署名人の資格を冒用し，理事会議事録署名人作成名義の理事会決議録なる文書を偽造したと認定判示しているのである。そして，右理事会決議録なる文書は，その内容体裁などからみて，学校法人K義塾理事会の議事録として作成されたものと認められ，また，理事録署名人という記載は，普通人をして，同理事会を代表するものと誤信させるに足りる資格の表示と認められるのであるから，被告人らは，同理事会の代表者または代理人として同理事会の議事録を作成する権限がないのに，普通人をして，同理事会を代表するものと誤信させるに足りる理事録署名人という資格を冒用して，同理事会名義の文書を偽造したものというべきである。……（さらに，刑法159条1項の他人の印象もしくは署名を使用していたものとするためには，その文書本体に，学校法人K義塾理事会の印章もしくは署名が使用されなければならないが，本件文書に上記の印章や署名が使用されていたと認むべき証跡は存在しないので，本件事実は，無印私文書偽造罪（159条3項）に該当する）」。

3　名義人の承諾

〔設問3〕　次の判例を読み，Xの罪責について検討せよ。

4　東京地判平成10年8月19日判時1653号154頁

[事実の概要]

　被告人Xは，A，BおよびCと共謀のうえ，CのためにXの氏名を冒用してX名義の一般旅券を不正に入手しようと企て，平成7年11月7日，行使の目的で，ほしいままに，Aが外務大臣あての一般旅券発給申請書正本用の本籍欄に「東京都E区（略）」，現住所欄に「東京都E区（略）」と，Cが所持人署名欄および申請者署名欄にそれぞれ「X」と各冒書し，東京都生活文化局国際部旅券課I分室内において，Aが右申請書署名欄の名下に「X」と刻した印鑑を押捺したうえ，Cの顔写真を貼付し，もって，有印私文書であるX作成名義の一般旅券発給申請書1通を偽造するとともに，その他所要欄に適宜虚偽の記載をするなどし，同日，Cの指定した代理人を装ったBが，右I分室において，同課職員に対し，右偽造に係る一般旅券発給申請書1通を真正に作成されたもののように装い，Cの顔写真およびXの住民票など必要書類とともに提出して行使し，東京都知事を経由して外務大臣あてに一般旅券の発給を申請し，そのころ，外務省外務大臣官房領事移住部旅券課に右申請書を回付させて虚偽の申立てをし，よって，同月15日，右東京都生活文化局国際部旅券課I分室において，Cが，同課職員から，外務大臣の発行した右申請に係るX

名義の一般旅券の交付を受け，もって，不正の行為によって旅券の交付を受けたとして，有印私文書偽造，同行使等で起訴された。

弁護人は，本件一般旅券申請書はX名義であるから，Xには同申請書の偽造罪および行使罪は成立しない，などと主張した。

[判旨]

「なるほど本件一般旅券発給申請書はX名義であるが，一般旅券発給申請書は，その性質上名義人たる署名者本人の自署を必要とする文書であるから，例え名義人であるXが右申請書を自己名義で作成することを承諾していたとしても，他人である共犯者がX名義で文書を作成しこれを行使すれば，右申請書を偽造してこれを行使したものというべきである。」

Questions

Q11 名義人の承諾を得て，他人が文書を作成する行為は，有形偽造に該当するか。また，当該文書の性質は偽造罪の成否にとっていかなる影響を及ぼすか。その根拠および判断基準は何か。

【参考判例3】
最決昭和56年4月16日刑集35巻3号107頁

[事実の概要]

Aは，友人である被告人Xから「時々車に乗らねばならないが今無免許であるのでお前の名前を使わしてくれ」との依頼を受けた際，「免許証不携帯違反程度なら使ってよい」といって自己の本籍，住所，氏名，生年月日等を記載したメモをXに手渡していた。そしてXは，道路交通法の無免許運転の違反を犯した直後，警察官から運転免許証の提示を求められるや，免許証は忘れてきたと偽って氏名をAと名乗り，同警察官が免許証携帯違反として交通事件原票を作成する際，同原票中の道路交通法違反現認報告書記載のとおり違反したことに相違ない旨記載のある供述書欄末尾にAと冒書し，もってA作成名義の事実証明に関する文書である供述書1通を作成した。

[決定要旨]

「被告人がAの名義で作成した本件文書は，いわゆる交通切符又は交通反則切符中の供述書であり，『私が上記違反をしたことは相違ありません。事情は次のとおりであります。』という不動文字が印刷されていて，その末尾に署名すべきこととされているものである。このような供述書は，その性質上，違反者が他人の名義でこれを作成することは，たとい名義人の承諾があつても，法の許すところではないというべきである。そうすると，前示Aがその名義の使用を事前に承諾していたと

いう事実は、被告人の本件所為につき私文書偽造罪の成立を認めることの妨げにはならないと解すべきであり、これと同旨の原判断は相当である。」

[谷口正孝裁判官の補足意見]

「私は、本件供述書は、その性質上作成名義人たる署名者本人の自署を必要とする文書であると考える。法律上もそうなっている（刑訴法322条、刑訴規則61条2項参照）。従って、他人名義でこれを作成することは許されず、他人の同意、承諾を容れる余地のない文書というべきである。

されば、被告人がAの承諾を得ていたにしても、同人名義を用いて本件供述書を作成することは、法律上許されないところであって、作成名義を冒用したものとして、私文書偽造罪を構成するものと考える。」

【参考判例4】
最決昭和56年4月8日刑集35巻3号57頁・判時1001号130頁

[事実の概要]

被告人Xは、酒気帯運転等により運転免許停止処分を受けていたところ、これを聞いた会社の共同経営者Aは、「免許がなかったら困るだろう。俺が免許証を持っているから、俺の名前を言ったら」と勧めて、メモ用紙に自分の本籍、住居、氏名、生年月日を書いて交通安全協会発行のカードとともにXに交付した。その後、Xは無免許運転をしていて取締りを受けた際、「免許証は家に忘れてきました」と言ってAの氏名等を称し、取締警察官が作成する道路交通法違反（免許証不携帯）の交通事件原票中の、道路交通法違反現認報告書記載のとおり違反したことに相違ない旨の記載のある「供述書」欄の末尾にAと署名した。こうして、免許証不携帯による反則金2000円ということでその場を切り抜けたXは、同日反則金を納付し、その後Aに上記経過を報告したが、Aは抗議をしなかった。

第1審および原審は、Xについて有印私文書偽造罪および同行使罪の成立を認めた。これに対し、弁護人が上告した。

[判旨] 上告棄却

「交通事件原票中の供述書は、その文書の性質上、作成名義人以外の者がこれを作成することは法令上許されないものであって、右供述書を他人の名義で作成した場合は、あらかじめその他人の承諾を得ていたとしても、私文書偽造罪が成立すると解すべきであるから、これと同趣旨の原審の判断は相当である。」

5　最判昭和59年2月17日刑集38巻3号336頁

[事実の概要]

被告人Xは，昭和24年10月ころ，本邦に密入国し，その後昭和25年1月ころ，実兄Bに自己の写真を手交したところ，同年5月ころ同人から，同人に手交した前記Xの写真が貼付されたA名義の外国人登録証明書1通を受け取った。Xはこの外国人登録証明書をはじめて入手して以降，25年以上の長期間にわたり，公私の広範囲の生活場面においてAの氏名を一貫して自己の氏名として用い続けた。すなわち，Xは，妻子に対しても本名はAであるといい，表札も同名で掲げ，友人や近隣の人々にもAと名乗るなどしてきたため，本邦内においてAという氏名がXを指称するものであることは，外国人登録証明書の呈示を要するような公的生活ないしは行政機関に接触するような場面ではもちろん，一般社会生活においても定着していた。

Xは，その後，A名義の再入国許可を取得して本邦外の地域である北朝鮮に向け出国しようと企て，昭和53年3月23日ころ，行使の目的をもって，ほしいままに法務大臣宛の再入国許可申請書用紙の氏名欄に「A」，申請人署名欄に「A」とそれぞれペンで記載し，同欄のA名下に「A印」と刻した丸印を押捺し，もってA名義の再入国許可申請書1通を偽造したうえ，大阪入国管理事務所において，同事務所入国審査官Eに対し，右偽造にかかる再入国許可申請書をあたかも真正に成立したもののように装って提出行使した。

原々審，原審は，「Aという名称は，Xが永年これを自己の氏名として公然使用した結果，……一般社会生活関係，すなわち家族，隣人，日本人及び同朋の友人及び知人，職場及び所属団体関係者並びに行政機関関係者らの間ではXを指称する名称として定着し，他人との混同を生ずるおそれのない高度の特定識別機能を十分に果たすに至っていることが明らかであり，そうだとすれば，Xが右通名を使用して作成した本件再入国許可申請書は，それが，出入国の公正な管理を目的とする出入国管理法令の下で，在留外国人の出国に際しての再入国許可の審査手続に関し，法務大臣に提出されるものであるなど，その作成目的，用途及び使用される範囲等の諸事情を考慮しても，その名義人と作成者であるXとの間に客観的に人格の同一性が認められ，不真正文書でないことが明白であ」るとして，A名を用いて再入国許可申請書を作成，行使した行為は，私文書偽造，同行使罪にあたらないと判断した。

[判旨]

「再入国許可申請書の性質について考えるのに，出入国管理令（昭和56年法律第85号，第86号による改正前のもの）26条が定める再入国の許可とは，適法に本邦に在留する外国人がその在留期間内に再入国する意図をもって出国しようとするときに，

その者の申請に基づき法務大臣が与えるものであるが，右許可を申請しようとする者は，所定の様式による再入国許可申請書を法務省又は入国管理事務所に出頭して，法務大臣に提出しなければならず，その申請書には申請人が署名すべきものとされ，さらに，その申請書の提出にあたつては，旅券，外国人登録証明書などの書類を呈示しなければならないとされている……。つまり，再入国許可申請書は，右のような再入国の許可という公の手続内において用いられる文書であり，また，再入国の許可は，申請人が適法に本邦に在留することを前提としているため，その審査にあたっては，申請人の地位，資格を確認することが必要，不可欠のこととされているのである。したがって，再入国の許可を申請するにあたっては，ことがらの性質上，当然に，本名を用いて申請書を作成することが要求されているといわなければならない。

　ところで，原判決が認定した前掲事実によれば，Xは，密入国者であって外国人の新規登録申請をしていないのにかかわらず，A名義で発行された外国人登録証明書を取得し，その名義で登録事項確認申請を繰り返すことにより，自らが右登録証明書のAその人であるかのように装って本邦に在留を続けていたというべきであり，したがって，XがAという名称を永年自己の氏名として公然使用した結果，それが相当広範囲にXを指称する名称として定着し，原判決のいう他人との混同を生ずるおそれのない高度の特定識別機能を有するに至ったとしても，右のようにXが外国人登録の関係ではAになりすましていた事実を否定することはできない。以上の事実関係を背景に，Xは，原認定のとおり，再入国の許可を取得しようとして，本件再入国許可申請書をA名義で作成，行使したというのであるが，前述した再入国許可申請書の性質にも照らすと，本件文書に表示されたAの氏名から認識される人格は，適法に本邦に在留することを許されているAであって，密入国をし，なんらの在留資格をも有しないXとは別の人格であることが明らかであるから，そこに本件文書の名義人と作成者との人格の同一性に齟齬を生じているというべきである。したがって，Xは，本件再入国許可申請書の作成名義を偽り，他人の名義でこれを作成，行使したものであり，その所為は私文書偽造，同行使罪にあたると解するのが相当である。」

Questions

Q12 本名と通称名との間に，人格の同一性に齟齬が生ずるか否かの判断は，いかなる事情に依拠すると考えられるか。本事案において，最高裁と原審とで判断が相違したのは，どのような点にあったと考えられるか。

4　文書の意義——写の文書性

〔設問4〕　以下のような事実関係が認定されているとして，Xの罪責について述べよ。

　Xは，A河川区域における土石の採取許可を得ていないのに得ているように装って，その採取権の譲渡名下に他から金員を騙取しようと企てた。そこで，かねて所持していた，自己宛のすでに有効（採取）期間が経過していた別のB河川区域を採取場所とする京都府K土木工営所長の記名押印のある土石採取許可証原本の出願日，許可年月日，採取場所，採取期間等の各欄の記載を安全剃刀の刃で削除し，ボールペンで自己が新規にA河川区域につき土石採取の許可を受けた旨の記入をしたうえ，これを電子複写機で複写して，その電子コピー1通を作成した。この被写原本である土石採取許可証自体には，安全剃刀で削った際に生じたと認められる穴が開いているなどしているため，それが改ざんされたものであることは一見して明白であった。

6　最決昭和54年5月30日刑集33巻4号324頁

［事実の概要］　〔設問4〕参照
［決定要旨］

　「被告人が，行使の目的をもって，ほしいままに，原判示土石採取許可証原本の出願日，許可年月日，採取場所，採取期間等の各欄の記載に改ざんを施したうえ，これを電子複写機で複写する方法により，あたかも真正な右許可証原本を原形どおり正確に複写したかのような形式，外観を備える本件電子コピーを作成した所為は，刑法155条1項の有印公文書偽造罪にあたると解すべきであるから（最高裁昭和50年（あ）第1924号同51年4月30日第2小法廷判決・刑集30巻3号453頁参照），この点に関する原判決の法令の解釈適用に誤りはない。」

【参考判例5】
最判昭和51年4月30日刑集30巻3号453頁
［事実の概要］

　行政書士である被告人は，供託金の横領および詐欺の犯跡を隠ぺいするため，虚偽の供託金受領書の写しを作成し，行使しようと企てた。そこで，被告人は，供託金の供託を証明する文書として行使する目的をもって，5回にわたり，被告人方行政書士事務所等において，旭川地方法務局供託官A作成名義の真正な供託金受領証

から切り取った供託官の記名印及び公印押捺部分を，虚偽の供託事実を記入した供託書用紙の下方に接続させてこれを電子複写機で複写する方法により，右供託官の作成名義を冒用し，あたかも真正な供託金受領証の写であるかのような外観を呈する写真コピー 5 通を作成偽造したうえ，そのころ，4 回にわたり，北海道上川支庁建設指導課建築係ほか 3 か所において，同係員ほか 3 名に対し，右供託金受領証の写真コピー 5 通をそれぞれ真正に成立したもののように装って提出または交付行使した。

　原判決は，本件公訴事実に相応する事実は証拠上これを認めることができるが，被告人の作成した供託金受領証の写真コピーは，一見して複写機で複写した写であることが明らかであるから，原本そのものの作成名義人の意識内容を直接表示するものではありえず，また，供託金受領証は，その写を作成すること自体が禁止，制限されているわけではないうえ，写の作成権限を有する者を公務所または公務員に限定すべき根拠もないから，結局，本件写真コピーは，被告人がほしいままに作成した内容虚偽の私文書と解しえても，刑法所定の公文書には該当しないとの判断を示し，これと同旨の理由で被告人の本件行為は刑法155条 1 項，158条 1 項の罪を構成しないとした 1 審判決を正当として是認した。

　これに対して，検察官が上告した。

　[判旨]　破棄自判

　「所論は，原判決は，本件写真コピーの公文書性を否定した点において，名古屋高等裁判所昭和48年（う）第229号同年11月27日判決（高刑集26巻 5 号568頁）と相反する判断をしているというのである。」

　「おもうに，公文書偽造罪は，公文書に対する公共的信用を保護法益とし，公文書が証明手段としてもつ社会的機能を保護し，社会生活の安定を図ろうとするものであるから，公文書偽造罪の客体となる文書は，これを原本たる公文書そのものに限る根拠はなく，たとえ原本の写であつても，原本と同一の意識内容を保有し，証明文書としてこれと同様の社会的機能と信用性を有するものと認められる限り，これに含まれるものと解するのが相当である。すなわち，手書きの写のように，それ自体としては原本作成者の意識内容を直接に表示するものではなく，原本を正写した旨の写作成者の意識内容を保有するに過ぎず，原本と写との間に写作成者の意識が介在混入するおそれがあると認められるような写文書は，それ自体信用性に欠けるところがあつて，権限ある写作成者の認証があると認められない限り，原本である公文書と同様の証明文書としての社会的機能を有せず，公文書偽造罪の客体たる文書とはいいえないものであるが，写真機，複写機等を使用し，機械的方法により原本を複写した文書（以下『写真コピー』という。）は，写ではあるが，複写した者の意識が介在する余地のない，機械的に正確な複写版であつて，紙質等の点を除け

ば，その内容のみならず筆跡，形状にいたるまで，原本と全く同じく正確に再現されているという外観をもち，また，一般にそのようなものとして信頼されうるような性質のもの，換言すれば，これを見る者をして，同一内容の原本の存在を信用させるだけではなく，印章，署名を含む原本の内容についてまで，原本そのものに接した場合と同様に認識させる特質をもち，その作成者の意識内容でなく，原本作成者の意識内容が直接伝達保有されている文書とみうるようなものであるから，このような写真コピーは，そこに複写されている原本が右コピーどおりの内容，形状において存在していることにつき極めて強力な証明力をもちうるのであり，それゆえに，公文書の写真コピーが実生活上原本に代わるべき証明文書として一般に通用し，原本と同程度の社会的機能と信用性を有するものとされている場合が多いのである。右のような公文書の写真コピーの性質とその社会的機能に照らすときは，右コピーは，文書本来の性質上写真コピーが原本と同様の機能と信用性を有しえない場合を除き，公文書偽造罪の客体たりうるものであつて，この場合においては，原本と同一の意識内容を保有する原本作成名義人作成名義の公文書と解すべきであり，また，右作成名義人の印章，署名の有無についても，写真コピーの上に印章，署名が複写されている以上，これを写真コピーの保有する意識内容の場合と別異に解する理由はないから，原本作成名義人の印章，署名のある文書として公文書偽造罪の客体たりうるものと認めるのが相当である。そして，原本の複写自体は一般に禁止されているところではないから，真正な公文書原本そのものをなんら格別の作為を加えることなく写真コピーの方法によつて複写することは原本の作成名義を冒用したことにはならず，したがつて公文書偽造罪を構成するものでないことは当然であるとしても，原本の作成名義を不正に使用し，原本と異なる意識内容を作出して写真コピーを作成するがごときことは，もとより原本作成名義人の許容するところではなく，また，そもそも公文書の原本のない場合に，公務所または公務員作成名義を一定の意識内容とともに写真コピーの上に現出させ，あたかもその作成名義人が作成した公文書の原本の写真コピーであるかのような文書を作成することについては，右写真コピーに作成名義人と表示された者の許諾のあり得ないことは当然であつて，行使の目的をもつてするこのような写真コピーの作成は，その意味において，公務所または公務員の作成名義を冒用して，本来公務所または公務員の作るべき公文書を偽造したものにあたるというべきである。

　これを本件についてみると，本件写真コピーは，いずれも，認証文言の記載はなく，また，その作成者も明示されていないものであるが，公務員である供託官がその職務上作成すべき同供託官の職名及び記名押印のある供託金受領証を電子複写機で原形どおり正確に複写した形式，外観を有する写真コピーであるところ，そのうちの2通は，宅地建物取引業法25条に基づく宅地建物取引業者の営業保証金供託済

届の添付資料として提出し異議なく受理されたものであり，また，その余の3通は，いずれも詐欺の犯行発覚を防ぐためその被害者に交付したものであるが，被交付者において，いずれもこれを原本と信じ或いは同一内容の原本の存在を信用して，これをそのまま受領したことが明らかであるから，本件写真コピーは，原本と同様の社会的機能と信用性を有する文書と解するのが相当である。してみると，本件写真コピーは，前記供託官作成名義の同供託官の印章，署名のある有印公文書に該当し，これらを前示の方法で作成行使した被告人の本件行為は，刑法155条1項，158条1項に該当するものというべきである。したがつて，本件写真コピーは公文書偽造罪の客体たる公文書に該当しないとして被告人の刑責を否定した第一審判決を是認した原判決は，法令の解釈適用を誤り，所論引用の判例と相反する判断をしたもの」である。

【参考判例6】
最決昭和61年6月27日刑集40巻4号340頁
［事実の概要］

被告人は，行使の目的をもって，ほしいままに，K営林署長の記名押印がある売買契約書2通の各売買代金欄等の記載に改ざんを施すなどしたうえ，これらを複写機械で複写する方法により，あたかも真正な右各売買契約書を原形どおりに正確に複写したかのような形式，外観を有するコピー2通を作成した。

［決定要旨］

「これらコピーは，原本と同様の社会的機能と信用性を有すると認められるから，被告人の右各所為は，いずれも刑法155条1項の有印公文書偽造罪に当たると解するのが相当である（最高裁昭和50年（あ）第1924号同51年4月30日第2小法廷判決・刑集30巻3号453頁，同昭和53年（あ）第719号同54年5月30日第1小法廷決定・刑集33巻4号324頁，同昭和57年（あ）第459号同58年2月25日第3小法廷決定・刑集37巻1号1頁各参照）。第1審判決は，被告人の右各所為はいずれも同条2項の有印公文書変造罪に当たるとしているが，公文書の改ざんコピーを作成することは，たとえ，その改ざんが，公文書の原本自体になされたのであれば，未だ文書の変造の範ちゆうに属するとみられる程度にとどまつているとしても，原本とは別個の文書を作り出すのであるから，文書の変造ではなく，文書の偽造に当たるものと解すべきである。したがつて，この点に関する第1審判決及びこれを是認した原判決は，刑法155条の解釈を誤つたものというべきであるが，有印公文書の偽造とその変造とは，その罪質及び法定刑を同じくし，その行使もともに同法158条1項に当たりその法定刑も同じであるから，右の誤りは，判決に影響を及ぼさない。」

Questions

Q13 原本の「写」に文書性は認められるか。否定説および肯定説のそれぞれの論拠を，罪刑法定主義の現代的意義と刑法解釈のあり方を踏まえながら検討せよ。

〔設問5〕 以下のような事実関係が認定されているとして，Xの罪責について述べよ。

 Xは，平成19年6月22日ころ，勤務先の携帯電話機販売店において，同店備付けのファクシミリ複合機を用いて，S市の記名および公印がありXを被保険者とする国民健康保険被保険者証（「本件保険証」）の白黒コピー3枚（いずれもA4大の用紙）を作成し，その1枚の被保険者の生年月日，住所欄等に他の2枚から切り抜いた数字を糊で貼り付けて，一見すると本件保険証のコピーのように見える物（「本件改ざん物」）を作り出した。そして，Xは，携帯電話機2台の利用契約を申し込む際の本人確認資料として，同日および翌23日の2回にわたり，本件改ざん物を同保険証の大きさに切り取ることなく，A4大のまま前記ファクシミリ複合機にセットし，受信先で拡大表示するように設定して，その画像データをDショップO店に送信し，同店所在の端末機の画面に表示させて，同店従業員2名にそれぞれ閲覧させた。同店従業員らはXによる改ざんを見破ることができず，各携帯電話機につき利用契約が締結されるに至った。Xは，通話可能となった携帯電話機2台を同月23日退社する際に店外に持ち出して取得した。

Questions

Q14 Xが作成した本件改ざん物について，本件保険証の原本を偽造したと解することはできるか。また，偽造と言えるためには，当該文書の客観的形状のみならず，該当文書の種類・性質や社会における機能，そこから想定される文書行使の形態等をも併せて考慮しなければならないとの見解に立ち，「本件改ざん物は，ファクシミリ複合機に読み取らせて送信することを想定しており，相手方が端末機の画面の表示を閲覧した場合には本件保険証の原本の複写物であると誤認する程度のものであった」とした場合にはどうか。

Q15 Xが「本件保険証の『写し』を偽造し，これをファクシミリ複合機にセットし，その画像データを携帯電話会社宛に送信して送信先の端末機の画面に表示させて，相手方に閲覧させる形で行使した」という観点に立った場合，文書（有印公文書）偽造罪および同行使罪の成立を認めることはできるか。

Q16 Xは，本件の国民健康保険被保険者証に関し，被保険者であるXの生年月

日および住所の一部を改ざんしたにすぎず，その作成名義については何らの改ざんも行っておらず，変造罪が成立することはあっても，偽造罪が成立することはない，とする見解は妥当するか。

Q17 Xは，改ざんした物を健康保険証として使用したものではないうえ，その現物提示も求められていないことから，偽造文書行使罪は成立しない，とする見解はどうか。

7 東京高判平成20年7月18日判タ1306号311頁

[事実の概要] [設問5] 参照
[判旨]
「文書偽造罪における偽造といえるためには，当該文書が一般人をして真正に作成された文書であると誤認させるに足りる程度の形式・外観を備えていることが必要であるところ，本件における文書偽造及び偽造文書行使の訴因（主位的訴因）は，本件保険証の『原本』を偽造し，これを行使したというものであることは，起訴状における公訴事実の記載や，当審における検察官の弁論からも明らかである。しかしながら，前記認定に係る本件改ざん物の色合いや大きさ等の客観的形状からみて，これを本件のように電子機器を介するのでなく肉眼等で観察する限り，本件保険証の原本であると一般人が認識することは通常は考え難いから，これを作出したことをもって本件保険証の原本の偽造を遂げたとみることはできない。

この点，検察官は，当審における弁論において，当該文書の形式・外観が一般人をして真正に作成された文書であると誤認させるに足りる程度であるか否かを判断するに当たっては，当該文書の客観的形状のみならず，該当文書の種類・性質や社会における機能，そこから想定される文書行使の形態等をも併せて考慮しなければならないとし，本件において被告人が作成した文書は，ファクシミリ複合機に読み取らせて送信することを想定しており，相手方が端末機の画面の表示を閲覧した場合には本件保険証の原本の複写物であると誤認する程度のものであったことは，現に相手方が誤認していることからも明らかであり，かつ，そのような行使方法は，保険証という公文書の行使方法として通常想定されることから，被告人の行為は，文書偽造における偽造と認めることができると主張する。

しかしながら，文書偽造罪が偽造文書行使罪とは独立の犯罪類型として規定されている以上，偽造の成否は当該文書の客観的形状を基本に判断すべきである。確かに，文書偽造罪が行使の目的をその要件としていることからすれば，偽造の成否の判断に際して文書の行使形態を考慮すべき面はあるが，その考慮できる程度には限度があるといわざるを得ない。すなわち，本件改ざん物は，ファクシミリ複合機に

よりデータ送信された先の端末機の画面を通して見れば，一般人をして本件保険証の原本の存在を窺わせるような物であるが，そのような電子機器を介する場合以外の肉眼等による方法では，その色合いや大きさ等の客観的形状に照らせば，これを本件保険証の『原本』と見誤ることは通常は考え難いものである。このような物を作出した時点では，いまだ公文書である本件保険証の『原本』に対する公共の信用が害されたとは評価できないし，物の客観的形状を離れて行使形態を過度に重視することは，偽造概念を無限定にするおそれがあり，当裁判所としては与することができない（仮に被告人が本件改ざん物をファクシミリで送信する前の段階で検挙されたとした場合に，原本としての有印公文書偽造罪が成立すると判断できるかは疑問がある。）。

以上検討したとおり，本件事実関係の下においては本件保険証の原本について文書偽造，同行使の罪の成立を肯定することはできないから，これと同内容の訴因（主位的訴因）に沿って有印公文書偽造，同行使の罪を認定し，該当法令を適用した原判決には，事実誤認ひいては法令適用の誤りがあり，それが判決に影響を及ぼすことは明らかである。」

「他方，当審においては，被告人が本件保険証の『写し』を偽造し，これを行使したとする訴因が予備的に追加されている。前記認定のとおり，被告人が本件保険証のコピーを用いて作出した本件改ざん物は，一見すれば，本件保険証の真正なコピーのように見える物である……ので，以下進んで本件保険証の『写し』として文書性を肯定できないかについて検討する。

公文書の写真コピーの性質と社会的機能に照らすときは，そのコピーは，文書本来の性質上原本と同様の社会的機能と信用性を有し得ない場合を除き，公文書偽造罪の客体たり得るものと解されているところ（最高裁第2小法廷昭和51年4月30日判決，同第1小法廷昭和54年5月30日決定，同第2小法廷昭和61年6月27日決定等参照），国民健康保険被保険者証についてみれば，そのコピーは，身分確認の一手段として，原本と同様の社会的機能と信用性を有しているものと認められる。そして，本件改ざん物は，これを直接手に取るなどして見分するならば，紙片を貼り付けた状態のままの部分があることから，改ざんが認知される可能性があるとはいえようが，国民健康保険被保険者証のコピーの呈示・使用の形態にも様々な態様が考えられ，必ずしも相手方が手に取って確認するとは限らず，相手に渡すことなく示すにとどまる場合もあることを想起すれば，本件改ざん物についても，真上から一見する程度であれば，表面の切り貼り等が認知されない可能性は十分にあるといえる。

以上の検討を踏まえ，前記各最高裁判例の趣旨にも徴すれば，本件改ざん物は，本件保険証のコピーそのものではないけれども，一般人をして本件保険証の真正なコピーであると誤認させるに足りる程度の形式・外観を備えた文書と認めるのが相当であり，このような意味で，本件において被告人がコピーを用いて作成した本件

保険証の写しについては，その文書性を肯定でき，偽造罪の成立を認めることができる。
　そして，被告人は，本件改ざん物をファクシミリ複合機にセットし，その画像データを携帯電話会社宛に送信し，送信先の端末機の画面に表示させて，従業員らに閲覧させることにより，本件保険証の真正な写しとして使用しており，偽造公文書行使罪の成立も肯定できる。」
　弁護人は，「被告人は本件保険証の作成名義には改ざんを加えていないから，本件では変造罪が成立することはあっても，偽造罪が成立することはないとし，また，被告人は本件改ざん物を健康保険証として使用したものではなく，コピーをファックス送信したにすぎないから，行使罪も成立しないなどと主張する。
　このうち，偽造に関する所論については，本件において，被告人は公文書たる本件保険証の改ざんコピーを作成して，原本とは別個の文書を無権限で作り出し，公務所の作成名義を冒用したものであって，これが文書の変造ではなく，文書の偽造に該当することは明らかである。行使に関する所論については，偽造文書行使罪における行使とは，偽造文書を真正なものとして使用すれば足り，当該文書の本来の用法に従って使用することは必要でないと解され，その余の主張についても行使罪の成立を否定する事情には当たらない。」

【参考判例7】
大阪地判平成8年7月8日判タ960号293頁
[事実の概要]
　被告人Xは，金融会社の無人店舗に設置された自動契約受付機を悪用して，他人名義の運転免許証を偽造するなどした上，他人になりすまして融資金入出用カードを騙し取ろうと企て，平成7年8月11日ころ，行使の目的をもって，ほしいままに，大阪府公安委員会の記名，公印のあるXの運転免許証の上に，Bの運転免許証写しから氏名，生年月日，本籍・国籍，住所，交付の各欄および免許証番号欄の一部（上4桁，下3桁）を切り取ってこれを該当箇所に重なるようにして置き，さらに，その氏名欄の氏の部分に「A」の文字のある紙片を置き，上からメンディングテープを全体に貼り付けて固定し，もって，XがAであるような外観を呈する大阪府公安委員会作成名義の運転免許証1通を偽造し，次いで，同月12日午後5時15分ころ，消費者金融会社の無人契約受付機コーナーにおいて，いずれも，行使の目的をもって，ほしいままに，同所備付けの借入申込書用紙の氏名欄に「A」，などとボールペンを用いて記載し，もって，A作成名義の借入申込書および極度借入基本契約書各1通を偽造し，引き続き，同コーナーに設置された自動契約受付機のイメージスキャナー（画像情報入力装置）に右偽造にかかる運転免許証，借入申込書および極

度借入基本契約書を順次読み取らせ、同イメージスキャナーと回線で接続された同支店設置のディスプレイ（画像出力装置）にこれを表示させるなどし、対応した係員Cに対し、右偽造にかかる各文書が真正に作成されたものであるかのように装って一括呈示して行使し、同人をして、真実Aが借入れの申込みを行い、所定のとおり融資金の返済をなすものと欺き、よって、そのころ、同コーナーにおいて、右Cから、右自動契約受付機を通じて、A名義のカード1枚の交付を受けるなどした。

偽造された運転免許証は、大きさや記載内容（顔写真やカラー表示部分も含め）等は、通常の運転免許証と変わりなく、一応それらしき形式は備わっていたが、しかし、表面は、メンディングテープで覆われているものの、切り貼りした工作の跡が容易にうかがわれ、また、裏面の記載が全くなかったりしており、外観上かなり問題があるものであった。ただし、被告人は、これらの運転免許証を、それぞれ判示の各自動契約受付機の所定の位置に置き、同機備付けの読み取り用カメラないしイメージスキャナーでその記載内容を読み取らせ、これらと回線で接続された判示各支店設置のディスプレイに表示させたところ、担当の係員は、表示された運転免許証の画像を見て、その写真部分と自動契約受付機備付けのモニターカメラを通じて送られてくるXの生の顔が同一か否か、運転免許証の桜のマークが付いているかなどを、注意して確認したものの、格別不審な点は見つけられず、右運転免許証が真正なものと認識した。

弁護人は、文書偽造の罪における「偽造」といえるためには、偽造された文書が一般人をして正規の作成権限者がその権限内で作成した真正の文書であると誤認させるに足りる程度の形式・外観を備えていることを要するところ、Xが作成した運転免許証は、いずれも、誰が見ても偽物であるとわかるものであり、到底右の程度の形式・外観を備えているとはいえず、したがって、右運転免許証の作成とその呈示・使用は、公文書の偽造・同行使には該当しない、現物そのものは誰が見ても偽物であるとわかっても、電子機器を通しての行使により、他人をして真正の文書が存在することを信用させるに足りる程度であれば偽造罪が成立するとはいえないと主張した。

[判旨]

「文書偽造罪における『偽造』といえるためには、当該文書が一般人をして真正に作成された文書であると誤認させるに足りる程度の形式・外観を備えていることが必要であることは、弁護人が主張するとおりである。しかし、ここで、当該文書の形式・外観が、一般人をして真正に作成された文書であると誤認させるに足りる程度であるか否かを判断するに当たっては、当該文書の客観的形状のみならず、当該文書の種類・性質や社会における機能、そこから想定される文書の行使の形態等をも併せて考慮しなければならない。これを、本件で問題とされる運転免許証につ

いてみると，運転免許証は，自動車等の運転免許を受けているという事実を証明するためのみではなく，広く，人の住所，氏名等を証明するための身分証明書としての役割も果たしており，その行使の形態も様々であり，呈示の相手方は警察官等の公務員のほか，広く一般人であることもあり，また，必ずしも相手方が運転免許証のみを直に手に取って記載内容を読み取るとは限らず，免許証等入れのビニールケースに入ったまま，しかも，相手に手渡すことなく示す場合もあるし，その場面も，夜間，照明の暗い場所であったりするし，時間的にも，瞬時ないしごく短時間であることさえある。さらに，近時は，相手方の面前で呈示・使用されるだけではなく，身分証明のために，コピー機やファクシミリにより，あるいは，本件のように，イメージスキャナー等の電子機器を通して，間接的に相手方に呈示・使用される状況も生じてきている（このような呈示・使用が偽造文書行使罪における『行使』に該当することはもちろんである。）。したがって，運転免許証の偽造の程度を云々するに当たっては，このような行使の形態をも念頭に置いた上で，前記の判断をするのが相当であると考えられる。なお，弁護人は，電子機器を通しての行使を考えて偽造の程度を緩やかに解することは，罪刑法定主義からいって問題である旨主張するが，電子機器を通しての呈示・使用を運転免許証の行使の一形態として考慮して前述のように判断することは，何ら罪刑法定主義に反するものでないことはいうまでもない。

そこで，本件各運転免許証についてみると，その外観は前示のとおりであり，これを直接手に取って見れば，弁護人が指摘するように，誰にでも改ざんされたものであることは容易に見破られるものであるとみる余地がないではないが，電子機器を通しての呈示・使用も含め，運転免許証について通常想定される前述のような様々な行使の形態を考えてみると，一応形式は整っている上，表面がメンディングテープで一様に覆われており，真上から見る限りでは，表面の切り貼り等も必ずしもすぐ気付くとはいえないのであって，そうとすると，このようなものであっても，一般人をして真正に作成された文書であると誤認させるに足りる程度であると認められるというべきである（現に，本件では，イメージスキャナー等を通してではあるが，相手方係員らが真正な運転免許証であると誤認したことは前示のとおりである。）。

したがって，本件各運転免許証の作成とその呈示・使用が公文書の偽造・同行使には該当しないとの弁護人の主張は，採用することができない。」

Questions

Q18 文書をイメージスキャナーを通してディスプレイに表示させる行為は行使といえるか。その場合に，偽造概念として，偽造文書としてはどの程度のものを作成すればよいとするのが裁判所の考え方なのか。

【参考判例8】
広島高岡山支判平成8年5月22日高刑集49巻2号246頁
［事実の概要］
　被告人Xは、金融会社B社の営業所長Aから、融資に関する証拠書類の提示を求められるや、支払金口座振替通知書を偽造、行使しようと企て、平成4年11月9日ころ、自宅において、行使の目的をもって、ほしいままに、O市教育委員会財務課から実父D宛に郵送されていた郵便葉書による支払金振込通知書の一部を修正液で消去した上に、ワードプロセッサーを使用してその宛名欄等に記入し、かつ、これを使用して新たに文字を印字した紙片を担当課欄、すなわち作成名義欄に「中央福祉母子福祉課」と記載した紙を貼り付けたほか、同様の方法により、支払金額欄等に貼り付ける方法で同文書を改ざんし、これを送信原稿として、自宅のファクシミリを利用してB社営業所のファクシミリ宛に送信して同ファクシミリで印字させ、もって、中央福祉母子福祉課作成名義の支払金振込通知書写しを作成し、そのころ、同営業所において、前記Aにこれを閲覧了知させた。
　原判決は、ファクシミリによる通信は、送信文書の電気信号を受信先のファクシミリで読みとって印字するものであるから、その写しは、原本と同一の意識内容を保有していることになるが、数字等の見分けが容易につかず、原本では一目瞭然であるはずの改変の痕跡が判明し難いなどの画像の不鮮明さは、現在普及しているファクシミリによって受信される文書に一般的にみられ、現段階のファクシミリ文書にとっては避け難い特性であるとし、一般にファクシミリは通信の一手段として認識されており、そのため、権利義務や資格等に関する事実を証明する文書については原本の代用として認められていないのが通常であるから、ファクシミリで作成した写しは、原本と同一の社会的機能と信用性を有するものと認めることはできず、ファクシミリにより作成された写しは文書偽造罪で保護しようとする文書にあたらないので、ファクシミリで本件通知書写しを作成した行為は公文書偽造行為には該当しないと判断した。

［判旨］
　「真正な公文書としての形式を備えた被写原本を複写機械で複写する方法により、あたかも真正な記名押印のある公文書を原形どおり正確に複写したような形式、外観を備えるコピーを作成した行為は、被写原本が架空の公文書である場合或いは偽造文書として実在しない場合でも、有印公文書偽造罪にあたるというのが最高裁判所の判例とするところである（最高裁判所昭和51年4月30日第2小法廷判決・刑集30巻3号45頁、同昭和54年5月30日第1小法廷決定・刑集33巻4号324頁、同昭和61年6月27日第2小法廷決定・刑集40巻4号340頁参照）。」
　「（1）公文書偽造罪は、公文書に対する公共的信用を保護法益とし、公文書が証

明手段として持つ社会的機能を保護し，社会生活の安全を図ろうとするものであるから，公文書偽造罪の客体となる文書は，これを原本たる公文書そのものに限らず，原本の写しであっても，右の文書に該当する場合があるところ，原本の写しが右文書に該当するというには，(1)機械的方法により，あたかも真正な原本を原形どおり正確に複写したかのような形式，外観を有するものであること，(2)文書の性質上，原本と同様の社会的機能と信用性を有するものであることが要件であると解される。
（2）……ファクシミリは，文書の送受信用の機器であると共に，複写用の機器でもあり，右の基本原理によって一般的に作成された受信文書は，送信文書の写しではあるが，その写し作成者の意識が介在混入する余地がなく，原本である送信文書が電気的かつ機械的に複写されるものであるといえるから，ファクシミリについても，真正な原本を原形どおり正確に複写したかのような形式，外観を有する写しを作成する機能を有するものである。

もとより，ファクシミリの印字機能，記録紙の種類等によって，印字の精細度ないし鮮明度，濃淡等に差異があり，送信文書ないし被写原本の印字と全く同一の印字が再現されるとは限らないことはいうまでもないが，それでも，文書全体の規格，文字の配置，文字の字体及び大きさ等は正確に複写され，これを見る者をして，同一の体裁と内容の原本の存在を信用させ，原本そのものを現認するのに近いような認識を抱かせる程度の写しが作成されることは否定できない。

……また，原判決が原本では一目瞭然であるはずの改変の痕跡が判明し難いと指摘する点は，本件の被写原本のうち，ワードプロセッサーで印字された紙を貼り付けた部分の継ぎ目を修正液で修正した部分が本件通知書の写しでは判明し難いということのようであるが，そのことは真正な文書の形式，外観を備える写しを偽造するためには有用なことであり，右の写し自体を偽造文書と判断することの妨げとはならない。

したがって，複写機械による写しとファクシミリによる写しとの間には，あたかも原本を原形どおり正確に複写する点で格別の差異があるとはいえない。
（3）次に，ファクシミリによる文書の写しの社会的機能と信用性についてみると，真正原本を原形のまま正確に複写したかのような形式，外観を有するファクシミリによる文書の写しは，一般には，同一内容の原本が存在することを信用させ，原本作成者の意識内容が表示されているものと受け取られて，証明用文書としての社会的機能と信用性があることは否定できず，その信用性の程度については，文書の作成名義，文書の様式及び規格等の体裁，記載内容，文書を行使する人物等の要素によって異なるものである。もとより，文書の本来の性質上，その存在自体が法律上又は社会生活上重要な意味をもっている文書，或いは人の重要な権利の行使に関して必要な文書などにおいては，ファクシミリによる文書の写しを原本の代用とし

てまでは認められないとしても，その他の分野においては，隔地者間における即時性のある証明用文書として有用なものとして利用されていることは明らかである。この点においても，複写機械による写しとの間に格別の差異があるとはいえない。

本件のＸが作成した通知書写しについても，Ｏ市の母子福祉担当課からＸに対する支払金が振り込まれることを証明する原本文書の存在を信用させ，金融業者から借入れをするについて，保証書的役割を果たしたのである。

（4）以上のとおりであるので，本件通知書写しは，公文書偽造罪の客体としての文書としての要件を満たした公文書に当たるものというべきである。」

5　文書・公正証書の原本の意義

8　最決平成16年7月13日刑集58巻5号476頁

［事実の概要］

被告人Ｘは，ＡおよびＢと共謀のうえ，平成13年2月8日，Ｏ県農林水産部水産振興課において，同水産振興課職員に対し，上記Ａが汽船「Ｓ」の所有者となった旨の内容虚偽の船籍票書換申請書等を提出し，よって，同月9日，前記水産振興課において，情を知らない職員上Ｃをして，前記水産振興課備え付けの船籍簿原本にその旨の記載をさせ，これを即時前記水産振興課に真正な船籍簿原本として備え付けさせて行使したとして，公正証書等原本不実記載罪で起訴された。

原審は，「刑法157条1項所定の権利若しくは義務に関する公正証書は，公務員が職務上作成する文書であって，権利義務に関するある事実を証明する効力を有する文書をいうものであり（最高裁判所昭和36年6月20日第3小法廷判決・刑集15巻6号984頁），権利義務の得喪変更を証明することを直接の目的とする文書ばかりではなく，ある事実を公的に証明するに過ぎない文書もこれに当たるものである（最高裁判所昭和36年3月30日第1小法廷判決・刑集15巻3号605頁，上記最高裁判所昭和36年6月20日第3小法廷判決，最高裁判所昭和48年3月15日第1小法廷決定・刑集27巻2号11頁等参照）」としたうえで，「船籍簿は，船舶の所有権等の得喪変更を公示する私法上の機能を有するものとは認められないが，少なくとも前記公法上の権利義務の帰属主体として船舶の所有者を明らかにする機能を有していることが認められ，本件船籍簿は刑法157条1項の権利若しくは義務に関する公正証書の原本に該当すると認められる」などとして，Ｘを有罪とした第1審判決を是認した。

［決定要旨］

「小型船舶の船籍及び総トン数の測度に関する政令（平成13年政令第383号による改正前のもの）8条の2の『船籍簿』は，刑法157条1項にいう『権利若しくは義務

に関する公正証書の原本』に当たる。また，同令8条の2により，書換申請に基づき変更された船籍票の記載内容がそのまま船籍簿に移記されることが予定されていることからすると，同令4条1項に基づき新所有者と偽って内容虚偽の船籍票の書換申請を行うことは，同法157条1項にいう『虚偽の申立て』に当たる。以上のように解するのが相当であるから，Xに対し公正証書原本不実記載罪の成立を認めた原判断は，結論において正当である。」

Questions

Q19 刑法157条にいう「権利若しくは義務に関する公正証書」の意義は何か。本件の船籍簿では，いかなる点において，同条の公正証書であるか否かが争われたのか。

Q20 本件事案後，「小型船舶の登録等に関する法律（平成13年法律第102号）」が公布・施行されたが，同法は，「小型船舶は，小型船舶登録原簿に登録を受けたものでなければ，これを航行の用に供してはならない」（同法3条）とし，「登録を受けた小型船舶の所有権の得喪は，登録を受けなければ，第三者に対抗することができない」（同法4条）としている。ここでいう，小型船舶登録原簿は，権利若しくは義務に関する公正証書であるといえるか。上記「船籍簿」とはいかなる点で相違があるか。

Q21 刑法157条1項にいう「虚偽の申立て」の意義は何か。

【参考判例9】 事実証明に関する文書
東京高判平成2年2月20日高刑集43巻1号11頁・判時1342号157頁
［事実の概要］

成田空港建設に反対する組織に所属する被告人Xは，数名の者と共謀のうえ，空港第2期工事関係の業者等が使用する自動車に関して，偽名を用いて自動車登録事項等証明書の交付を受けようと，前後2回にわたり，自動車登録事項等証明書の交付請求用紙合計17通に自動車登録番号を記載し，偽名による署名・押印をしたうえ，これを陸運支局係員に提出して行使した。

原審は「自動車登録事項等証明書の交付請求に当たり，自動車登録規則24条等により，一定の様式による申請書が求められているのは，証明書交付事務の円滑・適正な遂行を図る趣旨ばかりではなく，請求者の氏名又は名称，住所，交付を受ける理由等を記載させることにより不当な利用目的の交付請求を抑制する趣旨をも含むものと解されるところである。したがって，登録事項等証明書交付請求書は，このような社会的な利害関係を有する事実を証明する文書として，刑法159条1項にいう『事実証明ニ関スル文書』に該当する」と判示して，有印私文書偽造罪・同行使罪の成立を認めた。これに対し，Xが控訴を申し立てた。

[判旨] 控訴棄却

「関連法令の趣旨に鑑みれば，自動車登録事項等証明書に記載される事項が，実社会生活に交渉を有する事項であることに疑いの余地はなく，このような事項に関する情報を入手する目的で作成提出される自動車登録事項等証明書交付申請書は何某という請求者がこれらの情報の入手を請求する意思を表示したことを証明するものとして，実社会生活に交渉を有する事項を証明するに足りる文書であって，刑法159条にいう『事実証明ニ関スル文書』に当たるものと解されるから，本件請求書は刑法159条1項にいう『事実証明ニ関スル文書』に該当するとした原判決の判断は，結論において正当である」（確定）。

6 行使の意義

9 最決平成15年12月18日刑集57巻11号1167頁

[事実の概要]

被告人Xは，Aと共謀のうえ，AがB社の代表取締役として不実の登記がなされたことを利用し，C社を債権者とし，B社を債務者とする金銭消費貸借契約証書を偽造しようと考えた。そして，Aは，平成9年8月上旬ころ，千葉県M市所在のD司法書士事務所において，行使の目的で，C社を貸主とし，B社を借主として5億円借り受けた旨の金銭消費貸借契約証書の借主欄に，「B社代表取締役A」などと刻した記名印および「代表取締役印」と刻した印鑑を押捺し，B社を債務者とする金銭消費貸借契約証書1通を偽造したうえ，そのころ，同所において，司法書士Dに対し，金銭消費貸借契約証書に基づく公正証書の作成の代理嘱託を依頼する際，これをあたかも真正に成立したもののように装って交付した。

[決定要旨]

「Xらが司法書士に対し上記依頼をするに際して偽造文書である上記金銭消費貸借契約証書を真正な文書として交付した行為は，同証書の内容，交付の目的とその相手方等にかんがみ，文書に対する公共の信用を害するおそれがあると認められるから，偽造文書の行使に当たると解するのが相当である。

したがって，Xに対し偽造有印私文書行使罪の成立を認めた第1審判決を是認した原判決の判断は正当である。」

Questions

Q22 偽造文書・虚偽文書の行使の意義は何か。また，本判例で行使に当たるか否かが問題にされたのは，いかなる事情が存したからなのか。

第28講　公務執行妨害罪

1　公務の意義

1　広島高判平成14年11月5日判時1819号158頁

18講**参考判例**5参照（→329頁）

Questions

Q1　公務の定義は何か。業務妨害罪の業務とはいかなる点で区別されるか。

2　職務の適法性・要保護性

〔設問〕　以下の事案について，Xの罪責について答えなさい。

　Xは，平成13年2月8日午後7時ころ，羽田空港西旅客ターミナルビルの2階に設けられた出発口Gゲート（ゲート式金属探知機やX線手荷物透視検査機等の設置された手荷物検査所の1つ）を通過しようとした際に，機内持込禁止物品である催涙スプレーを所持していたため，同ゲートわきにある警戒詰所において，制服を着用してハイジャック防止等のための警戒警備に従事していた警視庁東京空港警察署所属の警察官B（当時46歳）から職務質問を受けた。
　Bは，Xに対し，本件スプレーの所持目的を尋ね，護身用として持っているという趣旨のXの返答を受けて，Xに名前や生年月日を尋ねたり，運転免許証やクレジットカード等の身分を確認しうるものや，搭乗券の提示を求めたりした。これに対し，Xは，渋々本名を告げはしたものの，身分を確認しうるものや搭乗券の提示には応じようとしないまま，本件スプレーの所有権を放棄して，航空機には乗らないで帰るという趣旨のことを述べて引き返そうとした。そのため，Bは，その場を立ち去ろうとするXを制止し，詰所で話をしようと促した。Bは，その後Xが，その場から30メートル前後離れたところにあるトイレに向かって歩いて行ったことから，Xの後を追いかけるとともに，無線により他の警察官に応援を要請した上，上記トイレ（男子用）に入ったところでXを引き止め，Xを促してトイレの外に出た。そのころ，当時出発口のEゲートやFゲート辺りで制服を着用してBと同様の勤務に就いていたDとEが応援に駆

け付けてきたので，Ｂは，Ｄらとも一緒になって，Ｘを詰所に同行した。

　Ｂは，詰所に入るや，Ｘに促して，机に正対する形で椅子に座らせた。そして，Ｘが，脱いだコートを机の上の右端辺りに置き，持っていたショルダーバッグも机の上に置いた後，Ｂは，Ｘの左わき近くの机のそばに立った状態のまま，Ｘに対し，所持品を見せてほしいという趣旨のことなどを言った。当時，Ｘは，ワイシャツの上にジャケットを着て，ズボンをはいていた。Ｂは，まもなくＸがのどが渇いたということで水を要求したため，出入口辺りに行き，その付近にいたＦに，水を持ってくるように依頼して，再びＸのそばに戻った。その後，上記西旅客ターミナルビルの１階にある警戒指揮所で勤務に就いていたＣが，Ｂからの無線による応援要請を受けて，同日午後６時50分ころには，詰所の中にやって来た。

　その後まもなく，Ｆは，部下に指示して持ってこさせた水の入った紙コップを受け取り，これを詰所の出入口辺りに持参して，その付近にやって来たＢに手渡した。同人は，その紙コップを受け取ると，すぐにこれを椅子に座っているＸの目の前の机の上に置いたが，Ｘは，その紙コップの水をほとんど飲もうとはしなかった。Ｂは，Ｘの所持していた財布とポケットホルダーに入っていた，水溶紙に文字や数字などの書かれたメモ紙片の何枚かを机の上に置いたうえ，その記載等につきさらに質問を行おうとしたのに対し，Ｘが，とっさにその一部を右手でつかみ，これを机の上に置かれていた水の入った紙コップの中に突っ込むという行動に出た。そのため，Ｂが，その右手の甲辺りを同人の右手でつかんで紙コップの上からどかして制止しようとしたところ，Ｘにおいて，やにわにＢに対し，その腹部を左手（その手のひら）で１回殴打し，引き続いて左手で同人の制服の左襟部分辺りをつかんで押すという暴行を加えた。

Questions

Q2 公務執行妨害罪において，同罪の成立を認めるには，前提として妨害された職務に要保護性（適法性）が必要であると解するのが判例・通説である。それはなぜか。また職務の要保護性は，構成要件論において，いかなる位置づけがなされるべき要素なのか。

Q3 職務の適法性・要保護性が認められる要件として，何が必要であると一般に解されているか。

Q4 本件で，警察官Ｂのとった行為は適法といえるか。その具体的な判断根拠は，本件におけるいかなる事情に求められるか。

Q5 本件で，Ｘが警察官Ｂの有形力行使は違法な職務であると考えて，本件暴行に及んだとすれば，Ｘには公務執行妨害罪の故意が認められるだろうか。従来の

学説を整理しつつ，検討せよ。

2　東京地判平成14年3月12日判時1794号151頁

[事実の概要]　〔設問〕参照
[判旨]
「Bが，G3ゲートの開披台辺りでXに対する職務質問を開始してから詰所にXを同行するまでの経緯や状況等……を前提とすると，その間のBの質問に対する受け答えをはじめとするXの言動等から見て，Bが，Xに対して，本件スプレーにつき正確な所有権放棄書を作成して後日紛議が生じないようにしておく必要性を感じたことに加え，Xが警察官に身分を確認されたり氏名を照会されると不都合な事情を隠しているとか，薬物等の禁制品を隠し持っているなどといった疑いを抱き，このような挙動に不審な点のあるXに対して，引き続きその身分確認を求めることを含めた職務質問を行ったことについては，既にXが本名を名乗り，本件スプレーの所有権を放棄する意思をも表明していたことを考慮しても，警察官職務執行法2条1項に基づいて警察官が行う職務の執行として正当なものであったというべきである。そして，そのためにBが，その場所を通り過ぎる旅客のじゃまになるということで，最寄りの詰所において話をするためにXに詰所への同行を求めたことも，妥当な措置として是認することができる。さらに，これに対してXが，身分確認に応じないでその場から立ち去ろうとしたりトイレに向かったりし，Bに停止を求められてもこれを無視する行動に出たというのであるから，同人において，その場を立ち去ろうとする挙動不審者であるXに，言葉で停止を求めるとともに，Xの着ていたコートを一時的に手でつかんだり，トイレに向かおうとするXの肩に手を掛け，あるいはその前に立ちふさがったりしたほか，トイレの出入口辺りで座り込んだXに対し，言葉で他の客のじゃまになる旨を伝えて立ち上がるように促すとともに，そのわきに手を添えて立ち上がらせるといった行為に及ぶなど，Xに対して有形力の行使に及んだ点についても，その当時の状況やそれがごく短時間行われたにすぎなかったと見られることなどに照らし，いずれも強制手段に当たらない程度の有形力の行使にすぎず，Bにおいて，職務質問を行うために，その場から立ち去ろうとするXに対し翻意を促して詰所への同行を求めるべく一時的に行った説得行為として，緊急性があり，必要かつ相当な限度内の行為であったといえる。そして，Bが，Dらとともに，Xを詰所に同行した点についても，Xにおいて，BやDらに抗議したり，詰所に同行されることにあくまでも抵抗したという状況もなかったのであるから，渋々ながらも任意に詰所への同行に応じたものと認めることができる。す

なわち，こうしたBの一連の行為は，挙動不審者に対して行う職務質問及びこれに付随した行為として許容される範囲を逸脱したものではないのであって，警察官の職務の執行として違法の廉はない。」

「詰所の中における状況等……を前提とすると，……Xが所持していたメモ紙片をどのように処分するかは，Xの権能に属することではあるが，上記のとおり，Bが，Xに対する適法な所持品検査を含む職務質問を実施中，その一環として，Xの所持していたメモ紙片の記載等について質問を行おうとしたのに対し，Xにおいて，上記の処分行為に出てこれを妨げようとしたというのであるから，Bが，引き続きその質問を行うため，少なくとも本件で同人が行った程度の態様でXの上記処分行為を制止しようとすること自体は，強制手段に当たらない程度の有形力の行使であって，上記の職務質問に付随し，いわばその実効性を確保するために必要かつ相当で，緊急性も認められる行為というべきであるから，これもBの適法な職務の執行に当たることは明らかであり，この点は，Xが上記メモ紙片を処分する行為そのものが罪に問われるようなものではなかったとしても，何らその結論が左右されるものではない。」

「以上に検討したところを総合すると，XがBに対し判示の暴行を加えたこと，そして，それがBの警察官職務執行法2条1項に基づく適法な職務の執行を妨害する行為に当たることは，優に肯認することができる。」

Questions

Q6 職務の適法性・要保護性の判断基準・判断時期について，どのように解するのが妥当であるか。従来主張されてきた主観説，折衷説，客観説のそれぞれの意義と具体的帰結を整理しつつ，考察しなさい。

【参考判例1】
最決昭和41年4月14日判時449号64頁・判タ191号146頁
[事実の概要]

A巡査，B巡査は，警ら中，Cが日本刀の仕込杖を所持していたため，同人を銃砲刀剣類等所持取締法違反罪の現行犯人として逮捕しようとした。そのとき，同人の傍らに寄りかかってきたDが同人から何物かを手渡しされている気配を察知し，B巡査において両名の間に割り込んだところ，Dの腹のあたりから拳銃が落ちてきたので，同人をも同違反罪の現行犯人として逮捕しようとした。そして，B巡査は，逮捕を免れようとしたXおよびDらから暴行を受けた。Xは公務執行妨害罪で有罪とされた。なお，Dは，銃砲刀剣類等所持取締法違反罪を犯したものとして起訴されたが，原審において無罪の判決を言い渡され，この判決は確定した。

原判決は、「公務執行妨害罪が成立するには公務員の職務行為が適法であることを要するのは所論のとおりであるが、職務行為の適否は事後的に純客観的な立場から判断されるべきでなく、行為当時の状況にもとづいて客観的、合理的に判断さるべきであって、前段認定のごとき状況の下においては、たとえYの前示所持が同法違反罪の構成要件に該当せずとして事後的に裁判所により無罪の判断をうけたとしても、その当時の状況としてはYの右挙動は客観的にみて同法違反罪の現行犯人と認められる十分な理由があるものと認められるから、右両巡査がDを逮捕しようとした職務行為は適法であると解するのが相当であり、これを急迫不正の侵害であるとする所論はとるをえない」として、控訴を棄却した。

これに対して、弁護人は、本件における両巡査のDに対する現行犯人としての逮捕行為は明らかに違法な行為であり、これに対するXの行為は正当防衛であって、公務執行妨害罪の成立を認めたのは不当であるとして上告した。

［決定要旨］　上告棄却

「弁護人Nの上告趣意は、事実誤認、単なる法令違反の主張であって、上告適法の理由に当らない（なお、所論の点に関する原判決の判断は、相当である。）。」

【参考判例２】
最決昭和53年9月22日刑集32巻6号1774頁
［事実の概要］

　A巡査、B巡査は、交通違反の取り締まりに従事中、被告人Xの運転する車両が赤色信号を無視して交差点に進入したのを現認し、A巡査が合図してX車両を停車させ、Xに右違反事実を告げたところ、Xは一応右違反事実を自認し、自動車運転免許証を提示したので、同巡査は、さらに事情聴取のためパトロールカーまで任意同行を求めた。しかし、Xが応じないので、パトロールカーをX車両の前方まで移動させ、さらに任意同行に応ずるよう説得した結果、Xは下車した。その際、約1メートル離れて相対するXが酒臭をさせており、Xに酒気帯び運転の疑いが生じたため、同巡査がXに対し「酒を飲んでいるのではないか、検知してみるか」といって酒気の検知をする旨告げたところ、Xは、急激に反抗的態度を示して「うら酒なんて関係ないぞ」と怒鳴りながら、同巡査が提示を受けて持っていた自動車運転免許証を奪い取り、エンジンのかかっているX車両の運転席に乗り込んで、ギア操作をして発進させようとした。そこで、B巡査は、運転席の窓から手を差し入れ、エンジンキーを回転してスイッチを切り、Xが運転するのを制止した。

　このB巡査の運転制止の措置に対し、Xは憤激し、下車してきてB巡査の胸倉を両手で掴み、怒鳴りながら同巡査の身体を押したり振り回したり、自動車に押しつけるなどの暴行を加えた。この間、A巡査がXの右暴行の制止をするため右B巡査

を掴んでいるＸの手を振りほどこうとしたが，Ｘの力が強くはずれないので，Ｘの左拇指を押え込むようにしてようやくこれをほどいたところ，さらに，ＸはＡ巡査に対し両手で胸倉を掴み，押したり振り回したりしたうえ，靴穿きの足で蹴りつけ，さらに，左手拳で右顔面を殴打する暴行を加えた。このようにＸがＡ巡査並びにＢ巡査に対し暴行を加えその職務を妨害したので，Ａ巡査においてＸに対し「公務執行妨害の現行犯で逮捕する」旨を告げてＢ巡査と共にＸを逮捕しようとしたところ，Ｘは怒号し，さらに両巡査に暴行を加え，右暴行によりＢ巡査に対し加療約1週間を要する傷害，Ａ巡査に対し全治約1週間を要する傷害を負わせた。

　第1審判決は，両巡査が任意同行を求めた際，Ｘは同人らに同行に応じなければならない根拠の有無について説明を求めたのに，同人らは求めに応ずることなくただ同行することを求めていたことが認められ，このようなＸに対しその自動車のエンジンスイッチを切るというような実力を行使してまで，同行を促すことは任意同行の域をこえており，適法な職務行為とはいえないなどとした上で，「ＸのＢ巡査のエンジンスイッチ切断行為に対する右行為は，公務執行妨害罪における暴行に該当しない。そして右行為によってＢ巡査に対し前記のような傷害を負わせたとしても，右行為が右Ｂ巡査の行為に対する防禦の程度をこえる違法な行為であるとまで認定できるような証拠はない」として，Ｘを無罪とした。

　これに対して，原審判決は，「Ａ巡査がＸに飲酒検知を告げるや，Ｘは検知を拒否し，提示していた免許証を同巡査から奪い取り，自車に乗り込み発進しようとしたものであって，Ｂ巡査がＸの右一連の行動から，Ｘが警察官の取調べを免れるとともに自己の酒気帯びを隠すため発進逃走するものと思い，Ｘの酒気帯び運転による危険を防止するため，発進を制止し，引き続き被告人車を停止させるためエンジン・スイッチを切ったものであるから，Ｘの右違反容疑の蓋然性並びに当時の事態に対処するための必要性，緊急性を考慮すると，Ｂ巡査の右行為は，信号無視及び酒気帯び運転についての警察官職務執行法2条1項の規定に基づく職務質問並びに道路交通法67条2項，3項，警察官職務執行法5条の規定に基づく呼気検査及び危険防止と犯罪の予防，制止のためのなされた適法かつ妥当な職務執行行為と認めるのが相当である。従って，Ｂ巡査のエンジン・スイッチ切断の措置に憤激したＸが同巡査に加えた暴行並びに右暴行を制止しようとしたＡ巡査に加えた暴行はいずれも不法な攻撃であって，これが公務執行妨害に該ることは明らかであり，しかして，両巡査の被告人に対する公務執行妨害の現行犯人逮捕行為も適法といわなければならず，この適法な職務執行行為に対しさらにＸにおいて両巡査に加えた暴行もまた違法である」として，Ｘを公務執行妨害罪と傷害罪の観念的競合で有罪とした。

[決定要旨]

「B巡査が窓から手を差入れ，エンジンキーを回転してスイッチを切った行為は，警察官職務執行法2条1項の規定に基づく職務質問を行うため停止させる方法として必要かつ相当な行為であるのみならず，道路交通法67条3項の規定に基づき，自動車の運転者が酒気帯び運転をするおそれがあるときに，交通の危険を防止するためにとった，必要な応急の措置にあたるから，刑法95条1項にいう職務の執行として適法なものであるというべきである。」

Questions

Q7 本事案で，第1審と原審・最高裁とで結論が相違したのは，いかなる理由によるものと考えられるか。

Q8 職務質問（任意捜査）における有形力行使の可否について，違法捜査の抑制という観点からは，どのように判断すべきか。

【参考判例3】
大阪地判平成3年3月7日判夕771号278頁
[事実の概要]

被告人Xを含む団体Kの構成員等らは，街頭で集団行動終了後に解散集会をし，その終了後は路上でたむろしたり，帰りかけたりしていたが，警備の警察官がその場面をビデオ撮影していることに気づいた数人の右集団行動に参加した者らが，そのビデオカメラのレンズを手でふさぐなどして警察官の右ビデオ撮影に抗議した。Xは，これを見て，そのビデオカメラと右抗議をする者らとの間に入り，その者らの方を向いて警察の挑発に乗らないようになどと言いながら両手を上げて右抗議行動を制止した。

一方，巡査Cは，上司が決めた手はずに従って，直前に，Cの身体を手や上体で押し，同人の右肩を左手で掴んで引っ張る暴行を加えた公務執行妨害罪の犯人である赤色ポロシャツを着た男，即ちXを緊急逮捕するために小走りで近付いて行ったが，前記集団行動の参加者らの中に赤色ポロシャツを着たXが，前記のように他の者らの抗議行動を制止しているのを認めるや，そのまま1人でその背後に歩み寄り，いきなり「これや」と言いながら，Xを背後から羽交締めにして，右に振っておさえつけるような動作をしてXの逮捕に着手した。その途端，回りにいた前記集団行動の参加者らが口々に抗議の声を上げるなどしてXとCを取り囲み，両名を引き離そうとし，周囲にいた何名かの他の警察官はこれを制止しようとして，これら多数人が入り乱れて揉み合い，現場は騒然となった。ただし，Cは，前記Xの緊急逮捕行為に着手した際，被疑事実などの理由の告知はおろか，逮捕する旨さえ告知

したとは認められなかった。

[判旨]

「Cは，本件緊急逮捕に際して，緊急逮捕の要件である被疑事実などの理由の告知はおろか，逮捕する旨さえ告知したとは認められないのであるから，右緊急逮捕行為には重大な違法があるというほかなく，右逮捕行為は公務執行妨害罪による保護に価しないことは明らかであり，前記公訴事実中の公務執行妨害罪は，その余の点について検討するまでもなく，成立しないといわねばならない」。

Questions

Q9 本事案で，巡査の職務が違法とされたのは，要保護性を認める要件（**Q3**参照）のうち，いかなる点に不備があったからと考えられるか。たとえば，単に被疑事実などの理由を示して単に「逮捕する」とのみ言い，「緊急逮捕である」旨を明言しなかった場合にも，その職務は違法となるか。

【参考判例4】
大阪高判平成2年2月6日判タ741号238頁
[事実の概要]

被告人Xは，日雇労働者によって組織されているZ労組の組合員であったが，同労組合員やその同調者など約90名で構成された集団は，午前9時30分からO公園で開催する，全国植樹祭に反対する集会に参加するため，同日午前8時前ころ，Xを含む約70名がバス（勝利号）に乗って，約20名が電車と徒歩でそれぞれ同公園に向かった。その際右バス内には長めの組合旗2本，これより短い長さ約2.5メートルの組合旗約10本およびプラカード15本ないし20本位を積み込んだが，その状況については，私服の警察官数名が近くからこれを監視していた。右プラカード等には危険な細工は施されておらず，バスの中にはその他に危険物等は積み込まれていなかった。

当日のO公園の警備を担当した機動隊（第13中隊）約100名は，公園内外の危険物の検索及びデモ隊出発後の併進規制を任務として同公園に到着した。K中隊長は，右到着後，直ちに同中隊第3小隊のうちの約20名と共に公園東出入口付近において，同所付近の監視，警戒に当たり，他の隊員を公園内外の検索に当たらせていた。ところで，前記労組集団も参加して行われる集会の当日のデモに関しては，予め主催者から公安委員会および所轄の警察署長に対し許可申請が出され，公安委員会は，「鉄棒，棍棒，竹棒，石又は先端をとがらせるなど危険な加工を施した旗ざお，プラカードその他危険な物を携帯しないこと」等の条件を付したうえ，右デモ行進を許可していた。また，警備当局は，以前に行われたデモ行進の際，一部参加者が，

公安委員会の許可条件に反して違法行為に出るという経緯があったことなどから，事前に同労組に対し所持品検査を目的とする検問を実施することを決めており，集団が出発した旨の無線連絡があった時点で大隊長からK中隊長に対して検問を実施するよう指示が出された。その後，午前8時35分ころ，まず電車を利用してきた約20名の組合員が徒歩で公園東出入口に近づいて来たため，これを停止させて所持品検査を実施したが，その時点における右約20名の集団は，旗竿もプラカードも持っておらず，また，外見上危険物を所持している疑いも異常な挙動も認められなかった。

　右約20名の集団は，機動隊の阻止線によって会場内への通行を妨げられたので，前方の機動隊員に罵声を浴びせるなどして抗議した。間もなく，前記バスも右出入口に到着した。Z労組では，事前に，公園管理者から，集会参加者で身体の具合が悪くなった者の休憩場所等として使う目的でバスを公園内に搬入する許可を得ており，そのため，右出入口に車止めのため立てられているポールの鎖をはずす鍵も公園管理者から預かっていた。そこで組合員はバスを公園内に入れるため預かっている鍵を使ってそのポールの鎖をはずし始めたが，K中隊長らは，そのような許可のあった事実を知らず，バスの公園内への進入を阻止した。そのため，バスはそれ以上中に進行できず，同車に乗っていたZ労組組合員らは，バスから降り，機動隊の阻止線の手前で前記先発集団と合流し約90名の集団にふくれ，機動隊員と対峙して怒号し，押し合いになった。この間に，警備側も右現場と離れた公園内で検索に従事していた機動隊員を呼び戻して次第に阻止線を補強した。Xもバスから降りたものの，そのままでは会場に行くことができないので，同所北側の土手を乗り越えて行くこととし，2度にわたり土手に上がり会場に向かおうとしたが，いずれも機動隊員に腕を掴まれるなどされて土手下に下ろされた。

　その後，Xは，他の機動隊員と共に，Xのように阻止線を避け土手を乗り越えて会場に行こうとする集会参加者を阻止するため，土手の上に上がって土手下の同参加者らの動向を監視していた第3分隊所属のA巡査に対し，他の機動隊員から奪った長さ約127センチメートルの木製警杖を両手で突き出すようにして投げ上げてその先端部分を同巡査の右顔面に当てる暴行を加え，通院加療約14日間を要する傷害を負わせた。

　原判決は，本件傷害事件の発生する時点より前，Z労集団の先頭部隊である徒歩グループ約20名が，集会場所であるO公園東出入口付近に近づいて来た時点ですでに，機動隊は，同集団に対しその承諾のない所持品検査を実施するため阻止線を張っており，その検問の具体的態様は，阻止線を張って通行を遮り，Z労集団の全員に対して所持品検査を強行するというものであったと認定し，その検問については，相手方の承諾のない所持品検査の要件が充たされることが必要であることを前提と

して，A巡査の公務の適法性の有無を判断し，それが違法であるとして公務執行妨害罪の成立を否定した。

これに対して，検察官は，本件では承諾なき所持品検査を行うべき必要性，緊急性を優に認定しうる状況にあったこと，さらに本件のようなデモ行進は一般の交通に少なからず支障を及ぼすのであり，その規制は，警察法2条1項に定められた警察の責務を根拠とするのであり，本件検問の適否については，警職法2条1項および警察法2条1項の両者を根拠とし，通常の職務質問よりも緩やかな要件に従って判断するでき，本件では，優に承諾なき所持品検査を行う必要性，緊急性を認めることができるので適法であるなどとし，A巡査に対する暴行には公務執行妨害罪が成立すると主張した。

[判旨]

「職務質問に付随して行う所持品検査が一義的なものでなく，職務質問に伴い，(1)所持品を外部から観察する行為，(2)所持品につき質問する行為，(3)所持品の任意の提示を求め，掲示された所持品を検査する行為，(4)衣服，携帯品の外側から手を触れて所持品の検査をする行為，(5)衣服に手を差入れたり，携帯品を開披するなどして所持品の検査をする行為など，相手方の協力さえ必要でないものから，相手方の任意の協力ないし承諾が必要であるもの，相手方の承諾はないものの強制にわたらない程度に有形力の行使を伴うもの及び強制的に行うものまで，段階的に程度の差があることは所論のいうとおりであるが，本件では，前示のとおりZ労の約20名の徒歩グループが入口に近づいた時点で通路いっぱいに阻止線を張って検問隊形を作り，Z労組合員はこれに抗議し，任意の所持品検査に応じる気配は一切示しておらず，このことは警備の警察官にも十分認識できたはずであるのに，なお阻止線を開こうとせず，所持品検査を実施しようとしたのであるから，それは，相手方の承諾のない所持品検査に当たるものと認められる。そして，そのような所持品検査が許容されるためには，最高裁昭和53年6月20日第3小法廷判決の示した要件を満たすことが必要であると当裁判所も考える。そこで，本件において，その要件である所持品検査の必要性，緊急性が存したかどうかについて判断するに，本件においては，その必要性，緊急性が認められないとの原判決の判断及びその根拠づけは，前認定事実に照らして，当裁判所もこれを首肯することができる。

……本件検問の態様をみると，その実施に当たった機動隊員は，当初から相手を説得して任意の所持品検査を促すという態度ではなく，いきなり阻止線を張り検問隊形を作って集団の全員に対し所持品検査を行うというものであり，また，Z労が勝利号を公園内に入れることについて事前に公園管理者の許可を得ていた事実が現場指揮官に徹底しておらず，機動隊側がそのような許可がないことを前提とする行動をとり，その公園内への進入を阻止していること……，一方，Z労側が所持して

いた旗竿，プラカードに先を尖らせる等危険な細工が施されていなかったことは勝利号がE総合センターを出発した時点から警備当局において監視して確認していると認められること……，更にZ労組合員が不法事犯の発生に関与していたことがあるとしても，その関与の状況は，現場の具体的状況をはなれて，その事自体から直ちに本件所持品検査の必要性，緊急性を認定する根拠になるようなものではないこと，などの諸事情に照らすと，本件においては，所持品検査の必要性，緊急性は認められず，この点に関する原判決の認定に誤りはない。そうだとすると，本件検問は警職法2条1項に照らして違法であり，それに従事していたA巡査の前記公務の執行も違法であると認めざるを得ない。」

「『警察官がその責務を遂行するに当たり，相手方の意思に反しない任意手段を用いるについては，必ずしもその権限を定めた特別の法律の規定を要せず，警察の責務の範囲を定めた警察法2条1項の規定を根拠として，これを行い得る場合があるとしても（最高裁昭和55年9月22日第3小法廷決定参照），本件で行われた相手方の承諾のない所持品検査のように，相手方の意思に反して，国民の権利を制限し，これに義務を課す場合には，その権限を定めた法律の規定が必要であり，同法2条1項の規定によってこれを根拠づけることはできないと解せられる。』そうだとすると，本件所持品検査の適法性の要件を，もっぱら警職法2条1項に基づいて判断し，所論のいうように警察法2条1項を根拠としてその要件をより緩和することを考慮しなかった原判決の判断は正当であって，原判決に所論のいう法令の解釈適用の誤りはない。

その他……，A巡査の公務執行が違法であったとして被告人を公務執行妨害罪で無罪とした原判決に事実誤認ないし法令適用の誤りは認められない。」

【参考判例5】
東京高判昭和61年1月29日刑月18巻1＝2号7頁・判時1184号153頁
[事実の概要]

A巡査部長，B巡査らは，駐車違反の自動車を現認し，乗車していたXに職務質問したところ，その様子に不審な点があり，さらに犯歴照会の結果から，Xが覚せい剤を使用または所持しているのではないかとの疑いを持った。ただし，その現場で職務質問を続行することは，交通の妨害になるし，Xを通行人の好奇の目にさらすことにもなりかねなったため，A巡査部長らは，車で数分のところにあるE警察署に任意同行を求めることにしたが，その際に，覚せい剤取締法違反の有無について職務質問を徹底して行う意図は故意に伏せ，ただ，駐車違反の関係で同警察署まで来てもらいたい，とのみ告げた。Xは仕方なく任意同行要求に応ずることにし，A巡査部長がX自動車の後部座席に乗り込んで，運転するXに道順を指示して，E

警察署に到着した。同警察署で職務質問を再開し，C警部補がXに対し，ポケット内のものを出して見せるよう要求したところ，Xが財布をズボンの左ポケットから取り出し，チャックを開いてビニール袋様のものを取り出すや否や，それを口中に入れた。C警部補らは，それが覚せい剤であり，Xはそれを嚥下しようとしているのではないかと考え，これを阻止しようとしたC警部補が，転倒しB巡査らに手足を押さえられているXの鼻をつまんで，Xに口を開かせようとするなどし，さらにD巡査部長が，それが覚せい剤なら，飲み込んだりすると死んでしまうぞ，などと言って，吐き出すように説得した。Xは口中からビニール袋を吐き出し，それが覚せい剤であることを認め，所持品を隠すのをあきらめた様子で，またD巡査部長が拾い上げた袋を直ちに返還するよう求めるようなこともなかった。その後，本件ビニール袋の内容物が覚せい剤であると確認されたため，Xは覚せい剤所持の現行犯人として逮捕された。

原判決は，任意同行を求めた措置，その過程，および任意同行を求めた理由として覚せい剤の件について言及しなかったことに違法はなく，また，Xがビニール袋様のものを口中に入れた際に警察官らがとった措置についても，その実力行使はXの証拠湮滅行為を制止するために必要かつ相当な限度内にとどまっていたといえるとした。

これに対して，弁護人は，本件任意同行及び所持品検査の際に警察官がXに対してとった一連の措置は令状によらない逮捕，身体検査および差押の実質を有する違法な強制捜査であり，とりわけ本件所持品検査の際にXが口中に入れた本件覚せい剤をXの口中から無理矢理取り出すために警察官がとった措置は，憲法35条およびこれを受ける刑訴法218条1項の所期する令状主義の精神を没却した重大な違法があり，これを証拠として許容することは将来における違法な捜査の抑制の見地からしても相当ではないというべきであるから，押収にかかる本件覚せい剤のみならず，これに続く違法な採尿，取調べにかかるところのXの尿およびXの自白調書，ならびに本件覚せい剤やXの尿に関する各鑑定書も，すべていわゆる違法収集証拠にあたり証拠能力を有しない，したがって，これらの証拠にもとづく本件起訴は無効であり刑訴法338条4号により公訴棄却の判決，ないしは，これらの証拠を排斥したうえXに対し無罪の判決がなされるべきであったと主張した。

[判旨]

「本件任意同行の一連の過程……において，警察官がXに対し直接何らかの有形的実力や心理的強制を加えておらず，したがって本件任意同行に違法がないことは原判決の説示するとおりである（……警察官がXに対し本件任意同行を求めるにあたり，覚せい剤事犯の容疑解明のための任意同行であることをXに告知していないことは弁護人の主張するとおりであるが，当時の諸事情にかんがみれば，右容疑はかなりのものであっ

て任意同行を求めるに十分なものがあったというべきであるけれども，警察官としてはXに容疑として告知しうるだけの，これを裏付ける何らの客観的な証拠をつかんでいたわけではなく，その意味で右容疑は未だ警察官の内面における主観的なものにとどまっていたにすぎなかったこと，これに反し，警察官が告知した駐車違反の件は，現行犯としてすでに容疑も明白になっており，また，この件のみでも任意同行を求めるに十分なものであったことや原判決の指摘するその余の事情に徴すると，警察官のこの点の措置に偽計あるいは欺罔という色彩があったとは到底認められ……ない。）し，また，所持品検査の最中にXが突然本件覚せい剤を口中に入れ，その隠匿を図ったのに対し，警察官が原判示のような手段，方法によりこれを制止する行動をとった点も，原審で取り調べた関係各証拠によって認められるところのその具体的態様……に照らすとき，当時におけるXの一連の具体的行動状況により窺われる本件所持品検査の必要性，緊急性，容疑事実の軽重，濃淡，かかる一連の制止行為により得られる公共の利益とこれによって失われるXの利益（プライバシー）との権衡，X自身の生命，健康の保護の必要性などを総合的に考察するかぎり，右の制止行為は，Xの所持品隠匿行為を制止するために必要にして最小限度の有形力の行使であって，社会的にもその妥当性を是認しうるものであり，いまだ実質的な捜索と目すべき強制の程度にはいたっていないと認めるのが相当であり，何ら違法とはいえない。」

Questions

Q10 適法な任意同行の限界は，どのように考えるべきか。本件において，覚せい剤取締法違反の事実伏せて被疑者に任意同行を求めた行為は，適法なものとして判断できるか。その判断の根拠となる事情として，何が挙げられるか。

Q11 所持品検査における実力行使の可否について，どのように判断すべきか。考慮すべき要素として，いかなるものが考えられるか。本件における警察官の行為は，適法なものと判断できるか。

Q12 公務執行妨害罪の成立を認めるか否かと，違法捜査の刑事手続上の効果，たとえば，証拠排除を認めるか否かの判断は，同一の基準に服すると考えるべきか，別個の基準によると解するべきか。その根拠は何か。

3 競売入札妨害罪

3 札幌高判平成13年9月25日高刑集54巻2号128頁・判タ1086号313頁

［事実の概要］

被告人Xは，A会社の代表取締役であり，S市所在のホテルを経営していたところ，H銀行がA会社に対して有する多額の債権に関して，H銀行がXおよびA会社等が所有する土地建物合計18物件について根抵当権に基づく不動産競売を札幌地方裁判所に申し立て，H銀行から同債権を引き継いだ株式会社整理回収機構が競売手続を進めることになった。

Xは，平成11年9月9日から同年10月8日にかけて行われた特別売却において，買受人は現れないと予想し，さらに最低売却価額が引き下げられたところで知り合いの者に本件不動産を取得してもらおうと考えていたところ，予想に反して特別売却において買受申出人が現れたため，整理回収機構に不動産競売の申立てを取り下げてもらうよう交渉して本件不動産が売却されるのを何とか阻止しようと考えた。そして，同月19日に同裁判所で売却決定期日の裁判が行われることを知り，その債務については弁済の遅滞等により期限の利益を喪失し，弁済期が到来していたにもかかわらず，かねてA会社とH銀行との間で右債務の弁済条件等に関して取り交わされていたH銀行N支店名義の押印のある「債務承認および分割弁済約定書」（写し）の最終期限等を改ざんし，弁済期が到来していない旨主張するなどして，上記特別売却の手続を妨害しようと企てた。そこで，ほしいままに，同月18日ころ，コピー機で右約定書（写し）を2枚カラーコピーし，A会社本館1階社長室において，そのコピーに係る約定書（写し）1枚から数字の「2」の部分を1枚切抜いて，これらを，そのコピーに係るもう1枚の約定書（写し）の「平成11年8月31日まで毎月末日に金500,000円宛弁済する。ただし，その後の支払方法については最終期限までに別途打合せすることとする。」，「最終期限平成11年9月30日」という記載中の2か所の「平成11年」の部分の最初の「1」の上から貼り付け，それぞれ，「平成11年」を「平成21年」に改ざんし，その改ざんに係る約定書（写し）をそのコピー機でカラーコピーしたうえ，さらにこれを前記ホテル1階事務室のコピー機で1枚コピーし，もってH銀行N支店名義の最終期限等を改ざんした債務承認および分割弁済約定書（写し）のコピー1枚を偽造した。そして，同月19日，札幌地方裁判所2階1号審尋室で開催された売却決定期日において，同裁判所裁判官Bに対し，「期限の利益を失っておらず，弁済期の到来の事実が存在しないため，競売手続の開始または続行をすべきでない。」旨の虚偽の陳述をすると共に，前記の偽造に係る約定書（写し）のコピー1枚を提出して行使した。その結果，裁判所は，Xの申立ての真偽を判断するため売却許否の決定を留保した。

原審は，刑法96条の3第1項の「競売又は入札」に関して，一般的に「競売」とは，売主が多数の者に口頭で買受けの申出をすることを促し，最高価額の申出人に承諾を与えて売買する手続をいい，「入札」とは，契約内容について複数の者を競争させ，他の者には内容を知られないように文書によってその申出をさせ，原則と

して最も有利な申出をした者を相手方として契約を締結する手続をいうものとした。その上で，担保権実行のために行われる不動産の売却方法のうち，民事執行法所定の「入札」および「競り売り」が一般的な意味での「入札」および「競売」であり，これが刑法96条の3第1項の「入札」および「競売」に当たることは明らかであるが，いわゆる「特別売却」は，民事執行規則51条所定の「他の方法による不動産の売却」に該当するものであって，「入札又は競り売り以外の方法による売却」とされているから，これが一般的な意味で「入札」や「競売」に当たらないことは，文理上明らかであるとした。さらに，実質的にも，刑法96条の3第1項の保護の対象となる手続は，複数の参加者に契約内容について自由な競争をさせ，その競争によって得られた結果を実現するという実体をもつ「競売又は入札」の手続であるところ，特別売却は「競売」あるいは「不動産競売」と呼ばれる手続の一環として行われるものではあるが，契約内容についての競争を伴わない手続であって，必ずしも前記のような実体を伴わない売却手続であり，競争を本質とする「競売」または「入札」の手続とはその性質を異にするとした。そして結局，本件特別売却の手続は，文理上からも実質的な面からも刑法96条の3第1項の保護の対象にならない。被告人の行為はせいぜい特別売却手続を遅延させたにすぎないものであり，競売入札妨害罪に該当しないとして，Xを無罪とした。

これに対して検察官が控訴した。

[判旨] 破棄自判

「1 ……原判決は，特別売却が一般的な意味で『入札』や『競売』に当たらないことは，文理上も明らかであるというのであるが，『特別売却』の制度というのは，昭和54年に成立した民事執行法によって新たに認められた制度であり，昭和16年に設けられた刑法96条の3の競売入札妨害罪が成立したときには想定されていなかった制度である。したがって，特別売却が競売入札妨害罪の保護の対象となるかどうかについては，競売，入札という文理解釈のみから形式的に判断するだけでなく，不動産競売手続全体の構造やそこに占める特別売却の意義等に照らして，実質的に検討する必要がある。

特別売却は，民事執行規則51条に基き，入札（期間入札，期日入札）又は競り売りの方法により売却を実施しても買受希望者が現れなかったときに，執行官に命じられる入札又は競り売りの方法以外による売却のことであるが，入札又は競り売りを実施したものの適法な買受申出がなく，最低売却価額を変更しないまま入札，競り売りを繰り返しても最低売却価額以上の価額で売却することが期待できないようなときには，特別売却手続により売却を認めることが，売却の迅速適正化に資すると考えられている。そして，関係証拠によれば，特別売却による不動産の売却は民事執行法施行後各地の裁判所において次第に広く行われるようになり，実際にも成

果を上げ……ていることが認められる。そして，実務上，特別売却では，執行官が売却に付されている物件について，一定の期間，広告等の手段を用いて買受希望者を募るという方法がとられているが，裁判所によっては，複数の買受申出があった場合に誰を買受申出人とするかについて，先着順によることとするなどの定めを設けている……。更に，入札（競り売り），特別売却を繰り返しても買受申出がなければ，最低売却価額を変更して，入札（競り売り），特別売却が繰り返されることになる……。

　以上に照らせば，特別売却が不動産競売においてその他の手続と密接な関係にあり，入札や競り売りを補完する制度として運用されていることは明らかである。実質的には，入札，競り売り，特別売却が一体となって不動産競売手続を構成しているといってよい。そうだとすると，これらのそれぞれを別個の手続として切り離し分断して捉えることは相当とはいい難く，特別売却が刑法96条の3第1項にいう『入札』及び『競売』に当たらないことは，文理上明らかであるという原判決の判断には賛同できない。特別売却を含めて不動産競売手続を全体として1個の手続として捉え，刑法96条の3第1項にいう『競売又は入札』に含めて考えることは十分可能であると判断される。

2　次に，原判決は，刑法96条の3第1項の保護の対象となる手続は，複数の参加者に契約内容について自由な競争をさせ，その競争によって得られた結果を実現するという実体をもつ『競売又は入札』の手続であるとし，特別売却は『競売』あるいは『不動産競売』と呼ばれる手続の一環として行われるものではあるが，契約内容についての競争を伴わない手続であって，必ずしも前記のような実体を伴わない売却手続であり，競争を本質とする『競売』又は『入札』の手続とはその性質を異にするから，特別売却の手続は，実質面からも刑法96条の3第1項の保護の対象にならない，という。

　確かに，競売入札の制度は，国民の税金でまかなわれている公の機関が民間と契約を締結するにあたり自由競争の原理で契約を締結することが国民の利益に資するのであり，そのために取り入れられた制度であると解され，自由競争の確保は，競売入札制度の中核をなすといってよいから，それと関係して競売入札妨害罪の成否を検討することは1個の重要な視点というべきであるし，また，原判決がいうように，公の機関が行う契約であっても，それが直ちに競売入札妨害罪の保護の対象となるものではないことも明らかである。

　しかしながら，刑法96条の3第1項の競売入札妨害罪は『公の競売又は入札の公正を害すべき行為』をした者を処罰すると規定するだけで，そこには，自由な競争の確保ということが明言されているわけではない。そもそも，自由な競争を確保しようとするのは，『適正妥当な価額による売却』を実現するためであって，それ自

体に目的があるわけではないと思われる。競売入札妨害罪が保護せんとしているものも,『適正妥当な価額による売却』を実現する手続としての『競売又は入札』なのであって,このような手続としての『競売又は入札』の公正を害するような行為を法は処罰の対象としているものと考えるべきである。

したがって,刑法96条の3第1項の保護の対象となる手続は,複数の参加者に契約内容について自由な競争をさせ,その競争によって得られた結果を実現するという実体をもつ『競売又は入札』の手続であると限定的に解釈し,そのような観点の下に,そのような実体を持たない特別売却は実質的にも同条項の保護の対象にならないとする原判決には,賛同することができない。

特別売却は,前記のように,不動産競売手続において,入札,競り売りを補完する制度であり,それと一体となって,『適正妥当な価額による売却』を実現する手続(不動産競売手続)を構成するものである。特別売却の手続を妨害するような不公正な行為は,とりもなおさず,『適正妥当な価額による売却』を実現する手続(不動産競売手続)の公正を害する行為に該当するといわなければならない。そして,文理的にも,特別売却を含めて不動産競売手続を全体として1個の手続と捉え,これを刑法96条の3第1項にいう『競売又は入札』に含めて考えることができることは前記のとおりであって,以上検討してきたところを総合すると,特別売却の手続において,その手続を妨害するような不公正な行為は,『競売又は入札』の公正を害する行為として,刑法96条の3第1項の競売入札妨害罪の処罰の対象になるというべきである。

3 本件Xは,前記のように,売却許可決定を遅らせて整理回収機構との交渉の時間を稼ぐために,本件約定書写しを改ざんしてそのコピーを裁判所に提出し,期限の利益を喪失していないなどと主張したのであって,Xの行為は,前記のような意義を有する特別売却の手続を明らかに妨害し遅延させるものであって,まさに公の競売又は入札の公正を害する行為に該当するものというべきである(なお,弁護人は,Xが提出した偽造文書は無意味な文書で,手続に何らの消長も来さないものであり,これが提出されたからといって手続を留保する必要などなかったのであるから,これを提出するなどしたXの行為は競売又は入札に対する妨害行為には該当しないなどと主張する。確かに,Xが提出した文書は,法定の停止文書のようにそれが提出されることによって直ちに不動産競売手続を停止させる効力を持つ文書ではない。しかし,Xの行為は,売却決定期日において,利害関係人として,弁済期が未到来であるなど売却不許可事由が存在するかのように主張し,かつそれを裏付けるものとして一見して偽造とは分からない文書を提出したものであって,特別売却の手続を妨害し遅延させる不公正な行為であることは明らかである。担当裁判官が,申立人の地位を承継した整理回収機構の意見を徴するなどのために,売却許否の決定を留保したのも当然であり,決して不適切な措置であったという

ことはできない。弁護人の主張は採用することができない。）。」

「以上の次第であって，Ｘの行為は刑法96条の３第１項の競売入札妨害罪に該当しないと判断して，Ｘをその点について無罪とした原判決は，法令の解釈適用を誤ったものであり，これが判決に影響を及ぼすことは明らかである。」

Questions

Q13 競売入札妨害罪，談合罪の保護法益は何か。

Q14 民事執行法における特別売却の法的性質，手続はどのようなものか。特別売却が刑法96条の３における「公の競売又は入札」に該当するか否かを，一般的な「競り売り」「入札」との相違に留意しつつ検討せよ。

Q15 弁済期を改ざんした債務の弁済約定書を提出する行為により，本件では，いかなる結果が生じたか。それは「公の競売又は入札の公正を害すべき行為」といえるか（→**Q16**参照）。

4 最決平成10年11月4日刑集52巻8号542頁

［事実の概要］

右翼団体幹部であった被告人Ｘは，自分らが管理占有を継続していた土地建物（本件物件）について，期間入札による不動産競売手続が開始されたため，平成３年１月29日，本件物件について，妻Ａの名義で最低売却価額と同額で入札したが，開札期日である同年２月４日，予想外のＳ不動産が約10万円安く本件物件を落札したことを知るや，競売により本件物件を自己以外の者が取得し自己の管理占有を喪失するのを阻止するため，威力を用いて，同社をして右落札を辞退させまたは本件物件を自己に譲渡させようと企て，同日午後３時ころ，Ｓ不動産事務所に赴き，同所において，同社代表取締役Ｎの妻で同社の取締役でもあるＫに対し，「あんたのところで落とした本町の物件は絶対やれない物件だから，うちの方によこしてくれ。よその不動産屋にみんな入札に入らないように手を打っているんだ。どうしてあんたのうちでは競売落としたんだ。俺を恨んでるのか。何か後ろに暴力団がついているのか。うちの方によこしてくれ。この物件から手を引いてくれ。それを旦那に伝えてくれ。これをうちの方によこさないと，ことが面倒になる。ただじゃおかない。また来る」などと申し向け，さらに，ＸおよびＹは，前同様の意図で，威力を用いて，Ｓ不動産をして前同様に落札を辞退させまたは本件物件をＸに譲渡させることを共謀のうえ，Ｙにおいて，同日午後８時ころ，前記右翼団体構成員数名を引き連れてＳ不動産の事務所に赴き，同所において，同社代表取締役Ｎに対し，「な

んで競売を落としたんだ。不動産屋にみんな頼んで落とさないようにしているのに。手を引いてくれ。バックにどこかの組がついているのか」などと申し向けた。

　原審は，「競売入札妨害罪は，偽計若しくは威力を用いて公の競売，入札に不当な影響を及ぼすべき行為を処罰の対象とするものであるから，公の競売，入札の手続きの進行中に関係者らに対し偽計若しくは威力を用いた行為がなされ，それによって公の競売，入札に不当な影響を及ぼすおそれが生じた場合には，開札の前後を問わず本罪が成立するものというべきところ，民事執行法によれば，競売不動産の買受人は，売却許可決定の確定後所定の代金納付期日までに，執行裁判所に対し代金を納付することによってその不動産の所有権を取得するものとされ，その期日までに代金を納付しないときは，売却許可決定はその効力を失い，買受人としての権利を喪失するとともに買受けの申し出にあたり提供した保証金の返還を請求することができなくなるものとされており，これによれば，買受人が代金を納付するまで，当該競売手続きは所期の目的を達しないまま浮動状態に置かれ，かつ代金を納付すると否とは，（保証金の返還を請求できなくなるという制約はあるとはいえ）買受人の意思に委ねられているのであるから，売却の実施後，最高価買受申出人もしくは買受人をして落札を辞退させ又はその物件を自己に譲渡させる意図のもとに，これらの者に対し威力を加えてその自由な意思決定を阻害する行為は，公の競売，入札に不当な影響を及ぼすおそれがある行為として本罪を構成するものと解するのが相当である。本件において，Xらは，本件物件の開札が実施された当日に，2度にわたり，最高価買受申出人であるS不動産の関係者に対し原判示の威迫を加え，右物件の落札を辞退させ，又はその物件を自己に譲渡させようとしたものであり，それが競売入札妨害罪に当たることは明らかである」と判示した。

　これに対して，弁護人は，競売入札妨害罪は原則として公の競売の開札までに行われた行為のみが対象となるものであり，開札以後の行為については，同罪が成立する余地はないなどと主張して上告した。

　[決定要旨]　上告棄却

　「なお，不動産の競売における入札により最高価買受申出人となった者に対し，威力を用いてその入札に基づく不動産の取得を断念するよう要求したときは，刑法（平成3年法律第31号による改正前のもの）96条ノ3第1項の競売入札妨害罪が成立すると解するのが相当であるから，これと同旨の原判決の判断は，正当である。」

Questions

Q16　入札の開札後であっても，入札の公正を害する場合は考えられるか。刑罰入札妨害罪の保護法益との関係を踏まえつつ，検討すること。

5 最決平成10年7月14日刑集52巻5号343頁

[事実の概要]

弁護士である被告人Xは，A，BおよびCらと共謀のうえ，徳島地方裁判所が，平成7年10月16日競売開始決定をし，平成8年3月1日，入札期間を同年4月1日から同月9日までとして期間入札の方法による売却実施命令を発した株式会社D（代表取締役はA）ほか1名所有のE町の不動産，およびAほか1名所有のF町の不動産につき，その公正な競売の実施を阻止しようと企てた。そして，同年3月30日ころ，同裁判所に対し，平成7年5月1日に株式会社DとBとの間で，E町の不動産につき，賃貸借期間を宅地については同日から5年間，建物については同日から3年間とする賃貸借契約を締結した旨の虚偽の賃貸借契約書の写し，および同年4月1日にAとCとの間で，F町の不動産のうちの宅地等6筆につき，賃貸借期間を同日から5年間とする賃貸借契約を締結した旨の虚偽の賃貸借契約書の写しを，右各賃貸借契約書の内容が真正なもののように装って，前記競売物件はすでに他に賃貸されているので取調べを要求する旨の上申書に添付したうえ，郵送により提出した。

[決定要旨]

「なお，原判決の認定によれば，Xは，A，B及びCらと共謀の上，徳島地方裁判所が不動産競売の開始決定をしたAら所有の土地建物について，その売却の公正な実施を阻止しようと企て，同裁判所に対し，賃貸借契約が存在しないのにあるように装い，右土地建物は既に他に賃貸されているので取調べを要求する旨の上申書とともに，AらとB，Cとの間でそれぞれ競売開始決定により前に短期賃貸借契約が締結されていた旨の内容虚偽の各賃貸借契約書写しを提出したというのであるから，Xに刑法96条の3第1項所定の偽計による競売入札妨害罪が成立することは明らかであり，これと同旨の原判決の判断は，正当である。」

Questions

Q17 競売・入札の「公正を害すべき行為」の意義は何か。裁判所に対して，虚偽の賃貸借契約書を提出することは「公正を害すべき行為」に該当するか。競売等妨害罪の保護法益との関連性や，さらに本件のような行為が入札希望者に対していかなる影響を及ぼすかを考慮しつつ，検討すること。

第29講　犯人蔵匿・証拠隠滅罪

1　犯人蔵匿罪の客体

〔設問1〕　以下の事案について，Xの罪責を答えなさい。

　Yは，本件事故前日の午後7時から午後9時ころまでの間，A，BおよびCらと居酒屋で飲食し，Y自身500cc入りのビールを5杯位飲んで相当酔っていた。Xは，T駅で飲酒帰りのA，B，CおよびYに会い，同人らから自動車で各自の家まで送るように頼まれ，4名を乗せて出発した。その際，YらはXに「繁華街で飲んできた」と告げていた。その後の車内では，Yらはいわゆるハイテンションで，大騒ぎをし，CDの音量を高め，後部座席のCがXのアクセルペダルを踏んでいる右足の膝あたりを手で押したり，Yが「もっとスピードを出せ」と言ったりしていた。そして，X運転の自動車が家を通り過ぎるなどしたため，火葬場までドライブすることになった。その途中，YはXと運転を交替したが，Yは飲酒後約3時間半程度しかたっていなかった。Yは，運転を替わった直後から急発進や蛇行運転を繰り返すなど異常な運転をしていたが，Yがハンドル操作を誤るなどして車ごと川に転落した。X，AおよびBは自力で脱出して助かったが，車内にいたYおよびCが死亡した。Yは，死亡時に，その体内に血液1ミリリットル中0.4ミリグラムのエチルアルコールを保有していた。救助を待つ間にX，AおよびBは，Yの飲酒運転の発覚をおそれ，Xが運転していたことにしようと相談し，救助された後，Xは警察官に自分が運転していて事故を起こした旨述べたが，Xが警察官に虚偽の事実を述べた時点で，酒気帯び運転の犯人であるYはすでに死亡していた。

　検察官は，Xを道路交通法違反（酒気帯び運転）幇助および犯人隠避で起訴した（なお，起訴罪名は道路交通法違反教唆，犯人隠避であるが，原審公判途中に予備的訴因として道路交通法違反幇助が追加された）。原判決は，道路交通法違反幇助罪及び犯人隠避罪を認定して，Xを罰金30万円に処した（ちなみに，Xは事件当時19歳，略式命令時20歳であり，Xから略式命令に対して正式裁判の請求がなされた）。

〔弁護人の主張〕

　Xが酒気帯び運転の犯人であるYの身代わりとなり，警察官に自ら運転していた旨虚偽の事実を述べた時点で，Yはすでに死亡していた。そして，刑法103

条にいう「罪を犯した者」に死者は含まれないと解すべきであるから，Xは犯人隠避罪について無罪であるのに，死者も犯人隠避罪の客体になるとしてXに同罪の成立を認めるべきだとする見解は，不当である。

また，Xは，自動車の運転をYと替わった際，同人の酔いがさめていると思っていたのであり，同人の酒気帯び運転について確定的な認識はなかったから，Xにはこれを幇助する意思がなく無罪であるのに，幇助犯の成立を認めることは明らかな事実誤認である。

Questions

Q1 犯人蔵匿罪の保護法益として，どのような見解が主張されてきたか。

Q2 国の刑事司法作用が保護法益であると解する場合，刑事司法作用のいかなる面を重視すべきかについては，判例・学説において見解の対立がある。それぞれどのような見解であるか。

Q3 ***Q2***の見解の相違は，刑法103条のいう「罰金以上の刑に当たる罪を犯した者又は拘禁中に逃走した者」の意義に，どのような影響を及ぼすか。

Q4 本件のように，犯人がすでに死亡していた場合であっても，捜査機関に誰が犯人か分かっていない段階で，自己が犯人である旨虚偽の事実を警察官に述べた行為は，犯人隠避罪を構成すると解するべきか。***Q2***および***Q3***を踏まえたうえで考察せよ。

Q5 本件で，Xに酒気帯び運転幇助の故意は認定できるか。いかなる事情の存在が，その判断の根拠となるか。

1 札幌高判平成17年8月18日判夕1198号118頁

[事実]〔設問1〕参照
[判旨]
「Xが警察官に虚偽の事実を述べた時点で犯人であるBはすでに死亡していた可能性が高く，その時点では犯人は死亡していたと推認される。そうすると，同条〔刑法103条〕の犯罪が成立するかどうかは，同条にいう『罪を犯した者』に死者を含むかどうかによることとなる。ところで，同条は，捜査，審判及び刑の執行等広義における刑事司法の作用を妨害する者を処罰しようとする趣旨の規定である。そして，捜査機関に誰が犯人か分かっていない段階で，捜査機関に対して自ら犯人である旨虚偽の事実を申告した場合には，それが犯人の発見を妨げる行為として捜査という刑事司法作用を妨害し，同条にいう『隠避』に当たることは明らかであり，

そうとすれば，犯人が死者であってもこの点に変わりはないと解される。なるほど，無罪や免訴の確定判決があった者などは，これを隠避しても同条によって処罰されないが，このような者はすでに法律上訴追又は処罰される可能性を完全に喪失し，捜査の必要性もなくなっているから，このような者を隠避しても何ら刑事司法作用を妨害するおそれがないのに対し，本件のような死者の場合には，上記のとおり，なおそのおそれがあることに照らすと，同条にいう『罪を犯した者』には死者も含むと解すべきである。」

「原判決挙示の証拠によれば，Xに酒気帯び運転を幇助する意思があったとしてその幇助犯の成立を認めた原審の判断は正当であり，原判決に事実の誤認は認められない。

すなわち，関係証拠によれば，Yは平成15年9月7日午前0時25分ころの事故により死亡したが，その体内に血液1ミリリットル中0.4ミリグラムのエチルアルコールを保有していたこと，同人は，事故前日の午後7時から午後9時ころまでの間，A，B及びCらとSの居酒屋で飲食し，同人自身500cc入りのビールを5杯位飲んで相当酔っていたこと，Xは，同日午後11時50分ころ，T駅でYら4人と会ったが，その際，Yらから『Sで飲んできた』と告げられていること，車内でYらはいわゆるハイテンションで，大騒ぎをし，CDの音量を高め，後部座席のCがXのアクセルペダルを踏んでいる右足の膝あたりを手で押したり，Yが『もっとスピードを出せ』と言ったりしていたこと，Bに運転を替わったのは翌7日午前0時20分ころで，飲酒後約3時間半程度しかたっていなかったことの各事実が認められる。これらの事実によれば，それだけでも，Xは，Yに運転を替わったとき，同人の運転が飲酒運転となる旨認識していたことを強く推認させている。加えて，Yは運転を替わった直後から急発進や蛇行運転を繰り返すなど異常な運転をしていること，事故直後，X，A及びBは，Yの飲酒運転の発覚を恐れ，Xが運転していたことにしようと相談し，現にXは自分が運転していた旨警察官に述べていること，Aは，原審公判廷において，Yが，街に入るまでは自分が運転する，警察がいるとまずいという話をしており，それを酒気帯び運転が警察にばれることを心配した言葉と受け取った旨供述していることが認められ，これらの事実もXが上記の認識をもっていたことと符合し，裏付けている。なお，Xは，原審公判廷において，それまで一貫して，T駅で会ったとき酒の臭いがした，飲酒運転になることを知りながら運転を替わったと述べていたのを覆し，酒の臭いに気が付かなかった，もう酔いがさめていると思ったなどと供述を変遷させたが，変遷について合理的な説明がないのみならず，原審公判廷においても，Yの体にアルコールが残っているのは分かっていたと述べるなど矛盾する供述をしていることなどに照らすと，Xの上記否認供述は信用できない。そうすると，Xは，Yが酒気を帯び飲酒運転になることを認識していたことは

明らかである。……XにYの酒気帯び運転について幇助犯の成立を認めた原判決の認定に誤りはな……い。」

Questions

Q6 本件の判例は，犯人蔵匿罪の保護法益について，いかなる見解を採用しているか。

Q7 蔵匿行為・隠避行為の意義に，保護法益の理解の相違は，どのような影響を及ぼすか。本件のように，捜査機関に対して自らが犯人であるという虚偽の事実を申告をする行為は，犯人蔵匿罪の実行行為であるといえるか。

2 犯人蔵匿罪の実行行為

2 最決平成元年5月1日刑集43巻5号405頁

[事実の概要]

被告人Xは，暴力団A組の若頭であるが，組長Yが，昭和61年2月8日午後11時35分ころ，クラブの店内において，Kに対し，殺意をもって所携のけん銃を発射し，同人に加療約1か月間を要する傷害を負わせたとの殺人未遂の被疑事実により逮捕されたことをテレビニュースで知った。そこで，Xは，Yをして同罪による訴追および処罰を免れさせる目的で，その身代り犯人を立てYを隠避させようと企てた。

そこで，同月9日午後7時ころから同8時ころまでの間，A組事務所前駐車場において，組員Bに対し，「どうしても組長を助けないかん。判るやろ。事件の現場にいたのは，俺とお前だけだから，どっちかが身代わりに出るしかない」「俺が身代わりに立つより，お前が出た方が自然だ」等と申し向けた。さらに，同月11日午後9時ころ，駐車中の普通乗用車内において，Bに対し，あらかじめXが入手していた前記けん銃1丁およびその実包2発を手渡したうえ，重ねて「警察に行ったら，最初についた嘘をあくまで貫け。どんなに追及されても自分が撃ったんだということで押し通せ」等と申し向けて，BにおいてYの身代り犯人となるよう教唆し，Bをしてその旨決意させた。よって，Bは，同月12日午後0時20分ころ，O警察署において，同警察署勤務司法警察員警部補Dに対し，前記けん銃1丁および実包2発を提出するとともに，B自身が同けん銃を使用しての前記殺人未遂事件の犯人である旨虚偽の事実を申し立てた。

第1審判決は，Xの犯人隠避教唆について，刑法103条の「隠避せしめた」の意義について，同条は罰金以上の刑に該る罪を犯したとの嫌疑によりすでに逮捕勾留されている者（以下，本犯という）を「隠避せしめる」ことを予定していないし，

仮に一歩退いて考えても，本犯の嫌疑によりすでに逮捕勾留されている者の場合，これを「隠避せしめた」といえるのは，隠避行為の結果，捜査官憲が誤って，本犯の逮捕勾留を解くに至ったときに限られ，そこまで至らずそのまま官憲が本犯の逮捕勾留を続けたときには「隠避せしめた」ものとはいえないとして，犯人隠避罪の成立を否定した。

これに対し原審は，刑法103条は広く司法に関する国権の作用を妨害する行為を処罰する趣旨，目的に出たものと解されるものであり（最判昭和24年8月9日刑集3巻9号1440頁参照），単に身柄の確保に限定した司法作用の保護のみを目的としたものと解すべき合理的根拠はなく，一般に身代り自首はそれ自体犯人の発見，逮捕を困難にし捜査権の作用を妨害するおそれがある行為として犯人隠避罪を構成するものと解すべきであるとした。そして，本件の場合には，Bが警察に身代わり自首した当時は捜査がまだその緒についたばかりで，まだ不明な点も多く，基本的な証拠が収集されていない段階であり，Bの自首により，捜査官はさらに同人に対するポリグラフ検査や多数関係者の事情聴取を重ね，Bの供述の裏付け捜査に従事するなど，いたずらに時間と人員の浪費を余儀なくされただけでなく，殺人未遂の真犯人がYであるか否か捜査官に不安，動揺を生じさせ，犯人の特定に関する捜査が少なからず混乱，妨害させられたことは明らかであり，現実にも捜査の円滑な遂行に支障を生じさせる結果を招いたのであるから，逮捕勾留中の犯人であるBが釈放される事態が生じなかったとしても，犯人隠避の罪責を免れないとして，第1審判決を破棄して犯人隠避教唆を認めた。

弁護人は，刑法103条は逮捕される前に犯人を隠避した場合のみを規定しているなどと主張して上告した。

[決定要旨]　上告棄却

「刑法103条は，捜査，審判及び刑の執行等広義における刑事司法の作用を妨害する者を処罰しようとする趣旨の規定であって（最高裁昭和24年（れ）第1566号同年8月9日第3小法廷判決・刑集3巻9号1440頁参照），同条にいう『罪ヲ犯シタル者』には，犯人として逮捕勾留されている者も含まれ，かかる者をして現になされている身柄の拘束を免れさせるような性質の行為も同条にいう『隠避』に当たると解すべきである。そうすると，犯人が殺人未遂事件で逮捕勾留された後，被告人が他の者を教唆して右事件の身代り犯人として警察署に出頭させ，自己が犯人である旨の虚偽の陳述をさせた行為を犯人隠避教唆罪に当たるとした原判断は，正当である。」

Questions

Q8　真犯人逮捕後に身代りを名乗り出ることは，隠避に該当するのであろうか。すでに逮捕勾留されている者について「隠避させた」といえるためには，隠避行

為の結果，官憲が誤って被疑者の逮捕・勾留を解くに至ったことが必要だとは考えられないか。それとも，103条は司法に関する国家作用を妨害する重要な行為を処罰する趣旨であると解し，単に身柄の確保に限定した司法作用の保護のみを目的としたものではないと解すべきか。

Q9 「真犯人が釈放されなかったから司法作用の侵害がなかった」とするのは，妥当でないとしても，本罪を「危険犯」として，国家作用の妨害結果は不要であるとすることは妥当か。本件のように，身代わり犯人に対する取調べや他の関係者の事情聴取など，捜査の円滑な遂行に支障を生じさせる事態は「結果」と考えることはできないか。

3　証拠隠滅罪

3　千葉地判平成7年6月2日判時1535号144頁

[事実の概要]

被告人Xは，覚せい剤取締法違反罪による逮捕・勾留中の平成7年3月22日，千葉地方検察庁内一時留置場において，検察官の取調べを待っている間，Aと同房となった。XとAとは，そのときが初対面であった。同人も自己の覚せい剤取締法違反の被疑事実につき検察官から取調べを受けるためにその日，その房にいたものであるが，Xに対し，「覚せい剤を飲ませた相手になってくれないか。その相手になってくれれば，覚せい剤50グラムをやるし，出てから仕事の面倒もみる。おれは起訴されれば刑務所に行かなければならない。あんたが風邪薬だと言って覚せい剤の入ったカプセルを渡してくれ，それをおれが知らないで飲んだことにしてくれれば，おれは刑務所に行かなくてもすむ」などと言った。Xは，覚せい剤の誘惑に負けたことなどから，その話を引き受けることにした。そこで，AとXは，「2人は，去年の12月の20日すぎごろに，東京のK町のL会館の前で初めて会い，そのきっかけは，Aの車，つまり赤のシボレー・コルベットをXが蹴とばしたことで知り合ったことにする。その後，今年の1月3日に東京の新宿で会い，その次に2月18日ころ，新宿のMの前で待ち合わせ，その時，Aが風邪をひいていたようなので，被告人が，覚せい剤をカプセルの中に入れ，『風邪薬』だと言って，Aに渡した」という全く架空の話を作り上げ，Aは，この話を警察や検事の調べのときに話してほしいとXに頼んだ。

このような打合せの結果，Xは，翌日の3月23日，千葉地方検察庁検察官室に呼び出されたとき，Aの被疑事件の捜査を担当するH副検事に対し，Aを不起訴にしてもらうため，前記趣旨の虚構の事実を供述し，同検察官は，その内容を録取し，

これをXに読み聞かせたところ、誤りのないことを申し立てたので、Xの署名指印を求めて、供述調書を作成した。その供述調書には、「2　私は、このほかにも平成7年2月5日ころ、覚せい剤を買い、その後2月18日ころの午前1時30分ころ、新宿のMという建物の前道路でAという男に1.5〜2.0センチメートル位の大きさのカプセルに入れた覚せい剤1個をただでくれてやりました。Aはカゼをひいたと言うので私は『かなりききますよ』と言って風邪薬のような意味で渡したのです。（中略）3　Aとは、平成6年12月20から25日位の間に東京のK町で初めて会って、その後2〜3回会っています。最初に会った時、私はパチンコに負けて気持ちがイライラしていたので道路に駐車してあった赤色のコルベットという車のタイヤを蹴ってやったのです。そのタイヤは前後左右どのタイヤを蹴ったのか憶えておりません。すると直ぐそばにいた車の持主というAがいて『何やるんだ』と言って叱られたので私は直ぐ謝ったのです。その後Aと私が仕事をしていないこと等を話し、AはS町で料理店を経営し、その他に車や携帯電話、貴金属類を扱っていて安く手に入る等と言っておりました。お互に電話番号を教え合って別れ、その後正月3日ころに新宿で会いましたが、新宿を2時間位ぶらぶらして別れました。その後は先程話した2月18日ころに会って覚せい剤入りのカプセルを渡したのです。」などとの記載があった。

[判旨]

「他人の刑事被疑事件について、参考人として、取調べを受け、その際、虚偽の事実を供述すること、特に、本件のように、全く架空の事実関係を作り上げてそれを積極的に捜査担当検察官に供述することは、悪質な捜査妨害というほかなく、供述調書が作成されるに至ったことをとらえてその処罰を求める本件起訴に、ある程度実質的な理由が存することは認めざるを得ないところである。しかし、それが、平成7年法律第91号（刑法の一部を改正する法律）附則2条1項本文により同法による改正前の刑法104条にいう証憑を偽造した場合に当たるといえるかは、1つの問題である。

よって、検討するに、参考人が捜査官に対して虚偽の供述をすることは、それが犯人隠避罪に当たり得ることは別として、証憑偽造罪には当たらないものと解するのが相当である（大審院大正3年6月23日判決・刑録20輯1324頁、同昭和8年2月14日判決・刑集12巻1号66頁、同昭和9年8月4日判決・刑集13巻14号1059頁、最高裁昭和28年10月19日第2小法廷決定・刑集7巻10号1945頁、大阪地裁昭和43年3月18日判決・判例タイムズ223号244頁、宮崎地裁日南支部昭和44年5月22日判決・刑裁月報1巻5号535頁参照）。それでは、参考人が捜査官に対して虚偽の供述をしたにとどまらず、その虚偽供述が録取されて供述調書が作成されるに至った場合、すなわち、本件のような場合は、どうであろうか。この場合、形式的には、捜査官を利用して同人をして供

述調書という証憑を偽造させたものと解することができるようにも思われる。しかし，この供述調書は，参考人の捜査官に対する供述を録取したにすぎないものであるから（供述調書は，これを供述者に読み聞かせるなどして，供述者がそれに誤りのないことを申し立てたときは，これに署名押印することを求めることができるところ，本件にあっても，Xが供述調書を読み聞かされて誤りのないことを申し立て署名指印しているが），参考人が捜査官に対して虚偽の供述をすることそれ自体が，証憑偽造罪に当たらないと同様に，供述調書が作成されるに至った場合であっても，やはり，それが証憑偽造罪を構成することはあり得ないものと解すべきである。」

Questions

Q10 証拠隠滅罪における「証拠」の意義は何か。また，証拠の「隠滅」「偽造」「変造」の意義は，それぞれ何か。

Q11 虚偽の供述をすることは，証拠の隠滅・偽造等に該当するか。検察官の作成した供述調書に署名押印する行為は，証拠偽造に該当するか。さらに，被告人自身が供述書を作成した場合であればどうか。それぞれの場合において結論が相違するとすれば，それは，いかなる根拠から導かれるか。

【参考判例１】
東京高判昭和40年3月29日高刑集18巻2号126頁
［事実の概要］

被告人Xは，千葉地方検察庁にAを偽証罪で告訴し，同庁において捜査中の同人に対する偽証被疑事件につき，かねて協力方を依頼していたYが参考人として検察官から上申書の提出を求められたことを知った。そこでXは，前記告訴を有利に導くため，Yと共謀のうえ，同人をして，虚偽の事実を記載したY名義の上申書１通を作成させ，翌日前記検察庁において，同庁検察官に対し同上申書を提出させた。

［判旨］

「刑法第104条は，捜査裁判等国の刑事司法の作用が誤りなく運用されることを期して設けられた規定であることは明らかであるから，『同条にいわゆる証憑とは，刑事事件が発生した場合捜査機関又は裁判機関において国家刑罰権の有無を断ずるに当り関係があると認められるべき一切の資料を指称し，あらたな証憑を創造するのは証憑の偽造に該当する』とした昭和10年９月28日の大審院判決（判例集14巻997頁）の趣旨に照らし，かつたとえば『民事原告である被告人の虚偽の請求を民事被告が認諾した旨記載した口頭弁論調書のようなものは，同被告人の犯罪の成否態様を判定する資料たるべき物的材料であることはもちろんであつて，右民事被告が情を知らない裁判所書記を利用しこのような虚偽の内容を有する口頭弁論調書を作成

させるのは，いわゆる証憑を偽造したものとなすを妨げない』とした昭和12年4月7日の大審院判決（判例集16巻517頁）の旨意にかんがみるときは，所論のようにたとえ虚偽の内容を記載した文書の作成名義にいつわりがなく又その文書の作成が口頭による陳述に代えてなされた場合であるとしても，本件のように参考人が虚偽の内容を記載した上申書を作成しこれを検察官に提出すれば，刑法第104条にいう証憑を偽造使用したことになると解するのが，判例にしたがい現実に即した妥当な解釈といわざるを得ない（昭和34年6月20日東京高等裁判所第10刑事部判決及び昭和36年7月18日同裁判所第6刑事部判決参照）。」

4 犯人自身による蔵匿・隠避，証拠隠滅の教唆行為

〔設問2〕 以下の事実について，Xの罪責を答えなさい（特別法違反を除く）。

Xは，スポーツイベントの企画および興行等を目的とする株式会社Kの代表取締役として同社の業務全般を総括していたが，同社の平成9年9月期から同12年9月期までの4事業年度にわたり，架空仕入れを計上するなどの方法により所得を秘匿し，虚偽過少申告を行って法人税をほ脱していた。ところが，平成13年9月に，同社に国税局の査察調査が入ったため，これによる逮捕や処罰を免れるため，知人のAに対応を相談した。Aは，Xに対し，脱税額を少なく見せかけるため，架空の簿外経費を作って国税局に認めてもらうしかないとして，K社が主宰するボクシング・ショーであるD大会に，著名な外国人プロボクサーMを出場させるという計画に絡めて，同プロボクサーの招へいに関する架空経費を作出するため，契約不履行に基づく違約金が経費として認められることを利用して違約金条項を盛り込んだ契約書を作ればよい旨教示した。そして，この方法でないと所得金額の大きい平成11年9月期と同12年9月期の利益を消すことができないなどと，この提案を受入れることを強く勧めた。

Xは，Aの提案を受け入れることとし，Aに対し，その提案内容を架空経費作出工作の協力者の一人であるBに説明するように求めた。そして，同年11月上旬ころ，L法律事務所において，X，AおよびBが一堂に会し，その場で，AがBに提案内容を説明し，その了解を得たうえで，XがAおよびBに対し，内容虚偽の契約書を作成することを依頼し，AおよびBは，これを承諾した。

こうして，AおよびBは，共謀のうえ，BがK社に対し上記プロボクサーを上記ボクシング・ショーに出場させること，KはBに対し，同プロボクサーのファイトマネー1000万ドルのうち500万ドルを前払いすること，さらに，契約不履行をした当事者は違約金500万ドルを支払うことなどを合意した旨のKとBとの間の内容虚偽の契約書および補足契約書を用意し，Bがこれら書面に署

名した後，K社代表者たるXにも署名させて，内容虚偽の契約書を完成させ，これによって，K社の法人税法違反事件に関する証拠を偽造した（なお，Aは，Xから，上記証拠偽造その他の工作資金の名目で多額の資金を引き出し，その多くを自ら利得していることが記録上うかがわれるが，Aにおいて，上記法人税法違反事件の犯人であるXが証拠偽造に関する提案を受け入れなかったり，その実行を自分に依頼してこなかった場合にまで，なお本件証拠偽造を遂行しようとするような動機その他の事情があったことをうかがうことはできない）。

Xは，AおよびBに対し，内容虚偽の各契約書を作成させ，Kの法人税法違反事件に関する証拠偽造を教唆した旨の公訴事実により訴追された。

［弁護人の主張］

Aは被告人の証拠偽造の依頼により新たに犯意を生じたものではない。すなわち，Aは，被告人の相談相手というにとどまらず，自らも実行に深く関与することを前提に，Kの法人税法違反事件に関し，違約金条項を盛り込んだ虚偽の契約書を作出するという具体的な証拠偽造を考案し，これを被告人に積極的に提案している。それゆえ，XのAに対する教唆は成立しない。

Questions

Q12 犯人が，自らの刑事事件について証拠隠滅を依頼した場合に，共犯は成立するか。その結論は，責任共犯論，因果的共犯論と，どのように関連すると考えるべきか（**基本判例6**，**Q15**も参照）。

Q13 本件では，証拠隠滅の具体的方法などはAの方から積極的に提案されている。それでも，XにAに対する証拠隠滅の教唆が成立すると解するべきか。

4 最決平成18年11月21日刑集60巻9号770頁

［事実の概要］〔設問2〕参照

［決定要旨］上告棄却

「なるほど，Aは，被告人の相談相手というにとどまらず，自らも実行に深く関与することを前提に，Kの法人税法違反事件に関し，違約金条項を盛り込んだ虚偽の契約書を作出するという具体的な証拠偽造を考案し，これを被告人Xに積極的に提案していたものである。しかし，本件において，Aは，被告人Xの意向にかかわりなく本件犯罪を遂行するまでの意思を形成していたわけではないから，Aの本件証拠偽造の提案に対し，被告人がこれを承諾して提案に係る工作の実行を依頼したことによって，その提案どおりに犯罪を遂行しようというAの意思を確定させたも

のと認められるのであり，被告人Xの行為は，人に特定の犯罪を実行する決意を生じさせたものとして，教唆に当たるというべきである。したがって，原判決が維持した第1審判決が，Bに対してだけでなく，Aに対しても，被告人Xが本件証拠偽造を教唆したものとして，公訴事実に係る証拠隠滅教唆罪の成立を認めたことは正当である。」

5　最決昭和60年7月3日判時1173号151頁

[事実の概要]
　暴力団組員であった被告人Xは，指定最高速度40キロメートル毎時のところ105キロメートル毎時で疾走したうえ，この道路交通法違反を現認して検挙しようとした警察官の停止指示を無視して逃走した。さらに，この道路交通法違反事件に対する自己の刑責を免れようと企て，自己の配下の組員Aに対し，Xの身代わり犯人として所轄警察署に出頭するよう依頼し，Aをして同警察署所属の警察官に対し，前記道路交通法違反事件の犯人が同人である旨の虚偽の申告をさせた。
　第1審，原審ともに道交法違反および犯人隠避教唆罪の成立を認めたため，弁護人が，自己の刑責を免れるための犯人隠避を処罰することを不当として上告した。
[判旨]　上告棄却
　「なお，犯人が他人を教唆して自己を隠避させたときに，刑法103条の犯人隠避罪の教唆犯の成立を認めることは当裁判所の判例とするところであり（最高裁昭和35年（あ）第98号同年7月18日第2小法廷決定・刑集14巻9号1189頁参照），原判決の是認する第1審判決がXについて犯人隠避教唆罪の成立を認めたのは相当である。」
[谷口正孝裁判官の反対意見]
　「一　犯人が他人を教唆して自己を隠避させた本件の如き事案について，犯人隠避教唆罪の成立を認めるべきか否かについては，判例と一部の学説との間に見解を異にするものがある。多数意見は，最高裁昭和35年7月18日第2小法廷決定・刑集14巻9号1189頁を踏襲してこれを積極に解した。その理由は，不可罰行為とされているところの犯人が自ら隠避する行為と他人を教唆して自己を隠避させる行為（本件の場合は暴力団員である被告人が自己の犯した道路交通法違反事件について配下の組員に命じてその者を自己の身代わり犯人に仕立てあげた事案である）との間には，法的評価において自ずから異なるものがあることを強調するものと思われる。確に，弱い立場にある配下の組員に自己の犯した罪の責任を転嫁し，自らは罪を免れようとした被告人の行為は卑劣である。然し，そのことと，この場合，被告人を犯人隠避教唆罪に問えるかということとは別の問題である。私は，この場合，やはり消極に解

すべきものと考えるので，以下その理由を述べる。

　二　犯人が他人を教唆して自己を隠避させた場合，犯人隠避教唆罪の成立する理由として，判例のあげるところは次の2点である。その1は，被教唆者について犯人隠避罪が成立する以上，その実行を教唆した者について犯人隠避教唆罪の成立することは当然である，とするものである（証憑湮滅の教唆犯の成立を肯定した大審院昭和10年9月28日判決・刑集14巻17号997頁参照）。他の1は，犯人の防禦権の濫用を理由とするものである。大審院昭和8年10月18日判決・刑集12巻20号1820頁がそれである。理由づけはかなり詳細である。曰く『犯人カ其ノ発見逮捕ヲ免レントスルハ人間ノ至情ナルヲ以テ犯人自身ノ単ナル隠避行為ハ法律ノ罪トシテ問フ所ニ非ス所謂防禦ノ自由ニ属スト雖他人ヲ教唆シテ自己ヲ隠避セシメ刑法第103条ノ犯罪ヲ実行セシムルニ至リテハ防禦ノ濫用ニ属シ法律ノ放任行為トシテ干渉セサル防禦ノ範囲ヲ逸脱シタルモノト謂ハサルヲ得サルニヨリ被教唆者ニ対シ犯人隠避罪成立スル以上教唆者タル犯人ハ犯人隠避教唆ノ罪責ヲ負ハサルヘカラサルコト言ヲ俟タス』と，前記最高裁第2小法廷決定は，理由を示してはいないが，これらの大審院判例と同一系列の思考に出たものと思われる。然し，私は，これらの判例の理由とするところには，必ずしも説明の尽されていないものがあると考える。犯人が自ら隠避する行為は，犯人の防禦の自由に属するというのであるが，そこにいう自ら隠避する行為というのは，犯人が刑罰請求権の行使を免れるためにする一切の行為のうち，唯単に自ら逃げ隠れする行為だけになぜ限定されるのかについては説明がない。犯人が他人を教唆して自己を隠避させる行為もまた犯人の自己隠避行為の一場合ではないのか。前者が法律の放任行為として法の干渉しない行為であるのに，後者の場合は防禦権の濫用となるのはいかなる理由によるものか説明として聴くべきものはない。つきつめて考えれば，被教唆者について犯人隠避罪が成立する以上，その罪を教唆した犯人に対して同罪の教唆犯が成立するのは当然ではないか，ということに尽きるのではなかろうか。

　もっとも，これらの判例を支持して責任論の立場から犯人が自ら隠避する場合と他人に犯人隠避の罪を犯させてまで隠避の目的を遂げる場合とでは情状が違い，前者の場合には定型的に期待可能性が欠缺するが，後者の場合にはもはや定型的に期待可能性がないとはいえないとする説がある。そして，さらに行為の違法性を考え，『教唆犯には，他人の行為を利用して犯罪を実現するという反社会性のほかに，教唆によって新たな犯罪人をつくり出すという反社会性がある。それで，自分自身で行えば，犯罪にならない行為でも，他人を教唆してそれを実行させた場合には，その教唆犯として処罰すべきである』という観点から，犯人が他人を教唆して自己を隠避させた場合犯人隠避教唆罪の成立を肯定する見解もある。

　いずれも傾聴すべき見解ではあるが，責任論の立場で事を論ずるとすれば，しよ

せん見解の相違ということになろうし，教唆犯が新たな犯罪人をつくり出すといういわば正犯に加算された反社会性ということを問題にするとすれば，教唆犯がそのように二重に評価される所以を理解し難いばかりでなく，教唆犯を正犯に準ずる（刑法61条）とした刑法の趣意といかに調和するかについても問題を残すであろう。私としては，積極説に未だ十分な根拠を見出すことができないのである。

　三　思うに，正犯として不可罰な行為は，共犯としてした場合であっても原則として不可罰である。しかも，刑法103条所定の犯人蔵匿・隠避の罪は，行為定型として蔵匿し・隠避させる者と蔵匿・隠避される犯人の両者を必要な成立要件としている。犯人が単独で，自ら逃げ隠れする場合までを，ここにいう犯人蔵匿・隠避にいれて考えることは，実は用語としても正当ではあるまい。

　このように，同罪が，蔵匿し隠避させる者と蔵匿・隠避される犯人の両者を関与形態として予定し，しかも同罪が成立するについては，後者から前者への働きかけをするのが通常の事態というべきであり，立法事実としても当然そのような事態を考えたであろうと思われるのに，刑法は前者についてのみ処罰規定を置いているのである。本件はまさに右の通常の事態にあたる。そうだとすると，対向的必要的共同正犯としてとらえられる犯罪について，法が一方の関与行為者のみを処罰している場合他方の関与者は不処罰とした趣旨であると考える思考形式がここでもあてはまる。

　配下の組員をして被告人の身代わり犯人に仕組んだ被告人の行為は卑劣である。しかし，その点は，道路交通法違反罪の犯人として被告人を処罰する場合の悪しき情状として考慮すれば足りるのではないか。以上の次第で，私は，犯人隠避教唆罪の点について被告人は無罪と考える。」

Questions

Q14　犯人が他人に自己を匿わせた場合は，犯人蔵匿罪の教唆になるか。かつての共犯独立性説，共犯従属性説の対立と，教唆成立説，不成立説とは，どのように関連するか，また，そのような理解は妥当といえるか。

Q15　教唆不成立説に対しては，成立説から「他人を犯罪に巻き込むことについてまで期待可能性が欠けるとはいえない」とする批判がある。反対に，教唆成立説に対しては，不成立説から，正犯としても処罰されない以上はより間接的な教唆の場合は不処罰とすべきべきである，「教唆によって新たな犯罪人を作り出す反社会性」を根拠にしている，さらに，他人を巻き込む場合でも期待可能性の程度に差は生じないのではないか，とする批判がある。これらの批判は，それぞれ妥当なものであろうか。また，わが国で現在有力な因果的共犯論からは，成立説・不成立説に対してどのようなアプローチが考えられるであろうか。

Q16　犯人蔵匿罪は，蔵匿する者と蔵匿される犯人の関与を予定しており，しか

も後者から前者への働きかけをするのが通常の事態として考えられるので，立法者も当然そのような問題を考えたであろうと思われるのに，刑法は前者についてのみ処罰規定を置いていることについて，必要的共犯（対向犯）の考え方を敷衍して，犯人自身の教唆行為を不処罰とする考え方は妥当であるか。その論拠として何が考えられるか。

6　最決昭和40年9月16日刑集19巻6号679頁

［事実の概要］

被告人Xは，昭和36年4月13日ころK旅館において，電気器具商Aから他に販売方依頼を受け，その販売のため電気掃除器1台（価格金1万2000円相当）を受け取り，同人のため自己において預り保管中，同日ごろ，株式会社B本店において，同店の事務員Cに対し，前記電気掃除器1台を同人に対する自己の借金1万2000円の代物弁済としてほしいままに引き渡して横領するなど，計4件の横領をした。

そして，X，Yは，宮崎地方裁判所日南支部で公判審理中のXに対する横領被告事件につき，同人をして有利な判決を得せしむる目的をもって共謀のうえ，昭和37年2月末日ころ，DことE方において，Aに対し，右被告事件の証憑書類として裁判所に提出すべく，当時その事実がないのに，「昭和36年2月16日にAとX間に，AがXに電気器具の販売協力のお礼として約5万円を差し上げる，その5万円は現金でも，商品でも，Xの希望するものを差し上げることの約束ができ，Aがこの履行を誓約する」旨の内容虚偽の昭和36年2月16日付誓約証の作成方を再三にわたり申し向けて依頼し，Aに証憑偽造を教唆し，その結果同人をして同日ごろ同所において，内容虚偽の右の趣旨の誓約証1通を作成させた。

原審弁護人は，上記内容虚偽の誓約書を作成させた事実について，「刑法第104条の証憑偽造罪は，他人の刑事被告事件に関する証憑の湮滅，偽造，変造，偽造証憑の使用を処罰する趣旨であって，刑事被告人が自己の刑事被告事件に関し証憑を偽造あるいは湮滅しても犯罪は成立しないとするのであるが，その成立を否定した趣旨は，犯人に期待可能性がないから責任を問わないとする趣旨と解すべきところ，この解釈は本件のように刑事被告人が他人を教唆して自己の刑事被告事件の証憑を偽造，湮滅せしめた場合にまで拡張されなければならないものというべきであり」，「しかるに原判決はこの解釈をとらずにXの原判示所為につき有罪の認定をしたのは法の解釈を誤ったものであり，破棄を免れない」と主張した。しかし原審は，「刑法第104条は刑事被告人によって教唆され，これにもとづき当該刑事被告事件の証憑を偽造又は湮滅した他人が処罰されるにもかかわらず，自らは教唆しながら刑

責を免れるということまで許容した趣旨でないことは，既に諸判例（明治45年1月15日大審院判決，判決録18輯1頁，昭和10年9月28日大審院判決，判例集14巻997頁）の示すところであり，所論のように解することが誤りであることは明らかである」，として，Xに証拠隠滅罪の教唆を認めた第1審判決を是認した。

これに対して，弁護人は，「原審は証憑偽造の罪について，被告人自らの被告事件で，他人を教唆した場合は罪になると判示した……。蓋し，自ら証憑の偽造をした場合に犯罪にならないとしたのは，要するに，かゝる場合期待可能性がないとの法理に因るものであるから，たとえ他人を教唆して同偽造をした場合でも同一の法理によって律せうるべきものとするのが法論理的見地から見て一貫すると云うべきである」として上告した。

[決定要旨]　上告棄却

「なお，犯人が他人を教唆して，自己の刑事被告事件に関する証憑を偽造させたときは，刑法104条の証憑偽造罪の教唆犯が成立するものと解すべきであるから，この点について同趣旨の解釈をした原判決の判断は正当である。」

7　札幌地判平成10年11月6日判時1659号154頁

[事実の概要]

被告人Xは，K警察署から平成8年8月10日付けで札幌地方検察庁に事件送致された自己に対する集団暴走行為の道路交通法違反被疑事件につき，自己が同事件の発生時間帯である同年6月21日深夜には同事件発生場所以外の場所に現在していたと仮装するビデオテープをねつ造させることを企てた。そして，同年8月27日ころ，Z駅前広場において，A，B，CおよびDに対し，「アリバイビデオ撮るから協力頼む」旨申し向け，さらにF方前付近路上等において，E，A，BおよびDの5名に対し，「これから6月21日のアリバイビデオを作るから，時期がばれないようにしてくれ」旨申し向けて右5名にその旨決意させた。それにより，右5名をして，共謀のうえ，そのころ，右Aが画像に映る日時を上記道路交通法違反被疑事件発生時刻ころである同年6月21日午後11時30分ころに設定したビデオカメラを使用して，約1時間にわたり，右F方前付近路上におけるXおよび右5名によるインラインスケート遊技状況並びにC方居室内におけるXおよび右5名の歓談状況等を撮影させて，あたかも上記道路交通法違反被疑事件発生当時にXが事件発生場所以外の場所に現在したかの如く装ったビデオテープ1巻をねつ造させた。

[判旨]

札幌地裁は，上記事実について「他人の刑事事件に関する証拠を偽造することを

教唆した」として有罪を認定したうえで，量刑事情において以下のように述べた。
「本件は，Xが，いわゆる集団暴走行為の嫌疑により保護処分を受けることなどを恐れ，友人らに働きかけて，アリバイ証拠となるビデオテープをねつ造させたという証拠隠滅教唆の事案である。

Xは，自らの不法な行為にかかる当然の処分を逃れるために，新たに友人らを巻き込む本件犯行に及んでいるのであって，その動機は，身勝手極まりないとともに，規範意識の欠如が顕著である。また，Xは，躊躇する友人らに執ように働きかけて右ねつ造を決意させるとともに，虚偽のアリバイであることが発覚しないよう積極的に具体的指示を与えるなどして，巧妙にねつ造されたビデオテープを作成させているのであるから，その態様も悪質である。そして，父親らを通じて，右テープを家庭裁判所に提出させるなどし，結局，右集団暴走行為を理由とする中等少年院送致決定について保護処分取消決定をいわばまんまと騙し取っているのであるから，その結果も重大であるといわざるを得ない。Xが，犯行後，右ねつ造の嫌疑が高まるや，処罰を免れるために，友人らに，テープの撮影日付を設定したのはX自身であり，虚偽の日付になっているとは知らなかった旨捜査機関に供述するよう工作していることも併せ考慮すると，Xの刑責は重いというべきである。とりわけ，Xの犯行が，適正な司法判断の基礎となる証拠を積極的に偽造するよう教唆したものであり，これにより，前記のとおり重大な実害が生じていることを重視すれば，Xに対しては，実刑をもって処断すべきことも十分考えられるところといわなければならない。

しかし，他方において，Xは，犯行当時17歳の少年であって，行為の意味や影響について十分考慮し得ないまま犯行に及び，Xのえん罪を願望する父親が本件ねつ造ビデオテープをそれと知らなかったとはいえ，Xを救う手段としてなんとか利用しようとしたことと相まって，その後の推移はXの予想を超えた事態にまで進んでしまったという面がない訳ではないと認められる上，相当期間身柄を拘束されたことなどにより，自らを振り返る機会を得，現在では，犯行のもたらした結果の重大さに思い至り，これを強く後悔して，反省の態度を示すに至っていること，Xは，現在でも20歳と若年であって，十分更生の可能性があると考えられること，当然のこととはいえ，一旦受領した保護処分取消決定に基づく少年補償金を返還しようとし，制度上これが困難であることが分かると，全額を贖罪寄付していることなど，被告人のために酌むべき事情も認められる。」

そして，以上の諸事情を総合考慮し，被告人に懲役1年の刑に処したうえで，今回に限り，その刑の執行を猶予するとともに，Xの更生に万全を期するため，その間，被告人を保護観察に付するのが相当であるとした。

Questions

Q17 刑法104条の「刑事事件」に，少年事件は含まれるか。

Q18 本事案において，ビデオテープのねつ造を友人らに依頼したのがＸの父親であったとしたら，父親の罪責についてどのように解するべきか。

第30講 賄 賂 罪

1 一般的職務権限

〔設問1〕 以下の事実について，Xの罪責について述べなさい。

　被告人Xは，平成6年10月12日から平成12年2月20日まで警視庁刑事部捜査第4課で，同月21日から警視庁S警察署地域課で，警視庁警部補として犯罪の捜査等に関わり，刑事事件の被害者から相談を受けて助言を与え，あるいは，その加害行為を制止するなどの職務に従事していた。

　Yは，有限会社Aの実質的経営者であったが，A社の競落した土地を巡ってさまざまな妨害行為を重ねてきたBが，元暴力団組長のCらと共謀して，Yの取締役の辞任届等を偽造して，CがA会社の代表取締役に就任した旨の嘘の登記を行うなどしたため，平成11年11月15日，警視庁T警察署長あてに，B，Cらを被告発人とする公正証書原本不実記載・同行使罪の告発状を提出した。Yは，その後，同署に上記告発事件の捜査を早く進めるよう何度も催促し，Cらが逮捕されるのを期待していたが，進展せず，焦燥感を募らせていたところ，捜査が進まないのは，Cと昵懇の間柄にある警視庁刑事部捜査第4課のXが，警察内部で画策して，捜査妨害をしているのではないかとの思いを抱くに至った。そこで，知人の勧めもあり，Xと会うことにした。

　当初Yは，Xに対し，XがCから金をもらって捜査妨害をしている旨を記載した書面を示しながら，その真偽を質したところ，Xは，勤務先が捜査第4課からS警察署に変わった旨話した後，上記書面の内容は虚偽であり，捜査妨害はしていないなどと説明した後，Yから，「T署の事件が，なかなか進まないんで困っています。なんとか早くならないですか」と言われると，「今は，制服を着ているし，T署の事件にとやかく言える立場ではない。そんな権限もないですよ」などと答えたが，「T署に知り合いもいますので，捜査の進捗具合を聞くことぐらいできると思いますので聞いてあげますよ」と言ったところ，後日Yの事務所で上記告発事件の書類を見てほしいと頼まれて，これを了承した。Xは，同日，知人のDに電話して，T署勤務のE警部補から上記告発事件の捜査状況を聞き出してくれるように依頼した。

　Xは，同月20日午後1時ころ，Mビル内の事務所に赴き，Yだけが在室する社長室でYと会い，上記告発事件の関係書類に目を通し，「これは分かりにく

い。T署じゃあ時間がかかるよ。ヤクザがからんでいるのだろう。こういうのは4課に持って行った方が早かった。後でよく読んでおきますよ」などと言い，同書類を受け取るとともに，Yが，捜査が進まない原因を知りたがっていたのは分かっていたため，「T署にはEという知り合いがいるので，どうなっているのか聞いてみますよ。少し動いてみますよ」と答えたところ，Yから，「動くのには金もいるんでしょう」と言われて，封筒入りの現金100万円を渡され，これを受領して同所を出た。その後Xは，上記告発事件に関してT署に直接働きかけをしておらず，何らの情報も得ていなかったが，Yに会えば，Yから現金を貰えるかもしれないと考え，同月25日，Yに電話して，「T署は，一生懸命やっているようだよ」などと言い，Yを訪ねることにして，同日午後3時前ころ，上記社長室でYと会い，「ヤメ検の弁護士でないと駄目だよ。警察に顔が効く弁護士じゃないと駄目だ。ヤメ検がいるので紹介しようか」などと話し，その際，Yから封筒入りの現金100万円を受け取り，「私も，できる限りのことはしてみます」と言って同所を出た。
（なお，警察法64条は「都道府県警察の警察官は，この法律に特別の定めがある場合を除く外，当都道府県警察の管轄区域内において職権を行うものとする」と定めている。）

Questions

Q1 収賄罪の類型には何があるか。本件は，いかなる類型の収賄罪が問題となった事案か。他の収賄罪類型との相違はどこにあるか。

Q2 収賄罪が成立するには，職務に関し賄賂を収受しなければならないが，いかなる場合に賄賂と職務との関連性が認められるか。それを判断する論拠や基準として，どのような考え方が主張されているか。

Q3 本設問で，T署の刑事課が上記告発事件を担当していたとすれば，別個の署であり，しかも地域課と刑事課という齟齬もあることになるが，それでもXには収賄罪が認められるか。

1 最決平成17年3月11日刑集59巻2号1頁

[事実]〔設問1〕参照
[決定要旨]
「Xは，警視庁警部補として同庁S警察署地域課に勤務し，犯罪の捜査等の職務

に従事していたものであるが，公正証書原本不実記載等の事件につき同庁T警察署長に対し告発状を提出していた者から，同事件について，告発の検討，助言，捜査情報の提供，捜査関係者への働き掛けなどの有利かつ便宜な取り計らいを受けたいとの趣旨の下に供与されるものであることを知りながら，現金の供与を受けたというのである。警察法64条等の関係法令によれば，同庁警察官の犯罪捜査に関する職務権限は，同庁の管轄区域である東京都の全域に及ぶと解されることなどに照らすと，Xが，S警察署管内の交番に勤務しており，T警察署刑事課の担当する上記事件の捜査に関与していなかったとしても，Xの上記行為は，その職務に関し賄賂を収受したものであるというべきである。したがって，被告人につき刑法197条1項前段の収賄罪の成立を認めた原判断は，正当である。」

Questions

Q4 警察官の一般的職務として，告発状の検討と告発事件に関する助言の間に，職務関連性は認められるか。

Q5 本判決で示された判断基準は，従来の判例（たとえば，最判昭和27年4月17日刑集6巻4号665頁，最判昭和37年5月29日刑集16巻5号528頁）と比較して，どのような相違があると考えられるか。その相違を生じた理論的根拠は何か。

2 最大判平成7年2月22日刑集49巻2号1頁

[事実の概要]

航空機メーカーである米国L社は，航空機（L1011型）を国内航空会社N社に売り込んでいた。その売り込み活動にあたっていたM社社長であったYらは，昭和47年8月23日，当時の内閣総理大臣であるXに対して，その私邸で，(1)運輸大臣に，N社がL1011型機を選定購入を勧奨する行為をするように働きかけ（Aルート），あるいは，(2)Xが直接自らN社にL1011型機の選定購入を働きかける（Bルート）などの協力依頼をした。Yらは，売り込みの成功報酬として現金5億円を供与することを約束し，Xにおいてこれを承諾した。同年10月30日に，N社がL1011型機の購入を決定した後，Yらは，前記約束に基づいて，昭和48年8月10日から昭和49年3月1日までの間，4回にわたり，Xに対して，その秘書官であったZを介して，現金5億円の授受が行われた。

Aルートに関しては，第1審判決，原審判決ともに，内閣総理大臣の指揮監督権限に属するものとした。原審判決は，内閣総理大臣が運輸大臣に対して指揮監督権限を行使しうるためには，(1)閣議にかけて決定した方針に基づくこと（内閣法6条），

および(2)指揮の内容が運輸大臣の権限内の事項についてのものであることが必要であるとした上で，(2)について，機種選定が運輸大臣の職務権限に属するとし，(1)について，「航空企業の運営体制について」と題する閣議了解が存在すること等から，運輸大臣に対してN社にL1011型機の選定購入を勧奨するよう指揮するという内閣総理大臣の指揮監督権限が存在するとした。またBルートに関しては，第1審判決，原審判決ともに，上記職務と密接に関連する準職務行為であるとした。原審判決は，内閣総理大臣の専権に属する指揮監督権限を背景とし，運輸大臣を指揮して行政指導をなさしめた場合（Aルート）と同じ効果をもたらしうる点からして，右指揮監督権限の行使に準ずる公務的性格の行為であり，職務と密接な関係にある準職務行為であるとした。

これに対して，被告側が上告した。

[判旨] 上告棄却

「1　賄賂罪は，公務員の職務の公正とこれに対する社会一般の信頼を保護法益とするものであるから，賄賂と対価関係に立つ行為は，法令上公務員の一般的職務権限に属する行為であれば足り，公務員が具体的事情の下においてその行為を適法に行うことができたかどうかは，問うところではない。けだし，公務員が右のような行為の対価として金品を収受することは，それ自体，職務の公正に対する社会一般の信頼を害するからである。

2　Xが内閣総理大臣として運輸大臣に対しN社にL1011型機の選定購入を勧奨するよう働き掛ける行為が，Xの内閣総理大臣としての職務権限に属する行為であるというためには，右行為が，Xが運輸大臣を介してN社に働き掛けるという間接的なものであることからすると，(1)運輸大臣がN社にL1011型機の選定購入を勧奨する行為が運輸大臣の職務権限に属し，かつ，(2)内閣総理大臣が運輸大臣に対し右勧奨をするよう働き掛けることが内閣総理大臣の職務権限に属することが必要であると解される。

（一）　そこで，まず，運輸大臣の職務権限について検討する。

民間航空会社が運航する航空路線に就航させるべき航空機の機種の選定は，本来民間航空会社がその責任と判断において行うべき事柄であり，運輸大臣が民間航空会社に対し特定機種の選定購入を勧奨することができるとする明文の根拠規定は存在しない。しかし，一般に，行政機関は，その任務ないし所掌事務の範囲内において，一定の行政目的を実現するため，特定の者に一定の作為又は不作為を求める指導，勧告，助言等をすることができ，このような行政指導は公務員の職務権限に基づく職務行為であるというべきである。……

このような運輸大臣の職務権限からすれば，航空会社が新機種の航空機を就航させようとする場合，運輸大臣に右認可権限を付与した航空法の趣旨にかんがみ，特

定機種を就航させることが前記認可基準に照らし適当であると認められるなど，必要な行政目的があるときには，運輸大臣は，行政指導として，民間航空会社に対し特定機種の選定購入を勧奨することも許されるものと解される。したがって，特定機種の選定購入の勧奨は，一般的には，運輸大臣の航空運輸行政に関する行政指導として，その職務権限に属するものというべきである。そうすると，本件において，運輸大臣がN社に対しL1011型機の選定購入を勧奨する行政指導をするについて必要な行政目的があったかどうか，それを適法に行うことができたかどうかにかかわりなく，右のような勧奨は，運輸大臣の職務権限に属するものということができる。
(二) 次に，内閣総理大臣の職務権限について検討する。

　内閣総理大臣は，憲法上，行政権を行使する内閣の首長として（66条），国務大臣の任免権（68条），内閣を代表して行政各部を指揮監督する職務権限（72条）を有するなど，内閣を統率し，行政各部を統轄調整する地位にあるものである。そして，内閣法は，閣議は内閣総理大臣が主宰するものと定め（4条），内閣総理大臣は，閣議にかけて決定した方針に基づいて行政各部を指揮監督し（6条），行政各部の処分又は命令を中止させることができるものとしている（8条）。このように，内閣総理大臣が行政各部に対し指揮監督権を行使するためには，閣議にかけて決定した方針が存在することを要するが，閣議にかけて決定した方針が存在しない場合においても，内閣総理大臣の右のような地位及び権限に照らすと，流動的で多様な行政需要に遅滞なく対応するため，内閣総理大臣は，少なくとも，内閣の明示の意思に反しない限り，行政各部に対し，随時，その所掌事務について一定の方向で処理するよう指導，助言等の指示を与える権限を有するものと解するのが相当である。したがって，内閣総理大臣の運輸大臣に対する前記働き掛けは，一般的には，内閣総理大臣の指示として，その職務権限に属することは否定できない。
(三)　以上検討したところによれば，運輸大臣がN社に対しL1011型機の選定購入を勧奨する行為は，運輸大臣の職務権限に属する行為であり，内閣総理大臣が運輸大臣に対し右勧奨行為をするよう働き掛ける行為は，内閣総理大臣の運輸大臣に対する指示という職務権限に属する行為ということができるから，Xが内閣総理大臣として運輸大臣に前記働き掛けをすることが，賄賂罪における職務行為に当たるとした原判決は，結論において正当として是認することができるというべきである。……

　以上のとおり，被告人Yにつき贈賄罪の成立を肯定した原判決の結論を是認できるから，本件請託の対象とされた行為のうち，Xが直接自らN社にL1011型機の選定購入を働き掛ける行為が，Xの内閣総理大臣としての職務権限に属するかどうかの点についての判断は示さないこととする。」

Questions

Q6 賄賂罪の保護法益に関して，従来，どのような学説が主張されてきたか。刑法は，「公務員は理由のない金を一切もらわない廉直な人格を有する」という国民の信頼感を保護するのか。職務の公正さが疑われることが法益侵害であり，公務員が職務に関し賄賂を収受することが問題なのか。

Q7 Q6における見解の相違は，「職務」の判断にいかなる影響を及ぼすか。

Q8 本事案で，内閣総理大臣に職務権限を認めた根拠は，何に求められるか。原審判決と最高裁判決との間に，理解の相違は存在するか。

Q9 原判決の認めた準職務行為（職務密接関連行為）とは何か（**Q10**参照）。

2 職務密接関連行為

〔設問2〕 以下の事実に関して，XおよびYの罪責について述べなさい。

N医大学は，N県の条例に基づき設置された公立大学であり，同大学附属病院は，その付属施設である。N医大の各臨床医学教室と附属病院の各診療科とは，臨床医学教室での医学の教育研究と診療科での診療を通じた医療の教育研究とを同時に行うべく，1対1で対応しており，人的構成上も，臨床医学教室の教授が対応する診療科の部長を務め，臨床医学教室の助教授がそれに対応する診療科の副部長を務めることとされているなど，いわば一体の組織として構成され，機能していた。

Xは，N医大の救急医学教室教授であるとともに，附属病院救急科部長であり，教育公務員特例法等の規定により教育公務員とされ，地方公務員としての身分を有しており，また救急医学教室および救急科に属する助教授以下の教員，医員および臨床研修医等の医師を教育し，その研究を指導する職務権限を有していた。そして，N医大においても，他の多くの大学の医学部・附属病院と同様，臨床医学教室および診療科に対応して，医局と呼ばれる医師の集団が存在し，N医大の医局は，長たる教授のほか，助教授以下の教員，医員，臨床研修医，大学院生，専修生および研究生等により構成され，大学の臨床医学教室または附属病院の診療科に籍を置いている者が大半だが，籍を置かない者もいた。そして，教授は，自己が長を務める医局を主宰，運営する役割を担い，当該医局の構成員を教育指導し，その人事についての権限を持っていた。

Yは，医療法人K会理事長としてN県内所在のT病院を経営していたが，Xに対し，平成10年12月下旬ころ，N医科大学救急医学教室教授室において，前記救急医学教室等に対応する医局に属する医師に対する教育，指導等の一環として当該医局からT病院に勤務する医師を派遣するなどの便宜ある取り計らい

を受けたことに対する謝礼および今後も同様の取り計らいを得たいとの趣旨の下に，現金500万円を供与した。

［検察官の主張］

Xは，N医大において，救急医学教室および救急科に対応する医局に属する助教授以下の教員の採用や昇進，医員，非常勤医師および臨床研修医の採用，専修生および研究生の入学許可等につき，実質的な決定権を掌握していたほか，関連病院，すなわち，医局に属する医師の派遣を継続的に受けるなどして医局と一定の関係を有する外部の病院への医師派遣についても，最終的な決定権を有している。Xにとって，自己が教育指導する医師を関連病院に派遣することは，その教育指導のうえでも，また，将来の救急医学教室の教員等を養成するうえでも，重要な意義が認められる。

［弁護人の主張］

本件医師派遣の際に主体的役割を果たす医局は，法的には大学と何ら関連を有しない私的団体であり，医局に属する医師と民間病院とに締結される雇用契約は私人間の契約にすぎず，医局の主宰者たる教授は，私人間の契約を斡旋しているだけである。

また，医師派遣の際に行使される教授の影響力は，法的根拠に基づくものではなく，派遣に教育的機能・目的はなく，この派遣における教授の行為は，単に教授が有する私的な情報を利用して行われるものにすぎないので，私的行為とみるべきである。

3 最決平成18年1月23日刑集60巻1号67頁

［事実の概要］　［設問 2 ］参照

贈賄側被告人のYに関して，第 1 審判決は，N医科大学救急医学教室および同大学附属病院救急科に対応する医局に属する医師をT病院等の関連病院に派遣する行為が同大学救急医学教室教授兼同大学附属病院救急科部長であったXの職務に密接な関係を有する準職務行為または事実上所管する行為として職務関連性を有するとし，原審もその判断を維持した。

これに対して，弁護人は，「本件医師派遣の際に主体的役割を果たす医局は，法的には大学と何ら関連を有しない私的団体であり，医局に属する医師と民間病院とに締結される雇用契約は私人間の契約にすぎず，医局の主宰者たる教授は，私人間の契約を斡旋しているだけである。また，医師派遣の際に行使される教授の影響力は，法的根拠に基づくものではなく，派遣に教育的機能・目的はなく，この派遣に

おける教授の行為は，単に教授が有する私的な情報を利用して行われるものにすぎないので，私的行為とみるべきである」などと主張して，上告した。

[決定要旨]
「Xがその教育指導する医師を関連病院に派遣することは，N医大の救急医学教室教授兼附属病院救急科部長として，これらの医師を教育指導するというその職務に密接な関係のある行為というべきである。そうすると，医療法人理事長として病院を経営していた被告人が，その経営に係る関連病院に対する医師の派遣について便宜ある取り計らいを受けたことなどの謝礼等の趣旨の下に，Xに対して金員を供与した本件行為が贈賄罪に当たるとした原判断は正当である。」

Questions

Q10 職務密接関連行為（準職務行為）とは何か。なぜ，このような概念が認められるようになってきたか。

Q11 職務密接関連行為の判断基準として，どのようなものが考えられるか。賄賂罪の保護法益に関する見解と関連づけながら，検討しなさい。

Q12 本件では，賄賂罪の職務関連性が認められているが，それはいかなる事由に基づき，どのように理論構成されたものか。また，その結論は妥当か。

4 最決昭和60年6月11日刑集39巻5号219頁

[事実の概要]
O市議会議員でO市議会のS会派所属議員であるAは，昭和56年5月に行われる予定のO市議会議長選挙の際，「右選挙に先立って開かれるS会派推薦の議長候補者選出のための同会派会合において自己が右議長候補者に選出されるよう自己に一票を投じ，自己が右議長選に選出されたうえは市議会において自己が議長に当選できるよう自己への投票等をしてほしい，また，他のS会所属議員に対しても右同様の行動をとるよう勧誘してほしい」旨の請託をして現金10万円の供与等をし，いずれもO市議会議員であったXおよびYはその情を知りながら上記金員の供与を受けた。

第1審判決は，上記会派内の議長候補者選出行為が賄賂罪にいう職務といえるかについて，「現職市議会議員のみが参集して一定の手続を践んで来るべき職務権限行使に備え，議員各自が職務行為としてなすべき内容そのものにつきこれを規制する取決めをなすことは，大判昭和11年8月5日（刑集15巻1309頁）の説示から推しても，明らかに市議会議員の本来の職務と密接な関係を有する行為というべきであ

り（したがって，右行為に関して金銭の授受がなされれば贈収賄罪の成立を免れない。），たとえ，これがＳ会員による自主的な政治活動としてなされるものであっても，そのことによって，右にのべた職務との密接関連性が失われることになるわけではない」と判示し，原判決もこれを是認した。

[決定要旨]

「現職の市議会議員によって構成される市議会内会派に所属する議員が，市議会議長選挙における投票につき同会派所属の議員を拘束する趣旨で，同会派として同選挙において投票すべき者を選出する行為は，市議会議員の職務に密接な関係のある行為というべきであるから，これを収賄罪にいわゆる職務行為にあたるとした原判断は，正当である。」

[谷口正孝裁判官の補足意見]

「1　私も，原判示の市議会議長候補者を選出する行為が，市議会議長を選出するという市議会議員の職務に密接な関連を有するものとして，賄賂罪における『公務員の職務に関し』にあたる，とする法廷意見に賛成する。論旨は，右は，市議会議長選挙の準備行為にすぎず，市議会議員の職務に関するものではないと主張しているので，この点について一言説明を加えておく。

2　原判決の認定判示するところによれば，被告人らの所属するＳ会は，Ｏ市市議会議員のうちＪ党の党籍を有する保守系市議会議員をもって構成される同市議会内の届出を了した会派であるというのであるから，その会派内において市議会議長候補者を選出する行為は，政党活動の自由の枠内にあり，この段階の行為は市議会議長選出のため会派として当然なすべき準備行為にすぎず，その段階の行為をとらえて，『職務に関する』ものとして賄賂罪に問うことは，政党活動の自由を制約するものであって許されないのではないか，との議論もあろう。論旨も又そのような論理を踏えて準備行為の主張をしているものと思われる。

なるほど，地方議会議長選挙に際し，これに備えて事前に議会内会派において議長候補者を選衡・選出することは今日広く行われているところであり，そのような行為はもとより政党活動の自由に属するものであり，議会政治の運営上それなりの機能を果しているわけである。ところで，右会派内における選衡・選出によって議長選挙における候補者が決定すれば，同一会派に属する議員の当然の義務として議会における議長選挙にあたっては自派推せんの候補者に投票することとなり，その会派が議員中多数を占める場合には必然的にその会派の推せんする候補者が議長に当選するということになる。従って，このような仕組みのなかでは，議会における議長選出行為は形骸化し，議会内において多数を占める会派内における議長候補者の選衡・選出行為こそが議長選出行為の要となるものである。その会派所属の議員としては，会派の決定に統制拘束されるのが一般であるから，会派の決定は会派所

属議員各自が行うべき議長選挙の際の議長選出行為に制限拘束を加える性質のものである。そうしてみると、会派内における議長候補者の選衡・選出行為は、議会における議長選出行為と不可分一体のものであり、議員の行う議長選出行為という本来の職務行為と、『密接な関連を有する行為』といわざるを得ない。

そして、原判決の肯認した第1審判決認定事実によると、O市における市議会議長選挙については、右に述べたところがそのままあてはまるのである。すなわち、被告人らの所属するO市議会議員内の多数派を占めるS会において、同市議会議長選出のため予め同会派内において議長候補者を選衡・選出し1人に絞り、議会における議長選挙においては、予め同会派内において選出しておいた議長候補者に投票することが同会派の統制上義務づけられていたというのである。してみれば、同会派内における議長候補者の選衡・選出行為は、まさに同市議会議員の市議会における本来の職務行為としての議長選出行為と『密接な関連を有する行為』にあたるものである。

3 然らば、このような会派内における議長候補者の選衡・選出行為を賄賂罪の対象としてとらえることが政党活動の自由を阻害するものといえるであろうか。私は、そうは考えない。確かに会派内において議長候補者を選衡・選出する行為は、その候補者に選出された者が議長選挙において議長に当選する仕組みとなっている場合であっても、右会派内における議長候補者の選衡・選出行為それじたいは政党活動の自由の枠内の行為であろう。そして又、その会派内における所属議員の自せん、他せん行為もそのように考えてよいであろう。

然し、そのことと、その会派における議長候補者の選衡・選出行為が市議会議員としての議会における議長選挙行為と密接に関連する行為と評価される場合、その会派内における議長候補者の選出行為に際し、その選衡・選出にあたる所属議員の意思（本件の場合は無記名投票によりその意思表示がされた）を右選衡・選出行為の対価として金銭をもって賄う行為とは、自ら規制の面を異にすることである。後者の行為を刑法所定の賄賂罪の規定により規制することが、前者の政党活動の自由を規制するものといえないことは自明のことであろう。後者の行為は、行為じたいとして、市議会において市議会議員が職務として行う議長選挙行為を金銭をもって売買の対象とするに等価値のものであって、賄賂罪における保護法益である公務の不可買収性を侵害するものであることは明らかである。もっとも、後者の行為が前者の政治活動の自由と互いに関渉する面をもつことはいうまでもないことであるから、授受された金銭と職務行為の対価性の認定については、請託の有無、その内容、金銭の授受された当時の情況等を仔細に認定する等厳しい態度の要求されることは当然である。本件においては、記録上、職務行為の対価性が優に肯認される場合であるから、原判決のこの点の判断は相当である。」

Questions

Q13 本件で，職務密接関連性が認められたのは，どのような事情があったからであるか。また，その具体的判断は妥当であったと考えられるか。

【参考判例1】
最判昭和51年2月19日刑集30巻1号47頁

[事実の概要]

K市職員A，B，Cは，S工業団地への工場誘致事業を担当していた。AおよびBは，市議会議員のXおよび金融業兼宅地建物業経営のYから，経営の悪化したD社からX・Yらが買い受けた土地（本件土地）について，その転売処分を依頼されたが，その売却先がなかなか見つからずにいた。その後，E社代表取締役FがK市内のS工業団地に工業用地を求めて，その旨をCに申し出たため，Cは，A，Bに連絡し，AらはFらをS工業団地に案内したが，同団地内には適当な土地がなかった。そこで，同団地から1キロメートル余り離れたところにある本件土地を見せたところ，E社側はこれを買い取ることを希望し，同社に売却されることになった。Xは，この売却により得られた利益のうち，Aに30万円，Bに30万円，Cに15万円が贈与された。

原判決は，A，B，Cに各贈与された金員がそれぞれの職務に関する賄賂であるかどうかについて判断し，本件土地の売買は私人間の行為であり，Aらがその売買につき尽力したことは同人らの工場誘致に関する職務の執行にはあたらないが，刑法197条にいう「職務ニ関シ」とは公務員の職務執行行為だけではなく，これと密接な関係のある行為に関する場合をも含むと解すべきであり，本件においては，Aらは個人的関係に基づいてE社に対し本件土地の売買をあっせんしたのではなく，同社が工場誘致などに関する事務の窓口を訪れて工場用地を買い入れたい旨申し込んだのを受けて，右事務を担当していた同人らにおいてK市が開発して工場誘致を図っていたS工業団地に案内し，同団地内に希望に沿う土地がなかったことから，かねてYから売却処分方を依頼されていた本件土地に案内し，これを買い入れるようあっせんしたものであって，そのあっせん行為はA，B，Cの各工場誘致に関する職務と密接な関係のある行為に該当するして，Xに贈賄罪の成立を認めた第1審判決を是認した。

[判旨] 破棄自判

「刑法197条にいう『職務ニ関シ』とは，公務員の職務執行行為だけでなく，これと密接な関係のある行為に関する場合をも含むと解すべきであるが，ここに密接な関係のある行為とは，公務員の職務執行行為と何らかの関係があれば足りるというものではなく，公務員の職務に密接な関係を有するいわば準職務行為又は事実上所

管する職務行為であることを要するのである。これを本件についてみるに，A，B，Cが，E社がN県及びK市の各工場誘致などに関する窓口を訪れて工場用地を買い入れたい旨申し込んだのを受けて，右事務を担当していた同人らにおいて同市が開発して工場誘致を図っていたS工業団地に案内した行為が同人らの職務執行行為にあたることはいうまでもないが，同団地内にE社の希望にそう土地がなかったことから，かねてYから売却処分方を依頼されていた本件土地に案内しこれを買い入れるようあっせんした行為は，同人らの職務と密接な関係を有するいわば準職務行為又は事実上所管する職務行為であるということはできない。したがって，A，B，CがYとE社との間の本件土地の売買をあっせんした行為に対する謝礼は賄賂ではない……。」

3　不作為による職務行為と賄賂

5　最決平成14年10月22日刑集56巻8号690頁

[事実の概要]

被告人Xは，昭和58年7月5日から昭和61年6月16日までの間，文部省初等中等教育局の局長として，教育課程，学習指導法等初等中等教育のあらゆる面について，教育職員その他の関係者に対し，専門的，技術的な指導と助言を与えること，初等中等教育における進路指導に関し，援助と助言を与えること，文部大臣の諮問機関である教育課程審議会に関することなどの同局の事務全般を統括する職務に従事し，その後，同月17日から昭和63年6月10日までの間，文部事務次官として，文部大臣を助け，省務を整理し，同省各部局等の事務を監督するなどの職務に従事していた。

Xは，昭和61年9月上，中旬ころ，高校生向けの進学・就職情報誌を発行して，これを高校生に配布するなどの事業を営むR社の代表取締役社長をしていたAおよびR社の関連会社であるF社の代表取締役社長をしていたBから，①R社の進学情報誌に係る事業に関し，高等学校の教育職員が高校生の名簿を収集提供するという便宜を与えていることなどについての批判が顕在化していたのに，文部省が同事業の遂行に不利益となるような行政措置を採らずにいたことに対する謝礼と今後も同様の取り計らいを受けたいという趣旨，および②R社の事業の遂行に利益となる同社役職員の教育課程審議会等文部省所管の各種審議会，会議等の委員への選任に対する謝礼と今後も同様の取り計らいを受けたいという趣旨の下に，同年10月30日に社団法人日本証券業協会に店頭売買有価証券として店頭登録されることが予定されており，登録後確実に値上がりすることが見込まれ，前記Aらと特別の関係にある者以外の一般人が入手することが極めて困難であるR社関連会社であるC社の株式

を，店頭登録後に見込まれる価格より明らかに低い1株当たり3000円で1万株供与する旨の申入れを受けた。Xは，申入れの趣旨が前記①②のとおり自己の職務に関するものであることを認識しながら，その申入れを了承し，同年9月30日，同株式1万株を取得した。この取引により，Xは計算上2270万円を利益を得たと認定された。

第1審は上記①について，R社の進学情報誌事業をめぐり，高校生リスト収集問題に対する批判が公刊物に掲載され，これが文部省内にも達していたと推認できるものの，「右リスト収集問題を検討対象とする動きが当時文部省内にあったか疑いが残るといわざるを得ない。換言すれば，何らかの行政措置を，義務として採るべきか，裁量として採るのが相当かどうかを検討するに適する状況があったとは認め難いと考えられる」「文部省内若しくは初中局内のこの問題に関する対応が未だ現実化したとも認められない以上，何らかの行政措置を採るのが相当であったとして，事務次官若しくは初中局長として当該行政組織を掌理する立場にある被告人丙の不作為を職務行為として捉えるのは困難であると解するほかない」「将来の不作為を職務行為として問題とすることも相当でない」として，Xの不作為としての職務行為を認定できないとした。

これに対して，原審は，「文部省及びXの『高校生リスト収集問題』……についての認識状況は，単に，これらが抱える問題点を認識していたにとどまらず，これらの問題点について，文部省が何らかの行政措置……をとることが，R社進学情報誌事業に少なからぬ影響を及ぼすことを配慮した上，あえて積極的な対応をしなかったという認識状況にあったものといわざるを得ない」として，当該不作為に職務行為性を認めた。この判決に対して弁護人が上告した。

[決定要旨]　上告棄却

「Xの上記行為が平成7年法律第91号による改正前の刑法197条1項前段の収賄罪に該当することは明らかである。前記①の関係につき，Xにおいて積極的な便宜供与行為をしていないことは，同罪の成否を左右するものではない。所論は，不作為につき職務関連性を認めるためには，何らかの行政措置を採るべき作為義務が存在する場合でなければならない旨主張するが，そのように解すべき根拠はない。したがって，Xにつき，前記①の関係も含めて収賄罪の成立を認めた原判断は，結論において正当である。」

Questions

Q14　不作為の形態での職務は認められるか。その根拠は何か。

Q15　本件では，いかなる事情の存在が，不作為形態での職務であると判断する根拠となったのか。

4 職務の時期
(1) 転職後の過去の職務
【参考判例2】
最決昭和58年3月25日刑集37巻2号170頁
［事実の概要］

ZはH県職員であり，昭和46年4月1日から昭和50年3月31日まで，同県建築部建築振興課宅建業係長として宅地建物取引業法に基づき，宅地建物取引業者に対する指導監督及び右業者で組織する社団法人同県宅地建物取引業協会に対する指導助言などの職務に従事していたが，同年4月1日付をもって，同県建築部建築総務課課長補佐に任命されると同時に同県住宅供給公社に出向となり，同公社開発部参事兼開発課長となっていた（同公社職員はみなし公務員にあたる）。Xは宅地建物取引業の免許を受けてこれを営む株式会社の代表取締役であるとともに，前記宅地建物取引業協会の幹部（常任理事兼総務委員長・同協会I支部長）であった。

XはYと共謀の上，昭和50年7月30日ころ，H県庁西庁舎内において，Zから前記宅地建物取引業協会の指導育成並びに同協会I支部所属の宅地建物取引業者に対する指導監督などに便宜な取計いを受けたことの謝礼の趣旨で，Zに対し，現金50万円をYが手渡した。これに対して，第1審，原審ともに，Xに贈賄罪，Zに単純収賄罪の成立を認めた。

弁護人は，本件金員の授受が行われた当時，Zは，県の宅建行政とは全く別異の住宅供給公社の職務に従事していたものであり，一般的抽象的権限においても全く別異な公社職員に転じた後になされた現金授受については，単純贈収賄罪は成立しないと主張して上告した。

［決定要旨］ 上告棄却

「贈賄罪は，公務員に対し，その職務に関し賄賂を供与することによって成立するものであり，公務員が一般的職務権限を異にする他の職務に転じた後に前の職務に関して賄賂を供与した場合であっても，右供与の当時受供与者が公務員である以上，贈賄罪が成立するものと解すべきである（最高裁昭和26年（あ）第2529号同28年4月25日第2小法廷決定・刑集7巻4号881頁，同26年（あ）第2452号同28年5月1日第2小法廷判決・刑集7巻5号917頁参照）。これを本件についてみると，Xは，外1名と共謀の上，原判示Zに対し，H県建築部建築振興課宅建業係長としての職務に関し現金50万円を供与したというのであって，その供与の当時，右ZはH県住宅供給公社に出向し，従前とは一般的職務権限を異にする同公社開発部参事兼開発課長としての職務に従事していたものであったとしても，同人が引き続き兵庫県職員（建築部建築総務課課長補佐）としての身分を有し，また，同公社職員は地方住宅供給公社法20条により公務員とみなされるものである以上，Xらの右所為につき贈賄罪が

成立するものというべきであり，これと同旨の原判断は相当である。」

Questions

Q16 本事案に，事後収賄罪（刑法197条の3第3項）が適用されないのはなぜか。事後収賄罪の典型的な事案との相違は何か。

Q17 一般的職務権限を異にする他の職務に転職した後に，転職前の職務に関して収賄した場合，収賄罪の成立は認められるか。賄賂罪の保護法益に関する見解により，結論に相違は生ずるであろうか。

(2) 将来の職務

【参考判例3】
最決昭和61年6月27日刑集40巻4号369頁

[事実の概要]

　AはM市長として同市が発注する各種工事に関し，入札参加業者の指名および入札の執行を管理するなど同市を統轄し，その事務を管理，執行する職務を行っており，Xは「A後援会」の事務局長をしていた。Bは電気，管工事業等を目的とする株式会社Cの代表取締役として同社の業務を統轄していた。

　Xは，Aと共謀のうえ，昭和51年1月14日ころ，Bから，M市が将来にわたり発注する市庁舎建設工事およびその他各種工事に関し，前記CまたはBが指定する業者が右工事を受注することができるよう入札参加業者の指名，入札の執行などについて便宜有利な取計いをされたい旨の請託を受け，その報酬として供与されるものであることを知りながら，Bから昭和51年2月28日ころから同年6月15日ころまでの間5回にわたり，現金合計3000万円の供与を受け，もってAの前記職務に関し賄賂を収受したとして起訴された。

　原判決は，Xは，Bからの請託を受け，その報酬として金員の供与を受けた際には，現にM市長として在職していたのであるから，AをM市における次期市長選挙の単なる一立候補予定者と同一視することができないことは当然であり，また，M市の市長は，その発注する各種工事に関して，入札参加業者の指名および入札の執行，管理の職務権限を有しており，AがBから本件金員の供与を受けた当時すでに次期松浦市長選挙に立候補することを決意していたのであるから，当時現にM市長の職にあったAにおいて，たとえ将来市長に再選された場合にはという条件付ではあったにせよ，その再選の可能性があり，再選の暁には担当することあるべき職務行為に関し請託を受けて賄賂を収受した以上，前記所為が受託収賄罪に該当するとして，受託収賄罪の成立を認めた。

　これに対して，弁護人は，Aは刑法197条1項の公務員ではなく，同条第2項の

「公務員……タラントスル者」(「公務員になろうとする者」-現規定)に該当し、受託収賄罪より軽い事前収賄罪が成立するにすぎないと主張した。

[決定要旨] 上告棄却

「Xは、N県M市が発注する各種工事に関し、入札参加者の指名及び入札の執行を管理する職務権限をもつ同市市長と共謀を遂げ、近く施行される同市長選挙に立候補の決意を固めていた同市長において、再選された場合に具体的にその職務を執行することが予定されていた市庁舎の建設工事等につき、電気・管工事業者Bから入札参加者の指名、入札の執行等に便宜有利な取計いをされたい旨の請託を受けたうえ、その報酬として、同市長の職務に関し、現金3000万円の供与を受けたというのである。このように、市長が、任期満了の前に、現に市長としての一般的職務権限に属する事項に関し、再選された場合に担当すべき具体的職務の執行につき請託を受けて賄賂を収受したときは、受託収賄罪が成立すると解すべきであるから、Xの本件所為について受託収賄罪の成立を認めた原判断は正当である。」

Questions

Q18 本事案に、事前収賄罪(刑法197条2項)は適用できないのはなぜか。事前収賄罪の典型的な事案との相違は何か。

Q19 本事案おいて受託収賄罪を認めようとすると、何が問題となるか。

5 事後収賄罪

【参考判例4】
最決平成21年3月16日刑集63巻3号81頁

[事実の概要]

被告人は、防衛庁(当時)技官に任命され、平成4年6月30日から、防衛庁調達実施本部の契約原価計算第一担当副本部長として調達実施本部長を助け、担当部務である調達実施本部契約第一課、輸入課、原価管理課および原価計算第一課の所掌事務を整理するとともに、調達実施本部の分任支出負担行為担当官および契約等担当職員として、法令または予算の定めるところに従い、装備品の製造請負契約締結等の事務を担当していたものである。その在職中、①平成6年4月8日ころ、A社(以下「A社」という)の官公営業担当常務取締役(同年6月から専務取締役)であったBおよび同社の官公企画室長(同年7月から官公企画室・防衛営業担当支配人)であったCから、調達実施本部等とD社(A社の関連会社)との間で過去に締結した味方識別装置等の製造請負契約について、契約金額の算定根拠となる工数の過大申告等によりD社が過払いを受けていたため、調達実施本部が契約金額を修正して過払い相当額をD社から国に返還させるにあたり、上記修正すべき金額として許容さ

れる上限を変更して国に返還させるべき金額を過少に確定してもらいたいなどと請託を受けて，被告人および調達実施本部長Eの保身ならびにD社の利益を図るとともに，D社から調達実施本部の退職者に顧問料等名下の金員の提供を受けさせる目的をもって，会計法，国の債権の管理等に関する法律，予算決算および会計令，調達物品等の予定価格の算定基準に関する訓令等に反し，平成6年6月27日ころおよび平成7年3月24日ころの2回にわたり，国に返還させるべき金額を過少に確定させ，当該金額の返還方法についても，現年度歳入への一括組入れの方法によることなく，平成6年度までに締結されて履行未了である味方識別装置等の製造請負契約の契約金額から均等割合で減額する方法等により順次返還させる旨の契約をD社との間で締結して，D社をして本来国に返還すべき金額と過少に確定させた金額との差額21億1707万7000円の返還を免れさせて国に同額の損害を加えた。②さらに，平成7年6月9日ころ，A社のBおよびCから，調達実施本部等とF社（A社の子会社）との間で過去に締結した暗号装置等の製造請負契約についても，前同様に工数の過大申告等によりF社が不正に過払いを受けていたため，調達実施本部が契約金額を修正して過払い相当額をF社から国に返還させるにあたり，前同様，国に返還させるべき金額を過少に確定してもらいたいなどと請託を受けて，被告人およびEの保身ならびにF社の利益を図るなどの目的をもって，前同様，会計法等に反し，平成7年6月23日ころ，国に返還させるべき金額を過少に確定させ，当該金額の返還方法についても，現年度歳入への一括組入れの方法によることなく，平成7年度までに締結されて履行未了である暗号装置等の製造請負契約の契約金額から均等割合で減額する方法等により順次返還させる旨の契約をF社との間で締結して，F社をして本来国に返還すべき金額と過少に確定させた金額との差額14億2304万5000円の返還を免れさせて国に同額の損害を加えた。

　被告人は，前記各行為によりA社と密接な関連を有するD社およびF社の便宜を図った後の平成7年6月26日に防衛庁の退職を承認され，その翌月，実質的にA社が株主総会議決権の半数を支配し，人事においてもA社の影響力が強いG社の非常勤の顧問に就任したが，その経緯は，次のとおりであった。すなわち，当時防衛庁の退職者については，所属機関からのあっせんにより再就職するのが慣例となっており，被告人に対しても，平成7年2月ころ，勧奨退職の打診があるとともに，通例どおり，再就職先のあっせんがなされたが，被告人は，当該あっせんにかかる再就職先だけでは収入が不足であるなどとして，G社の顧問にも併せて就任し，同社からも報酬を得ることを希望した。しかるに，同社は，設立されたばかりで，いまだ収益を上げておらず，当時は非常勤取締役に対しても報酬を支給していなかったが，同社の代表取締役Hは，被告人に対して請託をしたA社のBおよびCにおいて，被告人には前記①のD社の件も含めて世話になっていたから被告人の希望を受

け入れることはやむをえないとの考えであったため，その意向に沿い，被告人を非常勤の顧問として受け入れ，報酬を支給することとした。その後，前記②のＦ社の件が発覚し，Ｂ，ＣおよびＨは，そのころこれを知り，特にＢおよびＣは，その事後処理をしてもらうためにも，ますます被告人をＧ社の非常勤の顧問として受け入れざるをえない事態になったと認識し，引き続き，被告人の顧問受入れのための手続を進めた。そして，被告人は，防衛庁を退職後，Ｇ社から，顧問料として，年間240万円の割合で，平成７年７月26日ころから平成９年12月26日ころまでの間，前後30回にわたり，合計538万5000円の供与を受けた。同社の非常勤の顧問であった上記の期間，被告人は，同社において，自分専用の部屋や机はなかったものの，おおむね月２回程度それぞれ１ないし３時間の出社をし，その間に部長会議に出席するなどしていたものである。

　被告人側は，上記顧問料としての報酬は，調達実施本部退職者に対し，当時慣例として行われていた手続によるものであり，被告人は，就任後その職務を遂行しているから，正当な報酬であって，賄賂性がない旨主張した。

[決定要旨]

「前記の事実関係のとおり，被告人は，調達実施本部在職中に，Ａ社のＢ及びＣから請託を受けて，Ａ社の関連会社及び子会社の各水増し請求事案の事後処理として，それぞれこれらの会社が国に返還すべき金額を過少に確定させるなどの便宜を図り，その会社の利益を図るとともに国に巨額の損害を加えたものであるところ，被告人のこれらの行為は，いずれも被告人の前記調達実施本部契約原価計算第一担当副本部長等としての任務に背くものであり，背任罪を構成するとともに，職務上不正な行為に当たることが明らかである。そして，その後の間もない時期に，Ａ社のＢ及びＣ並びにＡ社の関連会社であるＧ社の代表取締役Ｈにおいて，前記水増し請求の事案の事後処理で世話になっていたなどの理由から，被告人の希望に応ずる形で，当時の同社においては異例な報酬付与の条件等の下で，防衛庁を退職した被告人を同社の非常勤の顧問に受け入れ，被告人は，顧問料として前記金員の供与を受けることとなったものである。このような事実からすれば，被告人に供与された前記金員については，被告人にＧ社の顧問としての実態が全くなかったとはいえないとしても，前記各不正な行為との間に対価関係があるというべきである。原判決がこれと同旨の判断に立ち，事後収賄罪の成立を認めたのは，正当である。」

6 あっせん収賄罪

【参考判例5】
最決平成15年1月14日刑集57巻1号1頁

［事実の概要］

　被告人Xは、土木建築工事の請負等を業とするK建設株式会社の代表取締役副社長の職にあったものであり、被告人Yは、衆議院議員である。

　Xは、公正取引委員会（「公取委」）が、S県内の公共工事を受注するK建設株式会社等の建設会社が同県内に設けている支店等の営業責任者らにより組織されていた「SD会」の会員による私的独占の禁止及び公正取引の確保に関する法律（「独禁法」）違反の事実があるとして調査を続けていたことに関し、公取委が同社等を同法違反で告発することを回避しようと企て、平成4年1月13日、衆議院第一議員会館637号室のYの事務室において、Yに対し、公取委が告発をしないよう、同法違反事件の調査及び告発に関する職務を独立して適正に執行すべき職責を有する公取委委員長Cに働きかけてもらいたい旨の斡旋方の請託をし、これを承諾したYに対し、その報酬として現金1000万円を供与した。Yは、同日同所において、Xから、前記斡旋方の請託を受けてこれを承諾し、前記趣旨のもとに供与されるものであることを知りながら、現金1000万円の供与を受けた。

　原判決は、第1審判決が「告発すべきものと思料される場合に告発見送りを働きかける行為が『相当ノ行為ヲ為サザラシム可ク』斡旋することになることは当然のこととして、調査中の事件につき告発しない方向に調査自体を持っていくように働きかけることもまた『相当ノ行為ヲ為サザラシム可ク』斡旋することに当たるとしている」ことについて、「準司法機関として、独禁法違反事件の調査及び告発に関する職務を独立して適正に執行すべき職責を有する公取委委員長が、国会議員等の外部の者からの不当な働きかけを受け、その働きかけに影響されて一定の企業に有利な職権行使をすることは適正な職権行使とはいい難く、違法視されるのであって、国会議員が1企業から賄賂を受けて、公取委委員長に告発を見送ることを強く働きかけることは、公取委が独立して適正に職権を行使しないことを求めることにほかならないと解されるのである。それ故、個別の審査事件に関し、単に陳情行為といえる程度を超えて、これを告発をしないように働きかけることは、公取委委員長に対して、刑法197条ノ4にいう『職務上相当ノ行為ヲ為サザラシム可ク』斡旋したものといえる」として、Yに斡旋収賄罪の成立を認めた。

　これに対して弁護人は、公取委の告発権は自由裁量行為に属するものであり、Yは、公取委に対して、前記裁量権行使の方針や基準に反して告発を見送るように働きかけたわけではないなどとして、斡旋収賄罪は成立しないと主張した。

[決定要旨]　上告棄却

「私的独占の禁止及び公正取引の確保に関する法律73条1項は，公正取引委員会は，同法違反の犯罪があると思料するときは検事総長に告発しなければならないと定め，同法96条1項は，同法89条から91条までの罪は，同委員会の告発を待って，これを論ずると定めているところ，公務員が，請託を受けて，公正取引委員会が同法違反の疑いをもって調査中の審査事件について，同委員会の委員長に対し，これを告発しないように働き掛けることは，同委員会の裁量判断に不当な影響を及ぼし，適正に行使されるべき同委員会の告発及び調査に関する権限の行使をゆがめようとするものであるから，平成7年法律第91号による改正前の刑法197条ノ4にいう『職務上相当ノ行為ヲ為サザラシム可ク』あっせんすることに当たると解すべきである。」

Questions

Q20　あっせん収賄罪の処罰根拠は何か。主体が公務員に限定されていることは，賄賂罪の保護法益に関する理解と，どのような関係に立つと考えられるか。

Q21　「あっせん」の意義は何か。公務員が私人の立場であっせんをした場合にも，本罪にいう「あっせん」と言えるか。逆に，積極的にその地位を利用する必要があると解すべきか。

Q22　政治家，あるいは広い裁量権を持つ高級公務員に対してあっせん行為をした場合，あっせん収賄罪の認定のためには何が問題となるか。どのような事情があれば，同罪を認定できると考えられるか。

判 例 索 引

明治
大判明44・4・24刑録17-655·············· 470

大正
大判大元・10・8刑録18-1231············· 435
大判大12・4・30刑集2-378················ 70

昭和20～29年
最大判昭23・7・14刑集2-8-889··········· 112
最判昭24・2・22刑集3-2-206·············· 112
最判昭24・4・5刑集3-4-421··············· 120
最判昭24・7・12刑集3-8-1237············· 261
最判昭24・8・9刑集3-9-1440·············· 534
最判昭25・3・31刑集4-3-469··············· 57
最判昭27・4・17刑集6-4-665·············· 549
最決昭27・7・10刑集6-7-876·············· 345
最判昭27・12・25刑集6-12-1387··········· 420
広島高判昭28・5・27高裁特31-15········ 402

昭和30～39年
最決昭30・7・7刑集9-9-1856············· 418
広島高判昭30・9・6高刑集8-8-1021····· 374
最判昭30・12・26刑集9-14-3053·········· 429
最判昭31・6・26刑集10-6-874······ 427, 432
最判昭31・10・25刑集10-10-1455········ 309
最判昭31・12・7刑集10-12-1592·········· 452
最決昭32・9・10刑集11-9-2202············ 75
最判昭32・11・8刑集11-12-3061·········· 364
最判昭32・11・19刑集11-12-3073········· 249
最判昭33・4・17刑集12-6-1079··········· 351
最大判昭33・5・28刑集12-8-1718········ 216
最判昭33・11・21刑集12-15-3519········ 152
最判昭34・2・13刑集13-2-101············ 441
最判昭35・2・18刑集14-2-138············ 473
最決昭36・10・10刑集15-9-1580·········· 343
最決昭36・12・1刑集15-11-1807·········· 473
最判昭37・5・29刑集16-5-528············ 549
仙台高判昭37・10・15刑集17-6-612······ 454
名古屋高判昭37・12・22高刑集15-9-674
　　·································· 161
最決昭38・7・9刑集17-6-608············ 454

静岡地判昭39・9・1下刑集6-9=10-1005··· 46

昭和40～49年
東京高判昭40・3・29高刑集18-2-126···· 537
最決昭40・9・16刑集19-6-679············ 543
最判昭41・4・8刑集20-4-207············ 368
最決昭41・4・14判時449-64・
　　判タ191-146······················· 513
最大判昭41・11・30刑集20-9-1076········ 326
最決昭42・10・24刑集21-8-1116··········· 60
最決昭43・2・27刑集22-2-67············· 55
最決昭43・9・17刑集22-9-862··········· 309
東京地判昭44・2・15刑月1-2-133・
　　判時551-26・判タ233-231··········· 166
最大判昭44・6・25刑集23-7-975········· 315
大阪高判昭44・10・17判タ244-290········ 93
最判昭44・12・4刑集23-12-1573········· 195
最判昭45・1・29刑集24-1-1············· 305
最決昭45・7・28刑集24-7-585············ 44
最決昭45・9・4刑集24-10-1319·········· 488
東京高判昭45・12・25高刑集23-4-903···· 402
最判昭46・11・16刑集25-8-996··········· 180
札幌地判昭47・7・19判時691-104········ 310
福岡高判昭47・11・22判月4-11-1803····· 433
東京高判昭48・3・26高刑集26-1-85····· 392

昭和50～59年
東京高判昭50・5・26刑集32-2-402········ 70
最判昭51・2・19刑集30-1-47············ 557
最判昭51・4・30刑集30-3-453············ 495
東京高判昭51・7・14判時834-106········ 83
東京地判昭51・12・9判時864-128········ 265
名古屋高判昭52・5・10判時852-124····· 364
最決昭52・7・21刑集31-4-747··········· 178
最決昭53・3・22刑集32-2-381············ 69
福岡高判昭53・4・24判時905-123········ 429
最判昭53・7・28刑集32-5-1068·········· 114
最判昭53・9・22刑集32-6-1774·········· 514
最判昭54・4・13刑集33-3-179··········· 248
最判昭54・5・30刑集33-4-324··········· 495
最決昭55・10・30刑集34-5-357·········· 356

判例索引　567

最決昭55・11・13刑集34-6-396 …………… 164
最決昭56・4・8刑集35-3-57・
　　判時1001-130 ……………………………… 492
最決昭56・4・16刑集35-3-107 …………… 491
最決昭57・7・16刑集36-6-695 …………… 214
福岡高判昭57・9・6判時1059-17 ……… 142
最決昭58・3・25刑集37-2-170 …………… 560
仙台地判昭58・3・28刑月15-3-279 …… 479
最決昭58・4・8刑集37-3-215 …………… 279
東京高判昭58・6・20刑月15-4=6-299・
　　判時1105-153 ……………………………… 479
横浜地判昭58・7・20判時1108-138 …… 47
最決昭58・9・21刑集37-7-1070 ………… 208
東京地判昭58・10・6判時1096-151 …… 444
最決昭58・11・1刑集37-9-1341 ………… 317
最決昭59・2・17刑集38-3-336 …………… 493
東京地判昭59・6・22刑月16-5=6-467・
　　判時1131-156 ……………………………… 480
東京地判昭59・6・28刑月16-5=6-476 … 356

昭和60〜63年

東京地判昭60・3・19判時1172-155 ……… 404
最決昭60・3・28刑集39-2-75 …………… 471
最決昭60・6・11刑集39-5-219 …………… 554
最決昭60・7・3判時1173-151 …………… 540
東京高判昭61・1・29判月18-1=2-7・
　　判時1184-153 ……………………………… 520
福岡高判昭61・3・6判時1193-152 ……… 76
最決昭61・6・27刑集40-4-340 …………… 498
最決昭61・6・27刑集40-4-369 …………… 561
大阪高判昭61・7・17判タ624-234 ……… 353
最決昭61・7・18刑集40-5-438 …………… 342
最決昭61・11・18刑集40-7-523 ………… 382
仙台地石巻支判昭62・2・18判時1249-145
　　………………………………………………… 165
最決昭62・3・24刑集41-2-173 …………… 293
最決昭62・3・26刑集41-2-182 …………… 121
大阪高判昭62・7・10高刑集40-3-720 … 241
東京高判昭62・7・16判時1247-140 …… 84
大阪高判昭62・7・17判時1253-141・
　　判タ654-260 ………………………………… 403
大阪高判昭62・10・2判タ675-246 ……… 231
東京地判昭63・7・27判時1300-153 …… 221

平成元〜9年

東京高判平元・2・27高刑集42-1-87 …… 386
福岡高宮崎支判平元・3・24高刑集42-2-103
　　………………………………………………… 152
最決平元・5・1刑集43-5-405 …………… 533
最決平元・6・26刑集43-6-567 …………… 260
最決平元・7・7刑集43-7-607 …………… 333
最決平元・7・7判時1326-157 …………… 480
最決平元・7・14刑集43-7-641 …………… 477
最判平元・7・18刑集43-7-752 …………… 100
最判平元・11・13刑集43-10-823 ………… 190
最決平元・12・15刑集43-13-879 ………… 35
名古屋高判平2・1・25判タ739-243 …… 78
大阪高判平2・2・6判タ741-238 ……… 517
最決平2・2・9判時1341-157・
　　判タ722-234 ………………………………… 107
東京高判平2・2・20高刑集43-1-11・
　　判時1342-157 ……………………………… 508
東京高判平2・2・21判タ733-232 ……… 219
最決平2・11・20刑集44-8-837 …………… 61
大阪地判平3・3・7判タ771-278 ……… 516
東京高判平3・4・1判時1400-128 ……… 365
名古屋高金沢支判平3・7・18
　　判時1403-125 ……………………………… 402
東京地八王子支判平3・8・28判タ768-249
　　………………………………………………… 374
最決平3・11・14刑集45-8-221 …………… 143
東京地判平3・12・19判タ795-269 ……… 108
長崎地判平4・1・14判時1415-142 …… 48
東京地判平4・1・23判時1419-133 …… 250
浦和地判平4・2・27判タ795-263 ……… 80
最決平4・6・5刑集46-4-245 …………… 256
東京地判平4・6・19判タ806-227 ……… 294
東京高判平4・10・28判タ823-252 …… 376
札幌地判平5・6・28判タ838-268 ……… 358
東京地判平5・6・29高刑集46-2-189 …… 423
最決平5・10・5刑集47-8-7 …………… 487
東京地判平6・7・12判時1518-148 …… 52
最決平6・7・19刑集48-5-190 …………… 347
最決平6・12・6刑集48-8-509 …… 255, 268
最大判平7・2・22刑集49-2-1 …………… 549
東京高判平7・2・27東高刑時46-1=12-10
　　………………………………………………… 456
横浜地判平7・3・28判時1530-28・
　　判タ877-148 ………………………………… 157
千葉地判平7・6・2判時1535-144 …… 535
大阪高判平7・6・6判時1554-160 …… 387
札幌高判平7・6・29判時1551-142 …… 391

東京地判平7・10・9判時1598-155・
　判タ922-292･･････････････････････････ 242
福岡地判平7・10・12判タ910-242････････ 45
東京地判平7・10・12判時1547-144･･････ 283
東京地判平7・10・24判時1596-129･･････ 91
千葉地判平7・12・13判時1565-144･･････ 146
高松高判平8・1・25判時1571-148･･･････ 285
東京高判平8・2・26刑集55-6-700･･･････ 439
東京地判平8・3・28判時1596-125･･･････ 90
岡山地判平8・4・15判時1587-155･･･････ 396
最判平8・4・26民集50-5-1267･････････ 338
広島高岡山支判平8・5・22高刑集49-2-246
　･････････････････････････････････････ 505
大阪地判平8・7・8判タ960-293･･････････ 502
名古屋地判平9・3・5判時1611-153････ 229
東京地判平9・3・12判タ964-82･･･････ 169
名古屋地判平9・5・21判時1613-155・
　判タ968-277･･････････････････････････ 153
最判平9・6・16刑集51-5-435･････････ 200
大阪地判平9・6・18判時1610-155･･･････ 79
大阪高判平9・6・25判タ985-296･･･････ 122
東京高判平9・8・4高刑集20-2-130････ 168
大阪地判平9・8・20判時995-286･･･････ 246
東京地判平9・9・25判タ984-288･･･････ 319
最決平9・10・21刑集51-9-755･････････ 474
最決平9・10・30刑集51-9-816･････････ 211
東京地判平9・12・12判時1632-152・
　判タ976-250･･････････････････････････ 127

平成10～19年

東京地八王子支判平10・4・24
　判タ995-282･･････････････････････････ 409
東京地判平10・6・5判タ1008-277･･････ 366
最決平10・7・14刑集52-5-343････････ 529
東京地判平10・8・19判時1653-154･･････ 490
東京地判平10・10・27判タ1019-297･････ 202
最決平10・11・4刑集52-8-542･････････ 527
札幌地判平10・11・6判時1659-154･･････ 544
最決平10・11・25刑集52-8-570････････ 455
東京高判平11・1・29判時1683-153･･････ 235
福岡高判平11・9・7判時1691-156･･････ 85
最判平11・10・21判時1688-173・
　判タ1014-177････････････････････････ 303
最決平11・12・20刑集53-9-1495･･･････ 483
京都地判平12・1・20判時1702-170･･････ 178
最決平12・2・17刑集54-2-38 ･････････ 324

東京高判平12・2・21判時1740-107・
　判タ1057-265････････････････････････ 308
最判平12・2・29民集54-2-582････････ 170
札幌高判平12・3・16判時1711-170・
　判タ1044-263････････････････････････ 232
東京地判平12・5・15判時1741-157･････ 351
大阪高判平12・6・2判タ1066-285･････ 123
大阪高判平12・6・22判タ1067-276･････ 185
東京地判平12・7・4判時1769-158･････ 263
東京高判平12・8・29判時1741-160・
　判タ1057-263････････････････････････ 372
最判平12・12・15刑集54-9-923････････ 378
最決平12・12・20刑集54-9-1095･･･････ 138
大阪高判平13・1・30判時1745-150･････ 179
東京高判平13・2・20判時1756-162･････ 11
大阪高判平13・3・14判タ1076-297･････ 354
札幌高判平13・5・10判タ1089-298･････ 74
名古屋高判平13・9・17高検速報694･･･ 40
札幌高判平13・9・25高刑集54-2-128・
　判タ1086-313････････････････････････ 522
最決平13・10・25刑集55-6-519････････ 207
最決平13・11・5刑集55-6-546････････ 438
東京地判平14・1・16判時1817-166･････ 80
福岡地判平14・1・17判タ1097-305･････ 478
東京地判平14・1・22判時1821-155･････ 87
千葉地判平14・2・5刑集59-6-417･････ 19
最決平14・2・8刑集56-2-71 ･････････ 419
最決平14・2・14刑集56-2-86 ･････････ 401
東京地判平14・3・12判時1794-151･････ 512
長野地松本支判平14・4・10刑集57-7-973
　･････････････････････････････････････ 64
大阪高判平14・4・23刑集59-8-938･････ 458
東京高判平14・6・4判時1825-153･････ 182
最決平14・7・1刑集56-6-265 ････････ 344
大阪高判平14・7・9判時1797-159･････ 176
名古屋高判平14・8・29判時1831-158･･ 268
大阪高判平14・9・4判タ1114-293･････ 118
最決平14・10・21刑集56-8-670････････ 412
最決平14・10・22刑集56-8-690････････ 558
仙台高判平14・10・22判タ1140-277･････ 389
広島高判平14・11・5判時1819-158
　････････････････････････････････ 329, 510
東京高判平14・11・14高刑集55-3-4････ 64
東京地判平14・12・16判時1841-158････ 96
東京高判平14・12・25判時1168-306････ 115
最決平15・1・14刑集57-1-1 ･･･････････ 565

判例索引　569

東京高判平15・1・29判時1838-155……… 371
東京地判平15・1・31判時1838-158…… 484
最決平15・2・18刑集57-2-161………… 463
東京地判平15・3・6判タ1152-296…… 393
最判平15・3・11刑集57-3-293………… 321
最決平15・3・12刑集57-3-322………… 337
最決平15・3・18刑集57-3-356………… 448
大阪地判平15・4・11判タ1126-284…… 43
最決平15・4・14刑集57-4-445………… 470
最大判平15・4・23刑集57-4-467……… 428
最決平15・6・2刑集57-6-749・
　判時1833-158……………………………… 472
東京高判平15・6・26刑集59-6-450…… 22
仙台高判平15・7・8刑集58-3-225…… 4
最決平15・7・16刑集57-7-950………… 63
最決平15・10・6刑集57-9-987………… 482
東京高判平15・10・22東高刑時54-1=12-75
　……………………………………………… 437
最判平15・11・21刑集57-10-1043…… 101
札幌地判平15・11・27判タ1159-292… 33
京都地判平15・12・5LLI文献番号
　05850791………………………………… 104
最決平15・12・18刑集57-11-1167…… 509
最決平16・1・20刑集58-1-1…………… 13
最決平16・2・9刑集58-2-89…………… 406
最決平16・2・17刑集58-2-169………… 66
東京高判平16・2・19判時1872-137… 302
大阪高判平16・3・11刑集58-6-519… 363
最決平16・3・22刑集58-3-187………… 3
東京高判平16・6・22東高刑時55-1=12-50
　……………………………………………… 244
最決平16・7・13刑集58-5-360………… 137
最決平16・7・13刑集58-5-476………… 507
最判平16・7・15民集58-5-1615……… 316
広島地判平16・7・27TKC文献番号
　28105124………………………………… 435
最決平16・8・25刑集58-6-515………… 363
最決平16・9・10刑集58-6-524………… 464
最決平16・10・19刑集58-7-645……… 68
最決平16・11・30刑集58-8-1005…… 349
最決平16・12・10刑集58-9-1047…… 399
最決平17・3・11刑集59-2-1…………… 548
大阪地判平17・3・29判タ1194-293… 417
神戸地判平17・4・26判タ1238-343… 386
大阪地判平17・5・25判タ1202-285… 334
最決平17・7・4刑集59-6-403………17, 249

東京高判平17・8・16判タ1194-289… 400
札幌高判平17・8・18判タ1198-118… 531
最決平17・10・7刑集59-8-779………… 457
最決平17・10・7刑集59-8-1086……… 449
最決平17・10・7刑集59-8-1108……… 466
広島高判平17・11・8TKC文献番号
　28115083………………………………… 437
最決平17・12・6刑集59-10-1901…… 287
最決平18・1・23刑集60-1-67………… 553
最決平18・2・14刑集60-2-165………… 422
最決平18・2・27刑集60-2-253………… 99
最決平18・3・27刑集60-3-382………… 61
最決平18・8・30刑集60-6-479………… 345
最決平18・11・21刑集60-9-770……… 539
名古屋高判平19・2・16判タ1247-342… 8
佐賀地判平19・2・28TKC文献番号
　28135252………………………………… 30
最決平19・3・26刑集61-2-131………… 135
最決平19・4・13刑集61-3-340………… 369
最決平19・7・2刑集61-5-379……273, 331
最決平19・7・10刑集61-5-405………… 413
最決平19・7・17刑集61-5-521………… 411

平成20年〜

最決平20・2・18刑集62-2-37………… 346
東京地判平20・2・29判時2009-151・
　判タ1277-46……………………………… 312
最判平20・3・4刑集62-3-123………… 38
大阪地判平20・3・14判タ1279-337… 431
最判平20・4・11刑集62-5-1217…274, 280
最決平20・5・19刑集62-6-1623……… 462
最決平20・5・20刑集62-6-1786……… 174
仙台地判平20・6・3TKC文献番号
　28145349………………………………… 59
最決平20・6・25刑集62-6-1859……… 198
東京高判平20・7・18判タ1306-311… 500
東京高判平20・10・6判タ1309-292… 226
最判平20・10・10民集62-9-2361…… 339
東京高判平21・1・30判タ1309-91…… 313
最決平21・2・24刑集63-2-1…………… 199
東京高判平21・3・12判タ1304-302… 328
最決平21・3・16刑集63-3-81………… 562
最決平21・3・26刑集63-3-291………… 430
最判平21・4・14刑集63-4-331………… 298
最決平21・6・29刑集63-5-461………… 368
最決平21・6・30刑集63-5-475………… 262

最決平21・7・13刑集63-6-590…………282
最判平21・7・16刑集63-6-711…………191
東京高判平21・11・16判時2103-158・
　判タ1337-280……………………384
最判平21・11・30刑集63-9-1765…………277
最決平21・12・7刑集63-11-1899………155
最決平21・12・7刑集63-11-2641………139
東京高判平21・12・22判タ1333-282……377
最決平22・3・15刑集64-2-1……………312
最決平22・3・17刑集64-2-111…………421
最決平22・7・29刑集64-5-829…………406
最判平23・7・7刑集65-5-619…………323
最決平24・11・6刑集66-11-1281………240
最決平25・4・15刑集67-4-437…………217
東京高判平25・9・4判時2218-134………340
東京地判平25・9・9公刊物未登載………307
東京高判平26・2・13公刊物未登載……306
最決平26・3・28刑集68-3-646…………416
最決平26・4・7刑集68-4-715…………408
最判平26・11・7裁時1615-5……………38

【執筆者および編集協力者】

亀井源太郎（かめい・げんたろう）
　1970年生まれ。慶應義塾大学法学部法律学科卒業。東京都立大学大学院社会科学研究科基礎法学専攻博士課程中退。現在，慶應義塾大学法学部教授。
　『正犯と共犯を区別するということ』（弘文堂・2005），『刑事立法と刑事法学』（弘文堂・2010）

菊池則明（きくち・のりあき）
　1959年生まれ。中央大学法学部卒業。現在，東京地方裁判所立川支部判事。
　「事実の錯誤と違法性の錯誤」『新実例刑法総論』（青林書院・2014），「共謀―対等型共謀」『刑事事実認定重要判決50選（上）［第2版］』（立花書房・2013），「名誉毀損罪と事実の公共性，真実性の錯誤」『新実例刑法各論』（青林書院・2011）

木村光江（きむら・みつえ）
　1955年生まれ。東京都立大学法学部卒業。現在，首都大学東京大学院社会科学研究科法曹養成専攻教授。
　『財産犯論の研究』（日本評論社・1988），『主観的犯罪要素の研究』（東京大学出版会・1992），『詐欺罪の研究』（東京都立大学出版会・2000），『刑事法入門』（東京大学出版会・1995，［第2版］2001），『刑法』（東京大学出版会・1997，［第3版］2010）

清水　真（しみず・まこと）
　1961年生まれ。中央大学大学院法学研究科刑事法専攻博士後期課程年限満了。現在，明治大学大学院法務研究科教授。
　『現代刑事法の論点〜刑事訴訟法』（共著・東京法令出版・1996）『現代刑事法の論点〜刑法』（共著・東京法令出版・1995），『ロースクール生のための刑事法総合演習』（共著・現代人文社・2004），『プライマリー刑事訴訟法』（共著，不磨書房・2005）

星周一郎（ほし・しゅういちろう）
　1969年生まれ。東京都立大学法学部卒業。現在，首都大学東京都市教養学部法学系教授。
　『放火罪の理論』（東京大学出版会・2004），『防犯カメラと刑事手続』（弘文堂・2012），『アメリカ刑法』（訳，レクシスネクシス・ジャパン・2008），『刑事訴訟法判例ノート』（共著，弘文堂・2012，［第2版］2014）

堀田周吾（ほった・しゅうご）
　1978年生まれ。東京都立大学法学部法律学科卒業，東京都立大学大学院社会科学研究科基礎法学専攻修士課程修了。現在，首都大学東京都市教養学部法学系准教授。
　「取調べの録音・録画をめぐるアメリカ合衆国の動向」警察学論集63巻3号（2010），「取調べの録音・録画と被疑者の権利」首都大学東京法学会雑誌52巻2号（2012），「多様な捜査手段と被疑者取調べの今後」警察政策15巻（2013）

丸橋昌太郎（まるはし・しょうたろう）
　1977年生まれ。東京都立大学法学部卒業。現在，信州大学経済学部経済システム法学科准教授。
　「おとり捜査潜入捜査の現在―イギリスにおける秘匿捜査を中心に」刑ジャ29号9頁（2011），「証拠を収集する処分の実体要件の意義」信法12号27頁（2009），「身柄に関する処分の実体要件の意義」信法10号41頁（2008）

峰ひろみ（みね・ひろみ）
　1965年生まれ。東京都立大学法学部卒業。横浜地方検察庁検事等を経て，現在，首都大学東京大学院社会科学研究科法曹養成専攻教授。
　『刑事訴訟実務の基礎』（共著，弘文堂・2010，［第2版］2013），「被害者参加制度における検察官と被害者参加弁護士の役割」法学会雑誌49巻2号（2009），「危険運転致死傷罪（アルコール影響型）における故意についての一考察」法学会雑誌50巻1号（2009）

【編者】
笠井　治（かさい・おさむ）
1949年生まれ。東京大学法学部卒業，同法学政治学系大学院修士課程修了。
1975年　弁護士登録（第二東京弁護士会）。
1981年以降　横浜国立大学，法政大学，東京都立大学において非常勤講師。
2004年　東京都立大学法科大学院教授，専修大学法科大学院客員教授。
2005年　首都大学東京法科大学院教授，現在に至る。
〔主要著作〕「裁判員裁判と刑法解釈」刑事法ジャーナル18巻8号（2009），「裁判員裁判と未必の故意　『問題点の抽出と解決の方向性について』」法律時報1030号（2011），『法曹の倫理［第2版］』（共著，名古屋大学出版会・2011），「依頼者の意思と専門家裁量」『弁護人の役割』（第一法規・2013）

前田雅英（まえだ・まさひで）
1949年生まれ。東京大学法学部卒業。
1975年　東京都立大学法学部助教授。
1988年　東京都立大学法学部教授。
2005年　首都大学東京法科大学院教授，現在に至る。
〔主要著作〕『刑法総論講義』（東京大学出版会・1988，［第6版］2015），『刑法各論講義』（東京大学出版会・1989，［第5版］2011），『最新重要判例250刑法』（弘文堂・1996，［第10版］2015），『条解刑法』（編，弘文堂・2002，［第3版］2013），『刑事訴訟法講義』（共著，東京大学出版会・2004，［第5版］2014），『刑事訴訟実務の基礎』（編著，弘文堂・2010，［第2版］2013），『刑事訴訟法判例ノート』（共著，弘文堂・2012，［第2版］2014）

ケースブック刑法［第5版］【弘文堂ケースブックシリーズ】

2007（平成19）年3月15日　初版1刷発行
2008（平成20）年4月15日　第2版1刷発行
2010（平成22）年3月30日　第3版1刷発行
2012（平成24）年3月30日　第4版1刷発行
2015（平成27）年3月30日　第5版1刷発行

編　者　笠井治・前田雅英
発行者　鯉渕友南
発行所　株式会社　弘文堂　　101-0062　東京都千代田区神田駿河台1の7
　　　　　　　　　　　　　　TEL 03(3294)4801　振替00120-6-53909
　　　　　　　　　　　　　　http://www.koubundou.co.jp
装　丁　後藤トシノブ
印　刷　図書印刷
製　本　井上製本所

© 2015 Osamu Kasai & Masahide Maeda. Printed in Japan
JCOPY　〈(社)出版者著作権管理機構　委託出版物〉
本書の無断複写は著作権法上での例外を除き禁じられています。複写される場合は，そのつど事前に，(社)出版者著作権管理機構（電話03-3513-6969，FAX 03-3513-6979，e-mail: info@jcopy.or.jp）の許諾を得てください。
また本書を代行業者などの第三者に依頼してスキャンやデジタル化することは，たとえ個人や家庭内での利用であっても一切認められておりません。

ISBN978-4-335-30516-0

弘文堂ケースブックシリーズ

理論と実務との架橋をめざす、新しい法曹教育が法科大学院で行われています。その新しい法曹教育に資するよう、各科目の基本的な概念や理論を、相当のスペースをとって引用した主要な判例と関連づけながら整理した教材。設問を使って、双方向型の講義が実現可能となる待望のケースブックシリーズ。

ケースブック憲法 ［第4版］ 長谷部恭男・中島徹・赤坂正浩・阪口正二郎・本秀紀 編著

ケースブック行政法 ［第5版］ 稲葉馨・下井康史・中原茂樹・野呂充 編

ケースブック租税法 ［第4版］ 金子宏・佐藤英明・増井良啓・渋谷雅弘 編著

ケースブック刑法 ［第5版］ 笠井治・前田雅英 編

ケースブック会社法 ［第5版］ 丸山秀平・野村修也・大杉謙一・松井秀征・髙橋美加・河村賢治 著

ケースブック民事訴訟法 ［第4版］ 長谷部由起子・山本弘・松下淳一・山本和彦・笠井正俊・菱田雄郷 編著

ケースブック刑事訴訟法 ［第3版］ 笠井治・前田雅英 編

ケースブック労働法 ［第8版］ 菅野和夫 監修　土田道夫・山川隆一・大内伸哉・野川忍・川田琢之 編著

ケースブック知的財産法 ［第3版］ 小泉直樹・高林龍・井上由里子・佐藤恵太・駒田泰土・島並良・上野達弘 編著

ケースブック独占禁止法 ［第3版］ 金井貴嗣・川濵昇・泉水文雄 編著

弘 文 堂

2015年2月現在